南阳二机石油装备（集团）有限公司

RG Petro-machinery(Group)CO.,LTD.

▲水下连接器

▲ 海洋钻机

▲ 轨道钻机

▲ 斜直井钻机

真：0377-63552942 E-mail：ejc@ejpetro.com 法人代表：杨汉立

四川宏华石油设备有限公司是一家专业从事石油钻采设备研究、设计、制造、成套和服务的高新技术企业。经过十余年的艰苦创业和跨越式发展，目前公司占地面积约 6.67 万 m^2，拥有员工 2 500 余人，具备年产石油钻机 150 台（套），泥浆泵 600 台，产能达 80 亿元的生产规模。公司是四川省重装制造业的龙头企业之一，高新技术企业，中国大型陆地石油钻机出口企业。2008 年 3 月公司股票在中国香港联交所主板成功上市。

公司质量体系和产品通过了 API Q1、4F、7K、8C、6A、16C 认证、以及 DNV 的 ISO9001、ISO14001 和 OHSAS18001 认证。

创意大智造是公司倡导的新的企业文化与价值观，要用创新的智慧融合能源装备制造，敢于有创意，敢于实现创意。

陆地钻机产品——公司的陆地钻机产品覆盖 1 500 ~ 9 000m 钻深，包括 DBS 交流变频数控电动钻机、直流电驱动钻机、机械驱动钻机、复合驱动钻机、拖装钻机、直升机吊装钻机和转盘独立电驱动钻机等 40 余种型号规格，以及与之配套的直驱顶驱、直驱泵、游吊系统、固控系统和电控系统等产品。产品主要出口国际市场，遍布美洲、非洲、中东、中亚、东南亚和俄罗斯等地。

海洋钻机产品——公司的海洋钻机产品包括自升式钻井平台、半潜式钻井平台、平台钻井包、钻井船钻井包、钻井包部件、平台升降及锁紧系统、管具处理系统及机具等。2012 年 5 月 22 日，Tiger 系列钻井船钻井设备包项目开工典礼在四川宏华总装场隆重举行，中国海洋装备制造企业一举打破了深水钻井包一直被国际巨头垄断的局面。Tiger 系列是由新加坡船东 Opus 海洋有限公司与上海船厂船舶有限公司联合开发的适合特殊水域工作的钻井船，在 900 ~ 1 500m 工作水深的钻井船市场中具有独特的优势。宏华作为此次项目的钻井包制造商，融入了大量自主研发的新技术、新产品，填补了国内海洋市场的空白并具有显著的成本优势，从而打破因技术含量高而一直被欧美国家所垄断的坚冰，不仅为宏华日后在中国深海钻井包领域的发展奠定了良好的基础，也为中国海洋工业在国际市场争得一席之地。

非常规油气资源开发——宏华特色的页岩气整体解决方案。该套方案在国外成熟的开采模式基础上，提出了“网络先行、以气打气、气电结合、工厂化生产、流水线作业”开采模式，能经济、安全、高效完成页岩气资源的商业开发。

四川宏华为页岩气整体解决方案研发了连续管钻机、液压单根钻机、大型柔性水罐、6 000hP 电动压裂泵、井下通电及动力马达和成套压裂设备开发等关键设备。

降低占地面积：宏华的解决方案要求更少的设备，因此减少了大量的占地面积，并实现了设备的快速运移。方案提供了 6 000 马力（4413kW）的压裂泵，3 台双泵压裂车可以达到常规 20 台压裂车的功率。另外，仅 6 套宏华柔性水罐就可以满足常规压裂施工需求的 30 台常规水罐的容量。

成本节约：宏华的解决方案整体上较常规解决方案成本降低 10%。除了因设备数量减少而节约的成本以外，宏华用天然气发动机取代了传统的柴油发动机，因此可以用自身生产出的页岩气提供能量。应用宏华的解决方案，每口井可节约约 178t 柴油。

环境保护：宏华整体解决方案每口井减少约 226t 的碳排放，在完井之后，估计有 60% 的土地可以恢复农业使用。规模化应用成本低，且占地面积小。尤其适合在中国地理和资源分布环境情况下使用。

钻采公司厂区

石油钻采设备

修井钳、套管钳系列

钻杆钳系列

专利新产品行星爪式
开口型液压动力钳

管件公司厂区掠影

石油管件工具

钻杆生产线

成品钻杆

钻杆接头

公司简介 Company Profile

海城市石油机械制造有限公司始建于 1986 年，是中国大型石油钻采装备的制造企业，是中石油、中石化钻采设备一级供应网络成员单位，中国石油装备制造企业五十强单位。公司注册资金9 000万元，占地面积75万 m^2，建筑面积22万 m^2，员工1 800人，高级技工占员工总数的60%。

⊙ 科　研

公司拥有高级专家15人，博士6人，研究员级高工45人，工程师160人，高层管理人员18人。设有省级技术研发中心、机加工中心，液压试验中心、理化实验中心、无损检测中心等科研机构，生产设备先进，检测手段齐全。

⊙ 质　量

1998年通过ISO9001：2000质量体系认证，2005年获得API7K、8C、4F会标使用证书，2007年获得省级技术中心称号和辽宁省高新技术企业称号。公司拥有多项国家专利，并被评为辽宁省知识产权示范单位。

⊙ 产　品

公司为国内外客户提供一整套石油钻采设备及相关配套设施，主要产品包括:橇装模块钻机系列（ZJ10DB、ZJ20K、ZJ30K、ZJ30DB、ZJ40K、ZJ40LDB、ZJ40DB、ZJ50DB、ZJ70LDB、ZJ70DB）、车装钻机系列（ZJ20、ZJ30、ZJ40）、石油修井机系列（XJ60型、XJ70型、XJ90型、XJ110型、XJ135型、XJ160型、XJ180型）、液压动力钳系列（XQYB127/8型闭口动力钳、ZQ钻杆动力钳、TQ套管动力钳、XQ油管钳、大扭矩钻杆吊钳、大口径套管钳）、井口工具系列（全系列的油管、钻杆、钻铤、套管等吊环、吊卡、卡瓦、滚子补芯、转盘补芯、液压动力站、钻井、修井用工具等）、钻采配件系列（游车大钩、转盘、水龙头、固控系统、井电系统、野营房、井控装备等）。

⊙ 服　务

公司设有营销管理中心，在全国各大油田设立多家办事处，同时在国外设立多家分公司并常驻技术服务人员，为客户提供全面的售前、售中和售后服务。

⊙ 理　念

公司一贯坚持“以科技为先导，以质量为核心”的管理理念，致力于“永远比客户要求的更好，永远给客户以惊喜”。

www.hcsyjx.com

地址:辽宁省海城市西四镇　邮编:114218　电话:0412-3674899
E-mail:hcsyjx@sohu.com　传真:0412-3671868

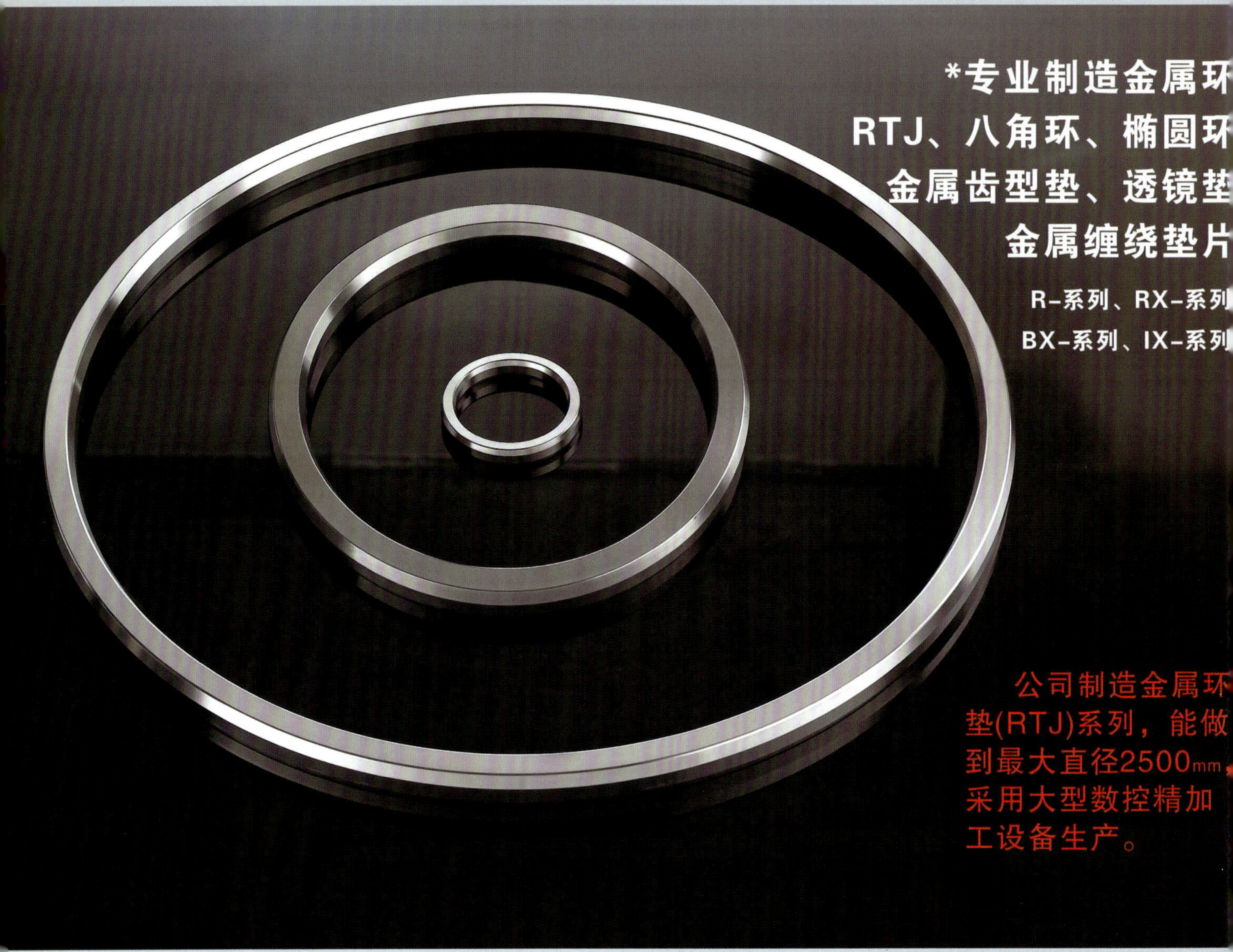

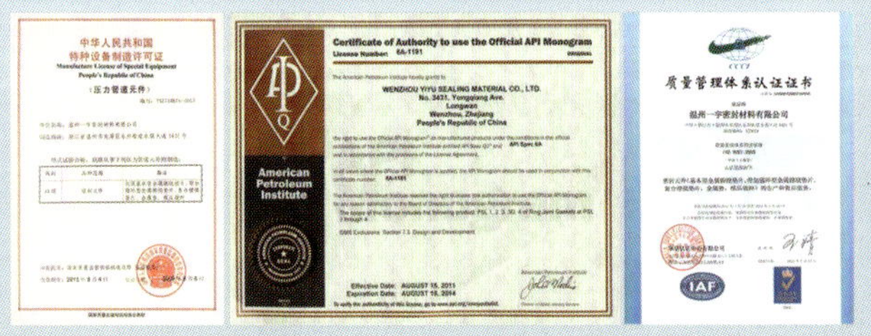

CHNSEA华海

www.rtj.cc

华海密封
华海 欢迎您！

CQC
ISO9001

TS
TS27106
65-2011

API-6A

中国阀协

CPEIA
中石协

CFSMA

中国机械工业年鉴系列

中国石油石化设备工业年鉴

2012

中国机械工业年鉴编辑委员会
中国石油和石油化工设备工业协会 编

《中国石油石化设备工业年鉴》2012年刊设置综述、专文、海洋工程装备、页岩气、煤层气、煤化工、重大技术装备、科技进步奖、50强和名牌产品、统计资料、标准和认证、政策法规、附录和大事记14个栏目，集中反映了2011～2012年上半年石油石化设备行业的发展状况，全面提供了石油化工设备市场状况，系统地公布了石油石化设备行业的各项经济指标和进出口统计数据，突出报道了海洋工程装备的国内外现状、市场竞争态势、技术现状、有关政策导向和装备制造企业情况，重点介绍页岩气、煤层气非常规油气的相关政策、目前存在的问题、发展趋势及制造企业的发展情况。

《中国石油石化设备工业年鉴》主要发行对象为政府决策机构、与石油化工装备相关的产业决策者、石油化工行业企业决策者和从事市场分析、规划的中高层管理人员及国内外投资机构、贸易公司、银行、证券、咨询服务部门和科研单位的工程项目管理人员等。

图书在版编目（CIP）数据

中国石油石化设备工业年鉴.2012/中国机械工业年鉴编辑委员会，中国石油和石油化工设备工业协会编.—北京：机械工业出版社，2013.4

（中国机械工业年鉴系列）

ISBN 978-7-111-41714-9

Ⅰ.①中… Ⅱ.①中… ②中… Ⅲ.①石油化学工业—化工设备—经济发展—中国—2012—年鉴 Ⅳ.①F426.22-54

中国版本图书馆CIP数据核字（2013）第042178号

机械工业出版社（北京市西城区百万庄大街22号　邮政编码 100037）

责任编辑：赵　敏

北京宝昌彩色印刷有限公司印制

2013年3月第1版第1次印刷

210mm×285mm·21印张·72插页·547千字

定价：300.00元

凡购买此书，如有缺页、倒页、脱页，由本社发行部调换

购书热线电话（010）68326643、88379830

http://www.cmpbook.com　http://weibo.com/cmp1952

中国机械工业年鉴系列

作为『工业发展报告』
记录企业成长的每一阶段

中国机械工业年鉴

编辑委员会

中国石油石化设备工业年鉴

精鉴石油石化设备工业

服务能源供给

中国石油石化设备工业年鉴
执行编辑委员会

中国石油石化设备工业年鉴

精鉴石油石化设备工业

服务能源供给

中国石油石化设备工业年鉴
编辑出版工作人员

总　编　辑　郭　锐

主　　　编　李卫玲

副　主　编　刘世博　肖新军

执行主编　赵　敏

责任编辑　赵　敏

市场编辑　李雪松　娄　强　蒋　斌

图文设计　刘　青

地　　　址　北京市西城区百万庄大街 22 号（邮编 100037）

编　辑　部　电话（010）88379830　传真（010）88379812

发　行　部　电话（010）68326643　传真（010）68326017

E-mail:cmiy@vip.163.com

http://www.mepfair.com　www.cmiy.com

中国石油石化设备工业年鉴

精鉴石油石化设备工业

服务能源供给

中国石油石化设备工业年鉴理事单位及特约顾问

理事长单位：中国石油和石油化工设备工业协会

副理事长单位：中国石油天然气集团公司

中国石油化工股份有限公司

中国海洋石油总公司

理事单位（排名不分先后）	特约顾问
中国石油集团渤海石油装备制造有限公司	赵 国
宝鸡石油机械有限责任公司	郭孟齐
南阳二机石油装备（集团）有限公司	杨汉立
中国石化集团江汉石油管理局第四机械厂	王峻乔
四川宏华石油设备有限公司	张 弭
河北华北石油荣盛机械制造有限公司	顾和元
大连金州重型机器有限公司	王治勇
株洲西迪硬质合金科技有限公司	徐跃华
海洋石油工程股份有限公司	周学仲
番禺珠江钢管有限公司	陈 昌
江汉石油钻头股份有限公司	谷玉洪
烟台杰瑞石油服务集团股份有限公司	孙伟杰
通化石油化工机械制造有限责任公司	韩一泉
通化石油机械制造有限责任公司	秦连志
任丘市博科机电新技术有限公司	邹 刚
河南濮阳信宇石油机械化工有限公司	杜振宇
海城市石油机械制造有限公司	王政权
郑州万达管件制造有限公司	何 清
温州一宇密封材料有限公司	方德银
中国通用机械工程总公司	黄 劲
温州市华海密封件有限公司	张 勇
山东省金圣隆机械有限公司	陈汝林
江苏盐城特达能源（集团）有限公司	吴征胜
江苏如通石油机械股份有限公司	曹彩红
兰州兰石集团有限公司	张金明
中国石油勘探开发研究院采油采气装备研究所	裴晓晗
浙江佳力科技股份有限公司	龚政尧
内蒙古一机集团大地石油机械有限责任公司	潘俊淇
机械工业第六设计研究院有限公司	赵景孔

中国石油石化设备工业年鉴

精鉴石油石化设备工业

服务能源供给

中国石油石化设备工业年鉴
理事单位及特约编辑

前 言

2011 年，在世界经济复苏放缓，欧债危机不断深化，国际贸易环境趋紧，金融市场动荡加剧等各种不利因素影响下，世界石油供需均呈下降趋势；国际油价同比大幅攀升，高位徘徊。面对复杂多变的国内外经济形势，我国石油和石油化工设备制造行业在大力推进转变发展方式，调整产品结构的进程中，及时把握了海洋油气和非常规油气勘探开发投资增长的机遇和挑战，全行业经济运行实现了快速平稳增长。

2011 年全行业规模以上企业数量达到 1 487 家，累计完成工业总产值 3 208.45 亿元，比上年增长 33.29%；完成工业销售产值 3 105.66 亿元，比上年增长 33.74%；完成出口交货值 216.55 亿元，比上年增长 28.46%；固定资产投资 1.43 万亿元，比上年增长 23.4%；完成主营业务收入 2 988.66 亿元，比上年增长 33.04%；实现利润总额 195.37 亿元，比上年增长 28.09%。全行业基本恢复到 2008 年国际金融危机之前的发展水平，实现了“十二五”规划的良好开局。

2012 年是“十二五”规划纲要实施的第二年，是我国经济“在持续回落中逐步趋稳”的一年，我国宏观经济发展确立了“稳中求进”的工作总基调。目前我国对石油的需求越来越强劲，因此，大力发展海洋油气、充分利用非常规油气资源，其中包括页岩气、煤层气、致密气资源，重视节能减排和降耗将是国家未来发展的重点，我国石油装备制造企业要看到这一发展趋势，顺势而为，有所作为。

《国家能源科技“十二五”规划（2011 ～ 2015）》确定了勘探与开采、加工与转化等 4 个重点技术领域，提出了重大技术研究、重大技术装备、重大示范工程和技术创新平台“四位一体”的科技创新体系，对我国能源发展具有现实和深远的意义。

中国石油和石油化工设备工业协会常务副理事长：林钢

广告索引

精鉴石油石化设备工业
服务能源供给

单位名称	广告排序
株洲西迪硬质合金科技有限公司	封面
南阳二机石油装备（集团）有限公司	封二联版
四川宏华石油设备有限公司	前特联版 1
通化石油化工机械制造有限责任公司	前特联版 2
江苏盐城特达能源（集团）有限公司	前特联版 3
烟台杰瑞石油服务集团股份有限公司	前特页
海城市石油机械制造有限公司	前特页
温州一宇密封材料有限公司	前特页
江苏如通石油机械股份有限公司	前特页
温州市华海密封件有限公司	前特页
中国通用机械工程总公司	后特页
任丘博科机电新技术有限公司	后特联版
江苏金石机械集团	封底

企业风采专栏

烟台杰瑞石油服务集团股份有限公司	A2-A3
株洲西迪硬质合金科技有限公司	A4-A5
濮阳市信宇石油机械化工有限公司	A6-A7
郑州万达管件制造有限公司	A8-A9
中国石油装备采购国际峰会	A10-A11
第十四届中国国际石油石化技术装备展览会	A12
第十四届中国国际海洋石油天然气展览会	A13
2013 中国（北京）国际海洋石油天然气技术展览会	A14-15
山东三田临朐石油机械有限公司	A16-17
机工 60 年	A18

海工专栏—功勋企业专栏

海洋石油工程股份有限公司	B8-B9
中国石油集团渤海石油装备制造有限公司	B10-B11
中石化集团江汉石油管理局第四机械厂	B12-B15
河北华北石油荣盛机械制造有限公司	B16-B17
番禺珠江钢管有限公司	B18-B19
兰州兰石集团有限公司	B20

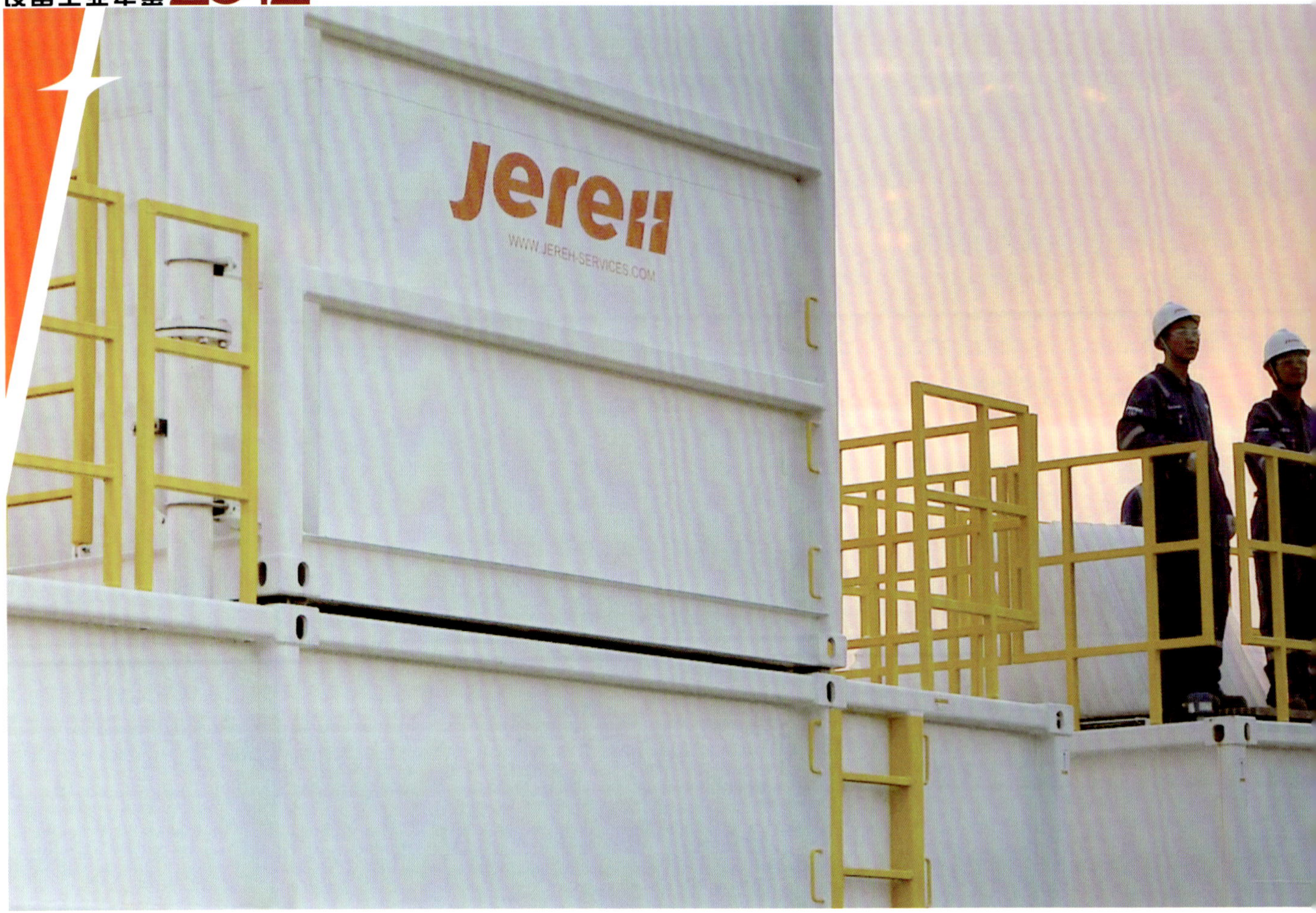

杰瑞能源服务有限公司

杰瑞能源服务公司是杰瑞集团的全资子公司，能够提供专业油田工程技术服务及环保服务，公司严格执行APIQI、IS014001和OHSASI8000的管理标准，服务能力及服务质量已达国际先进水平。

业务范围：

- 废弃物回注服务
- 油坑及废泥浆处理服务
- 钻井废弃物随钻处理服务
- 油田废水及压裂废水返排水处理服务
- 储油罐机械自动清洗服务
- 储油罐机械自动化清洗设备销售
- 热解吸附服务（专门针对油基泥浆钻井岩屑的处理）

jereh
杰瑞能源服务有限公司
Jereh Energy Services Corporation

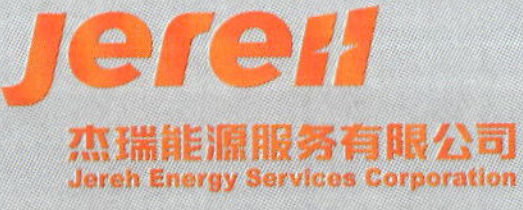

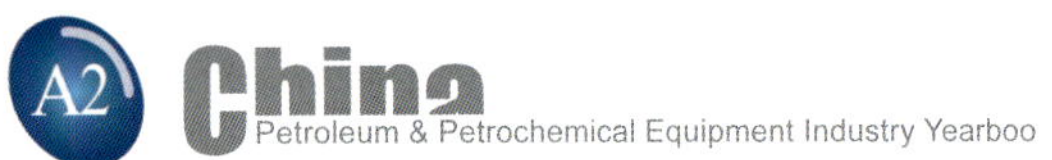

多种类废弃物处理专家
环保一体化服务供应商

杰瑞储油罐自动化清洗

Jereh Automated Tank Cleaning

- 全封闭操作，清洗过程无需人员进入；
- 全自动化操作，不受天气影响，24h工作，大大缩短油罐停工时间；
- 清洗过程无任何化学品添加，保证了回收油品质量；
- 罐底油泥中98%的油得到回收，残余废渣处理量大大减少；
- 作业队伍经验丰富，职业素质高，操作安全规范；
- 设备质优价廉，售后技术支持品质保证。

杰瑞含油废弃物固液分离服务

Jereh Solid/Liquid Separation Services for Oily Waste

- 杰瑞提供油田钻井废弃物、含油污泥固液分离服务；
- 对陆地\海上钻井废弃物、含油污泥进行有效回收或安全排放，原油回收率可达到98%；
- 自主研发的先进固液分离设备，装置模块化、自动化程度高、占地面积小，运行成本低。

电话：0535-6723058　传真：0535-6728125　E-mail：zhouzy@jereh.com

地址：山东省烟台市莱山区澳柯玛大街7号　邮编：264003　http:// www.jereh-services.com

China
Petroleum & Petrochemical Equipment Industry Yearboo

企业风采

濮阳市信宇石油机械化工有限公司

PUYANG XINYU PETROCHEMICAL MACHINERY COMPANY.,LTD.

创造高质量 享受高质量

董事长兼总经理 杜振宇

濮阳市信宇石油机械化工有限公司系中原油田从国有企业规范改制成为独立法人企业的领跑者，主要产品有抽油机、抽油泵、井口装置采油树、钻机、油管、套管、射孔枪总成、石油专用工具、油田化工设备配件等。公司自1998年8月创办以来，始终坚持科学发展观，通过艰苦创业，奋力拼搏，把企业打造成为成长型、创新型、发展型企业。公司现有工程技术人员183人，专职研发人员36人，已申报国家专利100项，每年开发新产品3~5个。其中，W型曳引抽油机被评为濮阳市科技进步一等奖，河南省工业信息化科技成果二等奖，河南省科技进步三等奖和全国工商联科技进步二等奖。2011年又研发了高分子聚乙烯内衬油管，解决了油田长期困惑的油管腐蚀问题。2011年实现产值2.5亿元，销售收入2.2亿元，利税2 000万元，资产总值达2亿元。

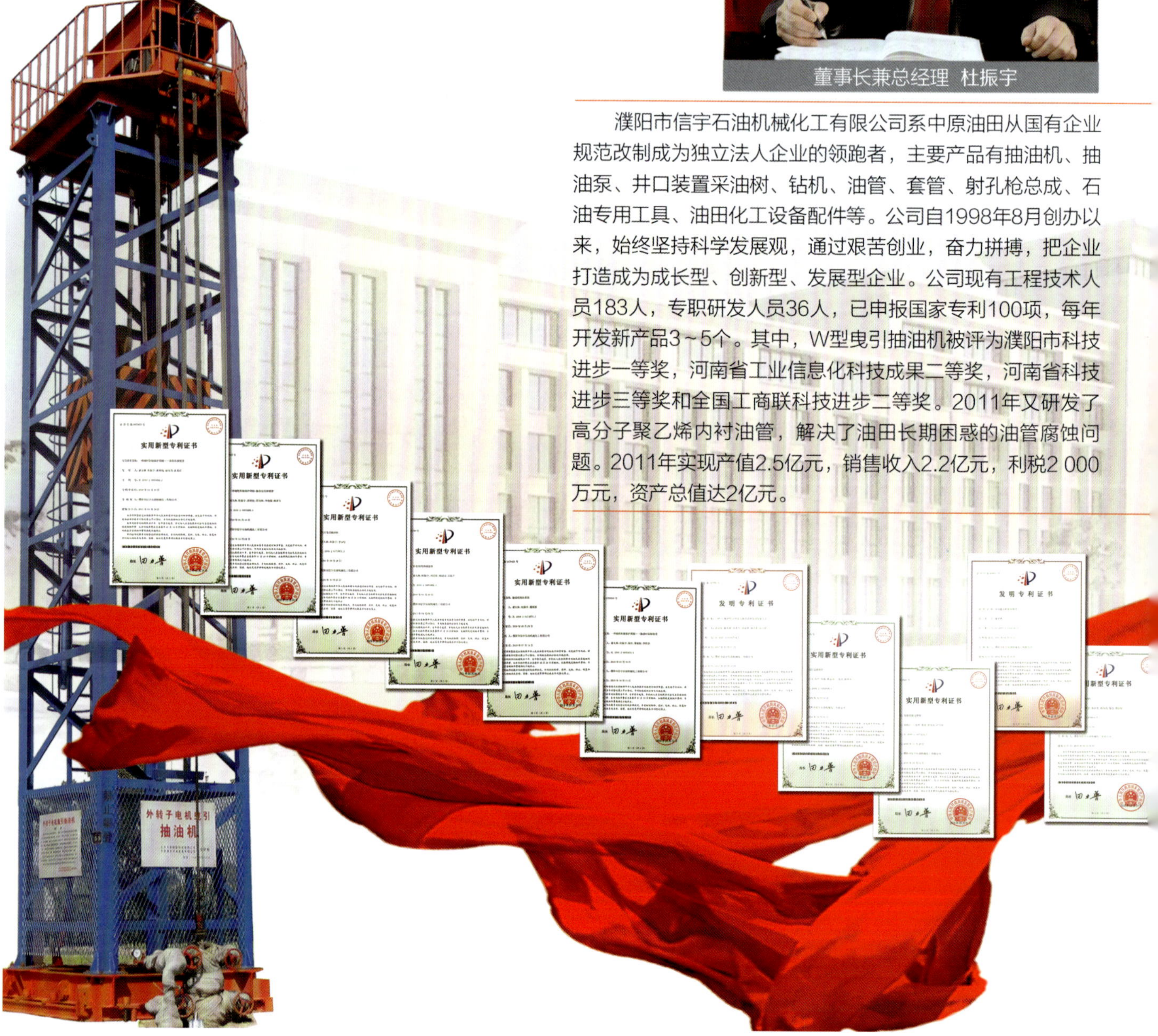

PUYANG XINYU PETROCHEMICAL MACHINERY COMPANY

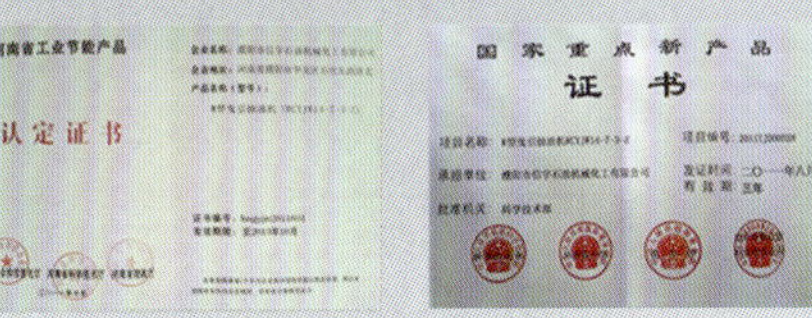

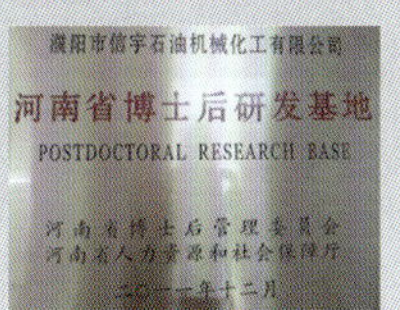

公司1999年通过了ISO9002质量体系认证，2003年通过了ISO9001质量体系认证，2006年通过了抽油机等5个主导产品的API认证，电器产品3C认证，ISO14001环境管理体系认证和GB/T28001职业健康安全管理体系认证。公司拥有省级企业技术中心，河南省石油钻采机械工程技术研究中心，河南省博士后研发基地，公司的经济实力和技术实力在同类企业中名列前茅。公司连续多年被评为濮阳市科技先进单位、知识产权优势企业、科技创新企业、优秀民营企业，河南省科技创新十佳单位、河南省科技企业、河南省优秀民营企业、河南省知识产权优势企业、中国节能抽油机制造先进单位，中部地区突出贡献单位，中国石油装备制造业五十强企业，全国第四批知识产权示范企业，国家高新技术企业。

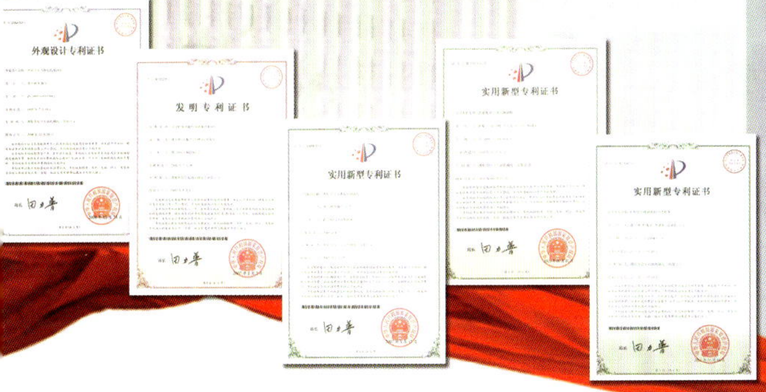

濮阳市信宇石油机械化工有限公司
地址：河南省濮阳市石化东路北侧　邮编：457001
电话：0393-4888012 4729661
传真：0393-5380218 4729549
http://www.chinaxinyv.com
E-mail:liaodalin26@sina.com

郑州万达管件制造有限公司
Zhengzhou Wanda Pipe Fitting Manufacturing Co.,Ltd.

郑州万达管件制造有限公司是一家集管件研究、生产、销售和储运为一体的专业制造企业，注册资金5 000万元，现年生产能力1万余吨。产品有弯管、弯头、三通、四通、汇气管、大小头、法兰、官帽等10余个系列上万种规格，畅销国内并远销至国外石油大国，深受广大用户的好评。

公司成立以来，先后通过了ISO9001质量管理体系认证、ISO14001环境管理体系认证、GB/T28001 职业健康安全管理体系认证、压力管道元件 TS认证、美国石油学会的API认证、英国“劳氏船级社”等认证。建立了“郑州市企业技术中心”和“郑州市管道配件工程技师研究中心”，荣获了“全国质量、服务、信誉AAA级优秀企业”“全国用户满意放心产品”“中国著名品牌”“河南省十佳科技型具有发展力企业”“2011年郑州市诚信民营企业”“2011年郑州市百家高成长型民营企业”“郑州市百高工业企业”“2012年郑州市五一劳动奖”“河南省质量诚信AA级企业”等荣誉。

公司实施高端客户战略，先后与中国石油天然气集团公司、中国石油化工集团公司、中国海洋石油总公司等建立了合作关系。产品被广泛应用于长输管道工程和电力、轻工、纺织、煤浆输送等行业的管道工程项目建设。凭借雄厚的装备力量，一流的技术水平，过硬的产品质量，完善的售后服务，公司业绩稳居国内同行业前列。

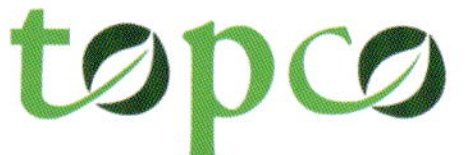

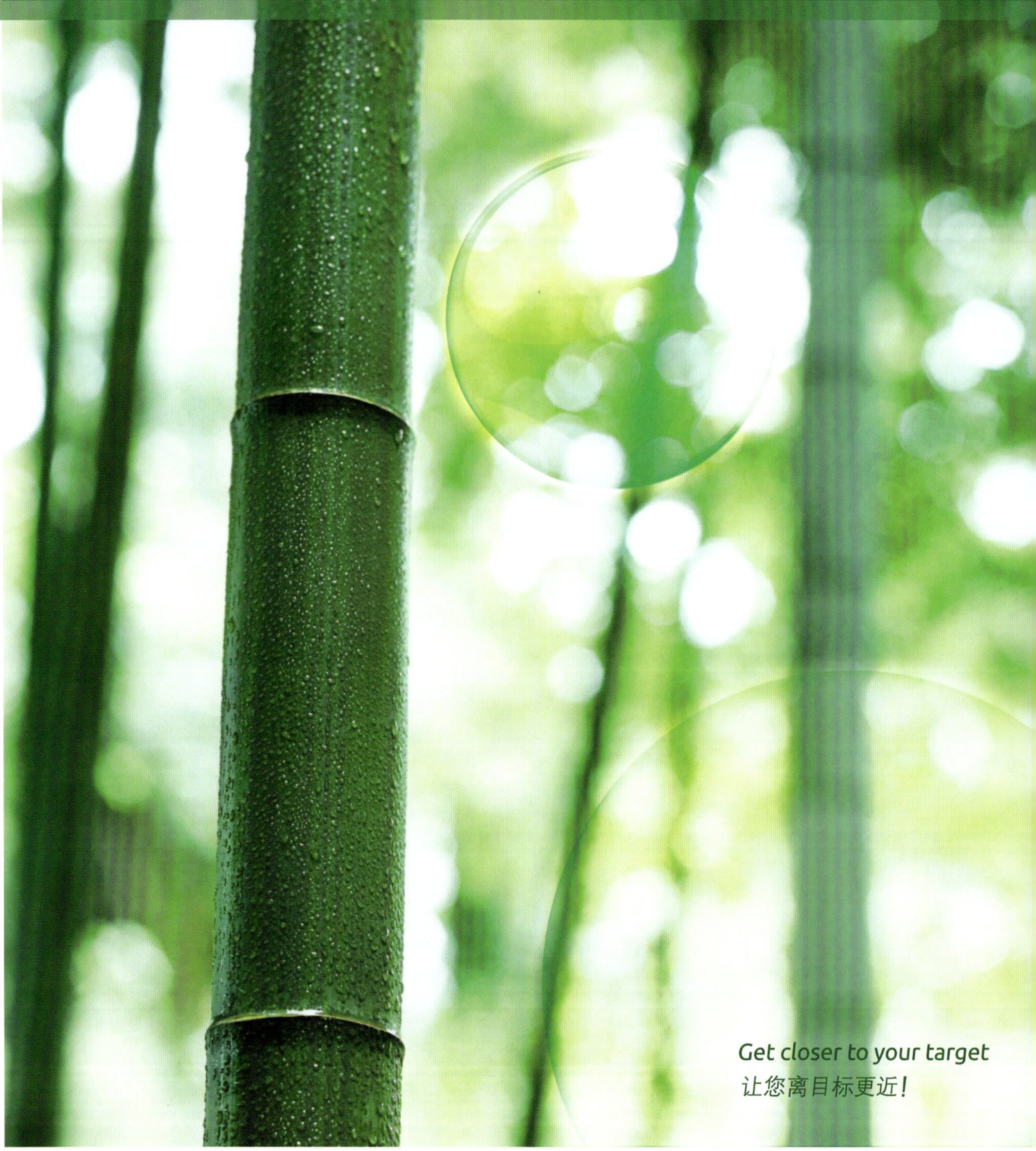
Get closer to your target
让您离目标更近!

2013 Events of Topco 会议列表

China Small-Mid Scale LNG Forum
中国中小型LNG论坛
March 2013 Beijing China 2013年3月 中国 北京

China Petroleum Trade Forum
中国石油贸易大会
March 2013 Beijing China 2013年3月 中国 北京

China Sourcing Summit On Petroleum Equipment (CSSOPE)
中国石油装备采购国际峰会
May 2013 Beijing China 2013年5月 中国 北京

Offshore Support Vessel World Forum (OSV World)
海洋工程船国际论坛
September 2013 Shanghai China 2013年9月 中国 上海

International Congress on
Quality Health Safety Environment in Oil and Gas (QHSE)
石油天然气质量健康安全环保国际大会
September 2013 Beijing China 2013年9月 中国 北京

International Offshore Engineering Summit
国际海洋工程高峰论坛
September 2013 Panjin China 2013年9月 中国 盘锦

China Fuels & Lubes Summit
中国成品油暨润滑油峰会
October 2013 Beijing China 2013年10月 中国 北京

Oil Spill Response Workshop (OSRW)
溢油应急国际研讨会
December 2013 Beijing China 2013年12月 中国 北京

The Oriental Pro-Energy Consulting Organization (Topco) 东方尚能咨询机构
Add: R2502, No.201b, Zhujiang Dijing, No.28, Guangqu Rd., Chaoyang Dist, Beijing China
地址：北京市朝阳区广渠路28号珠江帝景201号楼2502室
电话(Tel): 86-10-58634346 传真 (Fax): 86-10-58632291 E-mail: topco@topcoevents.com http: // www.topcoevents.com

ufi Approved Event

第十四届中国国际石油石化技术装备展览会

The 14th China International Petroleum & Petrochemical Technology and Equipment Exhibition

2014 3.19-21
北京・中国国际展览中心(新馆)
(北京顺义天竺裕祥路88号)

一年一度的世界石油装备大会

62个国家和地区1500家参展商 / 1,500 Exhibitors from 62 Countries and Regions
45家世界500强企业 / 45 exhibitors from the Top 500 Enterprises
12大国家展团 / 12 International Pavilions
80,000m²展出面积 / 80,000m² Exhibit Space
50,000人专业观众 / 50,000 Professional Visitors

同期举行：
2014国际石油产业高峰论坛
2014 INTERNATIONAL PETROLEUM SUMMIT

天津振威展览有限公司 北京振威展览有限公司
地 址：北京市朝阳区北苑路170号凯旋城E座8层
邮 编：100101
电 话：010-58236588，58236555
传 真：010-58236567
官方网站：www.cippe.com.cn
E-mail：cippe@zhenweiexpo.com

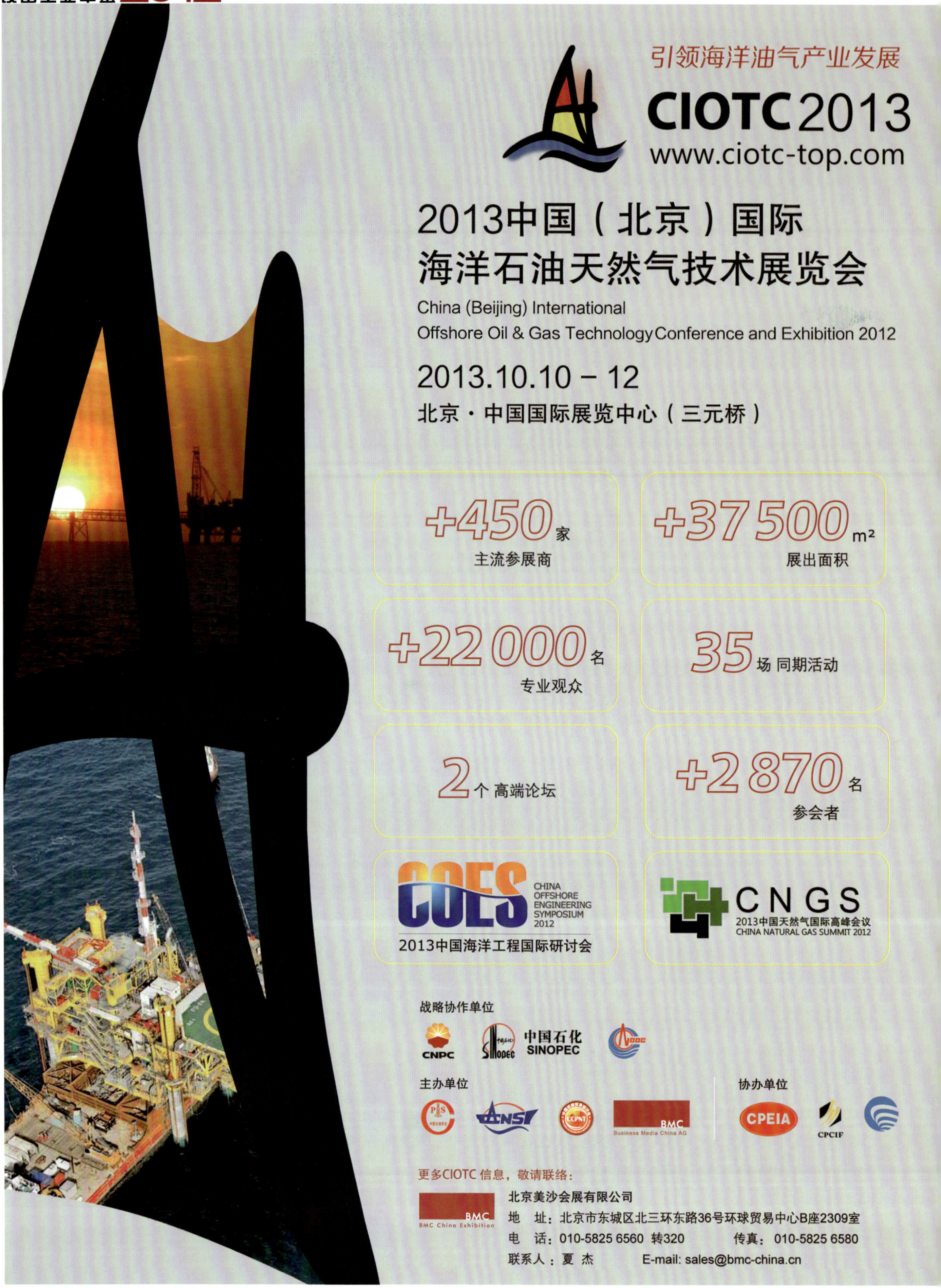
引领海洋油气产业发展
CIOTC2013
www.ciotc-top.com
2013中国（北京）国际
海洋石油天然气技术展览会
China (Beijing) International
Offshore Oil & Gas Technology Conference and Exhibition 2012
2013.10.10 – 12
北京 · 中国国际展览中心（三元桥）
+450家
主流参展商
+37500 m²
展出面积
+22000名
专业观众
35场 同期活动
2个 高端论坛
+2870名
参会者
COES
CHINA OFFSHORE ENGINEERING SYMPOSIUM 2012
2013中国海洋工程国际研讨会
CNGS
2013中国天然气国际高峰会议
CHINA NATURAL GAS SUMMIT 2012
战略协作单位
CNPC
中国石化 SINOPEC
主办单位
BMC
Business Media China AG
协办单位
CPEIA
CPCIF
更多CIOTC信息，敬请联络：
BMC
BMC China Exhibition
北京美沙会展有限公司
地　址：北京市东城区北三环东路36号环球贸易中心B座2309室
电　话：010-5825 6560 转320
传真：010-5825 6580
联系人：夏 杰
E-mail: sales@bmc-china.cn

山东三田临朐

Shandong Santian Linqu

山东三田临朐石油机械有限公司始建于 1952 年，2005 年完成改制组建有限公司，注册资本金 1800 万元，是国内专业从事石油钻采、磁电设备、生产用自动化设备的设计、研究、加工制造、售后服务和出口贸易为一体的骨干企业。是中国石油石化装备制造企业五十强企业、中国石油石化装备制造行业 AAA 级信用企业、中石油和中石化一级网络成员单位、中国石油和石油化工设备工业协会理事单位。

公司拥有主要生产设备 286 台，中高级工程技术人员 128 人，通过 ISO9001 质量管理体系认证、ISO10012 计量保证、API（4F、7K）认证，产品广泛应用于油田、水泥、建材、冶金、电力、煤炭、矿山、非矿、磨料、陶瓷、电池材料、造纸、化工等 10 多个行业，并远销美国、加拿大、哈萨克斯坦、伊朗、科威特、阿拉伯联合酋长国、印度尼西亚、巴基斯坦、韩国、菲律宾等国家和地区。

公司主要产品有石油机械和磁电设备两大系列，涉及修井机、洗井修井作业机、无绷绳修井机、带压作业修井机、带压作业装置、采油作业机、捞沙作业机、轮式通井机、修井动力钳、钻杆动力钳、磁选设备、除铁设备、给料设备、筛分设备、输送设备、计量设备等 40 多个品种，200 多种规格型号。

公司先后被评为中石油、中石化优秀供应商，山东省机械工业十大自主创新品牌企业，山东省重合同守信用企业，省级文明单位，潍坊市企业技术中心，潍坊市工程技术研究中心，山东省企业技术中心。自主研发的 XJ 系列修井机荣获中国石油石化装备品牌产品和山东省技术创新优秀新产品称号；LTJ-10 轮式通井机被国家相关部委认定为国家新产品，被中国石油天然气总公司列为十大科研项目之一；QK300YB 动力钳荣获国家优质产品质量金奖和第四十届布鲁塞尔尤里卡世界发明金奖；新研发的 XJ700-4L 修井机、XJ700Z-3W 无绷绳修井机和 XJ700-DY 带压作业修井机三种新产品通过省级鉴定，达到国内先进水平。

“产品先进可靠，服务一流回报”，公司总经理张宏磊携全体员工热忱欢迎各界朋友、同仁莅临山东三田机械参观指导。

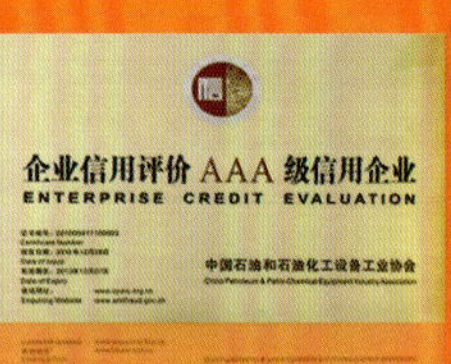

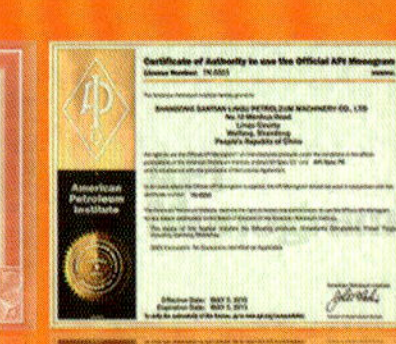

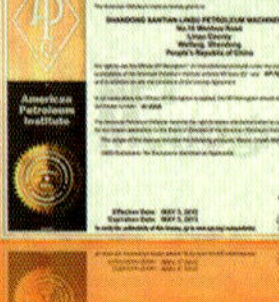

XJ700-DY 带压作业修井机

DY18-21/35 带压作业装置

XJ900Z-4 修井机

地址：山东省临朐县城文化路 10 号　电话：0536-3212927 3219661
传真：0536-3113948　E-mail:slsyjx@tom.com　http://www.sdstjx.com

石油机械有限公司

Petroleum Machinery Co.,Ltd.

XJ700-L 修井机

■ XJ700Z-2BL 洗井修井机

■ XJ700Z-3W 无绷绳修井机

■ CTQ 系列高强提纯磁选机

■ CTT 系列磁场可调式磁选机

CMP

China
Petroleum & Petrochemical Equipment Industry Yearboo

综合索引

精鉴石油石化设备工业
服务能源供给

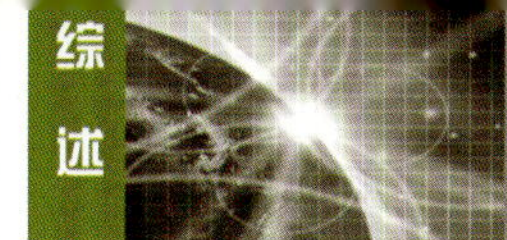

记录2011年我国石油和石油化工设备制造行业以及石油和化学工业取得的成绩；分析2011年我国石化通用机械进出口情况；介绍2012年上半年我国石油和石油化工设备制造行业的经济运行情况及各地石油和化学工业的运行特点 P3～58

介绍国内外钻机的技术和市场情况，以及世界炼油行业的现状与趋势

P61～84

介绍我国战略性新兴产业——海洋工程装备制造业的发展规划，国内海洋工程装备制造业的发展现状、竞争态势、技术状况和应用情况。重点介绍我国海洋工程装备制造企业发展概况

P87～108

介绍我国非常规油气——页岩气的发展规划，分析比较国内外页岩气开采装备的现状，提出我国开采页岩气面临的问题及市场需求预测

P111～134

介绍我国非常规油气——煤层气开采发展规划及煤层气开采装备的现状和发展趋势

P137～154

重点介绍我国煤化工产业的发展优势及GSP技术在大型煤化工项目中的应用

P157～164

重点介绍国家重点支持发展的石油化工、煤化工及海洋工程装备产品目录

P167～182

介绍2010～2011年获国家科学技术进步奖和能源科学技术进步奖的石油化工项目

P185～188

集中介绍了2010～2011年中国石油石化装备制造业行业“50强”企业和“行业名牌产品”的评选过程，公布了2010～2011年度中国石油石化装备制造业行业“50强”企业和“行业名牌产品”名单

P191～194

客观反映2011年石油和石油化工设备行业各分行业主要企业的经济指标，以及石油钻采、炼油化工设备、压力容器和输油管道四大类产品的进出口情况

P197～234

详细介绍石油石化设备行业在2011～2012年制定的标准及石油钻采设备和工具标准化“十二五”规划

P237～302

解读国家发布的与石化装备相关的政策、法规，为行业、企业的发展指明方向

P305～312

介绍与石油化工设备密切相关的政策规划及三大石油公司“十二五”发展规划

P315～324

从政策、工程项目、企业、市场和行业并购等方面记录2011年行业发生的重大事件

P327～330

中国机械工业年鉴系列

《中国机械工业年鉴》

《中国电器工业年鉴》

《中国工程机械工业年鉴》

《中国机床工具工业年鉴》

《中国通用机械工业年鉴》

《中国机械通用零部件工业年鉴》

《中国模具工业年鉴》

《中国液压气动密封工业年鉴》

《中国重型机械工业年鉴》

《中国农业机械工业年鉴》

《中国石油石化设备工业年鉴》

《中国塑料机械工业年鉴》

《中国齿轮工业年鉴》

《中国磨料磨具工业年鉴》

《中国机电产品市场年鉴》

编辑说明

一、《中国机械工业年鉴》是由中国机械工业联合会主管、机械工业信息研究院主办、机械工业出版社出版的大型资料性、工具性年刊，创刊于 1984 年。

二、根据行业需要，1998 年中国机械工业年鉴编辑委员会开始出版分行业年鉴，逐步形成了中国机械工业年鉴系列。该系列现已出版了《中国电器工业年鉴》、《中国工程机械工业年鉴》、《中国机床工具工业年鉴》、《中国通用机械工业年鉴》、《中国机械通用零部件工业年鉴》、《中国模具工业年鉴》、《中国液压气动密封工业年鉴》、《中国重型机械工业年鉴》、《中国农业机械工业年鉴》、《中国石油石化设备工业年鉴》、《中国塑料机械工业年鉴》、《中国齿轮工业年鉴》、《中国磨料磨具工业年鉴》和《中国机电产品市场年鉴》。

三、《中国石油石化设备工业年鉴》作为该年鉴系列之一，2007 年创刊，每年出版，2012 年为第 6 期。该年鉴集中反映了石油石化设备工业的发展情况，全面系统地提供了石油石化设备工业各分行业的主要经济技术指标。重点推出了行业热点页岩气、煤层气非常规油气开发所需设备行业概况以及海洋工程装备专栏。

四、2012 年《中国石油石化设备工业年鉴》的内容由综述、专文、海洋工程装备、页岩气、煤层气、煤化工、重大技术装备、科技进步奖、50 强和名牌产品、统计资料、标准和认证、政策法规、附录和大事记 14 个栏目构成，统计数据由中国石油和石油化工设备工业协会提供，数据截至 2012 年 6 月。

五、本年鉴在编撰过程中得到了中国石油和石油化工设备工业协会及所属分会、相关行业协会、研究院所和企业的大力支持和帮助，在此深表谢意。

七、由于水平有限，难免出现错误及疏漏，敬请批评指正。

中国机械工业年鉴编辑部

2013 年 3 月

目　　录

综　　述

2011 年我国石油和石油化工设备制造行业经济运行分析 …… 3
2011 年我国石油和石油化工设备制造行业进出口情况分析 …… 6
2011 年我国石油和石油化工设备制造行业运行特点分析 …… 8
2011 年我国石油和化学工业经济运行分析 …… 16
2012 年上半年我国各地石化行业经济运行调查报告 …… 29
2012 年上半年我国石油和化学工业经济运行情况 …… 37
2012 年 1 ~9 月我国石油和石油化工设备制造行业经济运行概况 …… 53
2012 年上半年我国石化通用机械进出口形势分析与需要关注的问题 …… 55

专　　文

石油钻采装备技术发展趋势 …… 61
国外钻井技术研发新动向 …… 66
陆地石油钻机国内外保有量及市场预测 …… 70
世界炼油行业发展现状与趋势 …… 74

海洋工程装备

海洋工程装备制造业中长期发展规划 …… 87
2011 年我国海洋工程装备制造业运行情况 …… 92
从处方式走向效能式的海工标准 …… 96
关于我国发展海洋浮式生产 LNG 多功能平台的浅见 …… 99
我国海洋工程装备设计的竞争格局 …… 103
我国海洋工程装备明确发展重点 …… 104
我国海洋工程装备制造产业发展空间广阔 …… 105
全球平台利用率呈上升势头 …… 105
我国海工装备多个项目列入技术创新平台建设 …… 106
国家出台多项利好政策，优先发展海洋工程装备 …… 107
我国造船业转型海工装备制造，开辟了新的市场商机 …… 108

页　岩　气

页岩气发展规划(2011 ~2015 年) …… 111
页岩气勘探开发设备行业需求分析 …… 116
国内外页岩气开采装备的技术比较及开发现状 …… 128
页岩气的规模开发，有望改变我国能源结构 …… 131

“十二五”页岩气，主要定位勘探开发………… 132
页岩气开发，仍面临固有瓶颈 ………………… 132
社会资本暂时难享页岩气“蛋糕” …………… 133
页岩气被列为独立矿种，装备企业获得新商机 ………………………………………… 133

煤　层　气

煤层气（煤矿瓦斯）开发利用“十二五”规划 ……………………………………………… 137
煤层气开采装备的技术现状及发展趋势 …… 144
煤层气开发为装备制造企业带来新商机 …… 153

煤　化　工

西门子 GSP 气化技术在大型煤化工项目中的应用 ……………………………………………… 157
煤化工产业的发展优势 ……………………… 161

重大技术装备

国家支持发展的重大技术装备和产品目录（2012 年修订）——大型石化、煤化工、海洋工程设备 ………………………………………… 167
2012 年重大技术装备自主创新指导目录（石油化工、煤化工） ………………………………… 169
重大技术装备和产品进口关键零部件、原材料商品清单（2012 年修订）——大型石化、煤化工、海洋工程设备 ………………………………………… 174
进口不予免税的重大技术装备和产品目录（2012 年修订）——大型石化、煤化工 …… 181

科技进步奖

2011 年度国家科学技术进步奖获奖项目（石油化工） ………………………………………… 185
2010 年度国家能源科学技术进步奖终审评审结果 ………………………………………… 186

50 强和名牌产品

2011 ~2012 年度中国石油石化装备制造业“50 强”企业和“行业名牌产品”评选说明 ………… 191
2011 ~2012 年度中国石油石化装备制造业“50 强”企业名单 ………………………………………… 191
2012 年度中国石油石化装备制造业“行业名牌产品”名单 ………………………………………… 192

统　计　资　料

2011 年我国石油和石油化工设备各分行业企业经济指标排名 ………………………………… 197
2011 年我国石油和石油化工设备进出口量值表 ……………………………………………… 201
2011 年我国石油和石油化工设备主要进出口国家（地区）量值表 ………………………………… 206

标准和认证

石油钻采设备和工具标准化“十二五”发展规划 …… 237
2011 年国家标准和行业标准制修订计划汇总表 …… 263
2011 年国家能源局第 3 号公告公布的 6 项石油天然气行业标准 …… 266
2011 年国家能源局第 4 号公告公布的 75 项石油天然气行业标准 …… 267
2011 年国家能源局第 6 号公告公布的 23 项石油天然气行业标准复审建议废止项目 …… 270
2012 年国家能源局第 1 号公告公布的 98 项石油天然气行业标准 …… 272
2011 年石油天然气行业标准复审建议继续有效项目汇总表 …… 276
2011 年石油天然气行业标准复审建议修订项目汇总表 …… 278
2011 年石油天然气行业标准复审建议废止项目汇总表 …… 279
2011 年强制性石油天然气行业标准项目汇总表 …… 279
2011 年推荐性石油天然气行业标准项目汇总表 …… 280
2011 年石油天然气行业标准制修订项目计划汇总表 …… 283

政策法规

国务院关于修改《中华人民共和国对外合作开采海洋石油资源条例》的决定 …… 305
国务院关于修改《中华人民共和国对外合作开采陆上石油资源条例》的决定 …… 308

附　　录

中国石油天然气集团公司“十二五”发展规划 …… 315
中国石油化工集团公司“十二五”发展规划 …… 315
中国海洋石油集团总公司“十二五”发展规划 …… 317
《国家能源科技“十二五”规划(2011～2015)》解读 …… 317
《“十二五”产业技术创新规划》摘要 …… 320
《工业转型升级规划(2011～2015 年)》摘要 …… 321

大　事　记

2011 年石油和石油化工设备行业大事记 …… 327

Contents

Overview

Analysis on the economic operation of Chinese petroleum and petrochemical equipment manufacturing industry in 2011 ········· 3
Analysis on the import and export of Chinese petroleum and petrochemical equipment manufacturing industry in 2011 ········· 6
Main features of the development of Chinese petroleum and petrochemical equipment manufacturing industry in 2011 ········· 8
Analysis on the economic operation of Chinese petroleum and chemical industry in 2011 ······ 16
Report on a survey of the economic operation of petrochemical industry in various regions of China in the first half of 2012 ········· 29
Economic operating situation of Chinese petroleum and chemical industry in the first half of 2012 ········· 37
Overview of the economic operation of Chinese petroleum and petrochemical equipment industry in January to September of 2012 ··· 53
Situation analysis and needs to attention of Chinese petrochemical General machinery import and export in the first half of 2012 ········· 55

Articles

Technical development trend of oil drilling and producing equipment ········· 61
New trends of foreign R&D of drilling technology ········· 66
Domestic and foreign populations of onshore oil drilling rigs and market forecast ········· 70
Status and development trend of world oil refinery industry ········· 74

Ocean engineering equipment

Medium/long term development plan of ocean engineering equipment manufacturing industry 13 ········· 87
Operation situation of Chinese ocean engineering equipment manufacturing Industry in 2011 ··· 92
Ocean engineering standards going from prescription type towards efficiency type ········· 96
The opinion on China's development of multifunctional platform for onshore floating production of LNG ········· 99
The competition pattern of design of ocean engineering equipment in China ········· 103
Defined development emphases of Chinese ocean engineering equipment ········· 104
broad development space is provided for Chinese ocean engineering equipment manufacturing industry ········· 105
The global platform utilization rate shows an upward tendency ········· 105
Numerous projects of Chinese ocean engineering equipment are listed in the construction of technically innovated platforms ········· 106
China has issued numerous beneficial policies, giving priority to the development of ocean engineering equipment ········· 107
Chinese shipbuilding industry has shifted to the manufacturing of ocean engineering equipment, thereby opening up new market business opportunities ········· 108

Shale gas

Development plan for shale gas (2011 – 2015) ······ 111
Analysis on the demand of shale gas exploration and production equipment industry ······ 116
Technical comparison between domestic and foreign shale gas producing equipment and the development status thereof ······ 128
Scale development of shale gas might change China's energy structure ······ 131
Exploration and production are set as the main work on shale gas in the 12th Five – Year Plan period ······ 132
Development of shale gas is still facing bottleneck ······ 132
Social capital is temporarily hard to enjoy the shale gas "cake" ······ 133
Shale gas is listed as independent mineral species; equipment enterprises obtain new business opportunity ······ 133

Coal bed methane

Plan for development and utilization of coal bed methane (coal mine gas) in the 12th Five – Year Plan period ······ 137
Technical status and development trend of coal bed methane mining equipment ······ 144
Coal bed methane development brings along new business opportunity for equipment manufacturing enterprises ······ 153

Coal chemical engineering

Application of Siemens GSP gasification technology in large coal chemical projects ······ 157
Development advantages of coal chemical industry ······ 161

Major technical equipment

Catalog of major technical equipment and products with their development supported by the State (Revised in 2012)——petrochemical、coal chemical、ocean engineering equipment ······ 167
Guidance catalog for autonomous innovation of major technical equipment in 2012 (Petrochemical, coal chemical) ······ 169
Commodity list of import key components and raw materials for major technical equipment and products (Revised in 2012)——petrochemical、coal chemical、ocean engineering equipment ······ 174
Catalog of major technical equipment and products without import tax exemption (Revised in 2012) ——(Petrochemical, coal chemical) ······ 181

S&T Progress Award

Catalog of winning projects of National S&T Progress Award in 2011 (Petrochemical) ······ 185
Result of final evaluation for National Energy S&T Progress Award in 2010 ······ 186

50 top enterprises and famous – brand products

"Fifty top" enterprises and "industrial famous – brand products" of Chinese petroleum and petrochemical equipment manufacturing industry in 2011 ~ 2012 ······ 191
List of "50 top" enterprises of Chinese petroleum and petrochemical equipment manufacturing industry in 2011 ~ 2012 ······ 191
List of "industrial famous – brand products" of Chinese petroleum and petrochemical equipment manufacturing industry in 2012 ······ 192

Statistical data

Ranking of enterprises in Chinese sub – industries of petroleum and petrochemical equipment by economic indicators in 2012 ······ 197

Import and export volume and value table of China's petroleum and petrochemical equipment in 2011 201
Volume and value tables of main import and export countries of China's petroleum and petrochemical equipment in 2011 206

Standards and certification

Development plan for standardization of oil drilling and producing equipment and tools in the 12th Five - Year Plan period 237
Summary table of formulation and revision plans for national standards and industrial standards in 2011 263
Six petroleum and natural gas industry standards announced by No. 3 Bulletin of National Energy Bureau in 2011 266
Seventy - five petroleum and natural gas industry standards announced by No. 4 Bulletin of National Energy Bureau in 2011 267
Twenty - three petroleum and natural gas industry standards to be abolished according to suggestions after reexamination, announced by No. 6 Bulletin of National Energy Bureau in 2011 270
Ninety - eight petroleum and natural gas industry standards announced by No. 1 Bulletin of National Energy Bureau in 2012 272
Summary table of continuously effective items of petroleum and natural gas industry standards according to suggestions after reexamination in 2011 276
Summary table of to - be - revised items of petroleum and natural gas industry standards according to suggestions after reexamination in 2011 278
Summary table of to - be - abolished items of petroleum and natural gas industry standards according to suggestions after reexamination in 2011 279
Summary table of compulsory items of petroleum and natural gas industry standards in 2011 279
Summary table of recommended items of petroleum and natural gas industry standards in 2011 280
Summary table of plans for developing and revising items of petroleum and natural gas industry standards in 2011 283

Policies and regulations

Decision of the State Council on revision of "Regulations of the People's Republic of China on the Exploitation of Offshore Petroleum Resources in Cooperation with Foreign Enterprises 305
Decision of the State Council on revision of "Regulations of the People's Republic of China on the Exploitation of Onshore Petroleum Resources in Cooperation with Foreign Enterprises 308

appendix

Development Plan of China National Petroleum Corporation in the 12th Five - Year Plan period 315
Development Plan of SINOPEC in the 12th Five - Year Plan period 315
Development Plan of China National Offshore Oil Corporation in the 12th Five - Year Plan period 317
Interpretation of "Plan for National Energy Science and Technology in the 12th Five - Year Plan Period (2011 ~ 2015)" 317
Abstracts of "Plan for Industrial Technology Innovation in the 12th Five - Year Plan Period (2011 ~ 2015)" 320
Abstracts of "Plan for Industrial Transformation and Upgrading in the 12th Five - Year Plan Period" 321

Chronicle of events

Chronicle of events of petroleum and petrochemical equipment Industry in 2011 327

综述

记录2011年我国石油和石油化工设备制造行业以及石油和化学工业取得的成绩；分析2011年我国石化通用机械进出口情况；介绍2012年上半年我国石油和石油化工设备制造行业的经济运行情况及各地石油和化学工业的运行特点

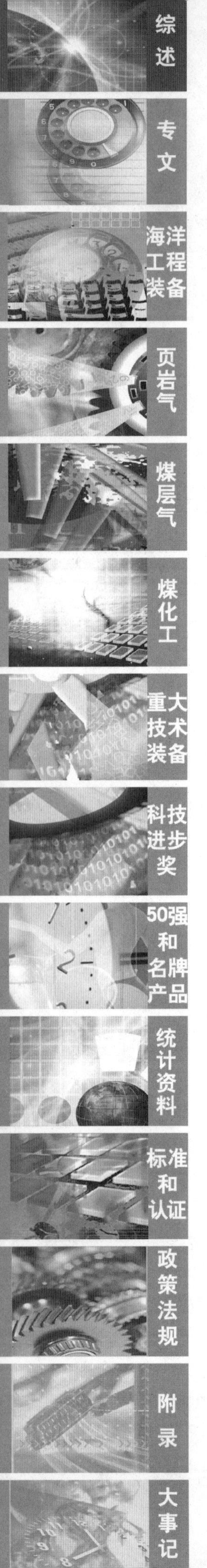

综述

2011年我国石油和石油化工设备制造行业经济运行分析

2011年我国石油和石油化工设备制造行业进出口情况分析

2011年我国石油和石油化工设备制造行业运行特点分析

2011年我国石油和化学工业经济运行分析

2012年上半年我国各地石化行业经济运行调查报告

2012年上半年我国石油和化学工业经济运行情况

2012年1～9月我国石油和石油化工设备行业经济运行概况

2012年上半年我国石化通用机械进出口形势分析与需要关注的问题

2011年我国石油和石油化工设备制造行业经济运行分析

回顾2011年，世界经济增速放缓，不稳定、不平衡、高风险特征明显；世界石油供需均呈下降趋势；国际油价比上年大幅攀升，高位徘徊。2011年我国石油和石油化工行业发展速度同样表现出趋缓的态势，国内石油消费增速放缓，由上年的两位数增长转而呈现下行，增长速度低于近10年来7.1%的平均增长幅度。2011年，国内原油产量为2.04亿t，比上年增长0.3%，继续保持在2亿t以上，但比上年增速趋缓。这与我国总体经济增速逐渐放缓的趋势相吻合。2011年，我国累计进口原油2.54亿t，比上年增长6%；累计进口成品油4 060万t，比上年增长10.1%。石油对外依存度比上年上升1.7个百分点，达到56.5%。2011年，我国天然气产量突破千亿立方米，达到1 025.3亿m^3的历史最高。天然气消费量持续保持两位数的增长态势，表观消费量达1 290亿m^3，比上年增长20.6%，其中，进口量达310亿m^3，比上年增长82.3%。截至2011年年底，我国的炼油能力到达5.40亿t/a，比上年增长5.2%，仅次于美国位列世界第二，占世界总炼油能力的12.2%。

2011年全球油气勘探开发活跃，投资持续增长，据专业机构统计全年投资达到4 130亿美元，比上年增长12%。全球待开发的油气资源分别增长了7%和18%，特别是非常规油气资源的勘探开发投资占比达50%以上，为从事油气勘探开发的装备制造企业带来可贵的市场机遇和新的经济增长点。

一、2011年我国石油和石油化工设备制造行业经济运行情况

1. “十二五”全行业经济运行实现了良好开局

2011年我国石油和石油化工设备制造行业在大力推进转变发展方式，调整产品结构的进程中，及时把握了油气勘探开发投资增长的机遇和挑战，全行业经济运行实现了快速平稳增长。根据国家统计局发布的数据统计，截至12月末，全行业规模以上企业数量达到1 487家(2011年统计范围为规模以上企业已由2010年以前的年主营业务收入500万元以上调整为年主营业务收入2 000万元以上，因此比2010年规模以上企业数量少25%)。累计完成工业总产值3 208.45亿元，比上年增长33.29%；完成工业销售产值3 105.66亿元，比上年增长33.74%；完成出口交货值216.55亿元，比上年增长28.46%；完成主营业务收入2 988.66亿元，比上年增长33.04%；实现利润总额195.37亿元，比上年增长28.09%。全行业基本恢复到2008年国际金融危机之前的发展水平，实现了“十二五”规划的良好开局。2011年1～12月全行业主要经济指标完成情况及环比见表1。

表1　2011年1～12月全行业主要经济指标完成情况及环比

月份	工业总产值			工业销售产值			出口交货值		
	金额(亿元)	环比增长(%)	同比增长(%)	金额(亿元)	环比增长(%)	同比增长(%)	金额(亿元)	环比增长(%)	同比增长(%)
2011.1	192.12		36.60	181.95		39.31	11.62		13.81
2011.2	170.34	-11.34	35.26	163.67	-10.05	33.53	9.31	-19.88	27.13
2011.3	252.49	48.23	31.35	237.27	44.97	30.63	14.42	54.89	-21.67
2011.4	230.11	-8.86	28.48	220.73	-6.97	28.31	18.38	27.46	38.41

（续）

月份	工业总产值			工业销售产值			出口交货值		
	金额(亿元)	环比增长(%)	同比增长(%)	金额(亿元)	环比增长(%)	同比增长(%)	金额(亿元)	环比增长(%)	同比增长(%)
2011.5	280.5	21.90	21.84	259.97	17.78	17.78	15.76	-14.25	-14.25
2011.6	325.71	16.12	47.37	311.19	19.7	50.43	27.11	72.02	29.06
2011.7	242.72	-25.48	21.97	232.72	-25.22	34.17	15.24	-43.78	27.13
2011.8	263.07	8.38	26.81	249.67	7.28	25.54	16.99	11.55	24.74
2011.9	308.11	17.12	41.87	294.92	18.12	42.85	19.76	16.30	42.21
2011.10	290.12	-5.84	41.47	278.85	-5.45	36.47	18.53	-6.20	23.30
2011.11	300.23	3.48	31.96	304.70	9.27	34.5	23.94	29.20	47.28
2011.12	352.93	17.55	34.25	370.02	21.44	33.73	25.49	6.46	8.55

2. 各分行业经济运行情况分析对比

(1)石油钻采设备制造分行业

共有规模以上企业683家。其中按企业性质划分,国有企业24家,集体企业215家,私营企业357家,三资企业(包括港澳台)82家;按生产规模划分,大型企业5家,中型企业94家,小型企业584家。

2011年完成工业总产值1 833.89亿元,比上年增长33.02%,比2010年的21.43%上升了近12个百分点;完成工业销售产值1 770.12亿元,比上年增长34.53%;产销率为96.52%,比2010年的95.12%提高了1.4个百分点;完成出口交货值171.93亿元,比上年增长34.21%。

(2)炼油化工专用设备制造分行业

共有规模企业384家,其中,按企业性质划分,国有企业9家,集体企业96家,私营企业240家,三资企业(包括港澳台)39家;按生产规模划分,大型企业2家,中型企业52家,小型企业330家。

2011年炼油化工专用设备制造分行业完成工业总产值675.27亿元,比上年增长30.47%,与2010年的20.45%相比,增幅上升了10个百分点;完成工业销售产值639.79亿元,比上年增长27.77%;产销率为94.76%,比2010年的96.72%低2个百分点;完成出口交货值19.78亿元,比上年增长5.9%。

(3)金属压力容器制造分行业

共有规模以上企业420家。其中按企业性质划分,国有企业10家,集体企业128家,私营企业240家,三资企业(包括港澳台)42家;按生产规模划分,大型企业1家,中型企业53家,小型企业366家。

2011年金属压力容器制造分行业完成工业总产值716.74亿元,比上年增长36.81%;与2010年的19.4%相比,增幅上升超过了17个百分点。完成工业销售产值698.46亿元,比上年增长37.56%;产销率为97.49%,略低于2010年的98%。完成出口交货值31.07亿元,比上年增长16.63%。2011年1~12月各分行业的主要经济指标见表2。

表2　2011年1~12月各分行业的主要经济指标

分行业名称	工业总产值		工业销售产值		出口交货值	
	金额(亿元)	增幅(%)	金额(亿元)	增幅(%)	金额(亿元)	增幅(%)
石油钻采设备	1 833.89	33.02	1 770.12	34.53	171.93	34.21
炼油化工设备	675.27	30.47	639.79	27.77	19.78	5.9
金属压力容器	716.46	36.81	698.46	37.56	31.07	16.63
全行业	3 225.62	33.29	3 108.37	33.74	222.78	28.46

3. 2011 年 1 ~ 12 月行业主要经济效益指标全面向好,主营业务收入增长幅度最大,利润总额逐月递增

截至 2011 年 11 月,全行业经济效益保持平稳较快增长,规模以上企业资产总额 2 514.79 亿元,同比增长 26.61%;实现主营业务收入 2 988.66 亿元,同比增长 33.04%,增速与工业总产值基本同步;实现利润总额 195.37 亿元,同比增长 28.09%,保持了较好的盈利水平。2011 年 1 ~ 11 月全行业主要效益指标完成情况见表 3。

表 3　2011 年 1 ~ 11 月全行业主要效益指标完成情况

分行业名称	资产总额		主营业务收入		主营业务成本		利润总额	
	金额(亿元)	增幅(%)	金额(亿元)	增幅(%)	金额(亿元)	增幅(%)	金额(亿元)	增幅(%)
石油钻采设备	1 373.51	21.03	1 696.94	35.51	1 433.66	37.02	111.69	34.55
炼油化工设备	626.39	35.34	616.26	25.07	509.54	25.24	42.90	11.23
金属压力容器	514.89	32.47	675.45	34.73	575.57	34.35	40.78	31.78
全行业	2 514.79	26.61	2 988.66	33.04	2 518.77	33.87	195.37	28.09

从表 3 所列数据可以看到,在主营业务收入平稳快速增长的同时,主营业务成本仍然高居不下,其上升幅度比主营业务收入增幅高近 1 个百分点,比利润总额的增幅高近 6 个百分点。分析原因主要有几点,一是部分原材料涨价(稀有金属);二是人民币升值,挤压了产品出口的利润空间;三是劳动力成本增加;四是环保要求日益严格。以下是各分行业的具体分析:

(1)石油钻采设备分行业,值得注意的是主营业务成本增幅高出主营业务收入增幅 1.5 个百分点,且资产总额增幅却为全行业最低,需要行业企业特别关注。分行业实现利润总额前三名的省市分别是山东省(28.49 亿元,比上年增长 42.17%)、江苏省(16.72 亿元,比上年增长 28.81%)、四川省(10.36 亿元,比上年增长 47.58%)。

(2)炼油化工专用设备分行业,资产总额的比上年增长幅度分别高于主营业务收入 10 个百分点,以及利润总额 22 个百分点。其中实现利润总额前三名的省市分别是江苏省(8.34 亿元,比上年增长 15.67%)、山东省(4.95 亿元,比上年增长 17.02%)、辽宁省(4.72 亿元,比上年增长 61.64%)。

(3)金属压力容器分行业的各项效益指标均呈现平稳向上的发展态势。其中实现利润总额前三名的省市分别是江苏省(9.39 亿元,比上年增加 75.19%)、山东省(4.95 亿元,比上年增长 49.10%)、辽宁省(3.23 亿元,比上年减少 6.15%)。

4. 行业亏损企业数量、亏损金额均为下降态势

根据国家统计局的统计数据分析,截至 2011 年 12 月,从事石油和石油化工设备生产的亏损企业数量为 139 家,占企业总数的 9.35%,累计亏损额 10.61 亿元;其中:石油钻采设备制造业亏损企业 61 家,累计亏损额 5.04 亿元;炼油化工设备制造业亏损企业 33 家,累计亏损额 2.94 亿元;金属压力容器制造业亏损企业 45 家,累计亏损额 2.63 亿元。2011 年 1 ~ 12 月各分行业企业亏损情况见表 4。2011 年全行业亏损企业数量均占行业企业总数的 10% 以下,亏损金额均占利润总额的 7%。

表 4　2011 年 1 ~ 12 月各分行业企业亏损情况

分行业名称	企业总数(家)	亏损企业数(家)	占企业总数的比例(%)	亏损金额(亿元)	利润总额(亿元)
石油钻采设备	683	61	8.93	5.04	111.69
炼油化工专用设备	384	33	8.59	2.94	42.90
金属压力容器	420	45	10.71	2.63	40.78
合　计	1 487	139	9.35	10.61	195.37

〔供稿单位:中国石油和石油化工设备工业协会〕

2011 年我国石油和石油化工设备制造行业进出口情况分析

根据国家海关总署发布的统计数据分析显示，2011 年我国石油和石油化工设备制造行业产品进出口总额比 2010 年有较大幅度的增长。根据中国石油和石油化工设备工业协会对石油石化设备其中的 55 种主要产品进出口统计数据分析，2011 年我国石油石化装备制造业产品进出口总额为 261.81 亿美元，比 2010 年增长 17.95%。其中进口总额为 65.59 亿美元，比 2010 年增长了 20.85%，相对于 2010 年对 2009 年增幅下降 2.21% 情况有了明显的改观；出口总额为 196.22 美元，比上年增长 27.13%，出口增幅还是明显高于进口增幅；进出口贸易顺差继续加大，达到了 130.63 亿美元，各个分行业进出口呈现以下特点：

1. 石油钻采设备出口增幅加快，贸易顺差进一步加大

2011 年石油钻采设备进出口总额为 63.1 亿美元，比上年增长 35.82%；其中进口总额 8.55 亿美元，比上年减少 6.37%；出口总额为 54.55 亿美元，比上年增长 46.18%。贸易顺差继续加大，达到 46 亿美元，比上年增长 63.24%。

2. 炼油化工设备出口增长高于进口增长，贸易逆差继续下降

2011 年炼油化工设备进出口总额为 85.59 亿美元，比上年增长 21.4%；其中进口总额为 47.2 亿美元，比上年增长 15.97%；出口总额为 38.39 亿美元，比上年增长 28.81%。贸易逆差为 8.81 亿美元，比 2010 年减少 2.09 亿美元，比上年下降 19.2%。

3. 金属压力容器进口增长略高于出口增长

2011 年金属压力容器进出口总额为 6.47 亿美元，比上年增长 18.93%；其中进口 1.21 亿美元，比上年增长 20.99%；出口金额为 5.26 亿美元，比上年增长 18.53%。贸易顺差为 4.05 亿美元，比上年增长 17.73%。

4. 石油天然气船进口量减少

2011 年石油天然气船进出口总额为 61.38 亿美元，比上年减少 6.43%。其中进口 0.57 亿美元，比上年减少 51.46%；出口 60.81 美元，比上年减少 5.62%。贸易顺差为 60.24 亿美元。

5. 其他产品（管子、管件和法兰等）出口总额仍然高于进口总额

2011 年管子、管子附件和法兰等产品出口总额为 45.58 亿美元，比上年增长 34.22%。其中进口总额为 8.06 亿美元，比上年增长 6.19%；出口总额为 37.52 亿美元，比上年增长 42.28%。进出口贸易顺差为 29.47 美元。

6. 进口金额 1 亿元以上单项和出口金额 3 亿元以上单项产品

2011 年进口金额 1 亿元以上单项产品共有 14 项，其中炼油化工设备占 10 项，石油钻采设备占 2 项，2011 年石油石化设备进口金额 1 亿美元以上的单项见表 1。

表1　2011年石油石化设备进口金额1亿美元以上的单项

序　号	商品代码	商品名称	金额(万美元)
1	84195000	热交换装置	90 182.88
2	84198990	未列名利用温度变化处理材料的机器、装置	78 654.18
3	84139100	液体泵零件	77 854.95
4	84772090	其他挤出机	40 675.61
5	84138100	未列名液体泵	36 651.04
6	84811000	减压阀	34 412.41
7	84211990	其他未列名离心机,包括离心干燥机	33 164.27
8	84193990	未列名干燥器	32 524.11
9	73079900	未列名钢铁制管子附件	26 584.52
10	84136090	其他回转式排液泵	25 769.74
11	84314310	石油或天然气钻机的零件	25 334.50
12	84135020	电动往复式排液泵	17 954.59
13	84135090	未列名往复式排液泵	16 183.59
14	73072900	不锈钢制其他管子附件	15 795.86

出口金额3亿美元以上的单项产品有20项,比2010年增加了4项,所增加的单项集中在管子附件。在20项3亿美元以上的单项产品中石油钻采设备和炼油化工设备各有5项,石油天然气船4项,2011年石油石化设备出口金额3亿美元以上的单项见表2。

表2　2011年石油石化设备出口金额3亿美元以上的单项

序　号	商品代码	商品名称	金额(万美元)
1	89012022	载重量超过15万t、不超过30万t成品油船	278 088.80
2	89052000	浮动或潜水式钻探或生产平台	178 638.50
3	89012011	载重量不超过10万t的成品油船	165 409.30
4	84314310	石油或天然气钻机的零件	141 647.00
5	84139100	液体泵零件	118 371.90
6	73079900	未列名钢铁制管子附件	76 641.99
7	89012023	载重量超过30万t的成品油船	76 543.59
8	73079100	其他钢铁制法兰	67 242.34
9	89012021	载重量不超过15万t的成品油船	59 176.35
10	73071900	可锻性铸铁及铸钢管子附件	52 427.16
11	84136090	其他回转式排液泵	50 507.34
12	73110090	装压缩气体或液化气体的非零售包装钢铁	48 762.88
13	73072100	不锈钢制法兰	44 730.77
14	84138100	未列名液体泵	41 389.04
15	84198990	未列名利用温度变化处理材料的机器、装置	40 413.78
16	73071100	无可锻性铸铁管子附件	40 118.81
17	84304119	未列名自推进的石油及天然气钻机	40 004.63
18	87059090	未列名特殊用途的机动车辆	35 974.33
19	84195000	热交换装置	32 932.20
20	84304111	自推进石油及天然气钻机,钻探深度≥6 000m	30 498.79

〔撰稿单位:中国石油和石油化工设备工业协会〕

2011 年我国石油和石油化工设备制造行业运行特点分析

2011 年是我国“十二五”规划实施的开局之年，是行业转变发展方式，实施发展转型的重要一年。全球油气勘探开发投资持续增长，为行业企业改变发展方式，调整产品结构创造了机遇和市场空间。

1. 发展海洋工程装备，是企业转变发展方式走向高端制造的途径之一

作为海洋产业价值链核心的海洋工程装备产业已经被列入我国“十二五”期间重点扶持的七个战略性新兴产业之一。《海洋工程装备制造业中长期发展规划(2011 ~ 2020 年)》已经正式由工业和信息化部等政府部门发布，并提出到 2015 年整个产业的年销售收入将达 2 000 亿元以上，其中海洋油气开发装备占国际市场份额达到 20% 。

据权威机构预测：全球海洋工程未来 10 年市场规模将达 3 000 亿美元以上，年均 300 亿美元。未来 5 年，全球海洋油气工业将投资 1 890 亿美元在遍及全球的海洋上建立 15 000 个油气勘探和开采井。我国水深在 300m 以上的海域有 153 万 m^2，目前只勘探了 16 万 m^2，还有 90% 没有进行勘探，主要原因就是深海油气开发技术和装备远落后于世界发达国家。全球海上浮式生产设备市场规模约 1 000 亿美元；而一座 3 000m 深水半潜式钻井平台的价格平均是 5 亿 ~6 亿美元。这为我国加快发展海工装备制造业带来了巨大商机。

2011 年行业企业在涉足海工油气工程装备领域跨出了实质性的一大步，新产品新技术层出不穷。

(1) 宝鸡石油机械有限责任公司(简称宝石机械公司)总承包我国首套 300ft(91.44m)海洋钻井平台，延伸产业链

2011 年 4 月 19 日，宝石机械公司按照 EPC(设计、采购、施工)总承包方式，自行承建的我国第一套 300ft(91.44m)自升式海洋钻井平台，在顺利完成坞内组装和测试任务后，成功驶出大连船舶重工集团海洋工程有限公司的专用船坞。这不仅打破国外公司在同类产品上的垄断，而且对提升我国近海石油开发作业能力具有重要意义。

这套国内首创、具有独立自主知识产权、达到国际先进水平的海洋钻井平台，是宝石机械公司 2009 年 9 月与中国石油技术开发公司签订的出口阿联酋迪拜“1 + 1”300ft(91.44m)自升式海洋钻井平台 EPC 总包项目合同中的第一套。它成功开启国内石油装备研发制造企业出口成套海洋石油装备的历史先河。宝鸡石油机械有限责任公司总承包建造的 300ft(91.44m)自升式海洋钻井平台见图 1。

图 1　宝鸡石油机械有限责任公司总承包建造的 300ft(91.44m)自升式海洋钻井平台

同日，宝石机械公司与大连船舶重工集团海洋工程公司在大连续签迪拜“1 + 1”总包项目中的第二套同类型海洋钻井平台的设计建造合同。

此次顺利下水出坞的海洋钻井平台最大作业水深 91.44m，钻深能力为 9 000m。其中，宝石机械

公司自主创新设计制造的国内首套9 000m单斜瓶颈式海洋塔形井架,工作高度为52m,风速在36m/s以下时,提升套管的能力可达6 750kN,并可抵御百年一遇的拖航风暴。

为高质量如期履约,宝石机械公司与大连船舶重工集团密切协作,大胆创新,仅用4个多月就紧张有序地完成铺底、分段合拢、生活楼及直升机甲板吊装、桩腿前4段连接、悬臂梁及钻台底座等重要结构件的安装,以及升降系统和柴油发电机组等调试工作。4月16日,经过充分准备,总重200余吨的新型9 000m塔形井架,在300ft(91.44m)海洋钻井平台上一次组装成功。

(2)中石油辽河装备制造总公司实现了海工装备由制造向创造的跨越

2011年11月中石油辽河装备制造总公司自主研发建造的国内首台自升式钻井平台CP-300 1号和2号,是辽河油田海工装备全力由制造向创造升级的典范。按照中石油集团公司对石油装备制造企业在技术上始终领先、产品上始终高端、服务上始终优质的要求,瞄准了国际领先水平,持续加大科技投入,扎实开展高端产品研发。目前该公司已经有25亿元海工项目在建,另外还签订了75亿元项目合同,2011年公司海工装备订单突破百亿元。

凭借积累的人才、技术和设备优势,高点启动的辽河油田海工装备全力由制造向创造升级。近两年,这个公司先后创造了多项第一:我国石油第一艘万吨成品油轮成功下水,国内首台CP-400钻井平台全面进入研发制造,国内首创具有自航能力的座底式风电安装平台研发成功。

中石油辽河装备制造总公司2011年取得了国家船舶制造业最高资质一级I类钢质生产企业生产条件资格。1号CP-300钻井平台即将下水和2号钻井平台的开工,标志着辽河油田海工装备加速驶入高端领域。

(3)四川宏华石油集团投资江苏启东,致力发展海洋油气开发

2011年7月,四川宏华集团公司宣布与新加坡全球领先的海洋装备生产商SBI Offshore Limited(SBI Offshore)组建了合资公司。组建该合资公司的目的是提升宏华集团在投资于江苏启东的海洋石油装备生产基地的竞争力和生产能力。该合资公司将会向全球海洋钻井行业提供按单生产服务。根据双方的合资协议,宏华与SBI Offshore将分别持有该合资公司——HS Offshore Pte Ltd.(HS Offshore)70%和30%股权,注册资本为100万美元。该合资公司的目标是成为全球海洋钻采及建造装备及相关零部件的领先原设计生产商。

据了解,西方海洋装备公司正在亚洲物色优秀的原设备生产商,以较低生产成本、缩短产品付运至亚洲市场的时间。目前全球约80%的移动式海洋钻采装备由亚洲生产商生产。分析预测该合资公司享有先发优势,可充分利用宏华在陆地钻采钻机和零部件方面的庞大生产设施与生产能力,以及SBI Offshore在海洋钻采装备的丰富知识和在海洋船舶领域的专长,特别是企划管理、质量保证和详细工程设计方面的知识,促进宏华集团加快在全球海洋领域的发展扩张。

(4)河北华北荣盛机械制造公司调整产品结构,研制成功高端装备——3 000m深水防喷器

2011年3月31日河北华北石油荣盛机械制造公司,打破了目前我国国内海洋石油勘探井控系统依赖进口的格局,研制成功国内首台3 000m深水防喷器样机,使该公司在高端装备制造领域上了一个台阶,对我国海洋石油勘探开发将产生重要影响。

长期以来,我国海上石油井控装备依赖国外进口,导致海上石油开发成本较高。华北荣盛公司研制开发的用于海洋石油勘探的3 000m深水防喷器,是2008年立项的国家“863”项目重大课题之一,是国家科技部和河北省科技厅重点支持的高新科技成果项目。在国外垄断企业严密的技术封锁情况下,公司历经3年自主攻关,攻克主流配置F48-105防喷器主机制造和控制系统研制等多个关键

性技术难题,在深水防喷器研制中取得14项国家专利。

(5)宝石机械公司打破国外垄断,研制成功我国首根海洋深水钻井隔水管接头

海洋钻井隔水管系统是海洋油气开发水下设备的重要设备,2011年由宝石机械公司研制成功的我国首根可以满足3 000m水深作业的海洋深水钻井隔水管接头,是连接隔水管串、固定辅助管线、隔离管内外高压钻井液和海水关键部件之一,其技术与产品一直被欧美发达国家垄断。

2011年4月14日,宝石机械公司进行了E级载荷试验,通过10级加载,承载能力达到8 936kN。E级设计要求承载最大拉力为8 896kN,可满足2 000m水深。

2011年4月20日,钻井隔水管接头在宝石机械公司20 000kN提升设备静载试验装置上,又通过H级额定载荷拉伸试验。通过10级加载,承载能力达到15 583kN,设计要求承载最大拉力15 568 kN,可满足3 000m水深作业。这是目前世界最深作业水域。

E级和H级型号钻井隔水管接头的拉伸试验,均按设计要求进行了两次,各项试验数据均符合设计要求。

海洋深水钻井隔水管接头对所选材料、焊接技术、涂层、防腐、密封和疲劳强度等要求非常高。宝石机械公司前期已做过压力试验和密封试验。由于国内目前没有相关的抗疲劳检测设施,因此,最后一项抗疲劳试验要到美国去做。2011年5月已经运抵美国休斯敦,进行最后一项试验——抗疲劳试验。

(6)宝鸡石油机械国内首创的国产K型井架将应用于深海钻井平台

2011年12月,由宝鸡石油机械有限责任公司自主设计制造的K型动态海洋井架,填补了我国深水半潜式海洋钻井平台无大开档K型井架的空白。

这套国内首创的K型动态海洋井架,是宝石机械公司专门为中国海油流花项目设计生产的。宝石机械公司2010年12月中标该项目以来,广大技术人员大胆创新,仅用4个月就高质量地完成了全部设计任务。

K型动态海洋井架采用前开口结构设计,整体重量160多t,承载力450t,底部开档超过15m,高达49m,可抵御海上65.7m/s的大风。经过技术人员优化设计,K型动态海洋井架与目前国内海洋钻井平台普遍使用的塔型井架相比,在同等负荷下,大幅减少了自重,最大限度地增加了钻井作业平台的使用面积,有效拓展了操作空间。

宝石机械公司针对海洋钻井平台特殊的作业环境,在生产制造中采用了比陆地K型井架更为严苛的工艺标准,井架表面防腐处理使用了先进的热镀锌工艺,有效确保了K型动态海洋井架的质量、安全和技术性能。完成各项试验后,K型动态海洋井架于2012年年底正式交付用户。

(7)江汉油田四机厂海洋酸化压裂撬装设备,进入国际市场知名品牌行列

江汉油田四机厂2010年7月为中国石油海洋工程有限公司制造了国内首套2000型海洋酸化压裂机组。在运行的时间里,该套压裂机组经受住了海洋恶劣自然环境的考验。整套机组性能优良,运行稳定,先后在海上成功对30多口油井实施压裂,并被国内油田用户以租赁方式提供给国外知名油气开发企业在海上作业使用,为国产海洋石油装备进军国际市场打响了品牌。

2011年江汉油田四机厂再次为中国石油海洋工程有限公司设计生产了2000型及600型海洋酸化压裂撬装设备,全部设备已于2011年7月底前交付于用户。

2. 调整产品结构,进军非常规能源开发领域

我国煤层气资源十分丰富,煤层气资源总量约为36.81×1 012m^3,广泛分布在各大盆地中,是仅次于俄罗斯、加拿大的世界第三大煤层气储藏国,居世界第3位。

我国煤层气具有巨大的资源量和需求量,是国家重点发展的重要接替能源之一。国家从能源有

效利用和减少煤矿安全隐患出发，推出了大力支持煤层气开发利用的相关产业政策。《新能源产业振兴发展规划》已为煤层气产业发展圈出了2个产业化基地，15个抽采利用矿区和5条输气管道。我国煤层气抽采量将逐年增加，“十一五”计划目标为年产100亿m^3，“十二五”规划目标为年产200亿m^3，到2020年计划达到500亿m^3。

（1）南阳二机集团把握市场先机，成功研制国内首台高集成全液压煤层气钻机

国内首台高集成全液压煤层气钻机在南阳二机集团研制成功。这台以“安全、智能、经济、高效”为设计理念的1 500m车载式煤层气钻机，可实现泥浆钻进、空气钻进、泡沫钻进等多种钻井工艺，在国内尚属首创。新型全液压煤层气钻机的诞生，将为国家大力倡导的非常规油气资源开采提供精良“武器”，并有利于提高我国油气钻采装备的国际竞争力。另外，此钻机还能在煤井、矿山抢险救援中发挥重要作用。

新型全液压车装煤层气钻机适用于钻深1 500m以内的煤层气钻井作业，大排量泥浆泵、泡沫泵、注油器全部在一车上集成，可满足快速移运的要求。

这台新型全液压煤层气钻机研制后，南阳二机集团将根据市场需求，继续开发研制不同等级的多种系列煤层气钻机并实现批量生产，为国家非常规油气资源开采贡献力量。

（2）渤海石油装备公司成功研制煤层气开发装备——氮气泡沫压裂泵车

长期以来我国装备制造水平制约了国内煤层气开发技术的发展。2008年国家油气重大专项全面启动，氮气泡沫压裂泵车被确立为首先研发的十大关键装备之一，其攻关目标是研制适合煤层气开发需要的高压、大排量氮气泡沫压裂泵车，支撑煤层气高效增产工艺技术进步，达到提高采收率、提高单井产量的目的。渤海石油装备公司发挥产学研强强联合优势，通过增产工艺研究、氮气泡沫压裂泵车研制、设备试验检验方法研究，研制成功了煤层气氮气泡沫压裂泵车，并且取得11项专利。经测试，其技术性能达到国外同类产品水平。

2011年9月26日，由渤海石油装备公司研制的氮气泡沫压裂泵车在内蒙古呼伦贝尔市阿木古朗镇和煤2井顺利完成现场作业任务。这是国家油气重大专项的标志性成果之一。

（3）宝石机械F系列泥浆泵煤层气开发的名牌产品

宝鸡石油机械为适应国内煤层气勘探开发快速发展对小功率泥浆泵的需求，2011年在确保传统主营业务市场供应的前提下，调整产品结构，逐步加大进军煤层气市场的力度。目前宝鸡石油机械公司已有20台F800马力泥浆泵成功进入煤层气钻井作业市场。

作为全球最大的陆地石油钻机和各系列钻井泵的研发制造基地，宝石机械公司生产的高品质F500 ~ F3000马力钻井泥浆泵，具有结构简单、体积小、寿命长和运转平稳等优点，已连续9年产量位居世界之首。其中，F系列钻井泵的大功率、轻型化技术达到了国际领先水平。

据用户反馈信息，在用的宝石机械F800泥浆泵，不仅没有发生任何故障，而且安装快捷、运行可靠、使用方便、维护成本低，提高了煤层气勘探开采的效率。

（4）渤海装备新产品小顶驱，成功进入山西煤层气开发市场

由渤海装备石油机械厂和中国石油勘探开发研究院共同研制的“DQ20Y1顶部驱动钻井装置”，2011年成功进入山西煤层气开发羽状水平井钻井市场。

据山西南部煤层气两个井组的钻井客户反馈信息，截至2011年11月22日，这两个井组配有的渤海装备石油机械厂生产的这种小顶驱钻机已安全钻进上万米，没有发生任何故障，而且具有安装快捷、运行可靠和使用成本国内最低的优点。

顶部驱动钻井装置与传统的转盘钻进方式相比，具有减轻劳动强度和大幅度提高钻井速度等优点，逐渐成为大型电动钻机的标准配置。但由于顶

驱价格昂贵,在2 000m左右的浅井小钻机和大吨位修井机中,出于经济因素考虑,钻井队很少采用这种高端配置。

配置顶驱是钻修井机发展的大趋势。渤海装备石油机械厂从中看到了商机,但要解决市场难题,还要从生产质优价廉的产品入手。以加工制造石油配套产品见长的石油机械厂,决定进军小载荷顶驱市场。

渤海装备石油机械厂与中国石油勘探开发研究院合作,先后投入1 400余万元,专门设计制造了转矩—转速综合试验台、钩载试验台和液压密封试验台,通过持续攻关,迅速掌握了顶驱关键技术。

煤层气开发的羽状水平井对钻机提升载荷要求高,但以往的顶驱存在功率远远大于实际需求的“大马拉小车”问题。使用渤海装备石油机械厂小功率顶驱的渤海钻探钻井队,2011年8月进入山西水平井钻井市场后,实现了钻机和顶驱的高效匹配,有效解决了煤层气井井壁稳定性差、井斜角度大造成的起下钻卡钻的难题,保证了钻井的工艺安全,提高了钻井速度。

为了提高现场使用效率,渤海装备石油机械厂结合现场使用特点,设计了许多专用工具、吊具,并改进了电控程序,提高了操作的安全性、可靠性和便捷性。

目前,渤海装备石油机械厂的DQ20Y1顶部驱动钻井装置已获四项国家专利,成为国内小顶驱的“排头兵”。2012年,渤海装备石油机械厂小批量生产改进型顶驱进入煤层气高端钻井市场。

3. 行业企业转变发展方式,取得了实质性的进展

(1)实施国际化战略,宝鸡石油机械组建巴西石油设备公司

2011年7月,宝石机械公司与巴西BRCP公司和巴西ASPERBRAS能源公司在北京签约,三方联手组建宝石巴西石油设备有限公司。这是中国石油企业与巴西在石油装备制造领域的首次合作,对三方互惠共赢,促进巴西油气勘探开发,加强中巴经贸合作有重要意义。

此次,组建的宝石巴西石油设备有限公司,是宝石机械公司实施国际化战略、由“中国的宝石”向“世界的宝石”迈出的重要一步,是中国石油集团建设综合性国际能源公司、振兴石油装备制造业的重要举措,也是中国石油与巴西企业友好合作的新开始。组建的宝石巴西石油设备有限公司位于巴西巴伊亚州萨尔瓦多市,中方占公司注册资本的34%,其他两家公司各占33%。宝石巴西石油设备有限公司与2011年10月投入运营,主要开展石油钻机的成套生产组装及服务业务。

依托宝石机械品牌优势和巴西对石油装备国产化的相关支持政策,合资公司将享有产品被优先购买和税收优惠政策,在开拓巴西陆海石油装备技术服务市场及南美市场方面将会形成较强优势。此外,合资企业对促进巴西装备技术国产化、拉动当地就业和经济发展将发挥重要作用。

据了解,宝石机械是我国建厂最早、规模最大和综合实力最强的石油钻采装备研发制造企业。ASPERBRAS能源公司是巴西国家石油公司认可的钻井服务商。BRCP公司是巴西一家主要从事石油设备配件业务的进出口贸易公司。

(2)江苏金石机械集团投资新疆克拉玛依,推动世界石油城的建设

江苏金石机械集团是我国最大的高压油气井口装备研发、生产的专业性企业,产品出口到30多个国家及地区。2011年江苏金石机械集团在克拉玛依市计划投资3.2亿元建设高压井口装备生产线,形成年产4.5亿元的规模,一期工程投资两亿元,于2011年年底竣工投产。2011年4月8日,江苏金石机械集团高压井口项目开工奠基仪式在克拉玛依市石化工业园区举行。该项目的投建,将对优化调整新疆油田装备制造产业、加快机械制造基地建设、带动克拉玛依市相关产业发展具有重要意义。克拉玛依市提出了“打造世界石油城”的宏伟目标,建设机械制造基地,大力推动装备制造业发展是其重要组成部分。

(3)南阳二机集团调整产品结构,研制成功国内首台节能型电动钻机

2011年1月5日,国内首台2 000m节能经济型网电钻机在南阳二机集团研制成功,发往用户。这台以"节能、环保、高效"为理念设计的模块化石油钻机,可直接利用工业电网替代柴油作为动力源,将引领我国石油钻井行业走进绿色低碳新时代。

我国现阶段生产的石油钻机,几乎全部采用柴油机或柴油发电机作为主动力,能耗大、污染大、噪声大。随着全球经济增长方式向"低碳"迈进,我国对各行业节能减排的要求越来越高,高能耗高污染的传统石油钻机已经不能适应时代发展的要求,研制"节能、环保、高效"的新型石油钻机,成为对石油装备制造行业的新要求。南阳二机集团作为我国石油钻采装备研制的专业骨干企业,具有雄厚的钻机研发制造能力,面对新的发展趋势,着手攻关研制节能环保的"网电石油钻机",并掌握了制造网电钻机的核心技术。

2010年7月,南阳二机集团与河南油田签订了钻井深度为2 000m的节能经济型网电钻机的供货合同。通过精心制定方案,认真组织生产,2011年1月5日,钻机研制成功,该设备能够直接利用井场当地现有的电网为交流电动机供电,每钻一口井比柴油为动力源的常规钻机节能30%以上,同时又减少了柴油机的维护费及大量用油的运输成本,杜绝了柴油机造成的废气、废油的排放,大大降低了井场噪声,改善了员工的工作环境。钻机采用模块化设计和双根A型井架,共由20个小模块构成,每个模块不超过15t,井场占地面积少,搬家时可比传统钻机节约一半时间和车次,大幅提高工作效率。使用绝缘等级高、过载能力强的防爆交流异步电机作为主动力,有良好的安全性和通用性;新型MCC软起动技术,具有预置低速空载运行、带载再起动及突跳起动功能,避免了载荷对电网的冲击,延长电机寿命,降低耗电量。此外,该钻机还备有电机组,能够确保在电网断电时高效工作。

(4)上海神开石油化工装备股份有限公司拓展产业链,重组江西飞龙钻头制造有限公司

2011年1月12日,上海神开石油化工装备股份有限公司、江西飞龙钻头制造有限公司、江西省军工资产经营有限公司三方代表,在江西省国防科工办签订了关于向江西飞龙钻头制造有限公司增资扩股的三方协议。"神开股份"向江西飞龙钻头制造有限公司增资后,江西飞龙钻头制造有限公司的股权结构为:神开股份占67%,江西省军工资产经营有限公司占20%,江西飞龙钻头制造有限公司管理层自然人股东占13%,由此,"江西飞龙"成为了神开股份的控股子公司。

神开股份成功增资江西飞龙钻头制造有限公司,拓展了神开股份的产品链,使公司由石化装备制造市场进入了钻井工程消耗材料市场,有利于提升公司的核心竞争力,有利于提高公司上市募集资金的市场回报率,有利于公司的持续健康发展。

(5)宏华集团开辟出口新市场,2011年南美市场、俄罗斯市场结硕果

①与委内瑞拉客户签订逾2.4亿美元陆地钻机销售协议

2011年8月宏华集团有限公司对外宣布与委内瑞拉国家石油公司旗下子公司,委内瑞拉国家石油服务公司签订了总价逾2.4亿美元(折合约18.7亿港元)的陆地石油钻机销售协议。此大额订单是宏华集团于委内瑞拉市场取得的首个销售协议,亦是目前宏华集团在南美市场取得的最大订单,不但有助宏华集团提升其在该地区的市场知名度,而且有利宏华集团进一步拓展该地区的陆地钻机市场,扩大市场份额,推动宏华集团核心业务的持续增长。

根据石油输出国组织公布的2010年度统计资料手册,委内瑞拉2010年的石油储量为2 965.01亿桶,超过了沙特阿拉伯,成为世界上石油蕴藏量最多的国家。根据该协议,宏华集团将向该客户提供钻深1 000~9 000m的各种型号钻机17台,其中不仅包括大型专用钻机,也包括钻修两用的小型钻

机。该批钻机将主要用于委内瑞拉及南美其他国家的油气田作业。双方表示将争取在 2011 年年内完成所有钻机的付运。

宏华集团与委内瑞拉客户签订的 2.4 亿美元的陆地石油钻机销售协议，充分体现了宏华集团在国际金融危机之后所制定的异质化竞争的市场经营方针的成功，体现了宏华集团针对南美市场所做的研发与努力得到了市场的认同。

②与巴西的客户签订总价近 4 200 万美元的陆地石油钻机销售协议

2011 年 9 月 19 日，宏华集团宣布与巴西的客户签订总价近 4 200 万美元（折合约 3.3 亿港元）的陆地石油钻机销售协议。根据该协议，宏华集团将向该客户提供 4 台由宏华集团自主研发的直升机吊装式钻机，该批钻机将在道路条件不理想的南美亚马逊热带雨林的富油区作业。宏华集团再度成功获得南美市场订单，充分体现了随着全球油气钻采活动逐渐回复，新兴市场对陆地钻机的需求亦稳步提升。南美地区拥有丰富的油气资源，钻机需求量庞大，市场恢复的步伐比预期来得快。展望未来，宏华集团将继续针对南美市场对产品配置的需要，凭借其强大的自主研发及生产能力，推出更多新型高效能的陆地钻机，以满足客户对钻采装备的不同需求，为股东创造最大的回报。

宏华集团张弭主席指出：“虽然全球经济目前仍存在一些不明朗的因素，为陆地石油钻机市场带来一定的挑战，但宏华集团近年来积极优化内部管理系统，加强产品研发能力，完善全球市场布局，大大提升了综合实力，业务亦开始稳步向上。这个协议不但标志着宏华集团成功将其竞争优势延伸至油气资源丰富、钻机市场容量大的南美市场，更为宏华集团扩大全球市场份额增添了信心。宏华集团未来将继续针对市场对产品配置的不同需要，推出更多新型的高性价比钻机，以满足客户对陆地钻机的需求。宏华集团将抓紧全球陆地钻机市场稳步复苏所带来的商机，为股东创造最大的回报。

③研制快速移动的高寒钻机，拓展俄罗斯市场

2011 年宏华集团与俄罗斯新客户签订总价逾 3 200万美元（折合约 2.5 亿港元）的陆地石油钻机销售协议。此订单是该客户向中国公司第一次进行的大型设备采购，该批钻机均为 4 000m 高寒拖挂式钻机，将会在俄罗斯奥伦堡地区进行作业。有关的钻机技术性能指标是宏华集团特别针对俄罗斯气候及地理环境特点而研制的高寒钻机，能在极低温的恶劣环境下进行钻井作业，并能满足快速移动的作业要求。宏华集团及时掌握 2010 年以来全球油气勘探开发投资上升的有利时机，凭借企业强大的自主研发及生产能力，提前研制开发针对国际市场对产品配置的不同需要，推出新型的高效能的经济性钻机，满足客户对陆地钻机的需求。

（6）转变发展方式——小企业成为石油装备行业的节能领跑者

渤海装备承德机械公司，一个以绿色环保产品吸引世人目光的小企业；这个占地仅有四五个足球场大小的企业，所生产的抽油机节能电机系列产品占据着大庆、华北、冀东等油田 80% 以上的市场份额，还进入了大港、长庆、辽河等油田市场，仅“十一五”期间就为这些企业节电超 8 亿 kW · h，成为中国石油装备制造领域节能电机产品的行业领跑者。

渤海装备承德石油机械公司为使企业发展壮大，曾经搞过机械制造、商贸、社会经营等多种业务，虽然在短期内见到过较好的经济效益，但终究因为规模小、产品散、当地经济发展较为落后等原因，企业发展始终不温不火。

企业要发展，首先要找准市场定位和产品定位。该公司意识到，与地方企业在商贸领域竞争并不具备优势，而作为石油系统的企业，拓展石油系统内部市场，具有广阔的发展前景。

承德石油机械公司结合自身所属高校的科研和技术优势，经过多方论证，决定从石油系统急需的节能产品上打开突破口。1983 年节能电机项目立项后，技术人员数次赴大庆、华北等油田现场进行技术交流、数据测试和产品实验，积累了大量的

第一手资料;经过艰苦攻关,1984 年终于成功研制出新型超高转差电机,并在大庆、华北、辽河油田取得较好的现场试验效果。该电机整体性能达到国外同类产品先进水平,填补了国内空白。找准了定位,也就打开了市场大门。由于产品适销对路,公司的节能电机产品不但在国内油田市场得到应用,还出口到印度尼西亚、叙利亚和阿曼等国。

近年来,结合新的市场需求,该公司又大力推进高压变频器、螺杆泵直驱永磁伺服电机、开关磁阻电机等 6 项新产品开发,使企业保持竞争优势。

在产品开发的同时,该公司还起草抽油机节能拖动装置和游梁式抽油机用电动机两大行业标准,并取得了 API－11L6 会标使用权,成为了石油装备行业的节能领跑者。

(7)南阳二机石油装备(集团)有限公司提前预投高端产品,数字化超深井钻机进入伊拉克市场

2011 年年初,南阳二机石油装备(集团)有限公司(简称南阳二机)针对国外客户特别是中东用户急需产品增多的现状,提前准备将该公司的数字化超深井钻机、低温钻机、3 000m 车装钻机等拳头产品进行预投,用户一旦有所需求,即能马上交付。此项举措于 8 月份得以实施,其间伊拉克油田有信息传来,某一大油区急需一台的钻井深度可达 7 000m数字化超深井钻机进行钻井作业。南阳二机利用其质量优势、技术优势和预投产品的优势,成功获得此订单。

数字化超深井石油钻井装备主要用于超深井油气资源的勘探开发作业,能够满足超深井和复杂石油钻井工况要求。多年来,南阳二机集团致力于深井钻机的研究,并形成了批量生产能力。该公司承担的“数字化超深井石油钻井装备研制”被列为河南省重大科技专项项目,取得了多项自主关键技术,获得专利 20 多项。其生产的数字化超深井钻机先后出口到俄罗斯、匈牙利等国家,经受住了较大的负荷和多种复杂地层的考验。

由于南阳二机石油装备(集团)有限公司对国际市场的提前预投,仅用了两个月时间于就交付用户,目前这台数字化超深井石油钻机正常运行在伊拉克油田。

(8)江汉油田四机厂钻机成功进入委内瑞拉市场

委内瑞拉是世界重要的石油生产与出口国之一,已探明石油储量位居全球第一。委内瑞拉国家石油公司(PDVSA)在世界石油工业领域颇负盛名。之前,该公司石油钻采装备主要从美国等西方国家采购。近年来,他们把目光逐渐转向亚洲市场,多次到中国考察。江汉油田四机厂为进入委内瑞拉市场与其合作伙伴北方工业公司也曾多次赴委内瑞拉进行产品推介,终于于 2011 年成功签下了 7 套钻机的供货合同。这 7 套钻机,交货周期非常短,质量要求异常严格。面对高标准,严要求;江汉油田四机厂认真做好前期调研和技术论证工作,全面了解委内瑞拉的工作环境、交通条件,以及使用习惯,从源头上把握设备的适应性和可行性;开展工艺攻关,强化质量控制,推行规范化、专业化生产,全力打造钻机的质量优势;深入推行了以“准时、均衡、配套、流水线作业”为核心内容的新型生产方式,充分挖掘产业集群的优良资源,全力打造“样板工程”,以优质的产品和服务将“石油四机”的品牌在委内瑞拉市场打响,为下一步全面深入的进军南美市场打好基础,创造好条件。

〔撰稿单位:中国石油和石油化工设备工业协会〕

2011 年我国石油和化学工业经济运行分析

2011 年,在世界经济复苏放缓,欧债危机不断深化,国际贸易环境趋紧,金融市场动荡加剧等各种不利因素影响下,在党中央、国务院的正确领导下,我国宏观经济坚持积极的财政政策和稳健的货币政策,认真执行“转方式、调结构、扩内需”的方针,实现了“十二五”的良好开局。2011 年,我国石油和化学工业在大力推进发展方式转变和产业、产品结构调整的进程中,行业经济呈现快速平稳增长、整体效益显著提高、经济增长质量进一步提升的良好态势。2011 年,石油和化工行业投资稳中趋快,石化产品进出口再攀高峰;市场需求旺盛,重点产品保障能力增强;经济运行的内部环境持续改善,经济规模再上新台阶。但是,当前行业经济运行的外部环境日趋严峻,不确定、不稳定因素增多;化学工业产能过剩的问题较为突出;上游投资动力不足,炼油行业亏损加剧;行业成本高位运行;第四季度,经济运行下行风险骤增,应引起高度关注。

一、“十二五”行业经济运行实现良好开局

2011 年,石油和化工行业经济总量实现快速平稳增长。据统计,截至 12 月末,全行业规模以上企业 26 832 家(主营业务收入 2 000 万元以上企业,下同),完成工业总产值 112 841 亿元(当年价,下同),同比增长 31.5%,占全国规模工业总产值的 13.2%。全年完成固定资产投资 14 301 亿元,同比增长 23.4%;石化产品进出口总额 6 071.46 亿美元,同比增长 32.3%,占全国进出口总额的 16.7%,其中进口约占 25.0%,出口占 9.1%;贸易逆差 2 624.64 亿美元,同比增长 38.0%。

利润增长高开低走,整体效益较好。2011 年,全行业实现利润总额 8 234.34 亿元,同比增长 19.0%,占全国规模工业利润总额的 15.1%。2011 年,全行业上缴税金 8 378.74 亿元,同比增长 21.0%;实现主营业务收入 110 510.30 亿元,同比增长 30.5%;资产总额 7.96 万亿元,同比增长 18.9%;从业人员 695.76 万人,同比增长 8.7%。行业主要经济指标均保持较快增长。

整体上看,2011 年行业经济增长的结构进一步优化,效益进一步提升,运行的质量进一步提高。2011 年,行业产品进出口继续快速增长;投资稳中加快;市场供需基本平稳;实现了“十二五”良好开局。2011 年 1 ~ 12 月石油和化学工业主要经济指标见表 1。

表 1　2011 年 1 ~ 12 月石油和化学工业主要经济指标

经济指标	1 ~ 12 月	同比增长(%)
工业总产值(亿元)	112 841.00	31.5
固定资产投资(亿元)	14 301.00	23.4
利润总额(亿元)	8 234 .34	19.0
主营业务收入(亿元)	110 510.30	30.5
产品进口额(亿美元)	4 348.05	34.0
产品出口额(亿美元)	1 723.41	28.3

(一)石油和天然气开采业

石油和天然气开采业产值增长较快,效益较好。截至 2011 年 12 月末,石油和天然气开采业规模以上企业 276 家,完成工业总产值 13 287 亿元,同比增长 32.2%,占全行业工业总产值的 11.8%。2011 年,油气开采业固定资产投资 2 720.35 亿元,同比增长 12.2%,占全行业投资总额的 19%。油气产品进出口总额 2 085.47 亿美元,同比增长 47.2%,占石化产品进出口总额的 34.35%;其中,进口 2 056.46 亿美元,增长 47.9%,占石化产品进口总额的 47.3%;出口 29.01 亿美元,同比增长

9.6%，占石化产品出口总额的1.68%。

2011年，油气开采业实现利润总额4 044.3亿元，同比增长44.8%，占全行业利润总额的49.11%；从全年走势看，油气开采业利润增长是低开高走，稳中趋快。全年上缴税金2 568.97亿元，同比增长50.9%，占全行业税金总额的30.66%；实现主营业务收入12 466.5亿元，同比增长29.2%；年末资产总额1.82万亿元，同比增长13.1%；从业人员103.68万人，同比增长2.6%。2011年1～12月石油和天然气开采业主要经济指标见表2。

表2　2011年1～12月石油和天然气开采业主要经济指标

经济指标	1～12月	同比增长(%)
工业总产值(亿元)	13 287.00	32.2
固定资产投资(亿元)	2 720.35	12.2
利润总额(亿元)	4 044.30	44.8
主营业务收入(亿元)	12 466.50	29.2
产品进口额(亿美元)	2 056.46	47.9
产品出口额(亿美元)	29.01	9.6

(二)石油加工业

石油加工业规模持续扩大，但受成品油价格调控影响，行业整体出现亏损。截至2011年12月末，全国石油加工业规模以上企业1 228家，完成工业总产值30 638亿元，同比增长26.3%，占全行业总产值的27.15%。2011年，石油加工业固定资产投资1 472.1亿元，同比增长14.7%，占全行业投资总额的10.29%。石油产品进出口总额623.45亿美元，同比增长32.0%，占石油化工产品进出口总额的10.3%；其中，进口3 86.0亿美元，同比增长37.4%，占石化产品进口总额的8.88%；出口237.45亿美元，同比增长24.1%，占石化产品出口总额的13.78%。

2011年，石油加工业累计亏损108.2亿元，上年同期为盈利881亿元；全年上缴税金3 684.46亿元，同比增长2.8%，占全行业税金总额的44.0%；主营业务收入30 795.3亿元，同比增长25.2%；资产总额1.2万亿元，同比增长19.6%；从业人员48.81万人，同比增长7.1%。2011年1～12月石油加工业主要经济指标见表3。

表3　2011年1～12月石油加工业主要经济指标

经济指标	1～12月	同比增长(%)
工业总产值(亿元)	30 638.00	26.3
固定资产投资(亿元)	1472.10	14.7
利润总额(亿元)	-108.20	—
主营业务收入(亿元)	30 795.30	25.2
产品进口额(亿美元)	386.00	37.4
产品出口额(亿美元)	237.45	24.1

(三)化工行业

化工行业经济总量快速增长，综合实力进一步增强。截至2011年12月末，化工行业规模以上企业24 129家，完成工业总产值66 172亿元，同比增长33.9%，占全行业工业总产值的58.64%。2011年，化工行业固定资产投资9 601.26亿元，同比增长28.1%，高于全行业平均增幅4.7个百分点，占全行业的67.13%。化工产品进出口总额3 239.96亿美元，同比增长24.6%，占石化产品进出口总额的53.4%；其中，进口1 838.28亿美元，同比增长21.2%，占石化产品进口总额的42.28%；出口1 401.68亿美元，同比增长29.4%，占石化产品出口总额的81.33%。

2011全年，化工行业实现利润总额4 134.1亿元，同比增长32.6%，占全行业利润总额的50.21%，历史上利润占比首次突破50%。其中，12月份利润为557.32亿元，创全年月份最高，同比增长28%，环比增幅达51.5%。全年上缴税金2 047.86亿元，同比增长30.2%，占全行业税金总额的24.44%；实现主营业务收入64 749.7亿元，同比增长33.3%；资产总额4.72万亿元，同比增长20.8%；从业人员517.03万人，同比增长10.0%。2011年1～12月化工行业主要经济指标见表4。

表4　2011年1~12月化工行业主要经济指标

经济指标	1~12月	同比增长(%)
工业总产值(亿元)	66 172.00	33.9
固定资产投资(亿元)	9 601.26	28.1
利润总额(亿元)	4 134.10	32.6
主营业务收入(亿元)	64 749.70	33.3
产品进口额(亿美元)	1 838.28	21.2
产品出口额(亿美元)	1 401.68	29.4

专用化学品、基础化学原料和合成材料三大板块产值保持较快增长。2011年,专用化学品总产值1.66万亿元,同比增长36.0%,占化工行业总产值的25.15%;基础化学原料总产值1.69万亿元,同比增长34.9%,占比25.48%;合成材料总产值1.10万亿元,历史上首次登上万亿元大关,同比增长35.3%,占比16.63%。三大板块产值增速均超过化工行业平均水平,合计产值占比67.3%,占比较上年同期提高约1个百分点;对化工行业产值增长贡献率达70%。

2011年,专用化学品板块实现利润总额1 260.91亿元,同比增长32.3%,占化工行业利润总额的30.5%,对化工行业利润增长的贡献率为30.3%;基础化学原料板块实现利润总额956.92亿元,同比增长37.6%,占比23.15%,对化工行业利润增长贡献率为25.72%;合成材料利润总额582.2亿元,同比增长23.2%,占比14.1%,对化工行业利润增长贡献率为10.77%。三大板块合计利润总额占化工行业利润总额的67.73%,对化工行业利润增长贡献率为66.8%。

(四)专用设备制造

专用设备制造业经济总量实现平稳较快增长。截至2011年12月末,全国专用设备制造业规模以上企业1 199家,完成工业总产值2 744.2亿元,同比增长32.8%,占全行业工业总产值的2.43%。2011年,专用设备制造业固定资产投507.12亿元,同比增长33.3%,持续保持较快增速,高于石油和化工行业平均增幅近10个百分点。专用设备进出口总额122.58亿美元,同比增长24.4%,占石化产品进出口总额的2.02%;其中,进口67.32亿美元,同比增长31.0%;出口55.26亿美元,同比增长60.8%,专用设备出口增长较快;贸易逆差12.06亿美元,同比缩小14.9%。

2011年,专用设备制造业实现利润总额164.22亿元,同比增长25.8%;其中石油钻采设备行业利润总额111.69亿元,占专用设备制造业的68.0%,占比较上年提高1.3个百分点。全年累计上缴税金77.46亿元,同比增长21.8%;实现主营业务收入2 498.95亿元,同比增长31.9%;资产总额2 184.93亿元,同比增长24.8%;行业从业人员26.24万人,同比增长12.5%。

(五)主要产品产量

2011年,石油和化工主要产品产量总体保持较快增长。其中,烧碱、电石、甲醇、纯苯、农用化学品、石油钻井设备、化学试剂、涂料等产品产量增幅较大。全国主要化学品总产量达4.18亿t,同比增长12.9%,增幅较上年提高1.6个百分点。

石油天然气　原油产量增速减缓,天然气产量保持平稳。2011年,全国原油产量2.04亿t,同比微长0.3%,增幅较上年明显回落。原油产量增速减缓主要有两方面原因:一是原油产量2010年突破2亿t后,进一步增长难度加大;二是2011年中海油因海上漏油事故导致原油产量大幅下降6.6%,成为拖累全国原油产量增长的主要因素。全年天然气产量1 025.3亿m^3,同比增长6.9%,占油气当量的31.2%,占比较上年提高1.7个百分点;原油加工量4.48亿t,同比增长4.9%;成品油产量(汽、煤、柴油合计,下同)2.67亿t,同比增长5.9%。其中,柴油产量1.67亿t,同比增长5.4%;汽油产量8 141.1万t,同比增长6.1%;柴油占成品油总量达62.46%。

目前我国原油生产格局:东部地区产量占43.81%,中部地区占26.22%,西部地区占29.97%。天然气生产格局:东部地区产量占13.19%,中部地区占5.68%,西部地区占81.12%。2011年我国原油产量地区分布见图1。

2011 年我国天然气产量地区分布见图 2。

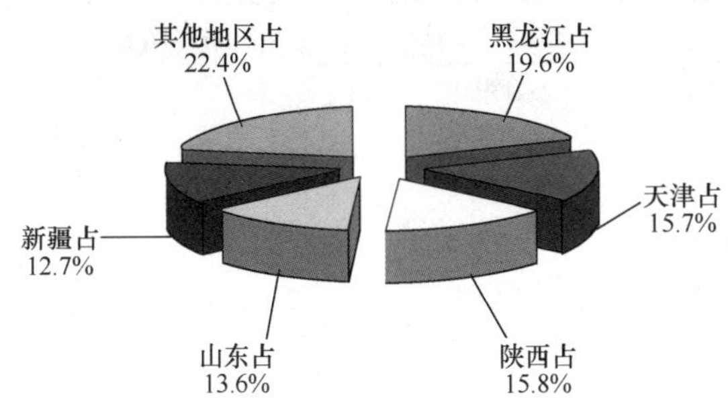

图 1　2011 年我国原油产量地区分布

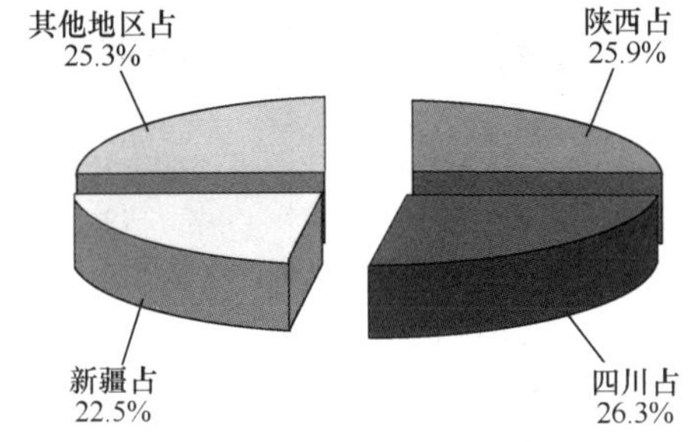

图 2　2011 年我国天然气产量地区分布

农用化学品　化肥、农药产量增长较快。2011 年，全国化肥总产量（折纯，下同）6 027. 2 万 t，同比增长 12. 1%。其中，尿素产量 2 656. 7 万 t，同比增长 5. 7%；磷肥产量 1 462. 4 万 t，同比增长 24. 3%；钾肥产量 385. 6 万 t，同比增长 10. 8%；磷酸二铵产量（实物量）1 161. 4 万 t，同比增长 25. 1%。磷、钾肥、复合肥产量持续快速增长。全年合成氨产量 5 068. 7万 t，同比增长 6. 0%；农药原药产量（折 100%）264. 8 万 t，同比增长 21. 4%，其中除草剂产量同比增长 12. 5%，杀虫剂产量同比增长 16. 7%。

湖北省成为我国第一化肥生产大省，目前占全国化肥总产量的 16. 9%，山东省紧随其后，占 10. 1%，河南和四川省分别占 7. 9% 和 7. 8%。

其他重点产品　2011 年，全国乙烯产量 1 527. 5万 t，同比增长 7. 4%；甲醇产量 2 226. 9 万 t，同比增长达 36. 3%；硫酸产量 7 416. 8 万 t，同比增长 12. 2%；烧碱产量 2 466. 2 万 t，同比增长 15. 2%；纯碱产量 2 303. 2 万 t，同比增长 13. 4%；化学试剂产量 870. 9 万 t，同比增长 25. 0%；合成树脂产量4 798. 3万 t，同比增长 9. 3%，其中聚氯乙烯产量同比增长 12. 5%；轮胎外胎产量 8. 32 亿条，同比增长 8. 5%，其中子午胎产量 3. 93 亿条，同比增长 5. 6%。2011 年全国能源及主要化工产品产量见表 5。

表 5　2011 年全国能源及主要化工产品产量

（单位：万 t）

产品名称	当年完成	上年完成	同比增长（%）
天然原油	20 364. 6	20 300. 4	0. 3
天然气（亿 m^3）	1 025. 3	959. 3	6. 9
原油加工量	44 773. 5	42 680. 8	4. 9
成品油	26 697. 0	25 208. 8	5. 9
汽油	8 141. 1	7 676. 0	6. 1
煤油	1 879. 8	1 707. 9	10. 1
柴油	16 676. 1	15 824. 9	5. 4
润滑油	826. 5	772. 2	7. 0
燃料油	1 868. 8	1 908. 8	-2. 1
石脑油	2 450. 2	2 459. 8	-0. 4
溶剂油	230. 5	116. 8	97. 3
润滑脂	25. 5	23. 0	10. 9
液化石油气	2 181. 1	2 051. 7	6. 3
石油焦	1 756. 4	1 531. 8	14. 7
石油沥青	2 440. 2	2 478. 8	-1. 6
焦炭	42 778. 9	38 270. 8	11. 8
机械化焦炉生产的焦炭	35 927. 3	32 540. 1	10. 4
硫铁矿（折含 S 35%）	1 583. 8	1 456. 6	8. 7

（续）

产品名称	当年完成	上年完成	同比增长(%)
磷矿石(折含 P_2O_5 30%)	8 122.3	6 099.9	33.2
合成氨(无水氨)	5 068.7	4 781.1	6.0
化肥总计(折纯)	6 027.2	5 374.4	12.1
氮肥(折含 N 100%)	4 179.0	3 849.6	8.6
尿素(折含 N 100%)	2 656.7	2 513.0	5.7
磷肥(折含 P_2O_5 100%)	1 462.4	1 176.6	24.3
钾肥(折含 K_2O 100%)	385.6	347.9	10.8
磷酸一铵(实物量)	1 139.6	894.3	27.4
磷酸二铵(实物量)	1 161.4	928.7	25.1
化学农药原药(折有效成分 100%)	264.8	218.1	21.4
杀虫剂原药(折 100%)	71.1	60.9	16.7
杀菌剂原药(折 100%)	15.2	15.0	1.3
除草剂原药(折 100%)	117.3	104.3	12.5
橡胶轮胎外胎(万条)	83 209.1	76 655.3	8.5
子午线轮胎外胎	39 316.4	37 247.8	5.6
摩托车充气橡胶轮胎外胎	1 199.1	1 011.6	18.5
石油钻井设备(万套)	1 073 798.1	483 896.3	121.9
炼油、化工专用设备	172.5	134.1	28.6
塑料加工设备(台)	240 027.3	250 833.0	-4.3
硫酸(折 100%)	7 416.8	6 608.2	12.2
浓硝酸(折 100%)	251.8	239.3	5.2
盐酸(含 HCl 31% 以上)	841.0	823.7	2.1
氢氧化钠(烧碱)(折 100%)	2 466.2	2 139.9	15.2
离子膜法烧碱(折 100%)	1 497.2	1 307.3	14.5
纯碱(碳酸钠)	2 303.2	2 031.0	13.4
碳化钙(电石)(折 300L/kg)	1 737.6	1 420.4	22.3
乙烯	1 527.5	1 421.6	7.4
纯苯	665.9	545.2	22.1
精甲醇	2 226.9	1 634.2	36.3
冰乙酸(冰醋酸)	424.8	383.6	10.7
涂料	1 079.3	927.0	16.4
化学试剂	870.9	696.8	25.0
食品添加剂	171.1	158.5	7.9
合成树脂及共聚物	4 798.3	4 391.0	9.3
聚乙烯树酯	1 015.2	987.6	2.8
聚丙烯树脂	980.4	900.7	8.8
聚氯乙烯树脂	1 295.2	1 151.2	12.5
聚苯乙烯树脂	202.9	193.8	4.7
ABS 树脂	148.9	134.5	10.7
合成橡胶	348.8	308.4	13.1
合成纤维单体	1 771.6	1 617.3	9.5
合成纤维聚合物	1 501.4	1 274.9	17.8
聚酯	1 182.0	1 031.9	14.5
化学纤维	3 362.5	2 953.2	13.9
合成纤维	3 096.4	2 718.6	13.9
涤纶纤维	2 777.6	2 418.4	14.9

产能利用率 据不完全统计，2011 年，全国炼油产能利用率约为 80%，乙烯产能利用率约为 100.5%，聚氯乙烯产能利用率约为 58%，烧碱产能利用率约为 74%，纯碱产能利用率约为 77%，尿素产能利用率约为 78%，电石产能利用率约为 68%，甲醇产能利用率约为 49%。

二、行业经济运行的主要特点

（一）经济运行快速平稳，国内市场需求强劲

2011 年，石油和化工行业经济运行总体快速平稳，波动相对较小，工业总产值实现历史性突破，达 11 万亿元，经济总量再上新台阶。全年行业工业总产值同比增长达 31.5%，月度最高累计增幅为 35.0%，最低为 31.5%，最大累计波幅在 3.5% 之内；行业完成主营业务收入同比增长 30.5%，最大累计波幅在 4.5% 之内，经济运行走势较为平稳。

我国石油和化工行业经济总量快速增长主要依赖于国内消费市场的强劲拉动。数据显示，2011 年，我国主要化学品表观消费总量同比增长 10.1%，增幅高于上年约 4 个百分点。石油消费天然气消费走势分化：石油消费增长由快速趋缓，天然气消费持续高速增长。全年国内石油（原油及油品合计）表观消费量达 4.28 亿 t，同比增长 4.6%；原油表观消费量 4.15 亿 t，同比增长 3.3%，进口依存度达 55.1%，同比提高 1.3 个百分点；天然气表观消费量 1 307.1 亿 m^3，同比增长 20.5%，为 2008 年来最大增幅，较上年加快 3 个百分点，占石油天然气表观消费总当量的 20.1%，占比较上年提高 2.2 个百分点，对外依存度达 21.6%，较上年提高 10 个百分点。全年成品油（汽、煤、柴油合计，下同）表观消费量 2.63 亿 t，同比增长 7.5%；其中，柴油表观消费量 1.67 亿 t，同比增长 7.6%，占成品油总消费量的 63.6%；汽油表观消费量 7 738 万 t，同比增长 8.0%，占比 29.4%。2011 年，化肥表观消费量同比增长 14.4%，创 2004 年以来同期最大增幅；烧碱表观消费量同比增长 13.3%，甲醇消费量同比增幅高达 29.9%，轮胎消费量同比增长为 9.6%。面对庞大的国内市场需求，有机化学品和合成材料总体缺口较大。2011 年，我国净进口有机化学品 2 361.9 万 t、合成树脂 2 663.7 万 t、合成纤维单体 1 495.8 万 t。不断扩大的国内市场是支撑我国石油和化工行业发展的强大动力，也是拉动世界石油和化学工业复苏发展的主要引擎。2011 年 1～12 月我国石油天然气和主要化工产品表观消费总量累计增幅走势见图 3。2011 年我国进口量前 10 名的石油和化工产品（按重量排序）见表 6。

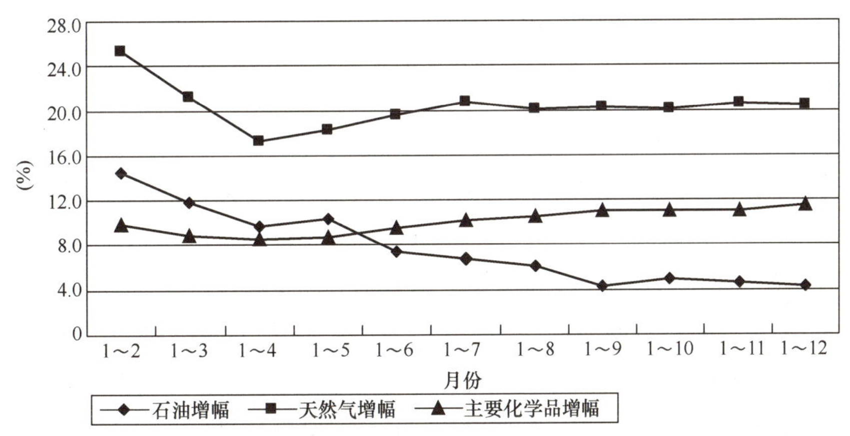

图 3　2011 年 1～12 月我国石油天然气和主要化工产品表观消费总量累计增幅走势

表6 2011年我国进口量前10名的石油和化工产品(按重量排序)

产品名称	重量(万t)	金额(亿美元)
原油	25 254.9	1 951.3
合成树脂	3 026.3	492.6
燃料油	2 675.0	171.2
天然气	2 258.1	104.2
合成纤维单体	1 499.9	202.1
硫磺	952.3	20.2
钾肥	662.8	28.0
煤油	614.9	62.4
甲醇	573.2	21.1
精对苯二甲酸	537.7	68.1

(二)产业结构升级步伐加快,产品技术向高端领域延伸

能源结构调整加快。2011年,我国天然气产量在油气当量中的比重达到31.2%,占比较上年提高1.7个百分点,比2005年提高11个百分点,占比呈平稳快速扩大之势。在消费结构中,2011年天然气在油气消费当量中的比重达到20.5%,占比较上年提升2.5个百分点,比2005年上升8.1个百分点,天然气在能源结构中的地位日益凸显。随着天然气价格改革逐步到位,以及未来页岩气的开发利用,我国能源结构"气化"进程将进一步加快。2005~2011年我国天然气占油气产量和表观消费量比重变化走势见图4。

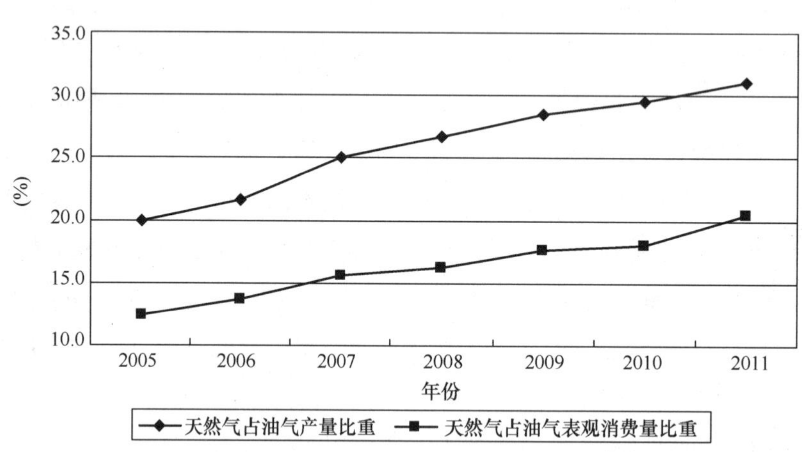

图4 2005~2011年我国天然气占油气产量和表观消费量比重变化走势

专用化学品、合成材料、有机化学原料不仅在经济规模上占据化工行业大半壁江山(产值占比56.3%),而且对行业效益增长贡献率占据中举足轻重地位。近年来,随着产业结构调整和发展方式转变,专用化学产品、合成材料等高技术高附加值产品在化工行业利润中的比重不断攀升,是提高行业经济增长质量的主要动力。2011年,专用化学品利润占化工行业利润总额达31.5%,较上年上升约1个百分点;合成材料占比14.1%,较上年回落约1个百分点,但仍比2009年高1.6个百分点,总体上升的趋势没有改变;有机化学原料占比12.7%,与上年基本持平。化肥、橡胶制品等传统化学品在全行业利润中的占比重总体呈下降的趋势。2011年,专用化学品、合成材料、有机化学原料三大领域对化工行业产值增长的贡献率达到59.0%,对利润增长的贡献率超过52%。2005~2011年我国专用化学品、合成材料和化肥行业利润占化工行业利润总额的比重见图5。

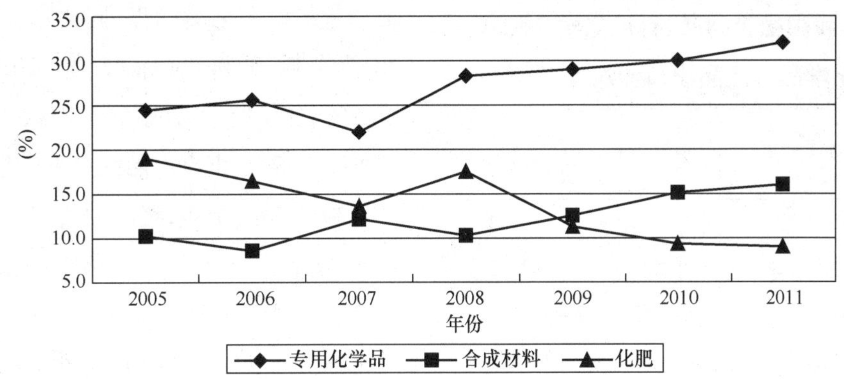

图5 2005～2011年我国专用化学品、合成材料和化肥行业利润占化工行业利润总额的比重

产品结构继续优化,国产产品国内市场占有率不断提升。经过长期不懈地努力,我国化工产品在技术和质量方面都取得了长足进步,产品技术加快向高端领域延伸。目前,我国"两碱"生产技术和产品质量已达世界先进水平,在国际市场具有较强竞争力;烧碱中离子膜法产量占比已达86.5%;纯碱中,能耗较低的联碱产量占比47.6%,氨碱和天然碱产量分别占44.9%和7.5%;化肥中,磷、钾肥占比稳步上升,目前磷肥产量占比约25%,钾肥产量占比约6.5%,钾肥自给率过半,产品结构进一步优化。我国基础化学原料整体上与国际先进水平的差距日益缩小。我国化肥无论是生产技术还是产品质量,在国际上的领先地位进一步巩固。国产"两碱"、化肥等传统化工产品在国内市场已占据统治地位;有机化学品、合成材料等技术含量较高的国产产品在国内市场占有率稳步提升。数据显示,2011年,我国国产合成树脂国内市场占有率达到约65%,较上年提高4个百分点;国产合成橡胶市场占有率达到76%,较上年提高约6个百分点。

2004～2011年我国国产合成树脂及合成橡胶国内市场占有率变化走势见图6。

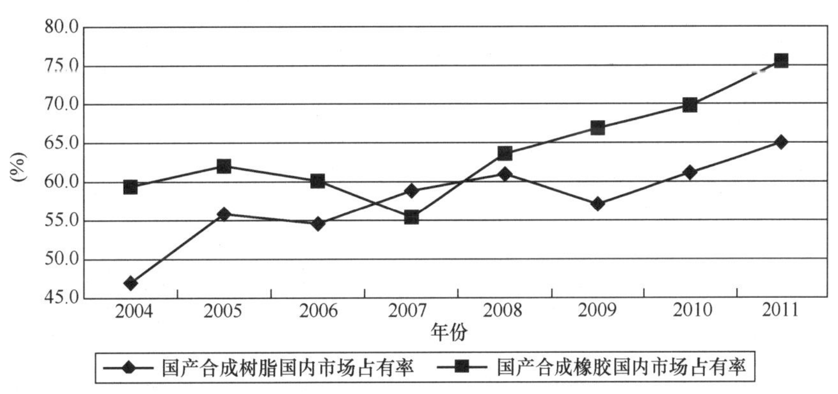

图6 2004～2011年我国国产合成树脂及合成橡胶国内市场占有率变化走势

出口产品结构继续优化。在产业结构优化的同时,也带动了出口化学品结构的优化升级。橡胶制品、有机化学品和专用化学品是目前行业出口三大支柱,2011年合计出口占行业出口总额的53.1%。2011年,我国橡胶制品在出口总额中的占比继续下降,而技术含量较高的有机化学品、专用化学品、合成材料等产品出口占比则保持上升趋势。数据显示,2011年,橡胶制品出口额在行业出口总额的比重约为23.5%,较上年下降1.1个百分点;有机化学品占比19.0%,较上年上升0.5个百分点。2011年我国橡胶制品、有机化学品和专用化学品等产品出口情况见表7。

表7　2011年我国橡胶制品、有机化学品和专用化学品等产品出口情况

产品名称	出口	出口（亿美元）
橡胶制品		410.51
其中：新充气橡胶轮胎（万条）	39 737.0	147.69
橡胶内胎（万条）	44 043.4	5.92
有机化学品（万t）	1 031.3	324.95
专用化学品（万t）		178.60
专用设备（台/套）	13 713.3	55.26
其中：橡塑专用设备（台/套）	12 009.9	45.79

（三）节能减排成效显著，资源利用效率进一步提升

2011年上半年，石油和化工行业能源消费总量约为2.5亿吨标煤，同比增长6%；化工行业能源消费总量约1.4亿吨标煤，同比增长7%。全行业万元产值耗0.48吨标煤，较2010年同比下降17.1%；化工行业万元产值耗0.50吨标煤，较2010年下降16%。重点产品综合能耗继续下降。

2011年上半年，我国油气产量综合能耗耗标煤91.25kg/t，同比下降6.53%；原油加工耗标油67.29kg/t，同比下降3.1%；乙烯耗标煤849.5kg/t，同比下降5.83%；烧碱耗标煤448.18kg/t，同比下降3.82%；纯碱耗标煤337.88kg/t，同比下降1.12%；电石耗标煤1 051.2kg/t，同比下降0.54%；黄磷耗标煤3 258.93kg/t，同比增长2%；合成氨耗标煤1 373.8g/t，同比下降1.18%。除黄磷综合能耗有所反弹外，其余均明显下降。2005～2011年石油和化学工业万元产值能耗能走势见图7。

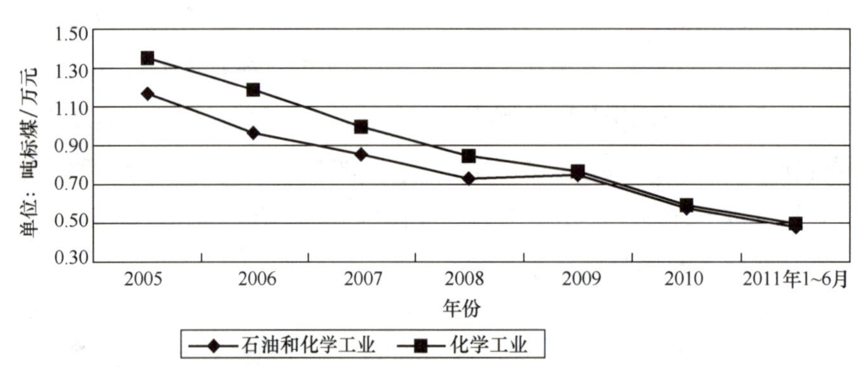

图7　2005～2011年石油和化学工业万元产值耗能走势

依赖资源型行业发展放缓。近年来，受国家宏观调控政策影响，依赖资源、环保压力较大行业的发展受到制约，经济总量占比呈下降趋势。2011年，橡胶制品产值在化学工业中的比重约为10.9%，较上年下降0.6个百分点，较2009年下降1个百分点；化肥产值比重约为10.5%，较上年下降0.2个百分点，较2009年下降1.2个百分点；涂（颜）料行业产值比重约为7.0%，较上年下降0.7个百分点，较2009年下降1.1个百分点。从产值增长速度上看，近年来，上述行业也明显低于专用化学品、合成材料、有机化学品等技术和附加值含量较高的行业。经济增长结构继续优化，经济运行的质量进一步提高。

（四）中西部地区经济总量增长加快，区域经济发展进一步协调

2011年，中西部地区投资继续加快，地区经济总量持续较快增长，全行业区域经济发展进一步协调。

中西部地区投资增长较快。2011年，中西部地区投资增速同比分别达34.0%和24.1%，比2010年分别加快26.7个和16.3个百分点。分别快于东部地区增速17.2个和7.3个百分点；中西部地区合计投资占行业占行业总投资的51.8%，较上年提高2.5个百分点。在投资较快增长的同时，西部地区新开工项目增长也相对较快。2011年，西部新开工项目同比增长5.13%，增速比东部地区高出1.3个百分点。投资加快向中西部倾斜，表明产业

向中西部地区转移有所加快。

中西部地区主要化工和石化产品合计占比稳步提高。2011 年,中西部地区合计硫酸产量占全国比重达 76.6%,占比较 2005 年上升 8.7 个百分点;纯碱和烧碱产量比重分别达 49.8% 和 47.2%,占比较 2005 年分别上升 11.9 个和 9.8 个百分点;化肥产量占比达 78.5%,占比较 2005 年上升 8.2 个百分点;合成树脂产量占比达 33.5%,占比较 2005 年提高 4.5 个百分点。特别是,我国甲醇生产主要集中在中西部地区,目前产量占比约 66%。2005～2011 年我国东部和中西部地区投资占行业比重变化走势见图 8。

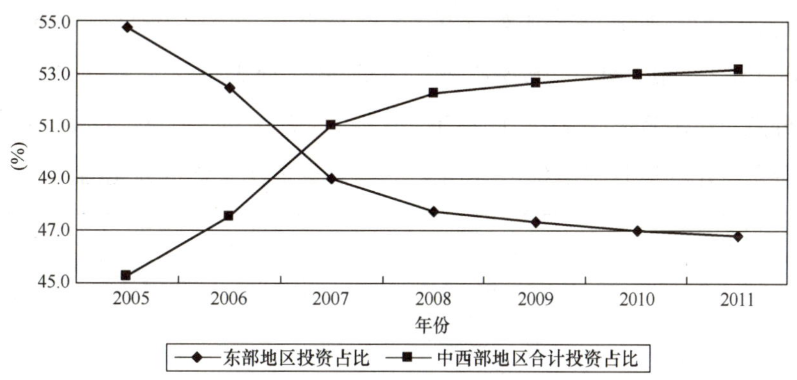

图 8　2005～2011 年我国东部和中西部地区投资占行业比重变化走势

中西部地区经济总量增长较快,占比上升。2011 年,东部、中部和西部地区行业总产值分别为 7.31 万亿元、2.09 万亿元和 1.89 万亿元,同比分别增长 28.7%、36.0% 和 38.5%,中、西部地区增速明显快于东部。从产值占比上看,东部地区占 64.78%,比上年下降 1.5 个百分点;中部和西部地区分别占 18.50% 和 16.72%,合计占比较上年提高 1.5 个百分点,且占比上升有加快的趋势。东部与中西部区域经济发展进一步协调。

(五)基本经济制度进一步完善,非公经济占比首次过半

随着社会主义市场经济体制的不断完善,行业非公经济快速发展,在经济总量中的占比不断攀升,2011 年首次过半。

非公经济占比快速上升。据统计,2011 年,行业非公经济完成工业总产值 5.65 万亿元,同比增长 34.9%,占行业工业总产值的 50.11%,历史上首次过半;公有控股经济完成工业总产值 5.35 万亿,同比增长 27.9%,占比 47.38%;其他经济占比 2.51%。与 2006 年相比,2011 年非公经济在行业经济总量中的占比上升 15.8 个百分点,5 年间非公经济占比每年平均提高 3.15 个百分点;同期公有经济占比则下降 16.4 个百分点。2006～2011 年我国石油和化学工业非公经济和公有经济占比变化走势见图 9。

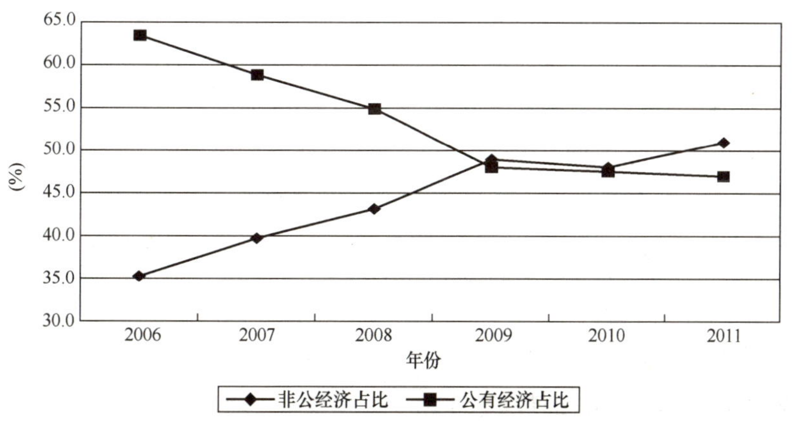

图 9　2006～2011 年我国石油和化学工业非公经济和公有经济占比变化走势

自筹资金是行业投资的主要来源。从投资资金来源看，自筹资金在投资中的比重不断攀升。统计显示，2010 年，石油和化学工业投资中自筹资金占比达 77.6%，比上年提高 0.5 个百分点，比 2005 年提高 9.3 个百分点；国内贷款占 15.1%，外资占比仅为 3.25%。估计 2011 年，全行业投资自筹资金占比将达 79% 左右。三大行业中，石油天然气开采业投资自筹资金占比最高，2010 年占 78.6%，比上年提高 0.2 个百分点，比 2005 年提高 7.1 个百分点，2011 年，自筹资金占比约达 80%；2010 年，化工行业投资自筹资金占比为 78.1%，比上年提高 1.1 个百分点，比 2005 年提高 14.1 个百分点，5 年间年均提高 2.82 个百分点；银行贷款占 15.1%，比 2005 年下降 2.8 个百分点；2011 年，化工行业自筹资金占比超过 80%；石油加工业 2010 年自筹资金占比为 74.4%，比上年下降 1.3 个百分点，与 2005 年持平；石油加工业自筹资金占比 2007 年曾达到 80.8%，近年呈下滑趋势，2011 年回落至 76% ~ 77%。2005 ~ 2011 年我国石油和化学工业投资自筹资金占比变化走势见图 10。

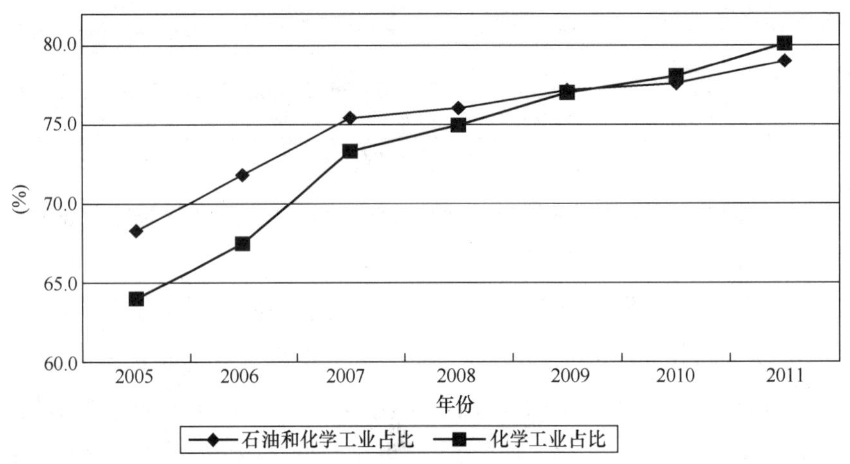

图 10　2005 ~ 2011 年我国石油和化学工业投资自筹资金占比变化走势

注：2011 年为估计值。

三、经济运行面临的主要问题

（一）第四季度市场波动加剧，经济下行压力增大

总体上看，2011 年石油和化学工业经济总量增幅较大，特别是前三季度运行十分平稳；但是，进入第四季度后，受国内外宏观经济发展速度减缓、需求萎缩以及各类宏观调控政策效应的叠加影响，行业经济总量增速回落显著加快，下行压力骤增。数据显示，2011 年 10 月份，全行业产值增幅首次回落至 30% 以下，为 27.3%，12 月份再创新低，只有 22.4%，增幅比 10 月下滑近 5 个百分点。效益下降更为明显。10 月份，全行业利润总额出现罕见的下降，降幅达 10.8%，11 月份的降幅更是扩大到 29.1%。前期利润总额增长较快的石油天然气开采业和化学工业增幅大幅放缓，甚至绝对值下降，化工行业 1 ~ 11 月，利润增幅下降至 18.0%，比1 ~ 10 月回落 6.6 个百分点，低于同期全国工业利润平均增幅（24.4%）6.4 个百分点。其中利润总额 11 月份首次下降，降幅为 10.9%。这一现象应引起业内高度关注。

市场波动加剧，价格大幅下挫。统计数据显示，9 月份以后，石油和化工产品价格涨幅下滑加快。12 月，全行业产品价格涨幅回落至 8.7%，较 8 月下滑 7.8 个百分点，价格总水平涨幅与上年大致持平。特别值得关注的是，11 月份化工产品价格涨幅全线大挫，平均涨幅只有 5.7%，12 月涨幅进一步收窄至 4.0%，回落至 2010 年年初的涨幅水平。其中，专用化学品、合成材料、基础化学原料三大板块领跌化工产品价格，专用化学品 12 月价格下降 2.8%，合成材料价格下降 4.5%，这种现象十分罕见。表面看，2011 年第四季度市场波动情况有些与 2008 年相似，但不同的是，2008 年四季度价格跳水由上游开始,上游跌势猛于下游;而2011年正好相反,价格领跌主要从下游终端产品市场开始,下游跌势明显甚于上游。2008年市场动荡主要是国际金融危机造成市场资金链突然断裂而引发的;2011年第四季度的市场波动主要是总体需求扩张缓慢、需求动力不足产生的。从源头看,二者显然有着本质的区别。因此,要保持经济总量持续平稳较快增长,必须高度关注市场需求的变化,坚定不移地执行扩大内需的方针,努力开拓新的需求领域,培育新的经济增长点。2011年1~12月我国石油和化学工业利润累计同比增长走势见图11。

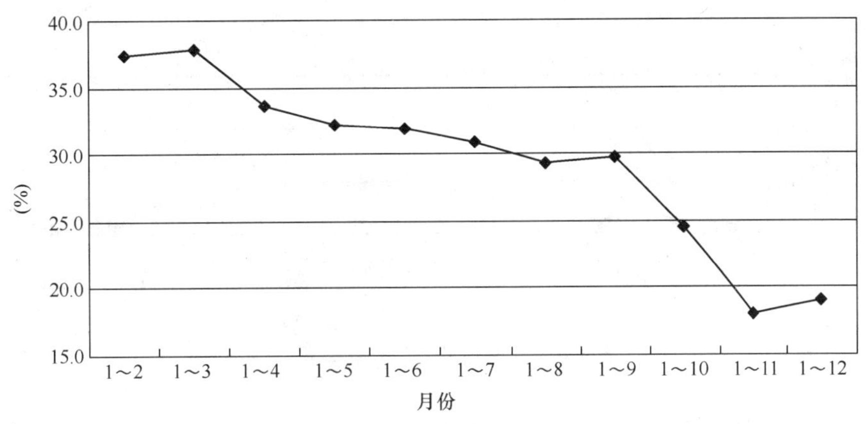

图11　2011年1~12月我国石油和化学工业利润累计同比增长走势

(二)行业盲目扩张部分产能过剩,市场竞争进一步加剧

据不完全统计,2011年,我国尿素产能(折纯)约为3 450万t/a,超过国内需求的30%以上;磷肥产能2 250万t,几乎超过国内需求一倍;轮胎产量中47%以上依赖出口市场消化;烧碱和纯碱产能过剩也均在35%以上,电石产能2 386万t,产量1 522万t,产能利用率仅63.8%;甲醇的产能利用率仅有40%左右。据了解,目前,“两碱”、甲醇、电石和尿素等产能的扩张仍在继续。一些行业由于产能严重过剩,供需失衡,导致市场长期低迷,竞争异常残酷,行业利润下滑。2011年1~11月,橡胶制品行业利润总额增幅为18.3%,涂(颜)料业更低,只有14.7%,农药行业稍高,为23.1%,但与化工行业35.7%的平均增幅相比,差距很大。

煤化工产业发展仍在加快。近年来,各地规划中的煤制油项目总规模已超过4 000万t/a(有的已开展前期建设);在建和拟建的MTO项目多达18个,产能达1 410万t/a,累计产能已达2 800万t/a;还要新建自行配套甲醇能力4 230万t/a,2011年前三季度国内甲醇开工率只有50%左右。还有规划中的煤制天然气产能超过1 500亿m^3/a,煤制乙二醇320万t/a。从长远考虑,发展新型煤化工是解决我国原油和天然气资源短缺的有效途径,但项目过多过乱,会对新型煤化工产业造成损害。引导现代煤化工项目有序发展,也是一项十分紧迫和重要的行业管理工作。

(三)炼油行业效益大幅下降,开采业投资动力不足

炼油行业出现亏损。据统计,2011年5月,炼油行业当月净亏损30.90亿元,是2009年以来首次出现亏损;8月份首现年内累计亏损,前11个月炼油行业累计亏损117.28亿元。炼油行业效益恶化,最根本的因素是市场价格机制问题,成本上升使市场价格倒挂。2011年,我国进口原油达到2.53亿t,到岸均价为772.6美元/t,同比涨幅37.0%。受进口油价强劲上涨推动,国内重点企业原油年均出厂价达4 935.7元/t,同比上涨37.9%;但成品油出厂价涨幅明显偏低,重点企业93#汽油年均出厂价为7 366.1元/t,同比只涨14.8%;0#柴油出厂均价为6 364.7元/t,同比也只上涨15.8%,均远不足原油涨幅的1/2,且涨幅差距有扩大趋势。

另一个重要原因是税负较重。炼油行业是石油和化工行业的纳税大户，2011 年，累计上缴税金 3 684.46 亿元，占石油和化工行业税金总额的 44.0%。

目前我国炼油行业效益不仅仅受原油成本、人工和运输等费用的影响，更重要的是成品油的调价机制。在当前国际油价大幅高位波动的背景下，我国炼油行业效益难以实现根本好转和稳定。2011 年 1 ~ 12 月我国原油、成品油重点企业出厂价同比涨幅走势见图 12。

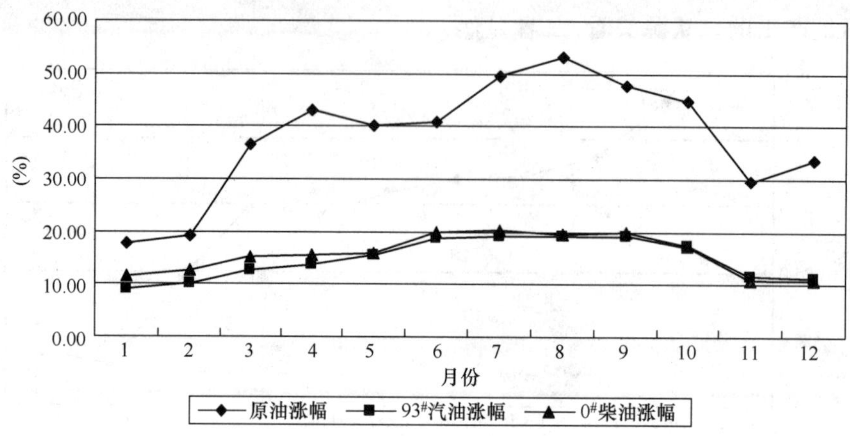

图 12　2011 年 1 ~ 12 月我国原油、成品油重点企业出厂价同比涨幅走势

油气开采业投资动力不足。2011 年，石油天然气开采业全年固定资产投资 2 720.35 亿元，虽然受 12 月份投资（当月投资达 802.1 亿元）大幅增加的拉动，全年增幅达到 12.2%，但仍明显低于全行业平均投资增长水平（23.4%）；只占全行业投资的 19.2%，较 2010 年下降 3.2 个百分点，占比下滑加快。初步分析原因有两点：一是开采难度加大，成本大幅上升。目前我国油气田很大部分是低渗透和特低渗透油田，经多次采油，成本很高。经初步测算，2011 年，我国吨油当量年均生产成本约2 185 元，比年初上升 16%；供应链成本约 2 763 元，比年初上升 21.8%。2005 ~ 2011 年，我国石油天然气吨油当量生产成本年均升幅为 17.3%；供应链成本年均升幅达 22.0%。二是税金增长过快。前 11 个月油气开采业利润增幅为 35.4%，而税金增幅则高达 61.5%。税金增长很快主要受资源税和特别收益金拉动。油气开采业是高投入行业，投资下降有可能对油气生产产生长远和重大影响。2011 年1 ~ 12 月我国油气开采投资累计增幅走势见图 13。

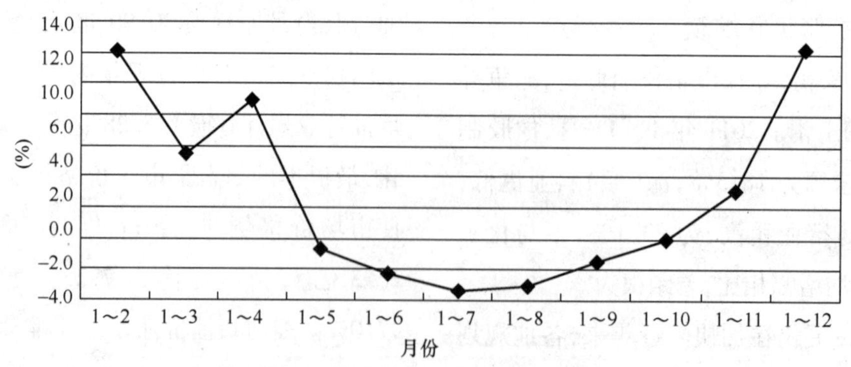

图 13　2011 年 1 ~ 12 月我国油气开采投资累计增幅走势

（四）发达国家经济复苏艰难，对外贸易摩擦形势复杂

2011 年我国对外国贸易救济立案 3 起，其中就有一起是石化产品（2010 年我国对外国贸易救济立案 5 起，其中石化产品 2 起）。2011 年前 11 个月，国外对我国石油和化工产品实施贸易救济立案

14起,其中新立案9起,日落复审立案5起。涉案金额1.86亿美元(2010年国外对我国石油化工产品贸易救济立案22起,其中新立案件8起,日落复审立案14起,涉案金额1.9亿美元)。我国石油和化工产品对外贸易面临着更加复杂的宏观形势。

2011年贸易摩擦的特点:一是贸易摩擦手段变化多端。除传统的出口补贴、提高进口关税、实施进口禁令外,非关税措施如反倾销、反补贴、保障措施等已成为各国实施贸易保护的主要手段。发达国家由于经济表现欠佳,冀图通过技术性贸易措施、知识产权保护、碳足迹、社会责任等更加隐蔽、貌似合理的手段,达到贸易保护、刺激本国经济的目的,如欧盟的REACH法规、欧盟2012年11月份强制实施的绿色轮胎标签法规,韩国的化学物质注册评估法规等。二是涉案国家增多,产品个案间的贸易摩擦向发展中国家转移。从立案国别看,发展中国家立案数量有超过发达国家的趋势。在2011年国外对我国石油和化工产品实施贸易救济调查的14起案件中,来自发展中国家的案件有10起。印度、巴西、土耳其、巴基斯坦、阿根廷等是对石油和化工产品发起贸易救济调查最多的国家。三是发达国家更多利用政治、经济等非技术性贸易措施,实施贸易保护主义。如在“汇率责任”“顺差国责任”“能源消费大国责任”“碳排放大国责任”等方面,故意夸大我国对世界经济的影响,意在迫使我国承担超出自身能力的责任与义务。如近年来逐渐增多的反补贴调查,其实质是针对我国政府的各种政策措施及制度,质疑并攻击我宏观经济管理体制,致使应对工作难度越来越大。

〔撰稿人:中国石油和化学工业联合会　赵志平〕

2012年上半年我国各地石化行业经济运行调查报告

2012年上半年,我国石化行业经历了世界经济萎靡不振、行业经济总量产销增速不断下降的严峻考验,但期间调结构、转方式也取得新进展。为客观全面地反映半年来我国各地石化行业经济运行状况,特选择山东、河南、上海、陕西、新疆等12个有代表性的省、自治区、直辖市,分析石化行业半年来的表现特点,为各地石化行业的未来规划发展提供依据。

河南省:三大板块减速,五子行业大升

进入2012年以来,河南省石化产品市场需求放缓,主要产品价格低位徘徊,成本居高不下,产值增速明显减缓,行业固定资产投资增速回落,全省石化行业综合经济效益处于下滑的严峻态势。但是,目前整体利润降幅有收窄趋向。

据河南省石化行业协会介绍,河南省石化行业2012年上半年的总体情况具有3个突出特点。一是总产值及主要产品产量增速持续减缓。规模以上石化企业1 289家,1~5月累计完成总产值1 714.42亿元,同比增长15.2%,增幅较上年同期回落16.1个百分点。1~5月,全省主要石化产品产量总体虽平稳增长,但增幅也在下降。在跟踪的66种(类)产品中,产量同比增长的有39种,持平的有2种,下降的有25种。二是经济效益下滑的幅度虽已呈减缓趋势,但利润下降幅度仍较大,亏损企业亏损额继续大幅增加。1~5月,规模以上企业实现利润同比减少10.6%,亏损企业亏损额同比增加112.7%,表明整体经济效益没有得到根本好转。三是行业固定资产投资增速继续回落。1~5个月,石化行业实际完成投资336.75亿元,较上

年增长18.8%,同比增速回落32.7个百分点。项目投资明显减速,说明企业对后市持审慎判断。

虽然整体经济呈减速和低迷态势,但河南省石化行业不同的领域又各有差异,在一些领域也有一些亮点。如河南省化肥行业表现风光无限,整体效益可观。尿素市场走势强劲,产销两旺,价格大幅上扬,创出2009年以来的最高纪录。

在河南省石化行业的三大板块中,1~5月化学工业实现利润同比下降6.2%;油气开采业实现利润同比下降36.2%;炼油行业持续亏损。但是有5个子行业利润同比保持增长,增幅最高的是橡胶行业,实现利润14.83亿元,同比增长24%;其次是农药行业,实现利润2.72亿元,同比增长22.3%;化肥行业实现利润5.7亿元,同比增长19.4%。

分析形成上述状况的原因,既有大环境的不利因素影响,又有某些行业自身存在亟待改进的问题。据氯碱、煤化工等骨干企业反映,①成本居高不下,化工产品价格下行,是导致部分行业效益下降的主要原因,其中电价上涨在河南省最为突出。河南烧碱企业5月底用电价格同比涨幅为20%,化肥企业用电价格上涨15.94%。②尽管生产成本提高,但由于市场需求不足,部分产品销售价格并没有相应提高甚至下降,导致炼油、纯碱、氯碱等行业效益大幅下降。③企业自身调结构、转方式的迫切性愈加强烈,集中反映在煤化工行业投资产业升级、氯碱行业投资产业链延伸、精细化工行业投资技术突破3个方面,这也导致行业短期经济效益下滑。

目前,河南省电费占主要石化产品生产成本的40%~60%,降低用电成本是石化行业摆脱困境、实现转型升级的基础。因此,业界建议政府研究降低峰谷分时电价的尖峰、高峰系数,积极向国家争取政策,以减轻企业用电成本负担;对于企业自备发电机组自用后的富余电量,给予上网电量计划,准予满负荷发电;取消征收容量电价,暂停收取网电价格中的城市附加基金;支持石化产业集聚区配套建设大型热电联产项目,建成后按自备电管理。

山西省:稳增长与调结构齐步走

2012年上半年,山西省石化行业经济运行情况可以归纳为:在稳增长的基础上调结构,在调结构的同时保持稳定增长。具体表现在以下几个方面:经济增速仍然较快。1~5月,全省石化行业规模以上企业为218家,1~5月全行业实现工业总产值281亿元,同比增长22.9%,高于全国行业平均增速8.5个百分点。从分行业看,各占全行业产值1/3的肥料制造业和基础化工原料制造业同比增速分别达到33.5%和19.1%,成为山西省石化行业经济快速增长的主要推动力。煤化工大市晋城市规模以上石油加工、炼焦及核燃料加工业1~5月工业增加值同比增长66.5%,化学原料及化学制品制造业增长23.8%。但上半年,全省石化行业规模以上企业工业增加值增幅低于全省11.8%的平均水平。

二是主要产品产量增长基本稳定。1~5月,山西省化肥工业保持较高增速,全省合成氨产量213.5万t,同比增长10.8%;农用氮磷钾化学肥料产量172万t,同比增长11.5%;氮肥产量168万t,同比增长11.7%;尿素产量313万t,同比增长17.5%;磷肥产量4万t,同比增长3%。

1~5月,全行业完成固定资产投资52.7亿元,同比增长20.0%;施工项目111个,同比增长20.7%;竣工项目18个,同比增长100%。

上半年山西省石化行业加快了重点转型,调产项目的建设顺利推进。电石乙炔化工行业重要调产项目——阳煤百万吨电石项目(一期40万t/a)顺利投产,阳煤集团和顺化工有限公司24万t/a合成氨、40万t/a尿素项目,山西天泽煤化工集团40万t/a合成氨、60万t/a大颗粒尿素项目等已开工建设。同时,山西现代煤化工“落地”项目几乎都在大型企业,比如晋煤集团年产百万吨甲醇制清洁燃料项目、阳煤清徐新材料工业园区、山焦60万t/a甲醇制烯烃项目、兰花集团20万t/a己内酰胺项目、同煤集团60万t/a烯烃项目、襄矿集团20万t/a

合成气制乙二醇项目等都已开工奠基。另外，中煤平朔120万条/a子午轮胎项目和投资2亿元的同煤集团粉煤灰制砖项目加紧推进，同煤集团低变质烟清洁利用气电热一体化示范项目和潞安集团高硫煤清洁高效利用油化电热一体化示范项目通过了国家有关部门的初审。这些项目的建设对于煤化工等重点产业的调整升级有着重大意义。特别是，5月份大同市石化项目投资增速持续保持高位运行，石化行业投资增速高达497.8%。

山东省：突破阻力，实现三个“增长较快”

2012年上半年，山东省石化行业在国内外经济形势复杂多变的情况下，克服了需求不足、成本上升、资金紧张等诸多困难，经济运行总体保持平稳。主要表现在产值、营业收入、出口三个“增长较快”，三者增幅保持在18%～21%。

产值产量增长较快。上半年，全省石化行业累计完成工业总产值（当年价）10 086亿元，同比增长19.8%。重点监测的28种产品中，产量同比增长的21种，占75%。同比增幅超过10%的有6种，其中，农药、合成纤维单体和塑料产量增幅超过20%。

上半年，全省石化行业实现主营业务收入约9 980亿元，同比增长19.3%。其中，增幅较大是：橡胶加工、合成材料和化肥行业。全行业累计完成出口交货值527亿元，同比增长21.1%。轮胎行业累计完成出口交货值最高，达293亿元，同比增长44.3%，占石化行业出口交货值的55.6%。轮胎出口的高速增长对全省轮胎行业稳产和产品的价格有较强的支撑作用。

山东省石油化学工业协会有关负责人指出，虽然山东省石化行业上半年经济总量增长较快，但受市场需求不足、生产经营成本提高或部分产品价格下降以及上年基数较高等因素的影响，产值、营业收入、出口的增幅与上年同期相比分别回落15.7个、16.1个和24.8个百分点，且增幅回落态势三季度还有可能继续延续。同时，炼油行业效益大幅度下降和两碱行业效益下滑的问题，应引起业内高度重视。

部分纯碱和氯碱企业反映，2012年上半年因电力价格等成本大幅提高和PVC等耗氯产品及纯碱市场需求低迷、价格下降，导致两碱效益大幅下滑。

广东省：下行压力之大超乎预期

2012年上半年，受外需疲软、内需减弱、成本上升等因素的影响，广东省工业经济运行基本延续2011年下半年以来的下行走势，下行压力之大超乎年初预期。数据显示，石油和天然气开采业产值同比增速为负值，发展前景堪忧。

据广东省石油和化工协会发布的统计数据，1～5月全省石化行业完成工业总产值（当年价）3 169.8亿元，同比增长4.9%，增幅远低于全国石化行业平均水平。其中，石油和天然气开采业完成产值307.9亿元，同比下降3%；精炼石油产品制造业完成产值1 428.3亿元，同比增长10.3%；化学工业完成产值1 419.0亿元，同比增长1.7%。石油和天然气开采业首次呈现负增长，石化行业总产值增幅创近几年新低。其主要原因：一是项目建设没跟上，加上国内外市场低迷，产品库存量大，燃料、涂料、橡胶销量都有不同程度的下降。与工业发展密切相关的柴油，二季度销售仍处于下滑状态。物流、房地产等行业的发展放缓，制约了石化产品用量的增加。很多企业订单下滑，内需减弱，致使相当数量的企业失去了盈利空间。

二是外需疲软，东莞凯邦化工有限公司总经理吴凯表示，外国订单是有，主要问题是单价低大家不愿意接，接了就亏本。之所以接，就为赚点出口退税的钱，基本维持一下工厂的运行。

与之相比，石化物流方面的情况好很多。1～6月，惠州辖区港口吞吐量和船舶艘次呈现双增长，港口吞吐量达4 331万t，同比增长15%。据惠州海事局局长钟振斌分析，惠州水上货物运输量不断攀升，主要得益于辖区内大项目的拉动。惠州辖区内的惠州港是华南地区船载危险货物的最大集散地，沿岸排列着中海壳牌南海石化95万t乙烯项目、中国海油惠州1 200万t炼油项目、广州石化华德油库项目等多家石油化工企业。大亚湾海域是全国超级油轮通航量最大的水域,上半年载运危险品船舶进出港4 974艘次,吞吐量1 944万t,同比增长4.5%;15万t以上大型油轮98艘次,吞吐量784万t。

广东省统计局表示,政府出台的一系列宏观经济微调政策效应,至少要到第三季度才能显示出效果。因此,预计第三季度广东的经济运行将在波动中略有回升,第四季度才会有较明显的好转。

上海市:产值增长停滞,调整加快

2012年上半年,上海市石油和化工产业遇到比较大的困难,不少行业产值增长停滞甚至下降,并出现效益亏损现象。据上海市统计局和经信委发布的资料显示,1~6月全市石油化工及精细化工制造业完成产值1 957.72亿元,同比下降0.1%;1~5月实现利润总额23.16亿元,同比下降73.7%。

上海市石化行业协会负责人分析认为,增长停滞、利润下降的主要因素,一是受全球经济低迷影响,出口严重萎缩,国内市场也难以独善其身;二是上海市正在减少对以高载能为特征的重化工业的依赖,调整力度比较大;三是上半年国际原油价格剧烈波动,从4月份起油价一路下跌,导致内外需求进一步放缓,由于中间商去库存化,甲醇、醋酸、醋酸乙酯等化工产品以及石化中间产品合成树脂和合成纤维等价格出现持续大幅下跌,并造成部分行业亏损。

尽管遇到重重困难,上海市石化行业上半年依然不乏亮点。一是行业龙头企业顶住了压力,勇立潮头。高桥石化公司和上海石化股份公司两家中石化企业原油加工量合计达到1 097万t,同比增长2.4%,保证了市场对油品的需求。高桥石化实现工业总产值398.51亿元,同比增长6.5%,创出历史新高。上海石化公司为了把亏损减少到最小,积极调整产品结构,开发生产市场适销的塑料和化纤专用料,应用天然气替代石油制氢以降低成本;欧Ⅴ柴油已投入规模生产,月产量达到1万t。二是千方百计扩大出口。上半年上海华谊集团虽然总产值同比下降1.1%,但出口交货值达43.03亿元,同比增长11.8%;受华胜公司烧碱和双钱轮胎出口的拉动,全市烧碱产量达35.23万t,同比增长15.1%;轮胎产量51.51万条,同比增长12.2%。三是节能减排大有作为。上半年,上海市石化行业完成工业总产值453.9亿元,与去年基本持平,而能耗总量却减少4.3%。其中上海赛科石油化工公司吨乙烯能耗同比下降1.2%,创历史最好纪录,达到国际先进水平。四是战略性新兴产业正在崛起壮大。通过对环线内危化企业的关停并转,石化企业向园区集聚;各区县积极推进产业结构调整,高能耗、高污染企业与项目得到遏制;通过政策支持与引导,推动了新材料、新能源、生物医药、新能源汽车等行业的健康成长,已形成聚氨酯产业链和工程塑料研发生产应用一体化基地。上半年,全市实现新材料产值808亿元,新能源产值199.5亿元,生物医药产值357亿元,均位于国内同行业领先地位。1~6月上海化工区共引进外资16.22亿美元,同比增长554%,其中包括中石化三井项目、赢创德固赛项目和拜耳材料科技新材料增资项目等。上海已成为全国石油和化工跨国企业总部、研发中心和生产工厂最集中的地区。

2012年7月12日,上海市政府发布《上海市石油和化工产业"十二五"发展规划》。规划将石油和化工产业定位为不可或缺的基础性产业,极大地提振了行业克服困难、创造美好未来的信心。该规划提出,"十二五"期间,上海市石化行业将加快转变发展方式,促进结构调整,进一步降低能源资源消耗,走安全、生态、绿色发展之路。"十二五"期间,石油和化工产业工业总产值年均增长5%,2015年达到约4 200亿元,占全市工业总产值的10%左右;2015年化工新材料产值在全行业总产值中的占比提高至30%;能耗和污染物排放量低于国家指标,力争达到或接近国际同行业水平。

陕西省：两大因素推动行业高速增长

2012年上半年，陕西省工业增加值在上年快速增长的基础上，继续保持17%的增速，高于全国工业6.5个百分点，增速居全国第一。石化行业产值占陕西省工业总产值的26.8%，石化行业发展拉动陕西省工业总产值增长6.04个百分点，对全省工业持续快速增长做出了重要贡献。

统计显示：1～6月，陕西省石化行业完成工业总产值2 112.01亿元，同比增长22.7%。其中，石油工业完成1 798亿元，同比增长20.34%；化学工业完成312亿元，同比增长38.66%。1～5月，石化行业实现利润348.84亿元，同比增长14.47%，占全省工业利润总额的49.15%。

陕西省石化行业实现如此高速增长，主要得益于两大因素：一是石油天然气产量稳步增长，为行业增长夯实了基础。1～6月，陕西省共生产天然气153.86亿 m^3，同比增长11.2%；生产原油1 716.82万t，同比增长7.7%；原油加工量1 065万t，同比增长10.1%。全省5家炼油厂实现销售收入770亿元，同比增长27%；实现利润60多亿元。油气产量的平稳增长，还带动石油机械行业产销快速增长。二是化学原料和化学制品制造业产值强劲增长。兴化大项目、咸阳化学60万t/a甲醇、陕焦公司20万t/a焦炉煤气制甲醇等新项目产能释放，同时煤炭价格下跌，降低了煤化工企业生产成本，提升了老装置开工率，上半年化学原料及化学制品制造业产值实现31.7%的快速增长。重点调度的20种化工产品中，除硫酸等少数几个品种产量减少外，70%以上的产品产量实现了较快增长。

2012年下半年行业下行压力依然很大，面临的困难和挑战更多。不利因素主要有：全省石化行业产值增长正逐月回落，产值由一季度的同比增长23.3%下降到二季度的22.2%，并有进一步下探趋势；下半年全球市场对石油需求不会有大幅增长。目前汽、柴油市场已显露出滞销的迹象，这将对油气产值占比较大的陕西省石化行业产生较大的不利影响；上半年持续走高的化肥价格已经回落至合理价位，甲醛、聚氯乙烯、纯碱等化学品消费量受房地产市场低迷影响可能萎缩，甲醇、聚氯乙烯、焦炭企业亏损局面难以改变。

但有利因素同样存在：一是煤炭价格仍有下降空间，将进一步降低化工企业生产成本，提升装置开工率和石化产品产量。尤其陕西省作为全国甲醇汽油重点试点推广省份，将增加甲醇需求，有利于提升甲醇企业经营业绩。二是新增产能集中释放，行业规模持续扩张。下半年，陕化年产60万t合成氨、52万t尿素，榆林地区合计年产60万t电石，神木富油公司年产120万t粉煤固体热载体联产12万t煤焦油加氢，北元化工年产50万t聚氯乙烯、48万t烧碱，以及华电榆林天然气化工公司年产60万t甲醇等一批化工装置将建成投产，将大幅增加全省化工产品的产能和产量。三是新建项目加快推进，将对行业产值增长产生较大拉动作用。面对经济下行的不利局面，政府将在淘汰落后产能的同时，加大对技术含量高、环保与经济效益好、对经济增长拉动作用明显的大型能源化工项目的政策倾斜力度，加快项目审批和建设步伐，遏制行业产值增速继续回落。四是大企业、大集团发挥着中流砥柱的作用。国有及国有控股企业在陕西省石化行业产销占比较高。这些企业内部调控能力较强，产业集中度高、装置规模大、技术相对先进，流动资金充足，且大多拥有配套资源，形成了上下游较完整的产业链，具有较强的盈利能力和抗风险能力。

新疆维吾尔自治区：企稳回升趋势明显

2012年上半年，新疆维吾尔自治区石化行业在一批工业项目的支撑下，产值呈现企稳回升的态势。行业经济运行总体平稳，产值增幅有所提高，但还有下行压力。

新疆维吾尔自治区石油石化行业由原油天然气开采业、原油加工业和化工行业三部分组成。1～6月，全行业规模以上企业完成工业总产值（当年价)1 766.81 亿元,同比增长6.99%;完成工业增加值775.85 亿元,同比增长 7.9%;实现工业销售产值 1 713.81 亿元,产销率达到 97%;实现利润311.21 亿元,同比增长 5.1%。主要经济指标增幅都超过5%,比上年同期有所提高。表明全行业企稳回升的态势明显。

据自治区石化行业办行业运行处分析,上半年全行业产值产量增幅之所以提高,主要有三方面原因:一是石油天然气开采业奠定了基础。1 ~6 月全区共生产原油 1 320.26 万 t,同比增长 2.63%;生产天然气 125.82 亿 m^3,同比增长 9.47%。石油天然气开采业完成工业总产值 677.45 亿元,同比增长 6.94%;完成工业增加值 556.54 亿元,同比增长5.6%;实现利润299.17 亿元,同比增长 2.68%。二是化学工业中的不少产品产量增幅较大。聚氯乙烯、尿素、硫酸钾、硝铵、烧碱、轮胎外胎产量增长均超过 10%,石化行业总产值、增加值同比分别增长 15.49% 和 23.7%。三是 2011 年建成的项目2012 年开始产生效益。湖北宜化新疆公司在吉木萨尔投产的 40 万 t/a 合成氨、70 万 t/a 尿素项目,奎屯锦疆煤化工公司大化肥项目、新化化肥有限公司新增 10 万 t/a 硝铵项目、神华新疆煤化工公司 2 万 t/a 活性炭项目、金圣胡杨在南疆沙雅县的 60 万 t/a 硝基复合肥项目等 24 个涉及煤化工、天然气化工和石化下游深加工项目均在 2012 年见到成效,拉动了全行业产值增速。

尽管如此,上半年经济运行中还存在不尽人意的地方。一是原油加工业完不成全年计划已成定局,1 ~6 月新疆维吾尔自治区从中哈原油管道进口原油 464.48 万 t,同比下降 19.04%,欠账不小;加之其他因素使得原油加工量减少到 1 185.34 万 t,同比下降 1.31%,增速回落较大;石油加工业亏损 13.96 亿元,虽然比上年同期的亏损额有较大幅度减少,但还是对全行业盈利水平产生了影响。二是化学工业经济效益不理想,全行业实现利润 26 亿元,同比下降 8.09%,下降幅度较大。主要原因是大宗化工产品价格下降,如聚氯乙烯 2011 年同期价格为 7 500 元/t 左右,而 2012 年上半年的市场价都在 6 500 元/t 上下,其他如顺丁橡胶、纯碱、石蜡等的价格也都有较大幅度下降。这表明全行业下行的压力还不小。

预计下半年,石油工业行业产值增幅有望进一步加大,呈现平稳上升并逐步有所加快的趋势。最有利的因素是一批重大项目,如中泰化学阜康能源有限公司 80 万 t/a 聚氯乙烯、60 万 t/a 烧碱项目,中泰矿冶 60 万 t/a 电石项目,新疆庆华煤化工公司55 亿 m^3/a 煤制天然气项目(一期),新疆宜化化工公司 60 万 t/a 聚氯乙烯、50 万 t/a 烧碱及其配套工程项目,新疆天业 5 万 t/a 电石炉尾气制乙二醇、3 万 t/a1,4 - 丁二醇项目等 13 个项目将于 2012 年年底前陆续建成投产,将有望拉动新疆石化行业如期完成全年经济运行目标。

湖北省:效益下滑　亏损面扩大

2012 年上半年,湖北省石化行业面对内外市场需求不振、成本上升及资金紧张等不利形势,行业经济总量仍保持平稳较快增长,但产值增速回落,效益下降,亏损面扩大,下行压力增大。上半年湖北省石化行业经济运行具有五个基本特点:

一是生产运行总体平稳。1 ~5 月,石化行业完成工业增加值 355.7 亿元,同比增长 16.5%,增速高出全省工业平均水平 1 个百分点;石化行业完成工业总产值 1 538 亿元,同比增长 22.4%,增速比上年同期回落 9.9 个百分点。二是产品平均价格小幅上升。上半年,石油和化工产品的平均价格比上年同期保持小幅上升,部分产品价格下降。1 ~5 月,全行业产销率仅为 96.9%,为近几年首次低于 97%,同比下降 0.8 个百分点。尽管 1 ~5 月全行业产销率不高,但产销衔接在逐步改善。三是出口平稳增长。1 ~5 月,全行业完成出口交货值40.5 亿元,同比增长 11.6%,高出全国平均水平8.7 个百分点。四是效益全面下滑。1 ~5 月,全行业实现主营业务收入 1 329 亿元,同比增长19.9%;实现利润 24.6 亿元,同比下降 23.4%。行业生产成本继续高位运行，亏损企业亏损额继续大幅上升，企业经营环境依然严峻。五是固定资产投资增速较高。1～5月，全行业实际完成固定资产投资271亿元，同比增长57.1%，高出全国同行业28.3个百分点，但增速较上年同期减缓3.5个百分点，比1～4月累计投资回落13.3个百分点。

上半年，全省石化行业中4个主要子行业产值保持两位数增长，分别为原油开采及石油加工业、化肥行业、基础化学原料行业和专用化学品行业。其中化肥行业表现突出，产值增速接近30%。1～5月，化肥行业累计完成产值492亿元，同比增长28.4%，占全国化肥行业总产值的15.8%；化肥产量472万t，同比增长33.7%。其中，磷肥237万t，同比增长30.6%；氮肥229万t，同比增长34%；磷肥中的高浓度磷酸铵肥产量320万t(实物量)，同比增长16.8%。磷肥、磷酸铵肥总产量在全国位居首位，化肥产量、氮肥产量位居全国第二。

尽管上半年石化行业产值增速有所回升，增幅持续下滑的势头得到初步遏制，但行业经济仍处于底部盘整阶段，各种困难和制约因素较多，主要表现在：一是增速减缓，下行压力增大。1～5月，全行业产值增速比1～4月提高0.4个百分点，但分别比1～2月、1～3月回落18.8个和6.7个百分点。同时，出口增长也呈减缓态势。二是资金紧张，亏损大幅度增加。1～5月，行业应收账款145.4亿元，产成品资金95.3亿元，分别比上年同期增长38%和42.5%；亏损企业117家，同比增长30%，亏损企业亏损总额高达21.4亿元，同比增长67.2%。

江苏省：披荆斩棘　“优”大于“忧”

2012年上半年，江苏省石化产业总体运行质量日趋好转，呈现“优”大于“忧”的运行态势。

一是产销增速明显放缓，行业运行基本平稳。1～6月，全省4 254家规模以上石化企业共实现工业总产值7 907.91亿元、工业销售产值7 702.93亿元，同比分别增长13.72%、12.62%，行业经济下行态势初显企稳迹象。二是出口面临较大压力，或进入波动性低速增长轨道。1～6月，全省石化行业实现出口交货值620.57亿元，增幅同比微降0.44个百分点，但其全国占比有所回升，达到23.5%，继续大幅领跑全国各省。三是固定资产投资平稳增长。2012年，江苏省石化行业依然保持较高的投资热情，固定资产投资继续上升，项目建设保持平稳推进。1～6月，全行业完成固定资产投资836.31亿元，同比增长22.26%。项目建设方面，新开工项目数880个，同比增长18.44%；施工项目数1 390个，同比增长4.2%；竣工项目452个，同比增长6.6%。投资项目规模明显扩大。四是行业盈利状况下滑。2012年以来，面对原材料价格上涨、用工成本上升、下游产业低迷等情况，全行业盈利状况有所恶化，效益快速下滑。1～6月，全省石化行业实现利润286.56亿元，同比下降24.76%，降幅较全国平均水平多10.33个百分点；亏损面扩大，企业亏损额达到46.72亿元，同比增长138.14%，增幅高于全国平均水平7.3个百分点。

“十二五”以来，江苏省石化行业强化产品结构优化，加快产品技术向高端领域延伸，目前化工新材料、新能源、高端精细化学品等产值合计占比已达60%以上，高新技术产品产值年均增长达30%以上，而单位产值资源和能耗在2005年的基础上每年均降15%以上。同时，企业结构逐步优化，随着市场经济的深化，企业兼并重组呈现良好态势。近几年，伴随两轮化工专项整治，已淘汰中小落后企业4 000余家，提高了产业集中度。

辽宁省：两增两降，整体亏损

2012年上半年，辽宁省石化行业经济下行压力日渐增大。统计显示，辽宁省上半年石化行业完成工业增加值同比增长7.1%，比1～5月份提高1.2个百分点；实现主营业务收入4 266亿元，同比增长11.1%；实现利税319.6亿元，同比减少79.7亿元；实现利润－8.2亿元，亏损同比增加55.6亿元。

上半年辽宁省石化行业经济运行呈现“两增两降”(产量增、价格降,投资增、利润降)的特点。主要产品产量增长,产品价格下降。重点统计的20种石化产品,产量增长的有16种,其中,7种产品产量增幅在10%以上。6月份,汽油、柴油价格分别比4月下降860元(吨价,下同)、890元,尿素下降98元,环氧丙烷下降3 604元,聚酯下降2 393元,聚乙烯下降2 200元。

投资大幅增长,利润大幅下降。上半年,固定资产投资483.5亿元,同比增长30.7%。石油加工业完成固定资产投资同比增长77.4%;化学工业完成固定资产投资同比增长26%。中石油七家炼厂实现利润-134.9亿元,亏损同比增加97.6亿元;传统化工企业效益普遍下滑。

其原因主要有五个方面:一是受房地产调控影响,PVC、环氧丙烷、纯碱等传统化工产品需求减少;二是基础设施建设,特别是高速公路新开工项目减少,沥青市场低迷;三是园区配套基础设施建设滞后,影响了企业正常生产;四是企业税费、环境、人力成本加大;五是中小企业贷款困难,资金周转缓慢。

对此,辽宁省各有关部门积极深入调研,通过召开产需配套、项目审批协调会,抓好总投资963亿元的20项重大石化项目、总投资107亿元的16项新兴产业石化项目的建设,培养和扶持拥有核心竞争力的高科技型精细化工和化工新材料企业,激活和释放辽宁省石化行业产能潜力和发展后劲。

内蒙古自治区:三大政策遏止下行态势

2012年,内蒙古自治区石化行业开局艰难,下行压力持续加大。一季度,在国际经济增长乏力和国内经济走低的宏观大背景下,内蒙古自治区石化行业经历了经济总量持续放缓的发展态势,产值增幅有所回落。二季度,内蒙古自治区出台了“稳中求进保增长”的政策措施,全区石化行业产值增长开始趋稳,甚至出现微幅回升迹象。

上半年,内蒙古自治区石化行业在严峻的经济形势下,经历了2008年以来最为难熬的下行态势,但在需求减弱、成本上升、出口低迷的多重压力下,还是呈现几个难得的发展亮点:其一是石化行业投资增长较快。上半年,内蒙古自治区石化行业完成投资459.46亿元,同比增长104.57%,占全区工业固定资产投资的比重为17.0%,占比同比提高5.6个百分点。呼和浩特炼厂、神华包头、大唐国际、阜丰集团、通辽梅花等一批重大石化项目投资增势强劲。其二是石化行业用电稳中增长。电力消耗是石化行业经济运行的“晴雨表”,2012年1~5月份,内蒙古工业用电量完成710.57亿kW·h,同比增长9.28%。其中化学原料及化学制品制造业用电量178.72亿kW·h,同比增长11.99%,而高耗能产品产量和用电量增幅明显回落,比如电石用电量同比仅增长3.21%。其三是石化行业率先展开万家企业节能低碳行动,带动内蒙古自治区工业企业节能减排。国家组织开展万家企业节能低碳行动,内蒙古自治区有264家石油和化工企业入列,占全区入列企业的38%。上半年,通过淘汰落后产能实现节能500万t标煤,单位GDP能耗下降2.82%,其中列入重点控制项目的电石、焦炭等产品能耗降幅更大。

上半年,内蒙古自治区石化行业应对经济下行压力成效明显,这得益于相关政策措施的果断出台。二季度开始,内蒙古自治区政府紧紧围绕“采取果断应对措施全力以赴保增长”的主题,出台了三大政策扶持措施,努力遏止石化工业经济下行态势,保持石化产业产值平稳增长。

第一,推行“四减少”简化审批程序。石化项目围绕减少审批部门、审批事项、审批环节、审批时间“四减少”,进一步简化审批程序,加快石化重点项目核准备案;大规模地开工建设一批已核准备案的石化工业项目。与此同时,积极引导民间资金投向石化项目。

第二,全力以赴保石化企业的正常生产经营。上半年,自治区出台了临时性电价补贴、扩大电力多边交易范围、涉企收费减缓免政策,全面清理涉企收费等多项措施，千方百计帮助石化企业降低生产成本，保证石化企业生产正常运行。

第三，加大石化行业经济运行调度和生产要素供给保障力度。上半年，自治区及各地盟市工业经济管理部门密切监控包括石化行业在内的企业生产经营运行情况，及时发现问题及时解决问题，切实加大对石化企业的煤电油运供给协调保障力度。

江西省：产销同增，出口减缓

2012年上半年，江西省石化行业产销同增，经济效益增幅回落，出口有所放缓。一是产销同步较快增长。1～5月全省石化行业累计完成工业增加值169亿元，同比增长23%；实现主营业务收入825亿元，同比增长22.2%。列入统计范围的19种重点石化产品中，产量较上年同期增长的有13种，占68.4%；增幅在20%以上的有8种，占42%。26个制造业主营业务收入、利润同比增长，11个制造业同比下降。二是效益增速下滑。1～5月全省石化行业累计实现利税71亿元，同比增长17.5%，其中利润37.6亿元，同比增长15.8%。利税和利润增速同比均明显下滑。由于产品价格上涨幅度远不如原材料、能源、人工成本等生产要素的价格上涨幅度，成本压力增大，企业的利润空间受到挤压，龙头企业亏损严重。行业内两大龙头企业中石化股份九江分公司及江西星火有机硅厂1～5月均出现大幅亏损。三是产品出口由增长转为下降。1～5月全省石化行业实现出口交货值79亿元，同比下降14.2%。1～5月，有机合成材料、有机化学原料、钛白粉、专项化学品、颜料、基础化学原料、化学试剂与助剂、涂料油墨及类似品、日用及医用橡胶、林产化学品、橡胶管板带14大类产品出口大幅增长，化学农药、化学原药、染料、信息化学品、橡胶制品、轮胎产品、环境污染处理专用药剂材料7大类产品出口下降。其中，基础化学原料实现出口交货值7.53亿元，同比增长101%；化学试剂与助剂实现出口交货值2.48亿元，同比增长93%；信息化学产品实现出口交货值55亿元，同比下降30%。四是行业开工不足，用电量下降。2012年上半年全省石化行业开工不足，用电量下降。其主要原因是：行业内主要耗能产品如电石、氯碱、有机硅等化工产品价格涨幅远远跟不上原材料、能源价格及人工成本的上涨幅度，成本压力增大，企业利润受到压缩，开工意愿下降。部分化工产品价格在原材料等生产要素价格上涨的情况下反而大幅下滑，如江西蓝恒达化工有限公司主要产品三氯氢硅价格同比下降近20%，江西星火有机硅厂主要产品有机硅环体价格同比下降近30%。

〔撰稿人：中国化工报刘全昌〕

2012年上半年我国石油和化学工业经济运行情况

2012年上半年，石油和化学工业经济增速持续减缓，下行压力不断增大。但经济运行缓中见稳，基本面尚未发生根本性改变。1～6月，全行业实现工业总产值5.89万亿元，同比增长12.5%；完成固定资产投资7 341.72亿元，增速达30.7%；产品进出口总额3 220.69亿美元，同比增长10.4%。1～5月，实现利润总额3 031.44亿元，同比下降14.4%；主营业务收入4.72万亿元，同比增长11.8%；资产总额8.3万亿元，同比增长14.0%；从业人员674.80万人，同比增长3.0%。

一、经济运行缓中见稳

(一)产值增幅回落较大

一季度产值增长比较平稳,二季度下滑较大。统计局数据显示,1~6月,石油和化工行业规模以上企业26 696家(主营收入2 000万元以上企业),累计完成工业总产值5.89万亿元,占全国规模工业总产值的13.6%,同比增长12.5%,增幅较上年同期回落逾21个百分点,较2012年1~5月回落0.6个百分点,下滑速度进一步趋缓。6月当月完成工业总产值1.08万亿元,创年内新高,同比增长9.2%,环比增长5.0%,增速连续11个月减缓后首现回升。上半年,行业增加值同比增长8.4%,较前5月提高0.4个百分点,占全国规模工业增加值的14.2%。2012年1~6月我国石油和化学工业工业总产值、增加值累计增幅走势见图1。

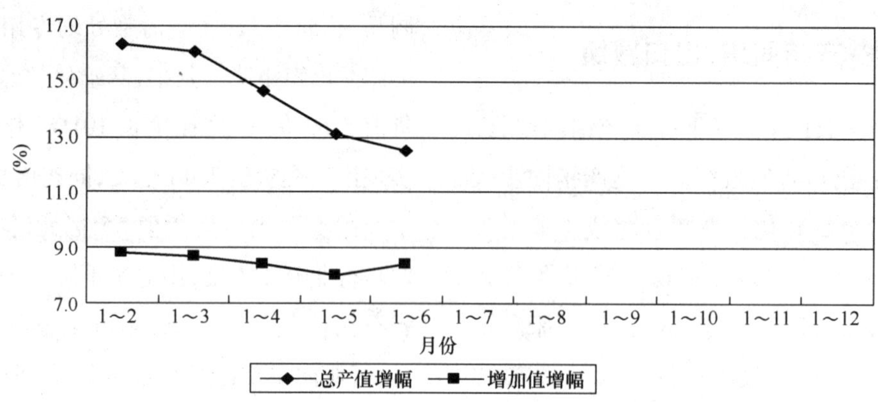

图1 2012年1~6月我国石油和化学工业工业总产值、增加值累计增幅走势

油气业开采业产值增速加快,化学工业产值增速缓中企稳。1~6月石油天然气开采业完成产值6 760.3亿元,同比增长12.3%,增幅较1~5月提高0.6个百分点;炼油业完成产值1.65万亿元,同比增长9.6%,增幅较1~5月减缓1.1个百分点;化学工业完成产值3.42万亿元,同比增长13.7%,增幅较1~5月回落0.7个百分点,其中6月当月产值同比增长11.9%,5月环比提高0.6个百分点,下滑有企稳之势。1~6月,专用设备制造业累计产值1 379.8亿元,同比增长18.9%,保持平稳较快增长势头。

农用化学品、橡胶制品业产值增长较快。化学工业中,农用化学品、橡胶制品业上半年产值保持平稳较快增长,成为行业中少有的亮点。化肥制造业完成产值3 815.4亿元,同比增长21.1%;农药制造业完成产值1 178.2亿元,同比增长21.3%;橡胶制品业完成产值3 995.6亿元,同比增长18.1%,增幅均明显高于同期化工行业平均水平。

东部地区产值增长趋稳,中西部产值增幅持续减缓。分地区看,1~6月,东部地区完成产值3.85万亿元,同比增长11.6%,增幅与1~5月持平;中部地区完成产值1.04万亿元,同比增长13.0%,增幅较1~5月回落2.4个百分点;西部地区完成产值9 955.94亿元,同比增长15.8%,增幅较1~5月回落1.4个百分点。上半年,东部地区产值占比达65.4%,呈上升趋势。

1~6月,产值增速超过18%的省、自治区、直辖市有5个,分别是宁夏回族自治区、广西壮族自治区、山东省、陕西省和重庆市,增幅依次为40.3%、35.7%、19.0%、18.7%和18.2%。山东、江苏、辽宁和广东四省产值分别为1.11万亿元、7 907.91亿元、4 115.55亿元和3 821.21亿元,合计占全行业总产值的45.7%,占比比1~5月提高0.4个百分点。

内资企业和非公经济体产值保持较快增长。从注册经济类型看,1~6月,内资企业产值同比增长14.5%,占比为81.6%;港澳台资企业产值同比增长4.7%,占比为6.6%;外资企业产值同比增长4.3%,占比为11.8%;内资企业占比呈上升趋势。从控股看,上半年,非公控股经济体产值同比增长

16.9%,占比为49.3%;公有控股经济体同比增长8.2%,占比为46.3%;其他经济体同比增长11.9%,占比为4.4%。非公经济体占比呈上升趋势。

(二)主要产品产量增长总体平稳

能源产量些微增长,主要化学品产量保持平稳增长。1~6月,全国原油天然气产量约1.49亿吨油当量,同比增长1.9%,增幅比1~5月提高0.4个百分点;主要化学品产量约2.27亿t,同比增长8.7%,增幅与1~5月基本持平。

原油产量增速逐步回升,天然气产量增幅趋缓。1~6月,全国原油产量1.01亿t,与上年同期基本持平,增幅比1~5月提高0.9个百分点;天然气产量536.3亿 m^3,同比增长6.3%,比1~5月回落0.9个百分点。上半年,全国原油加工量2.30亿t,同比增长1.7%,为三年来最低增幅;成品油产量(汽、煤、柴油合计,下同)1.38亿t,同比增长4.4%。其中,柴油产量8 489.8万t,同比增长2.0%,增速继续减缓;汽油产量4 271.1万t,同比增长7.7%,保持平稳较快增长。

化肥、农药产量增长较快。1~6月,全国化肥产量(折纯,下同)3 705.1万t,同比增长11.9%。其中,尿素产量1 518.1万t,同比增长10.4%;磷肥产量979.8万t,同比增长18.3%;钾肥产量240.7万t,同比增长6.8%。上半年,合成氨产量2 711.4万t,同比增长7.1%;农药原药产量(折100%)172.4万t,同比增长达21.7%,其中,除草剂产量78.8万t,同比增长36.4%。

乙烯产量继续下降,其他重点产品产量总体增长平稳。1~6月,全国乙烯产量758.2万t,同比下降3.3%,降幅与前1~5月持平;甲醇产量1 311.2万t,同比增长达17.3%;硫酸产量3 737.8万t,同比增长6.0%;烧碱产量1 304.5万t,同比增长3.2%;电石产量965.0万t,同比增长7.8%;化学试剂产量522.5万t,同比增长14.6%;合成树脂产量2 605.2万t,同比增长9.4%,其中聚氯乙烯产量671.0万t,同比增长4.6%;合成纤维单体产量1 099.6万t,同比增长16.3%;轮胎外胎产量4.20亿条,同比增长8.2%,其中子午胎产量2.07亿条,同比增长9.8%。2012年1~6月我国原油天然气和主要化学品产量累计增幅见图2。

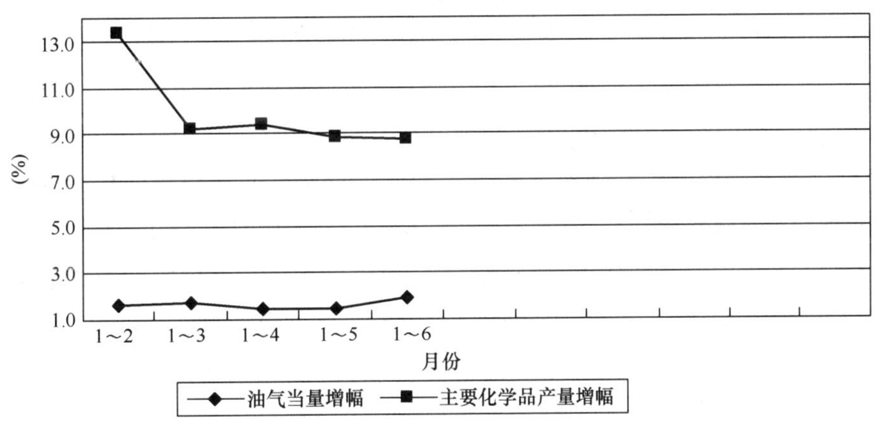

图2 2012年1~6月我国原油天然气和主要化学品产量累计增幅走势

(三)投资增长持续加快

1~6月,石油和化工行业固定资产投资7 341.72亿元,同比增长30.7%,增幅较上年同期提高约11个百分点,比2012年1~5月提高2个百分点,高出全国固定资产投资平均增幅10.3个百分点,投资增速进一步加快。

化学工业和油气开采业投资加快,炼油行业增速有所趋缓。1~6月,石油天然气开采业投资838.7亿元,同比增长3.3%,较1~5月提高1.4个百分点,占全行业投资总额的11.4%;化学工业投资5 385.44亿元,同比增长达34.9%,较1~5月提高2.2个百分点,占比73.3%;石油加工业投资790.17亿元,同比增长32.0%,增幅较前1~5月减缓2.2个百分点,占比10.8%。上半年,专用设备制造业投资327.41亿元,同比增长52.6%,继续保持高速增长态势,占比4.5%。

化学工业中,合成材料、基础化学原料和化学矿采选行业等投资大幅增长。1~6月,合成材料行业投资708.98亿元,同比增长达72.2%,增幅居化工各行业之首,占化工行业投资总额的13.2%;化学矿采选业投资增长达62.2%,增幅排名第二;基础化学原料制造业投资1 755.66亿元,同比增长49.2%,增幅排名第三,占比32.6%,其中有机化学原料投资增长达66.0%。此外,上半年,专用化学品行业投资1 230.8亿元,同比增长20.0%,占比22.9%;橡胶制品行业投资586.05亿元,同比增长16.7%,增速稳中趋快。

东、西部地区投资持续加快,中部地区投资增速减缓。从地区看,1~6月,东部地区投资同比增长32.5%,增幅比1~5月提高1.7个百分点,占全国地区投资总额的49.5%;中部地区投资同比增长35.0%,增幅较1~5月回落2.8个百分点,占比25.0%;西部地区投资增长35.4%,增幅比1~5月提高8.5个百分点,占比25.5%。中、西部地区占比保持上升。上半年,投资增速超过60%以上的省、自治区有6个,分别是江西省、贵州省、甘肃省、内蒙古自治区、海南省和河北省,增幅依次为85.8%、77.1%、76.3%、76.3%、74.1%和69.3%;投资下降有的3个,其中北京市同比下降63.0%。

内资和外商企业投资保持较快增长,港澳台投资大幅下降。从经济类型看,1~6月,内资企业投资6 657.73亿元,同比增长33.0%,占全行业投资总额的90.7%;港澳台投资180.16亿元,同比下降15.7%,占比2.5%;外商投资494.18亿元,同比增长26.2%,占比6.7%。上半年,个体经营者投资9.65亿元,同比增长94%,占比0.13%。

新开工项目增幅趋缓。1~6月,石油和化工行业新开工项目6 390个,同比增长7.5%,增幅较1~5月下降5个百分点。其中,化学工业新开工项目5 447个,同比增长7.3%;石油加工业新开工项目361个,同比增长1.1%;石油天然气开采业新开工项目153个,同比下降7.8%;专用设备制造业新开工项目429个,同比增长25.1%。上半年,石油和化工行业在建项目11 200个,同比增长3.2%,增幅也呈下降趋势。

(四)对外贸易波动较大

进出口总额增速回落,波动加大。1~6月,石化产品进出口总额3 320.69亿美元,同比增长10.4%,增幅比1~5月回落1.6个百分点,占全国进出口贸易总额的17.5%。其中,进口2 382.03亿美元,同比增长13.1%,占全国进口总额的26.9%;出口838.66亿美元,同比增长3.2%,占全国出口总额的8.8%。上半年,累计逆差1543.37亿美元,同比扩大19.3%。6月当月,石油和化工行业产品进出口总额518.3亿美元,同比增长2.4%,增速较上月显著回落,环比下降11.4%。其中,进口总额同比增长3.6%,增幅创年内月度新低;出口再次下降,同比下降0.4%,延续出口低迷态势。2012年1~6月石油和化学行业进出口贸易总额及其增幅见图3。

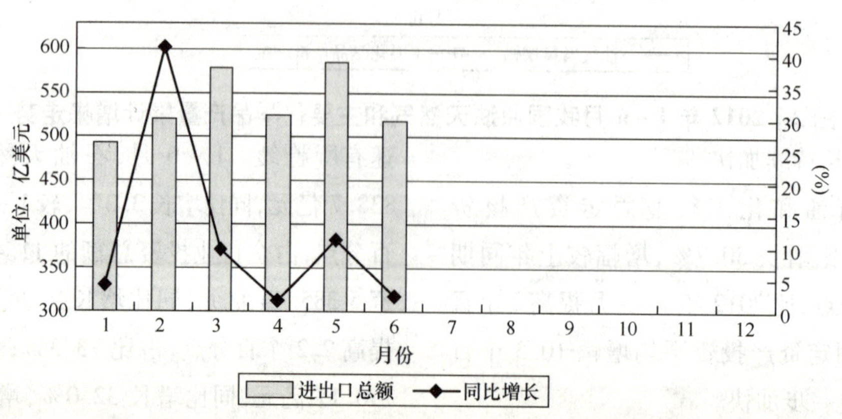

图3 2012年1~6月石油和化工行业进出口贸易总额及其增幅

能源进口保持较快增长。上半年，我国进口原油1.40亿t，同比增长11.0%；进口金额1 182.23亿美元，增长24.7%，占行业进口贸易总额的49.6%；进口均价为844.1美元/t，同比上涨12.4%。1～6月，进口天然气1 278.2万t，同比增长30.6%；进口金额70.54亿美元，增长73.5%。上半年，我国进口有机化学品1746.2万t，同比增长5.7%，净进口1 205.8万t；进口合成树脂1 447.9万t，同比下降0.5%，净进口1 256.9万t。

橡胶制品出口增长平稳，化肥出口继续下降。1～6月，橡胶制品出口金额208.50亿美元，同比增长13.4%，占出口总额的24.9%。化肥出口368.5万t（实物量），同比下降26.3%；出口额14.19亿美元，下降20.8%。此外，前6个月有机化学品出口金额173.57亿美元，同比增长4.4%，占行业出口总额的20.0%；专用化学品出口额84.49亿美元，同比下降3.6%，占出口总额比重10.6%，呈上升趋势。

（五）市场需求总体增长平稳

数据显示，1～6月，我国石油天然气表观消费量3.11亿吨油当量，同比增长7.3%，增幅与1～5月持平；主要化学品表观消费总量约2.17亿t，同比增长8.8%，增幅较1～5月回落0.3个百分点。2012年1～6月我国原油和主要化学品表观消费量增幅走势见图4。

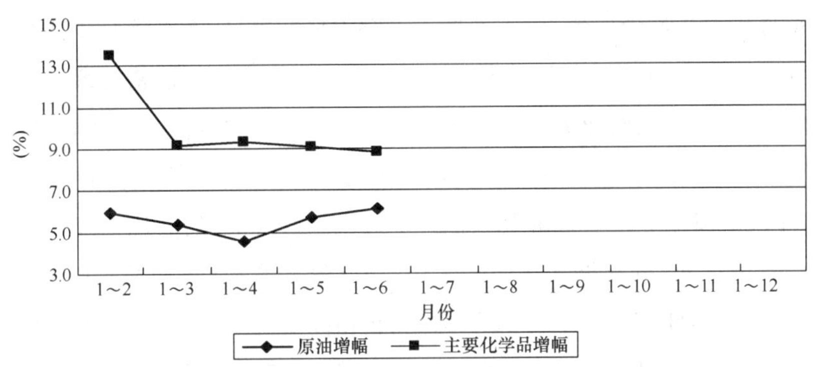

图4　2012年1～6月我国原油和主要化学品表观消费量增幅走势

石油消费加快，天然气消费增长趋缓，成品油消费延续低速增长。1～6月，国内石油表观消费量2.48亿t，同比增长6.9%，增幅比1～5月提高0.9个百分点；其中原油表观消费量2.39亿t，同比增长6.1%，增幅较1～5月提高0.4个百分点，进口依存度58.0%；天然气表观消费量700.0亿m^3，同比增长12.2%，增幅比1～5月减缓0.6个百分点，占石油天然气表观消费总当量的20.3%。前6个月，成品油（汽、煤、柴油合计，下同）累计表观消费量1.35亿t，同比增长4.8%，增幅较1～5月回落0.6个百分点；其中，柴油表观消费量8 495.9万t，同比增长2.1%，占成品油的62.8%；汽油表观消费量4 116.8万t，同比增长达10.4%，占比30.4%。此外，前6月石脑油累计表观消费量1 591.8万t，同比增长1.7%。成品油消费延续低速增长态势。

化肥消费持续较快增长。1～6月，全国化肥表观消费量（折纯，下同）3 853.8万t，同比增长14.8%，增幅较上年同期提高6.2个百分点。其中，尿素表观消费量1 508.9万t，同比增长12.3%；磷肥表观消费量956.2万t，同比增长23.6%；钾肥表观消费量453.8万t，同比增长13.1%；磷酸二铵（实物量）表观消费量690.2万t，同比增长13.4%。

基础化学原料消费增长总体趋缓，合成材料需求回升。1～6月，乙烯表观消费量821.8万t，同比下降0.9%，降幅与上月持平；甲醇表观消费量1 554.9万t，同比增长10.8%，增幅比1～5月减缓1.8个百分点；硫酸表观消费量3 795.9万t，同比增长6.7%，增幅比1～4月提高0.2个百分点；烧碱表观消费量1 190.6万t，同比增长3.2%，增幅创年内新低；纯碱表观消费量1 121.7万t，同比增长8.0%，增幅比1～5月回落2个百分点；电石表观消费量956.6万t，同比增长7.9%，增幅继续回落。

上半年,合成树脂表观消费量3 862.1万t,同比增长6.1%,增幅比1~5月提高2.1个百分点;合成橡胶表观消费量244.0万t,同比增长5.8%,增幅为一年来新高;合成纤维单体表观消费量1 892.5万t,同比增长14.4%,延续较快增长势头。

(六)效益下滑较大

上半年,石油和化工行业效益下滑较大。油气开采业利润增幅不断收窄,化学工业利润大幅下降,炼油行业亏损持续扩大;行业成本高位运行,企业经营环境比较严峻。

利润降幅较大。据统计,1~5月,石油和化工行业实现利润总额3 031.44亿元,同比下降14.4%,降幅较1~4月扩大0.8个百分点,占同期全国规模工业利润总额的16.6%;上缴税金3 385.25亿元,同比增长1.1%;主营业务收入完成4.72万亿元,同比增长11.8%,增幅较1~4月回落1.5个百分点,占全国规模工业主营业务收入的13.7%;资产总额8.30万亿元,同比增长14.0%;从业人员674.80万人,同比增长3.0%。

成本高位运行,亏损企业状况有所趋缓。1~5月,石油和化工行业销售成本3.91万亿元,同比增长14.8%,高于收入增幅3个百分点;每100元主营收入成本为82.84元,较1~4月增加0.23元,同比提高1.72元;产成品资金3 361.12亿元,同比增长16.0%,产成品资金占用率为7.13%。1~5月,全行业亏损企业4 328家,同比增长26.7%,亏损面为16.2%,比1~4月缩小0.7个百分点;亏损企业亏损额685.92亿元,同比增长94.1%,增幅继续收窄;行业负债累计为4.64万亿元,同比增长13.6%;资产负债率55.89%,基本保持稳定。

炼油行业亏损扩大,化工行业利润继续下降。统计显示,1~5月,炼油行业累计亏损166.04亿元,比1~4月扩大74.4亿元;化学工业实现利润总额1 240.92亿元,同比下降19.7%,降幅较1~4月有所缩小;石油天然气开采业利润1 902.62亿元,同比增长4.1%,增幅比1~4月回落4.6个百分点,为2010年以来同期最低。

上半年,由于国内外市场需求扩张乏力,价格大幅下挫,行业经济增速持续减缓,下行压力不断增大。但是,经济增长缓中见稳,基本面仍未发生根本性改变。行业投资保持快速增长,市场需求增长总体平稳,产品进出口保持一定增幅;大宗原材料价格回落,成本升势有望缓解。

二、产品市场价格持续下挫

价格继续走低。统计局价格监测显示,2012年6月,石油和化工产品价格总水平出现2009年12月以来的首次下降,同比下降0.8%。分行业看,石油天然气开采业产品价格同比下降3.9%;炼油业产品价格同比持平;化学工业产品价格同比下降1.3%。1~6月,石油和化工行业生产商出厂价格同比上涨3.3%,涨幅比1~5月降低0.8个百分点。

产品销售率下滑。1~6月,石油和化工行业产品累计销售率为97.6%,比1~5月下降0.3个百分点。6月当月,石油和化工行业产品销售率为96.8%,环比回落0.6个百分点。其中,石油天然气开采业销售率为98.4%,炼油行业为97.0%,化工行业为96.5%,专用设备制造业为94.2%。除石油天然气开采业外,产品销售率均创年内月度新低。2012年1~6月石油和化工行业生产商出厂价格累计涨幅走势见图5。

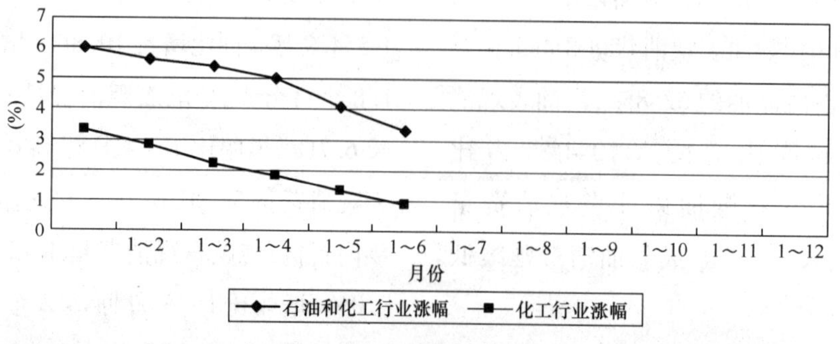

图5 2012年1~6月石油和化工行业生产商出厂价格累计涨幅走势

（一）国际油价小幅上涨

上半年，国际油价大起大落，总体小幅上涨。1～6月，WTI原油均价（普氏现货，下同）为99.18美元/桶，同比上涨1.0%；布伦特原油均价114.23美元/桶，同比上涨3.4%；我国大庆原油均价119.74美元/桶，同比上涨10.3%。其中，一季度涨幅较大，二季度跌幅较大。以WTI为例，一季度同比涨幅达到10.4%，二季度又下跌7.5%，油价走势有如过山车。三地中，大庆原油价格最高，涨幅也最大。

成品油（现货）中，燃料油涨幅较高。上半年，国际95#汽油均价126.09美元/桶，同比上涨6.3%；柴油均价129.89美元/桶，同比上涨3.6%；石脑油均价106.48美元/桶，同比微涨1.9%；燃料油（180）均价705.54美元/t，同比上涨13.0%。

国际原油期货价格继续走低。纽约商品交易所7月交货的轻质原油均价为84.04美元/桶，环比下跌12.6%，同比下跌13.9%；伦敦布伦特原油均价为98.34美元，环比下跌12.3%，同比下跌14.6%。7月跌幅显著扩大。2012年1～6月国际原油普氏及布伦特现货价格走势见图6。

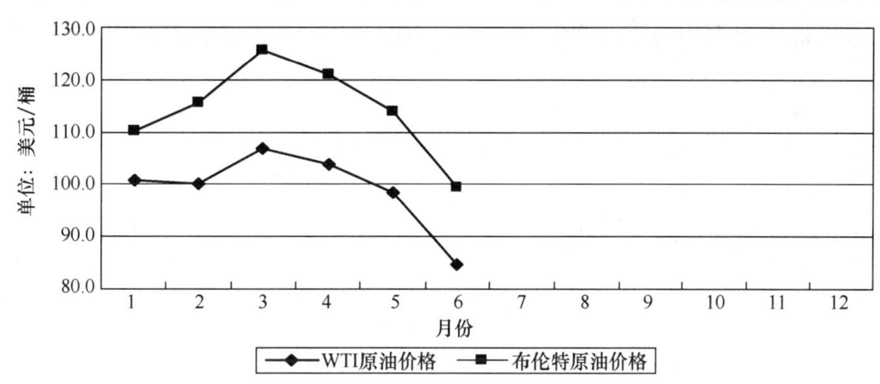

图6　2012年1～6月国际原油普氏及布伦特现货价格走势

世界经济增长减缓，需求不振，前景令人担忧是国际油价大起大落，特别是二季度大幅下挫的主要原因。

（二）化肥价格高位运行

尿素价格涨幅较大。市场监测显示，1～6月，尿素市场均价为2 347元/t，同比上涨16.0%，价格持续走高；磷酸二铵均价3 213元/t，同比下降5.6%；磷酸一铵均价2 782元/t，同比上涨2.3%，上半年磷肥市场总体表现平稳；国产氯化钾均价3 120元/t，同比上涨6.1%；45%氯基复合肥均价2 768元/t，同比上涨12.7%，是涨幅较大的品种之一。2012年1～6月我国主要化肥市场价格走势见图7。

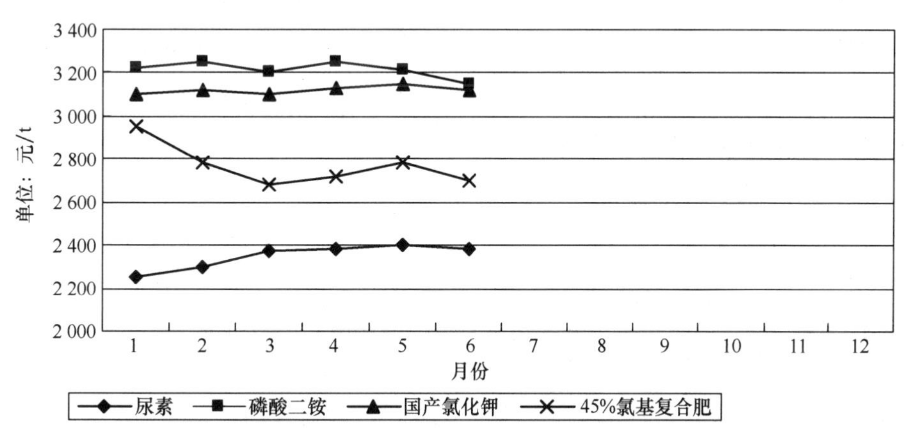

图7　2012年1～6月我国主要化肥市场价格走势

总体看，上半年国内化肥市场需求较旺，价格保持上升态势，但涨势不断减弱。

（三）成品油价格高位回落

成品油销量保持增长。上半年，我国成品油销量累计完成1.31亿t,同比增长4.0%。其中,汽油销量4 246万t,同比增长8.9%;柴油销量8 144万t,同比仅增长0.9%,占成品油销量的62.1%,柴油市场需求较弱,显示宏观经济乏力。6月当月,成品油销量2 156万t,环比下降3.9%;其中,汽油和柴油环比分别下降2.7%和4.5%,柴油销售继续疲软。

库存保持较高位。6月末,国内成品油库存1 409万t,同比增长6.2%,但较上月大幅减少122万t。其中,汽油和柴油库存量分别达534万t和815万t,环比分别下降8.5%和8.8%;同比增长2.3%和8.3%。成品油库存占当月销量的比重为65.4%,可满足(当前正常消费水平)约20天的消费量。

价格继续下调。监测显示,1~6月,93#汽油市场均价为10 172元/t,同比上涨5.5%;0#柴油均价8 711元/t,同比上涨5.5%;石脑油均价7 788元/t,同比上涨2.2%。6月当月,国内93#汽油市场均价为9 973元/t,环比下跌4.7%,同比下跌0.7%;0#柴油均价8 548元/t,环比下跌4.9%,同比下跌0.5%;石脑油均价7 020元/t,环比下跌9.5%,同比下跌7.3%。两年来成品油价格同比首现下降。2012年1~6我国成品油价格走势见图8。

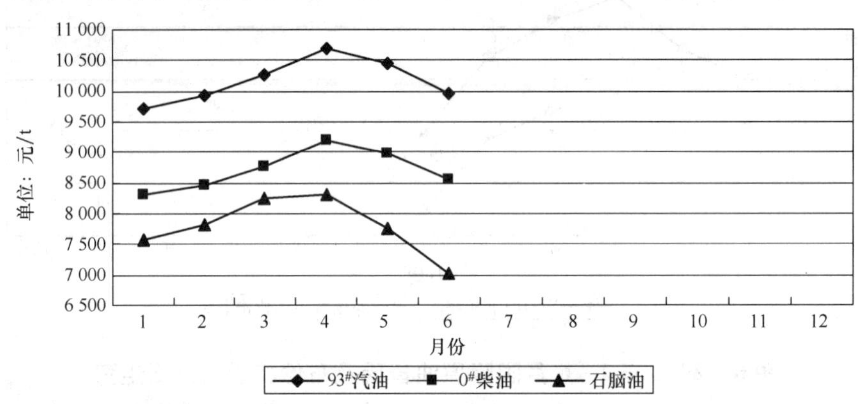

图8 2012年1~6月我国成品油价格走势

(四)基础化学原料市场低迷

价格总水平跌幅继续扩大。1~6月,基础化工原料生产商出厂价格累计下降3.1%,比1~5月扩大1.2个百分点。比较而言,无机原料市场要好于有机。6月当月,基础化学原料工业生产商出厂价格同比下降8.8%,降幅较5月扩大2.7个百分点。

主要无机化学原料价格涨少跌多。市场监测显示,1~6月,硫酸(98%,净水)市场均价540元/t,同比下跌6.9%;烧碱(片碱,≥96%)均价3 202元/t,同比上涨15.7%,是涨幅较大的无机原料之一;纯碱(重灰)均价1 650元/t,同比下跌19.6%,两碱市场冷热两重天;电石均价3 647元/t,同比下跌7.6%,市场持续低迷;硫磺均价1 738元/t,同比下涨4.8%。上半年,在监测的34种主要无机化学原料中,均价上涨的有15种,占44.1%,下跌的19种,占55.9%,呈现涨少跌多的局面。2012年1~6月我国烧碱、纯碱和电石市场价格走势见图9。

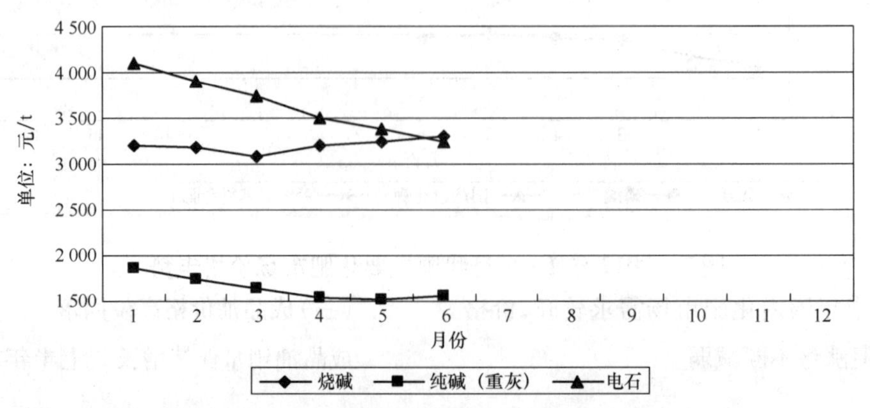

图9 2012年1~6月我国烧碱、纯碱和电石市场价格走势

主要有机化学原料市场价格振荡下行。1~6月，丙烯市场均价9 913元/t，同比下跌8.8%；甲苯（石油级，净水）均价8 867元/t，同比上涨8.4%；纯苯均价8 307元/t，同比上涨4.9%；苯乙烯（一级，净水）均价10 107元/t，同比下跌6.3%；乙二醇（涤纶级）均价7 950元/t，同比下跌15.3%；甲醇均价2 795元/t，同比下跌1.2%，市场长期不振。1~6月，在监测的80种主要有机化学原料中，均价同比上涨和持平的只有26种，占32.5%；下跌的有54种，占近7成，市场总体呈现振荡下行格局。2012年1~6月我国丙烯、甲苯和乙二醇市场价格走势见图10。

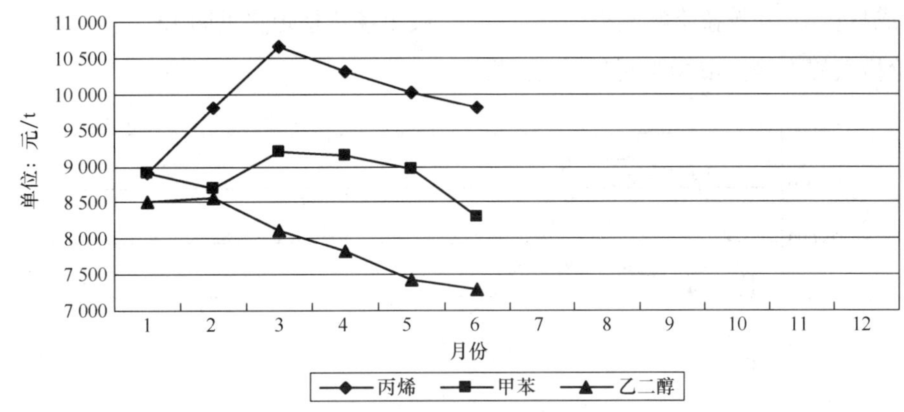

图10　2012年1~6月我国丙烯、甲苯和乙二醇市场价格走势

（五）合成材料市场价格低位徘徊

市场不振，价格降幅最大。1~6月，合成材料生产商出厂价累计同比下降8.2%，降幅较1~5月扩大0.5个百分点。市场监测显示，6月份，三大合成材料市场价格总体继续走低。6月当月，合成材料制造生产商出厂价同比下降10.9%，降幅较上月扩大1.6个百分点，在化工产品中降幅最大。

合成树脂价格低位运行。上半年，合成树脂价格总体平稳，波动相对较小，但跌幅较大。市场监测显示，1~6月，聚氯乙烯（SL100）市场均价7 137元/t，同比下跌17.2%；高密度聚乙烯（5000S）均价11 183元/t，同比微涨0.6%；聚丙烯（F401）均价11 050元/t，同比下跌10.7%；PA66（1300S）市场均价为29 977元/t，同比下跌11.3%；POM（500P）市场均价22 485元/t，同比下跌7.6%；聚酯切片（长丝级半光）市场均价为10 558元/t，同比下跌16.9%。上半年，由于合成树脂市场多数品种价格下跌明显，在成本高企之下，行业效益下滑较大。2012年1~6月我国聚乙烯、聚丙烯和聚氯乙烯市场价格走势见图11。

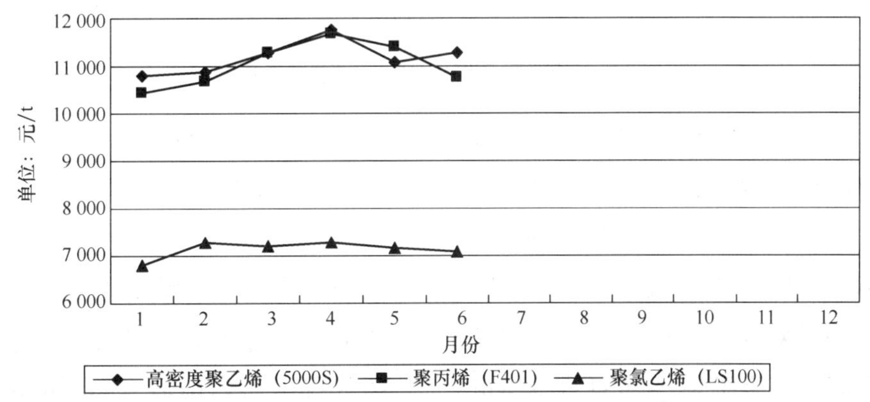

图11　2012年1~6月我国高密度聚乙烯、聚丙烯和聚氯乙烯市场价格走势

合成橡胶价格大幅波动。上半年，顺丁橡胶（一级）市场均价25 367元/t，同比下跌15.8%；丁苯橡胶（1500）市场均价22 067元/t，同比下跌14.8%；氯丁橡胶（A－90）市场均价33 933元/t，同比下跌0.6%；丁腈橡胶(26)市场均价25 150元/t,同比下跌6.0%。上半年合成橡胶市场价格波动幅度较大。如顺丁橡胶价格最高时达28 100元/t,最低时只有21 500元/t,波动幅度达23.5%；丁苯橡胶最高波幅为19.4%,丁腈橡胶为18.0%。尽管如此,上半年合成橡胶市场显示出较强的抗风险能力,三大合成材料中,其效益降幅最小。

天然橡胶价格大幅下挫。市场监测显示,上半年天然胶(SCR5)市场均价26 882元/t,同比下跌26.0%；天然胶(SCR10)市场均价27 090元/t,同比下跌25.9%。5月当月,天然胶价格开始大幅下挫,6月继续下探,价格跌至两年来的最低位。2012年1~6月我国丁苯橡胶、丁腈橡胶和顺丁橡胶市场价格走势见图12。2012年1~6月我国天然橡胶市场价格走势见图13。

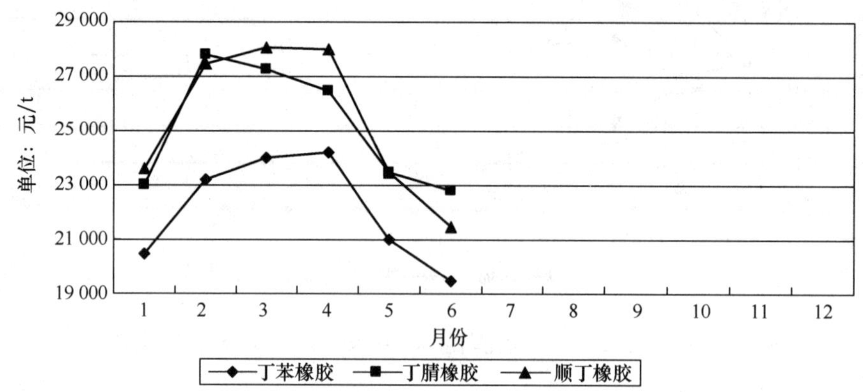

图12 2012年1~6月我国丁苯橡胶、丁腈橡胶和顺丁橡胶市场价格走势

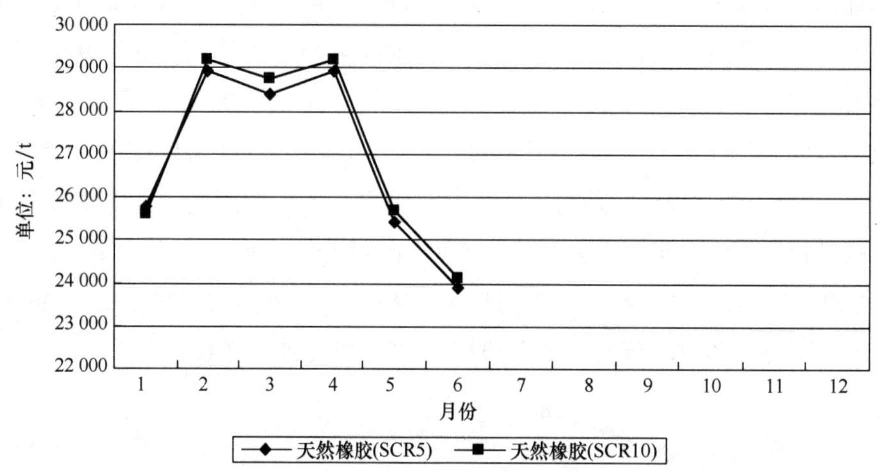

图13 2012年1~6月我国天然橡胶市场价格走势

合成纤维单体市场介格持续低迷。上半年,己内酰胺(≥99.9%)市场均价为22 133元/t,同比下跌18.1%；丙烯腈(≥99.9%)市场均价15 625元/t,同比下跌22.6%；精对苯二甲酸市场均价8 442元/t,同比下跌20.0%。上半年,合成纤维单体市场持续低迷,价格跌幅是化工产品中最大的板块之一；行业效益下滑也最大,前5个月,利润同比降幅超过一倍。

由于纺织产品出口持续下滑,内需扩张乏力,合成纤维单体库存增加,企业费用上升,合成纤维单体又大量进口,使企业处境十分艰难。2012年1~6月我国己内酰胺、丙烯腈市场价格走势见图14。

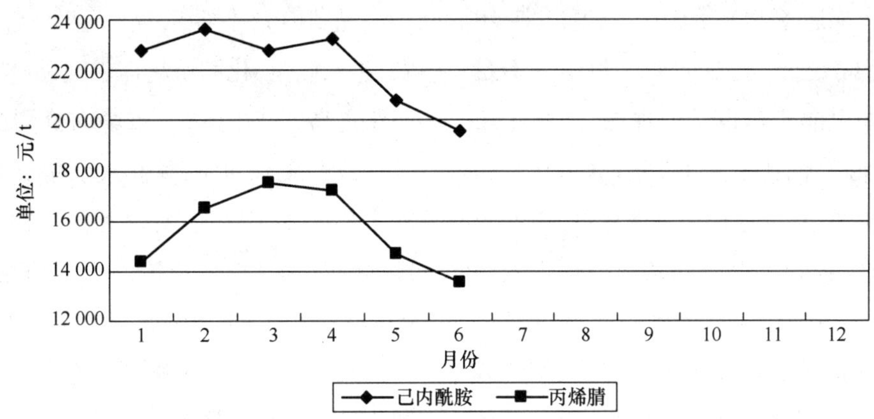

图14　2012 年 1～6 月我国己内酰胺、丙烯腈市场价格走势

三、经济运行面临新情况、新问题

（一）经济下行压力不断增大，行业效益大幅下滑

上半年，行业经济总量增速逐月减缓，下行压力不断增大。二季度产值增幅仅有 9.5%，为 2009 年四季度以来最低。2012 年 1～5 月，石油和化工行业利润总额同比下降 14.4%，降幅显著大于全国规模工业利润平均下降水平（－2.4%）。其中，化学工业利润总额同比降幅近 20%；石油天然气开采业利润虽然还有 4.1% 的增幅，但增幅回落态势明显。值得关注的是，自 2011 年 8 月以来，炼油行业一直处于亏损状态，2012 年 1～5 月，累计亏损超过 166 亿元，且呈逐步扩大趋势。炼油行业长期亏损将对整个石化行业发展产生严重不利影响。行业效益恶化，表明经济增长的内生动力减弱。

经济总量增速减缓、效益下滑，主要受宏观需求扩张减缓，成本上升、产品价格下降等综合因素的影响。2012 年二季度，国内 GDP 增幅创三年来新低，并连续第六个季度回落；上半年全国出口总额增幅仅有 9.2%，较上年同期回落近 15 个百分点，国内外市场需求扩张均显乏力。在严峻的经济环境之下，行业成本却居高不下，且持续较快上升；价格水平一落再落，使行业利润空间不断缩小。数据显示，2012 年 1～5 月，石油和化工行业销售成本同比上升 14.8%，明显高于收入增幅；每 100 元收入成本为 82.84 元，同比增加 1.72 元。其中，化学工业销售成本升幅达 15.6%，每 100 元主营收入成本达 87.04 元，较上年同期增加近 2 元。市场监测显示，1～6 月，石油和化工行业价格总水平涨幅仅为 3.3%，其中，化学工业价格涨幅只有 0.9%，均大大低于成本上升幅度。

（二）企业税负沉重，经营难度加大

一方面利润大幅下降，另一方面税负却保持增长。数据显示，1～5 月，石油和化工行业税负达 3 385.25亿元，同比增长 1.1%。其中，化学工业上缴税金同比增长 5.7%；炼油行业虽然亏损，但缴税总额仍达1 519.02亿元，仅比上年小幅下降 2.7%。此外，1～5 月，全行业财务费用 551.52 亿元，增幅达 39.0%，同比大幅提高 13.7 个百分点，更是高于收入增幅逾 27 个百分点；利息支出 503.17 亿元，同比增长 37.2%，同比提高 7.4 个百分点。在市场低迷之下，税负持续增长，企业不堪重负。目前，多数化工和炼油企业资金周转出现严重困难，甚至中石化、中石油这样的大型企业，也是捉襟见肘。据了解，由于价格倒挂，上半年，中石油炼油板块亏损 254 亿元，中石化炼油板块亏损 223 亿元，炼油企业陷入加工越多亏损越大的困境。上半年，中石油进口天然气累计亏损 230 亿元，其中，进口中亚天然气平均亏损 1.5 元/m^3，进口 LNG 平均亏损 3 元/m^3，给生产经营造成很大压力。企业包袱沉重，竞争力削弱，发展受到极大影响。这种状况如果持续下去将对行业转型升级造成巨大威胁。

（三）部分产能过剩行业继续扩能，市场竞争残酷

甲醇产能过剩加剧，市场长期低迷。数据显示，2012 年我国将有近 600 万 t 的新建甲醇装置投

产,预计届时总产能逾5 200万t。二季度以来,甲醇装置利用率持续走低,上半年平均利用率不足55%。即便如此,甲醇价格也难以提振,上半年市场均价为2 795元/t,同比下降1.2%;其中6月当月均价只有2 550元/t,创近年来月度最低,甲醇企业利润空间进一步缩小,处境十分艰难。值得关注的是,甲醇扩能仍在勇往直前。有资料显示,2011~2015年,我国在建拟建甲醇项目有64个,新增产能5 330万t,到2015年总能力将超过9 000万t,预计未来装置利用率至多维持60%左右。新建装置以西北地区为主,在建产能3 200万t,占新增产能的60%。目前,我国甲醇装置规模位居世界第一,装置能力约占世界总能力的46%,亚洲总能力的95%。

氯碱步履维艰,纯碱惨淡经营。上半年,由于需求疲弱,聚氯乙烯装置利用率只有约62%,聚氯乙烯竞争异常激烈,价格长期低迷,均价基本在7 000元/t以下振荡,多数企业处于亏损状态。比较而言,烧碱市场表现较好一些,在造纸、氧化铝等下游需求支撑下,价格稳中趋高。上半年烧碱市场均价3 202元/t,同比上涨15.7%;液碱(32%离子膜)均价905元/t,上涨20.0%。因此,“以碱补氯”也成为氯碱企业普遍的盈利模式。据了解,1~6月,氯碱行业整体净亏约9 000万元。纯碱市场更加严峻。上半年,纯碱价格一路下挫,重灰市场均价为1 650元/t,同比下跌达19.6%;轻灰均价1 557元/t,同比下跌12.2%;纯碱行业装置利用率约为75%。由于房地产持续下滑,纯碱行业正经历前所未有的寒冬。尽管如此,氯碱、纯碱产能扩张仍未停止。2012年,烧碱新增产能将超过400万t/a;聚氯乙烯新增产能约240万t/a。预计2012年纯碱新增产能近400万t/a。新增产能主要集中在两大热点地区:一是以苏中淮安为核心,利用当地丰富的卤水资源;二是以青海为重点的西部地区,利用当地丰富的湖盐、焦炭和碳酸钙等资源优势,积极扩能。上述扩能情况,将进一步加大氯碱、纯碱市场压力。

氮肥前景不容乐观。上半年,得益于国家支农、惠农政策,化肥市场需求强劲,特别是氮肥市场一路走高。其中,尿素市场均价同比上涨16.0%;硫酸铵上涨18.4%,氯化铵涨幅更是达到43.0%。前5个月,氮肥行业实现利润总额48.29亿元,同比增幅达31.9%。应该说,上半年氮肥行业的表现还是可圈可点的。不过,下半年氮肥行业运行难度可能大增。一是需求减缓。上半年,国内氮肥消费增速呈明显减缓趋势。下半年更是氮肥需求淡季,特别是尿素,70%的施用量集中在1~7月,此后便进入淡季。而且随着测土配方等科学施肥技术的改进与推广,将对尿素需求的增长大大减缓,目前产量超过10%的增速将很难再现。二是产能扩张加快。据统计,2012年我国将有18个新建合成氨和尿素项目投产,合计合成氨产能564万t,尿素产能873万t。一旦需求回落,氮肥行业产能过剩的矛盾将会凸显,市场可能出现剧烈震荡。据国际肥料协会(IFA)最新调查数据显示,未来三年全球氮肥将出现过剩,到2015~2016年,产能过剩将达8%~10%。这将使我国氮肥企业冀望于出口来缓解产能压力的难度大增;三是价格下行压力大。2012年以来化肥市场价格总体涨幅逾20%,而粮食价格涨幅不足10%,农民普遍反映化肥价格太高,购买意愿减退。这将使化肥价格,特别是施用量最大的尿素价格失去主要支撑。再者,二季度以来,国际原油、煤炭等大宗商品价格大幅下挫,未来势必影响到尿素价格。四是国际竞争加剧。海关数据显示,5月份我国突然从伊朗等国进口超过10万t(实物量)的大量尿素,这是历史上十分罕见的。进口到岸均价每吨低于我出口离岸均价50.8美元,显示外国尿素具有很强的竞争力,表明我国在这一领域的传统竞争优势正在丧失。

(四)外需市场严峻,国内化工产品市场进口压力增大

上半年,我国出口总额增幅只有9.2%,为近几年同期最低。其中,化学工业产品出口增幅仅为3.2%,与上年同期36%以上的增幅相比,不可同日

而语。在世界经济继续放缓的背景下，各国为求自保，纷纷加大贸易保护举措，使整个外需市场越来越严峻。比较而言，世界上我国市场情况还是相对较好的，因此，也成为各国争夺的重点。上半年，我国甲醇进口247.2万t，约占同期我国表观消费量的16%；乙烯进口63.6万t，增幅超过37%；聚乙烯、聚丙烯和聚氯乙烯分别进口358.7万t、181.2万t和60.3万t，分别占同期我国表观消费量的42.9%、25.3%和8.5%；进口合成纤维单体近800万t，同比增长11.5%。其中，多数产品国内已能满足市场需求，大量进口无疑给国内市场、生产企业造成巨大压力。

四、宏观经济形势复杂、严峻

（一）世界经济继续放缓

美国联邦储备委员会下调2011年GDP增长预期。由于近期一系列经济数据表现欠佳，6月20日，美国联邦储备委员会下调了2011年GDP增长预期，将美国GDP增速从此前预测的2.4%～2.9%下调至1.9%～2.4%；同时将2011年的失业率由此前预测的7.8%～8.0%上调至8.0%～8.2%。数据还显示，美国制造业营业收入出现近3年来的首次萎缩。7月2日，美国供应管理协会报告指出，6月份美国制造业采购经理人指数（PMI）下降至50以下，为49.7，明显低于5月份的53.5，这是美国制造业自2009年7月份以来首次出现萎缩，显示美国经济复苏乏力，下行风险加大。为此，美国联邦储备委员宣布，把原定于6月底到期的卖出短期国债、买入长期国债的“扭转操作”延长至年底，以期通过压低长期利率来刺激经济增长。

欧元区经济继续恶化。欧元区景气指数创三年来低点。6月28日，欧盟委员会发布的数据显示，由于欧元区的财政和银行业危机日益加剧，导致欧元区6月份经济景气指数由5月份的90.5降至89.9，连续第三个月下降。欧盟6月份经济景气指数与上月持平，仍为90.4。值得关注的是，欧元区各成员国中，德国、法国、荷兰、比利时、芬兰和奥地利等欧元区“核心国家”的经济景气指数显著下降。其中，德国经济景气指数由101.9下降至100.5、法国由93.3下降至91.8。同时，失业率再创新高。欧盟统计局7月2日公布的数据显示，欧元区5月失业率再度上扬，创下1995年有记录以来的最高水平，达到11.1%；5月份的失业人口较4月增加8.8万人。其中，西班牙失业率最高，达24.6%；希腊次之，为21.9%。欧元区经济面临很大不确定性，是未来世界经济复苏的最大威胁。

新兴经济体放缓。上半年，新兴经济体国家经济增幅普遍放缓。最新资料显示，印度增速约为5%，俄罗斯4.4%，南非只有2%左右，巴西不足1.5%，我国经济增长三年来首次跌破8%，为7.8%。为应对下行压力，新兴经济体国家纷纷降息。7月12日，韩国意外宣布降息，将基准利率下调0.25个百分点至3.0%，这是韩国2009年以来的首次降息；同日，巴西年内第八次宣布降息。2011年以来，我国为“稳增长”1个月之内连续两次宣布降息。世界经济对新兴经济体的集体宽松政策寄予厚望。

全球制造业指数大幅下滑，IMF下调全球经济增长预期。日前，摩根大通公布的企业调查结果显示，全球制造业营业收入6月下滑幅度创下3年来最快。受到欧元区的拖累，加之美国和我国制造业表现不如预期，摩根大通将6月份全球制造业采购经理人指数（PMI）从5月的50.6调低至48.9。这是11个月以来首度位于景气荣枯分水岭50以下，并创下2009年6月以来的最低值。7月16日，国际货币基金组织（IMF）发布的最新《世界经济展望》报告，将2012年、2013年两年全球经济增长预期调整为3.5%和3.9%，分别比4月份的预测值下调0.1个和0.2个百分点。报告还预计，这两年发达经济体的GDP增速分别为1.4%和1.9%；新兴市场和发展中经济体的GDP增速分别为5.6%和5.9%。报告认为，如果欧元区采取行动使其外围经济体的财政状况逐步得到改善，并且近期新兴市场经济体的宽松政策发挥作用，那么世界经济增速回落将趋缓世界经济预测还是小幅增长，又有两个如果，为什么倒退？

(二)我国经济运行总体平稳，但下行压力很大

经济运行总体平稳。2012 年 1 ~ 6 月，国内生产总值完成 22.71 万亿元，同比增长 7.8%，增速比一季度减缓 0.3 个百分点。规模工业完成产值 43.24 万亿元，同比增长 12.6%；完成增加值同比增长 10.5%，比 1 ~ 5 月回落 0.2 个百分点，其中 6 月当月同比增长 9.5%，较 5 月回落 0.1 个百分点，经济下行速度继续减缓。上半年，全国固定资产投资(不含农户)15.07 万亿元，同比增长 20.4%，增幅比 1 ~ 5 月提高 0.3 个百分点，一年来增长首次加快；社会消费品零售总额 9.82 万亿元，同比增长 14.4%，增幅比 1 ~ 5 月小幅回落 0.1 个百分点，继续保持平稳较快增长；进出口总额 1.84 万亿美元，同比增长 8.0%，增幅比 1 ~ 5 月提高 0.3 个百分点，呈现稳中趋升态势。2011 年我国规模工业产值逐月累计增长直势见图 15。

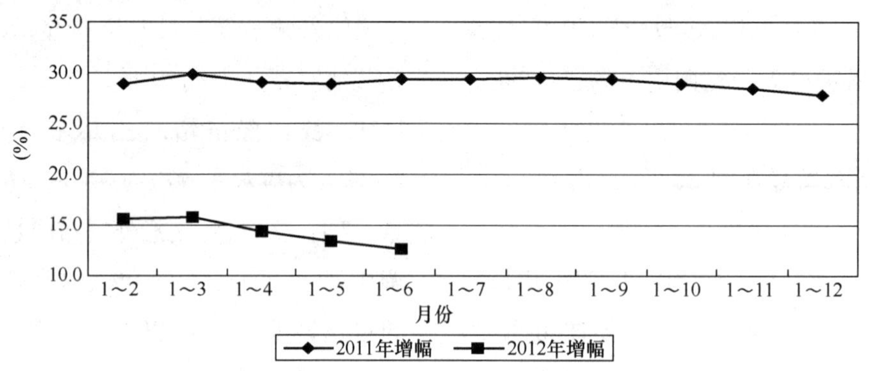

图 15　2011 年我国规模工业总产值逐月累计增长走势

价格总水平涨幅继续回落。6 月份，全国居民消费价格总水平(CPI)同比上涨 2.2%，涨幅比 5 月回落 0.8 个百分点；工业生产者出厂价格(PPI)同比下降 2.1%，降幅比 5 月扩大 0.7 个百分点。6 月份，工业生产者购进价同比下降 2.5%，降幅较 5 月扩大 0.9 个百分点；1 ~ 6 月工业生产者出厂价累计跌幅为 0.6%、购进价跌幅为 0.3%。生产者价格下降，对降低原材料成本无疑具有重大意义；但持续降幅过大，则表明市场需求萎缩，终端产品价格也将会随之下降。这将对企业效益产生严重不利影响。

先行指数显示经济扩张继续趋缓。6 月份，我国制造业采购经理指数(PMI)为 50.2，较上月回落 0.2 个百分点，虽仍在扩张区间，但连续第二个月减缓。6 月份，中国非制造业商务活动指数为 56.7，较上月提高 1.5 个百分点，显示较好的增长态势。二季度，企业家信心指数为 121.2 点，较一季度下降 1.1 点；企业景气指数 126.9 点，较一季度回落 0.4 点。

上半年，我国宏观经济平稳运行的总体态势没有根本性改变，稳中有进，但下行压力也有所增大。二季度，GDP 增速为 7.6%，连续第六个季度回落，也是近三年来增幅首次低于 8%。为保障国民经济平稳健康发展，政府出台了一系列支持实体经济发展的政策举措，并连续两次降息，使货币政策保持相对宽松，这将对未来经济走势具有至关重要的作用。

(三)主要相关行业发展总体趋缓

1. 煤炭行业

增长继续放缓。数据显示，2012 年 1 ~ 6 月，煤炭行业销售产值完成 1.47 万亿元，同比增长 17.6%，增幅较 1 ~ 5 月回落 1.3 个百分点，尽管增速继续减缓，但仍是增长最快的行业之一。1 ~ 6 月，煤炭行业增加值同比增长 11.6%，增幅比 1 ~ 5 月提高 0.2 个百分点。

投资增速下滑。统计数据显示，2012 年 1 ~ 5 月，煤炭开采行业完成固定资产投资 2 103 亿元，同比增长 23.1%，增速比 1 ~ 5 月减缓 2.1 个百分点，

比一季度减缓12个百分点。但仍高出全国固定资产投资平均增幅2.7个百分点。

价格涨幅持续回落。统计局价格指数显示，6月份，煤炭开采和洗选业价格总水平与上年持平，较5月份回落1.4个百分点，今年连续第六个月下探。市场监测显示，6月末，秦皇岛港库存煤875万t，环比增长12%；环渤海动力煤价格670～690元/t，较5月末下跌90元/t。煤炭行业价格回落有利于化工行业降低生产成本。

2. 汽车行业

汽车行业产值增幅持续加快。据统计，1～6月，全国汽车制造业完成产值2.46万亿元，同比增长13.4%，增速比1～5月加快1个百分点；汽车制造业完成增加值同比增长10.2%，增速比1～5月加快0.5个百分点。汽车产销量继续增长。上半年，全国汽车总产量1 028.2万辆，同比增长6.7%，增速比1～5月加快0.5个百分点。其中，轿车产量542.8万辆，同比增长7.5%。汽车工业协会最新数据显示，上半年我国汽车销量为959.81万辆，同比增长2.9%。

投资保持高速增长。上半年，全国汽车制造业投资总额3 514亿元，同比增长36.0%，高出同期全国固定资产投资平均增幅15.6个百分点，是投资增长最快的行业之一。

价格总体平稳。数据显示，6月份，全国汽车行业价格总水平同比下降0.7%，降幅与5月持平。1～6月，价格累计同比下降0.5%，降幅与1～5月基本持平。汽车市场价格延续平稳走势。

未来，汽车行业产量回升步伐可能进一步加快，对成品油、合成材料、涂料等石油和化工产品的需求将继续扩大。

3. 房地产业

景气度继续下滑。统计数据显示，2012年1～6月，全国房地产开发投资3.06万亿元，同比增长16.6%，增幅比1～5月回落2个百分点，投资增速进一步趋缓；房屋施工面积47.56亿m^2，同比增长17.2%，增幅较1～5月回落2.4个百分点；房屋新开工面积9.24亿m^2，同比下降7.1%，降幅比1～5月扩大2.8个百分点；商品房销售面积4.0亿m^2，同比下降10%，降幅比前5月缩小2.4个百分点。6月份，房地产开发景气指数为94.71点，较上月回落0.19个百分点，景气指数连续第八个月走低。

总的看，受宏观调控影响，上半年房地产行业下滑明显。由于房地产调控政策不会放松，下半年房地产的下行态势不会有大的改变。

4. 纺织行业

产销增速继续回落。数据显示，2012年1～6月，纺织行业完成工业销售产值2.54万亿元，同比增长10.9%，增幅比1～5月回落0.5个百分点。其中，纺织业销售产值1.46万亿元，同比增长11.2%；化纤制造业销售产值3 147.2亿元，同比增长4.5%。1～6月，纺织行业增加值同比增长11.2%，增幅较1～5月回落0.7个百分点，其中，纺织业和化纤制造业增加值分别增长13.0%和13.3%。上半年，全国化纤产量达1 884.5万t，同比增长14.6%，继续保持较快增长势头。

投资保持平稳较快增长。统计局数据显示，2012年1～5月，纺织行业投资总额1 390.2亿元，同比增长17.0%，增幅与1～4月持平。其中纺织服装、服饰业投资832.8亿元，同比增长25.3%，增幅比1～4月加快3.4个百分点；化纤制造业投资311.8亿元，同比增长24.3%，继续保持平稳较快增长。

价格持续低位运行。据国家统计局数据，2012年1～6月，我国纺织业价格总水平同比下降4.0%，降幅与1～5月持平；纺织服装、鞋帽制造业价格同比上涨2.7%，涨幅与1～5月基本持平。

总体看，2012年，纺织行业市场比较低迷，价格降幅相对较大，但走势较为平稳。预计下半年纺织行业的低迷局面难以根本扭转。

5. 塑料制品业

产值增幅逐步放缓。数据显示，2012年1～6月，塑料制品业完成产值7 626.64亿元，同比增长14.7%，增幅较1～5月回落0.4个百分点，下行幅度继续收窄。1~6月,全国塑料制品产量2 641.0万t,同比增长10.8%,增幅比一季度加快2.5个百分点。其中,塑料薄膜产量增长6.6%;塑料人造革、合成革产量同比增长20.1%;日用塑料制品产量同比增长11.8%,均呈加快增长趋势。

投资增长企稳回升。1~5月,橡胶和塑料制品业投资1 353.4亿元,同比增长12.5%,增幅较1~5月提高1.2个百分点,投资增长动力趋强。

价格总水平延续弱势。1~6月,塑料制品业价格总水平同比下跌0.1%,2012年首次下跌。其中,塑料薄膜价格下降5.4%;塑料编织品上涨1.7%;塑料板、型材价格与上年持平。总的看,塑料制品业价格持续低位运行,市场竞争激烈,企业利润微薄。

此外,1~6月,国内原盐产量同比小幅增长1.0%,机制纸及纸板产量同比增长7.0%,焦炭产量同比增长6.4%,硫铁矿产量与上年大致持平,磷矿石产量同比增长15.9%,平板玻璃产量同比下降3.1%,氧化铝产量同比增长9.7%,化学工业上下游产品产量多数增速趋缓。

总体而言,上半年,与石油和化学工业相关行业除汽车行业外,其他行业经济增长基本呈减缓趋势;但下行速度不断减弱,企稳趋势逐步显现。相关行业发展走势将对石油和化学工业未来经济运行具有至关重要作用。

五、下半年行业经济企稳回升

2012年以来,为"稳增长",国家不断加大宏观政策的预调、微调力度,政策调控效果将在下半年逐步显现。宏观经济保持平稳增长,将为行业转型升级创造更为有利的环境。总体看,上半年石油和化工行业经济运行态势缓中见稳。预计二季度行业经济增速下滑见底,三季度企稳,四季度回升加快。下半年行业经济运行总体趋势:企稳回升。

对下半年石油和化工行业市场走势总体判断:低位回升,总体平稳。

1. 国际油价继续震荡。下半年油价走势将取决于市场供需变化、世界经济复苏状况、中东地区局势等多种因素。国际能源署(IEA)2012年7月12日发布的月度石油市场报告称,2012年全球原油日均需求量将达8 990万桶,同比增幅0.9%,市场供需大致平衡。就目前情况看,世界经济能否在三季度企稳,恢复人们对市场的信心,将对下半年油价产生决定性影响。预计三季度国际油价将继续走低,现货均价可能在90~100美元/桶,低于二季度约5%。四季度油价较三季度将有较明显的上升,全年均价与上年大致持平或略有提高。

2. 化肥市场稳中趋降。当前,国内化肥市场需求增速继续减缓,出口继续受到控制,6月份化肥市场显露疲态,价格已高位见顶。预计下半年市场需求将较上半年明显减缓,因此,三季度化肥价格涨势将会继续减弱,总体呈振荡回调格局,不过,大幅波动的可能性较小;四季度随着淡储的启动,将对价格产生一定的支撑作用,但稳中趋降的态势不会改变。

3. 基础化学原料市场平缓回升。无机原料市场将继续分化。其中,无机盐将继续保持相对较好的市场态势;无机酸市场的低迷状况会有所改善;无机碱可能延续弱市的局面。总体看,无机原料市场供大于需,尽管下半年需求增长会有所加快,但剩余产能的释放将对市场价格产生决定性影响。

有机原料市场总体平稳。随着国际原油价格的进一步回落,有机化学原料市场价格传导压力可能继续缓解。但由于市场需求增长依然乏力,进口压力较大,有机原料市场价格总体仍将延续较低走势,波动不会太大。不过,四季度随着原油价格上升,需求扩大,有机原料市场可能出现一个明显上升局面。

4. 合成材料市场总体将好于上半年,合成树脂企稳回升。下半年,市场对合成树脂的需求将继续稳中提升;但进口压力依然很大,合成树脂价格难以大幅回升。预计合成树脂价格在6~7月间再次触底,此后将逐步趋稳,并呈回升走势。价格总水平将略高于上半年,全年均价仍将低于上年。

合成橡胶价格稳中趋升。上半年,合成橡胶价格总体降幅较大,但由于过去两年涨幅过高,因此,合成橡胶市场的抗跌能力很强,三大合成材料中,利润降幅最小。二季度末期,合成橡胶价格基本触底。预计下半年,橡胶制品出口仍将保持较平稳的增长势头,国内汽车产量也将继续回升,但增速均不会很快。因此,合成橡胶市场需求将延续低速扩张态势。价格以稳为主,稳中趋升,四季度上升会加快。

合成纤维单体市场颓势难以扭转。2010 年下半年以来,合成纤维单体市场快速下滑,2011 年上半年下行更是加快。三大合成材料中,合成纤维单体市场处境最为艰难。从目前情况判断,下半年纺织行业出口很难有进一步提振,内需扩张也难以进一步加快,纺织行业进入深度调整期,加之合成纤维单体进口冲击,因此,其市场短期内难见根本性好转。

〔撰稿人:中国石油和化学工业联合会　赵志平〕

2012 年 1 ~ 9 月我国石油和石油化工设备制造行业经济运行概况

2012 年我国经济发展的基本面向好,但面临的内外部环境依然错综复杂。未来我国将通过扩大内需、发展实体经济、推进改革开放、保障和改善民生四项举措继续稳增长。据中国机械工业联合会发布的统计数据,2012 年前 8 个月,我国机械工业累计销售产值为 11.42 万亿元,同比增长 11.64%,从单月增速来看,上半年的持续下滑趋势得到遏制;我国机械工业累计出口交货值为 1.18 万亿元,同比增长 5.32%,占同期销售产值的 10.3%,呈缓慢回落态势。综上所述,2012 年前 8 个月的数据显示表明,机械行业产值增速处于低位徘徊的状况。另外,根据中国石油化工联合会发布的统计数据,我国石化行业 2012 年 1 ~ 8 月,实现总产值 7.85 万亿元,同比增长 10.4%,呈现增速、进出口、利润下降,成本、亏损额、投资额增速上升的态势。从总体看,我国石化工业已逐步开始从高速向中速增长、从外延式向内涵式增长、从粗放式向精细化增长的转变。

一、1 ~ 9 月我国石油和石油化工设备制造行业经济运行情况

根据国家统计局的统计数据分析,截至 2012 年 9 月我国石油和石油化工装备制造业累计工业总产值、工业销售产值继续保持 20% 左右的增幅,增长趋势平稳。出口交货值的同比增长,继续好于工业总产值及工业销售产值的增长。具体统计数据分析如下:

1. 工业总产值　截至 2012 年 9 月,石油和石油化工设备制造业规模以上企业(下同)累计完成工业总产值 2 672.70 亿元,同比增长 20.65%,增幅较上年同期下降 13.23 个百分点。

2. 工业销售产值　截至 2012 年 9 月,全行业累计完成工业销售产值 2 556.62 亿元,同比增长 21.16%,增幅较上年同期下降 12.41 个百分点。

3. 出口交货值　截至 2012 年 9 月,全行业累计完成出口交货值 219.36 亿元,同比增长 24.99%,增幅较上年同期下降 5.9 个百分点。

4. 产销率及产销同比增幅　截至 2012 年 9 月累计,全行业产销率为 95.69%,比上年同期的 94.41% 高 1.28 个百分点;销售产值增幅略高于工业总产值增幅,其弹性系数(销售产值同比增长率/总产值同比增长率)为 1.02。2012 年 1 ~ 9 月各分行业主要经济指标完成情况见表 1;2012 年 1 ~ 9 月主要经济指标(按企业规模)完成情况见表 2;2012 年 2 ~ 9 月主要经济指标逐月累计情况见表 3。

表1　2012年1～9月各分行业主要经济指标完成情况

分行业名称	规模以上企业		工业总产值		工业销售产值		出口交货值	
	数量(家)	同比增长(%)	金额(亿元)	同比增长(%)	金额(亿元)	同比增长(%)	金额(亿元)	同比增长(%)
石油钻采设备	705	3.52	1 403.34	22.07	1 335.79	22.15	154.15	30.5
炼油化工设备	430	12.57	538.72	18.05	514.82	20.58	20.83	19.89
海洋工程设备*	28		206.85	17.79	198.69	21.59	14.43	45.60
金属压力容器	417	-0.71	523.79	20.77	507.32	19.06	29.95	-0.47
全行业	1 580	6.54	2 672.70	20.65	2 556.62	21.16	219.36	24.99

注：*海洋工程设备为2012年新增分行业。

表2　2012年1～9月主要经济指标(按企业规模)完成情况

企业规模	规模以上企业		工业总产值		工业销售产值		出口交货值	
	数量(家)	同比增长(%)	金额(亿元)	同比增长(%)	金额(亿元)	同比增长(%)	金额(亿元)	同比增长(%)
大型企业	30	275.00	525.71	14.45	491.18	16.75	64.98	13.48
中型企业	231	16.08	775.68	15.23	745.28	17.23	93.94	27.20
小型企业	1 319	3.37	1 371.31	26.65	1 320.16	25.30	60.44	36.16
全行业	1 580	6.54	2 672.70	20.65	2 556.62	21.16	219.36	24.99

表3　2012年2～9月主要经济指标逐月累计情况

月　　份	工业总产值累计		工业销售产值累计		出口交货值累计		产销率(%)
	金额(亿元)	同比增长(%)	金额(亿元)	同比增长(%)	金额(亿元)	同比增长(%)	
2012.2	461.06	23.86	443.34	24.22	40.39	64.79	96.16
2012.3	776.73	22.85	735.47	23.41	63.79	43.90	94.69
2012.4	1 042.99	20.16	989.05	20.44	86.47	22.29	94.83
2012.5	1 357.06	19.64	1 287.63	20.55	108.19	24.88	94.88
2012.6	1 746.52	19.73	1 655.14	20.70	140.50	19.38	94.77
2012.7	2 032.59	19.66	1 939.22	20.68	166.82	22.59	95.41
2012.8	2 335.63	20.28	2 228.10	20.71	193.49	26.20	95.40
2012.9	2 672.70	20.65	2 556.62	21.16	219.36	24.99	95.69

二、2012年我国石油和石油化工设备制造行业发展趋势预测

2011年，在异常复杂的国内外经济环境下，全行业工业总产值、工业销售产值增长率超过了30%；尽管受欧债危机的影响，出口交货值增长率也达到28%，实属不易，这是行业企业努力奋斗的结果。

2012年是“十二五”规划纲要实施的第2年，是我国经济“在持续回落中逐步趋稳”的一年，我国石油和石油化工装备行业仍然处于转型发展调整结构的关键时期，行业的经济运行情况将面临严峻的考验。

石油石化装备行业的市场发展受国际油价走势的影响较大。由于近期以来，美国经济已开始出现改观，但复苏势头依然偏弱。欧债危机前景仍然难测，许多经济研究报告都认为，2012年将会是欧洲经济比较困难的一年，欧洲总体经济陷入停滞甚至温和衰退的可能性在增加。预测未来短期内，包括美国、欧盟等世界主要经济体的经济走势仍不足以对国际油价形成强有力的刺激，但伊朗、叙利亚、

尼日利亚等中东和非洲主要产油国不稳定局势，以及伊朗可能关闭重要国际原油运输通道霍尔木兹海峡的威胁，将成为限制油价下跌的因素。另一方面，新兴市场和发展中国家的经济贸易增速继续领先于发达国家。所有这一切都给国际原油市场造成压力。因此未来一段时间，全球投资常规和非常规油气资源的资金将继续增加，已经有所准备的我国石油装备制造行业特别是石油钻采制造企业2012年将会有较好的国际市场前景。

另外，炼油化工设备行业由于全球炼油化工行业所面临的新一轮产能过剩的影响，同时我国2012年以来炼油化工行业经济增速逐渐减缓。预计2012年我国石油和石化设备全行业经济运行速度继续实现两位数增长，但增长幅度将有所回落。其中产销增速预计在25%～30%，而利润增幅将低于产销，预计在20%左右，出口值增长预计将突破30%。

〔撰稿人：中国石油和化学工业联合会赵志平〕

2012年上半年我国石化通用机械进出口形势分析与需要关注的问题

一、2012年我国石化通用机械进出口情况与特点

据海关统计，2012年我国石化通用机械进出口总额为887.88亿美元，比2011年增长4.77%。其中：出口额596.42亿美元，比上年增长9.89%，与2011年增长23.94%相比，增速有所回落；在国际市场需求疲软、面临众多困难的情况下，全行业仍能保持近10%的增速，实属不易。进口额291.46亿美元，比上年下降4.35%，与2011年增长14.48%相比，增速大幅度回落。进出口顺差304.96亿美元，与2011年进出口顺差237.98亿美元相比，增加66.98亿美元。（以上均按中国机械工业联合会统计范围，下同）。

1. 出口全面增长，制冷空调机械和液体泵出口额最多

全行业10种主要产品出口全面增长。出口额最多的是制冷空调机械，为49.30亿美元，比上年增长9.04%；其次是液体泵，出口额为36.77亿美元，比上年增长12.41%；再次是制冷设备用压缩机，出口额26.87亿美元，比上年增长11.34%。

出口额较大的还有：石油化工设备22.93亿美元，比上年增长20.49%；气体压缩机21.35亿美元，比上年增长9.04%；石油钻采设备零件17.75亿美元，比上年增长5.39%；塑料机械16.61亿美元，比上年增长10.48%。

出口额在5亿美元以下的有：工业用除尘器4.40亿美元，比上年增长23.24%；气体分离设备2.24亿美元，比上年增长10.87%；真空泵1.44亿美元，比上年增长4.27%。

2. 6种产品进口下降，4种产品进口快速增长

全行业10种主要产品中，进口额同比上年下降的有6种，增长的有4种。进口额下降幅度最大的是真空泵，为3.49亿美元，比上年下降23.37%；其次是工业用除尘器，为7.64亿美元，比上年下降17.62%；再次是液体泵，为28.65亿美元，比上年下降15.88%。

此外，制冷设备用压缩机进口比上年下降7.34%；气体压缩机进口比上年下降4.42%；塑料机械进口比上年下降3.57%。

进口额增长最快的是石油钻采设备零件，为4.48亿美元，比上年增长59.3%；其次是制冷空调机械为2.34亿美元，比上年增长24.14%；再次是

石油化工设备为16.22亿美元，比上年增长20.45%。此外，气体分离设备0.42万美元，比上年增长10.78%。2012年我国石化通用机械行业主要产品进出口情况见表1。

表1　2012年我国石化通用机械行业主要产品进出口情况

（单位：亿美元）

序号	产品名称	进口		出口	
		金　额	比上年增长(%)	金　额	比上年增长(%)
1	石油化工设备	16.22	20.45	22.93	20.49
	其中：加氢反应器	0.66	111.03	0.16	343.90
2	石油钻采设备零件	4.48	59.30	17.75	5.39
3	液体泵	28.65	-15.88	36.77	12.41
4	真空泵	3.49	-23.37	1.44	4.27
5	气体压缩机	18.40	-4.42	21.35	9.04
6	用于制冷设备的压缩机	10.51	-7.34	26.87	11.34
7	制冷空调	23.41	24.14	49.30	9.04
8	气体分离设备	0.42	10.78	2.24	10.87
9	热交换装置	11.97	32.78	4.51	37.03
10	工业用除尘器	7.64	-17.62	4.40	23.24
11	塑料机械	22.09	-3.57	16.61	10.48

总体看，全行业主要产品进出口增速虽与上年同期相比有较大幅度回落，但出口仍保持全面增长，尤其是石油化工设备、工业用除尘器和各种液体泵出口增长都较快，是拉动相关行业发展的重要因素。

二、2013年石化通用机械进出口形势展望

据国际货币经济组织2013年1月23日发布的《2013年世界经济形势与展望》报告称，2013年的全球经济复苏依然疲弱并面对诸多不确定因素。全球经济增长将因为欧元区经济衰退、美国的短期财政过度紧缩和日本经济疲弱而放缓。预计全球经济平均将增长3.5%，其中美国将增长2%，欧元区下降0.2%，日本增长1.2%。报告说，新兴经济体和发展中国家2013年将取得5.5%的增长，仍会是推动全球经济的动力。中国经济将增长8.2%，印度增长5.9%，东盟5国（印度尼西亚、马来西亚、泰国、菲律宾、越南）增长5.5%，俄罗斯增长3.7%，巴西和墨西哥都将增长3.5%，撒哈拉沙漠以南的非洲国家（含南苏丹）将取得5.8%的增长。

我国对外贸易发展面临的外部环境虽稍有好转，但形势依然严峻，制约外贸增长的阻力仍然很大。随着各国宏观政策力度的加大，欧债危机略有缓和，美国经济复苏态势趋于稳定，市场信心和发展预期有所提振，世界经济已经进入到深度转型调整期。发达国家主权债务问题削弱经济增长潜力，美国、日本等实行货币量化宽松政策措施的副作用日益凸显，新兴经济体面临的困难较多，加上各国反倾销、反补贴等贸易保护主义频繁发生，对外来投资保护主义加剧，世界经济低增长、高风险态势不会明显改观。

我国经济将继续保持平稳较快增长，对我国外贸发展形成有力支撑。我国石化通用机械产品比较优势依然存在，新的竞争优势逐步形成，企业抵御风险、拓展市场和创新发展能力明显增强。随着我国政府采取一系列扩内需、稳外需政策措施逐步落实到位并发挥成效，我国企业的国际竞争力将有所提高。但是，国内经济企稳的基础还不稳固，国内需求增长受到一些体制机制因素的制约，部分产品产能过剩较为突出，企业生产经营仍然面临较多困难。同时，也由于人民币汇率升值预期和我国劳动力成本上升、一些原材料进口价格上涨等因素,造成出口成本增加,为进一步扩大出口带来众多困难。

根据上述情况预测,2013 我国石化通用机械行业进出口将略好于 2012 年,仍可能维持个位数增长,其中出口将平稳回升,有可能回升到两位数的增长。

三、当前需要关注的问题

党的十八大报告提出要加快转变对外经济发展方式,推动朝着优化结构、拓展深度、提高效益方向转变。当前进一步扩大出口需要注意以下几个问题:

1. 调整和优化产品结构,加快转型升级

石化通用机械行业的发展,一是靠投资拉动,二是靠出口推动,部分产品还靠消费带动。我国近几年固定资产投资快速增长,据有关资料:2010 年固定资产投资增幅为 24.5%,2011 年增幅 23.8%,2012 年 1—11 月比上年增长 20.7%。因此从国内对石化通用机械投资预测来说,仍将是较快增长,关键是国内市场对石化通用机械需求结构的升级,而国外市场需求相对疲软,再由于国内部分产品产能过度扩张,造成目前一些中低档产品订货不足,销售不畅,库存增加,相关企业面临众多困难。针对上述情况,需要从实际出发,认真调整和优化产品结构,加快转型升级。

首先,要从进口产品中选择进口量大的产品进行研制攻关,加快发展。前两年,石化通用机械进口连续快速增长,2012 年以来虽然增速有所下降,但进口规模仍然较大。这一方面是满足了国内用户的需要;另一方面也给国内相关产业带来巨大的压力。

所进口产品是用户实实在在的需求,其实也是反映了国产产品与进口产品存在的差距。据海关统计,近两年进口额较大的石化通用机械主要有:石油化工设备,石油钻采设备零件,液压往复式泵,专用型离心泵,制冷空调用压缩机,热交换装置,非家用型过滤净化设备,四色及以上平张纸胶印机,注塑机,减压阀,电磁式换向阀等。

同比,需要对进口产品进行仔细分析,从中选择进口量大、技术含量较高的产品,结合企业自身情况,研制开发,尽快形成生产能力,争取替代进口。这是石化通用机械企业发展的必由之路,也是扩大出口的物质技术基础。

其次,要适应国际市场需求变化,调整出口产品结构。

国际金融危机尤其是欧洲主权债务危机发生后,各国都采取了一系列的相应措施,国际市场需求结构也发生了一些变化,相关出口企业要及时适应这一变化,根据用户需求,及时调整产品结构,做好服务。

再次,逐步减少“两高一资”产品的出口,如铸件、锻件、钢结构件等。

2. 多元化地开拓市场,扩大向发展中国家出口

一方面出口要十分重视美国、欧盟和日本等传统市场,针对其市场需求变化,及时提供适销对路的产品;另一方面更要重视开拓新兴经济体和发展中国家市场,尤其是东盟各国、印度、墨西哥、巴西、俄罗斯、土耳其、沙特阿拉伯、阿拉伯联合酋长国、秘鲁、加拿大、南非等。

对印度尼西亚市场的开拓要引起重视。印度尼西亚经济总量居东南亚诸国之首,2011 年我国机械产品出口印度尼西亚 70.4 亿美元,比上年增长 33%;2012 年出口 83.37 亿美元,比上年增长 18.39%,发展势头很好。按照该国发展规划,将进行大规模的基础设施、发电站、机场、港口以及与之相关的机械制造等项目建设,对石化通用机械需求较大,如各种液体泵,特别是一些专用性强的液体泵、与石油化工等大型装置配套用的压缩机、空气分离设备以及专用性强的阀门和过滤净化设备等。

3. 把握俄罗斯入世机遇,努力扩大出口

俄罗斯于 2012 年 8 月 22 日正式成为世贸组织第 156 个成员。按照入世协议,俄罗斯承诺总体关税水平将从 2011 年的 10% 降至 7.8%。其中,农产品将从目前的 13.2% 降至 10.8%,工业制成

品将从 9.5% 降至 7.3%，其中机电产品关税从目前的 8.4% 降至 6.2%，汽车从目前的 15.5%，经过 7 年保护期后降到 12%。在非关税措施方面，俄罗斯将取消所有工业品出口补贴。

2012 年 9 月上旬在俄罗斯符拉迪斯沃托克举行的亚太经合组织第二十次领导人非正式会议期间，俄罗斯宣布今后将以东部地区为开发重点。会议期间，中俄两国元首商定，到 2015 年双边贸易额将从目前的 800 亿美元达到 1 000 亿美元，到 2020 年达到 2 000 亿美元。俄罗斯东部地区与我国相邻，为我国提供很好的商机。

我国 2011 年向俄罗斯出口机械产品 92.3 亿美元，比上年增长 66.58%；2012 年出口 107.22 亿美元，比上年增长 16.15%，势头很好。我们要抓住这一有利机遇向俄罗斯扩大出口。俄罗斯重视石油化工行业的发展，我国有关企业要努力进入该国市场。

4. 实施走出去战略，促进跨国公司的成长和发展

党的十八大指出，要加快走出去步伐。据联合国贸发组织公布，中国对外投资总额已经由 2008 年的世界第 12 位，上升到 2010 年的第 5 位。2011 年中国非金融类对外投资为 685.8 亿美元，比上年增长 14%。我国已进入海外投资较快增长阶段。

据商务部统计，到 2011 年底经国家主管部门核准备案的国内 1.35 万家在境外 177 个国家和地区投资设立海外分支机构 1.8 万个，中资企业境外投资存量近 4 250 亿美元，在海外形成的资产总额约 2 万亿美元。中国跨国公司的成长和发展，将增大中国在部分领域的传统优势，有利于引进先进技术，提高创新能力，也有助于赢得新一轮国际竞争。

近几年来，机械行业一些有条件的企业，开展国际化经营取得了实效，有的已经或正在逐步建立全球销售服务网点和区域营销中心，为进一步扩大出口，创造了很好的条件。有的在国外建立研发中心，特别值得提出的是，一些有实力的企业并购境外技术先进的知名企业取得了成果。如北京一机床并购国际闻名的德国瓦德列希·科普科等。要鼓励更多有条件的企业走出去投资办厂，或与当地企业合资、合作，或有选择地并购境外具有先进制造技术的企业。机床行业已有多家企业并购境外企业，需要不断总结经验，扎扎实实地加以推进。

俄罗斯入世后，对中资企业扩大对俄投资提供了机遇。俄将开放投资领域，减少外来投资限制。据俄方统计，到 2011 年底中国对俄投资 276.2 亿美元，为俄第五大投资伙伴国。

从目前情况看，如果并购企业与国内企业生产同类产品、技术水平接近的，可以合理调整零部件生产分工，形成产业链，加大零部件生产批量，以降低成本，提高竞争力；或实行强强联合，优势互补，提升研发创新能力。如并购企业产品制造技术先进的，要针对不同国家的有关规定，采取灵活有效措施，创造条件逐步将先进技术移植到国内企业生产的产品中，以此促进我国企业产品结构的调整，加快转型升级。

5. 努力规避汇率风险

中国人民银行宣布从 2012 年 4 月 16 日起，银行间即期外汇市场人民币兑美元交易价浮动幅度由 0.5% 扩大至 1%，人民币步入双向浮动时代，这就需要特别重视如何规避汇率风险。

当前企业主要采取锁定汇率和人民币结算等方式。在锁定汇率方面，远期结售汇成为企业普遍采用的方法，客户与银行约定未来结汇或售汇的外汇币种、金额、期限及汇率，到期时按照该协议办理结售汇业务。

人民币结算已普遍推广，但当前的问题是推广不易，客户认为这是将风险转嫁到客户身上。重要的是让买卖双方各承担一部分汇率变动带来的损失。因此，在汇率波动增大的背景下，建议政府有关部门进一步完善配套措施，增加避险工具，放宽企业的避险条件，让企业避险的需求得到真正满足。

〔撰稿人：中国机械工业联合会专家委员会郑国伟〕

介绍国内外钻机的技术和市场情况，以及世界炼油行业的现状与趋势

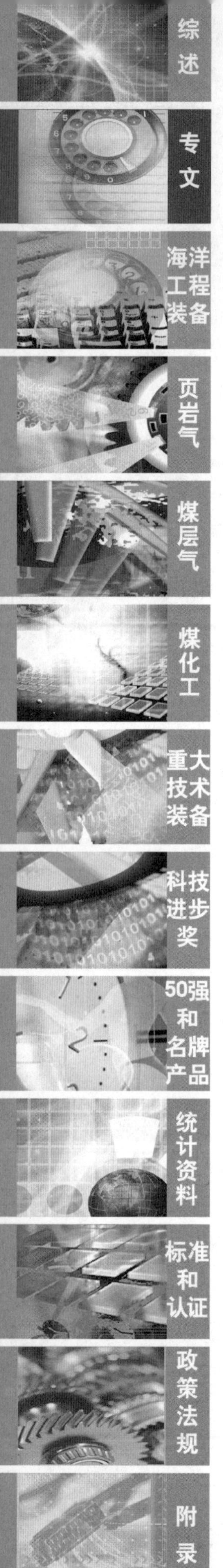

石油钻采装备技术发展趋势

国外钻井技术研发新动向

陆地石油钻机国内外保有量及市场预测

世界炼油行业发展现状与趋势

石油钻采装备技术发展趋势

经过60年几代人的共同努力，我国石油装备业已发展为继美国之后的又一制造大国，不但满足了国内石油工业发展需要，还出口到海外。特别是进入21世纪，我国石油装备进入快速发展阶段。2007~2011年我国石油装备发展数字见表1。

表1　2007~2011年我国石油装备发展数字

（单位：亿元）

2007年	2008年	2009年	2010年	2011年
477.36	931.78	1 112.42	1 293.13	1 770.12

一、全球油气工业发展新趋势

预计，在未来相当长时间内作为相对清洁的能源，油气勘探开发业依然是世界经济中举足轻重的产业，且呈现出以下发展趋势。

1. 勘探开发环境日益复杂，未来以极地、深水为代表的新兴领域成为愈来愈重要的战略接替区

据估计，北极地区未发现的常规油气储量总计可达到655亿 m^3 油当量。其中，天然气储量占全球的30%，石油储量占全球的13%。极地常规油气储量分布见图1。

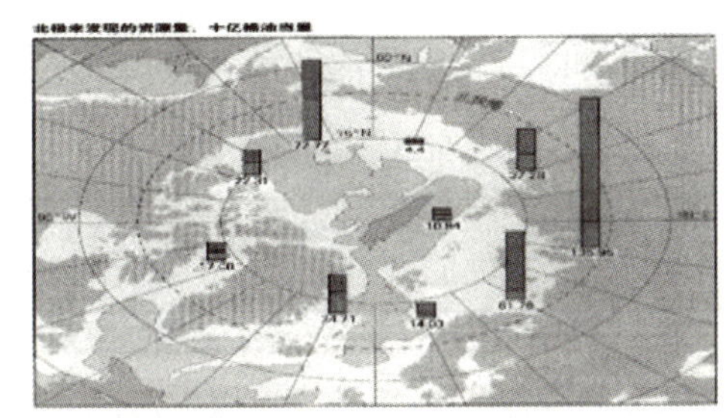

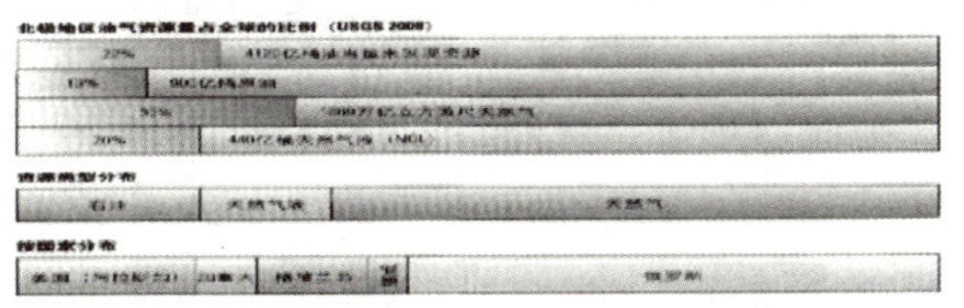

图1　极地常规油气储量分布

海洋油气从浅水向深水拓展，海洋石油产量已占全球总产量的1/3。20世纪60年代，全球海洋油气当量产量突破了100万桶/d。2005年，海洋油气当量产量约2 500万桶/d（12.5亿 t/a）。2004年与2005年海域/陆地石油产量比见图2。1950~2010年陆上、浅水和深水油田的原油产量见图3。

专家预计，到2015年，深水油田的石油产量将增至总产量的25%。根据美国地质调查局出版物《World Petroleum Assessment》的估计，海上有超过3 000亿桶（480亿 m^3）的石油资源尚待发现。[改编自 Robertson S: The World Offshore Oil and Gas Forecast。英国 Canterbury: Douglas-Westwood 有限公司（2006年）]。该研究报告还指出：目前海上天然气产量占世界总产量的31%，2020年将达到41%。由于深水资源的不断开发，预计海上天然气产量到2026年也不会出现峰值。

中国海洋油气资源丰富，海洋石油资源量为246亿 t，占全国石油资源总量的23%；海洋天然气资源量为16万亿 m^3，占全国天然气资源总量的30%。我国海洋石油探明程度仅为12%，海洋天然气探明程度仅为11%，远低于世界平均水平。

2. 天然气作为更清洁的化石能源进入黄金时代

天然气具有储量丰富、价格适中、符合环保的优势，是通向低碳经济的桥梁，更是一种清洁能源的现实选择。根据国际能源署预测，天然气产量年均增长1.4%，从2008年的31 490亿 m^3 增加到2035年的45 350亿 m^3。至2030年前后，天然气年产量将增至4.3万亿 m^3，将超过煤炭和石油成为第一大能源。

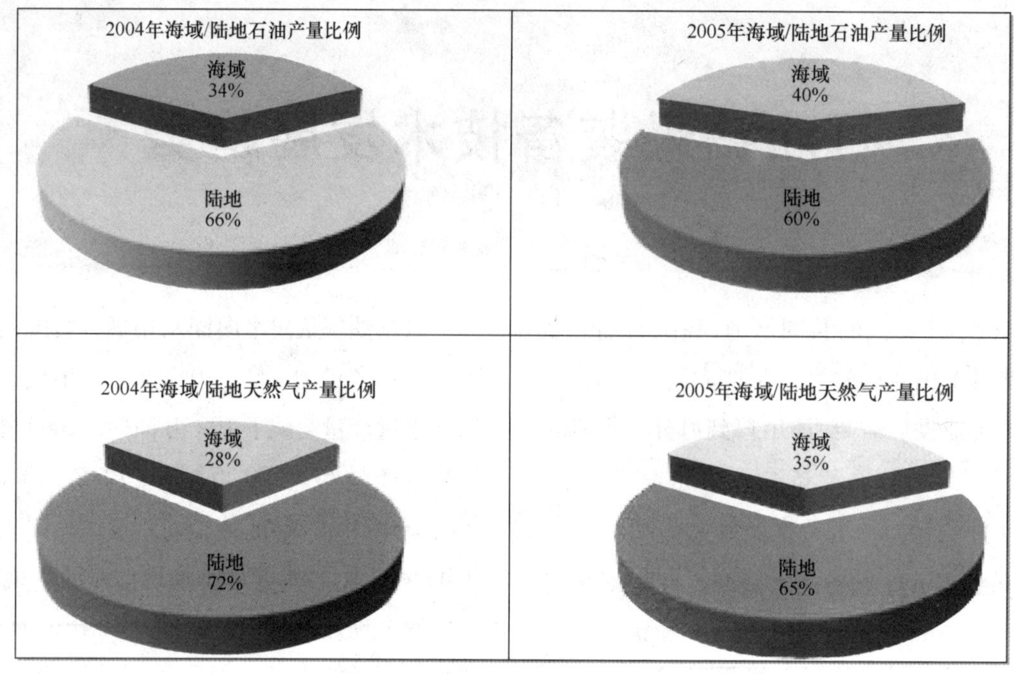

图2　2004 年与 2005 年海域/陆地石油产量比

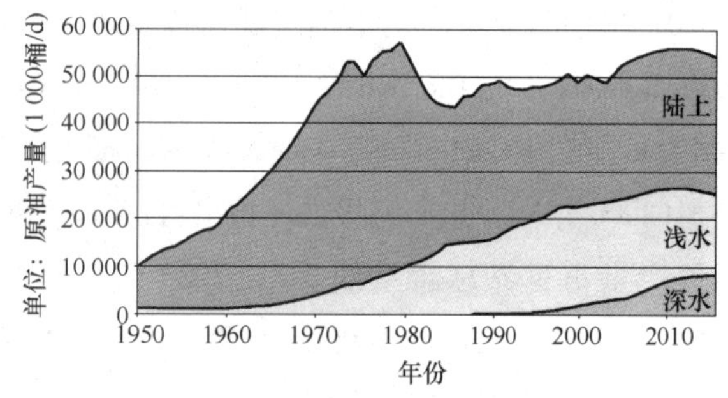

图3　1950～2010 年陆上、浅水和深水油田的原油产量

此外，数量很大但较难开采的非常规天然气，最近有了突破性进展，随着钻、完井等先进工程技术的成功应用，以煤层气、页岩气为代表的非常规油气资源越来越多的得到有效应用。由于水平井加分段压裂技术的突破，2011 年美国页岩气年产量已达到 1 800 亿 m^3，占其天然气年产量的 34%，美国成为世界第一产气大国。

根据国际能源署预测，至 2035 年全球以页岩气为主的非常规天然气可达 1.6 万亿 m^3，占同期非常规气的 2/3 以上。非常规天然气占总气量的份额由目前的 14% 上升到 35%。

至 2035 年全球非常规天然气产量构成：页岩气占 56%，煤层气占 38%，致密气占 6%。

中国天然气资源丰富，常规天然气勘探开发已进入快速发展阶段。中美天然气工业对比见表 2。

表 2　中美天然气工业对比

	市场启动期	市场发展期	市场成熟期	2009 年单井产量
美国	20 世纪 30 年代	20 世纪 70 年代	20 世纪 70 年代至今	2 956m^3/d
中国	2004 年	2004～2020 年	2020 年以后	3 万 m^3/d

按照预测，2010～2030 年探明地质储量 5 000 亿 m^3/a。未来 20 年年均产量增长 100 亿 m^3，2020 年产量达到 2 000 亿 m^3，2030 年有望达到 3 000 亿 m^3。

致密气产量已占天然气产量的 1/3。

地面抽排煤层气预计到 2015 年达到 160 亿 m^3。页岩气预计到 2015 年产量可达到 65 亿 m^3，2020 年产量达到 600 亿～1 000 亿 m^3。我国天然气资源量见表 3。

表 3　我国天然气资源量

（万亿 m^3）

常规	页岩气	致密砂岩	煤层气	水合物
56	134.42	100	36.8	65

3. 非常规油气能源相当丰富

随着石油价格不断提高，油气开发技术不断进步，非常规油气资源越来越受到重视。初步估计全球非常规石油资源量高达6 000 亿 t，相当于剩余常规石油资源量的 1.7 倍。全球非常规天然气地质储量 921 万亿 m^3，其中煤层气 256 万亿 m^3、页岩气 456 万亿 m^3、致密砂岩气 210 万亿 m^3。

随着开发页岩气工程技术的应用，北美在页岩油方面有了突破性进展。北达科他州巴肯地区页岩油产量已从 2005 年不足 10 万桶/d，上升至 2010 年的 45.8 万桶/d，预计 2035 年将达到 200 万 ~ 300 万桶/d。世界油气资源供给和开发现状见图 4。

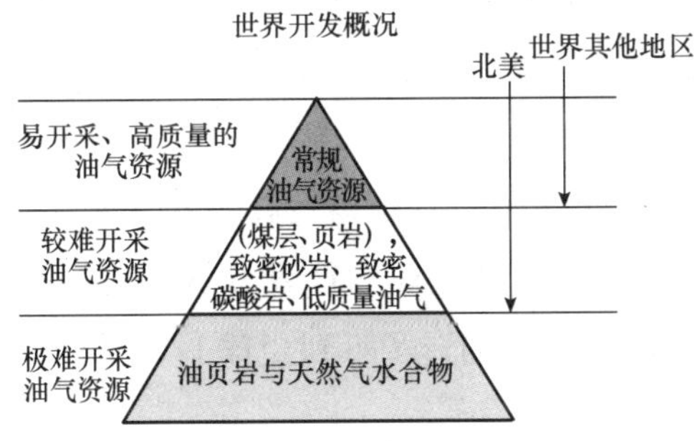

图 4　世界油气资源供给和开发现状

目前全球油砂可采资源量约为 6 510 亿桶（约合 890 亿 t），是常规石油剩余可采资源量（3 570 亿 t）的 25%。加拿大是世界主要的油砂资源地，资源量约占全球总量的 82%。

据 BP 世界能源统计，2009 年加拿大油砂探明储量 1 700 亿桶，约占全球石油剩余探明储量的 12%。我国除油砂资源以外，还有丰富的油页岩，资源量达到 160 亿 t，目前年产量 30 万 t。

全球页岩油资源量 11 万亿 ~13 万亿 t，远远超过 4 000 亿 t 的常规石油资源量。美国页岩油储量 2 万亿桶，我国已探明预测的页岩油储量是 4 832 亿 t，在河南泌阳钻成页岩油井，日产量 12 ~15t。

4. 全球气候变化导致限制碳排放时代到来，实现能源与环境的和谐是石油科技发展绿色化的必然选择

我国能源消费占世界总量的 20%，但 GDP 都不足世界的 10%。人均能源消费接近世界平均水平，但人均 GDP 仅为世界的一半。传统的钻采装备面临新挑战。单位 GDP 的能源消耗见表 4。

表 4　单位 GDP 的能源消耗

（千 t/千美元）

世界平均	中国	日本	美国	德国	巴西	墨西哥
0.31	0.77	0.1	0.19	0.16	0.28	0.72

二、对石油钻采装备提出更新的技术需求

对石油钻采装备提出了更高、更大、更难和更省四个方面的需求。

更高：比如高风险的海洋油气工程，要求产品可靠性更高，特别是水下安全控制装备必须万无一失。超深天然气气藏地层压力高，比如中石化已在 7 907m 深处发现天然气，其压力系数大于 2，井底压力超过 140MPa。对硫化氢及二氧化碳防护要求高。

牛东超深潜山油气田，油藏底部 6 027m，井底温度达到 240℃。

更大：大位移钻井最大进尺已超过 1.2 万 m，最大起升能力已达 1 500shton（1shton = 907.18kg）。

大规模的页岩气压裂，动用 20 台 2 000hp（1 471kW）压裂泵车，挤压时间达 4 183min，总液量 23 655 m^3，最大排量为 16 ~ 17.2m^3/min。每月工作 24 天，每天工作 14h 的橇装 6 000hp（4 412.99kW）的压裂泵已研制成功。

更难：北极的气候、道路给油气勘探带来极大挑战，采用水平井分段压裂已成为开发非常规资源的利器。美国用于钻水平井的钻机数量不断增加，2003 ~2010 年美国用于钻水平井的钻机数量变化趋势见图 5。

更省：可持续和低碳发展要求产品资源占用少、能耗低、排放少，通过提高作业效率、延长消耗

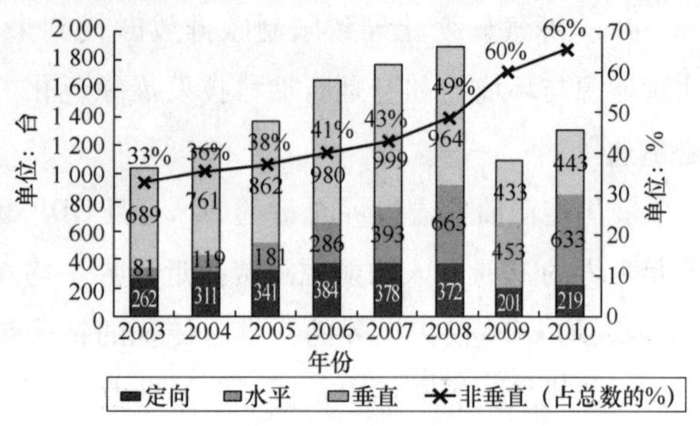

图 5　2003～2010 年美国用于钻水平井的钻机数量变化趋势

件使用寿命、产品减量化和采用清洁能源等措施实现。

相对常规资源，非常规油气资源特征就是低渗、低孔、低丰度，要求极大地降低作业成本，才能使之具有商业价值。

三、石油钻采装备技术发展趋势

1. 工艺技术突破加大油气可采储量

页岩气总产量与天然气平均井口价格关系见图 6。

2. 有关工程技术发展趋势

国外钻井技术发展历程见图 7；我国钻井技术发展趋势见图 8；井眼轨迹控制技术发展历程见图 9；井眼轨迹监测技术发展历程见图 10；钻机发展历程见图 11。

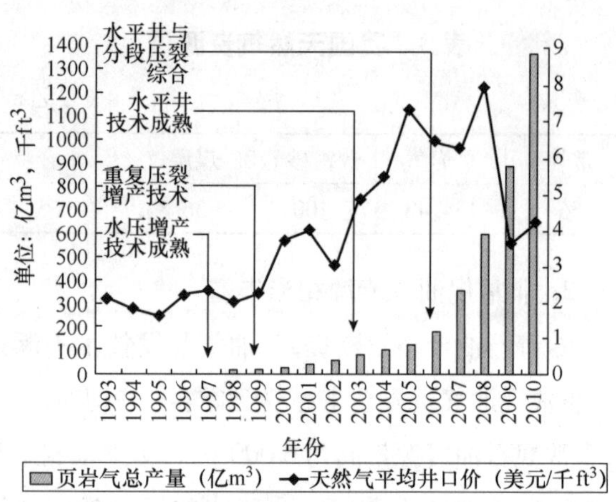

图 6　页岩气总产量与天然气平均井口价格关系

从满足低碳经济发展的要求出发，采用新材料、新技术和新结构，通过机电液一体、机电融合设计，向产品减量化、操作机械化、自动化、智能化，运行可靠、移运快捷，进一步满足个性需求及恶劣环境作业要求方向发展，创造出资源占用少、能源消耗少、排放少及作业安全员工健康的新装备，为油气工业的发展提供设备条件。

具体措施是减量化、为提高作业效率提供设备条件、延长寿命、采用清洁能源等。

3. 石油钻采装备技术发展趋势

（1）减量化是适应低碳发展的主要途径。我国消耗了全球的 1/4 的钢铁产量、1/3 的煤炭产量和 1/2 的水泥产量，创造了不到全球 1/10 的 GDP，显

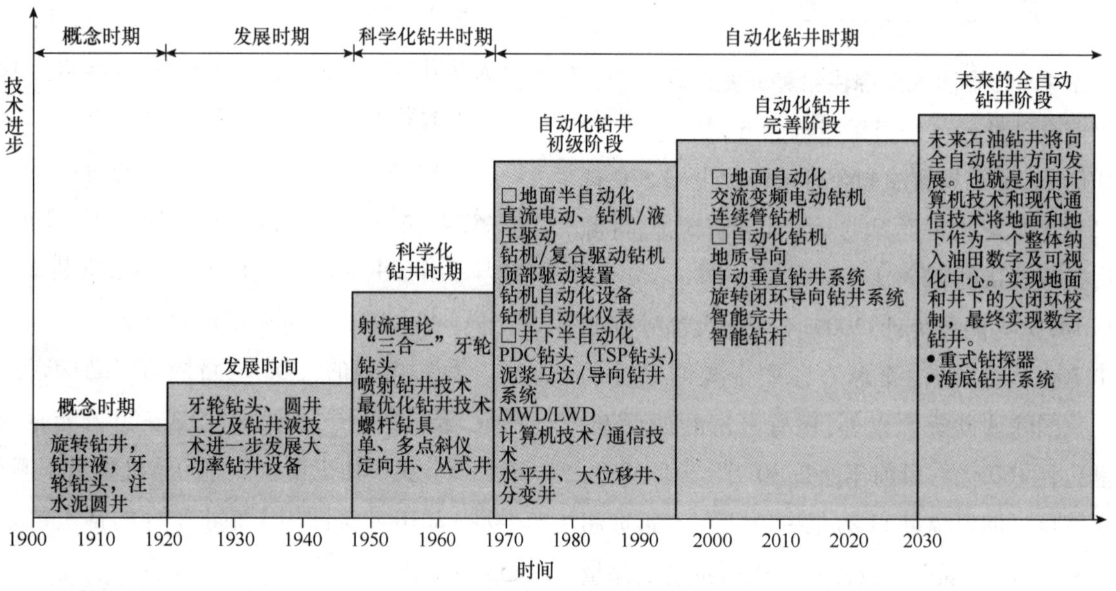

图 7　国外钻井技术发展历程

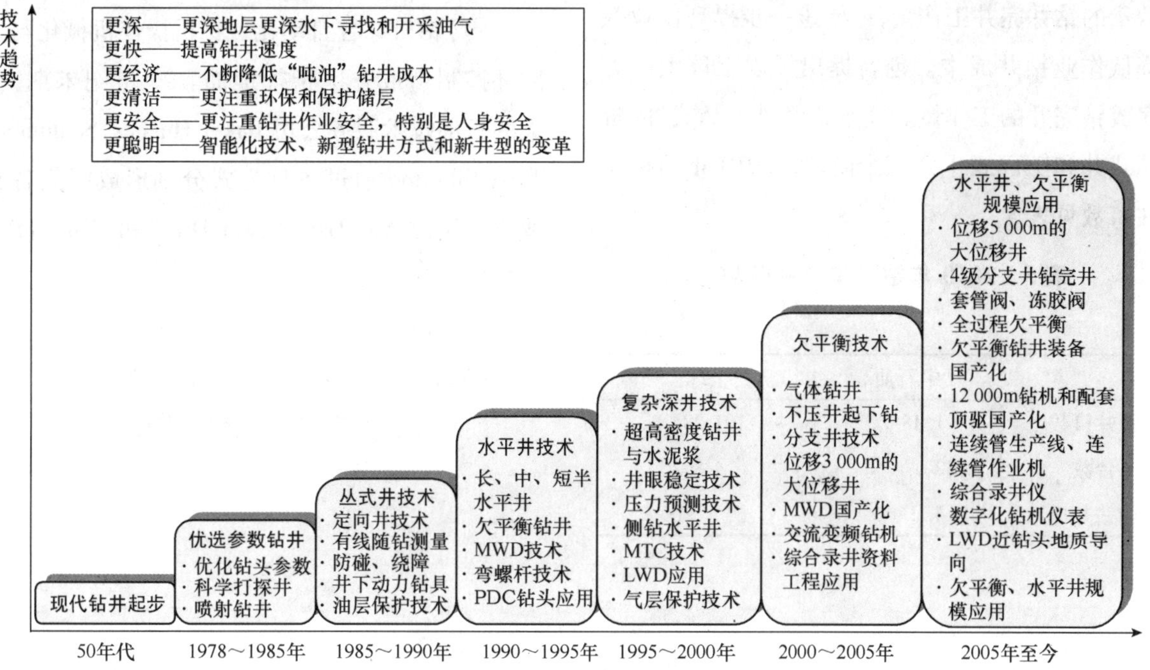

图8　我国钻井技术发展趋势

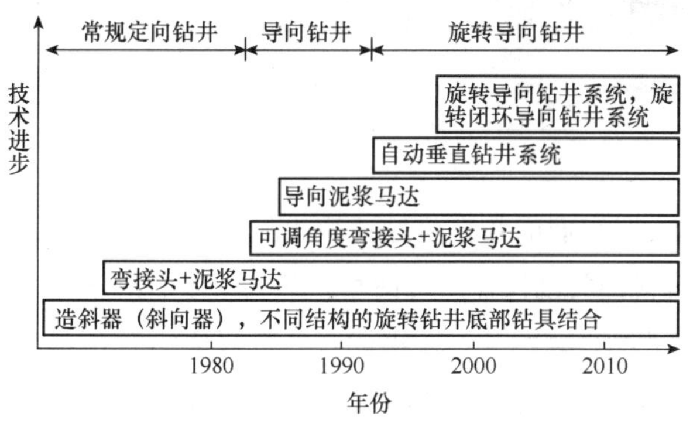

图9　井眼轨迹控制技术发展历程

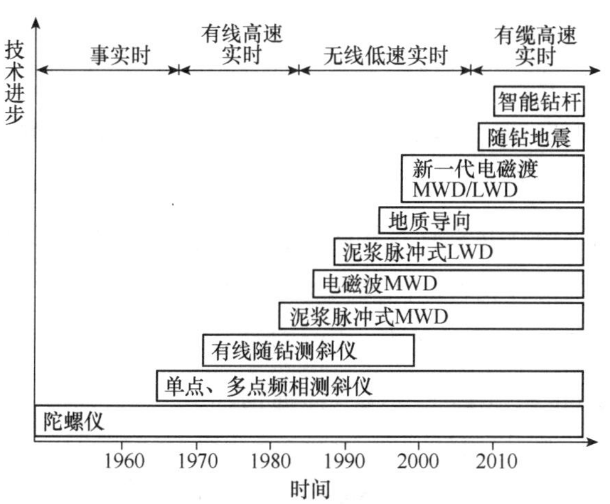

图10　井眼轨迹监测技术发展历程

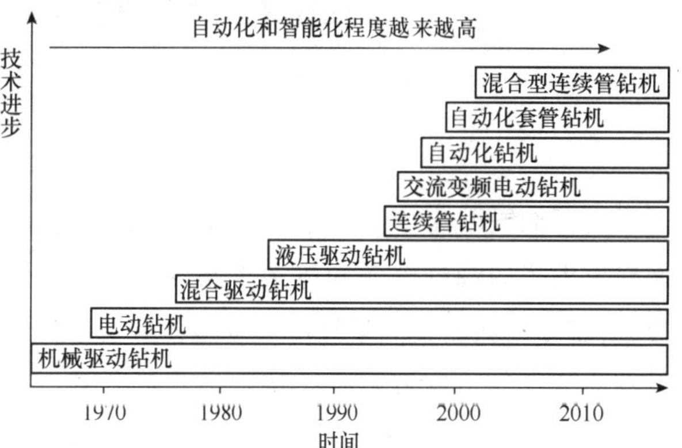

图11　钻机发展历程

示了资源占用率明显偏高。“稀井”高产突出体现减量化趋势。未来单一直径井显示了减量化极大优势。钻井液用量减少44%，套管总消耗减少42%，水泥量减少42%，岩屑量减少59%，钻井成本减少近一半。宏华机电融合设计的五缸泵在减量方面取得显著效果，2 400hp（1 765.2kW）五缸泵比已有2 200hp（1 618.1kW）三缸泵重量减轻50%。牙轮钻头将逐步被PDC钻头所取代，2010年中石油PDC钻头进尺已占总进尺的84%。

（2）延长设备和易损件寿命并开展再制造技术的应用。

（3）为提高作业效率提供设备保障。作业效率提高尚有较大空间。尤其是页岩气的开发需要更大数量的钻井完井工作量，还要进一步提高作业效率降低作业钻井成本。创新提出了以工厂生产方式完成钻完井的工作量。该方式经过了丛式井、批钻丛式井和工厂式生产三个阶段。2010年钻机年钻井口数见表5。

表5 2010年钻机年钻井口数

（单位：口）

	中石油	全球
钻井口数	1.18万	101 284
台数	832	4 892
台均钻井口数	14.2	20

（4）钻机综合自动化。钻机操作机械化与井下闭环控制组成井下指挥地面。20世纪末期，三家大的石油技术服务公司Baker Hughes、Schlumberger和Halliburton通过各种方式分别形成了其各自商业化应用的AutoTrak、Power Drive和Geo－Pilot旋转导向钻井系统。

（5）HSE。

（6）采用清洁能源，油改气，油改电。

〔撰稿人：中国石油勘探院马家骥〕

国外钻井技术研发新动向

随着油气勘探开采难度的加大和日趋复杂，如何发现更多的油气资源和尽量提高油气产量和采收率，研发钻井与采油采气技术及装备的重要性愈显突出。钻井的目的不止是构建油气通道，现代钻井工程面临的更重要的是问题是如何确保"优、快、省、HSE"等四个方面。钻井技术的研发始终是针对这些问题展开的。自20世纪80年代以来，全球钻井技术发展迅速，极大地推动了钻井的实时化、信息化、数字化、可视化、集成化、自动化和智能化，使钻井变得"更聪明、更智慧"。当前全球钻井技术的研发有以下四个值得业内关注的新动向。

一、优质，也就是如何提高工程质量，更好地保护油气层，准确地监控井眼轨迹

1. 提高井下数据传输速率，完善双向通信

钻井目标复杂化对井眼轨迹的控制精度提出了越来越高的要求。随钻测量（MWD）、随钻测井（LWD）、地质导向和旋转闭环导向钻井系统是提高井眼轨迹控制精度的重要手段。目前所用的MWD和LWD的数据传输途径是泥浆脉冲或电磁波，但它们的数据传输速率太慢，不能很好地满足现代油气勘探开发对钻井井下数据传输的新要求。近些年，国外一直在探索新的数据传输方式，包括声波、光纤和有缆钻杆。目前，声波信道和用于常规钻杆的光纤信道尚在研究中。在有缆钻杆领域，目前投入商业应用的只有美国Intelliserv公司的"软连接"有缆钻杆，即所谓的智能钻杆。

智能钻杆实质上是一种有缆钻杆，电缆之间通过电磁感应实现"软连接"：把电缆嵌入钻杆，钻杆接头两端的电缆各有一个感应环；钻杆紧扣以后，两感应环并不直接接触，而是通过电磁感应原理实现信号在钻杆间的高速传输。其主要特点是：①数据传输高速、大容量、实时，数据传输速率高达5.76万bit/s；②真正实现双向通信；③适用于包括欠平衡钻井、气体钻井在内的任何井况下的数据传输。

智能钻杆已于2007年投入商业化应用，是钻井井下信号传输技术的一个重大突破和重要里程碑。它已获得了哈里伯顿、贝克休斯、斯仑贝谢和威德福等国际一流的油田技术服务公司的认可和

支持，应用前景乐观。下一步是开发数据传输速率高达 10 万 bit/s 的智能钻杆。

2. 发展随钻前视功能，完善地质导向

地质导向是 MWD 和 LWD 技术的重大突破，但目前的地质导向仪离钻头的距离在 0.91m 以上，只能测量刚钻井眼的工程参数和地质参数，并不能探测钻头前方的地质情况。为此，需要发展随钻地震等具有随钻前视功能的技术，以便及时发现前方的“甜点”，更好地进行地质导向和储层导向。

二、快捷高效，也就是如何提高钻井效率

“快”是油田公司、钻井承包商和技术服务公司一贯追求的重要目标。近两三年，日钻井费暴涨，提高钻速尤为重要，对深井钻井和深水钻井来说更是如此。

1. 探索新的破岩方式，以期在破岩技术上取得突破

自高压喷射钻井于 20 世纪 60 年代开始推广应用以来，机械破岩 + 水力辅助破岩这种联合破岩方式就占绝对统治地位。为了进一步提高机械钻速，人们一直在探索其他破岩方式，如化学溶解法钻井、爆破法钻井、电火花钻井、微波钻井、热散裂钻井、岩熔炉钻井等。近几年，国外还在探索的破岩技术主要是激光钻井和等离子体通道钻井（Plasma Channel Drilling）。

激光钻井的破岩机理是利用高能激光破碎、熔化和蒸发岩石。激光钻井仍处于室内试验阶段，预计 2020 年投入商业化应用，并有望给钻井带来一场革命。

等离子体通道钻井技术的核心是高电压脉冲能量技术。等离子体的破岩机理就是用电法雾化岩石，即利用高电压脉冲在“钻头”前方的岩石中形成高能等离子体，等离子体在不到 1μs 的时间内在岩石中极迅速地膨胀，导致局部岩石破裂和破碎。这项破岩技术目前尚处于原理验证阶段，其可行性还有待进一步验证。如果它最终能够通过现场试验，则有望成为一种新的、简单、高效、成本低、风险小、环境友好的破岩方式，将主要用于修井和钻小井眼。

2. 改进高温高压深井钻井技术，进一步提高钻井速度，降低钻井成本

为了使深井钻得更深、更快、更经济、更环保，美国能源部于 2001 年 3 月设立了一个深井钻井计划——Deep Trek 计划，旨在组织开发一些新技术和新工具来提高深井钻井完井效率，降低深井钻井完井成本。

Deep Trek 计划侧重于 4 个关键领域的技术开发：①智能钻井系统；②高科技材料；③先进的深井钻井完井方法；④新的钻头技术。

3. 钻机多样化、数字化、自动化、智能化，运移方便

20 世纪 90 年代中期推出的交流变频钻机是钻机发展史上的一个非常重要的里程碑。钻机的多样性主要表现在出现了适应不同地面条件、井深和作业需要的大、中、小型钻机，包括各种陆地钻机、海洋钻机、车载钻机和连续管钻机等，正在研制微井眼钻机。

国外在钻机自动化设备的基础上，于 20 世纪 90 年代中后期推出了自动化钻机。

自动化钻机分为交流变频电驱动和液压驱动两大类，主要特点是：①实现包括传送、上卸扣、送钻、排放、堆放在内的所有管子操作的自动化；②大幅度减少钻井作业人员，钻台和二层台上不再有钻工；③明显减轻司钻的劳动强度和减少人为失误；④运移性好，安装、拆卸方便；⑤陆地自动化钻机占地面积小；⑥显著提高作业效率和安全性。

自动化钻机代表当今石油钻机的最高水平，是石油钻机的重要发展方向，正在陆地和海上得到推广应用。

4. 开发有利于提高钻井完井效率和降低钻井完井成本的新材料

新材料一直是国外超前研究的热点，适用于钻井完井的新材料不断涌现，极大地推动了钻井完井技术的进步和提速降本。连续管钻井可大幅度提高起下钻效率，减小井场占地面积。铝合金钻杆、

钛合金钻杆和碳纤维钻杆可大大减轻钻杆重量，提高钻杆韧性。纳米外加剂可提高钻井液性能。利用可膨胀管和自膨胀管可解决很多井下问题，建成单直径井。美国路易斯安那州 M&D 工业公司研制的超级水泥已投放市场。

自膨胀管是为美国能源部的微井眼计划研制的。它通过旋转实现弹性膨胀，操作简便，径向膨胀率大，最大膨胀率可达 200% 以上。膨胀后能够实现自密封，额定耐压能力高达 10 000psi（1psi = 6.894 76kPa）。同时还研制成功了自膨胀筛管，其膨胀率为 125% ~150%。自膨胀管是膨胀管技术的新发展，它既可用于常规井，也可用于微井眼；既可用于旋转钻井，也可用于连续管钻井。自膨胀管还处于现场试验阶段，有望在不久的将来投入商业应用。

超级水泥实质上是一种树脂密封剂，是为美国能源部的“深井钻井计划”开发的。其基本成分是液态的树脂和硬化剂，可按需要添加其他外加剂。它是一种非水泥类固井材料，可替代水泥，是固井和挤水泥技术的一大突破。它能够在高温高压深井中可靠地封隔环空和长期维持井的完整性，但是目前其成本太高，其商业性应用仅限于海上的挤水泥作业。通过不断改进，其成本有望降下来，应用前景乐观。

三、节省经济，也就是如何节省钻井完井成本，降低吨油成本，实现效益的最大化

“节省”也一直是各方共同努力的重要目标。钻井成本占勘探开发总支出的50%左右，节省钻井成本对降低勘探开发总支出具有十分重要的意义，尤其是开发低渗、特低渗油气藏和边际油气田。深井钻井和深水钻井也对节省成本提出了更高的要求。

1. 尽量增加井筒与储层的可控接触面积，以便增储上产和提高采收率

建井技术从水平井、大位移井、分支井发展到了多分支井、鱼骨井、树根井、最大储层接触面积井（MRC 井）。显然，建井技术的一个大的发展趋势就是尽量增加井筒与储层的可控接触面积，以增加单井的控制面积，减少井数，增储上产和提高采收率，降低吨油成本。

2. 钻超大位移井，实现海油陆采

迄今为止，全球已钻了很多大位移井，其中多数是为开发近海油田而钻的，有不少大位移井钻在岸上，进行海油陆采。2003 年 7 月 ~2008 年 3 月美国 Parker 钻井公司在俄罗斯远东的萨哈林岛岸上钻成了 17 口大位移井，以开发近海油田。这些井屡创当时的大位移井世界纪录，其中最大的测深是 11 680m，仅次于最新的大位移井测深世界纪录 12 289.5m，其水平位移达到 10 902.7m，由美国 Transocean 公司 2008 年 5 月在卡塔尔的近海油田钻成，钻井仅用了 36 天时间。

3. 简化井身结构，建单直径井，少用套管，甚至不用套管

常规井的井身结构呈锥形，也就是为对付井下复杂地层，需要下多层套管或尾管并固井，这势必会大量消耗泥浆、套管和水泥，延长建井周期，增加建井费用。为此，国外在可膨胀管技术的基础上于 20 世纪 90 年代后期提出了单直径井（monobore）概念。单直径井技术于 2007 年开始商业应用。

单直径井的核心技术是可膨胀管，因此目前拥有单直径井技术的公司也就是能够生产可膨胀管的公司，即 Enventure 全球技术公司、威德福、贝克休斯、斯伦贝谢和哈里伯顿等。

单直径井的主要特点是：①减小上部井眼和套管的直径，简化井身结构；②减少泥浆、套管和水泥用量及固井作业工作量；③缩短建井周期；④降低建井成本；⑤减少钻井废弃物，有利于保护环境；⑥增大完井井筒直径，提高单井产量。目前单直径井技术还处于商业应用的初期。

4. 研究微井眼技术，以便经济有效地开发浅层剩余油资源

美国有 2 180 亿桶已发现的剩余油储量埋深不足 1 500m。为经济有效地开发这部分储量，美国能源部从 2004 年起大力资助微井眼技术的研究。

微井眼就是直径不超过$3\frac{1}{2}$ in(88.9mm)的井眼,当前研究和试验的微井眼技术适合的最大井深约1 500m。微井眼技术是一项系统工程,涵盖钻井、测井和生产等领域。在钻井领域着重研究:①全新的小型化地面设备——小型化混合型连续管钻机及相应的小型化泥浆循环处理系统等;②超小尺寸的井下钻具和仪器——井下动力钻具(包括导向泥浆马达)、地质导向仪、MWD和LWD等。

微井眼钻井的主要特点是可以大幅度:①提高钻机搬迁效率;②减少井场占地面积;③减少泥浆、套管和水泥的消耗以及动力消耗;④减少钻井作业人员;⑤提高钻井效率;⑥降低钻井完井成本、综合开发成本和勘探开发风险;⑦减少钻井对环境的影响。

5. 钻杆轻型化

钻杆的发展历程表明,钻杆存在轻型化的趋势。目前已投入商业化应用的轻型钻杆有铝合金钻杆和钛合金钻杆,但它们的成本太高。近几年,美国能源部在资助非金属类轻型钻杆——碳纤维钻杆的研制。

碳纤维钻杆就是由碳纤维-环氧树脂制成,两端有钢接头的钻杆。由于碳纤维不如钢耐磨,因此需要对碳纤维管的表面进行打磨,并涂上极耐磨的涂层。碳纤维钻杆最大的技术难点是如何实现碳纤维钻杆本体和钢接头的可靠粘结。

碳纤维材料无磁性,不导电,容易制成有缆碳纤维钻杆。碳纤维钻杆和有缆碳纤维钻杆目前还处于现场试验阶段,经过不断的试验与改进,有望在5年后投入商业应用。一旦投入商业应用,必将给钻井带来一系列的变革。碳纤维钻杆和有缆碳纤维钻杆由于具有重量轻、韧性好、耐腐蚀等优点,特别适合钻短曲率半径和超短曲率半径水平井、重钻井,并有望在大位移井、深井钻井以及深水钻井中得到应用。

6. 钻井自动化和远程控制是21世纪钻井技术非常重要的发展方向

钻井自动化由井下自动化和地面自动化组成,井下自动化由旋转闭环导向钻井系统或自动垂直钻井系统实现,地面自动化由地面自动化钻机实现。钻井自动化向着将地面和井下作为一个整体的大闭环控制方向发展。借助计算机技术和卫星通信,目前钻井已实现远程监视。

7. 改进深水和超深水钻井技术,进一步提高钻井速度,降低钻井成本,保护海洋环境

高油价为大力勘探开发深水油气资源带来了极好的契机,深水和超深水油气勘探开发已成为新的热点,并不断取得重大油气发现。由于深水和超深水日钻机费暴涨,如何降低深水和超深水的钻井成本,提高钻井效率和作业安全性以及更好地保护海洋环境,在深水和超深水钻井中日益重要。经过几十年的发展,在国外,深水钻井及装备技术总体上已经成熟,但仍在发展中,比如发展无隔水管钻井技术、双梯度钻井技术和高温高压井钻井完井技术等。

8. 无钻机钻井——不用钻机也能打探井

长期以来,勘探钻井需要使用陆地钻机或海上钻井平台,还要使用钻杆、泥浆、套管和水泥,势必造成勘探钻井费用居高不下,勘探风险很大。要想从根本上降低勘探钻井费用和勘探风险,就必须摒弃现行的钻井方式,另辟蹊径,开发一种完全不同的钻井方式。挪威的獾式钻探器公司正在研制的獾式钻探器正是这种崭新的钻井方式。

獾式钻探器的研发得到了挪威研究委员会、StatoilHydro、壳牌和埃克森美孚的资助。它是一种无钻机的井下自动钻探器,长约25m,设计钻深能力超过3 000m。

獾式钻探器的主要特点是:①不用陆地钻机或海上钻井平台,可大幅度减少作业人员和后勤保障工作,还能避开海洋环境对钻井作业的干扰;②通过电缆给井下电动钻具供电,电动钻具驱动钻头旋转;③不用钻杆,靠自身重量给钻头施加钻压;④不用泥浆,钻屑不是返至地面,而是用于充填井筒或被挤入地层裂缝及孔洞,因而无废弃物排放,对环境无污染,也无井喷的风险,也不用担心井漏;⑤不

用泥浆,井筒内无外来流体,在岩屑充填井筒之前,地层不会受到伤害,可以及时测得真实的地质信息;⑥不用套管和水泥固井,井筒由压实的岩屑充填和封固,不用担心井壁失稳;⑦通过电缆实现双向通信,数据传输量大、质量高、速率快,更有利于及时发现油气,提高探井成功率;⑧显著降低勘探钻井费用和勘探风险;⑨钻达目标后,留在井底,继续监测地层;⑩实现远程控制和自动化钻井。

与常规勘探钻井相比,獾式钻探器存在如下不足:钻速慢,钻一口 3 000m 的探井大约需要 2 ~ 6 个月时间;由于所钻的井筒被岩屑充填,只能作为勘探手段,不能转为开发井,也不能用于钻开发井;无法进行泥浆录井和取心,勘探目的只能通过有线随钻测井系统来实现。

9. 海底钻井——不用海上钻机而用海底钻机进行海洋石油钻井

由于深水海洋环境十分恶劣,深水钻井需要现代化的大型浮式钻井平台或钻井船。但它们的造价极高,在高油价下钻机日费最高涨至 65 万美元。暴涨的钻机日费大幅度推高了深水钻井成本。假如不用海上钻井平台或钻井船就能钻井,必将节省大量的钻井成本,还能避开海洋环境对钻井作业的干扰。为此,国外有人提出了海底钻井的设想,并有多家公司参与研究,提出了多种方案。

这些海底钻井方案的共同特点主要有以下几点。①海底钻机是一种无人值守、有压力补偿的密闭装置,能实现全自动化钻井、完井和修井,司钻只需在小型浮式辅助船上进行遥控。浮式辅助船还用于运送海底钻机模块、钻杆和套管,提供电力,配制和补充泥浆,以及注水泥。②不用海上钻井平台或钻井船,也不用隔水管,容许浮式辅助船有很大的漂移范围。③海底钻机的运转不受海况、水深和天气的限制,但在极端恶劣的海况和风速下,需要撤走浮式辅助船,中断钻井作业。④海底钻机的建造费用明显低于海上钻井平台和钻井船。

四、HSE,指健康、安全和环保。当今,HSE 越来越受重视,贯穿于钻完井全过程

小井眼钻井、连续管钻井、单直径井钻井、微井眼钻井可减少井场占地面积,减少钻井废弃物,有利于环保。通过大位移井和超大位移井可实现海油陆采,减少对海洋环境的影响。用獾式钻探器进行无钻机钻井,不需要井场,没有废弃物排放,无环境污染。自动化钻机有利于钻井人员的健康与安全。

〔供稿单位:中国石油和石油化工设备工业协会〕

陆地石油钻机国内外保有量及市场预测

一、陆地石油钻机国际市场

随着油价的逐步恢复以及全球对能源的刚性需求,全球石油陆地钻机动用数量得到了快速恢复。

1. 北美钻机市场

北美是全球最大的钻机市场,据美国钻井承包商协会统计,2011 年钻机保有量为 3 237 台。不同传动方式钻机所占比例见表 1,其中机械传动钻机占 50. 06% 。不同功率钻机所占比例见表 2,其中,功率小于 1 000hp(735. 5kW)的钻机共计 1 433 台,占全部钻机的比例为 44. 27% 。

表1 不同传动方式钻机所占比例

类 型	所占比例(%)
机械传动钻机	50.06
液压传动钻机	2.34
齿轮齿条钻机	0.52
DC 钻机	25.61
AC 钻机	14.34
DC/AC 钻机	7.13

表2 不同功率钻机所占比例

功率/hp	所占比例(%)
<1 000	44.27
1 000 ~ 1 400	22.92
1 400 ~ 2 000	22.46
>2 000	10.35

在功率小于1 000hp(735.5kW)的钻机中,机械传动钻机1 180台,占82.34%;功率小于1 000hp不同传动方式的钻机所占比例见图1;功率小于1 000hp的不同功率机械传动钻机所占比例见图2。

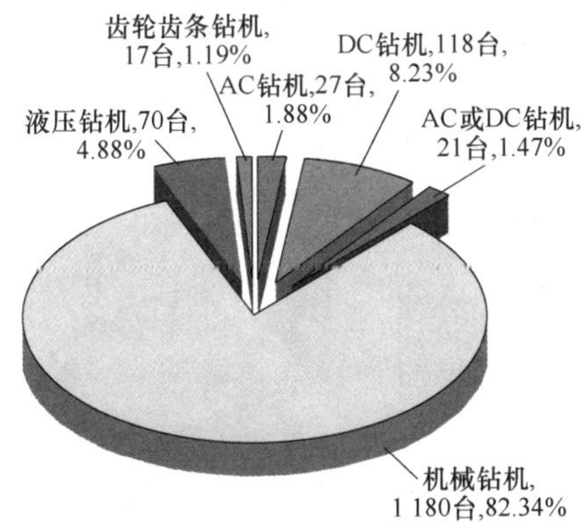

图1 功率小于1 000hp不同传动方式的钻机所占比例

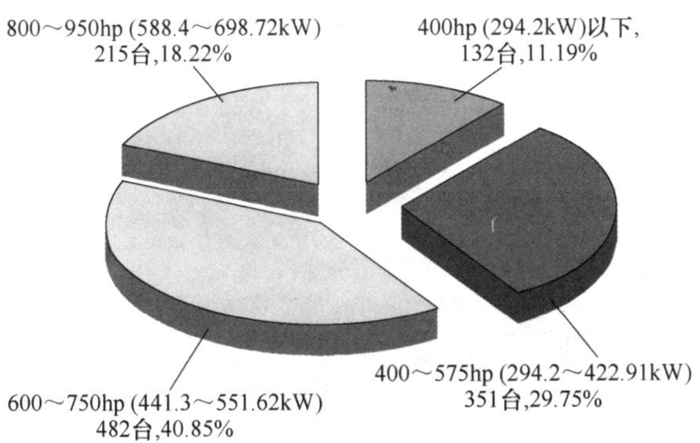

图2 功率小于1 000hp的不同功率机械传动钻机所占比例

功率在1 000 ~ 1 400hp(735.5 ~ 1 029.7kW)的钻机有742台,占全部钻机的比例为22.92%,其中机械传动钻机328台,占44.20%;功率在1 000 ~ 1 400hp不同传动方式的钻机所占比例见图3。

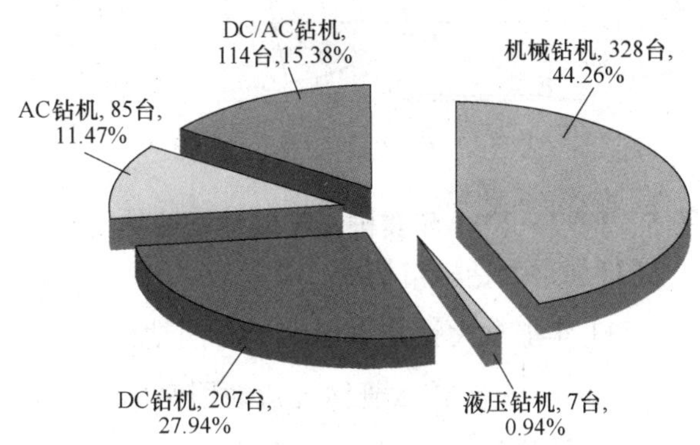

图3 功率在1 000 ~ 1 400hp不同传动方式的钻机所占比例

功率在1 400 ~ 2 000hp(1 029.7 ~ 1 471.0kW)的石油钻机727台,占全部钻机的比例为22.46%;其中机械传动钻机71台,占9.77%;功率在1 400 ~ 2 000hp不同传动方式钻机所占比例见图4。

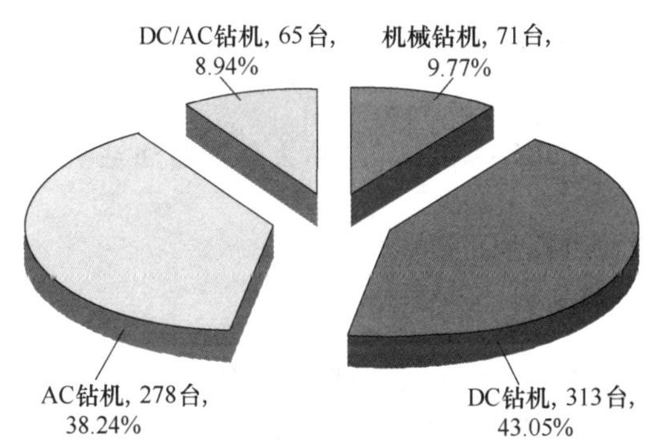

图4 功率在1 400 ~ 2 000hp不同传动方式钻机所占比例

(1)美国钻机市场

2008 ~ 2009年美国油井平均深度5 500ft(1 676.4m)。2011年6月美国陆地钻机总动用量1 987台,油井动用钻机突破1 000台大关,1 000hp(735.5kW)左右钻机成为主力钻机。2012年7月动用钻机1 924台(51艘海洋钻井平台),其中油井钻机1 416台、气井钻机505台。

美国陆地油井钻机数量快速增长,2011 ~ 2015年期间年均新建陆地钻机约130台左右。1997 ~ 2011年美国新建陆地石油钻机数量见图5。

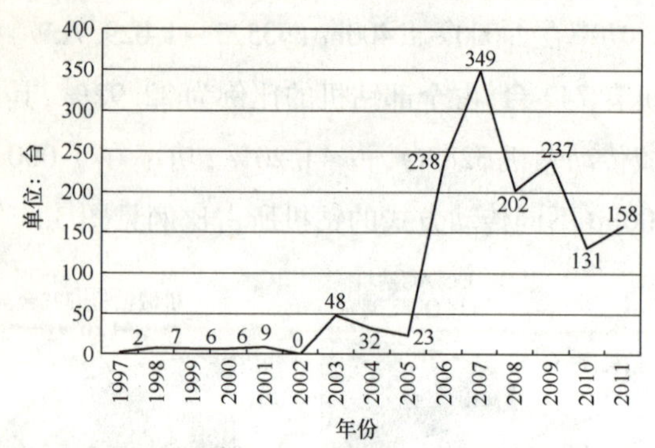

图5 1997～2011年美国新建陆地石油钻机数量

(2)加拿大钻机市场

2011年加拿大钻井市场陆地石油钻机保有量为774台(含69台连续管钻机),动用钻机369台,钻机综合利用率48%,大量钻机闲置。2003～2011年加拿大新建石油钻机数量见图6。

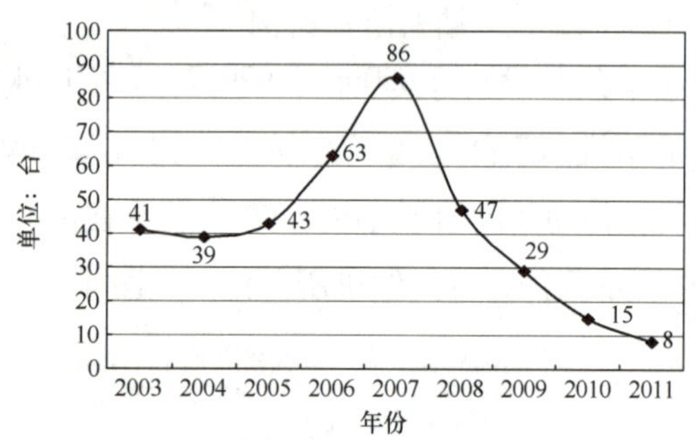

图6 2003～2011年加拿大新建石油钻机数量

2. 南美钻机市场

(1)阿根廷钻机市场

2011年钻机保有量为108台,其中420～880hp(308.91～647.24kW)钻机以车装机械传动钻机为主,900～1 200hp(661.95～882.6kW)钻机以拖挂钻机为主。阿根廷钻机市场不同传动方式钻机所占比例见图7。阿根廷钻机市场不同功率钻机所占比例见图8。

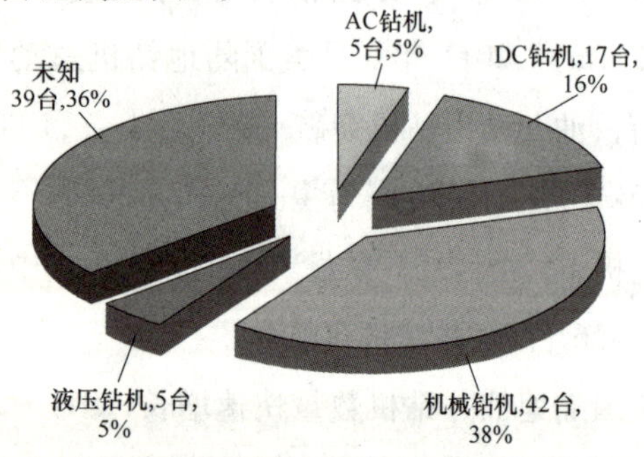

图7 阿根廷钻机市场不同传动方式钻机所占比例

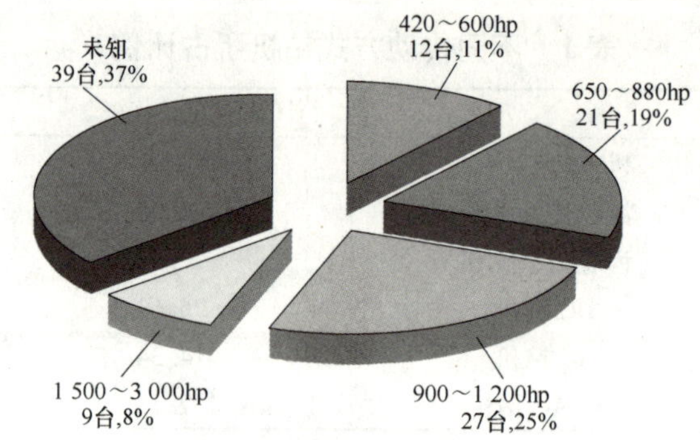

图8 阿根廷钻机市场不同功率钻机所占比例

钻井承包商以美国、加拿大国际承包商为主,阿根廷本土钻机动用量较少。预测未来三年钻机保有量变化不大。重点要关注美国San Antonio国际公司、加拿大Nabors公司、特别是美国Allis－Chalmers能源公司对1 200hp(882.6kW)车装钻机以及1 500hp(1 103.25kW)橇装钻机的需求。

(2)哥伦比亚钻机市场

2011年哥伦比亚地区钻机保有量为150台,是拉美地区最大的钻机市场。目前,美国、加拿大、意大利和中石化等国际钻井承包商在该地区投入钻机95台,哥伦比亚本土钻机为55台。哥伦比亚钻机市场不同传动方式钻机所占比例见图9;哥伦比亚钻机市场不同功率钻机所占比例见图10。

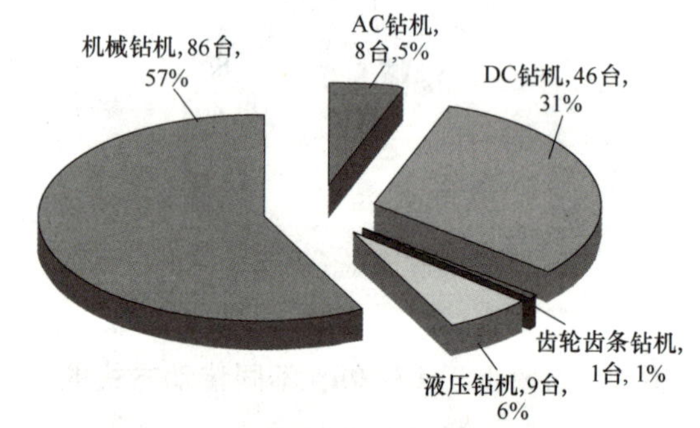

图9 哥伦比亚钻机市场不同传动方式钻机所占比例

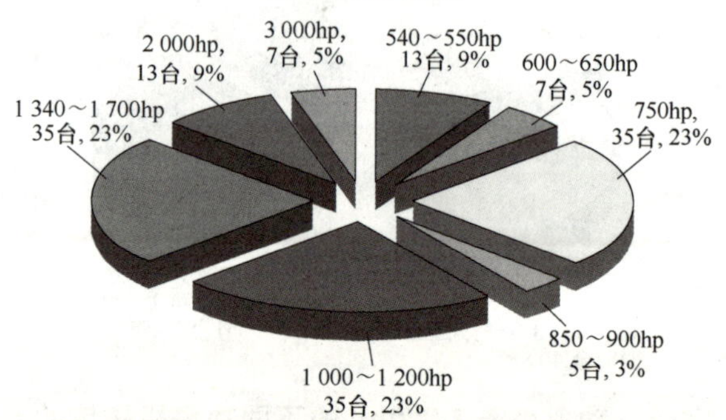

图10 哥伦比亚钻机市场不同功率钻机所占比例

预测该地区的原油、天然气产量上升幅度较大;需要关注美国 San Antonio 国际公司和哥伦比亚本土钻井承包商在钻机上的需求。

(3)墨西哥和委内瑞拉钻机市场

2011 年墨西哥地区钻机保有量为 126 台,预测未来几年钻机保有量变化不大。美国等国际钻井承包商的占市场份额为 54%,委内瑞拉国家石油公司和中石油(CNPC)占市场份额为 41%。需要关注委内瑞拉国家石油公司需求。

3. 中东钻机市场

(1)科威特钻机市场

2011 年科威特钻机保有量为 46 台,仅有少量国外钻机。预测未来几年保有量变化不大,至 2015 年约有 10 余台新钻机投入市场。科威特钻机市场不同功率钻机所占比例见图 11。

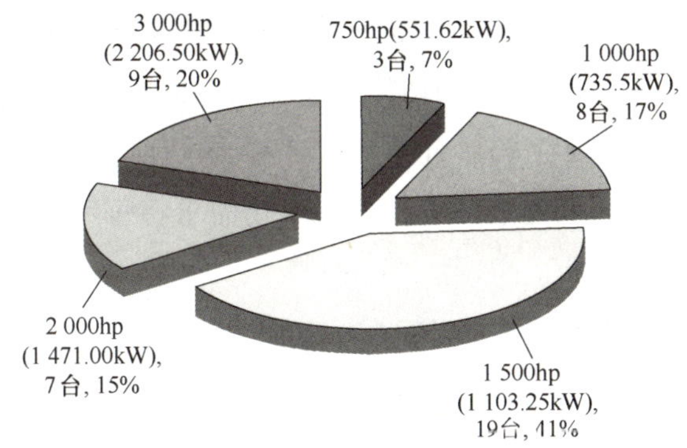

11　科威特钻机市场不同功率钻机所占比例

(2)沙特阿拉伯钻机市场

2011 年沙特阿拉伯钻机保有量为 116 台,其中美国和加拿大等国际承包商在该地区部署钻机 93 台。预计至 2015 年约有 20 余台新钻机投入。沙特阿拉伯钻机市场不同功率钻机所占比例见图 12。

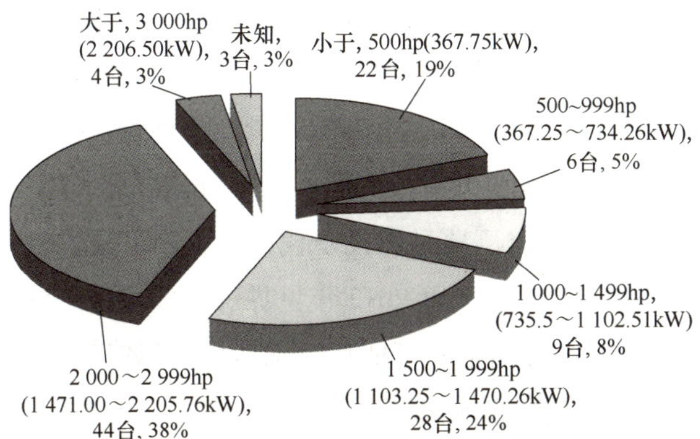

图 12　沙特阿拉伯钻机市场不同功率钻机所占比例

(3)伊朗钻机市场

2011 年伊朗地区钻机保有量为 96 台,2012 年新购置的钻机交付后将达到 108 台,市场基本饱和。预计随着市场竞争势态的发展,建议关注 NIDC 和 NDC 对 2 000hp(1 471.00kW)陆地钻机的需求。

(4)伊拉克钻机市场

2011 年伊拉克地区钻机保有量为 59 台。预测 2015 年伊拉克直井、斜井的钻井井口数将分别为 232 口和 30 口,钻井总口数比 2010 年增加 78.23%,届时该地区钻机保有量将达到 71 台,钻机市场需求为 12 台。建议关注伊拉克 IDC 公司、美国 Weatherford 公司新钻机的购置需求以及土耳其 TPIC 公司所属钻机升级的需求。

4. 东欧钻机市场

2011 年俄罗斯地区钻机的保有量为 1 251 台。其中,俄罗斯 MK Uralmash 公司、美国 NOV 公司、美国 Lewco 公司、德国 Bentec 公司以及中国的钻机制造商均已进入该市场。

据 2008 年 No. 3《欧洲石油天然气》(New Drilling Rigs to Replace a Worn - out Fleet)预测,在未来 8 年,为了满足俄罗斯石油天然气工业勘探开发项目的需求将需要新建、技术改造 600 ~ 800 台钻机(部分人士估计为 400 ~ 600 台钻机),用于更新现有使用寿命在 15 ~ 20 年之间的钻机,新建钻机占现有钻机总量的 50%。俄罗斯需要钻深能力 5 000m 以上的大功率钻机,俄罗斯所属公司计划投入 15 亿 ~ 17 亿美元更新钻机。俄罗斯现有钻机的使用寿命比例见图 13。

二、国内钻机市场

1. 钻机保有量统计

2011 年我国陆地钻机保有量为 2 390(2 350)台,其中,中石油公司钻机保有量为 1 409 台,中石化公司钻机保有量为 662 台,其他公司钻机保有量为 279 台。

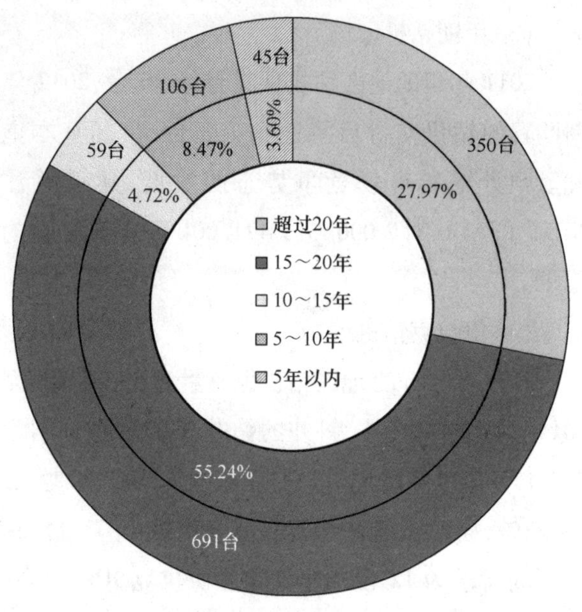

图 13　俄罗斯现有钻机的使用寿命比例

2. 未来钻机市场的预测分析

(1)从 2008 年 10 月受国际金融危机的影响,国际原油价格暴跌,全球石油勘探开发工作量减少。2008 年我国钻机的利用率为 96%,2009 年利用率为 48%,2010 年利用率为 60%,2011 年利用率约为 70%,现役钻机利用率还未完全实现恢复。

(2)我国大规模的石油钻井设备更新换代已经基本完成,以中石油为例,从 1999 年开始至 2008 年 10 年间共更新了 90% 的钻机,2009 年基本没有更新,2010 年有极少量钻机更新。预计今后更新的量更少。而我国国内从 2005 年至 2008 年开始扩大钻机的生产规模,目前国内陆地钻机市场已经呈现供大于求的现状。

(3)随着钻井技术的进步,即水平井、多分支井、定向井、深井和超深井的广泛开展,使得钻机的作业效率即钻进进尺得到了很大的提升,例如:中石油集团公司 2008 年钻井总数量 19 229 口,钻井总进尺 3 545 万 m;2009 年钻井总数量 18 615 口,钻井总进尺 3 693. 943 万 m;2010 年钻井总数量 18 615口,钻井总进尺 3 693. 943 万 m。

从钻井数量看,中石油 2009 年比 2008 年减少了 614 口,但是钻井总进尺数增加了 148. 9 万 m。据了解今后中国石油仍保持提高单台钻机作业效率、少打井但是达到钻井进尺提升的发展趋势。

(4)预计 2012 年至 2015 年我国陆地钻机含煤层气钻机和连续油管作业机市场需求将每年在 50 台至 100 台。

〔撰稿单位:中国石油和石油化工设备工业协会〕

世界炼油行业发展现状与趋势

2012 年,全球炼油能力比上年增加 1 470 万 t/a,同比增长 0. 3%。欧美炼厂关闭导致该地区炼油能力下降,亚太地区炼油能力继续增长,占世界炼油总能力的份额从 2010 年的 28. 2% 略上升到 28. 3%。世界炼厂总数回落至 2008 年的水平,加氢处理总能力同比增长 0. 7%;发达国家炼油厂开工率仍保持较低水平,而新兴经济体炼油厂开工率保持较高水平;世界炼油毛利水平总体小幅攀升,西欧地区毛利下滑。总体看,发达国家炼油业进入结构性调整期,欧洲炼油业继续萎缩,美国炼油业深度调整,日本炼油业遭受地震重创;而新兴经济体根据自身特点和不同需要继续发展炼油业。中东资源国提出新建炼厂和扩能计划,但融资困难及局势动荡使建厂项目建设步伐缓慢。油品质量标准进一步趋严。预计 2012 年世界炼油能力过剩状况将加剧,炼油毛利可能持续承压,世界炼厂开工率仍将维持较低水平。

一、炼油能力与产业结构

2011 年全球经济复苏受欧洲债务危机拖累、美国经济增长趋缓以及新兴经济体经济增长减速等影响，致使世界炼油行业复苏缓慢，总体表现依然不容乐观：欧洲炼厂关闭导致其炼油能力大幅下降，亚太地区炼油能力继续增长；尽管原油加工量和开工率有所提升，但增长乏力，经合组织（OECD）国家原油加工量依然低于金融危机前的水平；受中间馏分油需求走强的影响，世界主要炼油中心炼油毛利有所改善；经营困境和战略调整迫使炼油商出售更多美国东北部的炼油厂；新兴经济体根据自身特点的不同需要继续发展炼油业。

1. 欧美炼厂关闭导致炼油能力下降，亚太地区炼油能力继续增长

据美国《油气杂志》公布的 2011 年世界炼油业调查报告显示，截至 2011 年底，世界炼油能力为 44.03 亿 t/a，比 2010 年减少 875 万 t/a，同比下降 0.2%。2011 年，欧美地区炼厂关闭导致其炼油能力大幅下降。其中西欧炼厂数减少 2 座，地区净减炼油能力 980 万 t/a，北美炼厂数减少 4 座，地区净减炼油能力 325 万 t/a。亚太地区净增炼油能力约 220 万 t/a，中东地区新增能力 160 万 t/a，南美地区新增能力 62.5 万 t/a；非洲地区炼油能力减少 10 万 t/a；东欧地区与上年持平。据美国《油气杂志》公布的数据显示，2011 年我国新增炼油能力 300 万 t/a，而中国国内研究机构的跟踪统计数据显示，我国实际新增炼油能力达 2 650 万 t/a。扣除当年减少的炼油能力，则亚太地区净增炼油能力应为 2 570万 t/a，与欧美等地区炼油能力减少量抵消后，世界炼油能力实际净增长 1 470 万 t/a。

2011 年，各地区占世界炼油能力份额增减不一。亚太地区占世界炼油总能力的份额从 2010 年的 28.2% 略升至 28.3%，逐年上升的态势趋缓；北美地区从 24.2% 降至 24.1%；西欧地区从 16.5% 降到 16.3%，延续了不断下降的态势；中东地区所占比例略有增加；其他地区基本不变。

2011 年，世界炼厂总数从 2010 年的 662 座减少到 655 座，回落到 2008 年的水平，炼厂总数在连续两年增长之后再次出现下降；世界炼厂平均规模从 2010 年的 666 万 t/a 增加到 672 万 t/a。

2. 世界前 25 家炼油公司总能力下降，多家炼油公司能力排名座次发生变化

2011 年，以埃克森美孚公司为首的世界前 25 家的炼油公司合计能力为 26.1 亿 t/a，低于 2010 年的 26.4 亿 t/a，占世界总炼油能力的份额为 59.4%，略低于 2010 年的 59.8%。2011 年世界前 25 家炼油公司的排名见表 1。多家炼油公司排名发生变化，例如：美国瓦莱罗能源公司因增加 800 万 t/a 的炼油能力，排名从 2010 午的第 8 名升至第 5 名；韩国的 SK 公司因增加 1 490 万 t/a 的炼油能力，名次从 24 位升至 19 位；康菲公司因炼油能力减少 1 050 万 t/a，排名从第 5 名下降到第 8 名；美国雪佛龙和太阳（Sunoco）石油公司的排名也因炼油能力减小而下滑。

表 1　2011 年世界前 25 家炼油公司的排名

（单位：万 t/a）

排名		公司名称	原油加工能力		
2010 年	2011 年		2011 年	2010 年	增减
1	1	埃克森美孚公司	28 940	28 915	25
2	2	英荷壳牌集团公司	20 971	22 546	-1 575
3	3	中国石油化工集团公司	19 855	19 855	0
4	4	BP 公司	16 611	16 625	-14
8	5	美国瓦莱罗能源公司	13 883	13 083	800
7	6	委内瑞拉国家石油公司	13 390	13 390	0

（续）

排名		公司名称	原油加工能力		
2010年	2011年		2011年	2010年	增减
9	7	中国石油天然气集团公司	13 375	13 075	300
5	8	康菲石油公司	12 841	13 891	-1 050
6	9	雪佛龙公司	12 798	13 778	-980
11	10	沙特国家石油公司(沙特阿美)	12 258	12 165	93
10	11	道达尔公司	11 570	12 256	-686
12	12	巴西石油公司	9 985	9 985	0
13	13	墨西哥国家石油公司	8 515	8 515	0
14	14	伊朗国家石油公司	7 255	7 255	0
15	15	新日本石油公司(Nippon Oil)	7 115	7 115	0
16	16	俄罗斯国家石油公司(Rosneft)	6 465	6 465	0
17	17	俄罗斯卢克石油公司	6 085	6 085	0
18	18	美国马拉松石油公司	5 965	5 940	25
24	19	韩国SK公司	5 575	4 085	1 490
19	20	雷普索尔-YPF公司	5 525	5 525	0
20	21	科威特国家石油公司	5 425	5 425	0
21	22	印度尼西亚国家石油公司	4 965	4 965	0
22	23	意大利阿吉普石油公司	4 520	4 520	0
25	24	美国非林特希尔	4 083	4 083	0
23	25	美国太阳(Sunoco)石油公司	3 375	4 125	-750
		合计	261 344	263 666	-2 322

2011年，世界规模在2 000万t/a以上的炼厂数量达到22座，排名基本无太大变化。2011年世界2 000万t/a以上炼厂排名见表2。马拉松石油公司因增加炼油能力430万t/a，排名从2010年的17名上升到13名。

表2　2011年世界2 000万t/a以上炼厂排名

（单位：万t/a）

排名	公司名称	炼厂所在地	炼油能力		
			2011年	2010年	增减
1	委内瑞拉帕拉瓜纳炼制中心	委内瑞拉胡迪瓦纳	4 700	4 700	0
2	韩国SK公司	韩国蔚山	4 200	4 085	115
3	韩国GS-加德士公司	韩国丽水	3 800	3 750	50
4	印度信诚石油公司	印度贾姆讷格尔	3 300	3 300	0
5	埃克森美孚炼制与供应公司	新加坡亚逸查湾裕廊岛	3 025	3 025	0
6	印度信诚石油公司	印度贾姆讷格尔	2 900	2 900	0
7	韩国双龙精油株式会社	韩国汶山	2 825	2 825	0
8	埃克森美孚炼制与供应公司	美国德克萨斯州贝敦	2 800	2 803	-3
9	沙特国家石油公司(沙特阿美)	沙特拉斯塔努拉角	2 750	2 750	0

（续）

排名	公司名称	炼厂所在地	炼油能力		
			2011 年	2010 年	增减
10	中国台湾台塑石化公司	中国台湾麦寮	2 700	2 700	0
11	埃克森美孚炼制与供应公司	美国路易斯安那州巴吞鲁日	2 513	2 518	-5
12	Hovensa 股份公司	维尔京群岛圣克罗伊岛	2 500	2 500	0
13	美国马拉松石油公司	美国路易斯安那州加利韦尔	2 450	2 020	430
14	科威特国家石油公司	科威特艾哈迈迪港	2 330	2 330	0
15	壳牌东方石油公司	新加坡武公岛	2 310	2 310	0
16	中国石化镇海炼化公司	中国浙江省宁波市	2 300	2 000	300
17	BP 公司	美国德克萨斯州德克萨斯城	2 256	2 256	0
18	美国雪铁戈（Citgo）石油公司	美国路易斯安那州查尔斯湖	2 200	2 200	0
19	中国石油大连石化公司	中国大连	2 050	2 050	0
20	壳牌荷兰炼制公司	荷兰佩尔尼斯	2 020	2 015	5
21	沙特国家石油公司（沙特阿美）	沙特阿拉伯拉比格	2 000	2 000	0
22	沙特阿美－美孚	沙特阿拉伯延布	2 000	2 000	0

3. 深加工能力继续增长，装置适应能力继续提升

世界原油总的趋势是变重变劣，其中硫含量、金属含量越来越高，加工难度也越来越大。而市场对轻质石油产品、低硫和无硫的清洁燃料、优质石油化工原料、环境保护要求愈来愈迫切，标准愈来愈高。

因此，全球炼油企业必须配备足够的深度加工能力和加氢能力，包括加氢裂化和加氢处理等。2011 年，世界加氢处理总能力达 24.24 亿 t/a，同比增长 0.7%，较 2000 年增长 25%；加氢裂化总能力达 2.9 亿 t/a，同比增长 1.3%，较 2000 年增长 29%。2011 年，亚太地区加氢处理能力达到 5.42 亿 t/a，同比增长 1.9%，较 2000 年增长了 30%。加氢裂化能力达到 6 580 万 t/a，比 2000 年增长了 69.8%。随着深加工能力的不断增长，其占世界炼油总能力的比例也逐年递增。2011 年，世界加氢处理能力占炼油总能力的份额从 2010 年的 51.5% 进一步提升至 51.9%。2000～2011 年世界原油二次加工能力占一次加工能力比例的变化趋势见图 1，加氢处理能力比例 2011 年较 2000 年提高了近 7 个百分点。提高深加工能力和炼油装置适应能力是目前世界炼油工业调整发展的主要内容之一，已成为炼厂新建和改扩建时必须认真考虑的关键要素。

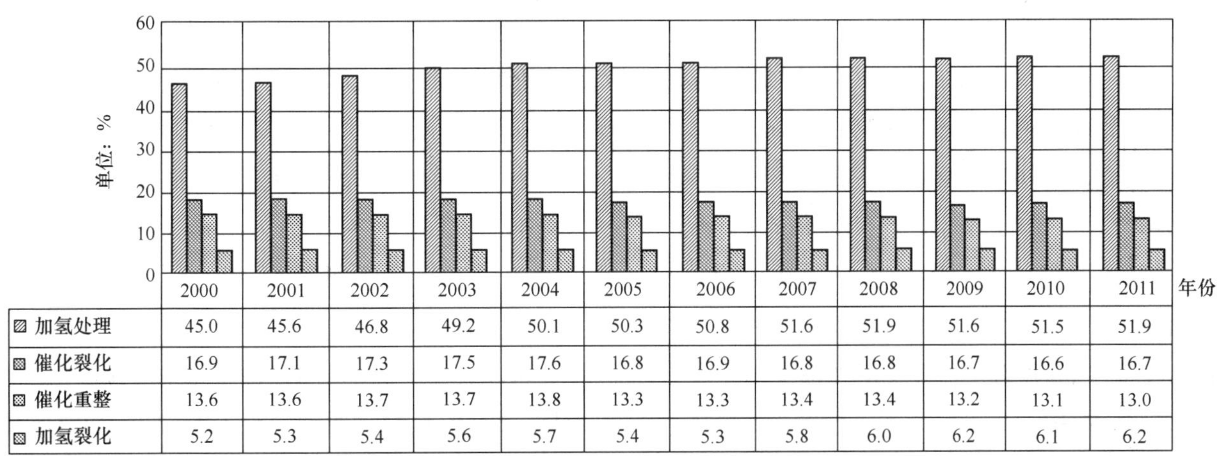

	2000	2001	2002	2003	2004	2005	2006	2007	2008	2009	2010	2011
加氢处理	45.0	45.6	46.8	49.2	50.1	50.3	50.8	51.6	51.9	51.6	51.5	51.9
催化裂化	16.9	17.1	17.3	17.5	17.6	16.8	16.9	16.8	16.8	16.7	16.6	16.7
催化重整	13.6	13.6	13.7	13.7	13.8	13.3	13.3	13.4	13.4	13.2	13.1	13.0
加氢裂化	5.2	5.3	5.4	5.6	5.7	5.4	5.3	5.8	6.0	6.2	6.1	6.2

图 1　2000～2011 年世界原油二次加工能力占一次加工能力比例的变化趋势

数据来源：Oil&GasJoummal，2011－12－05.

二、炼厂开工情况

2011年，世界石油需求小幅增加，炼厂原油加工量仍保持较低水平，OECD国家炼厂开工率低位徘徊。

受经济形势的影响，世界石油需求增长乏力。据国际能源署(IEA)发布，2011年世界石油需求量大约为8 900万桶/d，比上年实际日需求仅增加70万桶，低于上年的增幅。虽然在金融危机过后，世界需求已连续两年增加，但由于全球经济复苏步伐放缓，特别是多个新兴经济体增长低于预期，世界石油需求的增幅也明显下降。

受石油需求疲软的影响，全球炼厂原油加工量仍保持在较低的水平。2007～2011年世界原油加工量月度趋势见图2。2011年，全球炼厂月平均原油加工量约为7 470万桶/d，比2010年的7 430万桶/d仅高出40万桶/d。从月度来看，呈上下波动震荡走势，2011年7月原油加工量一度高达7 610万桶/d的水平，达到年内峰值，基本与2010年7月保持同一水平。从季度来看，仅在第一季度日加工量超过2010年同期水平，其他时间基本与2010年持平。原油加工量高峰出现在第三季度，为7 550万桶/d，与上年同期持平。

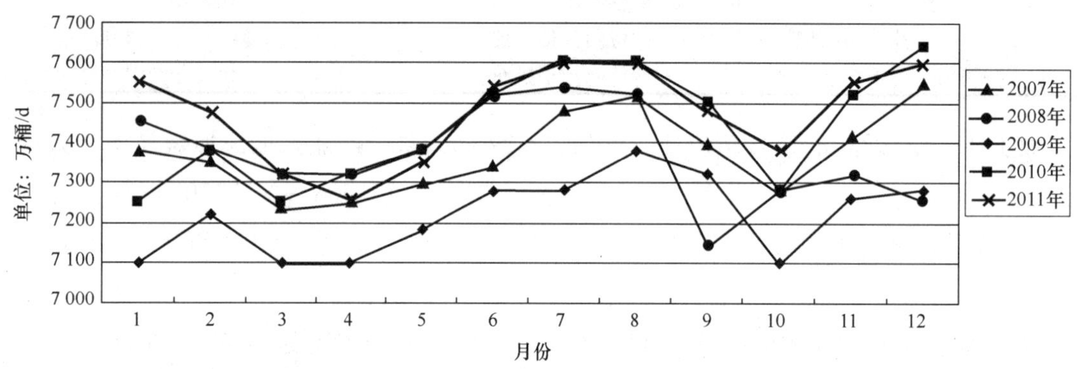

图2　2007～2011年世界原油加工量月度趋势

2011年，OECD国家原油加工量与非OECD国家表现完全不同。受经济疲软和需求减少的影响，OECD国家的原油加工量较2010年出现下降，也远低于2007～2008年的水平；而非OECD国家的加工量全年一直高于2010年水平，保持连续增长的态势。

2011年，OECD国家炼厂平均开工率维持在80.8%的水平，仍在低位徘徊。其中，OECD北美地区的开工率为83.4%，与2010年基本持平；OECD亚太地区的炼厂开工率为80.2%，略高于2010年的水平；OECD西欧地区的炼厂开工率从78.2%降至77.8%，连续4年下降，体现出西欧炼厂的持续不景气状况。2011年，中国、印度等新兴经济体炼厂开工率保持较高水平，中国约为88%，低于2010年；印度炼厂的开工率维持在95%左右。

三、炼油毛利

世界炼油毛利水平小幅攀升，各地区表现各异，亚太和北美地区继续改善，西欧地区毛利下滑。2005～2011年世界三大炼油中心炼油毛利走势见图3。

2011年，受中间馏分油需求尤其是柴油需求增长的支持，世界炼油毛利小幅回升，上半年炼油毛利好于下半年。亚太地区的新加坡裂化型炼厂毛利表现较好，以加工迪拜油为基准测算，平均毛利约为6.8美元/桶，高于2010年的4.15美元/桶；美国墨西哥湾地区炼厂毛利也有改善，以加工路易斯安那轻质低硫原油(LLS)为基准测算，平均毛利约为6.21美元/桶，好于2010年的4.56美元/桶；西欧地区的炼油毛利依然欠佳，以加工布伦特原油为基准测算，平均毛利约为4.67美元/桶，低于2010年的5.43美元/桶。

1. 美国

2011年上半年，美国汽油价格从2010年的低位持续攀升，汽油与原油价差不断拉大，有力地推动了炼油毛利的提升。虽然下半年汽油价格快速回落，但中间馏分油(煤油和柴油)全年持续走高，支撑了炼油毛利总体水平的走高。

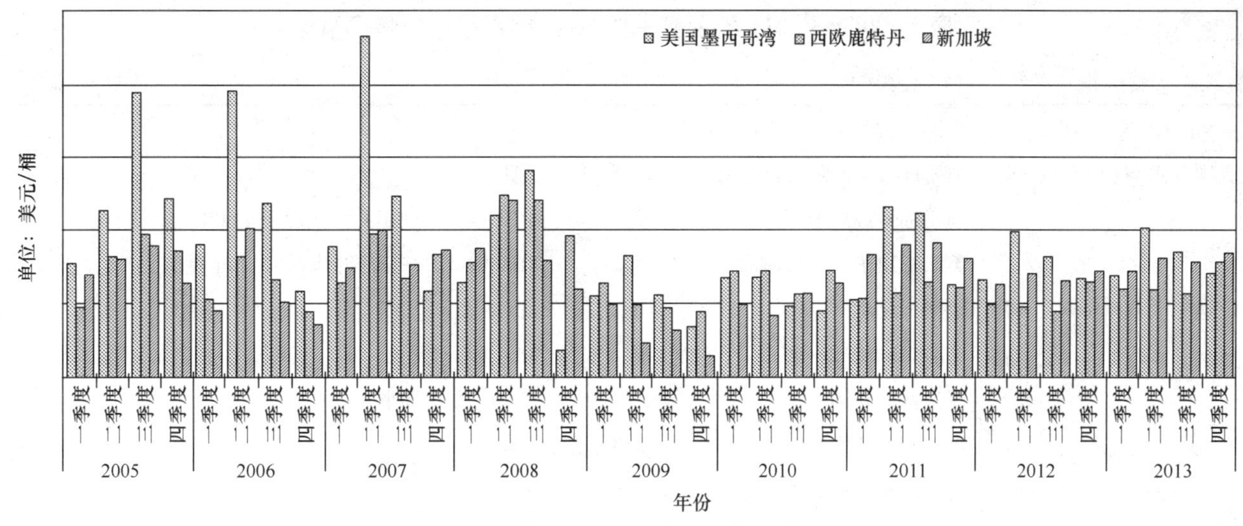

图3　2005～2011年世界三大炼油中心炼油毛利走势

（数据来源：CERA）

2. 西欧

尽管中间馏分油的价格在需求推动下震荡走高，但反弹的幅度有限；汽油价格却因需求减少全年在低位徘徊，从而拖累了西欧地区炼油毛利的总体回升。在炼油大环境总体不景气的情况下，西欧地区的炼油毛利仍面临较大压力，短期内难以恢复。

3. 亚太地区

2011年上半年，亚太地区新加坡市场汽油、中间馏分油全面持续上涨，总体价格均高于2010年，亚太地区的炼油毛利得以改善。尤其是2011年3月份日本发生地震后，日本国内部分炼厂被迫关闭，炼厂加工量大幅减少，导致成品油供应紧张，日本油品进口增加，提振了市场价格，并推动周边国家和地区炼油毛利短期快速上升。

四、世界主要地区炼油业务发展态势

1. 发达国家炼油业进入结构性调整期，欧洲炼油业继续萎缩，美国炼油业深度调整，日本炼油业遭受地震重创

（1）欧洲：炼油业面临严峻挑战，陷入困境的炼厂将继续被迫关闭或出售

欧洲炼厂正面临严峻挑战，短期内低毛利水平和需求下滑趋势不可逆转，柴油短缺而汽油过剩的局面仍将继续。从长期看，除面临亚太和中东新建炼厂的竞争威胁以外，也面临来自美国墨西哥湾沿岸炼厂的竞争。温室气体减排和新燃料标准的实施将大幅增加其炼油成本；能力过剩和需求疲软使得其炼油毛利和开工率将长期保持较低水平。这些因素迫使欧洲炼油业继续调整优化和重组整合。

金融危机以来，剥离炼厂业务的风潮在欧洲继续蔓延。2011年，欧洲又有一些炼厂或装置加入到转手、闲置或永久关闭的名单，例如：法国利安德巴塞尔公司关闭了能力为10.5万桶/d的Berre L'Etang炼厂；埃尼公司无期限关闭了其位于威尼斯附近能力为7万桶/d的Porto Maghera炼厂；2011年2月，壳牌同意将其旗舰炼厂斯坦洛出售给印度的伊莎公司；奥地利石油公司在2011年9月宣布计划卖掉高达10亿美元的下游资产。2009～2011年世界主要关闭/闲置或出售炼厂情况见表3。

表3　2009～2011年世界主要关闭/闲置或出售炼厂情况

（单位：万桶/d）

公司名称	炼　厂	炼油能力	状　况
美国瓦莱罗（VLO）公司	加勒比海岛国阿鲁巴炼厂	23.5	关闭
	Paulsboro 炼厂	19.5	2010年9月被黑石集团旗下的PBF能源公司购买
	美国特拉华市炼厂	18.5	2010年被PBF购买，计划2011年重启
道达尔公司	敦刻尔克炼厂	16	关闭
	法国 Gonfreville 炼厂	9.1	关闭部分装置
	荷兰 Vlissingen 炼厂	25.3	卢克购买45%股权
	英国 Lidsey 炼厂	22.3	待售
太阳石油公司	美国 Eagle Point 炼厂	14.5	永久关闭
	美国 Philadephia 炼厂	33	2011年9月初提出出售
	美国 Marcus 炼厂	17.5	2011年9月提出出售
壳牌	英国 Stanlow 炼厂	26.7	2011年2月同意出售给印度伊莎公司
	德国海德（Heide）炼厂	9.3	售出
	德国汉堡炼厂	9.3	待售
	加拿大蒙特利尔炼厂	13	关闭（变成终端）
	瑞典哥德堡炼厂	7.8	芬兰的 Stl 公司计划购买
埃尼公司	意大利利沃诺炼厂	8.4	待售
		7.0	闲置
瑞士 Petroplus 公司	英国提兹赛德炼厂	11.7	2010年5月关闭
英力士公司	法国拉瓦莱炼厂	21	中国石油收购41%股权，2011年7月1日交割完成
	苏格兰格兰杰莫斯炼厂	21	中国石油收购51%股权，2011年7月1日交割完成
康菲石油	德国 Wihelmshaven 炼厂	22	出售或变成终端
		18.5	2011年9月27日提出出售
雷普索尔	西班牙 bilbao 炼厂	9	2010年关闭部分装置
雪佛龙	英国 Pembroke 炼厂	21	美国瓦莱罗收购2011年7月，17亿美元
西方炼油公司	美国 Yorktown Viginia 炼厂	6.6	2010年9月关闭
BP	美国得克萨斯州炼厂	47.5	2011年初计划出售以融资
	加利福尼亚州卡森市炼厂	26.5	2011年初计划出售以融资
墨菲石油公司	路易斯安那州 Meraux 炼厂	12.5	2011年10月5.85亿美元被瓦莱罗收购
	威斯康星州 Superior 炼厂	3.3	2011年10月 Calument Specialty Products Partners LP（CLMT）2.14亿美元收购
	威尔士 Milford Haven 炼厂	13	正寻找买主
利安德巴塞尔公司	法国 Berre L'Etang 炼厂	10.5	2011年10月关闭

（2）美国：成为油品净出口国，经营困境和战略调整迫使炼油商纷纷出售东海岸炼厂

周边市场需求快速增长，加之国内经济衰弱，使得美国油品出口量超过进口量。随着汽、柴油等出口量的大幅增长，美国在2011年成为石油产品净出口国，为1949年以来的首次。据美国能源信息署（EIA）的数据显示，2011年前9个月，美国从汽油到航空煤油石油产品的出口量为7.534亿桶，

进口量为6.894亿桶，正日益成为一个油品出口国。美国生产的汽油主要销往墨西哥和其他一些拉美国家，欧洲和拉美地区则是其柴油和其他馏分燃料油的出口目的地。

经营压力迫使美国炼油商开始进行战略调整和转向。康菲石油公司于2011年10月完成了路易斯安那州的Meraux炼厂和威斯康星州的Superior炼厂的出售交易，将退出炼油业务。2011年9月以来，太阳石油公司和康菲石油公司相继宣布出售3座位于东海岸的炼厂，并提出如果找不到买主，炼厂将自行关闭。英国BP石油公司在2011年初曾提出计划出售在美国5座炼厂中的2座。

值得注意的是，欧美地区出售炼厂增多的主要原因是面临经营困境、炼油利润微薄、投资压力、环保和燃油质量标准苛刻、环保与质量升级造成的成本增高等，但其出售的炼厂多是复杂程度低、深度加工能力不足、灵活性差的炼厂，还有些是地理位置不佳、设备陈旧、盈利能力差的炼厂，那些复杂程度高、盈利能力强和具有战略意义的大型炼厂不在出售考虑范围之列。

（3）日本：炼油业遭受地震重创，炼油能力过剩状况暂时缓解

2011年3月发生的大地震给日本炼油业造成严重破坏。震后日本关停了6家炼厂，合计炼油能力约为7 000万t/a，占日本总炼油能力的30%，日本炼油能力过剩状况暂时得到缓解。震后日本炼厂最大限度地提高汽油、中间馏分油以及发电用低硫燃料油和重柴油产量。随着遭到破坏和停产炼厂的陆续重启，日本成品油市场供应紧张状况得到缓解，炼油公司又因产品供应过剩而恢复出口。

2. 新兴经济体依据自身特点继续稳步发展炼油业

（1）印度：新建炼厂继续推进，并提出更多炼厂扩能计划

2011年，印度除了正在新建的两座千万吨级炼厂外，还提出更多的炼厂扩能计划。地理位置、劳动力成本和技术优势吸引着企业拓展炼油业务。预计在未来5年内，印度炼油商们将扩资126亿~147亿美元用于炼油扩能。印度石油公司（IndianOil）计划在2022年前将其炼油能力扩大近一倍，至1.25亿t/a。

（2）巴西：原油资源充足，油品需求快速增长，炼油能力短缺，计划大幅扩能

高速增长的经济和不断飙升的化石燃料需求，已将巴西变成了石油净进口国，在2010年还仅偶尔为之的汽油进口，在2011年已成为常态。巴西国家石油公司的汽油进口量从2010年的7 000桶/d增至2011年的3万桶/d。主要原因是汽油需求量增加了10%，以及甘蔗制乙醇数量的减少。巴西国家石油公司将继续增加炼油能力来满足本国快速增长的燃料产品需求。目前，该公司新建的能力为3 000万t/a的Premium炼厂正在施工。炼厂计划分两期建设，每期新增加工能力1 500万t/a，一期计划于2016年建成投产。

3. 中东资源国提出新建炼油厂和扩能计划以满足需求增长，但融资困难及局势动荡使炼油厂项目建设步伐缓慢

2011年3月，科威特宣布将新建炼油厂以扩充现有炼油厂的能力。伊朗正计划通过升级和扩建现有炼油厂来提升炼油能力，但正处在美欧经济制裁下的伊朗恐难筹集到足够资金来投资炼油厂。伊拉克将继续投巨资发展炼油工业，地缘政治因素和国内局势不稳定的现状，使其新增炼油能力没有清晰的时间表。2010~2018年，中东将新增近500万桶/d的炼油能力，其中沙特阿拉伯和伊朗计划到2018年将炼油能力各提高120万桶/d，科威特和阿拉伯联合酋长国分别提高90万桶/d和62万桶/d。但是，经济减速、原材料费上涨、局势动荡和融资困难等因素，可能导致中东一些炼油厂项目建设步伐放缓，有些项目可能被迫叫停或取消。

五、油品价格

近10年来，虽然各国清洁燃料的发展步伐有所不同，标准限值存在差异，但总体趋势是汽油和柴油标准都在不断趋严，各国炼油行业都在尽力改

造炼油厂装置结构以不断适应油品规格要求，最大限度地减少排放。世界清洁燃料的总趋势是汽油低硫、低烯烃、低芳烃、低苯和蒸气压，柴油低硫、低芳烃、低密度和高十六烷值。油品质量规格升级已成为影响炼油业未来投资和成本的重要因素。

目前，北美、西欧及日韩等国家清洁燃料已达到低硫标准，有的地方达到超低硫标准，清洁燃料含硫量低于 $10\times10^{-4}\%$。发展中国家如印度和中国等，采取分步走的方式，逐步进行油品质量的升级。主要城市先于本国其他地区采用先进标准，其他城市和农村地区采取逐步过渡或延缓实施等措施，分步实施油品质量标准升级。美国环保局制定的移动源有毒气体（MSAT）规定于2011年1月1日起实行，美国重要大型炼油商汽油中的苯含量限制在0.62%以下，这相当于美国此前新配方汽油中苯含量限值（1.3%）的一半；小型炼油商将推迟至2015年1月履行该规定。

除了道路用汽油和柴油标准不断提高外，取暖油、航空燃料和船用燃料油对硫含量的限制也越来越严格。北美地区计划到2020年将取暖油的硫含量降低到 $15\times10^{-4}\%$。世界航空燃料允许最大硫含量为 $3\times10^{-1}\%$，目前基本上都低于 $1\times10^{-1}\%$，但到2020年预计硫含量限制将降到 $3.5\times10^{-2}\%$，而到2025年进一步降低到 $5\times10^{-3}\%$。国际海事组织已要求逐步减少全球船用燃料油的含硫量，即从目前的4.5%下降至2012年的3.5%。2020年则下降至0.5%。该组织还要求进一步降低硫氧化物排放控制区（SECAS）的硫含量，从2010年7月1日开始，该区域使用的燃料油硫含量从此前的1.5%降至1.0%，2015年进一步降至0.1%。

六、炼油行业发展预测

从《油气杂志》于2011年11月公布的世界炼油厂建设项目调查结果看，世界各地仍将有不少炼油厂建设项目，主要集中在亚太和中东地区，以及炼油能力明显不足的拉美和非洲地区，2012～2015年世界主要地区新增炼厂计划见表4。从扩建和新建的装置来看，项目投资主要集中在重质原油加工能力的提升和清洁燃料生产能力提高方面。新兴经济体是未来几年炼油投资的热点地区，中国、印度和巴西炼油能力将保持持续增长的态势。中东和非洲提出许多新建炼厂计划，但项目计划能否实施将受到融资困难的影响。据预测，2011～2015年，全球炼油业需要4 250亿美元的投资。其中已宣布的新建炼油厂项目需要2 100亿美元的投资，现有炼油厂新建装置和改造需要投资650亿美元。

表4 2012～2015年世界主要地区新增炼厂计划

国家/地区	公司名称	地　点	能力（万桶/d）	完成年份	目前状况
美国	莫蒂瓦公司（Motiva Enterprises LLC）	得克萨斯州阿瑟刚	32.5	2012	在建
墨西哥	墨西哥国家石油公司	图拉	30	2015	计划新建
巴西	巴西国家石油公司	Maranhao	30	2014	工程施工
	巴西国家石油公司/委内瑞拉国家石油公司	伯南布科州	23	2014	在建
厄瓜多尔	厄瓜多尔国家石油公司	马纳维省	30	2013	计划新建
委内瑞拉	委内瑞拉国家石油公司	巴里纳斯	10	2011～2014	在建
哥伦比亚	Refineria de Cartagena	卡塔赫纳港	16.5	2012	工程施工
尼加拉瓜	委内瑞拉国家石油公司	彼得拉斯布兰卡斯	15	2012	在建
印度	印度斯坦石油公司	旁遮普邦达	18	2012	在建
	印度斯坦石油公司	马拉尼昂	36	2012～2015	计划新建
	印度石油公司	奥里萨	30	2012	在建
越南	越南国家石油公司	宜山富安省	20	2013	工程施工
	日本泰科诺斯达（TechnoStar）株式会社	东河县	8	2012	计划新建

（续）

国家/地区	公司名称	地点	能力（万桶/d）	完成年份	目前状况
伊朗	伊朗国家石油公司	阿巴斯港	12	2013	在建
卡塔尔	卡塔尔国家石油公司	梅塞义德	25	2012	工程施工
沙特阿拉伯	阿莫科服务公司	拉斯塔努拉	40	2012	工程施工
	朱拜勒炼油石化公司	朱拜勒	40	2013	工程施工
	沙特阿美	延布	40	2014	工程施工
阿拉伯联合酋长国	阿布扎比炼油公司	阿布扎比	41.7	2014	计划新建
安哥拉	安哥拉国家石油公司	洛比托	20	2012	工程施工
利比亚	Zwara 炼油公司	梅丽塔	20	2014	计划新建
莫桑比克	Oilmoz 石油公司	马普陀省	35	2014	计划新建
南非	南非国家石油公司	伊丽莎白港	40	2014	计划新建
南苏丹	南苏丹政府	Akon Warap	5	2012	计划新建
土耳其	Socar Turcas 公司（阿塞拜疆国家石油公司与土耳其 Turcas 石油公司的合资合同）	Izmir Aliaga	21.4	2012	工程施工

据国际能源署 IEA 预计，2012 年世界炼油项目投资将反弹，预计将新增能力 1.2 亿 t/a。世界炼油工业继续保持亚太、北美、西欧鼎力的格局，亚太地区炼油能力的增长将使世界炼油中心继续东移，亚太地区在世界炼油工业中的地位将得到进一步提升。

2012 年，世界炼油厂运营情况将有赖于世界经济的走势和石油需求增长情况。尽管预期世界石油需求有望继续增长，但受新一轮炼油能力增加较多的影响，世界炼油能力过剩的状况将加剧，炼油毛利可能继续承压。CERA 预测，2012 年世界炼油毛利将低于 2011 年的水平，亚太、北美和西欧的炼油毛利可能都不如 2011 年；而世界炼厂开工率将继续维持较低水平，炼油业仍将难以摆脱不景气的状况。

2012 年，欧美炼油业将持续调整和重组，将有更多炼厂被迫关闭或出售。美国东北部和西欧地区加工轻质低硫原油的简单炼油厂将面临关闭的风险。2011 年美国炼油商提出出售东海岸的一些炼厂，目前这些炼厂正在竞相寻找买主，2012 年那些找不到买主的炼厂将被迫关闭。待售炼油厂关闭可能造成局部地区炼油能力吃紧、油品短缺以及地区油品流向的调整和价格的波动。

〔撰稿人：中国石油和石油化工设备工业协会〕

海工装备

21 世纪是属于海洋的世纪。近 10 年来，我国新增石油产量的 53% 来自海洋，海上油气的勘探和开发正成为我国原油产量上升的主力。我国海洋油气 70% 藏于深海，深海开采技术的突破将成为海洋油气开发长期战略的关键因素。专家预测，未来几年全球海工装备制造中心将向中国转移，中国海工装备全球市场份额将持续提升，预计到 2015 年有望达到 20%，这无疑为海洋工程装备制造业整体发展提供了广阔的发展空间。预计“十二五”期间，在中国的近海大陆架和大陆坡建设将加快，带动的海工装备总投资预计为 2 500 亿 ~3 000 亿元。

工欲善其事，必先利其器，装备是工程技术核心能力的组成部分，是工程技术发展的重要支撑，工程技术为装备制造提供了市场和发展空间，也为装备制造提供了目标和发展动力。

考虑到海洋工程装备具有高技术、高投入、高附加值的特点，大型企业最有可能成为最终赢家。为此，我们特设立海工装备专栏，推广介绍我国海工装备制造有代表性企业在海工装备制造方面取得的重大成绩，记录我国海工装备产业的发展历程。

- 组织机构
- 老总论剑
- 功勋企业
- 企业访谈

中国石油和石油化工设备工业协会第七届会员代表大会关于成立海洋油气工程装备专委会的决议

中华人民共和国民政部

社会团体分支（代表）机构登记通知书

民社登〔2011〕第6179号

中国石油和石油化工设备工业协会：

经审查，你会申请成立**海洋油气工程装备专业委员会**、**采油采气装备专业委员会**符合有关规定，准予登记。

请于批准之日起三十日内办理证书、印章事宜。

特此通知。

二〇一一年十月十九日

抄送：国资委

2010年9月8日，中国石油和石油化工设备工业协会第七届会员代表大会在北京举行。共有140家会员单位的168名会员单位代表参加了本次大会，占应到会员代表的77.8%，符合章程规定，大会所做决议有效。全体代表讨论并一致表决通过了中国海洋石油总公司工程建设部金晓剑总经理所作的《成立海洋油气工程装备专委会的提案》，请协会秘书处尽快办理本专委会成立的相关手续。

中国石油和石油化工设备工业协会
秘书处
2010年9月8日于北京

海工专委会组织机构图

主任委员 金晓剑 中国海洋石油总公司工程建设部总经理

副主任委员 周学仲
海洋石油工程股份有限公司总经理

副主任委员 陈景昱
中国石油和石油化工设备工业协会副秘书长

秘书长 陈海
中国海洋石油总公司工程建设部项目管理处处长

副主任委员单位（排名不分先后）

中海石油研究总院

中国石油装备

中国石油天然气集团公司装备制造分公司

中国石油集团渤海石油装备制造有限公司

中国石油勘探开发研究院采油采气装备研究所

中国石油集团钻井工程技术研究院江汉机械研究所

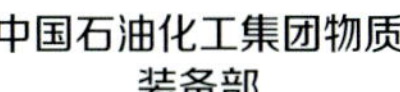

中国石油化工集团物质装备部

宝鸡石油机械有限责任公司

南阳二机石油装备（集团）有限公司

中国石化集团江汉石油管理局第四机械厂

兰州兰石集团有限公司

合肥通用机械研究院

中国船舶工业集团公司海洋工程部

甘肃蓝科石化高新装备股份有限公司

湖南湘投金天新材料有限公司

南阳二机石油装备（集团）有限公司
董事长兼总经理 杨汉立

推动海工装备国产化

自1993年为胜利油田海洋石油开发公司研制开发出第一台国产化海洋修井设备以来，南阳二机石油装备（集团）有限公司（以下简称南阳二机集团）始终紧跟时代发展的步伐，持续开发出令国内外用户满意的产品：1 000 ~ 4 000m车装钻机、1 000 ~ 9 000m橇装钻机、1 000 ~ 4 000m拖挂钻机、60 ~ 225t海洋修井机、1 000 ~ 7 000m海洋钻机、4 000 ~ 7 500m油井测试设备、泥浆泵、石油专用车辆及井口工具等。其中，海洋修井机、海洋钻机等海洋工程装备是公司重要的经济增长点。

南阳二机集团作为第一个研发出海洋修井装备的国内厂家，陆续开发出填补国内空白的600 ~ 2 250kN系列海洋钻修机和1 800 ~ 4 500kN系列海洋钻机，通过了中国船级社（CCS）或挪威船级社（DNV）认证，各项技术经济性能指标达到国际同等先进水平，推动了我国海洋钻、修井装备行业技术进步。

随着社会与行业的不断发展，海洋油气资源勘探的开发从浅水走向深水。面对海洋油气开采的广阔市场前景，国家已将海洋工程装备制造列为战略性新兴产业之一加以扶持。南阳二机集团将抢抓发展机遇，以“为中国和世界石油工业提供一流装备和服务”为宗旨，进一步加大深海海洋工程装备研发创新力度，实现深海海工装备的国产化突破，为我国海洋工程装备制造业快速健康发展，并从国内走向国际做出积极贡献。

宏华集团有限公司 主席兼总裁 张弭

海洋装备陆地造

2012年10月22日，宏华集团有限公司(简称：宏华集团)的大型海洋平台吊装设备“宏海号”22 000t桁架拱形移动式起重机在江苏启东开工建设。这将是全球起重能力最大的移动式起重机，最大额定起重量达到22 000t，建成后将从根本上改变传统海上钻井平台的建造方法。“宏海号”能够独立实现万吨平台的提升、走行、下水（或对接）三个阶段不间断完成，这将成为世界首创。

宏华集团作为国内外知名的陆地石油钻机制造商，其业务正向海上油气钻井装备产业链延伸。目前宏华集团海洋建造基地已正式投产并开始承接海工装备订单。在广泛研究了世界上最先进的制造工艺基础上，宏华集团提出了“海洋装备陆地造”的理念，并将应用在“宏海号”建设中。由此宏华集团在海工装备的工艺和产品制造方面将带来革命性的变革创新。

创新之一——产品制造工艺创新

以半潜式钻井平台的建造为例，宏华集团建造工艺流程如下：平台下浮体主结构和上部甲板结构同时在陆地上开工制造→下浮体主结构滑行到起吊区→用“宏海号”22 000t起重机吊下浮体主结构入港池→上部甲板主结构滑行至起吊区→用“宏海号”起重机吊上部主结构至下浮体主结构的上方→下浮体主结构和上部甲板主结构对接→用宏海号起重机整体吊装钻机下部结构、钻机井架、生活楼以及其它大型模块。

创新之二——为客户带来的效益

在一个港池条件下，宏华集团能同时生产制造10个海上钻井平台，单个平台的建造周期比传统生产方式显著地缩短，省去了船坞、半潜驳和其它吊机费用，节省了大量的工时。其中半潜式平台的制造工期可以节省3个月，以第六代半潜式平台每天的租金60万美元计算，节省的时间可以为船东直接转化为5 400万美元的收益。自升式平台制造工期可以节省1～3个月生产时间，以400ft（121.92m）自升式平台每天租金30万美元计算，节省的时间可以为船东转化为900万～2 700万美元的收益，该建造工艺将使得宏华集团在海工产品市场制造上拥有压倒性的优势，为船东带来巨大的回报。

创新之三——创新大吨位船舶建造方式

从目前移动式吊机最大2 000t的行车吨位一跃达到22 000t的行车吨位，“宏海号”不仅在海洋平台的建造方式，也为海上万吨大型船舶的建造方式带来革命性的突破，这是宏华集团对世界海洋装备平台传统建造方式突破性的创新，是当今世界最经济、最安全、最快捷的制造工艺，不仅提高了建造质量、生产效率和施工的安全性，还标志着世界船舶及海洋工程建造模式实现了革命性突破，在海洋工程制造史上具有里程碑意义。

河北华北石油荣盛机械制造有限公司
董事长 顾和元

攻坚与突破，自主打造深水钻井作业的安全屏障

海洋蕴藏了全球超过70%的油气资源，未来全球50%以上的油气产量和储量将来自海洋，深海无疑是世界油气的主要接替区，也是我国能源战略未来的重要支点。然而，由于以水下防喷器及其控制系统等为代表的海洋石油装备一直以来完全依赖进口，高昂的价格、超长的交货期和出口限制的不确定性，使之成为我国开发海洋资源、主张海洋权利的一个巨大瓶颈和软肋，制约了我国深海油气资源的开发步伐。长远来看，中国海洋油气资源开发必须有自己的关键装备。

近年来，荣盛大力实施"水陆并进"的发展战略，以防喷器为代表的海工装备已广泛应用于三大石油公司的60多个平台。承担的"十一五"国家"863"计划水下防喷器及其控制系统研制项目累计突破23项关键技术，已经成功研制出F48-105水下防喷器组、水下控制箱、中央控制单元等单元设备样机，形成了完备的科研和生产能力。

"十二五"期间，国家"863"计划将持续为该项目提供支持，荣盛正在进一步加强产品可靠性研究，并为分阶段海上试用和产业化积极进行准备。其中，计划投资近2亿元的研发与产业化项目已经开工建设，将于2013年10月竣工投产，届时荣盛将具备水下防喷器及控制系统的批量生产能力，极大地推动我国深海油气的开发进程。

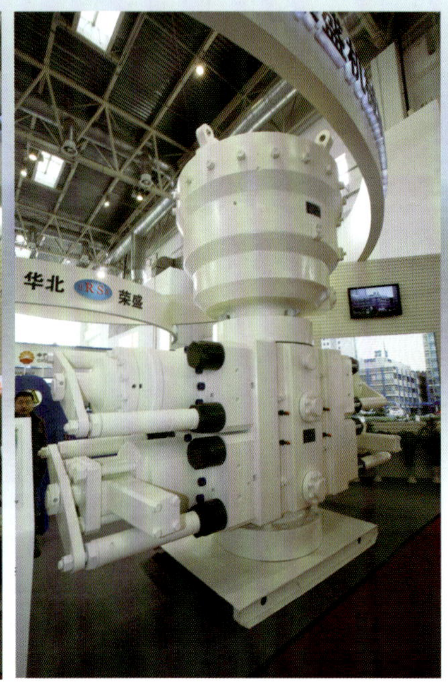

大直缝焊管广泛应用于海洋装备制造业

番禺珠江钢管有限公司 董事长兼总经理 陈昌

番禺珠江钢管有限公司（简称珠江钢管）是我国最大直缝焊管制造商和出口商。为满足不同行业的多样化需要，实现可持续发展，珠江钢管致力于生产优质产品，并不断进行研发，积极拓展陆上石油、海上石油和天然气管道，化工、采矿、城市煤气管道，以及建筑工程和输水等产品应用领域。公司产品远销中东、欧美、东南亚、非洲等 50 多个国家和地区，“PCK”商标在美国、巴西等 20 多个国家和地区注册，享有极高的知名度，是我国直缝焊管产品在国际市场上的知名品牌。

珠江钢管是目前国内唯一一家能生产水深超过 1 500m 深海用管的国家火炬计划重点高新技术企业。公司的主导产品直缝埋弧焊管在海洋装备（钢管）制造方面，造诣匪浅，其中，海洋油气输送管的国内市场占有率达 80%，深海用管的国内市场占有率达 100%。公司一直致力于满足客户对产品应用的个性化需求，积极实施产品种类多元化、产品规格多样化发展战略，不断加快产品创新研发步伐，为客户提供最优质的解决方案。自 2000 年以来，公司为番禺 / 惠州天然气开发项目、马来西亚海底石油管线、印度炼油厂项目等 20 多个国内外重大能源工程项目提供了大量优质的钢管。2011 年，珠江钢管成功为南海海域荔湾 3-1 气田项目提供浅海及深海用钢管。2012 年，以海洋平台结构钢管生产为契机，大口径厚壁环焊钢管应运而生，表明公司的产品研发和生产技术可以完全满足市场对高强度钢的需求。今后，公司还将加速进行高钢级钢管、智能电网用钢管、核电用钢管等新产品研究，加速钢管产品的升级换代步伐，为世界能源安全和能源结构调整做出更大的贡献。

海洋石油工程股份有限公司
Offshore Oil Engineering Co.,Ltd.

海洋石油工程股份有限公司位于天津塘沽高新技术产业园区，于2002年2月5日在上海证券交易所上市（股票简称：海油工程，股票代码：600583），是中国海洋石油总公司的控股公司；是中国大型的海上工程建造企业；是国家甲级工程设计单位，国家一级施工企业；是远东及东南亚地区规模大、实力强的海洋工程总承包商之一。

公司是中国目前率先集海洋石油、天然气开发工程设计、陆地制造和海上安装、调试、维修，以及液化天然气、炼化工程于一体的大型工程总承包公司，曾为中国海洋石油有限公司、菲利普斯、科麦奇、雪佛龙、道达尔、CACT作业者集团、阿科、BP、壳牌、日中石油株式会社、现代重工株式会社等客户提供过优质服务，并被标准普尔评为“全球挑战者”。

公司承建的渤海绥中36-1油田一期工程获国家科技进步一等奖，崖城13-1气田的陆地终端工程—南山气体处理厂项目获国家建筑质量大奖—鲁班奖。

近几年公司的海洋工程设计、建造、安装以及维修改造能力大幅提升。拥有制造场地总面积589万m^2，

其中已建成的青岛制造场地 120 万 m^2，成为亚洲规模空前的海洋石油工程制造基地，具备每年 40 万 t 以上的钢材加工能力，并具备海上深水平台建造和装船能力。截至 2011 年末，海油工程已在印尼、尼日利亚以及中国香港等地建立了 5 个分支机构，海外发展战略布局初步形成。

现拥有各类作业船包括单吊起重能力达 7 500t 的“蓝鲸”号在内的工程船舶 21 艘，可提供吊装作业、滑移下水、管线 / 电缆铺设等工程服务；亚洲大型的 3 万 t 导管架下水专用驳船，最大载重量 6 万 t，对中海油向深水领域进军具有重要意义。已建成的深水起重铺管船（海洋石油 201），作业水深达到 3 000m，大幅提升公司深水安装和铺管业务能力，为开拓深水和国际市场提供必要的设备支持，进一步提升公司的总包能力和核心竞争力。

公司立足于国内国外两个市场，坚持 “科技创新、管理创新、低成本、高效发展”原则，以设计为龙头，以生产为中坚，依靠科技进步和科学管理，不断提升企业核心竞争力，建设具有国际竞争力的国际化专业化能源工程公司。

中国石油集团渤海

公司是中石油所属全资子公司，是2008年4月在整合华北、大港装备制造业务基础上，组建的综合性石油装备制造企业。2010年3月、2012年4月，兰州石化机械业务、辽河装备制造业务先后划归公司。公司在天津滨海新区注册，厂区主要分布于天津滨海新区，河北沧州及承德，甘肃兰州，新疆乌鲁木齐，辽宁盘锦，江苏南京、扬州等地。所属13家企业，大多数都有30年以上的发展历史。

公司以油气输送装备、钻采装备、海工装备、炼化装备四大系列产品为主营业务。螺旋钢管、直缝钢管、油井管、钻修机、螺杆钻具、钻杆、钻头、“三抽”装备、潜油电泵、专用电机、柱塞泵、热采设备、海洋平台、工程船舶、

渤海装备辽河重工有限公司

渤海装备辽河重工有限公司（CPLEC）是中国石油天然气集团公司旗下致力于能源装备研发、设计、制造、集成、贸易以及装备技术服务的大型国有骨干企业。已建成具有国内领先水平的海洋工程装备和石油钻修井装备两大支柱产业。

公司面向全球石油天然气生产商，提供一流的海洋油气工程平台、专业船舶、陆地石油钻修井装备、特种钻机、作业机、采油设备以及大型成套装备集成、装备技术服务等业务。

公司用工总量近4 000人，其中工程技术人员1 000余人，专业技术工人近3 000人。

固定资产原值16亿元，总占地面积达279万 m^2，各种专业化生产厂房面积16万 m^2。

公司是中国石油仅有建成投产的海洋工程装备生产基地，海工基地已建成钢材预处理、分段制造、加工装配、

CP-300自升式钻井平台下水 CP-300自升式钻井平台

钻机成套中心
Rig Assembly Center

供油船

辽河一号风电安装平台

公司现有产品归类为七大品牌：

“渤海华宇”——主要为螺旋埋弧焊钢管、HFW钢管类产品

“渤海巨龙”——主要为直缝埋弧焊钢管类产品

“渤海能克”——主要为钻杆类产品

“渤海中成”——主要为钻采设备、工具类产品

石油装备制造有限公司

烟气轮机、特种阀门等多种产品的研发技术和制造实力处于国内领先、国际先进水平。现有有效专利 388 项，其中发明专利 34 项，国际专利 4 项。拥有国家重点实验室“金属材料及制品检验中心”。产品行销全国各大油气田及亚洲、非洲、欧洲、美洲、澳大利亚等 40 多个国家和地区，在保障中石油油气主营业务和国家重点工程项目中发挥了重要作用。

公司连续四年营业收入在百亿元以上，实现了有效发展；蝉联“中国机械 500 强”，2012 年排名提升到第 64 位，晋升为国家高新技术企业，被评为中国企业文化建设先进单位。2012 年，公司成功入选第十九批国家企业技术中心，成为石油行业在钢材深加工等综合装备制造领域率先入选国家企业技术中心的企业。

管舾装、电气配套、一喷两涂、船台合拢（5 万 t 2 座、3 万 t 2 座）、舾装码头、重载码头等完善的生产配套设施。可同时开工建造 6 艘海洋平台，年造 3 万吨级、5 万吨级船舶各 7 艘，造船能力达到 100 万载重吨以上。

公司可设计制造各种类型近海、浅海、滩涂作业的自升式、座底式油气平台。自主设计研发的 CP 系列自升式钻井平台已获得 CCS、ABS、DNV 等多家船级社认证，可满足作业水深 400ft(1ft=0.3048m) 以内的海上油气勘探作业。

设计生产 7 万 t 以内各种油轮、成品油船以及平台供应船、地震勘探船、多功能服务船、风电安装船、铺管船、救援船等专业工程船舶；同时可设计生产 LNG、FPSO 等海上油气生产专业船舶。

公司产品远销美国、委内瑞拉、厄瓜多尔、乌兹别克斯坦、哈萨克斯坦、印度尼西亚、巴基斯坦、伊朗、叙利亚、阿曼、泰国、苏丹、阿尔及利亚、乍得、尼日尔、肯尼亚等近 20 个国家。

航工平一号采油平台

海豹六号震源船

“辽河一号”风电安装平台

9 000m 海洋钻机井架

“渤海卡瑞特”——主要为石油特种车类产品

“渤海司达”——主要为电机、电气类产品

“渤海飞雁”——主要为炼化设备类产品

装备进军非常规油气开发

石油机械装备制造与服务基地

【不压井作业装备】

SBY70F 辅助式不压井作业设备江汉作业现场

SBY70D、SBY160D 独立式不压井作业设备

【大型压裂机组】

2500 型压裂机组重庆涪陵涪页 2-2HF 井压裂作业现场

2500 型压裂机组中石化页岩气勘探井彭页 HF-1 井压裂作业现场

国内典型大型压裂井施工情况

地区	四川页岩气井	四川水平井	重庆页岩气井	河南页岩油井
机组工作	13 m^3/min	16 m^3/min	12 m^3/min	12 m^3/min
最高工作	90 MPa	69 MPa	90MPa	76MPa
总配置功率	27581.21kW	17651.98kW	24639.22kW	24984.90kW
工作时间	20h	30h	30h	20h
施工总液量	13 900 m^3	23 600 m^3	15 700 m^3	14 500 m^3

海洋装备

2000型海洋压裂机组

5 000m海洋钻机

供美国科麦奇公司交流变频HXJ180DB海洋钻修机

海洋修井机

HXJ180 海洋钻修成套设备

6 000m 海洋钻机节流压井管汇

高压组合管汇

油气并举 水陆并进 钻采并重

陆地防喷器及井控装备配套
海洋平台及水下井控装备
钻井泵、修井泵及泵组成套
HH、FF级井口设备和采气树
油水井及气井带压作业装置
防喷器控制装置
压井节流管汇
抽油机

番禺珠江钢管有限公司

PAN YU CHU KONG STEEL PIPE CO., LTD.

四项国家荣誉

CHINA WELL-KNOWN MARK
中国驰名商标

CERTIFICATE OF GOLDEN CUP PRIZE FOR ACTUAL QUALITY OF METALLURGICAL PRODUCTS
中国冶金产品实物质量金杯奖

KEY HIGH-TECH ENTERPRISES OF NATIONAL TORCH PLAN
国家火炬计划重点高新技术企业

NATIONAL-RECOGNIZED ENTERPRISE TECHNOLOGY CENTER
国家认定企业技术中心

珠江钢管是我国大型直缝焊管制造商和出口商，2010 年于中国香港联合交易所主板上市（香港联交所股份编号：01938•HK），拥有位于广州番禺、珠海、江苏江阴、连云港和沙特 5 个生产基地。公司现有 UOE、JCOE、HFW、COE、SAWH 等 9 条焊管生产线，配有内外防腐和水泥配重生产线，年产量达到 271 万 t。公司生产大直缝双面埋弧焊管 (SAWL)、直缝高频焊管 (HFW)、螺旋埋弧焊管及耐蚀合金 (CRA) 复合 / 内衬钢管，可批量供应 114 ~ 1 829mm (4-72in) 的焊管，并配套供应 FBE、3LPE/3LPP、水泥配重、沥青、水泥等各种形式的防腐钢管以及各类弯管、弯头、异径管等管件产品，产品广泛应用于陆地及海底的石油、天然气、石油化工、采矿、电力、建筑、钢结构和供水等领域，如中亚管线、中缅管线等。

自 1993 年成立以来，珠江钢管业务持续增长。目前，珠江钢管的直缝焊管产量已连续五年名列行业前茅。此外，珠江钢管是我国目前集“中国驰名商标”“中国冶金产品实物质量金杯奖”“国家火炬计划重点高新技术企业”和“国家认定企业技术中心”四项国家级荣誉于一身的焊管制造商，是国家直缝焊接输送钢管标准的主要起草单位。公司以其先进技术、设备、管理和良好的信誉保证提供高质量的产品和服务，令客户满意。

2010 年 2 月 10 日 珠江钢管在中国香港成功上市合影

海工装备专栏——功勋企业

海上油气管线

海上打桩管

钢结构（国家大剧院）

钢结构（广州丫髻沙大桥）

海洋平台用管

防腐管

公司总部

地址：中国广东省广州市番禺区清河东路石基路段

邮编：511450

电话：86-20-84558888

传真：86-20-84850688

http：//www.pck.com.cn

E-mail：pipe@pck.com.cn

中国石油石化设备工业年鉴2012

海洋工程装备

介绍我国战略性新兴产业——海洋工程装备制造业的发展规划，国内海洋工程装备制造业的发展现状、竞争态势、技术状况和应用情况。重点介绍我国海洋工程装备制造企业发展概况

海洋工程装备

海洋工程装备制造业中长期发展规划
2011年我国海洋工程装备制造业运行情况
从处方式走向效能式的海工标准
关于我国发展海洋浮式生产LNG多功能平台的浅见
我国海洋工程装备设计的竞争格局
我国海洋工程装备明确发展重点
我国海洋工程装备制造产业发展空间广阔
全球平台利用率呈上升势头
我国海工装备多个项目列入技术创新平台建设
国家出台多项利好政策，优先发展海洋工程装备
我国造船业转型海工装备制造，开辟了新的市场商机

海洋工程装备制造业中长期发展规划

海洋工程装备是人类开发、利用和保护海洋活动中使用的各类装备的总称，是海洋经济发展的前提和基础，处于海洋产业价值链的核心环节。海洋工程装备制造业是战略性新兴产业的重要组成部分，也是高端装备制造业的重要方向，具有知识技术密集、物资资源消耗少、成长潜力大、综合效益好等特点，是发展海洋经济的先导性产业。

浩瀚的海洋蕴藏着丰富的资源，主要包括海洋矿产资源、海洋可再生能源、海洋化学资源、海洋生物资源和海洋空间资源等五大类。紧密围绕海洋资源开发，大力发展海洋工程装备制造业，对于我国开发利用海洋、提高海洋产业综合竞争力、带动相关产业发展、建设海洋强国、推进国民经济转型升级具有重要的战略意义。

根据《国务院关于加快培育和发展战略性新兴产业的决定》（国发［2010］32 号）、《战略性新兴产业"十二五"发展规划》和《高端装备制造业"十二五"发展规划》，特制定本规划。规划期为 2011 ~ 2020 年。

一、发展现状与面临的形势

以海洋油气资源为代表的海洋矿产资源是当前世界海洋资源开发的重点和热点，技术相对成熟，装备种类多，数量规模较大，是未来 5 ~ 10 年产业发展的主要方向。以海上风能、潮汐能为代表的海洋可再生能源开发装备，以及海水淡化和综合利用、海洋观测和监测等方面的技术装备也具有较好的发展前景。同时，随着海洋波浪能、海流能、天然气水合物、海底金属矿产等海洋资源开发技术不断成熟，相关装备的发展也将逐步提上日程。

21 世纪以来，我国海洋工程装备制造业发展取得了长足进步，特别是海洋油气开发装备具备了较好的发展基础，年销售收入超过 300 亿元人民币，占世界市场份额近 7%，在环渤海地区、长三角地区、珠三角地区初步形成了具有一定集聚度的产业区，涌现出一批具有竞争力的企业（集团）。目前，我国已基本实现浅水油气装备的自主设计建造，部分海洋工程船舶已形成品牌，深海装备制造取得一定突破。此外，海上风能等海洋可再生能源开发装备初步实现产业化，海水淡化和综合利用等海洋化学资源开发初具规模，装备技术水平不断提升。

但是，与世界先进水平相比，我国海洋工程制造业仍存在较大差距，主要表现为：产业发展仍处于幼稚期，经济规模和市场份额小；研发设计和创新能力薄弱，核心技术依赖国外；尚未形成具有较强国际竞争力的专业化制造能力，基本处于产业链的低端；配套能力严重不足，核心设备和系统主要依靠进口；产业体系不健全，相关服务业发展滞后。

21 世纪是海洋的世纪，面对海洋资源开发这一不断成长的新兴市场，世界各国都在积极发展相关装备，加快海洋资源开发和利用已成为世界各国发展的重要战略取向。未来 5 ~ 10 年是我国海洋工程装备制造业发展的关键时期，既要应对国际竞争日益激烈的挑战，更要抓住国内外海洋资源开发装备需求增加的机遇，进一步增强紧迫感和责任感，大力协同，迎难而上，力争通过 10 年的发展，使我国海洋工程装备制造的能力和水平迈上新台阶。

二、指导思想与发展目标

（一）指导思想

深入贯彻落实科学发展观，把握世界海洋资源开发利用与保护的总体趋势，面向国内外海洋资源开发的重大需求，重点突破深海装备的关键技术，大力发展以海洋油气开发装备为代表的海洋矿产资源开发装备，加快推进以海洋风能工程装备为代表的海洋可再生能源开发装备、以海水淡化和综合利用装备为代表的海洋化学资源开发装备的产业化，积极培育潮流能、波浪能、天然气水合物、海底金属矿产、海洋生物质资源和极地空间资源开发利用装备等相关产业，加快提升产业规模和技术水平，完善产业链，促进我国海洋工程装备制造业快速健康发展。

（二）发展原则

1. 面向需求，突出重点。针对世界海洋资源开发的重大需求，重点发展市场需求量大、技术成熟度高的海洋油气开发装备，集中力量，加快推进；分阶段、分步骤推进海洋可再生能源、海洋化学资源开发装备的产业化。

2. 总包牵引，专业发展。着力提高装备的总承包能力和总装集成能力，带动相关设备供应商和分包商的发展；坚持走专业化发展道路，努力培育研发设计、总装建造、模块制造、设备供应、技术服务等方面的专业化能力。

3. 合理布局，完善体系。立足现有装备工业基础，加强能力建设的统筹规划，大力推进产业集群发展；全面推进产业链各环节和现代制造服务业的同步协调发展，不断完善产业体系。

4. 依托骨干，培育品牌。依托现有骨干企业，努力培育一批技术实力雄厚、综合竞争力强的品牌企业；倡导“产、学、研、用”相结合，以重大项目为牵引，打造一批技术性能优良的品牌产品。

5. 着眼长远，增强储备。把握海洋资源开发装备领域科技发展的新方向，加强海洋潮流能、波浪能、温差能、天然气水合物、海底金属矿产资源、海洋与极地生物基因资源和极地空间资源等领域相关装备的前期研究和技术储备，抢占未来发展先机。

（三）发展目标

经过10年的努力，使我国海洋工程装备制造业的产业规模、创新能力和综合竞争力大幅提升，形成较为完备的产业体系，产业集群形成规模，国际竞争力显著提高，推动我国成为世界主要的海洋工程装备制造大国和强国。

1. 产业规模位居世界前列。2015 年，年销售收入达到 2 000 亿元以上，工业增加值率较“十一五”末提高 3 个百分点，其中，海洋油气开发装备国际市场份额达到 20%；2020 年，年销售收入达到 4 000亿元以上，工业增加值率再提高 3 个百分点，其中，海洋油气开发装备国际市场份额达到 35%以上。

2. 形成若干产业集聚区和大型骨干企业集团。重点打造环渤海地区、长三角地区、珠三角地区 3 个产业集聚区，2015 年销售收入均达到 400 亿元以上，2020 年提高到 800 亿元以上；重点培育 5 ~ 6个具有较强国际竞争力的总承包商，2015 年销售收入达到 200 亿元以上，2020 年提高到 400 亿元以上。

3. 技术水平和创新能力显著提升。全面掌握深海油气开发装备的自主设计建造技术，装备安全可靠性全面提高，并在部分优势领域形成若干世界知名品牌产品；突破海上风能工程装备、海水淡化和综合利用装备的关键技术，具备自主设计制造能力；海洋可再生能源、天然气水合物开发装备及部分海底矿产资源开发装备的产业化技术实现突破；海洋生物质资源和极地空间资源开发利用装备、极地特种探测/监测设备的研发能力和技术储备明显增强。

4. 关键系统和设备的制造能力明显增强。2015 年，海洋油气开发装备关键系统和设备的配套率达到 30% 以上，2020 年达到 50% 以上；在海洋钻井系统、动力定位系统、深海锚泊系统、大功率海洋平台电站、大型海洋平台吊机、自升式平台升降系统、水下生产系统等领域形成若干品牌产品；具备深海铺管系统、深海立管系统等关键系统的供应能力；海洋观测/监测设备、海洋综合观测平台、水下运载器、水下作业装备、深海通用基础件等实现自主设计制造。

三、主要任务

（一）加快提升产业规模

1. 大力推进产业集聚发展。结合我国海洋资源的分布情况和现有装备工业总体布局，在以大连－天津－烟台－青岛为主的环渤海地区、以江苏苏中地区－上海－浙江浙东地区为主的长江三角洲地区、以深圳－广州－珠海为主的珠江三角洲地区，重点培育三大海洋工程装备制造业集聚区，具备总装建造、修理改装、设备供应、技术服务等方面的综合能力。

2. 全面提升总承包能力和专业化分包能力。依托大型骨干企业（集团），重点提高大型海洋工程装备的总装集成能力，打造具备总承包能力和较强国际竞争力的专业化总装制造企业（集团）；以总承包为牵引，带动和引导一批中小型企业走专业化、特色化发展道路，在工程设计、模块设计制造、设备供应、系统安装调试、技术咨询服务等领域，逐步发展成为具备较强国际竞争力的专业化分包商。

3. 加强企业技术改造。支持企业利用现有修造船设施发展海洋工程装备制造。重点支持企业（集团）为适应海洋工程装备制造的特点对生产设施进行改造、工艺流程优化，以及开展以企业信息化建设、节能降耗及减排等为主要内容的技术改造。

4. 加大企业兼并重组力度。支持海洋工程装备制造企业以产品、资本为纽带开展联合开发、联合经营，实施强强联合，规模化发展，实现规模经济；支持大型海洋工程装备制造企业与钢铁、石油等上下游企业以战略联盟或参股、合资合作等方式，适当延伸产业链，在上下游产业实现战略布局，实现优势互补、利益共享，增强抗风险能力。

（二）加强产业技术创新

1. 加快重点产品研发。围绕海洋资源在勘探、开采、储存运输和服务等四大环节的需求，加快培育和发展相关重点装备及其关键系统和设备；重点发展市场需求量较大的半潜式钻井平台、钻井船、自升式钻修井/作业平台、半潜式生产平台、浮式生产储卸装置、起重铺管船、大型起重船/浮吊、深海锚泊系统等关键系统和设备、水下采油树、泄漏油应急处理装置等水下系统及作业装备、海上及潮间带风机安装平台（船）、海水淡化和综合利用装备等，逐步实现自主设计建造，形成品牌，使之成为我国海洋工程装备制造业的主导产品。

2. 大力培育专业设计能力。结合海洋工程装备的技术发展趋势，在巩固提高浅水装备设计能力的基础上，着重提升装备的前端工程设计和基本设计能力，掌握大型功能模块的设计技术，突破相关系统和设备的核心技术，全面提升大型海洋工程装备的设计能力。

3. 提高建造和工程管理水平。结合生产经营工作和实际工程项目的需要，有针对性地开展建造技术研究和项目管理技术研究，掌握海洋工程装备特有的建造技术、安装调试技术，建立与海洋工程装备项目特点相适应、与国际接轨的现代工程管理模式和生产组织方式，支撑总承包和总装集成能力的提升。

4. 夯实产业发展的技术基础。建设深海技术装备公共试验/检测平台，积极开展海洋环境观测与监测技术、深海运载与深海探测、海底观测网络技术等海洋基础技术的研究；以满足工程项目实际需要为目标，系统开展深海浮式结构物水动力性能分析、深海设施疲劳强度分析、装备和设备的安全可靠性、海洋防腐蚀技术、深海工程安全监测/预警及远程控制技术等基础技术的研究；围绕典型海洋工程装备产品，加大对核心基础零部件和功能部件的研究支持力度，形成于部件协同发展的产业格局；加大相关标准、规范的制定、修改和完善，建立健全我国海洋工程装备的标准体系。

5. 开展前瞻概念性产品研究。着眼于海洋资源开发的长远需求，加强研发波浪能、潮流能、海水温差能等海洋可再生能源的开发装备，天然气水合物、多金属结核等海底矿产资源的开发装备，海水提锂、提铀等海水综合利用的成套装备，极地生物基因资源和空间资源开发利用装备以及极地特种探测和监测装备，海上机场、海上卫星发射场等大型海上浮式结构物，为未来的产品工程化和商业化开采奠定技术基础。

6. 推进研发平台建设。主要依托骨干科研机构，完善海洋工程装备的科研试验设施，在装备总体、功能模块、核心设备等领域，打造若干产品研发和技术创新平台；支持骨干企业（集团）设立海洋工程装备研发平台，建设深海公共测试场，高等院校、中小型企业联合设立共性技术研发平台，逐步完善以企业为主体、产学研用相结合的技术创新体系。

（三）提高关键系统和设备配套能力

1. 打造重点产品的专业化制造基地。依托造船行业和石油石化装备行业的骨干配套企业，结合已有基础，新建和扩建一批优势产品生产能力；围绕三大产业集聚区，在沿江、沿海地区打造专业系统和设备的研发制造基地；在陆上石油装备已有能力的基础上，积极发展海上石油装备，重点支持中西部地区的石油装备骨干企业，走专业化发展道路。

2. 积极培育优势产品。在海洋平台甲板机械、深海锚泊系统、海洋平台电站、海洋钻/修井设备、油气水分离处理设备等具备较好发展基础的领域，提高系统集成能力，努力将其打造成为国际知名品牌；同时，加强国际合作，通过引进国外专利技术、合资办厂或收购、参股等多种方式，加快实现海洋观测和监测设备、动力定位系统、单点系泊系统、水下生产系统等高附加值设备和系统的设计制造。

（四）构筑海工装备现代制造体系

1. 积极发展海工装备制造现代服务业。以完善海洋工程装备产业体系、推动产业协调发展为宗旨，积极发展研发实验（试验）服务、工程设计服务、安装调试服务、技术交易、知识产权和科技成果转化等知识密集型服务业，重点在三大海洋工程装备制造业集聚区内，培育一批专业化的高技术服务企业；同时，大力发展信息咨询服务、投资咨询服务、信贷融资服务、保险和担保服务、各类法律服务等，为产业快速发展提供全方位的服务支撑。

2. 提升海洋工程装备制造信息化水平。充分发挥信息化技术对提升产业水平的推动作用，深化信息技术在企业生产经营各环节的应用；大力推进海洋工程装备的数字化、网络化、协同化设计，加强工程项目管理软件的开发和应用，积极支持骨干企业（集团）开展内部综合信息化网络平台的建设，完善信息共享机制，提高运行效率。

3. 建设安全、环保、高效的海工装备制造体系。结合海洋工程装备产业的特点，高度重视装备、设备的质量和安全可靠性，加强设计制造的过程控制，推动建立全员、全方位、全生命周期的质量管理体系，努力营造“安全质量第一”的企业文化；围绕设计建造重点环节，积极开展节能降耗研究，强化节能降耗基础管理，推广应用低能耗、低物耗、高效自动化装备，努力构建环保、高效的先进制造体系。

（五）提升对外开放水平

1. 广泛开展对外合作。支持国内企业把握经济全球化的新特点，积极开展国际交流与合作，充分利用各种渠道和平台，探索各种对外合作模式，加快融入全球产业链；鼓励境外企业和科研机构在我国设立研发机构，支持国内外企业联合开展装备的研发和创新，鼓励合资成立研发机构。

2. 积极实施“走出去”和“引进来”战略。大力开拓国际市场，针对海洋工程装备产业的全球区域布局，着眼于接近市场、接近客户，支持国内企业创建国际化营销和服务网络，提高国际化经营水平，创建国际知名品牌和企业；支持有实力、有条件的国内企业到境外设立公司，并购或参股国外企业和研发机构；支持海洋工程装备制造企业、设计公司与境外研发设计机构、知名企业开展合资合作、联合设计，积极引进研发设计、经营管理方面的境外高层次人才。

（六）实施重大创新工程

1. 深海资源探采装备发展工程。围绕深海油气资源开发在勘探、开发、储存运输和服务 4 个核心环节的装备需求，突破深海浮式结构物水动力性能、结构设计和强度分析等共性技术以及高性能材料的研制,加快发展深海高性能物探船、浮式生产储卸油装置、半潜式平台、水下生产系统、环境探测/观测/监测等装备及其关键设备和系统,建设浮式液化天然气生产储卸装置等新型装备的总装制造平台,完善设计建造标准体系,掌握3 000m深海油气田开发所需装备的设计建造能力,形成我国开发深海油气资源的装备体系,以及包括总装、配套、技术服务等在内的相对完善的产业链。

2. 深海空间站工程。以抢占海洋工程装备制造业未来发展的技术制高点为目标,根据全水下开发等新兴开发模式的装备需求,积极开展深海空间站及水面支持系统的研发,突破大潜深结构设计技术、特种材料及建造工艺技术、水下设施承压密封技术、水下设施连接和监控技术、海底能源站技术、水下生命维持与综合保障技术、水面支持系统及对接技术等关键技术,为产品的工程化研制奠定技术基础。

四、政策措施

(一)积极培育装备市场

支持海洋地质普查和资源调查,加大海洋环境的观测、监测和极地科考等海洋科技活动的支持力度。支持保险机构建立保险机制,为用户采用海洋工程装备及配套设备提供保险。对于我国海域内的海洋油气开发项目,鼓励油气开采企业提高装备及设备的配套率。支持沿海淡水资源匮乏地区开展海水淡化及综合利用试点和示范。

(二)规范和引导社会投入

新建大型海洋工程装备专用基础设施项目需报国家核准,鼓励造修船企业利用现有造修船设施发展海洋工程装备的制造和修理改装。对于海水淡化和综合利用、海洋风能工程装备等海洋工程装备研制项目在用海政策上给予重点支持。加强相关规划的统筹协调,节约、集约利用岸线资源。

(三)完善财税和金融支持政策

鼓励和支持金融机构加快金融产品和服务方式创新,有效拓宽海洋工程装备制造企业融资渠道。鼓励金融机构按照市场化原则,在符合国家政策导向和有效防范风险的前提下,灵活运用多种金融工具,支持信誉良好、产品有市场、有效益的海洋工程装备企业加快发展。按照有关政策规定,进一步探索改进适合海洋工程装备产业特点的信贷担保方式,拓宽抵押担保物范围。支持符合条件的海洋资源开发企业、海洋工程装备制造企业上市融资和发行债券。

(四)加大科研开发支持力度

加大科研经费投入,建立多渠道投入机制,支持海洋工程装备的研发和创新。依托国家科技计划、海洋科技专项,加大对海洋观测、监测及极地科考等海洋科技活动的支持力度。依托骨干海洋工程装备研发制造企业,建设国家工程研究中心、国家工程实验室、企业技术中心等。通过科技金融和国家科技成果转化资金等渠道,加快科技成果转化和产业化。鼓励企业加大创新投入,按照有关政策规定,落实企业开发新技术、新产品、新工艺发生的研究开发费用在计算应纳税所得额时加计扣除的优惠政策。

(五)推动建立产业联盟

组织和引导行业骨干研发机构、制造企业,联合检验机构、用户单位等,建立海洋工程装备产业联盟,鼓励相互持股和换股,形成利益共同体,在科研开发、市场开拓、业务分包等方面开展深入合作。引导"产、学、研、用"相结合,鼓励产业技术创新战略联盟围绕产业技术创新链开展创新,推动实现重大技术突破和科技成果产业化。鼓励总装建造企业建立业务分包体系,培育合格的分包商和设备供应商,推动"专、精、特、新"型中小企业发展。

(六)加强人才队伍建设

鼓励企业积极创造条件,营造良好的人才发展环境,引进研发设计、经营管理方面的境外高层次人才和团队。优化人才培养和使用机制,加强创新型研发人才、高级营销人才和项目管理人才、高级技能人才等专业人才队伍的建设,培育海洋工程装备领域的国家级专家,扩大海洋工程装备高端人才队伍。

五、规划实施

工业和信息化部会同国家发展改革委、科学技术部、国有资产监督管理委员会、国家能源局、国家海洋局制定《规划》实施方案，建立各部门分工协作、共同推进的工作机制。地方各级政府部门根据职能分工，分别制定实施推进海洋工程装备发展的工作计划和配套政策措施，充分发挥行业协会、学会、船级社等中介组织的作用，确保实现海洋工程装备制造业发展规划目标。有关部门要适时开展《规划》的中期评估和后评价工作，及时提出评价意见。

（注：海洋矿产资源包括石油和天然气、天然气水合物、海底金属矿产、滨海矿砂；海洋可再生能源包括海上太阳能、海上风能、潮汐能、波浪能、海流（潮流）能、海水温差能、海水盐差能、海洋生物质能；海洋化学资源包括海水本身、海水溶解物；海洋生物资源包括植物资源、动物资源和微生物资源；海洋空间资源包括生产空间、贮藏空间、通道空间、生活休闲娱乐空间及军事战略空间资源。）

工业和信息化部

国家发展和改革委员会

中华人民共和国科技部

国务院国有资产监督管理委员会

国家海洋局

二〇一二年三月二十二日

2011年我国海洋工程装备制造业运行情况

我国海洋工程装备制造业通过依托大型造修船基地、新建专业海洋工程装备基地等方式，初步形成了以环渤海湾地区、长江三角洲地区和珠江三角洲地区为中心的海工装备产业集聚区。同时，骨干企业发挥各自优势，在不同领域奋力开拓，基本形成了各具特色的发展格局。2011年，我国出台《海洋工程装备创新发展战略》，明确了海工装备发展的战略目标、总体部署、战略重点、实施途径和保障措施等，为我国海洋工程装备制造业注入新的动力。

一、生产经营情况

2010年以来，随着世界经济复苏，油价不断高涨，全球油气开发投资进入一个新的上升周期，海洋工程装备需求快速增加，世界海洋工程装备市场空前繁荣。我国海洋工程装备制造业乘势而上，在装备建造、市场开拓方面均取得较好成绩。

（一）完工交付情况

2011年，完工交付自升式钻井平台5座、半潜式钻井平台3座、生产平台1座，钻井船2艘、海洋工程船8艘，完成各类海洋工程模块16个。其中：中集来福士交付自升式钻井平台3座；大连船舶重工交工2座自升式钻井平台，开工8座自升式钻井平台。

大连船舶重工集团公司建造的DSJ－300型自升式钻井平台是我国首座具备完全自主知识产权的300ft（91.44m）自升式钻井平台；上海外高桥造船有限公司为中海油建造的“海洋石油981”半潜式钻井平台是中国首座第6代半潜式钻井平台。

海洋工程船建造完工了熔盛重工集团有限公司的3 000m深水铺管起重船、上海船厂船舶有限公司的12缆物探船和深水工程勘察船、浙江造船有限公司的PX105全球首制船、南通中远船务的自升式海上风车安装船等。2011年交付的主要海洋工程装备产品情况见表1。

表1　2011年交付的主要海洋工程装备产品情况

单位:座

企　　业	名　　称	数　　量	业主国籍
大连船舶重工集团公司	胜利十号自升式钻井平台	1	中国
大连船舶重工集团公司	JU2000E-6自升式钻井平台	1	埃及
中集来福士海洋工程有限公司	SS Pantanal自升式钻井平台	1	美国
中集来福士海洋工程有限公司	COSLINNOVATOR自升式钻井平台	1	美国
中集来福士海洋工程有限公司	自升式钻井平台	1	美国
中集来福士海洋工程有限公司	半潜式钻井平台-191	1	中国
中集来福士海洋工程有限公司	半潜式钻井平台-193	1	巴西
上海外高桥造船有限公司	“海洋石油981”半潜式钻井平台	1	中国

(二)新接订单情况

2011年,我国企业抓住国际海洋工程装备市场繁荣的时机,加大接单力度,海洋工程装备建造成交了自升式钻井平台订单9+5座、半潜式钻井平台4座、半潜式钻井支持平台1座、钻井船订单2+2艘。其中,大连船舶重工共接获3座自升式钻井平台和1座半潜式钻井支持平台,并中标了中海油“海洋石油113”FPSO改装项目;上海外高桥获得2+3座自升式钻井平台订单;南通中远船务获得2座自升式钻井平台订单、2座半潜式钻井平台订单;上海船厂承接了2+2艘钻井船订单。

广州船坞与SBM公司合作承接1艘单壳油轮改装FPSO工程;大连中远船务工程有限公司承接1艘来自巴西的FPSO改装工程;中船黄埔中标中海油“流花11-1FPS”钻井平台修理,首次涉足平台修理领域;北船重工完成了“渤海4号”钻井平台修理工程和“海洋石油229”3万t导管架下水驳船一期、二期改造工程,进入海洋工程装备市场。

海洋工程船建造也有收获,上海船厂交付首艘12缆物探船后又承接物探船新订单;广州广船国际股份有限公司承接一艘5万t半潜船订单;渤船重工获得2艘修井/完井船订单,首次涉足海洋工程建造领域。2011年新接主要海洋工程装备产品订单见表2。

表2　2011年新接主要海洋工程装备产品订单

单位:座(艘)

企　　业	名　　称	数　　量	业主国籍
大连船舶重工集团公司	半潜式钻井支持平台	1	美国
中集来福士海洋工程有限公司	半潜式钻井平台	2	挪威
南通中远船务工程有限公司	半潜式钻井平台	2	挪威
大连船舶重工集团公司	自升式钻井平台	1	中国
大连船舶重工集团公司	自升式钻井平台	2	挪威
上海外高桥造船有限公司	自升式钻井平台	2+3	挪威
南通中远船务工程有限公司	自升式钻井平台	2	新加坡
招商局重工	自升式钻井平台	2+2	新加坡
上海船厂船舶有限公司	钻井船	2+2	泰国

二、科技开发与技术进步

2011 年，中国企业在海洋工程装备及其配套设备科技开发方面取得一系列成果，海洋工程装备研发正向着系列化、深水化和高端化方向发展。

（一）海洋工程装备系列化研发

自主开发的 350ft（106.68m）自升式钻井平台基本设计取得 DNV 船级社认可，联合开发的 400ft（121.92m）自升式钻井平台、适用于挪威北海作业的 500ft（152.4m）自升式钻井平台自主设计方案已经完成。

（二）海洋工程装备深水化研制

国内首座用于南海石油开采的 3 000m 深水半潜式钻井平台完成有关深水作业功能调试并交付使用，自主研发的 3 000ft（914.4m）钻井船获得 2 + 2 艘项目合同，“超深海高稳性圆筒型钻探储油平台的关键制造技术”荣获 2011 年度国家科技进步一等奖。

（三）海洋工程装备高端化设计

以自主创新的 16 000kW 多用途海洋平台工作船为载体，开展了产品的三维生产设计研究和工艺研究，突破了多项关键技术，开发的成果在国内多个船厂得到推广应用，16 缆物探船研发设计有序推进。

（四）海洋工程配套设备研发与建造

自主设计的国内最大起重吨位（190t）抱柱式平台起重机顺利移交用户并通过美国 API（美国石油协会）认证。大型海洋平台起重机、250t 超大型低压拖缆机研制成功。1 500m 半潜式钻井平台深水水下电视系统和深水船位仪系统成功交付并填补国内空白。E 级和 H 级深水钻井隔水管样机、国内功率最大的钻井泵 QDP－3000 均研制成功。YQHA3550 大型海洋伸缩起重机研制成功并通过美国船级社检验。

三、重大建设项目

长兴岛海洋装备产业基地规划用地面积约 27km^2，生产性岸线约 21km，目前主要包括中船工业集团、中海工业集团、振华重工集团和长兴配套产业园区。2011 年，长兴岛积极推进先进的船舶制造和海洋工程装备业及科技含量高、附加值高、资源利用率高、环境品质高的相关产业发展，推进的重点项目有：中船长兴造船基地二期、中远长兴船舶海洋工程装备制造基地和中外运长航闵南船厂长兴海洋工程装备配套基。

临港外高桥造船海洋工程装备制造基地第一阶段建设已于 2010 年完工投入生产，2011 年开始实施第二阶段建设，将建设海洋工程总装平台、600t 龙门起重机等重型设施，提升企业的海洋工程装备总装制造能力，达到建设纲领。

大连船舶重工集团船务工程有限公司一期建设项目基本完成，这是大连船舶重工集团在大连长兴岛临港工业区打造的船舶与海洋工程修理及改装基地，用以承接海洋石油 113FPSO 船艏改装项目。

渤船重工海洋工程模块配套中心建设项目进展顺利。

四、重点企业情况

（一）南通中远船务工程有限公司

南通中远船务工程有限公司（简称南通中远船务）具备年建造 6 座海工钻井平台和 10 座海工模块的生产能力。2008 年，公司在启东建设海工基地，一期工程建设“一坞二滑道三码头”、专业化的生产车间及配套设备设施等，目前已建成投产，二期工程正在加快推进。

2011 年，南通中远船务成功交付了我国首制拥有完全自主知识产权的 2 艘 10.5 万 DWT 穿梭油轮、2 艘 5.9 万 DWT 穿梭油轮、2 艘自升式海上风车安装船，实现了从浅海到深海、从油气开发到风电安装、从服务平台到专业船舶的全覆盖。公司一方面加大人才引进和培养力度，另一方面加强研发中心建设，积极推进企业自主创新，扩大海工技术领先优势。“超深海高稳性圆筒型钻探储油平台的关键制造技术”荣获 2011 年度国家科技进步一等奖，南通中远船务海工研发中心成为江苏省首批培育建设“科技创新团队”，被评为江苏省“十一五”

优秀企业技术中心。

（二）烟台中集来福士海洋工程有限公司

烟台中集来福士海洋工程有限公司是一家集设计、建造、调试为一体，具备总包建造高端海洋工程装备及其他特殊用途船舶能力的高新技术企业，公司形成以中集海洋工程研究院为中心，以芝罘、海阳、龙口三个厂区为基地的“一中心、三基地”布局。COSL系列深水半潜式钻井平台、Schahin系列深水半潜式钻井平台、自主研发并建造的SSCV－Ⅰ、SSCV－Ⅱ深水半潜式大型吊装生活平台、Super M2系列自升式钻井平台已成为公司的品牌产品。

2011年，公司交付3座半潜式钻井平台，营业收入为24亿元，上缴税收2.1亿元，新增8亿美元订单。截至2011年底，公司已累计交付深水半潜平台6座。

（三）大连船舶重工集团公司

2006年，大连船舶重工为加强海洋工程装备专业化发展能力成立了大连船舶重工集团海洋工程有限公司，拥有国家级的企业技术中心和生产流程先进的海工基地。目前，公司主要海工产品有自升式钻井平台、半潜式钻井平台、FPSO以及各类海工船，其中自升式平台设计建造技术在国内居于领先地位，400ft（121.92m）自升式钻井平台已成为其主打产品。

2011年，大连船舶重工共开工钻井平台8座，交工2座；承接3座自升式钻井平台和1座半潜式钻井支持平台。自主开发的350ft（106.68m）自升式钻井平台基本设计已取得DNV船级社认可，与GL Noble Denton联合开发的400ft（121.92m）自升式钻井平台已具备推向市场的技术条件，完成了适用于挪威北海作业的500ft（152.4m）自升式钻井平台自主设计方案，3 000m深水半潜式钻井平台获国家能源科技进步一等奖。

（四）上海外高桥造船有限公司

上海外高桥造船有限公司以现代的硬件设施和日趋成熟的管理机制作支撑，确定了以大型船舶和海洋工程为核心的市场定位，在海洋工程的研制和开发方面取得了一定的业绩。至今已完工交付3艘海上浮式生产储油装置，30万t级FPSO填补我国在这一建造领域的空白。

2011年5月，第六代半潜式钻井平台“海洋石油981”交付，其工作水深达3 000m，同时具备动力定位和锚泊定位的能力，具有勘探、钻井、完井与修井作业等功能。2011年，承接了2＋3座F&GJU－2000E型自升式钻井平台，在海洋钻井平台领域取得又一突破。此外，SW10000型钻井船的合同设计已基本完成。

（五）中国海洋石油工程股份有限公司

中国海洋石油工程股份有限公司是国内唯一一家集设计、建造和安装为一体的大型海洋工程企业，也是国内唯一一家承揽海洋石油、天然气开发工程建设的总承包公司。其主要从事海上油气田开发工程及其陆地终端设计与建造，各类码头钢结构建造与安装，各类海底管道与电缆铺设，海上油气田平台导管架和组块装船、运输、安装与调试，以及海洋工程及陆上设施监测与维修等业务，在天津塘沽、山东青岛分别拥有制造基地。

2011年，公司交付2座自升式钻井平台——“海洋石油923”和“海洋石油924”，其工作水深为200ft（60.96m），最大钻井作业深度6 000m。5万t半潜式自航工程船“海洋石油278”在深圳孖洲岛修造船基地举行出坞暨命名仪式，“海洋石油278”船总长222m，总载重量53 500t，是世界上第一艘带动力定位的5万t级以上的自航式半潜工程船。陆丰13－2DPP平台导管架滑移下水工程顺利完成，该导管架高145.6m，8腿12裙桩结构，重达11 389t。

（六）上海振华重工（集团）股份有限公司

上海振华重工（集团）股份有限公司（简称振华重工）的控股方为中国交通建设集团公司。2009年8月，成立了上海振华海洋工程设计研究院。2010年8月，中国交通建设集团收购了全球领先的海上钻井平台设计服务和装备供应商F&G公司100%股权，11月，振华重工与F&G公司就海洋石油工程设备的设计、研发和制造正式签署合作协议,在技术研发力量建设方面走出了重要一步。振华重工的主要海工产品包括大型起重船、铺管船和挖泥船等。

2011 年,振华重工建造的 800t 风电安装船船体顺利完成下潜,该船是专业风电打桩和风电安装船舶,是振华重工进军海上风电市场的首个风电安装项目。2011 年,中标荷兰 Allseas 公司的"Pieter Schelte"号超大型工程船起重臂是迄今为止世界最大工程船起重臂项目,承接的美国 F&G 项目(包含 6 个平台升降电控系统和 4 个平台整套升降系统)正式开工,获得美国 GMC 公司铺管船托管架系统采购合同。

(七)江苏熔盛重工集团有限公司

江苏熔盛重工集团有限公司的海工板块目标产品是第六代半潜式钻井平台、FPSO、海洋工程船和液化天然气运输船。已建成 3 座各配备 2 台 900t 龙门起重机的大型造船坞,1 座配备 1 台 1 600t 龙门起重机和 1 台 600t 龙门起重机的大型海洋工程船坞。

2011 年,熔盛重工交付了国内首个深水海洋工程项目——3 000m 水深深水铺管起重船,船总长 204.65m,型宽 39.20m,型深 14m,航速 12 节,储管能力达 9 000t,作业水深范围 15 ~ 3 000m,起重能力 4 000t/3 500t,铺管速度 5km/d。该产品是我国自主设计建造、亚洲首艘可在水下 3 000m 作业的深水起重铺管船,是世界上第一艘同时具备 3 000m 级深水铺管能力、4 000t 级重型起重能力和 DP - 3 级动力定位能力,并具备自航能力的深水工程作业船,能在除北极外的全球无限航区作业。

(八)太平洋造船集团

太平洋造船集团是一家中外合资民营企业,集船舶设计、制造、贸易于一体,其发展战略是"做细分市场的领导者",主要建造海洋平台供应船。

2011 年,向法国波邦公司交付了两型首制海洋工程船,其中交付了 10 艘批量订单中的首艘 GPA 696 型多功能海洋工程船"Ungundja"号,该船长 100m,配备 DP - 3 动力定位系统,主要从事海洋工程设施的检查、维护和维修服务;全球首艘海洋工程船 PX105,船总长 88.8m,型宽 19m,型深 8m,载重为 4 400t,最大航速 15.5 节,具备 DP - 2 定位功能。

2011 年,太平洋造船集团在挪威 Fosnavaag 成立了分公司,主要负责整合海工船方面的设备供应链,承担着技术支持、生产管理咨询和关系维护等职责。

〔撰稿人:中国船舶重工集团公司经济研究中心　赵泽华〕

从处方式走向效能式的海工标准

从 20 世纪中后期开始,海洋石油工业进入了高速发展时期,不仅为世界工业文明贡献了大量的石油,同时创造了一个又一个工业奇迹。海工标准汇集沉淀了成熟的工业经验,推广了先进成熟的技术、规范,引导和管理海洋石油工业向安全、环保、经济和高效的方向发展,在海洋石油开发的过程中发挥着不可替代的重要作用。海洋石油工业所经受的每一次挑战和事故洗礼,在经过政府和业界的充分反思和研究之后都有力地推动了海工标准的发展。

一、发达国家的海洋石油工业法规体系

当今世界上海洋石油工业发达的国家,经过数

十年工业实践,建立了各具特点的海洋石油工业法规体系。其中美国、英国和挪威的法规体系最具代表性,对我国海工标准体系的建设具有重要的参考价值。

1. 美国

针对海洋矿产开发,美国离海岸3nm内的海域一般由沿岸各州管理,距此之外的外大陆架海域由政府管理。外大陆海域的管理机构包括国安部海岸警卫队(USCG)、内政部矿业管理局(MMS)和运输部,各管理部门通过法律和签署备忘录以明确界面。移动平台主要由USCG负责,但其中钻井许可、钻井安全及生产系统安全由MMS负责。固定平台主要由MMS负责,其中固定设施要由具备资质的机构进行技术评审和检查。救生、消防、起重等重要安全设备仍由USCG负责。海底生产管线由MMS负责,运输管线由运输部负责。2010年4月20日的墨西哥湾井喷事件后,MMS的职能由海洋能源管理、法规与执行局(简称海洋能源管理局,BOEM)取代。

美国的外大陆架海工法规体系由法和联邦规则构成。法主要有外大陆架地产法、外大陆架税分配法、1972海岸区域管理法等11部,从不同角度对外大陆架海域的油气开发活动进行规范。联邦规则(CFR)共有50篇,其中第30篇矿产资源和第46篇航运与海工关联较大。他们主要从技术方面对外大陆架的海洋石油开发做出处方式的规定。墨西哥湾井喷事件促使美国政府对有关海上钻探的30CFR250做出重大修改,加强了对井身结构设计、固井工艺和井控工艺与设备的相关规定。

2. 英国

海上设施由健康与安全执行局(HSE)管理,其核心职能就是评价、验证、检查、调查和实施海上设施的安全案例。船舶由海岸警卫局(MCA)负责监管,而海上事故调查部门(MAIB)则专门进行事故调查。上述三部门相互独立,工作界面依据法规和备忘录的方式划分清楚。

英国海洋工程主要依据的法律是1974工作健康和安全法,主要规则包括安全案例规则、海底管线安全规则、海上设施和管线工作规则、海上设施火灾和爆炸预防与应急响应规则、海上设施和油井规则以及工作设备供应和使用规则六大规则。目前,英国的安全法规是以效能式规定为主。1988年7月6日PiperAlpha平台爆炸事故后,出台了著名的LordCullen调查报告。报告提出了106条建议,对英国的海工法规体系产生了巨大影响,首次引入安全案例的概念,重构了英国海上安全法,改变了过去的处方型规则,推行目标设定型法规,即效能型标准由法规描述目标,作业者可以自己选择方法和设备以达到规定目标,履行他们的法定义务。经过认可的实践标准和指导文件作为安全案例法规的补充。

3. 挪威

经过精简后的挪威海上管理部门仅剩三个,即石油安全局、污染控制局和公共健康局。挪威1969年开始开发海上石油,即时着手法规的制定。到20世纪80年代,法规才比较健全。通过吸取过去几十年的经验,到21世纪对法规进行了重新规划。现在的法规系统、完整。而且值得一提的是,从1985年开始挪威的海上管理部门与工业界以研发、专业研讨和法规制定的方式相互交流,最终推动完成了法规从处方式到效能式的转变。

挪威的海洋工程法规体系由法、规则、指南、解释和标准组成。海工相关的法主要有石油活动法、工作环境法、污染和废弃物法和人员健康法等12部。规则有健康安全和环保框架规则、管理规则、资讯职责规则、设施规则和活动规则5个。其中,健康安全和环保框架规则是对其他4个规则的概括和总结,负责对整个规则体系进行指导;设施规则是硬件规则,包括对结构、钻井、工艺、公用等设备的规定;其余3个规则主要是针对管理、资讯和作业活动的软件要求。指南与规则对应也有5个,用以论证如何满足规则要求。相应的有5个解释用来解释如何理解法规,如何履行法规。在指南中经常指向承认的标准来满足规则规定的功能要求。承认的主要标准有：挪威国内标准、IMO、ISO、IEC、API等。

二、海工标准的发展动向

当今世界的海工法规标准可分为处方式标准(PrescriptiveStandard)、效能式标准(Performance-basedStandard)和混合式标准(HybridStandard)。

处方式标准详细规定了规范条文或行动过程。为了符合法规，作业者必须绝对遵守这些规范条文或行动过程。相比之下，效能式标准详细说明了工业界要达到的目标，但是允许工业界使用灵活的技术和方法来达到这些目标。这一方法允许将先进的科技和方法论吸收进工业实践，而无需对规则做大的修改，并且将责任交给工业界，让他们来开发不断提高安全和环境保护水平的装备。混合式标准是上述二者的结合，即对认为关键的地方采用处方式的规定，同时针对工业界需要一定自由空间来达到特定的目标之处，也规定了主要的功能要素。

目前世界海工标准的发展趋向是由处方式标准向效能式标准或混合式标准转变，也就是标准中效能式规定的成分将逐渐增多。由于效能式标准注重的是标准产生的结果，而不是处方式的措施，所以它强调的是管理目标的实现，允许被管理者选择方法达到预期的结果，从而为工业界提供了灵活运用先进技术的空间，选择效能比较好的方案，而且标准制定后稳定的时间也较长。

英国和挪威的海工标准都已完成从处方式到效能式的转变。美国政府也在墨西哥湾井喷事件之后决心推动本国法规向混合式的方向发展，即对于至关重要、需求迫切和要求高效执行的标准倾向于运用处方式标准，而对长期性的、涵盖面广的、较复杂的标准，可能要引入效能式标准。

但是，效能式标准体系尚处于建设期，而且具有可操作性差的缺点，其功效也有待工业实践的长期检验，可能会造成执行的不确定性，这都给执行机构的技能提出了更高的要求。因此，目前和将来很长一段时间，处方式与效能式法规将长期并存，完全用效能式法规来代替处方式法规是不太可能的。总之，效能式与相应处方式标准相结合可以改进现有的标准体系。

三、我国海工规范标准体系

我国建造的典型海工设施，以海洋石油开发为例，主要包括移动式平台(主要有坐底式平台、自升式平台和浮式平台)、固定式平台、浮式生产储卸装置(FPSO)、海底管道、人工岛以及水下油气生产系统。

目前，我国针对海工设施的法规主要有法律和技术法规两大块。法律主要是国务院及相关主管机关(海事局、安监总局、海洋局、环保等)颁布的条例、部令、规定等。

技术法规主要有：与IMO公约、规则相一致，针对海上移动平台的安全规则，如《海上移动平台安全规则》(1992)及其补充规定等；针对海洋固定生产设施的安全规则，如《海上固定平台安全规则》等；针对FPSO设施的安全规则，如《FPSO安全规则》等；针对海工设施的相关规范及标准主要是国内规范及标准，以及采用的国外行业标准、规范及推荐做法，同时也吸收国外先进国家的技术法规的要求。

中国船级社是主管当局授权的、唯一从事船舶及海洋油气工程入级、法定和第三方发证检验业务的专业机构。中国船级社海工设施规范体系的完整性对我国海工设施及人员安全起着重要的作用。完善中国船级社的海工规范体系，是我国海工规范体系建设中非常关键的部分。中国船级社经过30多年的努力建立了基本的海工规范体系，但是由于我国海洋工程开发建设起步较发达国家晚，目前体系尚不健全，一些尖端的技术规范还需要进一步研究。随着我国海工事业的蓬勃发展、新技术的应用，以及海洋工程设施的开发、设计和建造能力的快速提升，结合国际上海工体系的发展趋势和我国的实际，建设混合型规范体系比较适合我国的海工发展需求。目前，中国船级社致力于完善的海工规范标准体系包含规范、指南共计32本，其中“一类规范”4本、“二类规范”2本、“专项系统及设备规范/指南”8本、“新颖设施建造指南”3本、“推荐性做法及专项技术指南”15本。

〔撰稿人：杨清峡　李明亮〕

关于我国发展海洋浮式生产 LNG 多功能平台的浅见

LNG(Liquefied Natural Gas)即液化天然气。天然气的二氧化碳排放量是原油的1/10，而原油的二氧化碳排放量又是煤炭的1/40，因此LNG属于清洁能源。在发展低碳经济的时代，LNG在常规油气中所占的比重正在逐步加大，其年增长速率已远高于其他形式燃料。以2011年为例，全球LNG的年增长率为6.9%，而其他气体燃料和其他形式的能源则仅为3.1%和1.8%。

传统海上气田开发方式是通过海底天然气管道输送到陆上的液化厂进行液化，或是送至岸上管道终端将天然气储存，再与陆上管道相接外输。这种方式面临海底管道的施工困难、成本高和经济效益差的问题。因此，考虑采取一种新的开发方式，那就是在海上直接将天然气液化，然后用船将液化天然气运往各地。这样，既可减少海底管道施工的困难，又可省去在陆地上建设液化天然气工厂，从而降低成本，提高经济效益，这就需要解决一个能浮在海上的生产液化天然气的多功能平台问题。

1. 海洋浮式生产 LNG 多功能平台的结构

海洋浮式生产LNG多功能平台，在国外称为FLNG(Floating Liquefied Natural Gas System)系统。它通过单点系泊系统定位于作业海域，在船体上装设有天然气液化系统，即相当于将岸上天然气液化工厂安置于FLNG船体的甲板上。但是，由于平台甲板面积只有岸上天然气液化工厂面积的1/4，故而就要使天然气液化系统工艺流程十分紧凑。因为在这个浮式平台上，包括多项功能，不仅能使天然气转化为液态，而且还要将生产出的合格液化天然气储存起来，并定期用船运走，故称之为海洋浮式生产LNG多功能平台。与相同规模的岸上液化天然气工厂相比，这种浮式平台，可减少20%投资，建设工期也可以缩短25%，并且在天然气的液化过程中，其体积骤缩600倍，从而有利于天然气的储存和运输，经济效益非常明显，是海上气田开发装备的新亮点。海洋浮式生产LNG多功能平台的结构组成及工艺流程见图1。

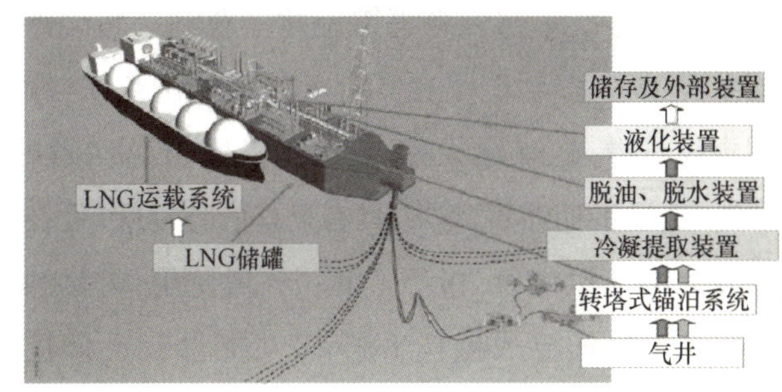

图1　海洋浮式生产LNG多功能平台的结构组成及工艺流程

从图1可以看出，整个FLNG多功能平台由转塔式锚泊系统、立管输气系统、冷凝抽提装置、天然气脱水、脱油处理装置、液氮液化天然气装置、液化天然气储罐以及液化天然气外输卸载系统等组成。气井采出的气，通过立管穿过转塔中心的开孔，输送到多功能平台上；先是进入冷凝抽提装置，将凝析油分出；继而进行脱水、脱油处理；再将干天然气送入液化装置，利用液氮进行天然气液化；最后将合格的液化天然气，送入储舱内储存，并适时卸载外输。

2. 海洋浮式生产 LNG 多功能平台的应用范围

海洋浮式生产LNG多功能平台的应用范围比较广泛，无论是深水还是浅水，无论是远海还是近海均可应用。具体来说，可以概括为以下海上气田范围：

(1)深水气田开发

海洋浮式生产LNG多功能平台最主要的是适

用于深水气田开发。它与海底采气系统和LNG运输船可以组合成一个完整的深水采气、油气水处理、天然气液化、LNG储存和卸载系统,从而完美地实现深水气田的高速度、高质量和高效益的开发,因为它具有适应深水采气(与海底完井系统组合)的能力、在深水海域中较强的抗风浪的能力、大产量的LNG液化和油气水生产处理能力、大容量的LNG储存能力和LNG卸载外输能力。

(2)边际气田开发

边际气田,是指从经济效益上衡量处于可获利开发与获利少可不开发边界的气田,它往往需要通过采用先进技术与装备等措施才能获利。海洋浮式生产LNG多功能平台具有良好的经济性,与相同规模的岸上液化天然气工厂相比,投资减少20%,建设工期缩短25%;具有良好的移动性,可在开发完某气田之后,移动至下一气田使用,重复利用率高。海洋浮式生产LNG多功能平台灵活性高,可以与井口平台组合,也可以与自升式或浮式钻采平台组合,因而深水、浅水、远海、近海边际气田均可适用。

(3)气田早期开发

早期生产(early production),是指油气田勘探过程中,当探井发现可开采气田之后,在全面开发方案未准备好及天然气生产设施未建成之前,于气田开发早期的短时间内,利用先进工艺技术、装备设施,使局部气田投入生产,尽早获得经济效益的开发方式。由于海洋浮式生产LNG多功能平台既可与导管架井口平台组合,也可与自升式或浮式钻采平台组合成为完整的海上采气、油气水处理、液化和LNG储存、卸载系统,因而无论是深水、浅水还是远海或近海,均可应用它进行气田早期生产,尽早获得经济效益。

综合上述三个方面不难看出,海洋浮式生产LNG多功能平台是一种用途非常广泛的极具发展前景的海上气田开发装备,很值得我国石油、石化装备行业关注。

3. 发展FLNG多功能平台需要解决的难题

目前,海洋浮式生产LNG多功能平台建设处于全球海洋油气工程建造的最前沿,在全世界范围内还只是起步阶段,由皇家荷兰壳牌公司投资30亿美元、目前全球唯一在建的FLNG多功能平台,拟于2016年投产,将在距西澳大利亚州200km的前奏曲气田(Prelude gas field)进行作业,已成为近年海洋油气工程领域研究的热点之一。但它的发展还有不少难题,主要有:

(1)容器内LNG的减晃技术

由于液舱内LNG的流动性远高于原油的流动性,因而海洋浮式生产LNG多功能平台船体的运动将会引发舱内LNG的晃荡。LNG的晃荡带来的危害是:

1)船体受到较大伤害。由于舱内LNG的晃荡,反过来会影响这种浮式平台的船体的整体运动,在产生共振的情况下,将引起船体疲劳损伤。

2)液化生产效率降低。在风、浪、流等影响下而产生的船体剧烈运动,使得安装于FLNG甲板上的液化装置,处在不断运动的环境中,剧烈运动的液化装置所引起的LNG晃荡,将使液化生产效率大大降低。因此,这就要求解决液化装置的几何形状、尺寸以及其内部构件的几何形状、尺寸等的合理设计问题,从而保证液化装置能经受60°横摇和30°纵摇。

(2)尾输卸载的软管技术

自海洋浮式生产LNG多功能平台上,向LNG运输船卸载时,多采用尾输的方法。所谓“尾输”是指自浮式多功能平台的尾部,用软管将LNG输运到LNG运输船的船艏的方法。这就要有能满足要求的特殊软管。FLNG尾输卸载作业时,是通过一根系泊缆与LNG运输船连接,以保证LNG的软管进行卸载。通常一个卸载过程大约在20h左右,输送软管需要全程浮于水面之上。但是,由于LNG必须保持-162℃的超低温,因而不仅要求输送软管的材料能承受超低温,而且软管本身还要不受海水较长时间的温度影响,保持恒超低温。此外,输送软管还要能克服FLNG与LNG运输船两船相对运动的影响。目前我国尚无这种高端产品,需要自主创新,解决研制难题。海洋浮式生产 LNG 多功能平台卸载尾输法示意见图 2。

图 2 海洋浮式生产 LNG 多功能平台卸载尾输法示意

(3)液化工艺的改进技术

海洋浮式生产 LNG 多功能平台上的生产液化天然气部分仅相当于岸上工厂面积的 1/4,这个工艺流程如何进行设计,就成为要解决的重要难题之一。一般均以液氮作为制冷剂,使天然气液化。但是,针对位于海上平台的特点,对这种制冷剂则又提出了特殊要求。例如,不仅要求制冷剂具有对不同产地的天然气的高适应性,还要求它的热效率要高,并且在面临恶劣天气时能快速停机,移动至另一个生产位置后,又能迅速开机。总之,这些难题都需要通过改进液化工艺加以解决。

(4)安全生产的保障技术

海洋浮式生产 LNG 多功能平台的核心部分是一个相当于岸上的天然气液化工厂。在整个加工生产过程中,无论是天然气气体逸出或是液化天然气流出,均会导致发生火灾。一旦在海洋平台上发生火灾,危害将非常严重。因此,解决生产安全问题,就成为发展海洋浮式生产 LNG 多功能平台需要解决的重中之重。这就要求从设计、建造一直到安装、使用、维修的整个系统的各个环节中,都要严格遵守《海洋石油作业安全管理规定》。另外,还要求要解决好整个工艺流程及所有装备设施的自动安全保护系统以及快速高效消防系统的技术与装备的研发问题,以防患于未然,做到万无一失。

4. 对我国发展 FLNG 多功能平台的几点建议

当前,从陆地走向海洋已成为全球油气资源开发的必然趋势。为了经济高效地开发深海气田,尤其是海洋边际气田、小型气田,FLNG 概念应运而生。根据近年全球对 FLNG 的投资预测,FLNG 将呈快速增长趋势。2010 ~ 2016 年全球对 FLNG 投资的预测见图 3。

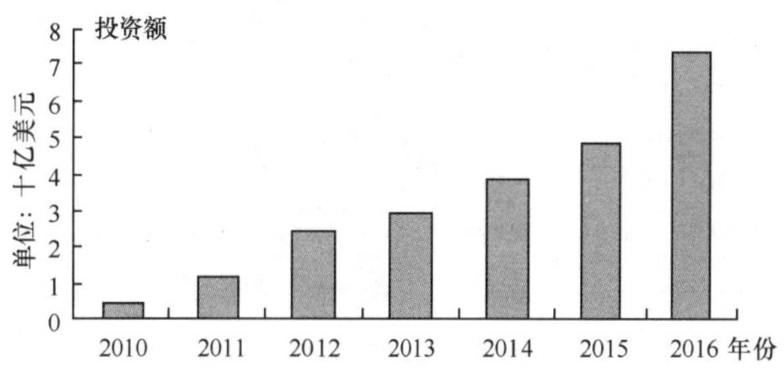

图 3 2010 ~ 2016 年全球对 FLNG 投资的预测

我国海洋天然气资源丰富且分散,深海气田、边际小气田和低品味天然气资源不少,非常适宜使用 FLNG。因此,发展海洋浮式生产 LNG 多功能平台对我国具有特殊重要意义,我国宜尽早启动对海洋浮式生产 LNG 多功能平台的研制工作。对于这项工作的开展,笔者提出几点具体建议:

(1)充分发挥我国已有优势

我国虽然尚未建造过海洋浮式生产 LNG 多功能平台,但是在与它相类似的浮式平台的建造中积累了丰富的经验。

1)我国具有建造生产储油轮(FPSO)的经验

据统计,至今我国已自主设计与建造了生产储油轮(FPSO)11 艘,积累了丰富经验。虽然,FLNG 与生产储油轮有不少差别,但是相同之处也很多。因此,只要发挥这方面的优势,必然会给我国建造 FLNG 创造出有利的条件。

2)我国具有建造单点系泊(SMS)的经验

FLNG 是通过单点系泊系统(Single - Point Turret Mooring System)定位于目标海域的。单点系泊系统可以使 FLNG 在海洋环境条件下产生良好的风标效应,从而使 FLNG 船体所受环境载荷趋于最小,进而降低船体的运动响应及其系泊系统所承受的载荷。我国已建造过 SPM 多座,具有实验、研究、设计、建造的丰富经验。虽然,FLNG 采用的是转塔型单点系泊系统,有其特点;但是,我国建造

SPM的经验，对FLNG建造仍然是十分宝贵的。FLNG多功能平台的转塔型单点系泊系统示意见图4。

图4 FLNG多功能平台的转塔型单点系泊系统示意

3)我国具有设计建造FPDSO的经验

我国中远船务工程有限公司的启东基地，于2010年成功建成世界首座最先进的圆筒型超深水第六代半潜式钻井采油储油卸载多功能平台(FPDSO)，并已交付给买方巴西，目前已在巴西海域投入使用。这座高135m、直径84m、工作水深3 050m的多功能平台，如图5所示，它与FPSO相类似，但功能更全、尺度更大，故这些设计、建造经验，对FLNG具有重要价值。

图5 我国建造的圆筒型超深水半潜式钻井采油储油卸载多功能平台

4)我国具有设计建造液化天然气运输船的经验

我国制造的第一艘液化天然气(LNG)运输船"大鹏昊"号，是世界上最大的薄膜型LNG船，船长292m、宽43.35m、型深26.25m，装载量为14.7万m^3，时速19.5节。它已于2008年4月顺利交船，这标志着我国已开始建造LNG船。此后，我国又先后建造了五艘LNG船，积累了一定经验，这对于我国发展FLNG多功能平台具有重要的意义。

(2)学习借鉴国外先进经验

目前，全球发展FLNG多功能平台虽然只是刚刚起步，但是国外有些石油和天然气公司已经在开展FLNG技术的研究，并且取得了一些技术创新。如：皇家荷兰壳牌公司，将投资30亿美元建造世界上第一艘FLNG，该FLNG将在距西澳大利亚州200km的前奏曲气田(Prelude gas field)进行作业，拟于2016年投产；马来西亚石油公司，已于2011年2月委托法国德西尼布公司与大宇造船和船舶工程公司合作，对应用于马来西亚海域的FLNG开始了前端工程设计工作。总之，国外在研究、设计、建造FLNG中的一些先进经验，均值得我国学习借鉴，有助于我国发展FLNG多功能平台。

(3)组织起来通力合作攻关

目前，FLNG技术在全世界范围正处于起步阶段，近年已成为海洋油气工程领域研究的热点之一。我国应紧跟世界步伐，尽早启动海洋浮式生产LNG多功能平台的研制工作。但是这就需要将有关企业、科研院所、高等院校组织起来"形成拳头"，各方面通力合作，进行"攻关"。这里的"攻关"指的就是要解决好本文前面提出的难题中的关键技术问题。

FLNG技术处于当前全球海洋油气工程的最前沿，海洋浮式生产LNG多功能平台属于高端产品，FLNG的建造位于战略性新兴产业领域之中。因此，建议国家应将其在国家"863"科研计划中列项，由国家科技部门统一领导，才能统筹协调全国有关企业、事业单位的力量，"集中优势兵力"，"形成拳头"，实现组织起来通力合作，"形成主攻方向"，进行"攻关"，才有可能在较短时期内，取得突破性进展。

〔撰稿人：中国石油大学(北京)　方华灿〕

我国海洋工程装备设计的竞争格局

随着世界海洋工程装备市场需求的逐步增加和国内造船技术水平的不断提高，我国在海洋工程装备设计、建造领域取得了长足的进步。自主设计建造了国内吨位最大、技术最先进的 30 万 t FPSO，实现了 400ft(121.92m) 自升式钻井平台的总承包建造，成功建造并交付了当今世界最先进的第六代 3 000m 水深半潜式钻井平台等。但也必须清醒地意识到，我国海洋工程装备的研发、设计能力还很薄弱，设计技术和核心装备仍主要依赖进口，已建和在建的海洋工程装备的设计方案多数来自欧美设计公司，自主设计、建造的海洋工程装备主要用于国内浅海油气田的开发，尚未进入国际主流产品市场，尚不具备 100m 以下水深自升式钻井平台、深水半潜式平台、深水 FPSO 等装备的自主设计能力，以及具有国际市场竞争力的深海海洋工程辅助船的自主设计能力，尤其是新型高端装备的设计建造技术仍属空缺，如在 SPAR 平台、LNG - FPSO、多功效自升式平台等新型海洋工程装备的设计建造领域，与国外先进水平相比尚有较大的差距。为此，我国把海洋工程装备产业作为当前加快培育和发展的战略性新兴产业，出台了一系列政策及规划，提出了相应的发展目标。就海工产品设计建造而言，《海洋工程装备产业创新发展战略(2011 ~ 2020)》要求：到 2015 年，我国基本形成海洋工程装备产业的设计制造体系，初步掌握主力海洋工程装备的自主设计技术；到 2020 年，形成完整的科研开发、总装制造、设备供应和技术服务产业体系，具备新型海洋工程装备的自主设计建造能力。显然，在国家政策的大力支持下，未来十年是我国海洋工程装备产业发展的关键时期，为实现这一目标，我国海洋工程相关研发机构和制造企业必须加大对这一领域的投资和研发力度。

为了能清楚地剖析我国海工装备产业设计竞争格局现状，本文从优势、劣势及其细分市场、代表厂商四个方面就我国参与海工设计的主体加以分析，以利于各海工企业之间明确自己的定位，并建立良性竞争体系。

目前，我国参与海洋工程装备设计的主体有四类：(1)国有专业设计院；(2)大型国有造船企业的设计队伍；(3)外资船舶设计公司；(4)民营船舶设计公司。目前以上海船舶研究设计院、708 所为代表的国有设计院技术实力雄厚，占据行业主导地位。这两家单位隶属于中国船舶工业集团公司(以下简称中船集团)，中船集团旗下船厂的船舶设计基本交给这两家国有设计院。这两家设计院同时还占据民营船厂大部分高端船型设计订单，以及中国船舶重工集团公司(以下简称中船重工)大部分造船厂的海洋工程的设计订单。

我国大型国有造船企业主要依托自身设计队伍，设计能力强，具有部分船型的详细设计能力，但基本只为自身船厂服务。在我国的外资设计公司，尽管技术领先，但由于运营成本高，服务链仅限于前端，对我国市场把握能力弱，市场份额较小。而民营海工设计公司目前与其他主体实行错位竞争，相对于国有设计院具有灵活高效的机制，设计能力正迅速提升，主攻民营船厂的中低端船型。我国海工设计行业市场竞争格局见表 1。

表1 我国海工设计行业市场竞争格局

市场竞争者	优势	劣势	细分市场	代表厂商
国有专业设计院	技术和人才实力强，有国家政策支持	运营机制不灵活，参与市场竞争意识弱	两大船舶集团旗下船厂，民营船厂的高端船型	上海船舶设计研究院、708所等
大型国有造船企业的设计队伍	依托自有船厂，设计生产能力强	不参与对外竞争，基本限于设计生产，详细设计能力弱	自造船舶的大部分设计生产，部分船舶的前期设计和详细设计，基本不参与对外竞争	沪东中华造船（集团）有限公司、外高桥造船厂设计部门
外资船舶设计公司	技术水平高，代表了国际先进水平	收费昂贵，对国内市场把握能力弱	主要为外国船东进行前期的基本设计和合同设计	大连福凯船舶设计有限公司、上海杰星船舶科技有限公司等
民营船舶设计公司	机制灵活，服务意识强，技术能力提高迅速	技术实力相对较弱，开拓两大船舶集团旗下船厂订单有壁垒	民营船厂低端船型，国有船厂的部分特种船型	上海佳豪船舶工程设计有限公司、上海京荣船舶设计有限公司、上海欧得利船舶工程有限公司等。

从上表可以看出，四类设计公司中，国有专业设计院专注于高技术、尖端船舶和海洋工程装备的研究，受体制约束，一般不参与EPC业务（指对一个工程负责进行“设计、采购、施工”，与通常所说的工程总承包含义相似）；大型船厂的设计部门只具备一般性的设计生产能力，缺乏详细设计能力，即使有也是部分船型的详细设计能力；外资设计公司主要为外国船东进行前期的基本设计和合同设计，市场份额逐步萎缩；随着民营设计公司设计能力的逐步提升，国内大型民营船厂如熔盛重工、扬子江船业、太平洋重工等希冀把高端船型订单从国有设计院转移到民营设计公司，因为国内两大船舶集团毕竟是民营船厂最大的竞争对手，民营船厂不会愿意在设计上受制于人。

〔撰稿人：中国海洋工程网首席分析师　易海文〕

延伸阅读之一

我国海洋工程装备明确发展重点

目前，我国海洋石油平均探明率仅为12%，海洋天然气探明率仅为10%，随着能源消耗的日益增长，对外依存度逐渐提高，海洋这个“聚宝盆”的重要性日益突显。

“十二五”期间，我国要突破海洋深水勘探、钻井等装备核心技术，大力发展海洋油气开发装备，促进产业体系化和规模化发展。海洋工程装备要面向国内外海洋资源开发的重大需求，以海洋油气开发装备为主要突破口，大力发展海洋矿产资源开发装备制造业。围绕勘探、开发、生产、加工、储运以及海上作业与辅助服务等环节的需求，重点发展大型海上浮式结构物、水下系统和作业装备等海洋工程装备及其关键设备与系统，掌握核心关键设计建造技术，提高总承包能力和专业化分包能力。

值得一提的是，我国海洋工程装备未来发展重点也基本圈定。

〔供稿单位：中国石油和石油化工设备工业协会〕

延伸阅读之二

我国海洋工程装备制造产业发展空间广阔

据有关研究预测，目前国际海洋工程装备市场容量每年约为400亿到500亿美元 。在我国，伴随着对海上油气等资源的开发投入，预计未来5年海洋工程设备市场规模每年都将超过500亿美元。巨大的市场为相关企业提供了难得的发展机遇。

有关人士分析认为，海洋石油占全球石油总产量的比例不断提高，待开发的海洋油气田数量远远超过正在建设的油气田，故需要更加庞大的钻井平台保有量，以支撑不断扩大的开发规模。预计全球海洋工程装备每年全球市场容量超过1 000亿美元，并将长期保持增长。

2012年7月26日6点17分，“蛟龙”号载人潜水器成功下潜至5 057m水深，突破5 000m水深大关，表明我国载人深潜技术已达到世界先进水平，将为我国海洋资源探索奠定坚实基础，并为我国海洋工程装备的发展打开更广阔的空间。

另外，我国30%以上的自升式平台已经超过30年船龄，由此带来安全隐患和钻井效率低的弊端，未来更新需求将逐步增加。自升式钻井船在超深水领域比半潜式更有优势，未来占平台总量的比例将提升，对半潜式平台形成一定的替代。

“十二五”期间国际国内市场机会众多，而我国海洋工程领域相关企业逐步具备了基础设计能力，并能够以总包形式制造先进的超深水钻井船，国际市场地位不断增强。虽然我国海洋工程企业与韩国、新加坡企业相比，在项目管理 、制造工艺、关键设备配套等方面仍有差距，但目前韩国、新加坡企业在手订单十分饱满，2013年订单数量接近2007~2008年顶峰水平，产能趋紧，这有利于后续海洋工程订单转移到中国。

另有消息称，国内部分石油企业已获准于“十二五”期间在我国的近海大陆架和大陆坡再建设5 000万t石油产能，此举带动的海洋工程装备总投资将超过2 500亿元。

〔供稿单位：中国石油和石油化工设备工业协会〕

延伸阅读之三

全球平台利用率呈上升势头

据统计，截至2011年7月29日全球海上钻井平台利用率为78.7%，略有上升。具体来看，7月全球主要海上钻井设备的利用率（钻井驳船为80%、钻井船为74.6%、自升式为76.2%、半潜式为85.1%、钻井辅助船为82.1%），与6月份相比，除钻井驳船外均有上升。

西北欧自升式船队使用率已连续7个月上升，目前在95%左右。中等水深半潜式船队利用率在连续6个月持平后，7月有所上升。全球对于深水钻井平台的需求依然强劲，船队利用率超过95%。

2011年6月海洋工程船市场新增订单为8.13万总吨、22艘；分别较5月的4万总吨、10艘大增一倍多，足见市场的热度。

移动钻井平台的利用率直接反映了当前海洋油气开采的繁荣程度，全球自升式平台的实际利用率自2010年底以来呈现明显上升趋势。

中船集团有关负责人也直言，近年来各国加大了对海洋资源的开发力度，掀起海洋工程装备建设的高潮。浮式生产储油船（FPSO）、自升式钻井平台和半潜式钻井平台等高端海工装备市场需求火爆。我国船舶企业也紧跟市场变化，加大了海工装备的开发建造力度，并逐步获得国际市场认可，国际订单开始增加。

根据ODS统计，截至2011年4月，我国共建造完成移动式钻井平台26座，其中有7座的客户是海外客户。

2011年5月底，由上海外高桥造船有限公司自主设计建造的、当今世界最先进的第六代3 000m深水半潜式钻井平台正式命名交付。该平台投资额为60亿元，是我国拥有自主知识产权的海工装备“重器”，可满足在世界各海域作业要求，是目前世界海洋工程装备市场上技术要求最高、难度最大的产品。

与此同时，从巴西海域传来消息：由大连船舶重工建造的国内首座3 000m深水半潜式钻井平台已经正式投入油井钻探作业，经过实践检验，其技术性能完全达到设计标准。

目前我国企业共有31座移动平台在手订单，其中自升式平台14座、半潜式9座、钻井船5条，分别占全球订单总量的21%、33%和10%，另有3座为辅助平台。所有在手订单中，预计只有7～11座的所有者为国内企业，表明我国企业逐步为国际市场所接受。

〔供稿单位：中国石油和石油化工设备工业协会〕

延伸阅读之四

我国海工装备多个项目列入技术创新平台建设

《国家能源科技“十二五”规划（2011～2015）》（以下简称《规划》）已于2011年12月正式发布。《规划》在发展目标中强调，通过重大能源技术研发、装备研制、示范工程实施以及技术创新平台建设，在能源勘探与开采等领域所需的关键技术和装备上实现自主化，部分技术和装备达到国际先进水平。为此，《规划》在布置重大专项的重点任务时，把海洋（含滩海）石油装备与工具、大型天然气液化处理与储运装置列为重大技术装备，将海洋工程装备研发平台、海洋石油钻井平台技术研发平台列为技术创新平台。

针对重大技术装备，《规划》提出，海洋（含滩海）石油装备与工具在2011～2017年要实现以下目标：研制成功深水浮式钻井装置、水下生产系统、深水铺管船、自升式钻井平台、深水物探船等设备，并掌握相关配套工程技术。具体研究内容包括：3 000m深水半潜式钻井平台配套工程技术，水下生产系统，3 000m深水起重铺管船及其配套工程技术，深水大型物探船及其配套技术，海洋高精度地震勘探成套技术装备，海洋复杂油气藏三维测井综合评价成套技术与装备，海上油气田注二氧化碳采油配套工艺技术及工具，深水大型工程地质勘察船及其配套技术，滩海油田钻采试油、试采一体化平台。

大型液化天然气储运装备的发展目标是，在2011～2017年研制成功大型液化天然气（LNG）装备，实现天然气的安全、低成本储运。研制内容主要有20万m^3及以上的大型LNG船，包括壳体设计，储罐冷却方式、结构形式和绝热技术以及再液化装备的设计等。

针对技术创新平台，《规划》提出，海洋工程装备研发平台的建设目标为：完善海上资源开发所需勘探、生产、储运等装备的研究开发、设计和试验手段，建立海洋工程装备研发实验平台和国内外合作交流平台，形成海洋能源装备基础共性技术研究、设计、建造、安装、监测与维护、配套装备等技术的研发能力，建成具有完整海洋工程装备研究、试验、设计、建造和配套能力的国家级能源装备研发中心。海洋工程装备研发平台建设与研发内容包括深海装备模型试验与现场测试技术、海洋工程装备安全性评估与监测技术、海洋工程大型集成软件开发技术、海洋油气开发事故应急救援与处理技术。

海洋石油钻井平台技术研发平台的建设目标是：建成国际一流的海洋石油钻井平台研究中心，具备移动式钻井平台、浮式生产装置、特种工程船舶以及新型海洋石油平台等覆盖主流海洋工程产品的自主设计开发能力，推动海洋石油钻井平台核心关键设备的国产化进程。其建设和研发内容为：海洋石油钻井平台设计与集成技术，海洋油气平台装备总装技术，海工材料技术，自升式、半潜式海洋石油钻井平台技术，海洋工程三维技术，动力定位和自控制技术。

〔供稿单位：中国石油和石油化工设备工业协会〕

延伸阅读之五

国家出台多项利好政策，优先发展海洋工程装备

2011年6月，国家发展和改革委员会、科技部、工业和信息化部、商务部、知识产权局联合发布了《当前优先发展的高技术产业化重点领域指南(2011年度)》。该指南确定了包括高技术船舶、海洋工程装备及相关配套产品在内的137个优先发展高技术产业化重点领域。

2011年9月，国家发展和改革委员会、科技部、工业和信息化部和国家能源局等4部门联合下发《关于印发海洋工程装备产业创新发展战略(2011～2020)的通知》。《通知》明确了发展海洋工程装备产业的方向，并确定了主力海洋工程装备、新型海洋工程装备、前瞻性海洋工程装备、关键配套设备和系统、关键共性技术等五大战略重点。

2012年3月12日，财政部等四部门联合发布的《关于调整重大技术装备进口税收政策有关目录的通知》明确，从2012年4月1日起对重大技术装备进口税收政策有关装备和产品目录、进口关键零部件和原材料目录、进口不予免税的设备和产品目录等予以调整，其中新增的28项重大技术装备中海工装备占了5项，包括自升式钻井平台、海上浮式生产储卸油装置、深海铺管船(平台)、大型浮式起重船、海上及潮间带风机安装船。生产上述五大海工装备产品而进口所列附件中相关零部件和原材料商品，免征关税和进口环节增值税，有利于海工装备的国产化进程。

据了解，海洋工程装备的毛利率可达30%，而造船业毛利率仅有18%左右。在传统造船业务遭遇困局的背景下，很多船企积极地转向海工装备制造。海工装备涉及海洋油气开发、海工平台制造、配套设备制造、油气开采服务以及设备设计总承等多个领域，振华重工、中国船舶、中国重工、中集集团、海油工程等相关上市公司将从中充分受益。

〔供稿单位：中国石油和石油化工设备工业协会〕

延伸阅读之六

我国造船业转型海工装备制造，开辟了新的市场商机

据中国船舶工业协会(CANSI)发布的统计数据显示,2011年,我国造船完工量为7 665万载重吨,同比增长16.9%;新接船舶订单量为3 622万载重吨,同比下降51.9%;截至12月底,手持船舶订单量为14 991万载重吨,比2010年底下降23.5%。

据了解,2011年全世界范围内的船舶订单总额共为904亿美元,与2010年1 001亿美元相比下降9.7%。世界船舶订单总额在2007年达到顶点(2 694亿美元)之后,2008年达到1 788亿美元、2009年为1 404亿美元,而2011年再下降到1 000亿美元以下的水平。

对于包括我国在内的主要造船国家来说,船东取消订单、新接订单量减少都将让产能过剩的问题越发突出。目前造船完工量已经连续12个月超过同期新接订单量。在统计范围内的船厂中,三分之一的企业没有接到订单。

因为航运市场的极度低迷,令造船业的"交船难、接单难"问题雪上加霜。一些中小船厂已经传出倒闭消息。

根据业内人士的判断,在全世界订单总额持续低迷之时,钻井船、LNG船、超大型集装箱船等高附加值船舶订单量却有大幅上升,尤其是钻井船。美国及巴西船东主要订购钻井船等高附加值船舶,去年美国船东订购17艘钻井船,巴西也订购了7艘钻井船。而他们订购的总价分别大幅上升176%及313%,分别订购了158亿美元及58亿美元的船舶。

继去年之后,2012年,海洋钻井及生产设备订单也持续保持较良好的趋势。最近油价及天然气的价格呈上升趋势,因此主要能源资源开发商(E&P)将在2012年大幅扩大对深海生产设备的投资,投资金额预计达到6 000亿美元左右,比2011年约上升10%,如果油价再上升,那么其投资金额也将进一步扩大。

总的来说,2012年对LNG船、钻井船、海洋平台(FPSO,FSRU等)等海洋设备的需求也持续保持上升趋势。海洋设备订单一般选择项目基金,而选择船舶基金的比率较低,所以受到欧洲债务危机影响的可能性很低。

2011年,我国承接的海工装备订单明显增加。据统计,我国造船企业共获得18座(艘)海工装备订单,成交金额接近50亿美元(未含海工辅助船和工作船),约占全球海工装备成交额的10%。

另外,船厂膨胀太快是导致当前船厂订单减少的原因之一,当前我国共有逾4 000家造船厂。世界经济在未来几年存在诸多的不确定性,短期内,市场很难消化目前已有的船舶订单,供大于求会持续较长时间。

不少监船工程和船舶设计专家认为,船舶行业持续低迷和银行业收紧对造船业的融资,新一轮洗牌难免,一半船厂或被兼并重组,而研发能力弱、转型慢、资金缺的企业势必成为淘汰对象,注重新技术运用和新船型开发,才是挽救造船业颓势的必由之路。

2011年,船舶企业为适应市场变化,调结构、转方式的步伐明显加快,瞄准高端船型的开发,陆续承造、交付了系列新船型。例如,沪东中华承接了4艘17.2万m^3液化天然气(LNG)船和4+2艘万箱集装箱船订单,江苏扬子江船业和大船集团分别获得25艘1万箱集装箱船和4+2艘万箱集装箱船订单。

〔供稿单位:中国石油和石油化工设备工业协会〕

调结构 转方式
实现可持续发展

中国石油集团渤海

海洋工程装备发展历程

21世纪是属于海洋的世纪。目前国际海洋工程装备市场容量每年约为400亿到500亿美元。伴随着对海上油气等资源的开发投入，预计未来5年，我国海洋工程设备市场规模每年都将超过500亿美元（约3 000亿元人民币）。巨大的市场为相关企业提供了难得的发展机遇。同时，我国30%以上的自升式钻井平台已经超过30年船龄，由此产生安全隐患和钻井效率低的弊端，未来更新需求将逐步增加。

钻井平台造价高、技术含量高、涉及领域广，国内现有的产能远不能满足国内外市场的需求，以前国内钻井平台的制造完全依赖国外设计，知识产权受制于人，这一瓶颈问题急需解决，走独立自主研发之路，对促进我国海洋装备早日实现国产化，缩小与发达国家之间的差距，保证国家的海洋油气资源不受侵犯等具有非常重要的现实意义。

一、发展篇

2012年4月，中国石油辽河装备制造业务重组划归中国石油集团渤海石油装备制造有限公司（简称公司）后，公司在辽宁盘锦就拥有两大生产基地：一是海工平台生产基地，位于盘锦市辽滨经济开发区，占地面积213.33万m^2，拥有适合海洋工程装备建造的有效宽度64m的3万t船台、有效宽度86m的5万t船台各一座；二是陆地及海洋钻机生产基地，拥有世界上大规模的陆地钻机成套中心，可以同时成套18部大型钻机。同时，公司正在浙江宁波筹建中石油象山海工基地。

2005年，公司就明确将海洋工程装备列为发展方向，海工基地发展宗旨就是海洋+石油装备，作为拥有海工基地的专业石油装备制造企业，公司有其它船厂无可比拟的对钻井工艺、石油装备技术和人才的优势。通过发挥比较优势，既不与国内大船厂争大船，又不与民营船厂争小船，而是突出“石油+装备+海洋”的优势，重点发展海洋石油开发所需的海洋工程装备和特种工程船，加快海洋工程装备的核心技术开发和市场占有率，实现“做特、做强、做大”。

公司辽河重工有限公司自2005年开始筹划海工基地，海工基地边建设、边生产，用了5年的时间完成了海洋石油装备建造的能力建设，通过实战锻炼队伍，为钻井平台的设计建造积累人才和经验。在“十一五”期间，公司辽河重工有限公司产品从以钻机制造为主发展到以海洋工程装备为主，经济规模从5 000万元发展到15亿元。

二、攻关篇——科技创新之路

生产未动，科技先行，公司一开始就立足科技创新之路。通过建立专门的研发机构，建立有效的组织模式，构建资源共享、人才流动、高效灵活、自我发展的良性运行机制。建立动态的人员流动和合作机制，使得作为核心的科技创新资源的人才得到有效整合。到目前，公司直接从事海洋工程装备研究设计的技术人员已经达到260多人，涵盖30多个专业，掌握海上石油装备、海上新能源装备的设计和制造技术，具备概念设计、基本设计、详细设计和生产设计全过程创新设计能力，拥有A M /AEVEA 12船舶三维设计、SESAM钻井平台三维设计、UG零件三维设计、CATIA三维有限元计算、SACS结构三维设计软件、MASTERSHIP、SB3DS等船舶设计软件、CASA、NAPA专业力学分析软件。

海工基地筹建的同时，公司就开始组织自升式钻井平台的科技攻关。2006年6月～2007年12月，与大连理工合作成立钻井平台项目组，开展作业水深250ft（1ft=0.3048m)钻井深度7 000m自升式钻井平台的基本设计，并被列为辽河石油勘探局的重点科技攻关项目，后将作业水深升级为300ft，到2007年7月具备了基本送审的条件。在开展设计工作的同时，2007年8月～12月开展“自升式海洋钻井平台建造总体规划及重点工艺方案研究”。通过项目的开展，为CP-300的开发奠定了技术和人才储备。2007年12月～2008年9月期间，船东要求将钻井深度增加到9 000m。

石油装备制造有限公司

三、实战篇——历史的丰碑

1. 决策过程

与西方发达国家相比，我国在海洋钻采设备制造方面的专业化程度较低，集团化、国际化程度较差，虽然国际上钻井平台基本设计技术相对成熟，但我国在知识产权、配套设备上还受制于人。核心技术是钱买不来的，也是市场换不来的，必须靠我们自力更生。

2008年9月，面对全球金融危机，面对严峻的生产经营形势，公司领导果断决定：什么都可以停，但研发不能停。确定“抓研发、练内功、做市场”的九字方针，秉承“造中国最好石油钻机、创世界名牌海工产品”的理念，潜心钻研，不断攻克难关，结合用户实际需求，加快新产品的研发和现有产品的技术升级。进一步培育了自己的核心技术，形成新的技术储备。

2. 艰难攻关

由辽河重工有限公司设计建造的CP-300自升式钻井平台项目是辽宁省2009～2011年重点支持项目和重大科技攻关项目。该项目是面对国外技术封锁首次进行全阶段自主研发设计的大型海洋工程装备，在国内具有开拓性的意义。在项目开展过程中，设置了16个专业主管，动用120余名设计人员加班加点历时1年零4个月协同设计，为大型项目的协同管理探索了一条路子。CP-300钻井平台的研制，凝结了公司所有人的心血和智慧。

CP-300钻井平台项目于2009年8月15日全面进入设计阶段，于2009年10月份确定方案并邀请全国平台方面专家进行方案评审。2009年10月22日开始陆续送审。2010年12月末全部完成生产设计图样。2010年9月28日正式开工建造，于2011年11月20日下水。CP-300桁架腿自升式钻井平台在自主完成基本设计（包含三维建模及计算）、详细设计、生产设计、工艺技术研究，CCS退审并投入实质建造方面，填补了国内空白，突破了国外技术封锁。通过研究掌握自升式平台设计核心技术，形成具有平台设计与建造能力的优势，拥有自主知识产权。

2010年9月初，CP-300自升式钻井平台在公司辽河重工有限公司正式拉开开工建造帷幕，这个平台的开工建造，承载着公司“创世界名牌海工装备”的梦想和努力实现打造中国石油海工装备基地的远大理想。

CP-300的建造对于公司是一种挑战，公司领导周密部署、精心策划、多次开会研究、讨论，制定出合理、详细、可行的一系列生产组织计划和严格质量控制，有力地保障了项目进行。

四、成果篇

CP-300自升式钻井平台可以在全球无限航区作业，300ft(91.44m)水深以内各种海域环境条件下的钻井作业，最大钻井作业深度可达到9 000m。悬臂梁转盘中心最大外伸15.24m，平台一次就位可钻30口井。钻井船的船体型长60.98m，型宽55.78m，型深7.62m，设计定员110人，使用寿命25年。

以此为基础，公司陆续设计、生产了升降式采油平台，CP-350、CP-400自升式钻井平台，海豹系列震源船，自航坐底式风电安装平台，202搜救船和PSV油田供应船。公司在这几年一步一个脚印走出了一条敢为人先、坚定发展、科技支撑的科学发展之路。为中国石油迈向国际海洋装备制造奠定坚实的基础。

五、展望篇

海洋工程装备市场空间巨大，每年将有3 000多亿美元投向海洋石油开发，如果加上开发海洋风能、潮汐能、波能、可燃冰、海底固体矿藏，恐怕将是以万亿美元来计。

事实上，目前决定南海开发的是拥有高端海洋钻探设备的西方公司。我国需要新建大量深水海工装备，发展海洋工程装备需要大集团公司作后盾，渤海装备辽河重工有限公司作为中石油专业海洋石油装备建造商，立足于国家能源安全的战略需求和中石油海洋战略的需求，立足于中国石油走向国内外对海洋工程装备的需求，立足于辽河油区建立百亿元装备制造基地的需求，加快海洋工程装备的核心技术开发和市场占有率。突出“石油＋装备＋海洋”的优势，重点发展海洋石油开发所需的海洋工程装备和特种工程船，加快海洋工程装备的核心技术开发和市场占有率。

在“十二五”期间，再用5年的时间具备全阶段自主研发浅海工程装备和掌握深海海洋工程装备的生产设计和建造工艺技术的能力，完成从浅海到深海的转变，抢占国际海工市场份额，打破垄断，形成建造能力，为中石油深海开发提供技术装备支持，为“十三五”的可持续发展奠定基础。

走向深水

——南阳二机石油装备（集团）有限公司海洋工程装备发展历程

随着全球经济的复苏和不断增长，石油消费需求不断增加，使全球油气勘探与开发面临更加严峻的挑战。随之而来，海洋油气勘探与开采成为了全球新能源开发的热点，海洋工程装备也逐渐成为支撑海洋开发和国防建设的战略性新兴产业。

南阳二机石油装备（集团）有限公司（以下简称南阳二机集团）始终紧跟时代发展的步伐，持续开发出令国内外用户满意的产品。目前，产品系列包括了：1 000 ～ 4 000m 车装钻机、1 000 ～ 9 000m 橇装钻机、1 000 ～ 4 000m 拖挂钻机、60 ～ 225t 海洋修井机、1 000 ～ 7 000m 海洋钻机、4 000 ～ 7 500m 油井测试设备、泥浆泵、石油专用车辆及井口工具等。其中，海洋修井机、海洋钻机等海洋工程装备是公司重要的经济增长点。

一、海洋国产修井机填补国内空白

1993 年，南阳二机集团为胜利油田海洋石油开发公司研制开发出第一台国产化海洋修井设备，从此打开海洋修井装备国产化的大门。国产海洋修井装备的设计与制造从无到有，结束了海洋修井装备长期依赖进口的历史，并陆续研制出国内第一台采用直流可控硅电驱动海洋修井机、第一台国产化小模块易拆装海洋修井机、第一台交流变频电驱动海洋修井机和第一台通过 DNV 设计认证的海洋修井机。2000 年公司研制出国产化最大钩载 225t 海洋修井机，使国产成套海洋装备首次进入深海领域，2006 年出口 4 套具有世界先进水平的海洋修井机实现了国产海洋钻修井装备出口的零突破。

二、海洋修井机率先国产化

南阳二机集团作为第一个研发出海洋修井装备的国内厂家，陆续开发出填补国内空白的 600~2 250kN 海洋钻修井装备系列产品，具有 3 000m、4 000m 侧钻能力的 HZJ30/XJ180、HZXJ225 海洋钻修机，这些产品均通过了中国船级社（CCS）或挪威船级社（DNV）认证，各项技术经济性能指标达到国际同等先进水平，并进入国际市场。HXJ80、HXJ225 等海洋修井机被评定为国家级重点新产品。海洋修井机应用的动力配置类型也呈现多样化，包括了柴油机加液力传动方式，SCR 直流可控硅方式，以及 AC-DC-AC 交流变频电驱动方式。

目前，南阳二机集团生产的海洋修井机已达到 49 台套，国内半数以上海洋钻修井设备是由南阳二机集团提供的。

南阳二机集团研发的海洋钻修井装备在该领域始终保持技术领先优势，在海洋修井设备的国产化过程中做出了重要贡献，申请了近 20 项专利，创造了多项国内第一，并取得**一系列荣誉**：

“八五”河南省技术创新优秀课题奖；

海洋平台修井机 HXJ80A 被评为 1994 年度国家级新产品；

海洋修井机获 1998 年度中国石化集团公司科技进步三等奖；

HXJ80A 型海洋修井机获河南省科委高新技术产品奖；

HXJ225A 海洋修井机为 2001 年国家级重点新产品；

海上油田完全配套修井装备研制为 2002 年国家级重点新产品；

HXJ225A 海洋修井机 2003 年获中国国际石油、石化、化工工程、技术与设备展览会优质产品奖；

蓬莱 19-3 HXJ135 海洋修井机列入 2004 年河南省科技攻关计划；

“华石”牌海洋钻修机 2004 年、2007 年被评为河南省优质产品；

“华石”牌海洋钻修设备被评为中国石油石化装备名牌产品等。

三、海洋修井装备向海洋钻井装备转型

2002 年南阳二机集团首次向中海油提供了国内第 1 台海洋钻、修井一体化作业装备 HZJ30/XJ180 海洋钻修机，随后开始了系列海洋钻井装备的研发。钻机配置呈现多样化，钻机驱动主要采用交流变频电驱动方式；井架结构包括多节自升式结构，普通型、瓶式及其它特种塔型结构；转盘驱动减速箱既有链条传动结构，又有齿轮传动结构；泥浆泵组传动分为水平布置方式和顶置式两种结构。南阳二机集团于 2009 年向中海油提供了 2 套 5 000m 海洋钻井装备主机，于 2010 年设计生产了适应多功能自升式平台的 HZJ50DB Ⅱ型交流变频海洋钻机。

在海洋钻井装备的设计研发中，为实现海洋钻井安全、高效、环保的要求，满足海上复杂钻井工艺的要求，南阳二机集团积极开展海洋钻井装备新技术研究，生产了拥有多项自有技术的钻机产品，并取得了多项专利。

公司申报的“自升式海洋钻井平台钻机的研制及产业化”项目成为 2010 年河南省重大科技专项。通过项目实施，进一步提升了公司海洋钻井装备的自主创新能力。

四、走向深水

着眼整个行业海洋工程装备的发展趋势，以及公司的可持续发展需要，南阳二机集团把海洋钻机技术的进步，新产品开发作为企业发展的重要任务，并把发展深水海洋工程装备作为“十二五”规划的重要组成部分。积极研发 7 000 ～ 12 000 m 超深井海洋钻井装备，并已完成 7 000 ～ 9 000m 海洋钻机的技术储备。

水下管汇连接器是水下生产系统中水下管汇连接的重要组成部分，主要用于水下生产设施之间的连接。南阳二机集团在开发系列海洋钻井平台钻机的同时，与中国石油大学（北京）合作开发适应 1 500m 水深、垂直式以及卧式水下管汇连接器。开展了水下连接器的结构设计与仿真、安装工具研制、新型材料及其防腐技术、水下密封件更换专用工具、结构与密封技术、试验装置与试验方法等方面的技术研究。目前已取得阶段性成果，完成了垂直式水下管汇连接器及其试验工装的设计，完成了 6in（152.4mm）垂直式水下管汇连接器模型制作等。

五、展望

南阳二机集团以“为中国和世界石油工业提供一流装备和服务”为宗旨，积极探索，不断开发出满足国家海洋发展要求，满足钻井承包商要求的先进可靠的海洋工程装备。

SJPETRO石油四机®

中国石化集团江汉石油管理局第四机械厂

中国石化集团江汉石油管理局第四机械厂（简称四机厂）是国内最大的修井、固井和压裂装备专业化制造基地。2011年，工厂抢抓机遇，奋力爬坡，企业发展重拾升势，综合实力显著增强。企业承担的“863”计划2500型压裂机组亮相国家“十一五”重大科技成果展，国家重大专项顺利启动，博士后科研工作站、固压设备标准化工作部先后在工厂挂牌，工厂荣获“全国五一劳动奖状”，中共中央政治局委员、国务院副总理张德江来厂视察。“十二五”开局呈现精彩的开篇。

生产能力大幅跃升。改扩建新产品车间，改造固压、液压件分厂，完成修井机、固压设备工间主体施工，征购热处理、铸造、锻造搬迁改造用地，新购昆明道斯加工中心等300多台生产和试验设备，制造、试验条件得到改善；推广项目管理，探索并行生产，编制推广标准操作规范，促进了生产效率的提升。大型钻机装配周期缩短了10%，常规钻修机、固压设备生产周期平均缩短了15%。全厂月度产值最高突破3亿元。全年产值、收入再上20亿元。职工收入保持较大幅度增长。

市场开发再获新的突破。四机厂连续4年参加OTC、CIPPE展览会，开展了12场产品推介，组织质量回访，使用户满意度提升两个百分点。同时,还建立了专业化的营销渠道，拓宽了代理渠道，完善了国外市场布点，产品出口同比增长18%。大配套钻机成功进入南美市场，固井车批量出口中东市场，大型成套压裂机组订货取得历史性突破。

科技创新取得积极进展。四机厂被选定为首批“湖北省国际科技合作基地”。“863”计划项目迎来结题验收，2500型压裂机组取得近20套销售业绩；国家科技重大专项进入关键技术攻关、关键部件试制阶段；连续油管作业设备、不压井修井机、加重泥浆快速混配设备完成试制并投入小批量生产；大型钻机研制具备“交钥匙”能力。全年完成12项新产品试制，获得15项授权专利。4项成果分获集团公司、湖北省科技进步一等奖。

管理水平得到明显提升。企业不断完善质量管理体系，在业内率先通过3C生产一致性控制审核；变革检验模式，强化全员质量意识，提升质量，QC活动获2项国优成果奖。成本控制迈出新步伐。深化订单成本项目化管理，多维度推进降本增效，钻机和固井车等主导产品制造成本大幅下降，基础管理得到新加强。工厂被推荐为“湖北省安全文化示范单位”。

精神文明建设取得新成果。以“创先争优”活动为载体，着力打造“高度负责任、高度受尊敬”企业，扎实开展“爱四机，强责任，做贡献”主题实践活动，着力培育核心价值观，倡导社会新风尚，工厂再次荣获“湖北省最佳文明单位”称号。工厂七十周年厂庆庆典活动产生积极深远的影响，成为科技创新的楷模、企业文化的盛宴和市场营销的庆典。社区和谐繁荣，石油机械产业集群入选“中国县域经济产业集群竞争力100强”，企业被列为带动湖北装备制造业发展的龙头企业。

【2011大事记】

[四机厂被认定为国家“制造业信息化科技工程应用示范企业”]

1月25日，四机厂被国家科技部认定为“制造业信息化科技工程应用示范企业”，标志着该厂已进入我国企业数字化综合集成应用的标杆行列。

[研制成功中石化首台地面煤层气钻机] 3月1日，四机厂研制的首台车载式全液压顶驱SJ5460T/ZJ10地面煤层气钻机，顺利通过中石化集团专家组的出厂验收，这标志着四机厂在我国非常规能源勘探开发装备的国产化进程中取得了重要突破。

[大型压裂机组亮相“十一五”国家重大科技成就展] 3月8~14日，四机厂研制的大型数控压裂机组应邀参加了由国家科技部、财政部、发改委等部委联合组织、在北京国家会议中心举行的“十一五”国家重大科技成就展。国家领导人、全国人大、政协委员先后来到现场参观。

[国务院副总理张德江莅临工厂视察] 3月24日，中共中央政治局委员、国务院副总理张德江莅临四机厂视察并指导工作。他指出，随着我国经济的快速发展，对石油天然气资源需求越来越大，石油装备制造企业要从保障国家能源需求和能源安全的高度出发，用高技术的装备促进油气开发水平提高。同时，要始终坚持科学发展、把发展清洁能源放在首位，不断强化节能降耗和安全环保工作，为构建资源节约型、环境友好型社会做出积极贡献。

[获准组建固压装备标准化工作部] 4月20日，在全国石油钻采设备和工具标准化技术委员会五届三次年会上，四机厂获准组建固压装备标准化工作部，成为钻采专标委设立的九个专业标准化直属工作部之一。

[荣获“全国五一劳动奖状”] 4月28日，中华全国总工会庆祝“五一”国际劳动节大会在人民大会堂隆重召开。四机厂荣获“全国五一劳动奖状”，这是2011年中国石化唯一获此殊荣的单位。

[喜获三项湖北省科技进步一等奖] 6月14日，在湖北省委、省政府召开的科技创新奖励大会上，四机厂完成的“油气田超大功率数控压裂机组研制及产业化”“压裂柱塞泵关键技术研究”和“海洋轻型模块式钻修机”三项成果荣获湖北省科技进步一等奖。

[专家聚首“四机厂”研讨非常规油气资源勘探开发] 11月17日，由中国石油学会、中石化石油工程管理部、中石油工程技术分公司、中海油钻完井技术管理部、《石油机械》编辑部主办，湖北省石油学会协办，江汉石油管理局第四机械厂承办的“非常规油气资源勘探开发装备研制与应用技术研讨会”在荆州召开。来自三大石油公司、延长油田、相关企业及高校院所的领导、专家，以及外国专家、代表200多人参加了会议。大会提交了60多篇研讨论文，系统地探讨了国内外非常规开发领域的装备研发及应用技术。

[隆重举行建厂70周年庆祝活动] 11月17日晚上7时30分，“七秩四机 基业长青”庆祝建厂70周年文艺晚会在工厂文体中心隆重举行。集团公司石油工程管理部副主任雍自强、中国石油股份公司原副总裁罗英峻、江汉石油管理局党委书记孙健等领导、专家和国内外嘉宾、职工代表900多人参加庆祝大会。

[厂长王峻乔全票当选中共荆州市市委委员] 12月17~21日，在中共荆州市第四次代表大会上，中国石化集团江汉石油管理局副总机械师、厂长王峻乔同志全票当选为中共荆州市第四届市委委员。王峻乔同志是中共湖北省第九次代表大会代表、湖北省十一届人大代表，国家认证认可监督管理委员会社会义务监督员。

战略引领 文化支撑 创新驱动 科学发展

——河北华北石油荣盛机械制造有限公司改制10年回顾

董事长 顾和元

“华北荣盛”品牌崛起的秘密在哪里？十年连续盈利的诀窍在哪里？本文力图通过对荣盛十年的发展历程进行深入的总结，用“战略、文化、创新”三个关键词揭示出主导荣盛发展的关键因素，但不容忽视的是：团结有力、奋发有为的领导班子和广大员工的集体智慧在企业的发展中则更为不可或缺。

十年弹指一挥间，前路漫漫，其修远兮，愿荣盛在科学发展的旗帜下继续扬帆远航。

河北华北石油荣盛机械制造有限公司（简称：荣盛）改制后经过10年的持续发展，已经成为中国石油钻采设备制造行业的骨干企业、全球产销量最大和中国出口量最大的陆地防喷器制造商，产品涵盖井控装备（防喷器、液控装置、管汇）、泥浆泵（钻井泵、修井泵、泵组成套）、带压作业装置、井口设备和采气树、抽油机、油管及钻杆接头等七大系列。

年产值从改制时2.3亿元增长到最高年份接近11亿元，改制当年即实现盈利，荣盛在科学发展中走出业界瞩目的独特道路，创造了连续10年盈利的经营业绩，实现了资本的持续保值增值。盘点荣盛的10年发展，战略、文化、创新，无疑是最具分量的三大关键词。

◆目标远大，战略引领科学发展

对战略的重视和创新是荣盛成功的首要因素。2002年，荣盛公司从国有企业整体带资分流改制为有限责任公司，打什么旗，走什么路，赚什么钱，向什么方向发展，是企业领导班子面临的首要问题，而这些问题过去则是习惯了按照上级安排谋划，并不需要企业过多考虑的。

但在风起云涌的市场大潮中，荣盛已经意识到了战略对发展的极端重要性。经过精心准备，2003年公司邀请业内专家、学者召开了自己的第一次高层次战略研讨会，全面审视自己，谋划未来，为公司的业务定位和发展确定了明确的方向。在接下来的近十年里，作为最大的务虚工作，公司坚持每三年修订一次经营发展战略，按照战略管理的流程进行全面的战略分析，在大量翔实的数据和信息中抽丝剥茧，不断审时度势，修正自己的发展目标。

目前，公司不仅建立起了完备的战略管理体系，也逐步形成了发展层、经营层和业务层等各个层面的战略思想。在发展层确立了“跻身世界石油机械制造行业知名公司”的企业愿景、“面向全球石油勘探开发领域，为用户提供满意的产品及服务，塑造具有持久竞争力的石油机械民族品牌”的企业目标；在经营层确立了以品牌经营战略为核心的运营战略；在业务层围绕品牌经营战略形成的一系列支持战略。并在不断的修正中丰富了品牌经营战略的内涵，使其真正成为引导公司持续向前发展的旗帜。

在战略执行中，公司始终坚持按照既定的战略方向配置宝贵的资源，在不同时期形成了不同的工作主线和战略重点，从而牢牢抓住了每一次发展机遇，上规模、上水平、强素质、树品牌，向着国际知名品牌的目标不断迈进。从改制到国际金融危机暴发的几年，正是全球石油装备需求的鼎盛时期，公司抓住机遇狠抓上产，对防喷器装配、热处理、铸造等生产线进行了扩能改造，新建了橡胶密封件和泥浆泵生产线，使主导产品的产能迅速增长了五倍，充分满足了市场需求。

同时，深入研究世界石油机械制造行业的发展规律，超前谋划，大力提高制造水平和产品品质，对关键工序铸钢、热处理、橡胶密封件生产线进行了技术升级改造，引进了钢包精炼炉、可控循环冷却热处理设备、橡胶件高低温试验装置、数控加工中心、三坐标测量机、PR2试验装置、海洋深水环境模拟装置等先进的工艺装备和试验设备，从而把影响质量的关键工序全部掌握在自己的手中，有力推动了产品品质的提升和研发能力的提高。如今，产品在大浪淘沙中脱颖而出，用户在多方比较中慕名而来，抱怨在持续质量改进中逐步减少，市场在需求波动中稳步发展，公司始终坚持的品牌经营战略已经全面开花结果。

◆以人为本，文化支撑科学发展

实践证明，在产品、制度、文化等三个层次的竞争力中，以企业使命、企业理念、企业价值观为核心的文化层的竞争力才是最核心的竞争力。

改制了是不是经济利益就成了企业的唯一的追求？如何扬弃企业本身特有的文化传承？靠什么来支撑和推动企业的发展战略？靠什么提升软实力？怎样才能实现公司的基业长青？荣盛公司历经数年思考，用《荣盛公司企业文化建设规划（2007-2009）》全面回答了这些问题。

作为公司第一个企业文化建设规划，公司以“培育先进的价值观念，弘扬优秀的企业精神，培养高尚的企业品格，发扬优良的企业作风，确立科学的企业理念，建立完善的制度规范，形成员工的行为准则，塑造良好的企业形象”为具体目标，坚持以人为本、重在建设，坚持战略与文化互动，坚持整体推进和重点突破相结合，坚持企业文化建设与精神文明建设、思想政治工作相结合，坚持领导率先垂范与员工全员参与相结合，坚持学习借鉴和改革创新相结合，致力于“用文化凝聚人心，用文化变革管理，用文化规范行为，用文化打造品牌，用文化强化责任”，全面系统地梳理了公司的文化基因，提出了文化创新的方案，形成了文化理念的体系，诠释和丰富了荣盛文化的内涵。

为了让企业文化贯穿于企业生产经营的全过程，潜移默化地影响员工的行为，公司狠抓企业文化的形成力建设，开展了企业文化大家谈征文、“小问题，大讨论”、内部交流、外部培训等一系列推进活动，形成了党政负责，党政工团齐抓共管，职能部门协调互动的工作格局，让企业文化入心入脑，在公司发展中真正发挥了凝聚、导向、激励、约束、塑造形象和促进企业可持续成长的功能，对公司的战略实施和科学发展提供了有力支撑。

“为用户奉献精品，为股东提升价值，为员工搭建舞台，为合作者拓展机会，为社会创造财富，打造长青基业”这个后来被形象概括为“五个满意”的荣盛使命，成为公司处理相关方关系的准则，得到了各方的认可，彰显了公司以科学发展观为指导，追求全面协调可持续发展的崇高境界。

“员工为本，责任为重，忠诚为荣，和谐为贵，创造价值”的荣盛核心价值观，“自强，创新，超越，奉献”的荣盛精神，“快速应变，团队学习，精细务实，自省自律”的荣盛作风，“恭、宽、信、敏、惠”的荣盛品格，在总结、传承、碰撞、扬弃、创新、发展中，从接受到认同，从似曾相识到耳熟能详，从标语口号到努力践行，以其根植传统、博采众长、兼容并蓄而显示出特有的生命力，逐渐成为推动公司战略实施的保障，支撑公司科学发展的灵魂。

◆全面创新，机制驱动科学发展

荣盛的发展是以全面创新为驱动的发展，“创新”作为荣盛的企业精神之一，已经体现于公司生产经营的方方面面，成为公司核心竞争力的首要部分。

体制、机制创新：打破体制束缚，迸发创新活力。

没有当年的改制决策，就不会有荣盛今天的发展。体制的改变让企业变成了资本和劳动的联合体，员工具有了双重身份，个人利益与公司利益息息相关，观念发生了根本转变，危机感空前增强，工作积极性和主动性普遍提高，团结进取、同舟共济成为员工的共识，从而真正凝聚了力量，增强了动力，激发了干劲，促进了发展。特别是没了铁饭碗以后，深化改革成了员工的自觉诉求，使企业顺利地实现经营机制的转换。改制后公司建立了规范的法人治理结构，实现了向公司制企业的转变，真正成为了自主经营的市场竞争的主体，经营权全面落实，对外合作渠道更加畅通，决策效率和市场应变能力大大提高，深化改革，特别是三项制度改革的阻力减小，使得企业顺利实施了业务流程再造，形成了干部能上能下、员工能进能出的用人机制，建立了责权利对等的绩效管理体系，引入了适合企业自身发展要求的现代薪酬管理制度，调动了方方面面的积极性。同时，基于利益高度相关的员工信任委托建立起来的经营管理和监督机制，使得经营者和各级管理干部的压力和责任增大，有效促进了经营者不断提高经营管理水平，为企业抢抓发展机遇创造了条件。

管理创新：强化执行力，打造竞争力。没有执行力，就没有竞争力。改制10年来，荣盛不断整合管理体系，完善规章制度，导入企业文化，创新内部管理，坚持不懈地进行执行力建设，四大管理体系通过国际认证，9项产品通过API认证，4项产品通过俄罗斯GOST和RTN认证，内控体系不断完善，从3D、CAPP、OA，到ERP，正在建立集研发信息化、制造信息化和管理信息化的综合信息化体系，向着数字化工厂的方向不断迈进。

科技创新：开发拳头产品，巩固市场地位。10年来，公司先后开发系列新产品112种，申报专利50项，取得专利47项，其中发明专利5项，5项产品通过省部级鉴定，“油气并举，水陆并进，钻采并重”的产品发展格局初步形成，工程技术服务业务开始起步，发展空间得到了极大的拓展。

防喷器系列产品持续保持行业领先地位，能够满足钻井、井下作业等各种井控要求。改制后，公司防喷器始终保持了行业领先地位，被评定为中石油钻井和井下防喷器甲级资质生产企业，先后有F35-105防喷器组、F28-140高压高抗硫防喷器组等5项新产品通过集团公司科技成果鉴定，达到了国际先进水平，产品规格型号增加到200多个，基本覆盖了目前国内外市场在用的所有品种。新开发的系列蒸汽加热防喷器成为俄罗斯市场上最具竞争力的产品。

井控装备配套能力进一步增强，可以进行全方位的井控装备配套。公司继续发挥“中油集团井控装备制造配套中心”的优势，在防喷器主机不断发展的基础上，大力开发相关配套产品，先后开发了气液控型、电液控型地面防喷器控制装置，设计了不同压力等级的节流压井管汇等配套产品，实现了井控装备的全部配套，先进的联动试验场地，能够为用户进行一站式的井控装备集成配套服务。

泥浆泵产品规格型号不断增加，具备了各种泵组的配套能力。改制后，公司陆续开发了3NB、F、P、PZ、W、PAH、TEE等多系列泥浆泵产品，成为国内泥浆泵产品种类最多的企业和为数不多、能够全面提供机泵组配套服务的企业之一，产品批量进入国际市场。

高压高抗硫采气井口研发成功，填补了国内高端采气装备的空白。改制后，公司成功研制出FF、HH级、5 000 ~ 15 000psi（1psi=6.895kta）系列采气井口。其中一直依赖进口的HH级、15 000psi高压高抗硫采气井口所用78-105闸阀和安全阀在国内率先通过国家油气井口设备质量监督检验中心PR2性能鉴定试验，同时通过挪威船级社（DNV）认证，填补了国内高端采气装备的空白，能够充分满足高压酸性气田开发的特定需求。

带压作业技术与装备逐渐成熟，成为油气生产转变经济增长方式的一大利器。作为国内最早开发出带压作业装置的企业，公司不断进行设计完善，形成14MPa、21 MPa、35 MPa三个压力等级，辅助式、独立式、一体式等多种结构形式的系列产品，充分满足了集团公司带压作业业务发展的需要，广泛应用于国内各大油田，打造了公司发展新的经济增长点。

关注非常规油气资源开发装备需求，积极开发煤层气开采设备。公司抢抓华北油田公司煤层气开发机遇，积极开发煤层气业务相关产品和技术装备，系列煤层气专用抽油机已经大批量应用，斜直井抽油机、数字化控制抽油机开发成功，斜直井钻机进入最后调试。

进军海洋装备，国家"863"计划课题进展顺利。国家"863"计划课题3 000m深水井控装备开发取得阶段性成果，申请专利17项，授权14项（其中发明专利3项），工程样机（包括FHZ48-70环形防喷器、2FZ48-105闸板防喷器、112路控制功能的水下控制箱和中央控制系统）试制成功，并通过河北省科技厅项目验收，填补了国内空白，成为装备领域支撑我国海洋深水石油开发的一项重大突破，对打破国外技术垄断具有重要意义。

石油装备所需非金属密封件的研究开发稳步推进，新的市场领域正在拓展。公司先后开发了16个规格的环形防喷器胶芯和43种规格的变径闸板，这些产品大多数国内还不能生产。其中自主研制开发的70MPa和105MPa两个压力等级、可替代进口的防喷器胶芯系列产品，打破了国外的技术垄断，使国产防喷器真正用上了"中国芯"。

◆五个满意，业绩彰显科学发展

改制以来，在"五个满意"企业使命及企业文化、发展战略的指导下，荣盛战胜金融危机，产品梯次逐步形成，公司内部政通人和，政企关系更加和谐，行业地位日益巩固，国际影响与日俱增，各种荣誉接踵而至，进入了良性发展时期，彰显了科学发展的品牌魅力。

追求员工满意，为员工搭建舞台。10年来，公司始终把员工利益放在首位，坚持把发展成果惠及广大员工，在努力构建有效激励薪酬体系的基础上，不断提高员工收入水平，人均收入达到改制前的4.12倍。

10年来，公司按照油田公司政策为员工足额缴纳了各项社会保险和住房公积金，并比照油田公司有关政策为员工缴纳了补充医疗保险和企业年金。

10年来，公司通过厂区绿化美化、铸钢等烟尘污染的彻底治理、先进装备引进、全员体检等工作，改善生产生活环境，关爱弱势群体，有力提升了员工的幸福指数。

追求股东满意，为股东提升价值。10年来，公司所有者权益达到32 644万元，较改制时净增长3.1倍，资本持续增值，相当于10年再造3个新荣盛公司。

10年来，公司股东累计收益率达到354%，累计现金分红达到原始出资额的76%。

追求用户满意，为用户奉献精品。10年来，公司不断满足用户个性需求，累计开发新产品112项，其中防喷器69项，并自主开发变径闸板43种，环形防喷器胶芯18种，充分满足了用户的各种井控要求，为实现油气生产井控本质安全做出了突出贡献。

10年来，公司不断提高产品品质，以提高制造水平为主线，以持续开展质量提高活动为抓手，投入巨资更新装备，优化工艺，累计实施质量提高计划项目874项，缔造了荣盛产品的可靠品质。

10年来，公司不断提高服务质量，在全球设立了3个分支机构，在多个国家和地区设立了授权维修机构，构建了及时、快捷的服务网络。

10年来，公司市场扩大到国内陆地及海上所有油气田，出口到全球42个国家，并作为国内唯一防喷器供应商进入BP国际作业区，打入斯伦贝谢、壳牌等国际著名能源公司市场。

追求合作者满意，为合作者拓展机会。10年来，公司始终坚持互惠双赢的商业理念，众多的企业成为荣盛的供应商、协作商，与荣盛共同成长。

追求社会满意，为社会创造财富。10年来，公司累计实现产值66亿元，销售收入56亿元，累计上缴税金4.1亿元，平均年缴4 135.8万元，为地方经济发展做出了突出贡献，先后7次获得任丘市市长特别奖。

10年来，公司通过自身发展积极创造就业机会，仅安置油田职工子女及有偿解除劳动关系人员就业就达到204人。公司还为先于整体带资分流有偿解除劳动关系人员缴纳了物业管理费。

10年来，公司积极履行社会责任，投资2 000多万元用于炼钢除尘等节能环保领域，安全质量标准化工作率先通过河北省二级企业认证，并被评为花园式工厂和油田矿区平安单位。

推行"板管一体化"策略 全面进军海洋工程装备制造业

——番禺珠江钢管有限公司实现跨越式发展

董事长兼总经理 陈昌

珠江钢管践行着企业使命：做世界最优质的钢管，引领钢管行业发展！

在钢铁行业经营环境复杂多变的情况下，珠江钢管以良好的经营业绩和社会信誉，继续保持直缝焊管制造业内领先地位，2010~2012年，集团更是实现了跨越式发展，继2011年创收32亿元，2012年又创下近40亿元收入的辉煌业绩！

番禺珠江钢管有限公司（简称珠江钢管）始创于1993年，公司始终坚持"要做就做第一"的理念，用世界先进技术打造钢管行业的知名企业。公司直缝埋弧焊管产销量连续五年位居国内同行第一位，产品远销中东、东南亚、欧洲、美洲和非洲的50多个国家和地区，在海洋工程装备用钢管制造方面，造诣匪浅，海洋油气输送管的国内市场占有率达80%，深海用钢管的国内市场占有率达100%。在国内外市场上，珠江钢管打响了PCK的品牌，开创了"三个第一，七个唯一"，发展成为直缝焊管行业的领导者。

★ 建成国内第一条最大口径JCOE直缝埋弧焊管生产线。

★ 建成国内第一条UOE大口径直缝焊管生产线，在我国焊管发展史上具有里程碑意义。

★ 斩获我国第一份大口径直缝焊管国际订单，使我国此类产品第一次成功打入国际市场。

★ 国内唯一拥有海底油气输送用焊管核心技术，替代进口，打破了国外技术和产品垄断。

★ 直缝焊管行业内唯一拥有经国家批准建立的博士后科研工作站。

★ 行业内唯一同时拥有"中国名牌产品""中国驰名商标"以及"冶金实物质量金杯奖"等国家级荣誉。

★ 国内唯一通过壳牌标准审核的核心焊管企业。

★ 行业内唯一获得产品国际发明金奖。

★ 直缝焊管行业内唯一被认定为国家级企业技术中心。

★ 行业内唯一被认定为国家重点高新技术企业。

珠江钢管还是GB/T3091《低压流体输送用焊接钢管》等5项国家标准的主要起草单位，拥有国家认可实验室、院士工作站、广东省直缝焊管工程技术研发中心，是广东省百强民营企业，2009年年度荣获广东省科技进步一等奖，2010年和2011年分别获得广州市政府质量奖和广东省政府质量奖，这也是国内唯一获得政府质量奖殊荣的直缝焊管企业。2010年，珠江石油天然气控股有限公司于中国香港联合交易所主板上市（股票代码：01938.HK)，为企业的快速稳健发展注入了新的活力。

打破国外垄断，成功生产用于1 500m深海的直缝钢管

2011年10月2日，在Husky、Saipem、ABS和Moody四方的监造下，珠江钢管500t南海海域荔湾3-1气田项目深海用直缝埋弧管顺利下线。这标志着珠江钢管成为我国唯一一家掌握深海管线核心技术，并实现批量稳定供货能力的企业。

与陆地用管相比，深海钢管要适应更低温、更高压、更强腐蚀的工作环境，其强度与韧性、抗压性能、尺寸精度等指标都有着非常苛刻的要求。珠江钢管为该项目生产的直缝埋弧焊管通过了各项生产工艺评定，理化性能、外观尺寸完全满足以上要求，其质量达到国际先进水平，可安全地应用于1 500m深海海底。该成果填补了国内空白，打破了西方国家对此项技术的垄断，珠江钢管为我国民营企业树立了一面强劲的旗帜！

打造"一中多翼"格局，往"板管一体化"方向发展

2012年上半年，国家工业和信息化部先后发布《海洋工程装备制造业中长期发展规划》及《高端装备制造业"十二五"发展规划》，珠江钢管领导班子综合分析当前的经济形势及市场发展态势，一致认为：未来几年正逢国内能源管道、国家电网建设高峰期，加上国家海洋开发战略的实施以及国际能源发展趋势，国内外石油天然气市场对直缝钢管必然有着庞大的需求，而珠江钢管是目前国内唯一一家能生产水深超过1 500m深海用管的企业，企

业又迎来了新的发展契机。珠江钢管以广州番禺为总部，以珠海、江苏江阴、连云港、沙特生产基地为支撑点，打造“一中多翼”格局，持续强化集团化运营的思路，加快信息共享速度，实现公司生产、销售与管理之间的无缝接合，优化资源配置，提高企业效益。

珠江钢管集团的全面发展，离不开其上市公司丰厚的财力支持。珠江石油天然气钢管控股有限公司（股票代码 01938.HK）自 2010 年 2 月在中国香港联合交易所主板上市以来，在资本市场，凭借长远的发展战略、卓越的企业管理以及突出的市场表现，募集到可观的资金。珠江钢管优化资金管理，加快各个生产基地的建设，逐步扩大产能，满足不断增加的订单需求，实现了跨越式的发展。在整体发展策略上，珠江钢管力拓珠海、连云港、沙特等新生产基地，持续推进集团“板管一体化”理念。

珠海基地成为华南海洋装备钢管制造业新崛起力量

2012 年 4 月，番禺珠江钢管（珠海）有限公司 JCOE 直缝焊管生产线建成；6 月，“高性能钢管项目竣工揭幕仪式暨海洋装备（钢管）制造项目奠基典礼”在珠海高栏港经济区落成；10 月，钢管配套防腐生产线建成投产；目前，螺旋焊管生产线正在紧锣密鼓地投入建设。按照珠江钢管的发展战略规划，珠海公司借助高栏港的华南沿海主枢纽港以及高栏港经济区的国家级经济开发区的地位，承担起集团业务多元化的发展重任，成为集团在国际上的一个技术先进、装备齐全、产品优质、服务完善的综合性生产、制造、贸易及物流配套服务基地，以满足国内外石油天然气市场对于高性能钢管产品的庞大需求，并为国家的能源建设、南海的战略开发和港珠澳大桥等项目的建设提供配套的产品支持。

力拓连云港 380 万 t 高性能管线钢项目

2012 年 10 月，江苏省发展改革委员会批复同意番禺珠江钢管（连云港）有限公司（简称连云港公司）建设年产 380 万 t 高性能钢管项目。珠江钢管具有自主知识产权的新技术、新工艺进一步朝着产业化方向发展。连云港公司位于江苏省连云港市徐圩新区精品钢产业园内，总占地面积约 13km^2，项目由 380 万 t 高性能管线钢管工程和高性能管线钢板材工程两部分组成。高性能管线钢管工程将规划建设 COE 直缝焊管、JCOE 直缝焊管、UOE 直缝焊管、预精焊 SSAW 螺旋焊管、SSAW 螺旋焊管、HFW 焊管、精密 HFW 焊管等 12 条焊管生产线，以及钢管防腐、配重和管件等相应的配套和公辅项目等，总产能达 380 万 t，该项目具有工艺技术先进、生产效率高、竞争力强等特点。项目分两期建设，首期 Φ1 626mmSSAW 生产线、Φ762mmCOE 生产线和内外防腐生产线、水泥配重生产线已建成投产。

连云港公司高性能管线钢板材工程项目是为贯彻国家钢铁产业政策，调整产品结构，解决钢管项目优质原料之供应而规划建设的，珠江钢管现已购买了 3 352mm 热轧厂设备，将组成一个完整的轧钢生产线。3 352mm 热连轧机组是世界上最宽的热连轧带钢生产线，可以生产出我国现有热连轧机所不能生产的高材质管线钢板卷，填补国内空白，并领先世界先进水平，将为国家能源管道建设、海洋装备工程项目的实施发挥关键作用，符合国家“十二五”规划重点发展高性能钢材和重点开发海洋工程装备的国家产业政策。以 3 352mm 轧钢生产线为核心的高性能管线钢板材工程项目是珠江钢管在连云港打造专业化的高性能管线钢管产业集群的重要载体，产业集群中的另一配套项目——凯帝重工项目也已进入全面施工阶段。

为了积极响应国家和江苏省沿海开发战略，珠江钢管将以连云港项目为核心基地，重点发展高性能管线钢管，并向上下游延伸产业链，建设物流紧凑、投资成本低、生产成本低、竞争力强、生产建设速度快、产业链长、增值快的板管一体化全流程项目，以推动珠江钢管由单一的钢管生产制造企业向专业化生产高级别精品板材和高性能管线钢管的全流程、全产业链的联合企业转变。

海外合资沙特基地乘势而建

从区域分布上来看，全球海上石油勘探开发形成三湾、两海、两湖的格局。其中，“三湾”即波斯湾、墨西哥湾和几内亚湾。在波斯湾，沙特阿拉伯、卡塔尔和阿拉伯联合酋长国毫无疑问是世界重要的海上油气勘探开发国。根据国际能源勘探布局特点，珠江钢管适时制定了海外拓展计划，瞄准了沙特阿拉伯、阿拉伯联合酋长国、科威特等中东地区市场，于 2011 年 6 月与世界第三大防腐涂料工厂沙特阿拉伯 Abdel Hadi Abdullah Al-Qahtani & Sons Co.(「AHQ」) 订立合资协议创办沙特生产基地，规划建造 JCOE 直缝埋弧焊管生产线，HFW 高频焊管生产线。公司位于沙特阿拉伯达曼市郊，总面积 12.6 万 m^2，建成后将形成 60 万 t/a 总产能，主导产品直缝焊管及高频焊管，可应用于海上或者陆地石油、天然气、石化、建筑工程、城市用水输送等领域。目前，项目各方面生产线建设正在紧锣密鼓地进行着，未来发展指日可待。

回首往昔，展望未来，珠江钢管将继续以市场为导向，加大科技研发的投入，增强企业自主创新能力建设，积极引进国内外高层次人才，不断优化产品结构，促进产业升级，努力把珠江钢管打造成为国际一流的焊管集团。

杰瑞：3000型压裂车助推页岩气开采技术变革

——访烟台杰瑞石油装备技术有限公司总工程师张树立先生

成立于1999年的烟台杰瑞石油装备技术有限公司（简称烟台杰瑞），致力于高端石油装备研发生产，并将制造业务延伸到工程技术服务领域，是发展和转型最快的民营制造企业之一。自2010年上市以来，烟台杰瑞发展脉络更加清晰，步伐更加有力，其主要及主攻产品之一的压裂成套设备研制，发展迅速，不断超越国内外先行者，并致力于全球页岩气开发技术变革。

2500型压裂车磨砺三载 效果显著

在技术更新速度加快、行业开放发展的今天，企业不能关起门来搞研发，产品研发必须紧贴市场需求。为适应当前油气田深井、超深井的各种压裂、酸化泵注作业，2009年，烟台杰瑞自主研发生产出2500型大功率压裂车，单机输出功率2 500hp(1 838.75kW)，最高工作压力可达140MPa，配备了自主研发的全集成智能型自动化控制系统（TIA）。产品一经推出，立即引起业界关注。如今，磨砺三载，全套2500型压裂车组已在四川、新疆、辽河、大庆、乌审旗及北美等不同地理条件、不同井况下广泛应用，成功参与了多次高压、大功率作业，整机输出稳定，作业效果显著。

2011年9月，2500型压裂车组在新疆轮南进行测试作业，当日作业运行约7h，共泵注3 000m^3，最高作业压力90MPa。

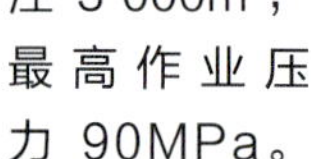

杰瑞2500型压裂车前往压裂现场

11月上旬进入塔里木顺南1井作业，当日施工总液量1 049 m^3/min，最大排量5.1 m^3/min，最高工作压力108.5MPa，解决了高泵压、高风险和持续高温的沙漠作业环境难点。

2012年5月29日，在四川省磨溪参与酸化压裂作业的川庆钻探公司，为满足超高压作业要求，首次配套使用7台杰瑞2500型压裂车，该项目施工历时287min，最大施工排量5.4m^3/min，交替注入压裂液759.36m^3，施工最高压力达到130.03MPa，一举打破了同行业压裂作业“最高施工压力”和“最大排量”两项历史记录。川庆钻探公司表示，磨溪8井超高压酸化作业的成功实施，为高石梯构造的勘探开发奠定了坚实基础。

2012年10月15日，川庆钻探公司又顺利完成了高石2井酸压施工，历时390min。本次酸压作业共调用了烟台杰瑞的8台2500型压裂车，施工最高泵压达130MPa，其中，125MPa以上连续施工280min。杰瑞装备在如此高压下，完全经受住了超长时间作业挑战。

杰瑞2500型压裂车组在四川作业

大功率2500型压裂车组自投放市场以来，其稳定可靠的性能表现，深受国内用户青睐。2012年1月，杰瑞2500型压裂成套设备还成功交付给北美用户。该套设备的设计完全满足北美地区使用标准，突破了压裂、混砂、混酸、液氮、连续油管等不同类型设备的数据交互、联机控制方面的技术屏障，实现了全集成自动化控制。设备交付后，主要应用于页岩气的重复压裂与多段压裂作业，其优秀性能赢得客户的高度认可。

3000型压裂车助推页岩气开采技术变革

作为致力于发展高端石油装备制造的代表，杰瑞集团始终践行“生产一代、研发一代、储备一代”的持续发展理念。在2500型压裂车组获得成功后，杰瑞集团开始关注更大功率的压裂产品。

近年来，国内致密油气开发规模加大，一系列重点、难点井的开采都对压裂设备提出了更高的要求。考虑到小井场的局限环境，以及大型压裂“连续施工、大负载、长时间”的特点，要想实现作业，就需要车组在总设计功率一定的情况下，依靠大功率的单机设备来减少设备总的动用数量。杰瑞集团结合多年来对北美大型压裂施工的跟踪研究成果，自主研发了适合国内需求的新一代3000型压裂车组。

据烟台杰瑞石油装备技术有限公司总工程师张树立介绍，在新一代3000型压裂车组中，作为核心装备的压裂泵车采用了4 000hp三缸柱塞泵，并提供了可大量节省燃油消耗的发动机双燃料系统供客户选择，而重量与2500型压裂车相当；作为整个车组的大脑，仪表车软、硬件升级换代后，采用全新的“SMART智能排量控制系统”；全新设计的130桶大排量混砂车具备多方面优势，其他配套设备如扩展式集砂车、连续输砂车、连续混配车、化学添加车等稳定性、可靠性更强，自动化水平相应提高，设备使用寿命延长。

“该车组不仅仅是对装机功率和输出功率的简单提升，而是在充分调研、考察国内外大型压裂应用的基础上提出的一体化解决方案。”张树立告诉记者，压裂车仅仅是核心设备之一，要进行页岩油气的大规模、非常规压裂，就需要整合参与施工设备共同作业。他们提出，要设计“一站式非常规压裂综合解决方案”的整套作业系统。该综合解决方案一部分是压裂成套车组，另一部分是压裂返排液水处理等环保设备，更适合发达国家和有开采环保法规要求的国家使用。杰瑞集团拥有成熟的系列连续油管及液氮泵送设备，完全具备为大型压裂服务提供整套设备支持的能力。

在研制3000型压裂成套车组时，杰瑞集团主要克服了以下几项问题：“首先，在保证增大压裂功率的同时不增加整车重量；其次，开发能够满足页岩气压裂大功率长时间作业工况所需的压裂柱塞泵；另外，开发能实现满足页岩气压裂大排量、结构简洁、维护方便的混砂车。目前该项目已经顺利完工，经过测试，各项性能指标均达到设计要求。”张树立说。

立足前沿，向压裂纵向一体化发展

杰瑞集团认为，今后，压裂设备的发展趋势是大马力、高压力、小体积，而压裂工具的发展趋势是完井一体化、智能化发展。他们表示，立足行业前沿和技术助推研发，今后将向压裂纵向一体化发展，即从压裂体系设计、压裂车组、压裂工具到压裂液、裂缝检测、压裂液返排环保处理等纵向一体化发展。

“杰瑞率先在行业提出了‘提供整套非常规压裂解决方案’”，总工程师张树立表示：“未来，会在大型压裂机组的稳定性和可靠性上做进一步的研究，将进一步加大对关键零部件研究的投入，进一步开发大规模、多设备压裂成套控制系统，由自动化控制向智能化控制方向发展，不断研发推出更加完善的高品质装备。”

杰瑞压裂车组在甘肃作业

随着全球页岩气、煤层气开发日益活跃，特别是我国页岩气五年规划成形，目前正大力推进页岩气开发进程，这给我国油田装备制造、油田服务企业带来了重要发展机遇。

“‘春江水暖鸭先知’，压裂设备和服务只是公司一体化业务链条上的一部分，作为先行者，我们会不断平衡长短期目标，始终以市场为导向，抓住机遇推进压裂业务向纵向一体化、专业化发展，以高品质的产品和服务，持续为客户创造更大价值，为打造国际品牌，成就百年杰瑞而努力。”

全力打造科技创新型企业

董事长兼总经理 韩一泉

通化石油化工机械制造有限责任公司（简称通石公司）始建于1958年，是我国最早的石油钻采机械的生产制造企业之一，更是共和国第一台石油修井机的诞生地。50多年来，伴随着我国石油工业的蓬勃发展，通石公司也完成了一次又一次的飞跃。凭借自身强大的研发实力和创新能力，公司被认定为“国家级高新技术企业”。2012年，韩一泉总经理被评为中国机械工业成长型中小企业明星企业家。

一、发挥优势，坚持走自主创新专业化发展之路

近年来，随着石油装备制造企业的增加，国内市场钻修设备逐年呈供大于求的局面，市场竞争日趋激烈，用白热化来形容一点也不为过。总经理韩一泉始终坚持“持续改进，永不懈怠”这一核心理念，带领团队在变革中求进步，在创新中求发展。公司结合自身实际，瞄准市场需求，发挥自己的优势，在专、精、特、新上下功夫，在新产品研制上舍得投入，在将常规钻修设备做优的前提下，努力研发特型钻修设备。近几年他带领企业研发出特种钻修设备数十种，取得发明和实用新型专利20余项，其中取得发明专利的“组合冲砂修井机”在全国中小创业创新大赛中取得全国优秀奖并出口到阿曼，使螺杆泵稠油油井的冲砂解堵以及斜井的修井作业更加便利，属国内首创。获得国家能源局科技进步三等奖的“带压作业机”同样也是国内首创，该产品的研发成功，彻底解决了油田注水井大修时污水外排造成环境重大污染的难题，同时污水经净化处理后还可循环利用，节水性能十分突出。该设备的问世，使油田的注水井大修作业变得简化和快捷，扭转了油田注水井年久失修的被动局面，得到了油田的全面认可。在国内各油田的销量呈日益增加的态势。除此之外，还有获得市科技进步一等奖的“多功能修井机”“抽汲修井两用车”“洗井修井机”“无绷绳修井机”等都是通石公司针对市场需求，发挥科研优势，坚持走自主创新专业化发展之路的成果。

近年来，通石公司更将环保节能的产业理念植入对石油钻采设备的深耕之中，打造了一系列拥有国际先进技术，国内领先优势的油田环保节能作业设备，其中一体化带压作业机、无绷绳修井机，洗井液处理车、冲砂液处理车等多个品种以其环保低排的作业功效在国内各油田广受好评，实现了对传统能源开发的一次环保革命。

二、高标准严要求，敢于瞄准先进同台竞技

为应对严酷的市场竞争，韩一泉带领企业除自主创新不断研发新产品外，更从产品质量、现场管理、营销服务到企业文化、队伍建设等诸多方面都贯彻执行高标准严要求。做到了精心经营、精心做事、追求卓越、敢为人先，以品质与核心竞争力取胜。企业荣获国家高新技术企业、吉林省先进集体、吉林省管理创新金奖、中国机械工业成长型中小明星企业和连续多年的行业“五十强”企业等荣誉。

瞄准国内外先进水平，做出了自己的特色。系列化“气动盘式辅助刹车钻修井机”能够批量出口到美国、哥伦比亚、印度等国家就是明证。当国内钻修井机的辅助刹车普遍采用液压盘式刹车或水刹车的同时，韩一泉已把目光瞄准到了世界先进的“气动盘式刹车”技术上，他力主从加拿大引进该装置并选定一种机型进行试验，获得成功后，在其他机型上进行推广应用。如今，通石公司的“气动盘式辅助刹车钻修井机”已形成系列化批量生产规模，在国内和国际两个市场上成为最有竞争力的产品。

三、不畏艰辛，坚持实业报国

2012 年，韩一泉被评为中国机械工业成长型中小企业明星企业家，他自觉肩上的担子更重了，也深感在国内外大环境的影响下，中小企业面临的困难更大而且这种困境不是短时间可以摆脱的。他认真研究了各种困难因素，制定了妥善的应对措施，用好用足国家扶持政策，抢抓机遇，充分发挥自己的优势，努力变压力为动力，始终把握着发展的主动权，充分调动各方面的积极因素，努力化解经济下行的各种矛盾，做好全年的各项工作，坚持实业报国的信念不动摇，为保企业经济效益的连年增长奠定了坚实的基础。

“十二五”期间，韩一泉还将带领企业对常规修井机进行“两化融合”和高科技改造，研制诸如“智能控制钻修井机”“低温钻采设备”“煤层气”“页岩气”以及其他领域的矿用设备，全力把通石公司打造成科技创新型企业。

激情岁月铸辉煌　与时俱进谋新篇

——山东省金圣隆机械有限公司跨越发展侧记

董事长　陈汝林

2012年7月18日，山东省金圣隆机械有限公司（简称：金圣隆）与美国卡麦龙国际集团签署为期10年的抽油杆系列产品定点生产供货合作协议，并在三抽成套设备的生产供应方面达成合作意向，成为卡麦龙集团在中国唯一的抽油杆生产供应商。这是继2008年6月企业入选卡麦龙集团陆上采油系统“合格供应商”及100万件接箍产品下线后，公司发展历史上的又一盛事。

JINSHENGLONG MACHINERY

艰苦创业　铸就辉煌业绩

2002年4月，金圣隆人审时度势，发挥自身优势，果断定位石油机械行业。建厂仅仅10年，以“创新攀高峰、勤奋铸辉煌”的企业精神，坚持诚信、坚毅、发展、共赢的核心价值观，企业由一个寂寂无名的作坊式机械加工厂发展成为集产品研发、生产加工、贸易出口为一体的石油钻采机械专业生产企业，成功实现了抽油杆接箍系列产品从半成品加工到喷涂接箍成品的转型升级。产品无论是质量、还是技术水平均达到了世界同类产品领先地位，深得国内外客户的青睐。

企业先后通过了美国石油协会API标准认证，取得了API会标使用权，通过了ISO9001质量管理、ISO14001环境管理、OHSAS18001职业健康安全管理和计量管理体系认证；取得了山东省企业产品执行标准登记证书、企业产品采用国际标准认可和采用国际标准产品标志等证书，被山东省质量技术监督局授予标准化良好行为企业AA级证书；公司先后获得山东省质量奖，山东省AAA信誉企业，中国对外贸易企业AAA级信用单位，山东省和中国石油石化装备制造业AAA级信用企业等荣誉称号。

精益求精、追求卓越的经营理念成了企业恒久不变的努力和追求。为此，金圣隆建立了企业技术中心并通过了市级认定，加速了企业研发新产品新技术的步伐；反复优化改造生产工艺技术，不断地满足国际市场的新需要。目前企业产品主要有抽油杆系列，包括抽油光杆、加重杆、驱动杆；以T级和SM级为主的接箍系列；井口采油设备配件、牙板、修井机架以及工程机械配套件等。出口产品全部按API标准生产，产品先后被评为山东名牌和中国石油石化装备制造业名牌产品。由于业绩突出，公司多次被当地政府授予“出口创汇先进企业”称号。

金圣隆人与时俱进、开拓创新，成为了美国卡麦龙集团陆上采油系统合格供应商、卡特皮勒山工和福田雷沃重工定点优秀供应商、中国石油和石油化工设备工业协会理事单位、中国石油钻采专业委会委员单位、临朐县实施“工业立县”战略十大重点扶持企业等。十年发展，脚下这片生机勃勃的土地印下了金圣隆人筚路蓝缕、艰辛奋斗的深深足迹，见证了金圣隆人创造的一个又一个辉煌。

创新思维　迎来发展机遇

创新，是一个民族发展的灵魂，也是企业发展的强劲动力。多年来，金圣隆公司始终把技术创新当作企业发展的主线，通过加强与北京交通大学电子工程学院、沈阳工业大学、中国石油规划研究院等高校和权威科研机构的合作，校企共同承担新产品研发、新技术、新工艺的研究与推广应用，为企业发展提供人才及技术支撑，建立了企业产、学、研一体的创新发展模式，不断向市场推出高科技含量、市场前景广阔的新产品。公司自主研发的“抽油杆接箍喷涂自动监测控制系统”和“抽油杆喷涂接箍重熔自动检测控制系统”两项技术，性能指标均达到国内先进水平，并形成了年产喷涂接箍 200 万件的能力，分别荣获山东省及潍坊市科技创新优秀成果一等奖。与北京交通大学合作研发的抽油杆接箍喷涂自动化控制系统，取得了国家实用新型专利，填补了国内空白，处于世界领先地位，深受用户欢迎。

金圣隆人坚持“始于客户需求、终于客户满意”的服务宗旨，积极探索新的经营方式，加强与国内外用户的沟通交流，把服务延伸到客户终端；选派技术骨干深入市场，为用户提供优质便捷的技术服务和技术培训；认真分析研究客户提出的意见、建议和问题，制定措施，并始终不渝地贯彻持续改进的方针，顾客满意度连年保持在 98% 以上。“金圣”牌产品在国内外客户中赢得了广泛美誉，公司也被潍坊市消费者协会授予“守合同重信用”企业称号。

谋篇布局　续写精彩篇章

金圣隆人清醒地认识到，企业要想快速、健康、持续发展，必须用超前的目光做出适合企业发展的决策，扩张“金圣”品牌的影响力，占领市场制高点，实现新的战略突破。这一点，也正契合了金圣隆公司的愿景：打造三抽设备生产基地，创建石油机械世界品牌。

2011 年公司成立了新一届董事会，在新任董事长陈汝林的带领下，金圣隆人着眼全局和长远，科学谋划，通篇布局，制定了“努力建设金圣隆工业园，着力打造世界石油三抽设备生产基地”的战略目标，企业接连打出了紧抓科研、强化服务、促进资源优化和加强与外商合作等一系列发力市场的组合拳。采取“护长补短”策略不断延长产品线，保持长项抽油杆喷涂接箍的领先地位不动摇，着力拉长短板抽油杆产品，依托整合抽油杆生产原有的工艺流程、技术支持及客户资源等优势，努力将抽油杆产品做大做强，增强了企业的核心竞争力。目前，抽油杆生产项目成为公司新的经济增长点。2012 年 7 月，金圣隆公司与卡麦龙集团就抽油杆系列产品签署战略合作协议。将金圣隆公司打造成为世界一流抽油杆生产企业的意愿鼓舞和激励着金圣隆人百尺竿头，更进一步。

公司董事会以国际化视野、战略性思维、现代经营管理理念和创新精神，图谋思变，助力企业，金圣隆人从整合企业愿景、使命和管理模式入手，开始了新的战略突破。公司聘请北京至善明德咨询管理公司全程参与战略突破，紧紧围绕公司战略开展员工培训，集中力量进行系统、深入的项目研究，以形成主体技术优势为方向，努力推动科研项目与市场需求相结合，与资源相适应，面向行业、面向社会做出了一连串精彩的连环动作。公司不仅建立完善了战略规划、组织机构、经营方向、管理目标等各项管理体系，还在品牌推进、科技创新、经营管理、文化建设等方面都迈出了新的步伐。金圣隆人风帆劲举，再次顺天时，承地利，纳人和，放飞梦想，披荆斩棘，昂首前进。

经过“十一五”时期的艰辛探索和“十二五”开局之年的深入实践，调结构、转方式是实现可持续发展的必由之路，已经在全行业形成了共识。目前石油石化装备制造业已进入创新发展、高端发展、绿色发展、差异化发展的新阶段。但对于相当一部分企业来说，虽然已经有了强烈的迫切感、危机感，但具体该怎么“调”，如何“转”，从何处入手，在哪里破题，仍旧存在困惑。

作为行业企业成长的“鉴”证者，《中国石油石化设备工业年鉴》将连续推出“访谈”栏目，持续关注行业企业和企业家的成长历程，从不同视角，关注、总结和推广业内企业和企业家取得成功的典型经验，真实地记载他们的成长历程，充分发挥其示范引领作用，以期待石油石化装备制造业取得更大的发展。

页岩气

介绍我国非常规油气——页岩气的发展规划，分析比较国内外页岩气开采装备的现状，提出我国开采页岩气面临的问题及市场需求预测

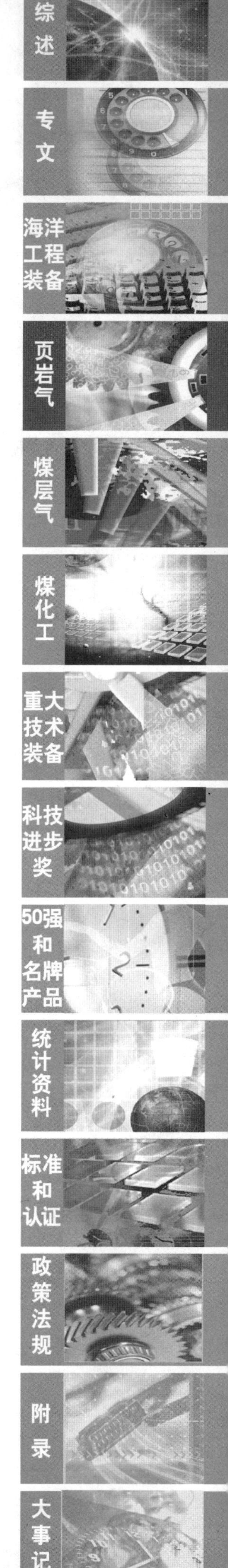

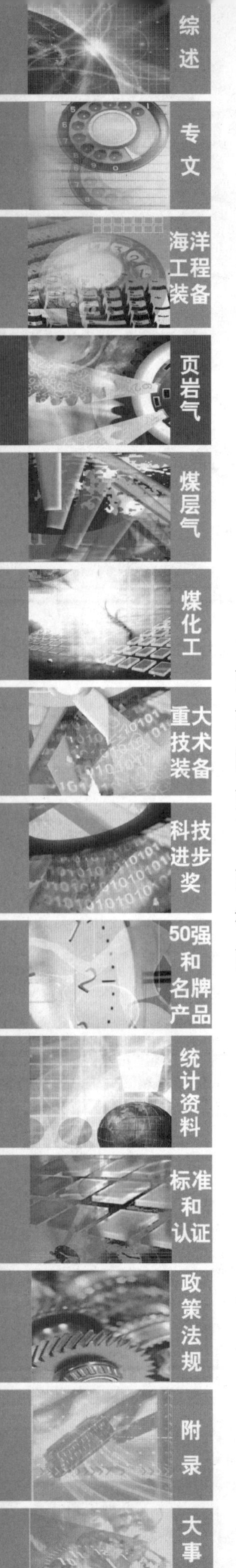

页岩气发展规划（2011～2015 年）
页岩气勘探开发设备行业需求分析
国内外页岩气开采装备的技术比较及开发现状
页岩气的规模开发，有望改变我国能源结构
“十二五”页岩气，主要定位勘探开发
页岩气开发，仍面临固有瓶颈
社会资本暂时难享页岩气“蛋糕”
页岩气被列为独立矿种，装备企业获得新商机

页岩气发展规划(2011~2015年)

一、前言

页岩气是指赋存于富有机质泥页岩及其夹层中,以吸附或游离状态为主要存在方式的非常规天然气,成分以甲烷为主,是一种清洁、高效的能源资源。近几年,美国页岩气勘探开发技术取得突破,产量快速增长,对国际天然气市场及世界能源格局产生重大影响,世界主要资源国都加大了对页岩气的勘探开发力度。国民经济和社会发展"十二五"规划明确要求"推进页岩气等非常规油气资源开发利用",为大力推动页岩气勘探开发,增加天然气资源供应,缓解我国天然气供需矛盾,调整能源结构,促进节能减排,特制定本规划。本规划期限为2011年至2015年,展望到2020年。

二、规划基础和背景

(一)发展基础

1. 页岩气资源潜力

我国富有机质页岩分布广泛,南方地区、华北地区和新疆塔里木盆地等发育海相页岩,华北地区、准噶尔盆地、吐哈盆地、鄂尔多斯盆地、渤海湾盆地和松辽盆地等广泛发育陆相页岩,具备页岩气成藏条件,资源潜力较大。据专家预测,页岩气可采资源量为25万亿m^3,超过常规天然气资源。

2. 页岩气发展现状

(1)资源调查

我国页岩气资源战略调查工作虽处于起步阶段,但已取得初步进展。研究和划分了页岩气资源有利远景区,启动和实施了页岩气资源战略调查项目,初步摸清了我国部分有利区富有机质页岩分布,确定了主力层系,初步掌握了页岩气基本参数,建立了页岩气有利目标区优选标准,优选出一批页岩气富集有利区。

(2)资源管理

经国务院批准,2011年12月3日,国土资源部已发布新发现矿种公告,将页岩气作为独立矿种加强管理。针对页岩气的特点和国外成功经验,明确了"调查先行、规划调控、竞争出让、合同管理、加快突破"的工作思路;根据已选定的页岩气有利远景区和页岩气探矿权管理目标,编制了页岩气探矿权设置方案;引入了市场机制,创新了页岩气资源管理,开展了页岩气探矿权出让招标工作。

(3)勘探现状

我国页岩气勘探工作主要集中在四川盆地及其周缘,鄂尔多斯盆地、西北地区主要盆地。截至2011年底,中石油在川南、滇北地区优选了威远、长宁、昭通和富顺-永川4个有利区块,完钻11口评价井,其中4口直井获得工业气流。中石化在黔东、皖南、川东北完钻5口评价井,其中2口井获得工业气流,优选了建南和黄平等有利区块。中海油在皖浙等地区开展了页岩气勘探前期工作。

延长石油在陕西延安地区3口井获得陆相页岩气发现。中联煤在山西沁水盆地提出了寿阳、沁源和晋城三个页岩气有利区。截至2011年底,我国石油企业开展了15口页岩气直井压裂试气,9口见气,初步掌握了页岩气直井压裂技术,证实了我国具有页岩气开发前景。完钻两口页岩气水平井威201-H1和建页HF-1井。

(4)对外合作

2009年,与美国签署了《中美关于在页岩气领域开展合作的谅解备忘录》,就联合开展资源评估、技术合作和政策交流制订了工作计划。我国石油企业与壳牌公司签订富顺—永川联合评价协议,与挪威、康菲、BP、雪弗龙、埃克森美孚公司建立联合研究合作意向,收购了部分国外页岩油气区块权益。

(5)科技攻关

在“大型油气田及煤层气开发”国家科技重大专项中设立“页岩气勘探开发关键技术”研究项目,成立了国家能源页岩气研发(实验)中心,以加大页岩气勘探开发关键技术研发力度。

3. 存在的主要矛盾和问题

(1)资源情况尚不清楚。我国具有页岩气大规模成藏的基本条件,但尚未系统开展全国范围内页岩气资源调查和评价,资源总量和分布尚未完全掌握。

(2)关键技术有待突破。页岩气勘探开发需要水平井分段压裂等专门技术,目前我国尚未完全掌握相关核心技术。

(3)资源管理机制有待完善。页岩气作为一种非常规天然气资源,需研究制订资源勘探开发准入资质和门槛,以加快其发展。

(4)地面建设条件较差。我国页岩气藏普遍埋藏较深,页岩气富集区地表地形复杂,人口密集,工程作业困难,经济性较差。

(5)基础设施需要加强。页岩气资源富集区很多集中在中西部山区,管网建设难度大、成本高,不利于页岩气外输利用和下游市场开拓。

(6)缺乏鼓励政策。页岩气开发具有初期投入高、产出周期长,投资回收慢的特点,需要制订页岩气开发的鼓励政策,加快页岩气产业化。

(二)发展形势

“十二五”时期,加快调整优化能源结构的迫切需求和天然气管网的快速发展,为我国页岩气大规模开发提供了宝贵的战略机遇。同时,我国页岩气产业化也面临一定挑战。

1. 面临的机遇

(1)北美页岩气开发技术基本成熟,为我国发展页岩气提供了借鉴。北美已形成一套先进有效的页岩气开采技术,这些先进技术的大规模应用,降低了成本,提高了单井产量,实现了页岩气低成本高效开发,为我国页岩气勘探开发引进国外先进技术提供了借鉴。

(2)天然气需求旺盛,为页岩气发展提供了良好的环境。未来十几年,我国天然气需求将快速增长,天然气需求缺口将逐渐扩大,发展页岩气具有良好的市场前景。

(3)天然气储运设施不断完善,有利于页岩气的规模开发。部分页岩气资源富集区已有管网设施,且小型LNG和CNG技术不断成熟,为页岩气早期开发和就地利用提供了技术支持。

2. 主要挑战

(1)落实资源基础任务重。我国页岩气资源潜力大,但要大规模勘探开发,尚需确定有利目标区及各地区可采资源量,工作难度高,资金投入大,实施周期长。

(2)突破关键技术尚需时日。我国页岩气开发尚处于起步阶段,关键开发技术尚未掌握,突破关键技术尚需要做大量工作。

(3)大规模、多元化投资机制尚未形成。页岩气开发初期投入较大,在投入产出效益不确定的情况下,投资规模不足将影响页岩气快速发展。

三、指导方针和目标

(一)指导思想

以邓小平理论和“三个代表”重要思想为指导,深入贯彻落实科学发展观,创新理念和方法,依靠政策支持、技术进步、体制创新,加大页岩气勘探开发力度,加快攻克页岩气勘探开发核心技术,尽快落实资源,形成规模产量,推动页岩气产业健康快速发展,缓解我国天然气供需矛盾,促进能源结构优化,提高我国天然气供给安全和能源保障能力,促进经济社会又好又快发展。

(二)基本原则

一是坚持科技创新。用无限的科技潜力,改变有限的资源状况,通过加大科技攻关和对外合作,引进、消化、吸收先进技术,掌握适应我国资源状况的勘探开发生产和管理技术。

二是坚持体制机制创新。要创新理念,在资源开发、市场开拓、气价、管理等方面创新体制机制,研究制订扶持政策。

三是坚持常规与非常规结合。页岩气和常规天然气分布区多数重叠，输送和利用方式也相同，页岩气开发利用要给予特殊优惠政策，与常规天然气有机结合，实现有序发展。

四是坚持自营与对外合作并举。加强自营勘探开发技术攻关的同时，开展与国外公司的合作，通过对外合作，引进技术，提高自主创新能力。

五是坚持开发与生态保护并重。页岩气勘探开发过程中要注重井场集约化建设、地表植被恢复和水资源节约利用，严格钻完井操作规程和压裂液成分及排放标准，保护生态环境。

（三）发展目标

1. 总体目标

到2015年，基本完成全国页岩气资源潜力调查与评价，掌握页岩气资源潜力与分布，优选一批页岩气远景区和有利目标区，建成一批页岩气勘探开发区，初步实现规模化生产。页岩气勘探开发关键技术攻关取得重大突破，主要装备实现自主化生产，形成一系列国家级页岩气技术标准和规范，建立完善的页岩气产业政策体系，为“十三五”页岩气快速发展奠定坚实基础。

2. 具体规划目标

“十二五”期间实现以下规划目标：

（1）基本完成全国页岩气资源潜力调查与评价，初步掌握全国页岩气资源量及其分布，优选30～50个页岩气远景区和50～80个有利目标区。

（2）探明页岩气地质储量6 000亿m^3，可采储量2 000亿m^3。2015年页岩气产量65亿m^3。

（3）形成适合我国地质条件的页岩气地质调查与资源评价技术方法，页岩气勘探开发关键技术及配套装备。

（4）形成我国页岩气调查与评价、资源储量、试验分析与测试、勘探开发、环境保护等多个领域的技术标准和规范。

四、重点任务

（一）页岩气资源潜力调查评价

在全国油气资源战略选区专项中，设置“全国页岩气资源潜力调查评价及有利区优选”项目，将全国陆域划分为上扬子及滇黔桂、中下扬子及东南、华北及东北、西北和青藏五个大区，开展页岩气资源和潜力调查评价工作。

1. 全国富有机质页岩分布调查

2011年到2013年，分析已有区域地质调查和油气等勘查资料，实施野外地质调查，开展地球物理及地球化学勘查和浅井调查，完成野外剖面实测50km，非地震地球物理勘查10 000km，地质浅井200口，获取各个地区富有机质页岩基础资料，尽快查明我国陆上富有机质页岩的分布和基本参数，优选页岩气资源远景区。

2. 全国页岩气资源潜力调查与评价

以四川盆地及渝东鄂西，滇黔北，黔南桂中，南盘江；湘中－洞庭，赣西北，苏浙皖；鄂尔多斯，南华北，松辽，渤海湾盆地辽河坳陷，塔里木，准噶尔，吐哈，三塘湖，柴达木，羌塘等盆地和地区为重点，兼顾其他地区，部署二维地震20 000km，非地震地球物理勘探40 000km，调查井50口，获取页岩气的系统参数，评价资源潜力，基本掌握全国页岩气地质资源量和可采资源量分布，优选页岩气富集有利目标区，研究总结页岩气富集规律。

建设页岩气调查评价、勘探开发和综合利用一体化示范区，推动页岩气产业快速形成和发展。

（二）科技攻关

1. 页岩气资源评价技术

总结海相和陆相页岩气成藏机理、富集规律，建立不同类型的页岩气成藏模式，确定页岩气资源评价的关键参数、方法体系和评价标准，重点研发和形成页岩气分析技术和设备，为查明页岩气资源情况提供技术支撑。

2. 页岩气有利目标优选评价方法

在页岩气富集保存地质条件和分布特征研究基础上，进行技术适用性和经济性分析，重点开展页岩气储层地质及成藏主控因素研究，从沉积相、构造演化、埋深条件、有机质含量、热成熟度、资源丰度等方面，建立页岩气有利目标优选评价方法和标准，为勘探部署提供技术支撑。

3. 页岩储层地球物理评价技术

在消化吸收国外技术基础上，开展复杂地形和地质条件下，地震采集和处理解释、页岩气测井识别和储层精细描述等地球物理识别技术和评价标准研究，逐步形成富含有机质页岩及含气性地球物理识别关键技术，建立页岩气储层参数识别技术，为确定页岩气"甜点区"提供技术手段。

4. 页岩气水平井钻完井技术

借鉴常规油气藏和低渗透气藏钻完井技术，重点开展页岩气钻井和固井辅助工具、定向井井眼轨迹优化、长井段水平井优快钻井及套管完井、适应性油基钻井液体系等研究，不断提高设备适应性、可靠性和安全性，形成一套适用于我国页岩气地质条件的钻完井技术。

5. 页岩储层改造及提高单井产量技术

研发可钻式桥塞及分段压裂封隔器、3000 型压裂车等装备并实现国产化，研究同步压裂和微地震裂缝监测等技术；开展新型压裂液、压裂液处理和再利用、储层伤害机理及保护、分段压裂、长井段射孔和体积改造等技术攻关，掌握适用于我国页岩气开发的增产改造核心技术，提高页岩气单井产量。

6. 产能预测、井网优化与经济评价技术

跟踪和分析我国页岩气井产能动态，深入研究解吸、扩散和渗流机理，开展不同参数条件下气井产能数值模拟和最终可采储量研究，形成页岩气开发产能评价技术；结合页岩气井生产特点，开展不同井网与井距组合条件下的采收率研究，形成井网优化技术；开展影响经济效益的因素研究，形成页岩气开发经济技术评价指标体系。

7. 编制页岩气勘探开发技术规范

编制页岩气地质调查、地震勘探、非地震勘探、微地震、钻井完井、测井、实验分析测试、储层改造及开发与生产等技术规范和储量标准。

8. 培育专业化技术服务公司

加快页岩气勘探开发关键技术攻关，实现自主创新，培育专业化技术服务公司，降低勘探开发成本，实现跨国服务，培养新的经济增长点。

（三）页岩气勘探开发布局

页岩气勘探开发以四川、重庆、贵州、湖南、湖北、云南、江西、安徽、江苏、陕西、河南、辽宁、新疆为重点，建设长宁、威远、昭通、富顺－永川、鄂西渝东、川西－阆中、川东北、安顺－凯里、济阳、延安、神府－临兴、沁源、寿阳、芜湖、横山堡、南川、秀山、辽河东部、岑巩－松桃等19个页岩气勘探开发区。

（四）2020年远景展望

在基本摸清页岩气资源情况、勘探开发技术取得突破基础上，"十三五"期间，进一步加大投入，大幅度提高19个勘探开发区的储量和产量规模。同时，大力推进两湖、苏浙皖、鄂尔多斯、南华北、松辽、准噶尔、吐哈、塔里木、渤海湾等勘探开发，建成新的页岩气勘探开发区。力争2020年产量达到600亿～1 000亿 m^3。

五、规划实施

（一）保障措施

1. 加大国家对页岩气资源调查评价的资金投入设立页岩气调查评价和勘查国家专项，一是开展页岩气资源调查评价和潜力评价；二是开展页岩气靶区优选和勘查技术攻关示范；三是开展页岩气地质理论研究和国际合作交流。

2. 加大页岩气勘探开发技术科技攻关

通过国家科技重大专项等，加大对页岩气勘探开发相关技术研究的支持力度，在"大型油气田及煤层气开发"重大专项中将"页岩气勘探开发关键技术"列为重点项目，增设"页岩气勘探开发示范工程"。加强国家能源页岩气研发（实验）中心和其他页岩气重点实验室建设，建立高层次人才培养和学术交流基地。鼓励国内企业及院所与国外研究机构开展勘探开发关键技术联合研究，通过引进国外技术服务和开展对外合作等，吸收借鉴国外先进成熟技术，形成具有中国特色的勘探开发核心技术。

3. 建立页岩气勘探开发新机制

加快引入有实力的企业参与页岩气勘探开发，

推进投资主体多元化。同时要制订准入门槛和资质，推动矿权招投标制度、区块退出机制及合同管理，大幅度提高最低勘查投入，杜绝“跑马圈地”等现象。石油天然气、煤层气矿业权人应综合勘探开发矿业权范围内页岩气资源。页岩气勘探开发要与其他固体矿产矿业权、整装勘查区相互衔接，协调处理好矿业权重叠，确保安全生产。从事页岩气勘探开发的企业，经国土资源部前置性审查，由国家发改委报经国务院批准后，与国外有经验的公司合作，引进页岩气勘探开发技术。进一步完善页岩气勘探开发监管机制。

4. 落实页岩气产业鼓励政策

参照煤层气财政补贴政策，研究制订页岩气具体补贴政策；依法取得页岩气探矿权采矿权的矿业权人或探矿权采矿权申请人可按照相关规定申请减免页岩气探矿权和采矿权使用费；对页岩气勘探开发等鼓励类项目下进口国内不能生产的自用设备(包括随设备进口的技术)，按有关规定免征关税；页岩气出厂价格实行市场定价；优先用地审批。

5. 完善页岩气利用配套基础设施

一是在天然气管网设施比较完善的页岩气勘探开发区，积极建设气田集输管道，将页岩气输入天然气管网。二是对于远离天然气管网设施，初期产量较小的勘探开发区，建设小型 LNG 或 CNG 利用装置，防止放空浪费。三是根据勘探开发进展情况，适时实施建设页岩气外输管道。

(二)实施机制

1. 加强统筹协调

能源主管部门总体负责规划组织实施，其他各有关部门根据职责尽快落实各项保障措施。建立定期或不定期沟通协调机制，及时解决规划实施过程遇到的各种问题。各公司根据规划确定的目标和重点任务，落实资金和工作量，并及时上报勘探开发进展。

2. 强化规划实施监管

强化规划实施监管，建立规划实施监管机制，掌握各页岩气区块工作量和产量目标完成情况，对“十二五”目标完成较差的公司，按规定要求其退出区块面积。

3. 建立滚动调整机制

加强页岩气行业技术攻关和勘探开发进展的跟踪分析，掌握规划实施情况，适时进行规划中期评估。根据规划实施效果和页岩气行业发展实际，及时调整发展目标和科研攻关及勘探开发任务，研究制订新的保障措施。

六、社会效益与环保评估

(一)社会效益

页岩气的开发对推动我国科技进步、带动经济发展、改善能源结构和保障能源安全具有重要的意义。

1. 推动油气勘探理论创新和技术进步。页岩气成藏理论突破了传统地质学关于油气成藏的认识，有利于开拓页岩油等非常规油气资源勘探的思路。水平井钻井、分段压裂、同步压裂、微地震监测和批量工厂化生产等相应的开发技术也可应用到其他非常规油气的勘探开发。

2. 促进改善能源结构。实现页岩气产业化开发，有利于增加天然气供给，缓解我国天然气供需矛盾，改善能源结构，降低温室气体排放，提高我国天然气对外谈判的话语权和影响力。

3. 带动基础设施建设。我国部分页岩气勘探开发区交通不便，管网欠发达。开发这些地区的页岩气资源，对改善当地基础设施建设，促进天然气管网、液化天然气(LNG)、压缩天然气(CNG)等发展具有重要意义。

4. 拉动国民经济发展。作为一项重大能源基础产业，页岩气开发利用可以拉动钢铁、水泥、化工、装备制造、工程建设等相关行业和领域的发展，增加就业和税收，促进地方经济乃至国民经济的可持续发展。

(二)环境评估

1. 开发利用页岩气有利于减少二氧化碳排放，保护生态环境。按页岩气的年产量 65 亿 m^3 计算，与煤炭相比，如果用于发电，可减少二氧化碳年排放约1 400万t、二氧化硫排放约11.5万t、氮氧化合物排放约4.3万t和烟尘排放约5.8万t。

2. 页岩气开发环境保护措施。页岩气开采工艺与常规气大部分相同，可能产生的环境和生态破坏与常规气基本相同。在页岩气开发各个环节采取有针对性的措施，可有效减少或杜绝可能产生的各种环境问题。

一是工厂化作业减少地表植被破坏。页岩气开发多采用丛式水平井群，一个井场可以向不同方向钻多口水平井，大大减少了井场数量，较好地解决了占地多和地表植被破坏多的问题。

二是压裂液循环利用减少用水量。页岩气压裂用水量比生产同等能量的煤和燃料乙醇要少得多。且出于成本考虑，页岩气压裂液须多口井循环重复利用，客观上节约大量用水。

三是严格钻完井规程杜绝污染地下水。页岩气井钻井液为天然气人工合成的油基泥浆，短时间内可自然降解；压裂液主要成分是水和砂，不足0.5%的添加剂体系中绝大部分都是日常生活中常见的无毒无害物质。另外，页岩气层比地下饮用水层深很多，且中间夹有多层不可渗透岩层，压裂液污染地下水的可能性很小。如严格执行钻完井操作规程，保证套管和固井质量，可彻底杜绝水层污染。目前，全球尚未发生开采页岩气导致重大地下水污染的事件。

四是加强环保监测实现压裂液无污染排放。压裂开采石油天然气已有60年历史，压裂液成分和排放标准均有严格法规要求。通过加强日常生产中的环保监测检查，保证压裂液无害排放，防止土壤和地表水污染。

国家发展和改革委员会

财政部

国土资源部

国家能源局

本文摘自国家发展和改革委员会网站

页岩气勘探开发设备行业需求分析

一、美国“页岩气革命”影响巨大，我国加快发展进程

(一)天然气在我国能源消费结构中日益重要，未来需求巨大。

在节能环保要求日益严格的大环境下，天然气作为清洁环保的能源和化工原材料，未来消费量将大幅增长。根据IEA(国际能源署)预测，未来天然气将超越煤炭成为全球第二大能源。目前天然气在世界一次能源消费中所占的比重为23.81%，而在我国一次性能源消耗结构中仅占4.4%，未来消费增长空间巨大。2010年天然气在世界一次能源消耗结构中占比见图1；2010年天然气在我国一次能源消耗结构中占比见图2。

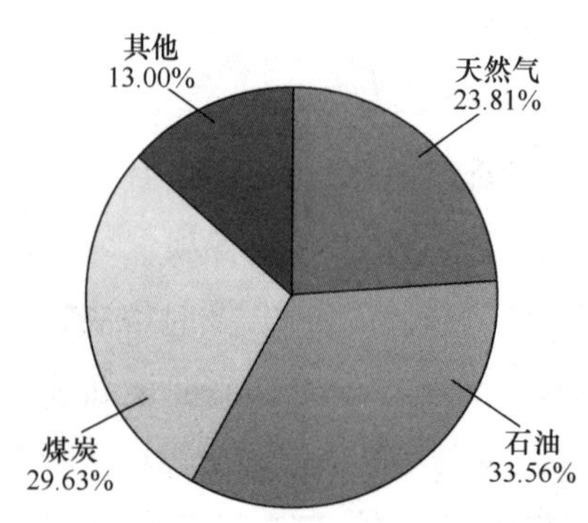

图1　2010年天然气在世界一次能源消耗结构中占比

资料来源：BP世界能源统计，中国银河证券研究部

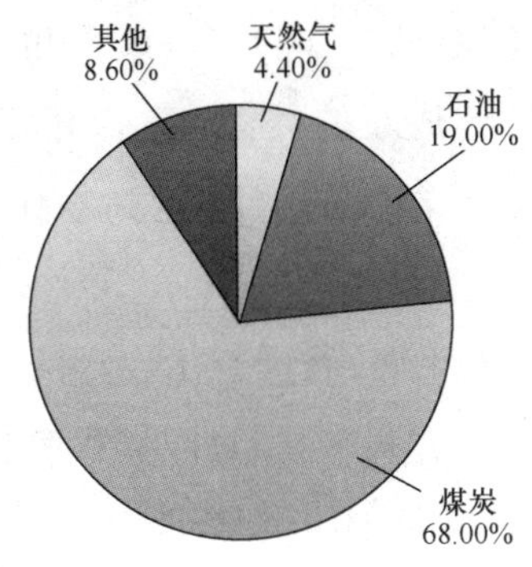

图2　2010年天然气在我国一次能源消耗结构中占比

资料来源：BP世界能源统计，中国银河证券研究部

2000～2010年我国天然气消费年均增幅16.4%，比石油消费增速快9个百分点，比煤炭消费增速快8个百分点，2000～2010年我国天然气消费年均增幅见图3。2011年，我国天然气表观消费量近1 300亿m^3，同比增长20.9%。

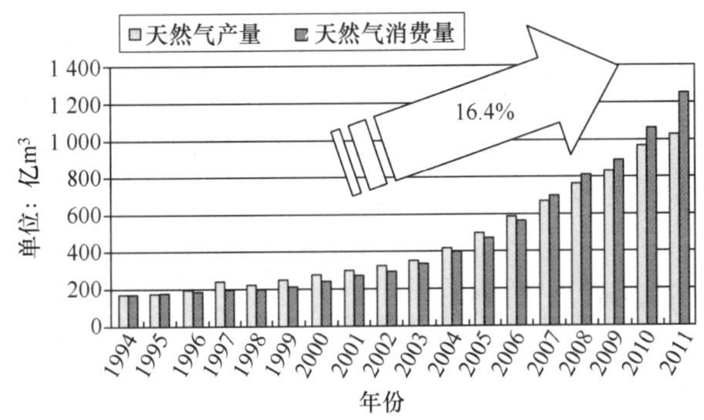

图3　2000～2010年我国天然气消费年均增幅

资料来源：中国银河证券研究部

根据我国城市燃气（包括居民用、商业用和天然气汽车）、发电、工业燃料和化工等领域对天然气消费需求的增长，预计"十二五"期间我国天然气消费量年均增幅将达20%左右。2000年与2010年我国天然气消费结构见图4；"十二五"期间我国天然气消费量预测见图5。

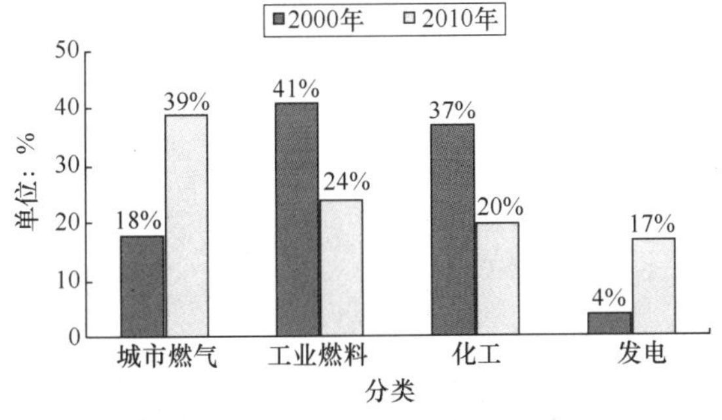

图4　2000年与2010年我国天然气消费结构

资料来源：国家发改委能源所、中国银河证券研究部

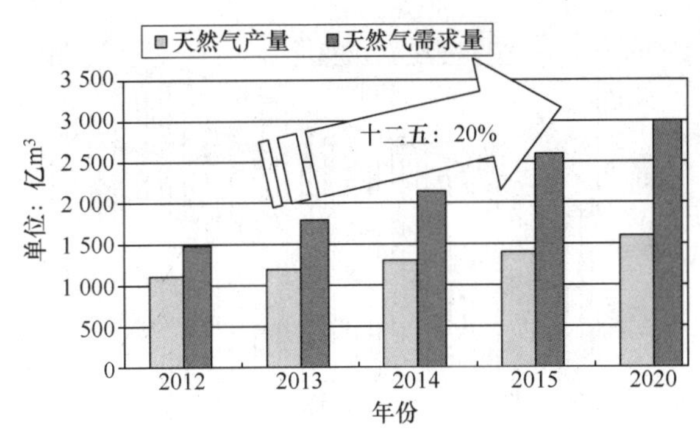

图5　"十二五"期间我国天然气消费量预测

资料来源：中国银河证券研究部

（二）美国"页岩气革命"改变世界能源格局，我国将加快勘探开发进程

天然气由常规天然气和非常规天然气构成，非常规天然气则由致密气、页岩气和煤层气构成。全球非常规天然气资源量巨大，约为常规石油天然气资源量的1.65倍。目前，已经实现商业开采的页岩气、煤层气和致密气储量中，页岩气所占比例最大，为49%。全球非常规天然气储量结构见图6。

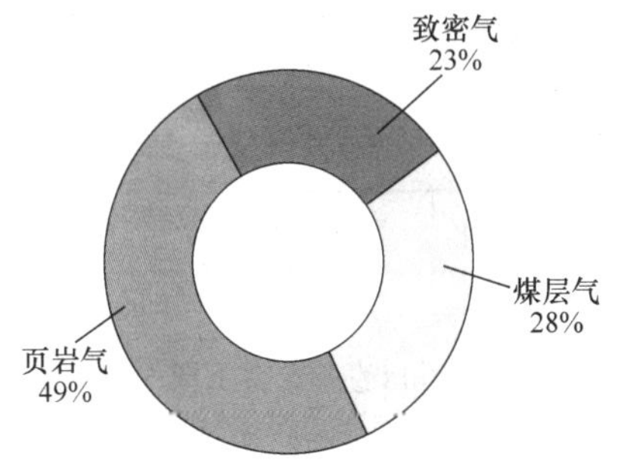

图6　全球非常规天然气储量结构

资料来源：《页岩气及其勘探开发》，中国银河证券研究部

页岩气的发展被认为是"一场能源革命"。近年来页岩气大规模成功开采，快速提升了天然气产量，使美国能源结构中页岩气所占份额快速提升，美国石油产品60年来首次实现净出口。美国页岩气的成功开发，掀起了全球页岩气研究、勘探的热情，促使一些国家纷纷加快天然气产业发展。页岩气在美国能源结构中所占份额见图7。

我国页岩气资源可采储量处于全球领先水平，而以天然气作为高效清洁能源的占国内一次能源消耗的比例显著低于全球平均水平和天然气的供需缺口持续扩大等因素都为页岩气开采提供有利的市场机遇。

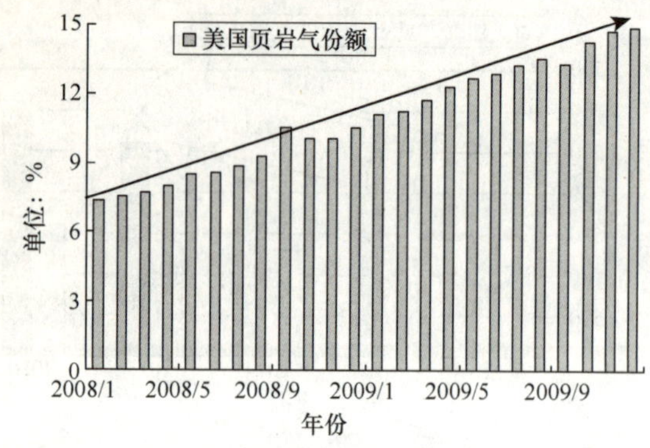

图7　页岩气在美国能源结构中所占份额

资料来源：美国能源署，中国银河证券研究部

2012年3月，我国发布的《页岩气发展规划(2011～2015年)》，公布了我国初步掌握的页岩气资源量及其分布：探明页岩气地质储量6 000亿 m^3，可采储量2 000亿 m^3，2015年页岩气计划产量65亿 m^3；优选30～50个页岩气远景区和50～80个有利目标区等。规划同时展望了2020年的页岩气规模："十三五"期间，我国将进一步加大勘探开发投入，大幅度提高19个勘探开发区的储量和产量规模。同时，大力推进两湖、苏浙皖、鄂尔多斯、南华北、松辽、准噶尔、吐哈、塔里木和渤海湾等地区勘探开发，建成新的页岩气勘探开发区，力争到2020年我国页岩气的产量达到600亿～1 000亿 m^3。

截至2011年底，我国有15口井，开展了页岩气直井压裂试气，其中9口井见气，完钻了两口页岩气水平井威201－H1和建页HF－1井。初步掌握了页岩气直井压裂技术，证实了我国具有页岩气开发前景。2011年我国页岩气开发进展情况见表1。

目前，国务院已批准页岩气为独立矿种。近两年，众多企业和地方政府热情参与了第一轮、第二轮页岩气开采的招标，使得我国页岩气开发走上了快速发展的轨道，页岩气开发机制正在逐步完善过程中。随着我国页岩气招标机制的逐步成熟，页岩气开采税费减免和财政补贴政策有望出台，天然气价格市场化机制改革有望实现，这些政策都将促进页岩气产业的发展。我国页岩气勘探开发路线见表2。

表1　2011年我国页岩气的勘探开发进展情况

序号	主要企业	开发现状
1	中石油	在川南、滇北地区优选了威远、长宁、昭通和富顺－永川4个有利区块，完钻11口评价井，其中4口直井获得工业气流
2	中石化	在黔东、皖南、川东北完钻5口评价井，其中2口井获得工业气流，优选了建南和黄平等有利区块
3	中海油	在皖浙等地区开展了页岩气勘探前期工作
4	延长石油	在陕西延安地区3口井发现陆相页岩气
5	中联煤	在山西沁水盆地提出了寿阳、沁源和晋城三个页岩气有利区

资料来源：《页岩气发展规划(2011～2015年)》，中国银河证券研究部

表2　我国页岩气勘探开发路线

时间	页岩气开发进展和预测	页岩气开发重大政策或重大事项
2004年	跟踪调研国外进展	
2005年	我国页岩气开发前景调研	
2006年	中新生界盆地调研	
2007年	古生界沉积区调研	
2008年	上扬子地区页岩气选区，国内外对比	
2009年	启动国家财政出资的第一个页岩气资源调查项目——"中国重点地区页岩气资源潜力及有利区优选"项目，实施渝页1井。	

（续）

时间	页岩气开发进展和预测	页岩气开发重大政策或重大事项
2010 年	开展川渝黔鄂页岩气资源战略调查先导试验区建设	
2011 年 7 月		页岩气第一轮招标：国土资源部页岩气探矿权首次招标正式开标，中石化和河南省煤层气公司分别获得 4 个招标区块中的 1 块
2011 年 10 月	完成了我国首次页岩气资源潜力评价，页岩气可采资源量 25 万亿 m^3	国务院通过的《找矿突破战略行动纲要（2011～2020 年）》，将页岩气列为重要矿产
2011 年 12 月	“湘页 1 号井”，湖南境内第一口页岩气井；截至 2011 年底，我国石油企业进行了 15 口页岩气直井压裂试气，9 口见气；完钻两口页岩气水平井威 201－H1 和建页 HF－1 井。	国务院批准页岩气为独立矿种
2012 年 2 月	鄂尔多斯盆地第一口页岩气水平井完钻；中石化首口页岩油水平井，河南油田泌页 HF1 井获高产工业油气流	
2012 年 3 月	重庆渝东南地区的“黔页 1 井”点火测试成功；国内第一口超千米页岩气战略调查井“贵州岑页－1 号”压裂工程在贵州岑巩开工	《页岩气发展规划（2011～2015 年）》发布
2012 年 4 月	《陕西延长页岩气高效开发示范基地总体规划》通过专家审查	
2012 年 5 月	中石化首个页岩气产能建设项目启动	
2012 年 6 月	截至 2012 年上半年，石油企业主要在四川盆地及周缘、鄂尔多斯、渤海湾盆地。共实施页岩气（油）探井 63 口，其中，页岩气井 58 口（水平井 15 口），获页岩气流 30 口，（水平井 4 口）；页岩油水平井 5 口，均获页岩油流。	
2012 年 9 月 10 日		页岩气第二轮招标起动
2012 年 10 月 25 日		页岩气第二轮招标开标
2012～2020		页岩气招标机制逐步成熟、页岩气开采税费减免和财政补贴、天然气价格市场化机制改革

资料来源：中国银河证券研究部

二、页岩气勘探开发设备有望迎来“黄金十年”，关键设备制造企业受益最大

“十二五”期间，我国页岩气产业发展仍将处于起步阶段，“十三五”时期有望迎来快速增长。因此页岩气开采设备制造企业将迎来“黄金十年”，其中压裂、测井、射孔等关键设备生产企业和直接参与页岩气勘探开发的相关设备生产企业将受益最大。目前，杰瑞股份、惠博普、吉艾科技、通源石油和恒泰艾普这 5 家企业处于各细分行业的龙头地位。其中杰瑞股份为压裂、固井设备细分龙头；惠博普则积极参与页岩气招标，大力进军页岩气下游行业，将重点发展油气分离设备；吉艾科技在高端成像测井设备领域独树一帜；通源石油在复合射孔设备和油气田增产技术服务领域具备核心竞争力；恒泰艾普的勘探设备和服务将在页岩气开发过程中率先受益，且将通过收购整合测井车等油气装备业务、进军页岩气和煤层气等非常规油气资源开发及技术服务等业务领域，迅速做大做强。2011 年主要

页岩气开采设备生产企业产品和服务及营业收入　见表3。

表3　2011年主要页岩气开采设备生产企业产品和服务及营业收入

序号	上市公司	主要产品和服务	应用环节	2011年营业收入(亿元)	页岩气相关度
1	杰瑞股份	固井设备、压裂设备	固井、压裂	14.60	* * * * *
2	惠博普	油气分离系统、页岩气勘探开采	开采	4.04	* * * * *
3	吉艾科技	测井设备和服务、射孔作业	测井、射孔	1.74	* * * *
4	通源石油	复合射孔器、水平井钻井和压裂服务	射孔、增产、钻井	3.50	* * * *
5	恒泰艾普	勘探设备和服务、测井车、压力器	勘探、测井	4.71	* * * *
6	江钻股份	石油天然气钻头	钻井	15.85	* * *
7	山东墨龙	油气套管、钻井配件	钻井	27.39	* * *
8	神开股份	综合录井仪等、钻井仪表、防喷器	录井	6.10	* * *
9	海默科技	多相流量计、测井装置	测井	1.50	* * *
10	潜能恒信	勘探设备和服务	勘探	1.25	* * *
11	黄海机械	岩心钻机、水平钻机	钻井	3.95	* *
12	蓝科高新	石化换热器、油气水分离器、LNG球罐	开采、分离、存储	7.47	* *
13	富瑞特装	LNG气瓶、加气站、液化装置	存储、液化装置	8.04	* *
14	北人股份	工业气瓶、CNG气瓶、LNG设备(重组后)	存储	23.32	*

资料来源:Wind,中国银河证券研究部

三、2012～2020年页岩气设备总体需求预计将达2 000亿

(一)总体需求

2012～2020年,预计我国页岩气开采需打井40 000口左右,总投资在8 000亿元左右,年均投资889亿元;其中设备投资占比约为25%,设备总需求约2 000亿元左右,年均需求量在222亿元左右。页岩气开采设备的总体市场需求分析见表4。

表4　页岩气开采设备的总体市场需求分析

序号	关键参数	2015年	2020年	相关政策及原因分析
1	页岩气产量(亿 m^3)	65	600	根据《页岩气发展规划(2011～2015年)》,2015年页岩气产量65亿 m^3、力争2020年产量达到600亿～1 000亿 m^3
2	平均单井产量(万 m^3)	200	150	参考中石油、重庆市规划和美国的单井产量数据
3	页岩气钻井口数(口)	3 250	40 000	
4	单井投资(万元)	2 500	2 000	2011年在四川页岩气“富顺－永川”区块,勘探一口页岩气水平井的成本约为1 200万美元;根据壳牌的计划,未来3～4年内的作业成本将降至400万美元。如果随着技术进步,未来单井投资成本下降,2015年、2020年单井投资估计分别在2 500万元、3 000万元左右
5	总投资(亿元)	813	8 000	
6	从2012年起年均投资(亿元)	203	889	
7	设备总投资(设备总需求)(亿元)	203	2 000	根据Spears & Associates和经验数据,设备投资占总投资的25%左右
8	从2012年起设备年均需求(亿元)	51	222	

资料来源:中国银河证券研究部

根据《页岩气发展规划(2011～2015年)》,2015年页岩气产量65亿m^3、力争2020年产量达到600亿～1 000亿m^3。目前国内外对于2015年的页岩气计划目标大都表示认同,但对2020年的目标还有争议。其中,世界著名能源咨询公司伍德麦肯兹(Wood Mackenzie)认为我国2020年最多只能实现300亿m^3的页岩气产量;中国工程院院士童晓光认为2020年我国年产页岩气800亿m^3的目标可能太高。

如果按2020年能够实现600亿m^3页岩气产量估测,2015年、2020年单井产量应分别为200万m^3和150万m^3。①如果按中石油在四川省南部页岩气井的单井产量日平均产量为1万m^3,一年可以365万m^3计算;②根据重庆市提出的力争到2015年打150～200口页岩气井,页岩气年产量达到13亿～15亿m^3,这样计算单井产量约为800万m^3。③但按照美国的数据:2006年,美国页岩气产量283亿m^3,钻井数3.95万口,平均单井产量近72万m^3。④考虑到中石油的产量数据是单井成功出气且处于产量较高时期的钻井,另需考虑未出气的钻井和随着时间推移出气量衰减的因素。这样美国的单井产量数据对我们更具有现实参考意义;同时考虑到我国和美国的地质结构等多方面的不同,参考当前四川省页岩气开发成本和壳牌的开发成本计划,估计2015年和2020年单井投资分别应为2 500万元、3 000万元左右。

由于2012年的页岩气设备需求基数很难确定,所以行业年均需求增速预测偏差较大。如果2012年页岩气设备需求为10亿元,则2012～2020年行业年均增速预计为58%;如果2012年页岩气设备需求为20亿元,则2012～2020年行业年均增速预计为46%;如果2012年页岩气设备需求为30亿元,2012～2020年行业年均增速预计为39%。2012～2020年我国页岩气设备需求预测见图8。

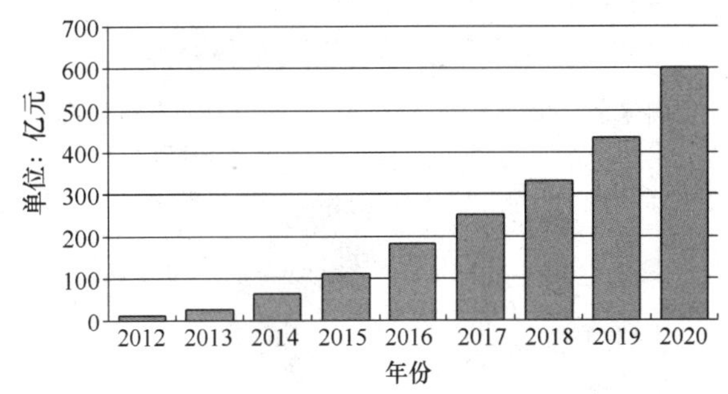

图8 2012～2020年我国页岩气设备需求预测

资料来源:中国银河证券研究部

(二)预计2020年以前油气开采设备年均需求将达2 500亿以上

由于页岩气开采设备和服务紧密结合,且页岩气服务和煤层气、致密气等非常规天然气以及常规油气开采密不可分,部分企业又同时服务于国内外市场,因而油气开采设备的市场规模远大于页岩气设备市场。2012～2020年页岩气设备市场需求预测见表5。根据全球著名能源机构Spears & Associates统计,全球油气开采设备和服务市场规模在3 000亿美元左右,其中陆上油气设备和服务市场规模约占70%。1999～2011年全球油气设备和服务市场规模见图9;2011年全球油气设备和服务市场结构分布见图10。

表5 2012～2020年页岩气设备市场需求预测

(单位:亿元)

	页岩气设备市场			油气设备市场		
年份	2012年	2015年	2020年	2012年	2015年	2020年
累计需求	–	203	2 000	2 000	8 749	22 983
年均需求	–	51	222	2 000	2 187	2 553
2020年当年市场需求	–	–	600	–	–	3 188

资料来源:中国银河证券研究部

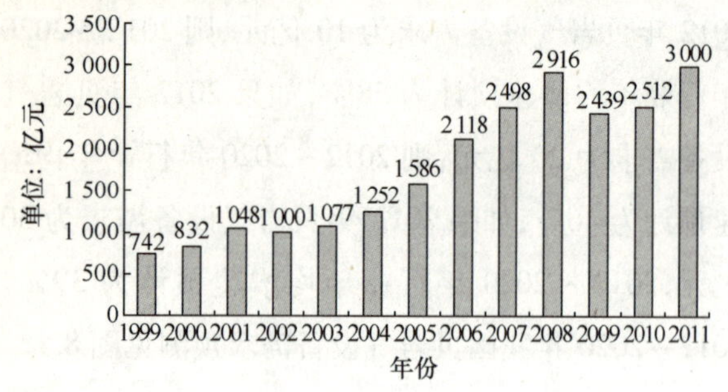

图9　1999～2011年全球油气设备和服务市场规模

资料来源：Spears & Associates，中国银河证券研究部

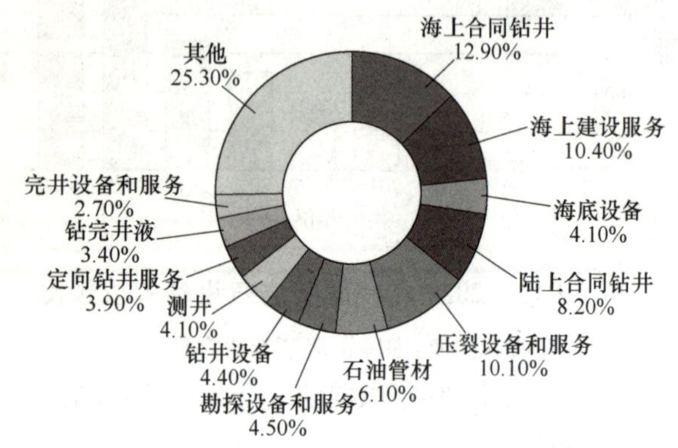

图10　2011年全球油气设备和服务市场结构分布

资料来源：Spears & Associates，中国银河证券研究部

根据中国机械工业联合会统计，2011年我国石油钻采专用设备制造业工业总产值达到1 834亿元，同比增长33%。2012年1～7月，我国石油钻采专用设备制造业工业总产值累计同比增长22%，其中7月当月产值同比增长31%。2003～2011年我国石油钻采专用设备产值年均增幅见图11。如果我国石油钻采专用设备制造业的市场保持每年6%左右的增速（参考GDP增速），那么到2020年我国石油钻采专用设备年均市场需求将超过2 500亿元，2020年当年油气设备市场需求接近3 200亿元。

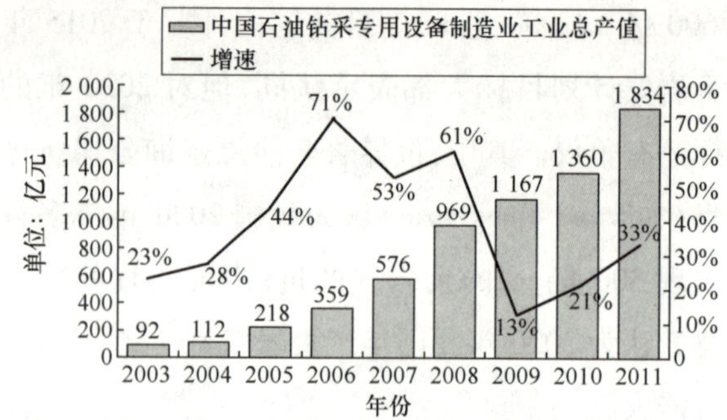

图11　2003～2011年我国石油钻采专用设备产值年均增幅

资料来源：中国机械工业联合会，中国银河证券研究部

据预测，2020年之前页岩气设备年均市场需求将接近全部油气设备市场的1/10，2020年当年页岩气设备市场需求可能接近全部油气设备市场的1/5。

（三）水平井和压裂是页岩气开发产业最为关键的技术环节

页岩气开发包含勘探、开采、生产三大环节。其中，开采和生产环节需要应用钻井设备、录井设备、固井设备、测井设备、射孔设备、压力设备和油气水分离设备等众多装备。2012～2020年我国页岩气关键设备年均市场需求及其在油气设备市场中所占比例见表6。从美国页岩气开发所经历的四个阶段来看，水平井和清水压裂是目前页岩气开采过程中最为关键的技术。美国页岩气开发的四个阶段（技术进步）详见图12。

表6　2012～2020年我国页岩气关键设备年均市场需求及其在油气设备市场中所占比例

项目	页岩气设备（亿元）	油气设备（亿元）	在页岩气设备中的占比（%）	在油气设备市场中的占比（%）
年均总需求	222	2 553	100.00	8.70
其中：压裂设备	44	460	19.82	9.57
射孔设备	11	128	4.95	8.59
测井设备	18	179	8.11	10.06
钻井设备	49	562	22.07	8.72
勘探设备	18	204	8.11	8.82
其他设备	82	1021	36.94	8.03

资料来源：中国银河证券研究部

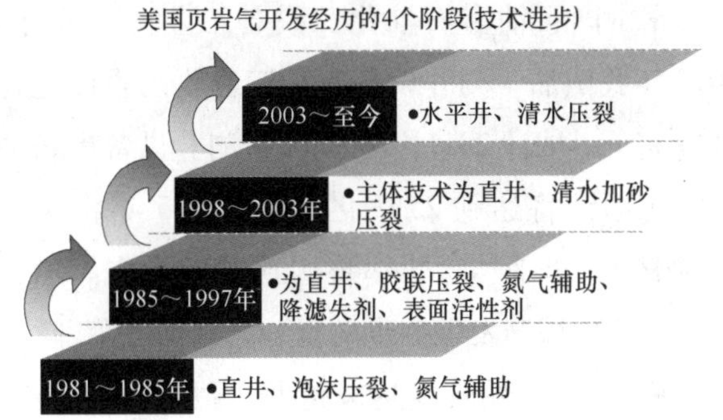

图12　美国页岩气开发经历的4个阶段(技术进步)

资料来源:CNPC,中国银河证券研究部

1. 压裂设备约占开发设备投资的20%

压裂作业的主要设备即为压裂车组或压裂橇组。1套压裂车组一般包含6台压裂泵车、2台混砂车、2台仪表车和1台管汇车。对于压裂作业要求排量大、压力高的油井(一般需要8 000～18 000水马力),则需更多的压裂车。压裂橇组是指去掉底盘车后,安装在橇架上的压裂装置,主要应用于海洋钻井平台和沙漠戈壁滩上的压裂作业。近几年国内压裂设备每年的需求量都在10套车橇组以上,占据了95%的国内市场份额,国内生产的压裂设备正迅速替代进口设备,并且还进入了国际市场。

用以下方法粗略测算页岩气压裂设备市场需求:

(1)根据经验数据,压裂设备约占页岩气开发设备投资的20%,那么到2020年我国页岩气开发就需要约400亿元左右的压裂设备,年均40亿～50亿元。

(2)通常单套压裂设备包含10台2 000hp(1 471kW)的压裂车组,按照一台典型的2 000型压裂车组的售价为1 000万元左右进行计算,每套压裂车组价值在1亿元左右。一般单套压裂设备每年满负荷压裂150次,按照70%工作时间算,可压裂100井次;假设每口页岩气井每年需要压裂1次,我们初步获得钻井口数和压裂车组的比例关系为100:1。如果2020年页岩气钻井达到40 000口,则需要压裂车组400套,按照每套1亿元计算,压裂设备总需求在400亿元左右。

(3)根据北美页岩气开发经验,每1亿m^3需要用1万水马力的压裂车组进行压裂;600亿m^3需要用600万水马力车组进行压裂;假设通常采用10台2 000水马力型号的压裂车组,则需要300套压裂车组;按照每套1亿元计算,压裂设备总需求在300亿元左右。

综合以上三种计算方法,发现前两者基本一致,第三种方法计算也相差不大。根据前两者的计算结果估计,2012～2020年我国页岩气开发需要约400亿元左右的压裂设备。国内压裂设备主要生产企业有四机厂、四机赛瓦、兰州通用机器、中油特种车辆和杰瑞股份等。

2. 前端勘探设备最先受益

油气勘探开发工作是油气工业的前端环节,包括资源寻找、开发方案的设计和实施等工作,对维持资源探明储量的稳定、保障石油工业的持续发展有着重要意义。油气资源勘探开发技术建立在地球物理勘探的基础上,类似于给大地做"CT",即利用地震、地质等信息来分析勘探区的地层结构、寻找有利储层、指导钻井和油田开发工作。

近年来,随着全球石油公司勘探开发投资的持续增长,全球油气探勘设备和服务市场快速增长。根据Spears&Associates统计,2010年全球油气探勘设备和服务市场达到124.58亿美元。2011年全球油气设备和服务市场在3 000亿美元左右,其中勘探设备和服务占全球油气设备和服务市场的4.5%。约合135亿美元。从2000年到2008年,地震数据处理解释行业的市场规模从14.16亿美元增长到50.16亿美元,增长了2.54倍,年均复合增长率达到15.09%。

由于技术壁垒显著,目前世界范围内勘探开发技术服务为少数服务巨头所垄断,前5大服务商已稳定地占有80%左右的市场份额。他们分别是CGG VIERITAS、WESTERN GECO、PGS、东方物探、FUGRO。国内主要有恒泰艾普和潜能恒信两家上市公司。

3. 钻井设备配件需求较大

油气钻机是一组十分复杂的大型成套设备,除用于一般陆地石油、天然气钻井外，还有在沙漠、高寒、高原、沼泽、浅滩、海洋等地带使用的钻机，在不同环境下工作的石油钻机要能承受相应的风沙、低温、海水腐蚀、海浪冲刷等恶劣的自然条件。同时还要能适应钻井过程中的高压、高温、污染、冲刷、腐蚀等极其特殊又复杂的工况。

根据钻机使用地点的不同，一般将石油钻机分为陆地钻机和海洋钻机两大部分。按钻探深度的不同来分，一般将井深5 000～7 000m的钻机称为深井钻机，将井深9 000～12 000m以上的钻机则称为特深井钻机。需求量较大钻井配件主要是钻头和油套管。

目前全世界石油钻机保有量约6 000多台，产自20多个国家。其中美国、中国和德国等少数国家产品具有较强竞争力，能够生产高技术水平的优质成套石油钻机设备产品。

国内目前钻深在1 500～1 2000m的陆地钻机已形成系列，具备生产1 500～12 000m机械传动、电传动、顶部驱动陆地、沙漠和极地各种成套钻机的能力。我国现年产钻机能力为400台左右，约占世界钻机年产量的三分之一，但制造成本比其他生产国家的低25%～35%。目前我国生产钻井配件的上市公司主要有江汉石油钻头股份有限公司和山东墨龙石油机械股份有限公司

根据Spears的研究预测，近几年我国钻探活动会持续增加，对钻机需求强劲。我国陆地油气井钻探数量将从2006年的16 850个增加到2012年的21 321个，钻机总需求1 125台左右。预计2012年，我国陆地钻井新增需求量在200台左右。但是因钻机存量较大，新增钻井的需求增速并不快；而钻机配件尤其是钻头等易耗品，则相对需求量较大。

4. 高端成像测井设备需求较好

测井技术是石油领域的尖端技术，是油气勘探开发中十分关键的技术，技术含量高。测井仪器是集声、光、电、核、磁、电子、材料、地质和物探等学科的综合应用，具有技术密集、单价昂贵等特点。

据中国石油和石油化工设备工业协会统计，2010年我国油气测井设备市场销售收入累计达到21.9亿元，估计2011年我国油气测井设备市场销售收入累计将达到25.7亿元，到2015年将达到47.4亿元，年平均增长率将达到17%左右。随着我国石油勘探开发进一步向复杂岩性油气藏、隐蔽油气藏拓展，探明难度越来越大，测井服务单位对高端、个性化的测井仪器需求进一步加大。

国内在用的高端成像测井仪器多为引进设备，已逐渐老化，迫切需要更新换代，因此对国产的先进成像测井仪器的需求日益增大。根据中国石油和石油化工设备工业协会的统计，目前国内现有测井仪器约1 000套，其中成像测井仪器约占25%。随着勘探开发对象的日趋复杂，高端成像测井仪器的市场需求持续增长。而当前国外同类测井仪器价格昂贵，且斯伦贝谢、贝克休斯等国际测井技术领先企业正逐步进行战略调整，在我国市场上以提供测井服务为主，已很少出售成套测井仪器。

目前我国页岩气开发尚处于起步阶段，用于页岩气领域的国产测井设备市场还很小，测井作业主要由国外油服公司完成。2006～2015年我国油气测井设备市场销售预测见图13，可以预计未来10年页岩气测井设备需求将获得快速增长。国内测井设备公司主要有中油测井技术服务有限公司、山东胜利伟业石油工程技术服务有限公司、北京环鼎科技有限责任公司、中电二十二所、中国海洋石油服务股份有限公司、吉艾科技(北京)股份公司等。

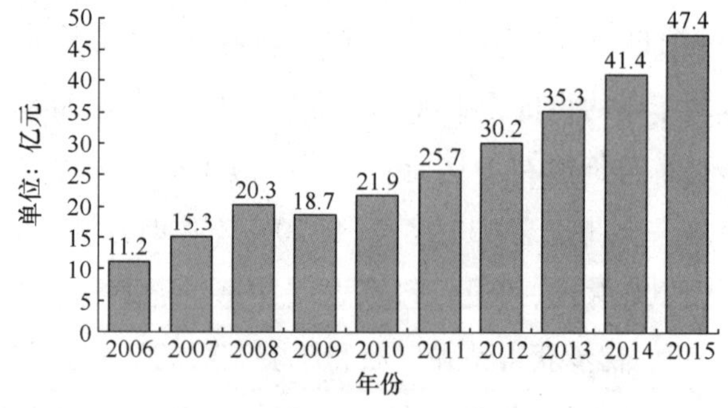

图13　2006～2015我国油气测井设备市场销售预测

资料来源：吉艾科技招股说明书，中国银河证券研究部

5. 具有复合射孔技术的射孔设备需求看好

射孔是决定油气井产量的重要因素,被称为石油天然气勘探开发领域的“临门一脚”。石油天然气勘探开发过程中,首先通过勘探发现油藏区域,然后通过钻井作业完成地面与地下井筒的连通,而井筒与油藏的连通则通过射孔来实现。射孔就是把一种专门仪器设备下到油气井中的某一层段,在套管、水泥环和地层上打开一些通道,使得油气从地层流入油气井的系统工作过程。一口井的产能和寿命取决于井筒与地层的连通程度。

钻井数量是决定油气井射孔市场规模的核心指标。在一口钻井中,沿着垂直方向,存在着不连续的若干油层,油气井射孔通常是针对不同油层的分层作业。每口新钻井通常先打开一层,并对该层进行射孔,即新钻井射孔。当该层采油到了一定阶段后,再对同一口井的其他层位进行射孔,即在产井新层射孔。大量在产井生产过程中,也会由于地层的变化或采油过程中固相颗粒的堵塞,导致在产井需重新射孔,以恢复和再建产能,即在产井(老层)补射孔。

目前,全球的新钻井和在产井合计为100多万口,每年全球油气井射孔米数约为500万m。按照每米射孔器价格2 000美元估计,每年全球油气井射孔的市场规模大约100亿美元。

国内油气井射孔的市场规模可以通过射孔弹消耗量来进行测算。射孔弹是油气井射孔所必需的爆破材料,由于射孔弹属爆炸物,其每年生产量需要报原国防科技工业委员会(现国防科技工业局)批准。2007～2009年,全国油气井专用聚能射孔弹消耗量分别为955万发、1 074万发和1 150万发,按照12发/m^2装射孔弹计算,2007～2009年国内射孔市场规模分别为49亿元、52亿元和54亿元。其中,2009年复合射孔经济规模达到7.24亿元。据中国爆破器材行业协会预测,估计2012年国内射孔市场总体规模将达到60亿元。

国内油气井射孔领域的主要企业分为两类,一是以传统聚能射孔技术为基础的专业服务公司,二是复合射孔新技术研发和推广企业。复合射孔技术作为当前最为先进的射孔技术工艺,在提高油气产量方面具有传统射孔技术无法比拟的优势,未来依托复合射孔技术的复合射孔器和作业服务的需求将明显超过传统聚能射孔技术的产品和作业服务。

国内传统射孔领域主要企业有大庆试油试采公司、中国石油测井公司、中海油服、西部钻探公司、胜利测井、长城钻探、川庆钻探和渤海钻探等,其中复合射孔企业主要是通源石油、204所和213所等。

四、油气装备和服务的重点上市公司

页岩气作为较难开采的非常规油气资源,在技术上处于金字塔顶端。目前真正进入页岩气设备领域的企业主要有杰瑞股份、惠博、吉艾科技、通源石油和恒泰艾普。且其业务在企业中占比很小,较长时期内难以贡献业绩。随着我国油气资源需求量不断增加,企业在前期以常规油气设备为主业支撑下,有望与斯伦贝谢、哈里伯顿和贝克休斯等世界知名企业展开竞争。2011年世界三大油服公司的收入和利润情况见表7。

表7　2011年世界三大油服公司的收入和利润

(单位:百万美元)

公司	收入	同比增长(%)	净利润	同比增长(%)
斯伦贝谢	39 540	44.06	4 997	17
哈里伯顿	24 829	38.15	2 839	55
贝克休斯	19 831	37.58	1 743	113

资料来源:公司年报,中国银河证券研究部

1. 杰瑞股份

杰瑞股份主要产品包括固井设备、压裂成套设备以及天然气压缩/输送设备等3大系列。公司近5年营业收入年均增长51.65%,净利润年均增幅达89.84%。2007～2011年杰瑞股份的营业收入及其增幅见图14,2007～2011年杰瑞股份利润及其增幅见图15。

2011年杰瑞股份有3台压裂车参与国内第一口页岩气水平井——四川省威远县“威201－H1

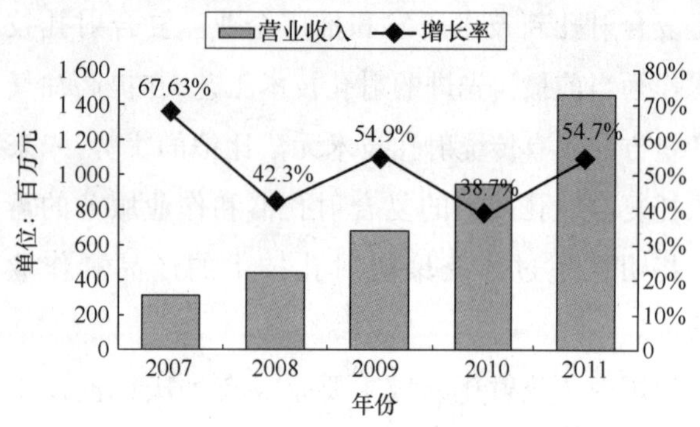

图 14　2007～2011 年杰瑞股份近的营业收入及其增幅

资料来源：公司公告，中国银河证券研究部

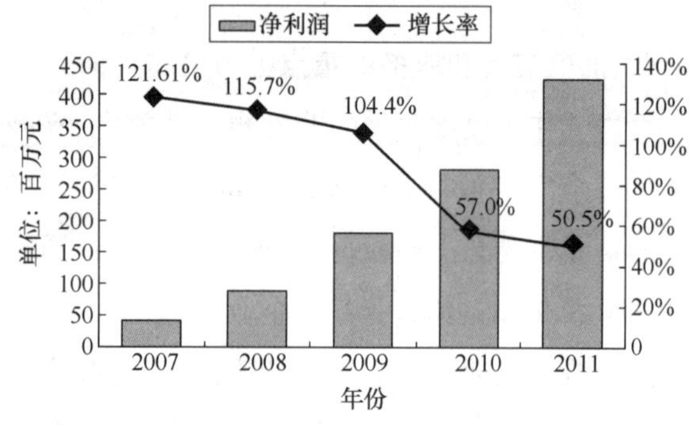

图 15　2007～2011 年杰瑞股份利润及其增幅

资料来源：公司公告，中国银河证券研究部

井”压裂作业施工。2012 年上半年获取新订单 13.9 亿元（不含增值税），同比增长 32%；截至 2012 年 6 月末，公司存量订单约为 23.4 亿元（不含增值税）。预计公司未来在页岩气开发领域将获得更多压裂设备、固井设备等设备订单。

（2）惠博普

惠博普是国内领先的油气分离设备和油田服务供应商，主要产品包括油气分离设备、油气田开采系统、油田环保系统以及油田工程技术服务等 4 大业务，目前已经介入页岩气勘探开发领域。近五年公司营业收入年均增幅为 27.95%，2007～2010 年惠博普营业收入及其增幅见图 16；净利润年均增幅达 40.1%，2007～2011 年惠博普净利润及其增幅见图 17。

2012 年国土资源部页岩气探矿权出让的公开招标工作已于 9 月 10 日启动，这次页岩气探矿权招标共有 20 个招标区块供选择（每个投标人最多可投标 2 个区块）。惠博普曾经在内蒙古自治区开

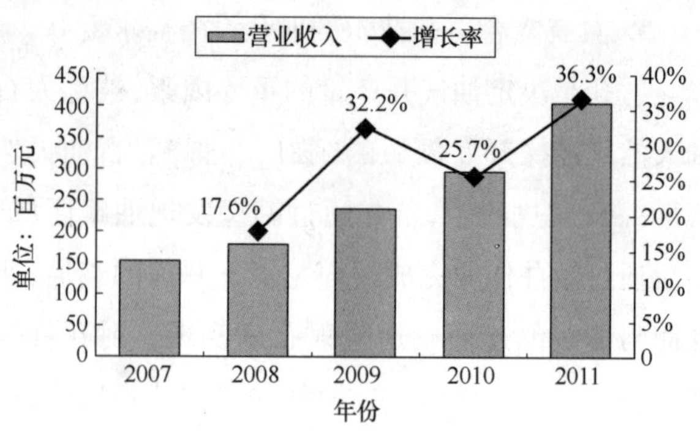

图 16　2007～2010 年惠博普的营业收入及其增幅

资料来源：公司公告，中国银河证券研究部

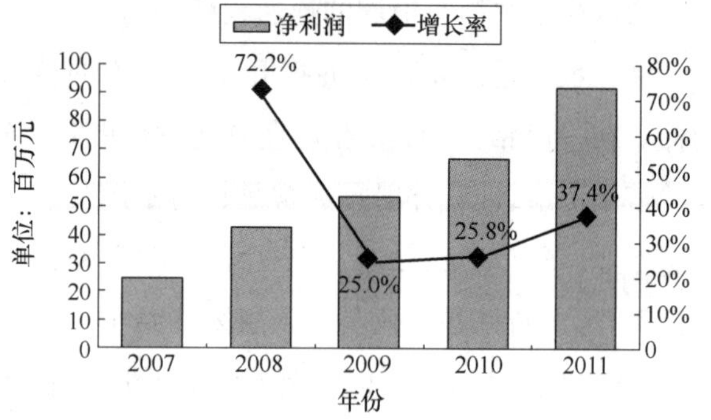

图 17　2007～2011 年惠博普的净利润及其增幅

资料来源：公司公告，中国银河证券研究部

展页岩气勘探开发，并且长期从事油气开采工程技术服务，具有页岩气开发经验优势和人才。此次参与页岩气探矿权的招标，拟投资 2.8 亿元进行页岩气投资开发活动。

2012 年上半年，企业海外业务占公司主营业务收入比重达 50% 以上。截至 2012 年 6 月底，公司在手订单 3.4 亿元，同比增长 28%；上半年新增订单 1.8 亿元，同比增长 4%。其中在手订单中，海外订单占 60% 以上。2012 年，公司重点是对中亚、中东等主要产油区做好市场布局，并相继在哈萨克斯坦、乌兹别克斯坦等国建立办事处。下半年，公司中东地区订单预期增长。公司已投标伊拉克的一个总量为 2 亿元的工程总包（EPC，油气处理系统）项目。在伊拉克，除了鲁迈拉项目进展较慢，还将投标其他几个项目。

3. 吉艾科技

吉艾科技是一家高端油气测井设备和服务供应商，技术能力突出。2011 年企业交付测井设备 11 套，包括 5 套常规下井仪器和 6 套小井眼下井仪

器。2012 年将交付测井设备 14～15 套左右。2012 年上半年公司已经交付 2 套测井设备(为 2011 年年末签订的合同),目前公司备货测井仪器 20 套左右:其中包括 15 套小井眼和常规测井仪器、5 套过钻头测井仪器。吉艾科技近 3 年营业收入年均增幅达 44.0%,2008～2011 年吉艾科技营业收入及其增幅见图 18;2008～2011 年吉艾科技净利润及其增幅见图 19。

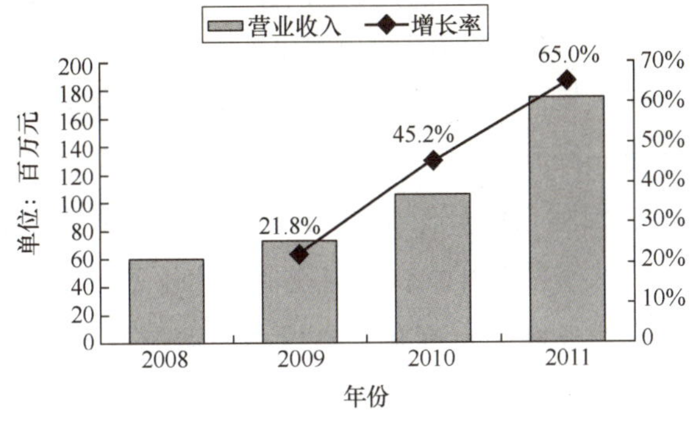

图 18　2008～2011 年吉艾科技营业收入及其增幅

资料来源:公司公告,中国银河证券研究部

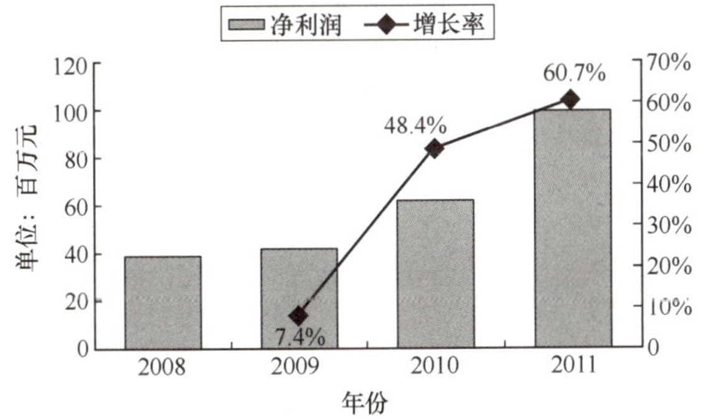

图 19　2008～2011 年吉艾科技净利润及其增幅

资料来源:公司公告,中国银河证券研究部

2012 年公司测井服务规模计划从 4 个队扩张至 9 个队,2013 年可能再扩张至 14 个队,同时从低端的开发井测井迈向附加值更高的勘探井测井,并进入海外测井市场。

目前公司招募资金近 5 亿元,除收购山东荣兴拓展射孔、测井服务外,未来将在页岩气等领域进行拓展;公司测井产品可以应用于页岩气水平井测井,不存在技术难度。除页岩气水平井测井外,公司还将通过兼并重组,进入更多的新兴领域。

4. 通源石油

通源石油是国内复合射孔设备与服务细分行业龙头企业,技术实力突出,正在向具备钻完井等多种业务能力的综合化油气装备及服务供应商迈进。通源石油近五年营业收入年均增幅达 21.45%,净利润年均增幅达 38.3%。2007～2011 年通源石油营业收入及其增幅见图 20;2007～2011 年通源石油净利润及其增幅见图 21。

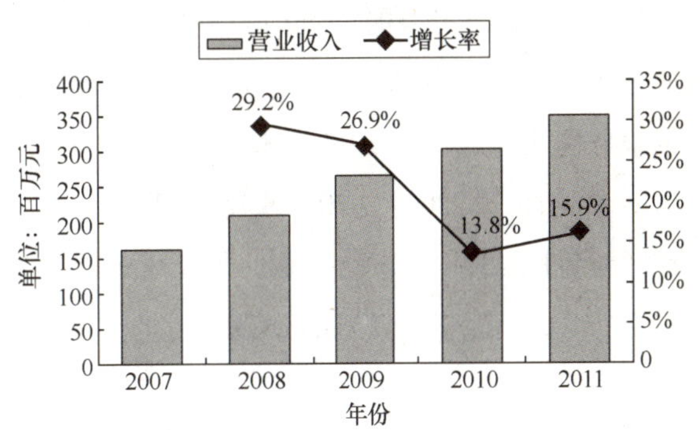

图 20　2007～2011 年通源石油营业收入及其增幅

资料来源:公司公告,中国银河证券研究部

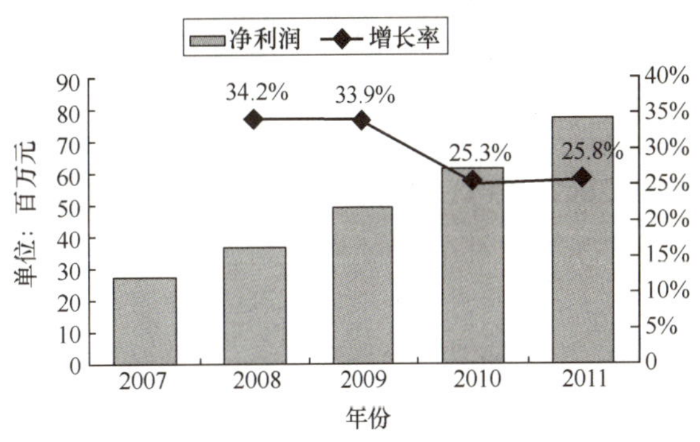

图 21　2007～2011 年通源石油净利润及其增幅

资料来源:公司公告,中国银河证券研究部

目前我国原油进口依存度突破 50%,国内众多油气田如大庆油田等已经进入难动用油藏开发阶段,稳产增产压力巨大,对复合射孔、压裂等油气增产新兴技术和装备需求保持较快增长。2012 年国内射孔市场总体规模有望达到 60 亿元,估计未来将保持 10% 以上的年均增速。

通源石油致力于打造以复合射孔为主的增产技术服务为核心、以完井作业服务和油田综合治理为补充的国际化、综合型油田服务公司。公司正大力拓展钻井业务和水平井、分支井分段压裂业务,目前已经拥有 4 支钻井服务队。这些新业务有望成为公司新的业绩增长点。公司水平井钻井、压裂服务已经切入到煤层气开采领域,未来将进入页岩气领域,发展前景看好。公司海外业务目前占比仅为5%,已经在印度尼西亚、哈萨克斯坦和苏丹等国的油田开展作业服务。

5. 恒泰艾普

恒泰艾普是从一家软件和技术服务商转变为具备软、硬件综合实力的“国际油服公司”,通过收购加强了油气装备制造和服务、非常规油气资源及技术服务能力。2007~2011 年恒泰艾普营业收入及其增幅见图 22;2007~2011 年恒泰艾普净利润及其增幅见图 23。

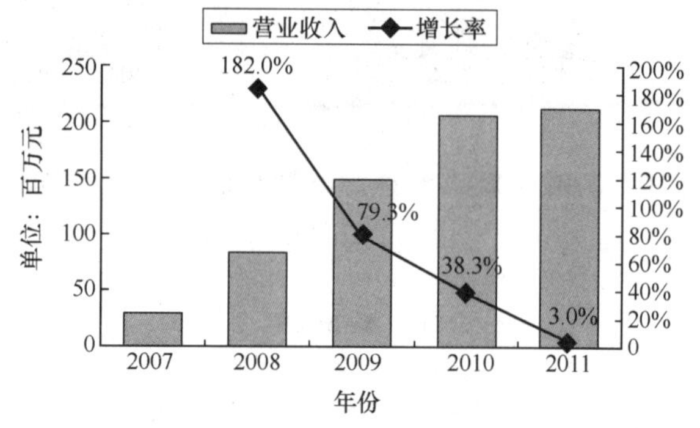

图 22　2007~2011 年恒泰艾普营业收入及其增幅

资料来源:公司公告,中国银河证券研究部

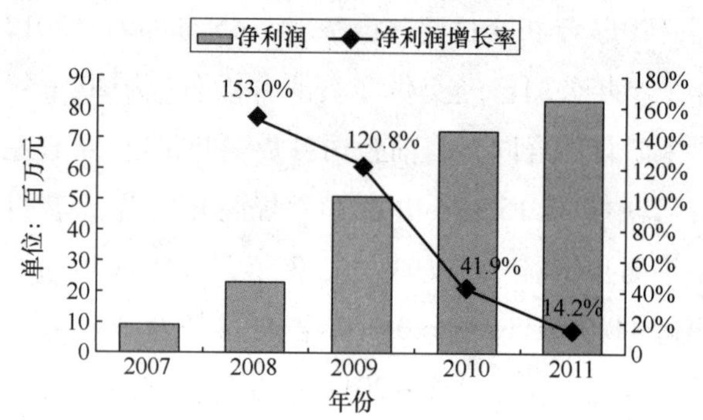

图 23　2007~2011 年恒泰艾普净利润及其增幅

资料来源:公司公告,中国银河证券研究部

公司目标是成为中国的哈里伯顿或斯伦贝谢。公司正在实施“加粗、加长、加宽”三大战略,利用“国内、国际、资本”三个市场,构建三大业务板块:石油天然气勘探开发软件与技术服务业务板块(公司原有业务板块);高端油气设备生产制造与服务板块(通过收购新赛浦、Spartek 初步搭建公司油气装备研发和制造能力);页岩气和煤层气等非常规油气资源及技术服务板块(通过收购成都西油联合石油天然气工程技术有限公司构建公司页岩气、煤层气等非常规油气资源技术服务能力)。

〔撰稿人:中国银河证券研究部　王华君〕

国内外页岩气开采装备的技术比较及开发现状

我国页岩气勘探开发刚刚起步,规模开发模式处于积极探索过程中,基于页岩气水平井的钻完井基础理论体系、配套的页岩气水平井设计方法和工艺技术体系尚未建成,页岩气开发装备体系也尚未形成。

一、钻井装备

1. 齿轮齿条钻机

国外主要有挪威 EDM 公司、美国 American Augers 公司和德国 Max Streicher 公司等制造齿轮齿条钻机,钻机的最大钩载 125~390t,最大下压力 570~880kN,采用单根或双根作业,钻机形式以拖挂式为主,采用顶驱驱动。整机均配置了自动化工具如管子操作系统、液压猫道和铁钻工等。钻机的正常作业由 1~2 人操作,占地面积较模块钻机少约 30%。最大作业深度主要集中在 3 000~5 000m 的井深范围内,下压力最大达到 880kN。从作业的原理来看,由于采用齿轮齿条作为动力,可快速切换修井、钻井和下压管柱的功能,最大的下压能力较大。不仅可用作 5 000m 以下页岩气的开发,还可用于老井侧钻等作业,适用于占地面积较小、交通道路差的区域。

目前我国只在东北石油大学和中国石油天然气公司进行了简单的理论性研究，并无实际研制计划。南阳二机石油（装备）集团有限公司研制出了2 000m 全液压齿轮齿条钻机，但未配置钻台及相关自动化工具，也未投入现场实际应用，技术成熟度尚待加强。

江汉石油管理局第四机械厂（以下简称四机厂）已掌握齿轮齿条钻机设计制造的全套技术，正在针对国内页岩气储藏特点，开发适应山区道路条件并且占地面积小的 4 000m 齿轮齿条钻机。

2. 套管钻机

在美国，套管钻机是用于页岩气钻井的表层特殊钻机。其特点是体型小、十分轻便、价格低廉，在表层钻进时速很快，对于 500m 内的表层，每口井只用 36h，钻井时间大大减少，是我国今后进行页岩气钻井的可选主要表层钻机之一。

加拿大 Tesco 公司、英国 Sprerry－Sun 公司、贝克－休斯公司、威得福公司、美国 TRI－MAX Industries 公司以及英国 BBL 公司等公司都对套管钻井系统进行了详细的研究，并取得了突破性进展。其套管钻井配套工具也趋于成熟，但对于套管钻井专用钻机主要采用常规钻机或修井机进行作业，只有加拿大 Tesco 公司和 Pemex 公司等少数公司具有套管钻井专用的套管钻机。

我国在吉林油田和大庆油田分别进行了套管钻井试验，并取得了成功。目前国内其他油田如长庆油田、四川油田和中原油田等已经开始了套管钻井这一新技术新工艺的研究与应用。其主要手段为采用国外钻井技术结合国内钻井工艺进行，主要套管钻井钻具及工具依靠国外进口，且没有套管钻井专用套管钻机。

四机厂和江汉机械研究院针对套管钻机进行了前期调研并跟踪国外的技术，正在研究开发适合我国页岩气开发的套管钻机。

3. 集装箱式钻机

集装箱式钻机以其模块化程度高、标准化程度高、集成度高等特点，在我国山地地区进行页岩气开发中发挥其独特的优势。国外 Huisman－Itrec 公司、Drillmar 公司、Loadmaster 公司等多家公司的集装箱式钻机设计和加工已比较成熟，并已成功应用于山地和极地地区。

国内部分钻机厂家生产的钻机采用了箱叠式底座等部分技术引进的集装箱式设计，但集成度和标准化程度较低，还无法达到整台钻机的集装箱式设计要求。因此急需开发适合我国页岩气开发的集装箱式钻机。

4. 连续管钻机

国外连续管钻机技术已非常成熟，其设备可分为常规型和复合型连续管钻机，以适应不同作业、工况和道路条件的要求并获得广泛应用。常规连续管钻机有拖车式、车装式和橇装式 3 种，前两种用于陆上，后者主要用于海洋。复合型连续管钻机将常规钻机和连续管作业设备集成在一起既能用常规钻杆作业，又可以用连续管作业，具备表层钻井、下套管和处理井下事故的能力，是连续管钻机的发展方向之一。

目前国内已有江汉机械研究所、辽河石油装备制造总公司、江汉石油管理局第四机械厂、胜利油田高原石油装备有限公司和烟台杰瑞集团等企业能够生产连续油管作业车，但大多用于冲砂洗井、钻桥塞、气举、注液氮、清蜡、排液、挤酸和配合测试。仅四川宏华石油设备有限公司以进口件组装了复合连续管钻机，但由于在国内适应性差及井下工具不配套等原因尚未进行真正的钻井作业。在连续油管作业工具方面，国内制造应用水平与国外还有很大差距。

有别于国内其他厂家的“进口部件组装模式”，四机厂已完成连续管注入头、油管滚筒、鹅颈管等核心部件的国产化系列自主开发，掌握了相关核心技术，并取得一项国家发明专利和近 10 项实用新型专利。目前正在开发适用于长水平井段完井钻桥塞的大直径连续管钻机。

5. 管子自动化处理系统

目前，国外陆地钻机已逐步开始配置铁钻工、自动猫道(或HTV)、自动卡瓦等一系列的自动化工具,一些著名的钻机生产商已经实现管子自动化处理系统的集成控制,其中比较有代表性的就是DRILLMEC钻机管子处理系统,自动化工具的集成控制真正实现了钻井作业过程中的钻台无人化。

目前,国内在用的和已开发出来的一些钻井自动化工具及配套软件通常仅限于独立解决个别问题。如铁钻工的控制系统实现了钻具上卸扣的自动化,自动猫道的控制系统实现管具从管排架至井口的自动化传递及反向过程,二层台自动化排管控制系统实现了二层台操作的无人化等。这种只能实现单一或独立功能的系统是不可能保障钻机在管具处理过程中的高效协同和安全可靠工作的。

二、固井装备

泡沫水泥浆体系已被广泛应用于北美的页岩气水平井固井实践中,在俄克拉荷马州Woodford页岩气勘探和生产实践中,使用泡沫水泥固井比用常规水泥浆固井所获得的天然气峰值(产量)平均多23%。

由于国内页岩气固井的研究刚刚起步,目前对固井设备的特殊要求提出的还不够具体,目前的做法是一般采用大功率双机双泵固井车来完成页岩气固井作业,以保证有一定的储备空间。国内对泡沫水泥浆的应用也有一定的基础,在非常规油气井取得了一定的成功。针对发泡装置的研发,中国石化石油工程技术研究院进行了前期研究,并试制出相关装置。目前试验工作已结束,但装置发泡质量并不稳定。

针对上述情况,四机厂将发挥在固井混浆技术研究和装备制造方面的优势,与国内科研院所合作,进一步优化装置设计,研制出连续、稳定的发泡装置,满足页岩气井低密度固井需求。同时,还将研发能满足页岩气固井作业需求的适应性固井设备和辅助设备。

三、压裂装备

美国是世界上最大的压裂装备研发和生产基地,2005年前以制造2 000hp(1 491.40kW)以下的压裂装备为主,近年来为适应大型压裂施工作业开发了2 500hp(1864.25kW)甚至2 700hp(2 013.39kW)的成套压裂装备并在北美地区得到广泛应用。"HALLIBURTON"公司还开发了单拖挂"双机双泵"3 000hp(2 237.10kW)的压裂泵装置。美国压裂装备具有以下特点:

1. 柱塞泵品种多、系列全。柱塞泵主要生产厂家有GD、SPM、FMC和HALLIBURTON公司,用于大型压裂装备的柱塞泵输入功率为2 250 ~ 3 500hp(1 677.83 ~2 609.95kW),有三缸结构和五缸结构,各家公司的柱塞泵系列品种齐全。可根据用户的不同需求选择最佳参数组合的柱塞泵,形成大功率压裂泵装置,以满足大排量、高压力和多介质的工艺需求。

2. 整机采用拖挂式结构。拖挂结构的压裂装备对整机质量、外形尺寸等限制少,单机长度达到20m、转弯半径20m以上。

3. 装备配套能力强。关键、基础部件由专业厂家配套,基础部件的性能、制造质量水平高,集成技术水平高,并能随着压裂工艺的发展集成性能更高的装备。

但美国拖挂式压裂装备外形尺寸、重量和移运性能,不适应我国油气田道路和井场条件的要求,整机进口不能解决我国压裂装备能力不足的难题。另外,西方公司出于垄断世界主要油区压裂工程服务市场的目的,不向我国公司出售高端技术产品或者用高技术垄断的方式大幅抬高设备售价。

四机厂是国内目前唯一掌握大型成套压裂机组集成应用技术的专业厂家。目前国内油气田压裂施工中投入使用的大型压裂机组主要是四机厂制造的SYL2000型,SYL2300型和SYL2500型三种机组,三种机组型号或单独使用,或组合使用。

随着油气田开发的深入,超大型压裂施工作业日趋增加,加液量在2 000m^3、加砂量100m^3以上的大规模、大排量的作业已经较为频繁,最大施工总液量已达到万方级。相比于国外压裂施工作业,我国压裂成套装备还存在一些较为突出问题。

主力装备方面的问题集中在压裂车和混砂车

方面。突出体现在以下几个方面:

(1)重载底盘、大功率发动机和传动箱等动力传动部件、液压泵阀甚至液压管线基本上全部依赖进口。

(2)高压、大规模、大排量施工时压裂泵车单机功率和排量偏小,连续工作能力弱。

(3)混砂车的工作流量或输砂能力均难以满足大型施工作业的要求。

(4)高低压管汇通径小,不适合于大排量压裂。

辅助装备方面的问题主要有:

(1)现有混配车不能满足大排量压裂工艺技术要求,大排量连续混配技术(混配车)国内尚属空白。

(2)现场供砂不方便。

(3)现场储罐数量多,用"一车一罐"的方式运送至压裂施工现场,很不方便,不利于大型压裂机组的快速搬家。

除了上述存在的问题外,在地理环境方面,由于我国页岩气地层主要分布在山区、丘陵地带,受施工井场、道路等地理条件限制,重型装备通过性差,大型机组摆放困难,要求设备集成化程度高、体积小、重量轻、通过能力强。

因此,四机厂在结合我国油田的实际、吸收国外先进技术的基础上,针对页岩气开发的迫切需求,加快研制性能先进、质量可靠的国产3000型成套压裂装备及压裂辅助装备。

四、井下压裂作业工具

目前,井下压裂工具全部由国外公司垄断,国产工具只有极少部分在试验性应用。四机厂、四机塞瓦公司充分利用对外合资平台,加强与国外的技术交流,在页岩气水平井分段压裂技术研究和工具研制应用方面取得了相对领先优势。目前研发的基于套管水平井的分段压裂工具有:复合材料桥塞、电缆坐封工具、连续油管钻磨桥塞整体工具;基于裸眼水平井的分段压裂技术的主要产品:主要密封在6~6.5in(152.4~165.1mm)裸眼。4 1/2in(114.3mm)双胶筒压缩式裸眼封隔器,4 1/2in(114.3mm)遇油膨胀封隔器,4 1/2in(114.3mm)扩张式封隔器,多级压裂滑套,压差滑套,7in(177.8mm)带回接的悬挂器。这些工具在国内已获得试验性应用,技术成熟度有待进一步提高,规模化生产有待时日。

延伸阅读之一

页岩气的规模开发,有望改变我国能源结构

近年来,我国不断提升对页岩气资源的关注度,页岩气的勘探、开发、开采已经蓄势待发,有望在未来能源结构中扮演更为重要的角色。页岩气2012年首次出现在《政府工作报告》中。报告明确提出,要"加快页岩气勘查、开发攻关,提高新能源和可再生能源比重"。

2012年3月1日,国土资源部发布的首次系统调查评价页岩气资源的报告显示,我国陆域页岩气地质资源潜力为134.42万亿m^3,可采资源潜力为25.08万亿m^3(不含青藏地区)。这个数字与我国常规天然气资源潜力大致相当。这个数字与美国页岩气可采资源潜力也大体相当。

国土资源部地质勘查司有关领导指出,"根据测算,到2020年,我国页岩气开采将进入快速发展阶段,年产量有望达到1 000亿m^3以上,这将成为我国改变一次能源结构的良机"。"十二五"页岩气将力争实现跨越式发展。按照页岩气产量达到1 000亿m^3测算,需要总投资在4 000亿至6 000亿元,未来5到10年将是页岩气发展的黄金时代。

〔供稿单位:中国石油和石油化工设备工业协会〕

延伸阅读之二

“十二五”页岩气，主要定位勘探开发

国家能源局石油天然气司司长张玉清表示，“十二五”期间，我国页岩气发展的主要任务是探明储量，掌握勘探开发技术，为“十三五”“十四五”期间实现规模化开采打基础。

在具体发展目标上，《页岩气发展规划(2011～2015)》提出，“十二五”期间要完成探明页岩气地质储量6 000亿m^3，可采储量2 000亿m^3；形成适合我国地质条件的页岩气地质调查与资源评价技术方法，页岩气勘探开发关键技术及配套装备；形成我国页岩气调查与评价、资源储量、试验分析与测试、勘探开发、环境保护等多个领域的技术标准和规范。

其中，在全国油气资源战略选区专项中，设置“全国页岩气资源潜力调查评价及有利区优选”项目，将全国陆域划分为上扬子及滇黔桂、中下扬子及东南、华北及东北、西北和青藏五个大区，开展页岩气资源和潜力调查评价工作。

在勘探开发方面，以四川、重庆、贵州、湖南、湖北、云南、江西、安徽、江苏、陕西、河南、辽宁、新疆为重点，建设长宁、威远、昭通、富顺—永川、鄂西渝东、川西—阆中、川东北、安顺—凯里、济阳、延安、神府—临兴、沁源、寿阳、芜湖、横山堡、南川、秀山、辽河东部、岑巩—松桃等19个页岩气勘探开发区。

“2020年我国页岩气产量有望达到1 000亿m^3，将大大增加我国天然气自给能力，降低对进口天然气和液化天然气的依赖，改变我国油气资源开发及对外依存度过高格局。”国土资源部资源储备评审中心主任张大伟表示。

〔供稿单位：中国石油和石油化工设备工业协会〕

延伸阅读之三

页岩气开发，仍面临固有瓶颈

尽管《页岩气发展规划(2011～2015)》鼓励政策颇多，但资金、技术、产权、水资源几大固有难题将是页岩气多元化开发在国内最大的瓶颈。

技术仍是重要关键因素和突破目标。《页岩气发展规划(2011～2015)》提出要加快攻克页岩气勘探开发核心技术。明确了页岩气资源评价技术、页岩气有利目标优选评价方法、页岩储层地球物理评价技术等科技攻关重点领域。

“除了技术引进之外，如果不解决水资源问题，《页岩气发展规划(2011～2015)》提出的勘探目标没有意义。”厦门大学中国能源经济研究中心主任林伯强指出，作为目前最为成熟的开采页岩气矿藏技术——水力压裂技术，这种技术将消耗大量水资源，而将地下岩层打出裂缝的方法也可能污染地下水，这对于面临严重水资源短缺问题的中国，则是最大的考验。

尽管前景美好，但由于页岩气资金回收周期长，多元化资本能否“熬得住”；另外，虽然《页岩气发展规划(2011～2015)》明确提出“页岩气出厂价格实行市场定价”,但如何定价仍未交代。

〔供稿单位:中国石油和石油化工设备工业协会〕

延伸阅读之四

社会资本暂时难享页岩气“蛋糕”

美国“页岩气革命”的成功是实行多元化开采模式的结果。为了促进我国页岩气开发,将鼓励包括外资、民资在内的所有有实力的投资主体参与页岩气勘探开发,推进投资主体多元化。国家能源局石油天然气司司长张玉清指出,“对于民营资本来讲,在管道运输、使用上,国家政策应该是没有任何的限制,我们也鼓励民营资本参与页岩气,包括天然气管道建设、天然气利用。”民营资本参与管道建设,在政策上没有任何障碍。

《页岩气发展规划(2011～2015)》明确了一系列促进鼓励多元化资本参与页岩气开发的政策,包括加快引入有实力的企业参与页岩气勘探开发,推进投资主体多元化;制订准入门槛和资质。

即使如此,由于资金等问题,社会资本暂时难享页岩气这块“大蛋糕”,尚难顺利涉足页岩气勘探开发。“我们看好页岩气发展前景,但以目前公司的实力来说,不可能参与进去。”一位民营油企负责人表示,“现在对企业来说,页岩气开发就像隔了一道‘玻璃门’,能看到里面,但就是进不去,也只能望洋兴叹。”由于技术、资金双重障碍,另外还有管道使用权等问题,目前来看民营资本难以顺利进入该领域,页岩气的开发仍将会以大型国企为主。

〔供稿单位:中国石油和石油化工设备工业协会〕

延伸阅读之五

页岩气被列为独立矿种,装备企业获得新商机

2011年12月31日,国土资源部发布了页岩气已被正式列为新发现矿种的公告,并且指出将对其按单独矿种进行投资管理,并鼓励多种投资主体进入页岩气勘探开发领域,由此为我国装备企业带来了新的商机。备受业界关注的页岩气独立矿种设立之争终于尘埃落定。

一、页岩气勘探开发,钻井投资每年将需3 000亿元

我国页岩气可开采储量约26万亿m^3,与美国相当。如果按照目前美国每开采1 000亿m^3仅钻井投资就需197亿美元计算,我国开采26万亿m^3的页岩气,需投入高达30万亿元人民币的钻井投资,按可开采年限100年计算,平均每年的投资就将近3 000亿元。

显然,我国的页岩气开发装备制造行业将受益于政府推进页岩气开采开发的能源决策。尽管技术服务提供商目前没能够实现关键核心技术的突破,但由三大石油公司控制下的石油、煤炭、煤层

气、天然气等石化能源钻探技术服务提供商仍将受益于页岩气开采开发的能源决策。我国关键技术突破的鼓励政策,则更有利于页岩气钻探技术服务提供商。

二、页岩气开采技术及装备仍是瓶颈

页岩气的开采不仅面临极大的技术条件限制,更为重要的是,巨大的开采成本投入,如若不能实现规模经济开采,单位开采成本过高,也终将会制约页岩气的开采。

目前,在世界范围内,可以提供规模经济开采技术方案的国家中,美国最为成熟。我国在页岩气的开采研发方面,最近几年刚刚启动,起步比较晚,但是建立在石油勘探开采技术基础上的页岩气开采技术装备已有一定基础,我国在钻机、压裂车组、井下设备等装备制造方面已有较强的技术和生产能力,国内公司生产的钻井设备已批量出口美国用于页岩气开发,国产大马力压裂泵机组也有效解决了效率低和成本高的难题。目前我国在页岩气开采技术方面的短板主要在系统成套技术和一些单项配套技术设备方面存在的差距,这可通过大量的应用实践来不断积累经验,同时也可通过国际合作和自主创新来解决。我国目前在页岩气的规模经济开采技术方案方面,尚未能突破关键技术瓶颈,这是制约目前我国页岩气开采最大的瓶颈。

解决这个瓶颈,除了加大自主攻关之外,发展对外合作也是一条重要的路径。实际上,我国在页岩气开采方面,目前已与美国展开了合作。2007年10月,中国石油与美国新田石油公司签署了中国第一个页岩气对外合作协议——《威远地区页岩气联合研究》;2009年11月中国石油与壳牌合作开发的富顺—永川区块页岩气项目在成都启动;2009年11月由中国石油勘探开发研究院设计实施的我国首口页岩气取心浅井在四川宜宾顺利完钻,这也标志着我国在页岩气开采方面实现了一定的突破。

三、装备制造及技术服务企业将受益

据《BP世界能源统计2011》数据,2010年我国天然气占一次能源消费的比例为4.0%,而同期世界均值为23.81%,相差近6倍;要达到2020年9%、2030年12%的天然气消费比例目标,意味着天然气消费需要成倍增长。加快页岩气勘探开发和利用,对满足经济社会发展对于清洁能源的需求、控制温室气体排放、改善居民用能环境具有重要意义。

如果按照2015年天然气消费量将达2 000亿m^3、页岩气开采量占天然气总产量的25%计算,2015年我国页岩气开采量应达500亿m^3,按每1 000亿m^3投资197亿美元计算,到2015年,我国页岩气投资至少将达591亿元人民币,平均每年至少100亿元的钻井投资。

鉴于目前我国页岩气开发装备制造领域已在相当程度上能够满足深层页岩气开采开发的需要,在“十二五”期间,页岩气开发装备制造商将会显著受益于我国推进页岩气开采开发的能源决策。

随着页岩气的大范围开采,天然气及矿用钻头制造企业江钻公司、油气钻采设备电控自动化产品制造企业宝德公司、石油技术服务提供企业准油公司等国内大批石油装备企业将普遍受益。

〔供稿单位:中国石油和石油化工设备工业协会〕

介绍我国非常规油气——煤层气开采发展规划及煤层气开采装备的现状和发展趋势

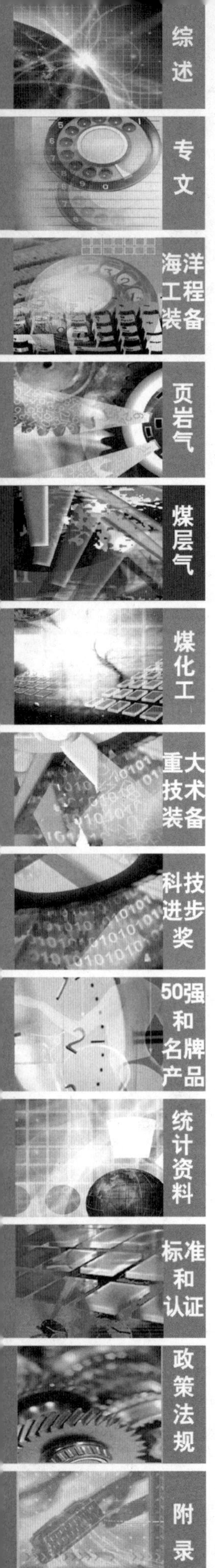

煤层气

煤层气（煤矿瓦斯）开发利用“十二五”规划
煤层气开采装备的技术现状及发展趋势
煤层气开发为装备制造企业带来新商机

煤层气(煤矿瓦斯)开发利用“十二五”规划

前言

煤层气(煤矿瓦斯)是优质清洁能源。我国埋深2 000m以浅煤层气地质资源量约36.81万亿m^3,居世界第三位。国家高度重视煤层气开发利用和煤矿瓦斯防治工作,“十一五”期间煤层气开发初步实现商业化、规模化,煤矿瓦斯防治工作取得显著成效。

根据《中华人民共和国国民经济和社会发展第十二个五年规划纲要》,国家发展和改革委员会、国家能源局组织有关单位在充分调研、广泛吸取各方面意见和建议的基础上,编制了《煤层气(煤矿瓦斯)开发利用“十二五”规划》(以下简称《规划》)。

《规划》分析了煤层气(煤矿瓦斯)开发利用现状和面临的形势,提出了未来五年我国煤层气(煤矿瓦斯)开发利用的指导思想、基本原则、发展目标、重点任务和保障措施。

《规划》提出,要以邓小平理论、“三个代表”重要思想为指导,深入贯彻落实科学发展观,坚持市场引导,强化政策扶持,加大科技攻关,统筹布局,合理开发,加快沁水盆地和鄂尔多斯盆地东缘煤层气产业化基地建设,推进重点矿区煤矿瓦斯规模化抽采利用,保障煤矿安全生产,增加清洁能源供应,保护生态环境。

《规划》是指导我国煤层气(煤矿瓦斯)开发利用、引导社会资源配置、决策重大项目、安排政府投资的重要依据。

第一章　发展现状

一、“十一五”期间的主要成就

“十一五”期间,国家制定了一系列政策措施,强力推进煤层气(煤矿瓦斯)开发利用,煤层气地面开发实现历史性突破,煤矿瓦斯抽采利用规模逐年快速增长,煤矿瓦斯防治能力明显提高,奠定了进一步加快发展的基础。

(一)煤层气实现规模化开发利用

国家启动沁水盆地和鄂尔多斯盆地东缘两个产业化基地建设,实施煤层气开发利用高技术产业化示范工程,建成端氏—博爱、端氏—沁水等煤层气长输管线,初步实现规模化、商业化开发,形成了煤层气勘探、开发、生产、输送、销售、利用等一体化产业格局。重点煤层气企业加快发展,对外合作取得新进展,潘庄、枣园项目进入开发阶段,柳林、寿阳等项目获得探明储量。“十一五”期间,煤层气开发从零起步,施工煤层气井5 400余口,形成产能31亿m^3。2010年,煤层气产量15亿m^3,商品量12亿m^3。新增煤层气探明地质储量1 980亿m^3,是“十五”时期的2.6倍。

(二)煤矿瓦斯抽采利用取得重大进展

国家强力推进煤矿瓦斯“先抽后采、抽采达标”,加强瓦斯综合利用,安排中央预算内资金支持煤矿瓦斯治理示范矿井和抽采利用规模化矿区建设,煤矿瓦斯抽采利用量逐年大幅度上升。2010年,煤矿瓦斯抽采量75亿m^3、利用量23亿m^3,分别比2005年增长226%、283%。山西、贵州、安徽等省瓦斯抽采量超过5亿m^3,晋城、阳泉、淮南等10个煤矿企业瓦斯抽采量超过1亿m^3。

（三）煤矿瓦斯防治形势稳步好转

国家加快调整煤炭工业结构，淘汰煤矿落后产能，将煤层气（煤矿瓦斯）抽采利用作为防治煤矿瓦斯事故的治本之策。加大安全投入，安排中央预算内投资150亿元，带动地方和企业投资1 000亿元以上。

加强基础管理工作，组织专家“会诊”，编制瓦斯地质图。落实企业主体责任，开展瓦斯专项整治，强化监管监察。煤矿瓦斯防治形势持续稳步好转，瓦斯事故和死亡人数逐年大幅度下降。2010年与2005年相比，煤矿瓦斯事故起数、死亡人数分别下降65%、71.3%，10人以上瓦斯事故、死亡人数分别下降73.1%、83.5%。

（四）煤层气开发利用技术水平进一步提高

实施大型油气田及煤层气开发国家科技重大专项，攻克了多分支水平井钻完井等6项重大核心技术和井下水平定向钻孔钻进等47项专有技术。组建了煤矿瓦斯治理国家工程研究中心和煤层气开发利用国家工程研究中心。完成国家科技支撑计划“煤矿瓦斯、火灾与顶板重大灾害防治关键技术研究”“973”计划“预防煤矿瓦斯动力灾害防治关键技术研究”等项目，实施10项瓦斯治理技术示范工程和8项技术与装备研发，获得了煤与瓦斯突出机理的新认识，取得了低透气性煤层群无煤柱煤与瓦斯共采关键技术等一批重大成果。

（五）煤层气开发利用政策框架初步形成

国务院办公厅印发了《关于加快煤层气（煤矿瓦斯）抽采利用的若干意见》（国办发［2006］47号），有关部门出台了煤炭生产安全费用提取、煤层气抽采利用企业税费减免、财政补贴、瓦斯发电上网及加价、人才培养等扶持政策，初步形成了煤层气（煤矿瓦斯）开发利用政策框架。国有重点煤矿企业累计提取煤炭生产安全费用1 500亿元。企业开发利用煤层气（煤矿瓦斯），中央财政每立方米补贴0.2元，2007年以来累计补贴7.2亿元。新增3家企业煤层气对外合作专营权。初步建立了煤层气（煤矿瓦斯）勘探、开发、安全等标准体系，发布了低浓度瓦斯输送和利用等行业标准。

（六）煤层气开发利用节能减排效益开始显现

煤层气（煤矿瓦斯）利用范围不断拓展，广泛应用于城市民用、汽车燃料、工业燃料、瓦斯发电等领域，煤矿瓦斯用户超过189万户，煤层气燃料汽车6 000余辆，瓦斯发电装机容量超过75万kW，实施煤矿瓦斯回收利用CDM项目60余项。低浓度瓦斯发电开始推广，风排瓦斯利用示范项目已经启动。“十一五”期间，累计利用煤层气（煤矿瓦斯）95亿m^3，相当于节约标准煤1 150万t，减排二氧化碳14 250万t。

（七）煤矿瓦斯防治组织领导体系逐步完善

成立了12个部门和单位组成的煤矿瓦斯防治部际协调领导小组，26个产煤省（区、市）相应成立领导小组，形成了部门协调、上下联动、齐抓共管、综合防治的工作体系，研究解决了一批煤矿瓦斯防治和煤层气开发利用方面的重大问题。实行目标管理，对各产煤省（区、市）及重点煤层气企业下达年度瓦斯抽采利用和煤层气地面开发利用目标，实施季度考核通报。每年召开全国煤矿瓦斯防治现场会或电视电话会议，推广先进经验，提升防治理念，安排部署工作。

举办了10期培训班，45户安全重点监控煤矿企业、78个重点产煤市以及部门负责人近1 000人参加培训，近6 000人到矿区学习交流。积极协调解决矿业权重叠问题，核减5～10年内影响煤炭开采的煤层气矿业权面积1.1万km^2，协调煤炭企业与煤层气企业合作开发矿业权面积0.8万km^2。

二、存在的主要问题

（一）勘探投入不足

煤层气勘探风险大、投入高、回收期长。国家用于煤层气基础勘探资金少，规定的最低勘探投入标准低，探矿权人投资积极性不高，社会资金参与煤层气勘探存在障碍，融资渠道不畅，勘查程度低。目前，煤层气探明地质储量2 734亿m^3，仅为预测资源总量的0.74%，难以满足大规模产能建设需要。

（二）抽采条件复杂

我国煤层气赋存条件区域性差异大，多数地区呈低压力、低渗透、低饱和特点，除沁水盆地和鄂尔多斯盆地东缘外，其他地区目前实现规模化、产业化开发难度大。高瓦斯和煤与瓦斯突出矿井多，随着开采深度加大，地应力和瓦斯压力进一步增加，井下抽采难度增大。

（三）利用率低

部分煤层气项目管道建设等配套工程滞后，下游市场不完善，地面抽采的煤层气不能全部利用。煤矿瓦斯抽采项目规模小、浓度变化大、利用设施不健全，大量煤矿瓦斯未有效利用，2010 年利用率仅为 30.7%。

（四）关键技术有待突破

煤层气（煤矿瓦斯）开发利用基础研究薄弱。现有煤层气勘探开发技术不能适应复杂地质条件，钻井、压裂等技术装备水平较低，低阶煤和高应力区煤层气开发等关键技术有待研发。煤与瓦斯突出机理仍未完全掌握，深部低透气性煤层瓦斯抽采关键技术装备水平亟待提升。

（五）扶持政策需要进一步落实和完善

瓦斯发电机组规模小、布局分散，致使部分地区瓦斯发电上网难，加价扶持政策落实不到位。煤层气法律法规和标准规范尚不健全。煤层气（煤矿瓦斯）开发利用经济效益差，现有补贴标准偏低。高瓦斯和煤与瓦斯突出矿井开采成本高、安全投入大，需要国家在税费等方面出台扶持政策。

（六）协调开发机制尚不健全

煤层气和煤炭是同一储层的共生矿产资源。长期以来，两种资源矿业权分别设置，一些地区存在矿业权交叉重叠问题，有关部门采取了清理措施，推动合作开发，但煤层气和煤炭协调开发机制尚未全面形成，既不利于煤层气规模化开发，也给煤矿安全生产带来隐患。

第二章　发展环境

一、能源需求持续增长

“十二五”时期，我国经济继续保持平稳较快发展，工业化和城镇化进程继续加快，能源需求将持续增长。受资源赋存条件制约，石油天然气供需矛盾突出，对外依存度逐年攀升。煤层气（煤矿瓦斯）开发利用可有效增加国内能源供应，具有广阔的发展前景。

二、能源结构调整加快

“十二五”时期，国家加快转变经济发展方式，推动能源生产和利用方式变革，着力构建安全、稳定、经济、清洁的现代能源产业体系，需要进一步加大能源结构调整力度。大力推进煤层气（煤矿瓦斯）开发利用，有利于优化能源结构，提高能源利用效率。

三、安全要求越来越高

以人为本、关爱生命、构建和谐社会，要求加快安全高效煤矿建设，不断提高煤矿安全生产水平，煤矿瓦斯防治任务更加艰巨。加快煤层气（煤矿瓦斯）开发利用，强力推进煤矿瓦斯先抽后采、抽采达标，有利于从根本上预防和避免煤矿瓦斯事故。

四、资源节约力度加大

“十二五”时期，国家确定单位国内生产总值能源消耗降低 16%，对节能提出了更高要求。煤层气（煤矿瓦斯）是优质化石能源，有利于分布式能源系统推广应用，提高能源利用效率。随着技术不断进步，抽采利用率提高，可大量节约资源，提高综合利用水平。

五、环境保护约束增强

“十二五”时期，国家确定单位国内生产总值二氧化碳排放降低 17%，对控制温室气体排放提出了更高要求。煤层气（煤矿瓦斯）的温室效应是二氧化碳的 21 倍，每利用 1 亿 m^3 相当于减排二氧化碳 150 万 t。加快煤层气（煤矿瓦斯）开发，不断提高利用率，可大幅度降低温室气体排放，保护生态环境。

第三章　指导思想、基本原则和发展目标

一、指导思想

以邓小平理论和“三个代表”重要思想为指导，深入贯彻落实科学发展观，加快转变煤层气产业发展方式，坚持市场引导，强化政策扶持，加大科技攻关，统筹规划，合理开发，加快煤层气产业发展，加大煤矿瓦斯抽采利用力度，推进采煤采气一体化，保障煤矿安全生产，增加清洁能源供应，促进节能减排，保护生态环境。

二、基本原则

坚持地面开发与井下抽采相结合，构建高效协调开发格局；坚持自营开发与对外合作相结合，实现规模化产业化开发；坚持就近利用与余气外输相结合，形成以用促抽良性循环；坚持基础研究与技术创新相结合，突破开发利用技术瓶颈；坚持市场引导与政策扶持相结合，促进产业又好又快发展；坚持安全环保与资源利用相结合，加快推进和谐社会建设。

三、发展目标

2015 年，煤矿瓦斯事故起数和死亡人数比 2010 年下降 40% 以上；煤层气（煤矿瓦斯）产量达到 300 亿 m^3，其中地面开发 160 亿 m^3，基本全部利用，煤矿瓦斯抽采 140 亿 m^3，利用率 60% 以上；瓦斯发电装机容量超过 285 万 kW，民用超过 320 万户。“十二五”期间，新增煤层气探明地质储量 1 万亿 m^3，建成沁水盆地、鄂尔多斯盆地东缘两大煤层气产业化基地。

第四章　规划布局和主要任务

一、煤层气勘探

以沁水盆地和鄂尔多斯盆地东缘为重点，加快实施山西柿庄南、柳林、陕西韩城等勘探项目，为产业化基地建设提供资源保障。推进安徽、河南、四川、贵州、甘肃、新疆等省区勘探，实施宿州、焦作、织金、准噶尔等勘探项目，力争在新疆等西北地区低阶煤煤层气勘探取得突破，探索滇东黔西高应力区煤层气资源勘探有效途径。到 2015 年，新增煤层气探明地质储量 1 万亿 m^3。

二、煤层气（煤矿瓦斯）开发

（一）地面开发

“十二五”期间，重点开发沁水盆地和鄂尔多斯盆地东缘，建成煤层气产业化基地，已有产区稳产增产，新建产区增加储量、扩大产能，配套完善基础设施，实现产量快速增长。继续做好煤矿区煤层气地面开发。开展安徽、河南、四川、贵州、甘肃、新疆等省区煤层气开发试验，力争取得突破。到 2015 年，煤层气产量达到 160 亿 m^3。

1. 沁水盆地煤层气产业化基地建设

沁水盆地位于山西省东南部，含煤面积 2.4 万 km^2，埋深 2 000m 以浅煤层气资源量 3.7 万亿 m^3，探明地质储量 1 834 亿 m^3，已建成产能 25 亿 m^3，初步形成勘探、开发、生产、输送、销售和利用等一体化产业基地。“十二五”期间，建成寺河、潘河、成庄、潘庄、赵庄项目，加快建设大宁、郑庄、柿庄南等项目，新建马必、寿阳、和顺等项目。项目总投资 378 亿元，到 2015 年形成产能 130 亿 m^3，产量 104 亿 m^3。

2. 鄂尔多斯盆地东缘煤层气产业化基地建设

鄂尔多斯盆地东缘地跨山西、陕西、内蒙古三省区，含煤面积 2.5 万 km^2，埋深 1 500m 以浅煤层气资源量 4.7 万亿 m^3，探明地质储量 818 亿 m^3，已建成产能 6 亿 m^3。“十二五”期间，建成柳林、韩城—合阳项目，加快建设三交、大宁—吉县、韩城—宜川、保德—河曲等项目，新建临兴、延川南等项目。项目总投资 203 亿元，到 2015 年，形成产能 57 亿 m^3，产量 50 亿 m^3。

3. 其他地区煤层气开发

加快辽宁阜新、铁法矿区煤层气开发，推进河南焦作、平顶山、贵州织金—安顺等项目开发试验。项目总投资 23 亿元，到 2015 年，形成产能 9 亿 m^3，

产量6亿m^3。

(二)井下抽采

“十二五”期间,全面推进煤矿瓦斯先抽后采、抽采达标,重点实施煤矿瓦斯抽采利用规模化矿区和瓦斯治理示范矿井建设,保障煤矿安全生产。2015年,煤矿瓦斯抽采量达到140亿m^3。

1. 重点矿区规模化抽采

在山西、辽宁、安徽、河南、重庆、四川、贵州等省市33个煤矿企业、8个产煤市(区),开展煤矿瓦斯规模化抽采利用重点矿区建设。重点落实区域综合防突措施,新建、改扩建抽采系统,增加抽采管道、专用抽采巷道和钻孔工程量,配套建设瓦斯利用工程。到2015年,建成36个年抽采量超过1亿m^3的煤矿瓦斯抽采利用规模化矿区,工程总投资562亿元。

2. 煤矿瓦斯治理示范矿井建设

建成黑龙江峻德矿、安徽潘一矿等瓦斯治理示范矿井。分区域选择瓦斯灾害严重、有一定发展潜力的煤矿,再建设一批瓦斯治理示范矿井,推进瓦斯防治理念、技术、管理、装备集成创新,探索形成不同地质条件下瓦斯防治模式,发挥区域示范引导作用。

三、煤层气(煤矿瓦斯)输送与利用

(一)煤层气输送与利用

煤层气以管道输送为主,就近利用,余气外输。依据资源分布和市场需求,统筹建设以区域性中压管道为主体的煤层气输送管网,适度发展煤层气压缩和液化。开展煤层气分布式能源示范项目建设。优先用于居民用气、公共服务设施、汽车燃料等,鼓励用于建材、冶金等工业燃料。在沁水盆地、鄂尔多斯盆地东缘及豫北地区建设13条输气管道,总长度2 054km,设计年输气能力120亿m^3。

(二)煤矿瓦斯输送与利用

煤矿瓦斯以就地发电和民用为主,高浓度瓦斯力争全部利用,推广低浓度瓦斯发电,加快实施风排瓦斯利用示范项目和瓦斯分布式能源示范项目,适度发展瓦斯浓缩、液化。鼓励大型矿区瓦斯输配系统区域联网,集中规模化利用;鼓励中小煤矿建设分散式小型发电站或联合建设集配管网、集中发电,提高利用率。到2015年,瓦斯利用量84亿m^3,利用率60%以上;民用超过320万户,发电装机容量超过285万kW。

四、煤层气(煤矿瓦斯)科技攻关

(一)加强重大基础理论研究

重点开展煤层气成藏规律、高渗富集规律研究及有利区块预测评价,低阶煤煤层气资源赋存规律研究,煤与瓦斯突出机理研究等。

(二)加强关键技术装备研发

开展构造煤煤层气勘探、低阶煤测试、空气雾化钻进、煤层气模块化专用钻机、多分支水平井钻完井、水平井随钻测量与地质导向、连续油管成套装备、清洁压裂液、氮气泡沫压裂、水平井压裂、高效低耗排采、低压集输等地面开发技术与重大装备研发。

研究地面钻井煤层预抽、采动卸压抽采、采空区抽采一井多用技术,研发煤与瓦斯突出预警和监控、瓦斯参数快速测定、深部煤层和低透气性煤层瓦斯安全高效抽采、低浓度瓦斯和风排瓦斯安全高效利用等关键技术及装备,示范区域性井上下联合抽采技术,推广低浓度瓦斯安全输送技术及装备。

第五章　环境影响评价

一、环境影响分析

(一)地面开发

煤层气井、集输站场等施工期间,对环境的影响主要来自噪声、污水和固体废弃物。施工车辆、机械和人员活动产生的噪声对周围的影响是暂时的,施工结束后就会消失。工程废水对周围环境的影响较小。固体废弃物产生数量不大,经过妥善处理,不会对环境产生大的影响。场地平整、管沟开挖、施工机械车辆、人员活动等会造成一定的土壤扰动和植被破坏,通过采取生态恢复措施,不会影响生态系统的稳定性和完整性。

煤层气开采期间，对大气的影响主要来自于站场、清管作业及放空燃烧排放的少量烟气；水污染物来自站场排放的少量废水。根据现有煤层气生产井废水化验资料，各项指标浓度均低于《污水综合排放标准》(GB 8978—1996)。

(二)井下抽采

煤矿井下瓦斯抽采装置、地面瓦斯处理场站及储气等配套设施的建设期间，施工时对环境的影响主要是少量的扬尘、污水、噪声和固体废弃物，影响较小。

(三)管道输气

煤层气(煤矿瓦斯)输气管道施工期间对环境的影响主要包括噪声、污水、固体废弃物等对沿线土壤、植被造成的扰乱。管道建成后，管道、沿途输气站会对沿线地区的敏感目标存在一定的环境风险。

二、环境保护措施

(一)环境保护

煤层气(煤矿瓦斯)排放严格执行《煤层气(煤矿瓦斯)排放标准(暂行)》(GB 21522—2008)。煤层气(煤矿瓦斯)开采企业建立环保管理制度，负责监督环境保护措施的落实，协调解决有关问题。对规划建设的项目依法开展环境影响评价，严格执行环保设施与主体工程同时设计、同时施工、同时投入使用的“三同时”制度。

建设煤层气管道时应提高焊接质量，避免泄漏事故。对清管作业及站场异常排放的煤层气，应进行火炬燃烧处理。选用低噪声设备，必要时进行降噪隔声处理。站场周围进行绿化，以控制噪声、吸收大气中的有害气体、阻滞大气中颗粒物质扩散。

实行最严格的节约用地制度，项目建设要节约集约利用土地，不占或少占耕地，对依法占用土地造成损毁的，施工结束后应及时组织复垦，减少土地损毁面积，降低土地损毁程度。

在选场、选站、选线过程中必须避开生活饮用水水源地、自然保护区、名胜古迹，尽量避绕经济作物种植区、林地、水域、沼泽地。经济作物种植区施工时，避免占用基本农田保护区，尽量降低对农业生态环境的干扰和破坏。林地施工时，禁止乱砍滥伐野外植被，做好野生动物保护工作。施工结束后，应尽快进行生态补偿，恢复地貌和土壤生产力。

在国家重点生态功能区或生态脆弱区等生态保护重点地区开采煤层气，应实施更加严格的环境影响评价制度和环境监管制度，采取先进的咨询管理、工程技术等措施，合理规划、合理利用、合理施工，尽量减少对当地生态环境的影响。

(二)环境监测

项目建设前，必须系统监测项目所在区域环境质量状况，以便对比分析。应选择一定数量的煤层气井，监测其在钻井、压裂、排采等作业过程对井场及周边生态环境、声学环境、地表水及地下水的影响。

应对管道沟两侧1m内，以及集输站周围的生态环境进行监测；对加压站、发电站厂界外1km范围内的声学环境影响进行监测；对管道两侧各40m范围内和加压站场四周50m范围内环境进行风险评价；对煤层气开采井网分布范围内的地下水影响进行评价。

三、环境保护效果

实现煤层气(煤矿瓦斯)开发利用“十二五”规划目标，将累计利用煤层气(煤矿瓦斯)658亿m^3，相当于节约标准煤7 962万t，减排二氧化碳约9.9亿t。煤层气(煤矿瓦斯)替代煤炭燃烧利用，可有效降低二氧化硫、烟尘等大气污染物排放总量，减少粉煤灰占地产生的环境问题，避免煤炭加工、运输时产生的扬尘等大气污染，有利于改善大气环境。

第六章　保障措施

一、加强行业发展指导和管理

煤矿瓦斯防治部际协调领导小组发挥组织协调、综合管理职能作用，统筹煤层气产业发展规划，规范市场秩序，完善技术标准，推进重点项目建设，协调解决重大问题。健全法律法规体系，加强体制机制创新，制定煤层气产业政策、开发利用管理办法等制度，规范指导煤层气产业发展。贯彻落实《国务院办公厅转发发展改革委安全监管总局关于进一步加强煤矿瓦斯防治工作若干意见的通知》（国办发〔2011〕26号），实施煤层气（煤矿瓦斯）开发利用目标管理，季度通报，年度考核。建立煤矿企业瓦斯防治能力评估制度，落实煤矿瓦斯先抽后采、抽采达标规定，将瓦斯抽采能力、瓦斯抽采达标煤量等指标纳入煤矿生产能力核定标准。强化监管监察，严格瓦斯超限管理。

加强煤层气行业监测、统计等基础管理工作。推进支撑体系建设，为行业提供研究咨询服务。培育大型煤层气骨干企业，鼓励成立专业化瓦斯抽采利用公司，推动产业化开发、规模化利用。

二、加大勘探开发投入

加大煤层气勘查资金投入。继续安排中央预算内投资支持煤矿安全改造及瓦斯治理示范矿井建设。提高勘探投入最低标准，促进煤层气企业加大勘探投入。引导大型煤层气企业增加风险勘探专项资金，加快重点区块勘探开发。加强对外合作管理，吸引有实力的境外投资者参与煤层气风险勘探和试验开发。鼓励民间资本参与煤层气勘探开发、煤层气储配及长输管道等基础设施建设。拓宽企业融资渠道，支持符合条件的煤层气企业发行债券、上市融资，增强发展能力。

三、落实完善扶持政策

严格落实煤层气（煤矿瓦斯）抽采企业税费优惠、瓦斯发电上网及加价等政策。研究提高煤层气（煤矿瓦斯）抽采利用补贴标准。研究高瓦斯和煤与瓦斯突出矿井加大安全投入的税收支持政策。研究完善煤炭生产安全费用使用范围，支持涉及安全生产的煤矿瓦斯利用项目。执行国家关于高浓度瓦斯禁止排放的规定，研究制定低浓度瓦斯和风排瓦斯利用鼓励政策，提高利用率。优先安排煤层气（煤矿瓦斯）开发利用项目及建设用地。推动煤层气（煤矿瓦斯）管网基础设施建设，国家统筹规划煤层气公共主干管网建设，支持地方和企业建设煤层气专用管网，鼓励煤层气接入天然气长输管网和城市公共供气管网。

四、加强科技创新和人才培养

继续实施国家科技重大专项、科技支撑计划、“973”计划、“863”计划，加强基础理论研究，加快关键技术装备研发，着重解决煤层气产业发展中重大科学技术问题。加强国际合作和交流，积极引进煤层气勘探开发利用先进技术。建立和完善以企业为主体、市场为导向、产学研用相结合的煤层气（煤矿瓦斯）技术创新体系。发挥技术咨询服务机构作用，统筹考虑现有科研布局，整合现有科研资源，加强煤矿瓦斯治理国家工程研究中心和煤层气开发利用国家工程研究中心等专业机构建设，提高自主创新能力，推进技术装备国产化。建立健全煤层气标准体系，加快出台勘查、钻井、压裂、集输等方面标准。鼓励高校与用人企业合作，采用订单式等培养模式联合培养煤层气相关专业人才。

五、创新协调开发机制

建立完善煤层气和煤炭共同勘探、合作开发、合理避让、资料共享等制度。新设探矿权必须对煤层气、煤炭资源综合勘查、评价和储量认定。煤层气产业发展应以规模化开发为基础，应当规模化开发的煤层气资源，不具备地面开发能力的煤炭矿业权人，须采取合作方式进行开发。煤炭远景开发区实行“先采气后采煤”，新设煤层气矿业权优先配置给有实力的企业。煤矿生产区（煤炭采矿权范围内）实行“先抽后采”“采煤采气一体化”。已设置煤层气矿业权但未设置煤炭矿业权，根据煤炭建设规划五年内需要建设的，按照煤层气开发服务于煤炭开发的原则，调整煤层气矿业权范围，保证煤炭开采需要。煤炭企业和煤层气企业要加强协作，建立开发方案互审、项目进展通报、地质资料共享的协调开发机制。

国家发展和改革委员会

国家能源局

二〇一一年十二月

煤层气开采装备的技术现状及发展趋势

一、煤层气产业发展现状

1. 开发煤层气的意义

煤层气(主要成分甲烷,俗称煤矿瓦斯)属于自生自储式的非常规天然气,煤层气作为一种新型洁净能源,一般均埋于2 000m以浅的煤层里,是煤炭的伴生气,开发煤层气对缓解能源的供需矛盾、保证煤炭开采安全,实施可持续发展的能源战略具有十分重要的现实意义。

(1)可保持煤矿安全,减少爆炸的可能性。

(2)可提高煤产量减少工作面甲烷含量过高而造成的停工;采煤前抽采煤层气还可以减少操作成本。

(3)可降低能源的对外依存度,获得的甲烷可以作为一种能源。

(4)减少温室气体排放。

2. 煤层气的储量

我国煤层气资源十分丰富,煤层气资源总量约为36.81×$10^{12}$$m^3$,广泛分布在各大盆地中,是仅次于俄罗斯、加拿大的世界第三大煤层气储藏国,仅山西省就拥有10万亿m^3的煤层气资源,与煤炭资源一样,占到全国煤层气储量的三分之一,与美国全国的储量相当。

我国煤层气资源的历次评价[6]

评价机构	时间	资源量(×$10^{12}$$m^3$)	说明
地矿部石油地质所	1985年	17.93	
焦作矿业学院	1987年	31.92	全国所有可采煤层
煤炭科学研究总院西安分院,淮南矿业学院,中国矿业大学	1990年	32.15	全国所有可采煤层
煤炭科学研究总院西安分院	1991年	30-35	未包括褐煤以及藏粤闽台地区的煤层
地矿部石油地质大队	1992年	36.3	可采资源量18.15万亿m^3
中国煤田地质总局	1999年	14.34	含气量大于4m^3/t,埋藏2 000m以浅可采煤层
中国石油勘探开发研究院廊坊分院	1999年	27.3	未包括褐煤
中联公司	2000年	31.46	未包括褐煤以及藏粤闽台地区的煤层
国土资源部	2006年	36.81	增加了褐煤区的煤层气资源

我国煤层气资源量大、分布相对集中。有41个聚煤盆地,2 000m以浅的煤层气资源量为约36.8万亿m^3。9个主要盆地资源量大于1万亿m^3,合计28万亿m^3,占全国76%。我国煤层气具有巨大的需求量,是国家重点发展的重要接替能源之一。国家从能源有效利用和减少煤矿安全隐患出发,推出了大力支持煤层气开发利用的相关产业政策。《新能源产业振兴发展规划》已为煤层气产业发展圈出了2个产业化基地,15个抽采利用矿区和5条输气管道。

我国煤层气抽采量将逐年增加,"十一五"的规划目标为年产100亿m^3,"十二五"规划目标为年产200亿m^3,到2020年计划达到500亿m^3

3. 煤层气的产量

4. 煤层气的开发方式

(1)先抽后采——高质量瓦斯

采矿前预抽煤层气

(2)边抽边采——中高质量瓦斯

主要矿井抽采、采动区瓦斯、矿井通风气

(3)先采后抽——低中质量瓦斯

采动区瓦斯、矿井通风气

国外非常规气大规模开发有30年的历史,在煤层气的储藏、开采上形成了较为完备的理论和技术,已经形成了效益显著的产业化生产。

	开始开发时间(年)	2004年产量(亿 m^3)	2008年产量(亿 m^3)
美国	1977	490	565
加拿大	2000	15	60
澳大利亚	1976	15	30

我国煤层气开发利用仅十年时间,总体来说水平还较低,开采、储运等相关上下游产业的发育成熟度低,尚处在待完善阶段。2008年我国煤矿瓦斯抽采量为55亿 m^3;2009年中国的煤层气产量为71.85亿 m^3,其中地面抽采仅为10.15亿 m^3;2010年中国的煤层气产量为85.3亿 m^3,其中地面抽采仅为15.67亿 m^3。

过去五年,由于受制于政策环境支持不够、机制体制的制约、勘探费用不足以及煤层气价格偏低等因素,“十一五”煤层气年产100亿 m^3、地面抽采产量50亿 m^3的目标并没有达到。

我国煤层气产业在具有广阔发展前景的同时,也面临着一些困难,主要表现在(1)煤层气的矿业权设置不合理,导致了资源配置效率低下,并引发了煤层气与煤炭之间的纷争;(2)基础设施缺乏,输气管线(特别是直达井口的支线管网)缺乏,管输监管力度不足,导致煤层气进网难,资源难以有效利用;(3)税收优惠政策存在力度不够、系统性较差等问题,挫伤了煤层气开发企业的积极性;(4)还存在技术研发投入不足等问题。

目前国内直接进行煤层气地面抽采的公司主要有中石油、中联煤和晋煤蓝焰等企业。

5. 三大石油公司全面进入煤层气勘探开发领域。中石油曾持有中联煤公司50%股份,国资委于2008年3月对中联煤公司股权进行调整,将中石油所持股权协议转让给中煤集团,中联煤公司将部分区块和资产有偿转让给中石油。

华北油田2006年开始在沁水盆地实施煤层气勘探开发,建成了我国第一个数字化规模化煤层气田,完成6亿 m^3产能建设,并实现商业化运营,每天有110多万 m^3的煤层气注入到西气东输主管网。

中石化经过两年多的非常规油气资源勘探,已在华北中高阶煤、南方构造煤和西北低阶煤区块开展煤层气勘探评价工作,获取了主要煤层评价的第一手参数。沁水盆地北部和顺、鄂尔多斯盆地南部延川南区块煤层气勘探获得了重大进展,山西境内的和2井组、延1井获得了持续稳定的气流,煤层气勘探取得实质性成果,正积极努力尽快形成规模产能。

中海油2012年初取得中联煤层气公司50%的股权,正式加入煤层气开采大军之列。三大石油公司的进入使煤层气的产业化进程明显提速。

经过多年攻关,我国地面煤层气勘探、钻井、测试、排采等技术取得了长足进步,羽状水平井已推广应用。在一些地区,如山西沁水、陕西韩城、辽宁阜新等地区的煤层气地面开发已经攻克了无法抽采利用、抽采利用不经济的难题,奠定了产业化开发利用煤层气的技术、经济基础。尤其是煤层气集输并入西气东输管线后,我国煤层气产业化已进入快速发展轨道。

煤层气产业发展速度慢和煤层气价格低有直接关系。过去我国的煤层气出厂价格比照天然气,而国内天然气价格长期较低,使煤层气开发的经济效益较低。为了支持煤层气开采,一方面应当硬性规定并落实“先抽后采”;同时对煤层气利用实施税费补贴政策,将煤层气的价值提高到煤炭开采的价值之上,用经济杠杆来引导煤炭企业对瓦斯的抽采利用。为了鼓励煤层气产业的发展,国家现已出台一系列鼓励政策:上调天然气价格,提价0.23元/m^3,煤层气价格也随之提高;中央财政按0.2元/m^3(折纯)标准对煤层气进行补贴;从事煤层气勘查开采的企业,2020年前可按国家有关规定申请减免探矿权使用费和采矿权使用费,对地面抽采煤层气暂不征收资源税;对煤层气勘探开发作业的设备等免征进口关税和进口环节增值税,增值税先征后退据不完全统计,截止到2011年2月,全国已有煤层气井约5 600口。2010年完井总数约为前十年的总和。

6. 煤层气的利用

(1)作为燃料来源[9]。煤矿甲烷可以作为加热的首要或第二位燃料来源,还可以作为燃料电池发电、微型燃气轮机和逆流反应器的动力来源。

(2)作为化学品原料。煤矿甲烷可以直接作为工厂的原料。

(3)用于管线注水。高质量煤矿甲烷可以直接卖给销售管线。

(4)燃烧。当没有其他经济的手段减少温室气体甲烷排放的时候,可以选择燃烧。

(5)VOC集中器。低质量煤矿甲烷。

据有关研究报告显示,使用煤层气的汽车与使用汽油的汽车相比,前者比后者在众多污染指数上都有明显下降,分别是:排放一氧化碳减少97%;碳氢化物减少72%;氮氧化物减少39%;二氧化碳减少24%;二氧化硫减少90%;苯、铅等粉尘减少100%;噪音减少40%。使用煤层气的汽车排出的都是水,几乎是零污染。

7. 特殊工艺井

特殊工艺井是指除常规钻井工艺所钻直井之外其他井的总称,主要包括定向井、丛式井、水平井、大位移井、侧钻井、分支井、径向水平井、小井眼井、柔性管钻井及欠平衡压力钻井等。

发展特殊工艺井的目的:

(a)尽可能挖掘各种储层潜能,提高采收率;

(b)减少布井数量,减少开发投资;

(c)避免或减少开采过程中的井下复杂情况;

(d)少占用土地,减小环境保护的压力,提高勘探开发的总体经济效益。

(1)定向井

定向井是使井筒沿特定方向钻达地下预定目标的油气井。沿着预先设计的方向钻达目的层位的钻井方法,称为定向钻井。

定向井施工的难度主要在井眼轨迹控制,实际定向井施工需要多次重复跟踪监控,根据具体情况合理地选择和调整不同钻具组合,达到安全有效控制井眼轨迹确保合格井身质量的目的。

定向井因井斜角大、井眼形状及钻具受力复杂,加之地层因素及钻井措施不当等方面的原因,容易引起井下事故,对工具仪器及钻机配套设备有特殊的要求。

(2)丛式井

丛式井的基本概念:凡在一个井场或平台上,有计划的钻几口或几十口定向井和一口直井,这些井统称为丛式井。丛式井要涉及合理的井距及布井的先后顺序及防碰跟踪等问题。节约占地、减少搬家、减少采气地面管线、加快开发步伐。

(3)水平井

水平井是指井眼轨迹达到水平(85°以上)以后,再继续延伸一定长度的井(延伸的长度一般大于储层厚度的六倍)。

在垂直井筒底部钻出的中央竖井上带有多分支水平井眼的大口径钻孔,减少铺设复杂的地下瓦斯管线网。

(4)多方向井

多方向钻孔可以在采矿前由一个单一的井垫完成[10]。其优点包括:减少现场准备成本;生产设施集中;减少铺设地下管线网;可以在采煤后采收采动区瓦斯。

其缺点有:一般只能有一个井筒下套管;未下套管的水平井有脱落和倒塌的可能;脱水水平井比垂直井困难;表面入口可能受限制或不可用。

(5)多分支井

分支井也称为多底井,是指在一口主井眼中钻出两口或多口进入气藏的分支井眼,主井眼可以是直井,也可以是定向井或水平井。主井眼为直井的分支井能有效地开采多层段的气藏。而主井眼为水平井的分支井则极大地提高了气藏的裸露程度，增加了泄气面积，进而提高产量和采收率。

(6)羽状分支水平井

羽状分支水平井是水平井的一种，指在一个主水平井眼两侧再钻出多个分支井眼作为泄气通道，分支井筒能够穿越更多的煤层割理裂缝系统，最大限度地沟通裂缝通道，增加泄气的面积和气流的渗透率，使更多的甲烷气进入主流道，提高单井产气量。这是针对我国很多地区的地质条件不满足地面钻井、排采降压采气方法的应用条件而引进、研制的技术。

目前煤层气井主要有直井和多分支水平井两种，直井的深度一般在400～1 400m，直井完成后就可进行压裂抽采，可以分为地上抽采和井下抽采两种，适合地上抽采的占不足1/3，主要采用的是井下增透抽采；多分支水平井进尺最多可达4 500m，一般不超过800m，水平井在实际应用中的主要问题是煤层断后的堵塞问题。水平井或直井的大修几率都不大，新钻的井可以使用较长的时间。定向钻井技术在短期内可以得到更多的煤层气；但是较长时间后，垂直井就可以达到相同水平。特殊工艺井的钻井成本、工艺装备和建井周期比直井复杂得多，煤层气井以直井居多，一般为300m 见方的丛式井。

8. 空气钻井

煤层缝隙中充入过多的固相钻井液，对煤层气的排采有较大影响；空气钻井可以提高钻井效率。由于解吸、解堵和提高效率的要求，煤层气钻井需要采用空气钻进。高压大排量的空气循环系统是煤层气开采设备必备的关键装备。

9. 煤层气勘探开发技术

煤层气勘探开发的技术主要有：选区技术，钻井(完井)技术，试井技术，压裂技术及增产措施，排采技术，集气和储运技术，环保技术

(1)钻井(完井)技术

煤层气井施工包括钻井、完井、增产和采气等。为了避免对煤储层的伤害，采用平衡钻井技术、空气钻井技术，针对一些特殊地层也使用旋转冲击钻井。我国煤层气井大多采用绳索取芯、低温低压固井技术。钻井在非煤层段一般采用泥浆钻进，目的层采用清水、优质低固相或无固相泥浆作为钻井液，以防止对煤储层的伤害。在钻至煤层系以上部位时，进行下套管固井作业，再采取欠平衡钻井钻开煤层系，使用内插带眼筛管或割缝筛管进行完井作业。

根据不同地质条件，完井技术有裸眼完井、裸眼洞穴完井、套管射孔压裂完井。其中套管射孔压裂完井是我国低渗透率煤层使用最多的完井方法，其原理是：先用完井液钻穿煤层，下套管固定，将煤层封隔；再在煤层部位射孔，射穿套管和水泥环，使煤层与井筒连通；然后以高压水力压裂在煤层中造隙，提高产层的透气性。

(2)压裂技术及增产措施

井下压裂增透成套抽采利用技术：利用井下定向压裂增透技术可显著提高煤层气的压裂成功率，提高抽采率。压裂技术是煤层气开发过程中的关键技术，其重要性在于对生产层进行改造，以提高生产层的产量。目前国外针对不同储层的压裂技术主要有交联凝胶压裂，加砂水力压裂，不加砂水压压裂和氮气泡沫压裂等，这些技术均已成熟。此外，在生产实践中，采用多次压裂和注水、注氮技术，对低产气井的增产取得了很好的效果。目前从事压裂的施工队伍都是石油队伍[3]。

(3)排采技术

煤层气的生产是通过排水采气实现的。油水井的开采叫做抽采，煤层气的开采叫做排采，油管内排水，套管内采气。

10. 煤层气开采装备

煤层气是与煤伴生并以吸附状态自生自储于煤层中的，煤层气成藏机制和存储方式的特殊性使其在勘探开发过程中所使用的设备与常规的石油天然气的勘探开发设备存在一定的差异。煤层气的开采装备和石油天然气一样可以分为以下几类：物探设备，钻井设备，测录井设备，固井设备，压裂

设备,采气设备。

(1)物探设备

煤层气物探与石油物探一样多采用地震勘探,施工方式也基本相同,石油物探装备可以沿用到煤层气物探,但由于施工深度和数据采集要求存在差异,二者在设备配套方面也有差异。煤层气物探设备要求空间采样率高、时间采样率高,要求轻便简单灵活兼容性好。

(2)钻井设备

从钻深能力上讲,石油钻机完全可以满足煤层气勘探开发的要求,但用石油钻机钻煤层气井,存在许多诸如效率、效益之类的问题,国产石油钻机对煤层气的不适应性恰恰表现在其和世界先进水平的差距方面,如空气钻进、顶部驱动、钻头加压、液压驱动、自动化控制等。

(3)测录井设备

煤层气测井技术是基于石油测井和煤田测井技术发展起来的。由于煤储层的自身特点决定其物性为非均质性和各向异性,造成储层地质与测井响应之间关系的进一步复杂化,呈现更加明显的非线性特征,现有的油气藏测井基础理论不太适合于煤层气测井,给测井资料的解释造成更大困难,也给解释结果带来更大的多解性、模糊性和不确定性。

石油天然气测井有比较先进的是成像技术,但信息处理和解释评价软件有待于提高。

(4)固井设备

与一般油气井相比,煤层气井固井的难点表现在:煤层机械强度低,力学稳定性差,破裂压力梯度小,钻井过程中煤层易破碎、易坍塌,形成不规则的井眼;水泥浆易向地层失水,滤液对煤层伤害严重;水泥浆易漏失,堵塞空隙;水泥配方设计困难,固井过程复杂,要求能够满足低温固井的要求。

当钻开煤层后,甲烷气从煤的表面解析、扩散,通过裂缝流到井内,如果煤层的空隙和裂缝受到损害,不仅使气体的渗流通道受阻,而且会影响甲烷气的解析过程。

目前煤层气固井采用的全是常规的油井固井设备,但在经济性、实用性上还有很大的欠缺,可以考虑适当降低泵组和配套管汇的压力等级,从而减少动力机功率,以提高其经济性[4]。

(5)压裂设备

直井是煤层气井的主要开采方式,直井压裂技术是国内外煤层气井增产的主要手段。煤层气压裂施工的特点为:在相同区块井位分布密集,施工要求低压大排量(20~30MPa、6~8m^3/min),多采用清水加砂工艺,要求压裂设备具有快速移运性,低压、大排量。

(6)采气设备

煤层气的采气设备和采油设备基本一样,抽油机、螺杆泵、电潜泵等,没有特殊要求。

二、煤层气钻机与石油钻机的区别

煤层气的大规模开发带动了煤层气开采设备需求量的增加,研究、开发符合我国国情、具有自主知识产权的煤层气钻机具有重要意义。虽然煤层气钻机和石油钻机一样同属于资源勘探开发设备,都由动力系统、传动系统、提升系统、旋转系统、循环系统等组成,但由于钻采工艺不同、钻井深度不同、造穴方式不同、目的层地质结构不同、目的物物理状态不同,两者之间存在着一定的差异[5]。

1. 煤层的埋藏深度一般比石油的埋藏深度浅,因此煤层气井比油井浅,井深一般在1 000m左右,山西煤层气井深大约在650m左右。可见同样井深煤层气钻机需要的载荷比石油钻机小。

2. 煤层气钻机要求旋转扭矩比较大、而转速比较低。石油钻机(钻深1 000m左右)最大扭矩一般为10~20kN·m,最高转速一般为300r/min;同样钻深的煤层气钻机最大扭矩一般为20~30kN·m,最高转速不超200r/min。

3. 煤层气在煤层中的吸附与解吸和液体的石油、水在地层中的渗透流动不同,因此煤层气钻井和石油钻井的造穴方式不同、开采工艺不同、钻井介质也不同。石油钻机一般用泥浆钻井,必须配备钻井泵和钻井液循环净化系统;煤层气钻机因解吸需要，一般用压缩空气钻井，必须配备空气压缩机以及空气净化系统，有些煤层气钻井完井后要洗井，还需要配备小功率泥浆泵。

4. 煤层气主要存在于上覆岩层和下覆岩层之间的煤层中，由于埋藏深度比较浅，煤层气的压力很低，所以煤层气钻机对井控系统要求不高，井口一般不安装防喷器，或安装简易的胶芯防喷置，不像石油钻机必须安装单闸板、双闸板、环型等一系列井控设备。井场防爆要求也没有石油钻机高。

5. 煤层气钻机不仅需要有提升功能，而且需要具有下压功能，以保证顺利下钻和快速钻进。下压力一般为提升力的一半。加压方式有液缸加压、链条加压、齿条加压、钢丝绳加压等。石油钻机一般不需要向下施加压力，仅靠钻柱重量即可顺利钻进。

6. 煤层气钻探作业大多处于矿山、煤田，井场面积小（井场占地面积大约为20m×20m）、道路运输条件差，要求煤层气钻机尺寸紧凑，重量轻，便于移运，方便安装。

7. 为了集中生产设施、减少现场准备成本、减少铺设地下管线网、便于排采，煤层气井多设计为丛式井、多分支井和水平井。这样便要求煤层气钻机具有定向钻井的功能，必须配备先进的定向钻井控制器，以获取精确的方位角和斜度。

8. 石油钻机井架静空比较大，一般都是起下双立根或三立根，效率比较高；煤层气钻机一般是单根起下钻，效率低，有些煤层气钻机受钻塔高度的限制，只能使用特制的6m长的钻杆钻井。

9. 石油、天然气的勘探开发已经形成规模、投入成本大、产出效益好，所以石油钻机的配置比较豪华、冗余备用功能多。煤层气的开发利用刚刚开始，起点比较低，要求煤层气钻机经济性好，价格低，初次投入少，使用维修成本低。

三、国内外煤层气钻机技术分析

1. 国外煤层气钻机发展状况

国外生产煤层气钻机的企业主要集中在美国和德国，最知名的是美国的雪姆（SCHRAMM）钻机、阿特拉斯（ATLAS）钻机和德国宝俄（BOHRTECHNIK）钻机。雪姆的代表产品：

（1）T685WS钻机：提升能力340kN，适合于井深1 000m内的空气钻进，配有空压机、钻井液、注水、注泡沫管线，可实现钻井液、泡沫、空气等多种钻井方式；

（2）T130XD钻机：提升力590kN，适合于井深2 000m内的空气钻进，采用伸缩桅杆技术，动力头净空行程高达15.24m，直接用液压桅杆升举和下放钻具，可完成比较复杂的钻井工艺；

（3）T200XD钻机：提升能力900kN，满足2 800m深度钻进，动力头双档设计，适合水平井，羽状井等特殊施工需要。

雪姆钻机性能特点表现在：

（1）钻井效率高，采用高效空气潜孔锤钻井工艺，最快进尺40m/h；设备整合度高，所有操作均在控制台上完成；自动化程度高，缩短辅助时间；设备结构紧凑、机动灵活，全面缩短搬家时间。

（2）可靠性好、寿命长，从野外苛刻工作条件出发，总结多年的生产经验及各地用户反馈的实际使用效果，不断完善设备，大幅度提高钻机的可靠性，延长钻机寿命。

（3）多功能、多用途，桅杆可倾斜（45°～90°），实现开孔斜打；井口工作台可抬升，方便安装防喷器；动力头可锁定不动，方便定向钻斜井、水平井；可选用大扭矩的动力头完成大口径井钻探；可选用大通孔直径的动力头，实现反循环钻进、跟管钻进等各种钻进工艺。

（4）技术先进、科技含量高，全液压技术、升缩桅杆技术，使钻机能力更大、功能更全、使用更方便。

T130XD钻机采用10×4运载车底盘，行走系统采用1台410hp（305 737W）的CAT C13柴油机；钻进及提升系统共用了一台760hp（566 732W）的底特律DDC/MTU 2000TA DDEC柴油机驱动车上的螺杆压风机、散热风扇的液压马达、动力头液压泵、注水泵、起升缸/伸缩缸液压泵。最大钻深

1 200m(4 1/2"钻杆),最大提升能力为59t。钻机的动力头最大扭距为45 000N·m,钻机结构紧凑,移运方便。

T685WS钻机整体移运尺寸为(长×宽×高)12.4米×2.44米×3.68米。钻机台上动力来自于一台563kW的康明斯QSK19C柴油机,行走动力则来自一台CAT C12柴油机。钻机的最大提升能力为34t,最大提升速度为0.78m/s,动力头最大扭距为12 000N·m。钻机采用了8×4的工程卡车底盘作为运载车。T685WS钻机运载车上集成了螺杆压风机、液压泵、散热器和司钻箱等。T685WS钻机与T130XD钻机相比,钻进加压采用的上链条加压。

阿特拉斯(Atlas Copco)RD20钻机由8×4(或10×6)工程卡车作为运载车。运载车发动机为卡特(Caterpillar)C12,355hp(264.72kW),甲板发动机为卡特3412 - 760hp或康明斯(Cummins)QSK19C - 755hp,空气压缩机为I - R HR2.5,2413kPa - 35.4m³/min。钻机的最大提升能力为:RD20Ⅱ,49t;RD20Ⅲ,54t;下拉力为13t。最大动力头最大扭矩为10 848N·m,0~120r/min。

宝俄(PRAKLA BOHRTECHNIK)RB50钻机由6×6工程卡车作为运载车。空气压缩机为Atlas Copco。钻机的最大提升能力为:进给油缸:上提16t,下压8t;绞车:快绳9.5t,最大提升力55t。最大动力头最大扭矩为16 600N·m,0~120r/min。最大钻深800m。

2. 国内煤层气钻机发展状况

国产煤层气钻机的现状。随着煤层气产业化的快速发展,煤层气井的钻探规模不断扩大。据2009年不完全统计,煤层气钻机有100多套,国产煤层气钻机占80%。作为煤层气开采的关键装备——煤层气钻机,我国的研究和制造还比较落后,表现在没有专用的煤层气钻机。现行的煤层气钻探大多采用水源钻机、物探钻机或进口设备。水源钻机、物探钻机比较简陋,装机功率小、运行效率低,搬迁费用高,跟不上煤层气产业化快速发展的步伐;进口煤层气钻机一般为车载钻机,全液压控制、功能齐全、自动化程度高,但购置费用高、运行维修成本高[7]。

国产煤层气钻机分类:

(1)散装水源钻机,属于机械驱动钻机,主要由24m井架、柴油机、绞车、钻井泵等组成,钻井深度在1 000m左右。散装水源钻机相当于早期浅层石油钻机,由于其配置标准低、全部由国产零部件组装、价格低廉,有一定的经济技术合理性,所以在煤层气井的钻探中大量采用。

(2)车载物探钻机,主要由二类汽车底盘、10m井架、旋转动力头、液压系统和小功率离心泵等组成,钻井深度在500m左右。这种钻机由于装机功率小、钻探范围局限,需要外挂压缩空气供给系统才能实施空气钻进,由于安装井控装置空间不够等原因,仅用在浅层煤层气井的钻探中。

(3)浅层石油钻机,用石油钻机钻煤层气井,虽然效率高、安全性能好,但价格高、安装搬迁移运成本高、需要外挂压缩空气供给系统才能实施空气钻进。

国内生产煤层气钻机的企业有地矿机械厂、煤炭机械厂和石油机械厂。地矿机械厂、煤炭机械厂生产的煤层气钻机主要有散装和车装钻机两种,散装的属于水源钻机,车装的属于物探钻机。石油机械厂生产的煤层气钻机也有散装和车装钻机两种,散装煤层气钻机类似于浅层橇装石油钻机,车装煤层气钻机类似于车装石油钻机和石油修井机,车装煤层气钻机又分为机械驱动和全液压驱动[7]。

3. 几种适合煤层气钻井的石油钻机

(1)齿轮齿条钻机。具有:传动效率提高,尺寸小、重量轻;可提供起升和下压功能;可精确控制移动和加载;操作方便、噪音小的特点。

(2)超级单根

Supper Rig钻机整机采用高度模块化结构,钻台直接安装在挂车的尾部,为一车运输,钻杆盒与猫道全采用液压操作,降低了劳动强度,并大大提高了工作效率,整机移运性好、移运车次少、操作简便、功能齐全、符合 HSE 标准。它的研制成功,填补了国内空白,技术性能指标达到了国际先进水平。

(3)液压钻机。具有重量轻、成本低、效率高、更加安全的特点。主要表现在:

①作业成本低主要是所需人工少、维护保养少、能耗少。

②易于实现一些专用功能:如钻压自动控制;升沉补偿;机械化、自动化。

③噪声小。

④斜井钻机。斜井钻机是为储层很浅的油气井设计制造的。它配备顶驱和自动排管机械手,实现钻压自动控制及机械化、自动化。

4. 国外煤层气钻机的性能特点

进口煤层气钻机以车装居多,主要由国际知名的二类汽车底盘(如 MAN 底盘、BENZ 底盘等)、10 ~20m 井架、旋转动力头、车上压缩机和外挂压缩机、液压系统、小功率离心泵等组成,钻井深度在 500 ~1 500m 之间。大多是全液压驱动钻机,集约化程度高、钻井效率高,自动化程度高,可靠性好,技术先进、科技含量高,可实现泥浆、泡沫、空气等多种钻井方式,可完成比较复杂的钻井工艺,操作工劳动强度低,钻一口 700m 的井,大约需要 7d,搬家大约需要 1d。但进口钻机价格很高,主机(不含钻具)加上外置的螺杆压风机组价格超过 1 400 万元;使用维护保养成本更高,润滑油、密封件、滤清器等易损件需要从国外进口,服务响应时间太长。

5. 国产煤层气钻机的性能特点

国产煤层气钻机以散装机械钻机居多,自动化程度及钻井效率低,拆装、搬迁、移运费用高,钻一口 700m 的井,大约需要 10d。钻机主机、1 000m 钻具、口工具和泵组,价格大约在 400 万左右,是进口钻机价格的 1/3 ~1/4。

6. 国内外煤层气钻机的主要差距

国产车装煤层气钻机和进口车装煤层气钻机相比,主要差距在有 4 个方面:

(1)底盘,同样钻深的钻机重量大、外形尺寸大、转弯半径大、接近离去角大,不适应矿区道路,削弱了快速移运的优势。

(2)自动化程度和技术先进程度比不上进口钻机。国产钻机采用的液压元件、自动控制元件(如液压泵、控制阀、管线、接头、密封件等)可靠性差,使用寿命短,和进口钻机有较大的差距。

(3)国产的大排量空气压缩机性能和质量比不上进口产品,使国产煤层气钻机的整体性能受到很大的限制。

(4)管子处理系统差距很大。

四、国产煤层气钻机发展趋势

1. 研制煤层气钻机要解决的根本问题是提高工作效率和提高技术经济性。

2. 理想的煤层气钻机应该具备以下功能特点

(1)便于移运

(2)具有钻进加压功能,以达到快速钻进的目的。

(3)钻深能力在 1 500m 左右,其中水平钻深能力在 800m 左右

(4)提高旋转系统最大扭矩,能够完成大口径井的钻探作业。

(5)兼备空气循环钻井、泥浆循环钻井、泡沫循环钻井功能,在满足煤气层钻机钻井工艺的基础上,根据地质状况任意选择,提高钻井效率。

(6)具有开窗、造斜、控斜功能,能够进行水平井、多分支井的钻探作业。

(7)具有足够的空间,满足井控装置的安装要求。

(8)配备可燃气体检测报警装置,保证施工作业安全。

(9)电、气、液一体化控制,提高自动化程度,减轻钻工劳动强度,提高工作效率。

(10)价格适中,减少煤层气井的钻探成本。

3. 国产煤层气钻机的发展方向

(1)向浅层橇装石油钻机靠拢,加装空气钻进系统,小尺寸小模块拼装,既具有石油钻机钻井效率高,安全防护等级高的特点,又具有散装水源钻

机价格低的优势,而且适应山区作业环境和道路条件要求;

(2)向车装石油钻机靠拢,对石油钻机加以改进,配备空气供给系统,完全可以满足煤层气钻井的要求;

(3)向全液压钻机方向发展,液压驱动钻机结构紧凑、操作灵活,集约化程度高、自动化程度高。

(4)提高自动化和智能化水平,应用成熟的自动润滑、自动送钻、智能防碰、电子刹车、数字化液气控制、数控交流变频传动系统和钻机安全监控系统等先进技术,提高煤层气钻机的技术水平和科技含量;

(5)加强钻机结构的优化设计和关键配套装备的研制,突破技术壁垒,做好配套装备的选型,推动煤层气开发利用相关产业的快速发展。

参考文献

[1]张晓逵,宋党育. 煤层气解吸特征研究进展[J]. 中国煤层气,2009(5):17 - 19.

[2]GB/T 23505—2009,石油钻机和修井机[S].

[3]王军,解庆,刘金荣. 煤层气勘探开发设备配套方案建议[J]。石油矿场机械,2010,39(3):79 - 82

[4]韦方娥. 2009 年非常规油气勘探装备购置可行性研究报告[R]。南京:华东石油局,2009 - 05

[5]高加索. 煤层气钻机的性能探析和发展方向[J]. 石油机械,2010,38(6):84 - 87.

[6]李贵中. 中国石油勘探开发研究院廊坊分院. 科学评价中国煤层气资源[R]. 第一届非常规油气大会,2010 - 04.

[7]高加索. MZJ10 煤层气钻机的研制[J]. 石油机械,2010,38(12):60 - 62.

[8]Brunner, Daniel J. ; Schwoebel, Jeffrey J. , The 2001 International CMM/CBM Investment Exposition/Symposium, "The Application of Discharge Drilling Technology for Gob gas Drainage". , November, 2001.

[9]Brunner, D. J. ; Schwoebel, J. J. ; Brinton, J. S. , "Modern CBM drainage strategies".

[10]Brunner, Daniel J. ; Schwoebel, Jeffrey J. ; Thomson, Scott, "Directional drilling for Methane Drainage and Exploration in Advance of Mining".

[11]EPA, Coalbed Methane Outreach Program, "Conceptual Design for a Coal Mine Gob Well Flare". , August 1999.

〔撰稿人:南阳二机石油装备(集团)有限公司高加索〕

延伸阅读

煤层气开发为装备制造企业带来新商机

煤层气(煤矿瓦斯)开发利用的"十二五"规划提出至2015年将新增煤层气探明地质储量1万亿m^3,煤层气产量达到300亿m^3,其中,地面开发160亿m^3,煤矿瓦斯抽采140亿m^3。

国家能源局煤炭司副司长魏鹏远指出,我国煤层气开发利用的潜力很大,将坚持市场化与政策扶持相结合的原则,鼓励社会各界、企业界按照市场化的原则来自行决策投资开发煤层气。魏鹏远表示,"十二五"期间,要实现煤层气产业的大发展,加大煤层气的勘探、开发、利用与科技攻关,要着力开展关键技术装备研发。目前在科技研发投入方面,研发与销售收入的占比仅为1%,"十二五"期间这个比例要提高到2%~3%。他强调:"在煤层气政策方面要建立一个综合配套的优惠体系,真正让这个产业能够尝到甜头,能够发展起来。"

一、"十二五"煤层气开发投资1 200亿元

值得关注的是,《煤层气(煤矿瓦斯)开发利用"十二五"规划》拟定的"十二五"期间用于投资煤层气开发利用的各项投资共计达1 200亿元,同时对煤层气开采及瓦斯发电等利用方式给予比目前更多的财政补贴。

分析人士指出,大力推进煤层气开发利用仍是"十二五"期间的政策基调,以沁水盆地及鄂尔多斯盆地东缘两大基地为代表的煤层气商业化有望进入快速通道。这一过程中,已捷足先登的国内煤层气开采龙头企业及相关装备企业有望率先受益。

过去五年,国内煤层气开发主要集中在山西东南部沁水盆地和鄂尔多斯盆地东缘两大产业化示范基地。截至2010年底,这两个地区的煤层气产能合计已达31亿m^3,初步形成勘探、开发、生产、输送、销售和利用一体化产业基地。"十二五"期间,这两个产业化基地仍是国内煤层气开发的重点。《煤层气(煤矿瓦斯)开发利用"十二五"规划》提出,到2015年,两个基地的产量目标分别为104亿m^3和50亿m^3,占《煤层气(煤矿瓦斯)开发利用"十二五"规划》所拟定的煤层气地面开采160亿m^3的96%,而五年内这两个区域的煤层气开发投资将达581亿元,占到《煤层气(煤矿瓦斯)开发利用"十二五"规划》拟定的"十二五"煤层气开发利用总投资1 200亿元的近一半。

业内专家表示,建设煤层气产业基地,可以带动运输、钢铁、水泥、化工、电力和生活服务等相关产业的发展,特别是钻机、瓦斯抽采、瓦斯发电机组和监测监控等设备制造业。

二、产业规模翻番可带动十倍市场空间

分析人士指出,煤层气产业规模将在未来五年之内翻番。目前我国井下、地面煤层气合计开采量为75亿m^3,天然气替代比例不到10%。而经测算,未来五年我国将存在1 600亿m^3的天然气缺口,如果其中50%由煤层气替代,再算上其延伸的产业链,带动的市场空间将以十倍计。

针对这样巨大的市场和投资机会,诸多上市公司纷纷抢滩,包括海默科技、煤气化、天科股份、准油股份等多家上市公司已经有所行动。业内专家指出,《规划》所构想的"十二五"煤层气开发蓝图将为中国石油、中国海油、准油股份等煤层气开采企业及天科股份、石油济柴等煤层气开采利用设备供应商带来不菲的收益。

三、相关装备企业迎来长期利好

据专业人士分析,煤层气开发利用"十二五"规

划将为从事煤层气开发的企业带来长期利好。海默科技的有关人员表示“我们公司的主要服务内容是多相计量技术，主要应用在油田开发方面，公司领导层已经注意到煤层气发展的大趋势，公司已经做了煤层气技术开发方面的专项研究。”

煤层气技术供应商天科股份目前已采取行动。据悉，天科股份与美国通用电气公司（GE）全球研发中心在成都正式签署合作协议，共同研究开发发电领域低浓度煤层气浓缩技术，将变压气体分离技术应用于煤层气，提高煤层气浓度。这标志着低浓度煤层气综合利用进入一个全新应用领域，对减少温室气体的排放具有重要意义。

中国石油等大型石油公司也将煤层气业务作为重点内容。有专家指出，作为国内最大的煤层气开发主体，中国石油也是未来煤层气管网建设的主要力量。2010 年公司煤层气业务新增探明储量首次突破 1 000 亿 m^3，并已经形成 13 亿 m^3 的产能规模。“十二五”期间，中国石油煤层气勘探开发将会全面提速，到 2015 年要达到 40 亿 m^3 的规模。随着煤层气管网进一步建设，石油业内的装备企业也将同时受益。

〔供稿单位：中国石油和石油化工设备工业协会〕

煤化工

重点介绍我国煤化工产业的发展优势及GSP技术在大型煤化工项目中的应用

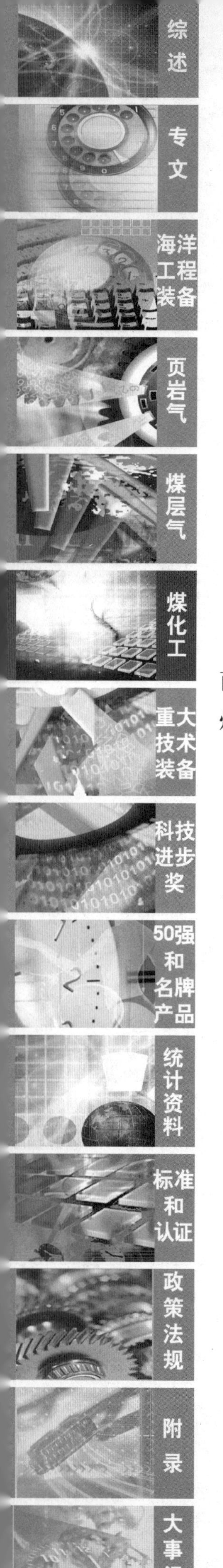

西门子GSP气化技术在大型煤化工中的项目应用

煤化工产业的发展优势

煤化工

西门子 GSP 气化技术在大型煤化工项目中的应用

一、西门子 GSP 气化技术发展历史

煤炭气化工业化生产的历史已经有一百五六十年。目前工业化的煤气化技术按气化炉床层特点可以分为：固定床（也叫移动床）、流化床（也叫沸腾床）、气流床（也叫射流床）三类。

西门子 GSP 气化技术有 30 多年的研发经验与 20 多年煤化工实际生产经验。1978 年建成的 3MW 测试装置与 1996 年建成的 5MW 测试装置，是目前气流床气化技术商拥有的规模最大、系统最完善的气化测试装置。

早在 1984 年，西门子 GSP 气化技术就已经在当时的民主德国地区黑水泵工厂实现了工业化运行。该工厂一直运行到 2007 年，因经济效益不好而停产。期间，西门子 SFG 200 气化炉（日投煤量约 720t）先后对民主德国地区的褐煤（6 年）、天然气和废油等液态废料进行气化处理。

西门子 GSP 气化技术的研发与改进都要通过测试装置逐一印证，同时它还承接来自世界各地不同种类煤的测试与试烧。到目前为止，已经对褐煤、烟煤、无烟煤、市政污泥、废水和生物质等做过测试，并大规模地试烧了加拿大、澳大利亚煤炭以及我国的淮南烟煤与晋城无烟煤、宁夏的长焰煤等，积累了超过 60 种不同物料及 100 次的试烧数据，为工程设计提供了坚实的技术基础。

二、西门子 GSP 气化技术的特点

GSP 气化技术最显著的特点包括：干粉煤进料、气化反应室水冷壁结构、组合单烧嘴顶置下喷、粗合成气全激冷工艺流程等。该流程包括干粉煤的加压计量密相输送系统（即输煤系统），以及气化与激冷、气体除尘冷却（即气体净化系统）和黑水处理等单元。通过此工艺，可以把价格低廉、直接燃烧污染较大的煤、石油焦及垃圾等原料转化为清洁的、高附加值的合成气，即一氧化碳与氢气。生成的合成气是生产化工产品的基本原料，可以用于制作甲醇、合成氨、合成油，还可以用于发电或作为城市煤气、合成天然气。西门子 GSP 气化技术，属于最新的、大型化的、高压、纯氧和熔渣操作的气流床气化技术，其 GSP 气化工艺流程见图 1。

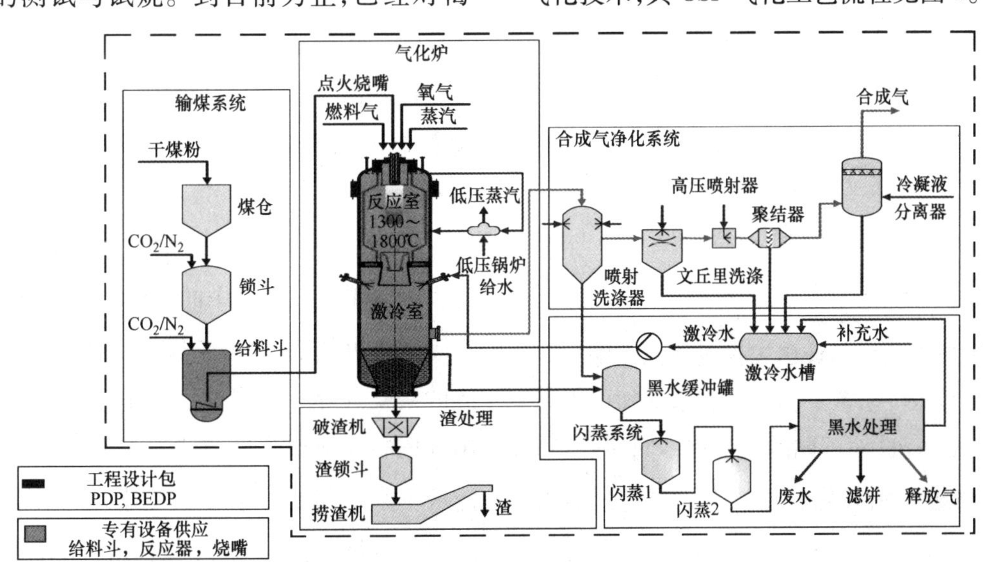

图 1　西门子 GSP 气化工艺流程

(1)干粉煤的加压计量输送系统。每台气化炉配带一个由常压煤仓、变压锁斗和密相进料器组成的进料系统。磨煤干燥的粉煤从煤仓进入到密相进料系统。锁斗交替操作以保证进料器中的粉煤保持在一定的料位。粉煤进入煤仓,载气和吹扫气通过煤仓顶部的过滤器排放到大气。煤粉从煤仓进入到锁斗,锁斗装满后,经吹扫气加压之后进入进料器。粉煤在进料器搅拌器的作用下,通过气体吹扫形成部分流化床。粉煤以密相流形式从流化床部位通过浸没的输煤管线输送到气化炉顶部的烧嘴。进料器和气化炉之间的压差控制着粉煤的流动速度,既确保了密度较大的粉煤处于悬浮状态,又使得载气的用量很小。

整个密相输送系统作为顺序控制系统被集成到自控系统,因此,所有与系统相关的参数都处于控制系统的实时监测之中。联锁系统确保了压力等级系统与顺序控制无关。在密相输送系统中,作为载气和锁斗加压气的 CO_2 由客户输送到西门子界区(例如,来自于一氧化碳变换后的气体处理系统)。干粉煤的加压计量输送系统示意图见图2。

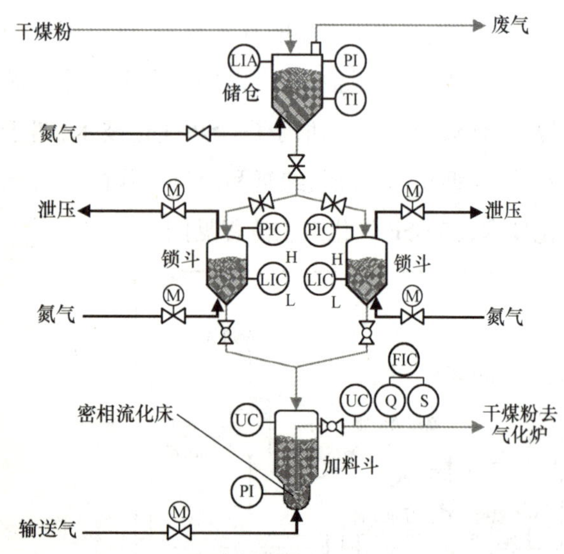

图2 干粉煤的加压计量输送系统示意图

(2)气化与激冷系统。载气输送来的加压干粉煤、氧气及少量蒸汽(对不同的煤种有不同的要求)通过组合喷嘴进入到气化炉中。气化炉包括装有水冷壁的气化室和激冷室。气化与激冷系统见图3。

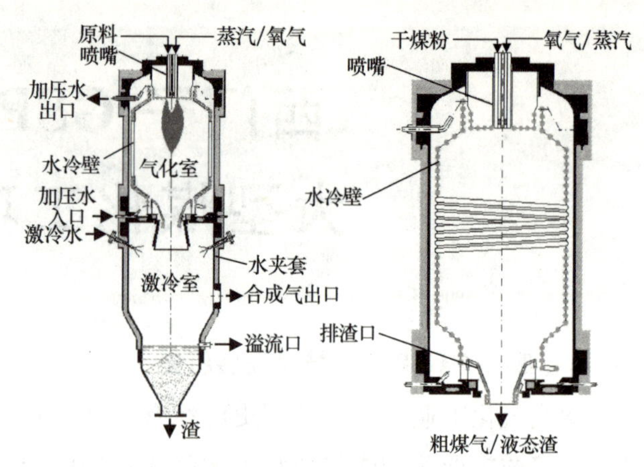

图3 气化与激冷系统

西门子 GSP 气化炉的操作压力为 2.5 ~ 4.0MPa(g)。根据粉煤的灰熔特性,气化操作温度控制在1 350 ~1 750℃之间。高温气体与液态渣一起由气化室向下流动直接进入激冷室,被喷射的高压激冷水冷却,液态渣在激冷室底部水浴中成为颗粒状,定期从排渣锁斗中排入渣池,并通过捞渣机装车运出。从激冷室产出的饱和粗合成气被输送到下游的合成气净化单元。

(3)气体除尘冷却系统。粗合成气从气化炉进入合成气洗涤系统。该系统由沉降管式洗涤器和文丘里洗涤器及高压聚集除尘器以及洗涤塔组成。在沉降管式洗涤器和文丘里洗涤器中,合成气和水充分混合以确保除去细灰和炭黑颗粒。文丘里洗涤器使用循环水和来自下游气体处理工艺的气体冷凝液(西门子界区外)进行洗涤。旋风分离器从合成气中除去水和颗粒。高压聚集除尘器和洗涤塔能够减少合成气中的微小颗粒尤其是盐雾。输送到下游的净化合成气含尘量设计值小于 $1mg/m^3$。

(4)黑水处理系统。系统产生的黑水经减压后送入闪蒸罐去除黑水中的气体成分,闪蒸罐内的黑水则送入沉降槽,加入少量絮凝剂以加速灰水中细渣的絮凝沉降。沉降槽下部的沉降物经压滤机滤出并压制成渣饼装车外送。沉降槽上部的灰水与滤液一起送回激冷室作激冷水使用。为控制水中总盐的含量,需将少量污水送界区外的全厂污水处理系统,并在系统中补充新鲜的软化水。

(5)西门子 GSP 气化技术特点。“两高两低”,即高煤种适应性、高技术指标,较低投资、较低维护费用。

高煤种适应性:从褐煤到无烟煤乃至石油焦均可使用。粉煤进料,不受煤的成浆性影响;对于灰分与灰熔点有较大的适应性。

高技术指标:气化温度高,一般在 1 350 ~ 1 750℃。碳转化率最高可达 99%,合成气中不含煤焦油、酚类等难于处理的有机物。合成气中有效气成分即 $CO + H_2$ 很高,冷煤气效率高达 80% 以上。

低投资:针对不同规模的项目,气化炉可实现标准化与大型化。相比同等规模的其他技术设备,西门子气化炉尺寸小,设备成本、建设成本及运行成本低。

低维护费用:工艺流程紧凑,设备寿命长;采用水冷壁结构的气化炉,无耐火砖;使用组合式喷嘴(点火喷嘴与生产喷嘴合二为一),开、停车操作方便,且时间短(从冷态达到满负荷仅需 1 ~2h)。

秉承西门子集团节能环保的要求,西门子 GSP 气化技术无有害气体排放;污水中不含酚、氰等有害物;炉渣不含可溶性有害物,可作建材原料;系统水循环利用,实现了能源的清洁、高效利用。

三、西门子 GSP 气化技术的应用

在我国,西门子的技术许可包括气化岛的性能保证,工艺包设计,专有设备的供应,还可以依据客户的要求提供从项目开始的可行性研究、前端设计到后期的现场服务、操作及维护的一系列服务。

2007 年 5 月,神华宁煤烯烃项目的 520 000m^3/h $CO + H_2$ 西门子 GSP 气化技术许可与专有设备采购和设计合同正式生效。该项目是宁东煤化工基地的重点项目,也是目前世界上规模最大的煤基聚丙烯项目,其中间产品为 167 万 t 甲醇,最终产品为 52 万 t 聚丙烯。该项目采用 5 台 SFG 500(日投煤量约 2 000t)西门子 GSP 气化炉。2010 年 11 月开始试车,12 月 31 日气化炉产生的合成气送到下游,产出优质精甲醇。2011 年 4 月开始试生产,由煤气化装置产生的合格合成气制成的聚丙烯,给神华宁煤集团带来了良好的经济效益。

2007 年 9 月,山西兰花煤化工有限责任公司的“晋城 3052 项目”西门子 GSP 气化技术许可与专有设备采购和设计合同正式生效。此项目采用了 2 台 SFG 500(日投煤量约 2 000t)西门子 GSP 气化炉。这是先进的大型粉煤气流床气化技术第一次应用于山西省大型煤化工项目,为充分利用高灰熔点、高硫无烟粉煤提供了一种清洁环保高效的解决方案。

2011 年 7 月,中国电力投资集团新疆伊南 60 亿 m^3/a 煤制天然气项目一期 20 亿 Nm^3/a 工程气化专利合同正式生效。该项目一期工程采用 8 台(套)西门子 SFG 500(日处理煤量约 2 000t)气化炉。这是继已经投产的神华宁煤煤制烯烃项目采用 5 台(套)西门子 SFG 500 气化炉之后,再次成为世界上规模最大的干粉煤气流床气化装置,也是目前世界上一次建成规模最大的煤制天然气项目和干粉气流床气化技术应用于大型 SNG 项目的开始。

2012 年 1 月,神华宁煤煤炭间接液化制油(年产 400 万 t)项目西门子 GSP 气化技术许可与专有设备采购和设计合同正式生效。该项目采用 24 台 SFG 500(日投煤量约 2 000t)西门子 GSP 气化炉,是宁东煤化工基地的又一重点项目,也是目前世界上一次建成规模最大的煤炭间接液化制油项目和干粉气流床气化技术应用于大型煤制油项目的开始。

在全世界范围内,西门子 GSP 气化技术得到了广泛认可,已经成为新建项目优先选择的解决方案。在 IGCC、化工及最新的煤制天然气项目上都有了新的合作伙伴,特别是美国最新的两个 SNG 项目,都采用了西门子 GSP 气化技术。西门子 GSP 气化技术应用案例见图 4。

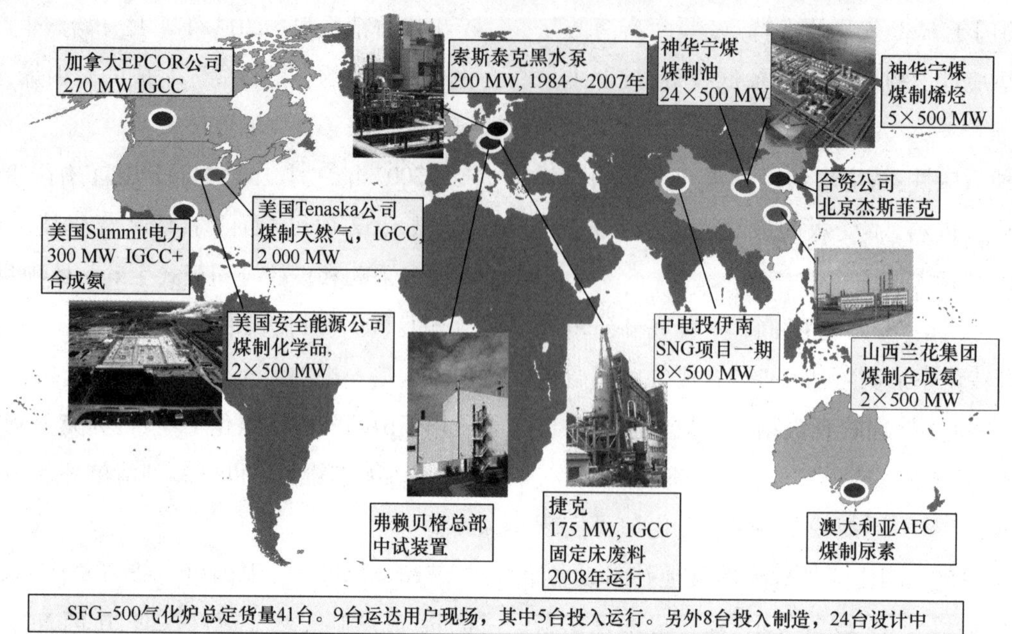

图4　西门子 GSP 气化技术应用案例

四、西门子 GSP 气化技术适用于大型煤化工项目

（一）大型煤化工项目中煤气化炉的发展方向

（1）大型化与本地化。煤制油项目等现代煤化工项目的规模越来越大，只有炉型大型化，才能满足项目的合理性、经济性要求，而这些巨大的设备，只有本地化制造，才会有价格优势。

（2）较高的煤种适应性。大型的煤化工、煤制油项目，年用煤量往往是上千万吨，生产中往往需几个煤矿供煤，煤质难免有一些不同，这就需要气化炉有较好的适应性。

（3）适应煤制油等大型项目的特殊要求。比如煤制油项目中，应能满足气化工序之后的 F－T 合成专利商的特殊要求。例如，F－T 合成专利商对合成气中 N_2 含量的特殊要求。

（4）高效节能。随着项目的大型化，气化效率相差几个百分点，一年的运行费用就会相差几亿元。这几亿元的效益差距，往往就可能决定一个项目是盈利或亏损。而整个项目能效的提高，有赖于项目总体设计机构联合各段技术专利商协同工作。

（5）环保与减排。随着经济的发展，全球都面临越来越严重的环境压力，不能做到洁净生产、低排放的气化技术，迟早都会被淘汰。

（6）系统安全与服务保障。在煤化工设计机构生产中，要求做到“安、稳、长、满、优”，安全是煤化工生产的第一要务。仪表系统及关键设备等的安全设计，以及后期的服务支持等，是大型煤气化技术的关键环节。

（二）发展煤制油等大型煤化工项目的适应条件

我国的煤炭资源主要分布在西北、华北、东北地区，南方除了贵州煤炭资源较多外，其他省区煤炭资源很少。而发展煤制油等大型煤化工项目，首要的条件是煤炭资源丰富且开采成本较低，这样才能保证原料的稳定供应及产品的成本相对较低；其次水资源要有保证，煤制油等大型煤化工项目生产中的用水量很大，如果水资源不能可靠保证，一旦投产后和百姓生活用水、农业灌溉用水发生冲突，将会使项目陷于尴尬境地；第三是产品运输条件要有保证，煤制油、煤制天然气最好为管道运输，其他固态产品最好为铁路运输；另外，国际油、煤、水、电及钢材等价格以及人员工资、政策、税收、相关能源产品的价格等都将影响项目的经济性与可行性。

（三）GSP 气化炉适用于煤制油等大型煤化工项目

（1）GSP 气化炉（SFG500，2 000t/d 级）气化工

艺简单、可靠,性能优良。这已经在神华宁煤烯烃项目运行中得到证实。

(2)单炉有效气($CO + H_2$)产量 >130 000m^3/h;碳转化率达99%;$CO + H_2$ >90%(体积分数);可以控制合成气中的N_2含量很低,以满足煤炭间接液化F-T催化剂的要求及其他煤化工项目的要求。

(3)西门子提供高品质的气化炉和烧嘴设计,合成气洗涤系统等可以优化。

(4)西门子和神华宁煤集团等国内用户建立了强大的合作关系,不断优化工艺、分享研发成果,一起解决遇到的问题,并通过本地化不断降低投资成本。这些经验都可以用于将来的其他项目。

目前,西门子已经完成关键气化设备的本地化生产,已经就关键设备与我国有丰富制造经验的厂家签署了合作协议并开始本地化生产。国内企业已可为我国的客户提供国产的完全符合国际质量标准的关键设备,既节约了客户项目的设备投资与运输费用,又可为客户提供多种设备采购选择。

西门子GSP气化技术是经过工业化验证的、并已本地化的、先进的、环保节能的、大型气流床粉煤加压气化技术。它完全可以满足目前我国正在蓬勃发展的大型现代煤化工项目的要求。

〔撰稿人:北京杰斯菲克气化技术有限公司 霍锡臣、赵平、马凤桥〕

延伸阅读

煤化工产业的发展优势

最新统计数据显示,我国的石化市场需求正在以较快速度增长,多数石化产品需求已超越美国。2011年,我国聚乙烯需求量达到1 840万t,而美国为1 180万t;聚丙烯需求量1 510万t,美国只有560万t;丙烯需求量1 490万t,美国为1 300万t;聚氯乙烯需求量1 310万t,而美国仅为380万t。

快速增长的石油化工产品需求再一次考问处于源头地位的石油供应。在全球能源消费大国均非常看重能源安全的今天,立足我国能源资源现状,充分挖掘我国能源生产潜力,积极探索能够有效替代石油需求的能源发展道路具有现实性和必要性。

我国的能源形势总体特点是富煤少油。尽管我国已经开始进口煤炭,但比之石油而言,煤炭资源依然是相对丰富的。国内外产业化实践证明,对煤炭进行深加工替代石油化工产品具有经济和技术可行性,因此就我国能源形势而言,做好“煤文章”,实现煤炭对石油的有效替代是提高能源自给水平,保障能源安全的重要选择,具有必然性。

一、煤化工产业经济技术优势明显

煤炭替代石油,除了战略考虑之外,煤化工产业自身的经济技术优势是发展该项产业的重要砝码。

煤化工,不仅可以生产成品油、石脑油、LPG等石油产品,还可以生产乙烯、丙烯等石化产品。煤合成天然气可以作为炼化企业的重要燃料,成为实现原料燃料多元化的有效途径之一。

原油价格越高,煤基原料的竞争优势就越明显。从原油价格的历史走势看,除战争和危机时期油价波动幅度较大外,平稳上扬是普遍性特征,这一点是由石油资源的稀缺性决定的。如果油价在现有水平基础上平稳增长下去,煤化工的优势自然就会表现出来。

石化企业采用煤制氢有利于降低生产成本。

增加劣质原油加工量成为炼厂在高油价时期降低生产成本的重要举措，但此举带来了对氢气的大量需求。如何获得廉价氢成为炼厂降低成本的关键所在。业内有专家做过测算，当原油价格在60美元/桶时，采用炼厂干气制氢，氢气的成本达1.6万元/t；若采用石脑油制氢，氢气的成本高达2万元/t；当煤炭价格为700元/t时，氢气的成本约为1.2万元/t，这就验证了煤基原料制氢的竞争优势。

除经济因素外，煤化工产业链长，延伸领域多，也是一个优势。煤合成气中含有大量的氧，适合生产甲醇、醋酸、乙二醇等含氧化合物，对于弥补石油化工产品在含氧化合物领域的不足非常有效。

二、煤化工产业发展时机来临

煤化工在国内外皆有实践，部分国家发展比较成功。在我国，传统的煤化工技术主要涉及煤焦化、煤气化以及以煤气化为基础的合成氨和化肥生产。随着经济发展水平的提升，国内石油供需矛盾日益突出，煤制油、甲醇制取烯烃等新兴产业已逐步发展起来。

近年来，在国家能源政策的引导下，全国拥有煤炭资源的地区将建设新型煤化工基地作为地方经济发展的重要战略方向，并积极付诸实施。神华集团投资的首条煤直接液化百万吨级工业示范生产装置建成投产。中科院山西煤化所在消化吸收国外工艺技术的基础上，自主研发煤间接液化技术，并在山西潞安集团、内蒙古伊泰集团、神华集团的煤化工项目中成功应用。煤制烯烃工业示范装置正在建设。在引进德士古和壳牌的煤气化技术的基础上，开发出拥有自主知识产权的煤气化技术，用于生产合成氨等煤化工产品。

为鼓励和支持煤化工产业健康有序发展，政府出台了一系列政策法规和配套措施。《关于加强煤化工项目建设管理，促进产业健康发展的通知》提出了国内煤化工发展的准入门槛：煤制油项目规模在300万t/a以上，甲醇和二甲醚项目规模在100万t/a以上，煤制烯烃项目规模在60万t/a以上。国家发改委出台《煤炭产业政策》，强调在水资源充足、煤炭资源丰富地区适度发展煤化工产业。为防止煤制油项目无序发展，国家发改委发布《关于加强煤制油项目管理有关问题的通知》，严格控制煤制油项目。2009年4月，国家出台《石化产业调整和振兴规划》，再次明确提出稳步开展煤化工示范，积极引导煤化工产业健康有序发展。

三、煤化工产业仍需攻坚克难

煤化工产业前景虽好，但在发展过程中遇到的问题比较多，需要认真对待。一是煤化工技术在我国虽有进展，但还不是十分成熟，产业化过程中还有一定的风险，这也是煤化工产业饱受诟病的主要原因之一。我国目前在建的煤制油、煤制烯烃等项目规模虽然不小，但多数具有示范性，需要经过安全稳定的长周期生产检验方能进一步推广。二是煤化工对环境的影响不容忽视。煤的转化过程中要排放大量的二氧化碳，对环境会造成影响。三是煤化工对水资源需求量大，而我国又是一个水资源缺乏的国家，解决好水资源缺乏与发展煤化工的矛盾是一个十分关键而敏感的问题。四是煤化工产业投资强度大，运行成本高，在低油价水平下不具有与石油化工产业相竞争的实力。

四、煤化工产业正确定位，抓好关键环节

较之煤化工，石油化工产业发展要相对成熟，国内外皆如此。之所以认为我国需要发展煤化工，更多的是出于特殊国情下的战略需要，是一种次优战略，也可以说是为了提高能源自给率的一种不得已的选择。正因为如此，煤化工在我国不可能大面积取代石油化工，只能是石油化工产业的有益补充。对其认识和定位要准，这是发展的前提。

结合我国能源资源形势，发展煤化工必须做到三个结合：一是煤化工的发展要与资源环境承载能力相结合。我国水资源普遍缺乏，而煤化工对水资源有着高度依赖，这一点决定了煤化工不可能在我国遍地开花，只能是有选择的发展。二是煤化工产业的发展要与碳捕集与封存产业发展相结合。如果不能有效地解决煤化工产生的大量二氧化碳的排放，煤化工产业是没有前途的。只有把碳捕集与

封存做成产业，将煤化工的碳排放降低到最低程度，发展煤化工才能与我国的节能减排目标不相违背，才有生命力。当然这是一个系统工程，不仅仅涉及煤化工自身，还涉及其他产业的配合，比如二氧化碳驱油技术在油田大量应用等。三是煤化工发展需要独立自主与技术引进相结合。煤化工在我国虽有一定的积累，但同一些先行国家还是存在着不小的差距。比如南非的煤制油就很成功，我国尚处于起步阶段。因此借鉴和学习其他国家的经验，积极引进技术和外资，是实现我国煤化工跨越式发展的重要选择。

〔供稿单位：中国石油和石油化工设备工业协会〕

介绍国家重点支持发展的石油化工、煤化工及海洋工程装备产品目录

重大技术装备

国家支持发展的重大技术装备和产品目录（2012年修订）——大型石化、煤化工、海洋工程设备

2012年重大技术装备自主创新指导目录(石油化工、煤化工)

重大技术装备和产品进口关键零部件、原材料商品清单（2012年修订）——大型石化、煤化工、海洋工程设备

进口不予免税的重大技术装备和产品目录（2012年修订）——大型石化、煤化工

国家支持发展的重大技术装备和产品目录

（2012年修订）

——大型石化、煤化工、海洋工程设备

编号	名称	技术规格要求	销售业绩要求	修订说明
	大型石化设备			
（一）	乙烯成套设备			
	乙烯裂解气压缩机组及其配套用工业汽轮机、乙烯制冷压缩机组及其配套用工业汽轮机、丙烯制冷压缩机组及其配套用工业汽轮机、乙烯冷箱、加氢反应器、加氢装置空冷器	年产量≥80万t	持有合同订单	
（二）	聚乙烯循环气压缩机和聚乙烯配套用往复式压缩机（迷宫密封式）	年产量≥40万t	持有合同订单	
（三）	混炼挤压造粒机组	年产量≥20万t	持有合同订单	
（四）	对苯二甲酸（PTA）成套设备			
	PTA氧化反应器、加氢精制装置加氢反应器、蒸汽回转干燥机、PTA工艺空气压缩机组	年产量≥80万t	持有合同订单	
（五）	千万吨级炼油设备			
1	炼油用加氢反应器、精制反应器	设备单重≥1 000t	持有合同订单	
2	循环氢离心压缩机	轴功率≥2 000kW	持有合同订单	调整
3	大型工业汽轮机	输出功率≥60 000kW	持有合同订单	
4	催化裂化空气压缩机机组	流量≥3 000m^3/h	持有合同订单	新增
5	催化裂化能量回收装置空气压缩机机组	配套1 000万t原油/a	持有合同订单	新增
（六）	天然气管道运输和液化储运装备：燃压机组、大型管线球阀和控制系统、液化天然气接收站等设备			
1	长输管道燃驱压缩机组	30MW级及以上	持有合同订单	
2	长输管道电驱压缩机组	20MW级及以上	持有合同订单	
3	高压大口径全锻焊管道球阀	公称通径≥40in（1 016mm），压力等级≥Class600Lb	持有合同订单	
	大型煤化工设备			
（一）	往复式水煤浆隔膜泵	流量：25～550m^3/h 压力：1.5～25MPa	持有合同订单	
（二）	煤液化加氢反应器	设备自重≥500t	持有合同订单	
（三）	大型空分设备及其压缩机、空压机、增压机			
1	大型空分设备	氧产量≥40 000m^3/h	持有合同订单	
2	双缸氧气压缩机	流量≥30 000m^3/h；压力：8～30bar（0.8～3MPa）；功率：3 000～12 000kW	持有合同订单	

（续）

编　号	名　称	技术规格要求	销售业绩要求	修订说明
3	大型空分装置用空压机或增压机	为氧产量≥40 000m^3/h 的空分装置配套用	持有合同订单	
（四）	大型合成氨设备			
1	合成气压缩机	年产量 30 万 t 以上合成氨项目配套用	持有合同订单	
2	二氧化碳压缩机	年产量 30 万 t 以上尿素项目配套用	持有合同订单	
（五）	煤化工气化炉	为 30 万 t 及以上合成氨、甲醇配套用，水煤浆（湿法）气化炉工作压力≥6.5MPa，粉煤浆（干法）气化炉工作压力≥2.8MPa	持有合同订单	
	大型船舶、海洋工程设备			
（一）	大型海洋石油工程装备			
1	自升式钻井平台	作业水深≥300ft(91.44m)	持有合同订单	新增
（二）	大型高技术、高附加值船舶			
1	大型汽车运输船	5 000 车位及以上	持有合同订单	
2	科学考察船	海船	持有合同订单	
3	客滚船	大型	持有合同订单	
4	火车轮渡	大型	持有合同订单	
5	大型绞吸挖泥船	生产率在 3 500m^3/h 及以上	持有合同订单	
6	大型耙吸挖泥船	泥舱容量在 10 000m^3 以上	持有合同订单	
7	海上浮式生产储卸油装置	储油≥100 万桶	持有合同订单	新增
8	深海铺管船(平台)	水深≥2 000m，张紧器单台张紧能力≥75t，收放绞车单台能力≥75t	持有合同订单	新增
9	大型浮式起重船	起重量≥1 200t，甲板面以上起升高度≥85m，装机功率≥3 500kW	持有合同订单	新增
10	海上及潮间带风机安装船	起吊能力≥500t，可完成 5MW 以上海上风机的安装	持有合同订单	新增

2012 年重大技术装备自主创新指导目录

（石油化工、煤化工）

大型石油及石化装备

编　　号	产 品 名 称	类别	主要技术指标	需突破的关键技术
3.1	百万吨级乙烯装置			
3.1.1	30 万 ~ 50 万 t/a 聚乙烯、聚丙烯装置混炼挤压造粒机组	Ⅱ	主电机功率：10 ~ 15MW；最大转子公称直径：550mm； 转子转速：360/270r/min（双速）	齿轮啮合传动系统计算和研究，专用减速器和推力轴承组研制，螺杆啮合机理和优化组合，水下切粒的流体动力学和热力学工作特性研究，大型、特种、复杂形状零部件加工、强化与热处理技术研究，机电一体化、智能化和网络化控制技术研究，混炼转子的输送、混炼、啮合、塑化机理研究和模拟仿真研究等
3.1.2	20 万 t/a 以上大型裂解炉	Ⅱ	介质：石脑油等轻质油； 单程乙烯收率：≥29%； 热效率：≥93%； 运行周期：≥70 天	
3.1.3	百万吨级乙烯工艺螺杆压缩机	Ⅱ	转子直径：816mm； 气量：1 000m^3/min； 最大功率：5 500kW	1. 大型转子及机壳制造工艺技术； 2. 大直径转子密封技术； 3. 大型机组试验验证技术
3.1.4	低温乙烯泵	Ⅰ	介质：低温乙烯/丙烯/甲烷/乙烷； 最低温度：-160℃； 流量：≥1 000m^3/h； 扬程：≥1 000m	1. 克服材料在低温下的特性变化； 2. 低温下机械密封系统的设计
3.1.5	大型往复式迷宫压缩机	Ⅰ	流量：≥11 000m^3/h； 活塞力：≥30t； 行程：300mm、375mm 两种； 压力：≥20MPa； 转速：370 ~ 500r/min	1. 迷宫压缩机的总体结构设计技术； 2. 迷宫密封结构技术； 3. 活塞杆的精确导向对中技术； 4. 活塞杆刚性与结构耐磨性技术； 5. 关键件（机身、曲轴、气缸、迷宫槽）机械加工工艺技术； 6. 气缸与机身的同轴度、活塞杆的精确导向对中、各列活塞与相应气缸的径向间隙等装配工艺技术

（续）

编　号	产品名称	类别	主要技术指标	需突破的关键技术
3.2	百万吨级精对苯二甲酸装置(PTA)			
3.2.1	大型多轴工艺空气压缩机组(含压缩机、汽轮机、尾气透平、电机及齿轮箱)	Ⅰ	功率≥20 000kW	1. 大功率多轴离心压缩机及高精度高速齿轮箱设计制造技术； 2. 尾气回收透平设计制造技术； 3. 多股流、低品位蒸汽汽轮机设计制造技术； 4. 整机试验验证技术
3.2.2	精制高速进料泵	Ⅰ	转速≥25 000r/min； 扬程≥120m	高效水力模型研制技术，泵组集成技术
3.2.3	压力螺旋卸料离心机	Ⅰ	转鼓直径≥1 200mm； 带压操作	大型压力离心机设计制造技术及试验验证技术
3.2.4	PDF 系列连续加压过滤机	Ⅰ	过滤面积:10～50m^2； 主轴转速:2～4r/min； 主电机功率:45～160kW； 工作温度:200℃	行星回转组合与过滤腔密封技术研究
3.2.5	千万吨级常减压装置中高温油泵	Ⅰ	介质:油及工艺液体等； 温度:370～450℃； 流量:2 600～4 000m^3/h； 扬程:400m； 抗高温汽蚀	高效水力模型研制技术
3.2.6	油气多相混输泵	Ⅰ	介质:石油/天然气/水等； 流量:40～500m^3/h； 扬程:30～500m。	适应含气量从0～100%介质的变化，泵内气液两相流流动三维数值分析和性能预测。
3.2.7	石油化工节能干燥单元设备	Ⅰ	能源利用效率≥75%； 干燥强度:500kg/m^2。	先进燃烧干燥装置；大型动态间接换热干燥装备及高效节能换热设备；石油化工废弃物干燥、利用、减排技术与装置；干燥系统先进自控技术。
3.3	油气长输管道设备	Ⅰ		
3.3.1	天然气长输管道离心压缩机	Ⅰ	介质:天然气； 流量:1 000 000～1 800 000m^3/h； 入口压力6～8MPa； 出口压力10～12MPa； 功率:16MW、22MW、30MW等级。	管道离心压缩机设计制造技术；增压站多机组负荷分配控制技术以及在线监测技术等。
3.3.2	大型高速变频电机	Ⅰ	功率:20MW等级； 工作转速:3 120～5 040r/min。	高速电机转子设计制造技术，无刷励磁技术，大功率变频技术与关键设备研制。

（续）

编　号	产品名称	类别	主要技术指标	需突破的关键技术
3.3.3	驱动燃气轮机	Ⅰ	工作转速:3 250 ~ 5 250r/min; 功率:30MW 级。	燃气轮机整机、压气机、动力涡轮，燃烧系统和控制系统等设计制造及集成技术，整机及燃驱机组联调试验验证技术，站场多机组运行控制检测技术。
3.3.4	管道输油泵机组	Ⅰ	流量:1 300 ~ 3 200m^3/h; 扬程:350 ~ 1 300m。	高效水力模型研发技术;大型转子和泵壳制造工艺技术;大功率无水冷轴承研制;机组试验验证技术。
3.4	大型天然气液化设备			
3.4.1	预冷压缩机组	Ⅰ	介质:丙烷或混合冷剂等; 功率:≥10 000kW; 多变效率:≥83%。	高效模型级研发技术;大型转子及机壳制造工艺技术;大型机组联动试车和验证技术。
3.4.2	深冷混合冷剂离心压缩机组	Ⅰ	介质:丙烯、丙烷等; 功率:≥15 000kW; 多变效率:≥83%。	高效模型级研发技术;大型转子及机壳制造工艺技术;低温材料及关键工艺技术;大型机组试验验证技术。
3.4.3	大型高速变频电机	Ⅰ	功率:42MW、62MW、96MW。	高速变频电机、大功率变频器自主设计制造技术。
3.4.5	大型高效板翅式换热器冷箱	Ⅰ	结构:≥40 个铝制板翅式换热器四单元并联; 夹点最小温差:1℃; 压力:≥6MPa。	高效翅片设计计算及工艺技术，高压大截面冷箱钎焊技术，冷箱总体设计计算软件开发。
3.4.6	大型缠绕管换热器	Ⅰ	单位换热面积:≥100 ~ 170m^2/m^3; 管程压力:≥7MPa; 换热面积:40 000m^2。	设计制造技术，螺旋形多层复迭铝管与不锈钢筒体的焊接工艺技术及试验验证技术。
3.4.7	大型天然气液化储罐	Ⅱ	容积:≥180 000m^3; 结构:预应力混凝土全仓容地上贮罐，悬顶式内罐。	结构设计、密封及保温技术，低温材料研制及现场焊接组装技术。
3.4.8	大型开架式 LNG 汽化器	Ⅰ	介质:LNG/海水; 最低设计温度: -196℃; 压力:≥8MPa。	低温两相流高效传热管设计制造技术;多支管并联均匀分配。
3.4.9	LNG 冷能回收空分设备	Ⅰ	LNG 压力:≥8MPa; 能力:液 O_2 + 液 N_2(10 000 ~ 20 000 m^3/h)。	工艺技术的开发;高压两相流换热器的设计制造技术。

（续）

编　　号	产品名称	类别	主要技术指标	需突破的关键技术
3.4.10	BOG压缩机（立式迷宫往复式）	Ⅰ	介质：BOG气体（分子量16.5）； 流量≥6 000m^3/h； 轴功率≥450kW； 入口温度：-163℃。	1. 低位材料小形变线性系数研究，流场分析、温度场分析； 2. 适应于超低温工况的热力学、动力学研究与结构设计； 3. 适应于超低温工况下气阀等关键易损件设计； 4. 超低温密封技术研究； 5. 机组安全防护与控制保护系统开发。
3.5	陆地油气钻采设备			
3.5.1	特种陆地钻机及关键配套部件	Ⅱ	12 000m以上特深井钻机； 7 000m以上极地钻机； 7 000m以上全拖挂钻机； 3 000m以下斜井钻机； 上述钻机主要配套部件。	适应于高原、极地、沙漠等复杂地形地貌要求和特殊作业工艺应用技术；顶部驱动技术和设备。
3.5.2	连续油管作业装备（连续管钻井和连续管压裂）	Ⅱ	最大额定拉力：380kN； 最大强行下入能力：190kN； 最高工作压力：70MPa； 名义钻深：3 000m； 最大钩载：1 350kN。	满足油田作业及运输要求的整体方案、参数、底盘车及底盘大梁、传动系统结构和合理载荷分布；满足不同连续油管直径作业快速更换的新型注入头夹持块型式；满足大管径连续油管最大长度储存及运输要求的可升降式油管滚筒以及专用井下工具配套研究。
3.5.3	大型成套压裂装备	Ⅱ	压裂泵/柱塞泵输出输入功率：≥3 000HP（2 237.1kW）； 最高工作压力：140MPa。	超高压、大排量、长时间、高可靠要求的核心技术研究；多添加剂压裂液快速混拌与高精度计量控制技术；特殊环境与道路条件要求的大型化装备移运技术；多组设备联合、稳定施工的网络自动控制技术。
3.5.4	大型防喷器及其远程控制系统	Ⅱ	系统公称压力：14～70MPa； 调压范围：0～14MPa； 压力控制器调定范围：18.9～21MPa。	锻造工艺和热处理工艺技术；密封技术；防爆技术。
3.5.5	无线随钻导向测量综合录井系统	Ⅰ	无磁钻铤尺寸：89～229mm； 井下仪器工作温度：-30～+125℃； 最大工作压力：135MPa； 井斜测量精度：±0.1°。	高温高压随钻技术；准确判断油气层含油度，现场快速检测钻井液、岩芯、岩屑的荧光强度和含油浓度；快速识别、发现和评价油气层，提供多种钻井工程监测参数；为水平井进行地质导向。
3.6	海洋油气钻采设备			

（续）

编　号	产品名称	类别	主要技术指标	需突破的关键技术
3.6.1	12 000m 海洋钻机	Ⅰ	绞车功率：≥6 000HP（4 474.2 kW）； 钻井深度：≥12 000m； 适应水深：300～1 500m。	1. 升沉补偿技术； 2. 抗风防腐瓶式井架技术； 3. 深水海洋钻机黑匣子技术； 4. 岩屑回注技术； 5. 管柱自动排放技术； 6. 水下防喷控制技术；
3.6.2	海洋水下防喷器	Ⅰ	额定工作压力：≥10 000psi（68.96 MPa）； 最大适应水深：1 500m； 额定液压操作压力：3 000psi（20.69MPa）。	结构设计及工程分析技术，材料及热处理技术，防喷器胶芯，水下防喷器控制系统，地面试验测试技术，海上试验测试技术。
3.6.3	海洋水下井口及采油树研制	Ⅰ	工作水深：≥500m； 工作压力：≥15 000psi（103.45 MPa）； 控制方式：远程液压/复合电液/全电。	系统流动安全保障技术，有限元分析技术，结构、控制系统、密封、配套工具、水下阀门等的研究与设计技术，防腐与保温技术，制造技术与试验方法研究，系统配套技术研究。
3.6.4	海洋钻井隔水管系统及隔水管张紧系统	Ⅰ	接头级别：A～H； 张力载荷：50～350 万 b（226.8～1 587.57t）； 张紧系统承载能力：10～250bf（44.48～1 112kN）。	深水钻井隔水管系统结构和配套技术，系统及主要部件计算分析，隔水管制造、试验规范方法研究，主要配套件结构分析研究，钻井隔水管系统研制和现场试验，隔水管张紧系统设计技术。
3.6.5	海底管道应急维修系统	Ⅰ	海底管道快速检测与修复。	定位技术；管道水下冷切割与修复技术水下检测运载工具设计技术；管道应急维修技术。
3.6.6	海洋平台用液压抽油机	Ⅰ	产液量：≥100m³/d； 最大行程：≥9m； 最大悬点载荷：≥35t； 设备重量：2～3t。	总体结构优化设计研究，飞轮蓄能方式研究，智能化控制系统研究，液压缸制造关键技术研究，液压站集中建站研究。

大型煤化工成套设备

编　号	产品名称	类别	主要技术指标	需突破的关键技术
4.1	煤制燃料设备			
4.1.1	高压油煤浆进料隔膜泵	Ⅱ	出口压力 20MPa 以上，工作温度 290℃，固体含率 50%。	1. 多支点、大推力动力端设计； 2. 特殊冲洗、密封结构的液力端设计； 3. 特殊介质工况下易损件寿命提高； 4. 电气、检测和控制系统设计。
4.1.2	液化反应器离心循环泵	Ⅱ	出口压力 20MPa 以上，工作温度 480℃，固体含率 50%。	耐磨结构、特殊密封结构，电气控制系统设计。

（续）

编　号	产品名称	类别	主要技术指标	需突破的关键技术
4.1.3	长寿命高压差减压阀	Ⅱ	压差20MPa，高固含率，气、液、固三相流体用，寿命2 000h以上。	材料、结构设计，抗冲击与耐磨集成技术。
4.1.4	大型煤制燃料加氢反应器	Ⅱ	工作压力≥20MPa； 工作温度≥480℃； 内径≥5 000mm；	适用于高温、高压、耐腐蚀工况，需现场组焊试验的全套技术。
4.2	大型气流床气化炉成套设备（煤制化肥）	Ⅱ	投煤量10 00t/d以上，有效气成分：$CO+H_2>90\%$；碳转化率>99%；煤烧嘴使用寿命8 000h以上。	1. 烧嘴头部冷却结构，耐磨性能技术； 2. 气化反应温度控制技术； 3. 激冷方式优化技术。
4.3	大型内压缩流程空气分离成套设备	Ⅱ	6万m^3/h及以上	

重大技术装备和产品进口关键零部件、原材料商品清单（2012年修订）

——大型石化、煤化工、海洋工程设备

设备名称	一级部件	二级部件	单机用量	税则号列（供参考）
大型石化设备				
（一）乙烯成套设备				
1. 乙烯裂解气压缩机组、乙烯制冷压缩机组、丙烯制冷压缩机组及上述配套用工业汽轮机	膜盘联轴器		6套	84836000
	干气密封		12套	84842000
	止推轴承		7套	84833000
	支撑轴承		26套	84833000
	蒸汽透平（循环泵用小汽轮机）		3套	84068200
	测振轴位移装置		3套	90318090
	主轴锻件		2根	73259910　84831090
	机壳铸件		2个	84149090
	叶轮锻件		13个	84149090
	调节阀		15个	84813000
	调节气阀	阀杆（喷涂）	4根	84819010
	电液转换器		2套	84069000
	可倾瓦轴承		2套	84833000
2. 乙烯冷箱	钢铝接头		30个	76090000
	钎焊片		6t	76071190

（续）

设备名称	一级部件	二级部件	单机用量	税则号列（供参考）
3. 加氢反应器	钢板		100～1 000t	72251900 72274000
	焊材（焊条、焊带、焊丝、合金钢丝、不锈钢带、焊剂）		100～150t	38109000 72202030 72209000 72299090 83111000 83112000
4. 加氢装置空冷器	管束	镍合金板	2 500kg	75062000
（二）聚乙烯循环气压缩机和聚乙烯配套用往复式压缩机（迷宫密封式）				
往复式压缩机	干气密封		2 套	84842000
	气阀		28～32 个	84812020 84149011
（三）混炼挤压造粒机组				
混炼挤压造粒机组	摩擦离合器	摩擦片	3 组	84839000
		电机	1 套	85016430
	减速器	圆柱滚子轴承	25 套	84825000
		串列推力轴承	2 套	84825000
		四点接触轴承	3 套	84821030
		深沟球轴承	8 套	84821020
		滚子轴承	20 套	84823000
		带差压报警的双筒滤油器	2 套	84212990
	在线熔指测量仪		1 套	90268000
	离心干燥装置	离心干燥机、大块扑集器、三通取样阀	1 套	84211990
	振动分筛机		1 套	84741000
	盘车机构	超越离合器	1 套	84836000
		高速旋转接头	2 套	84819090
混炼挤压造粒机组	主电机		1 套	85015300
	齿轮泵用电机	交流电机	1 套	85015300
		直流电机	1 套	85013400
	螺杆尾部密封		4 套	84842000
	振动监测系统	监控装置	4 套	90318090
		传感器	40 个	90318090
	流变仪		1 套	90278099
	水下切粒机	切粒刀及刀盘	60 个	84779000
		模板	1 套	84779000
	粒子冷却水系统，热油系统	气动、手动蜗轮对夹式蝶阀	16 套	84818040
		电动气控两通阀、三通阀	6 套	84818040
		止回阀	2 套	84813000
		电动气控比例阀	6 套	84818040
（四）对苯二甲酸（PTA）成套设备				

（续）

设备名称	一级部件	二级部件	单机用量	税则号列（供参考）
1. PTA 氧化反应器	承压壳体（包括筒节、球形封头）	钛复合板	200～300t	72251900
		焊丝、焊条、焊剂	1 500kg	83111000　83112000
2. 加氢精制装置加氢反应器	焊材、焊剂		30～80t	83111000　83112000
3. 蒸汽回转干燥机	机身	不锈钢板材	50～160t	72192100　72199000
	换热管	不锈钢	40～90t	73069000　73064000 73044190　73044990
	焊条		2～5t	83111000　83112000
	滚动轴承		12 件	84823000
	进/出料端密封填料		18 件	84841000　84849000
	手动离合器		1 台	84836000
4. PTA 工艺空气压缩机组	止推轴承		2 套	84833000
	支撑轴承		2 套	84833000
	膜盘联轴器		2 套	84836000
	膜片联轴器		2 套	84836000
	控制系统		1 套	85371011　90328990 85371090
	机组监控系统		1 套	90318090　90328990
	测振轴位移装置		1 套	90318090
（五）千万吨级炼油设备				
1. 加氢反应器、精制反应器	承压壳体（含筒节、球形封头）	合金钢板	100～400t	72251900　72254000
	焊条、焊丝、焊带、焊剂		150t	38109000　72202030 72209000　72299090 83111000　83112000
2. 循环氢离心压缩机	干气密封		1 套	84842000
	干气密封控制系统		1 套	90328990
	测振轴位移装置		1 套	90318090
	调节阀		6 套	84818090
3. 大型工业汽轮机	传感器、前置器		7 套	90319000　90318090
	电磁阀		3 套	84818021
	电液转换器		2 套	84818040
4. 催化裂化空气压缩机组	变速箱		1 套/台	84834090
	测振轴位移装置		1 套/台	90318090
	盘车装置		1 套/台	84839000
	联轴器		2 套/台	84836000
	防喘振阀		2 套/台	84811000
	调节阀		2 套/台	84818090

（续）

设备名称	一级部件	二级部件	单机用量	税则号列(供参考)
5. 催化裂化能量回收装置空气压缩机机组	变速箱		1套/台	84834090
	测振轴位移装置		1套/台	90318090
	盘车装置		1套/台	84839000
	联轴器		2套/台	84836000
	防喘振阀		2套/台	84811000
	调节阀		2套/台	84818090
(六)天然气管道运输和液化气储运装备				
1. 长输管道燃驱压缩机组	高压、低压涡轮转子		1套/台	84119990
	低压涡轮支承环		1套/台	84119990
	低压涡轮支承环		1套/台	84119990
	高压过渡段机匣		1套/台	84119990
	下部传动箱		1套/台	84119990　84834090
	涡轮第2级导叶组		15套/台	84119990
	涡轮第1级导叶		40套/台	84119990
	涡轮第1级动叶		86套/台	84119990
	涡轮第2级动叶		86套/台	84119990
	低压0级动叶		19套/台	84119990
	火焰筒		1套/台	84119990
	高压后轴颈		1套/台	84119990
	联轴器		1套/台	84842000　84836000
	干气密封件		2套/台	84842000
	压缩机用滑动轴承		3套/台	84821090
	球轴承、圆柱滚子轴承、滚柱轴承		18套/台	84821090
2. 长输管道电驱压缩机组	膜盘联轴器		1套/台	84836000
	干气密封件		1套/台	84842000
	止推轴承		1套/台	84821040
	支撑轴承		1套/台	84833000
	测振轴位移装置		1套/台	90318090
	联轴器		1套/台	84842000　84836000
	干气密封件		2套/台	84842000
	压缩机用滑动轴承		3套/台	84821090
	球轴承、圆柱滚子轴承、滚柱轴承		18套/台	84821090
	转子护环锻件		2件/台	73269010
3. 高压大口径全锻焊管道球阀	电动执行机构		1套/台	85015300　90328990
	气液联动执行机构		1套/台	84122100　84123900
	阀座		2套/台	84819010
	卸压安全阀		1套/台	84814000
	焊剂		5kg/台	38109000

（续）

设备名称	一级部件	二级部件	单机用量	税则号列(供参考)
大型煤化工设备				
(一)往复式水煤浆隔膜泵				
往复式水煤浆隔膜泵	减速机		1台	84879000　84834090
	变频调速电机		1台	85015300
	液压阀		36件	84812010
	磁环		4件	85051110
	氢化丁腈		300kg	40024990
(二)煤液化加氢反应器				
煤液化加氢反应器	法兰		30t	72249090　73072100　73079100
	合金泡帽		1 200个	81019910
	合金钢		50～800t	72251900
	焊材、焊剂		150t	38109000　83112000
	不透钢焊材		150t	72230000　72209000
(三)大型空分设备及其压缩机、空压机、增压机				
1. 大型空分设备	离心式低温液体泵		2～12台	84137090
	低温调节阀		20个/台	84818090
	分馏塔系统	钢铝接头	30个	76090000
		合金铝管	5 000m	76082000
		钎焊片	6t	76071190
2. 双缸氧气压缩机	多相交流异步电动机(防爆型)		1个	85015300
	止推轴承		2套	84833000
	膜盘联轴器		2套	84836000
	轴承	温度计	12个	84833000
	机组监控系统		1套	90318090　90328990
	测振轴位移装置		1套	90318090
	气动长行程执行机构		1套	84813000
3. 大型空分装置用空压机或增压机	止推轴承		3套	84833000
	支撑轴承		6套	84833000
	膜盘联轴器		4套	84836000
	膜片联轴器		4套	84836000
	碳环密封		5套	84842000
	蜂窝密封		2套	84842000
	变速箱		1套	84834090
	控制系统		1套	85371011　90328990
	机组监控系统		1套	90318090　90328990
	测振轴位移装置		1套	90318090
(四)大型合成氨设备				

（续）

设备名称	一级部件	二级部件	单机用量	税则号列（供参考）
合成气压缩机、二氧化碳压缩机	膜盘联轴器		5套	84836000
	干气密封		6套	84842000
	止推轴承		4套	84833000
	支撑轴承		4套	84833000
（五）煤化工气化炉				
煤化工气化炉	钢板	合金钢板材	210t	72255000
	焊材	焊条	2.2t	83111000
		焊丝	10t	83113000
		焊剂	4t	38109000 83119000
		焊带	4.5t	83111000 72209000
大型船舶、海洋工程设备				
（一）大型海洋石油工程装备				
自升式钻井平台	钻井包		1船套	73089000 84253990 84314310 84742090
	主发电机组		8台	85021310 85030090
	推进器		9台	84871000
	电器控制系统（电气包）		1船套	85044099 85044020 85261010 85269190 85319090 85318090 90141000 90328990 90258000 90148000 85371090
	平台吊车		1船套	84261120 84269900
	提升装置		1船套	84798999 84251000 84254990
	桩腿和桩靴		1船套	73089000
	首部拖带气动绞车		1船套	84253990
	锚绞机		4台	84253190 84253990
	阀门遥控		1套	90328990
	变频装置		1船套	85044099
	污水处理装置		1船套	84212990 84219990
（二）大型高技术、高附加值船舶				

（续）

设备名称	一级部件	二级部件	单机用量	税则号列（供参考）
1. 海上浮式生产储卸油装置	排油监控		1船套	90328990
	液位遥测		1船套	90261000
	柴油消防泵撬块		1船套	841350　841381 84131900　84142000
	直升机平台		1船套	76109000　73044190 76161000
	水密移门		1船套	73083000　73089000 85437099
	污水处理装置		1船套	84212990
	泥浆泵船用泵		1船套	841381　841350 841370　841420
2. 深海铺管船（平台）	全回转推进器		1台	84871000
	动力定位DP系统		3个	90148000　85269190
	铺管张紧器		2台	84289090
	波浪补偿式起重机		1台	84269900
	海上打桩设备		1套	84301000
	绞车		1台	84253190
3. 大型浮式起重船	柴油发电机组		6台	85016410　85021320
	电气包		1船套	850440　853190 85261010　85269190 90258000　90148000
	推进器		8只	84871000
	动力定位系统		1船套	90328990　90148000 85269190
	应急发电机组		2台	85021310　85016410
	通信导航系统		1船套	85176910　85261010
	阀门遥控系统		1船套	90328990
	海水淡化系统（造水机）		2台	84798999

（续）

设备名称	一级部件	二级部件	单机用量	税则号列（供参考）
4. 海上及潮间带风机安装船	甲板吊机		1船套	84269900　84314990　84261120
	提升系统		1船套	84798999　84251000　84254990
	动态定位系统（DP2及以上）		1船套	90158000　90328990　90148000　85269190
	柴油发电机组		6台	85021310　85021320　85030090
	应急发电机		1台	85021310　85016410
	推进器		6个	84871000
	直升机平台系统		1船套	76161000
	深井泵（潜水泵）		2套	84138100　84137099
	阀门遥控系统		1船套	903289

进口不予免税的重大技术装备和产品目录

（2012年修订）

——大型石化、煤化工

编号	税则号列	设备名称	技术规格	修改说明
大型石化设备				
1	84148090　84068100　84068200	乙烯裂解气压缩机及配套工业汽轮机	年产量≤120万t	
2	84148090　84068100　84068200	乙烯制冷压缩机及配套工业汽轮机	年产量≤120万t	
3	84148090　84068100　84068200	丙烯制冷压缩机及配套工业汽轮机	年产量≤120万t	
4	84148090　84186990	聚乙烯循环气压缩机（离心式）	年产量≤40万t	
5	84148090	聚乙烯配套用往复式压缩机（迷宫密封式）	年产量≤45万t	调整
6	84137010　84137099	离心式急冷油泵	所有规格	
7	84137010　84137099	离心式急冷水泵	所有规格	
8	84196090　84195000	板翅式换热器冷箱	所有规格	调整
9	84180000　73110090	电站和石化空冷器	所有规格	
10	84068200　84143014　84148090	硝酸装置四合一机组（包括汽轮机、空气压缩机、尾气透平、氮氧合物压缩机）	年产量≤60万t	调整
11	84196019	精对苯二甲酸（PTA）氧化反应器	单机年产≤100万t	调整

（续）

编号	税则号列	设备名称	技术规格	修改说明
12	84068200 84148090	精对苯二甲酸(PTA)工艺空气压缩机机组(包括蒸汽轮机、压缩机)	单机年产≤100万t	调整
13	84193990	PTA蒸汽回转干燥机	单机年产≤120万t	
14	84198910	加氢反应器、精制反应器	所有规格	
15	84195000 84798999	高压冷凝器	所有规格	
16	84195000	块孔石墨换热器	所有规格	
17	84195000 84798999	阳极保护冷却器	200 000t/a及以下硫酸生产线用	
18	84223030 84223090	纯碱包装机	所有规格	
19	84772010	造粒机(石化用)	产量≤20万t/a	
20	84772090	橡胶螺杆挤出机	螺杆直径≤150mm	
21	84775900	机械式轮胎定型硫化机	模腔直径<105in(2.667m)	
22	84198990	PVC及烯烃聚合釜	所有规格	
23	84223030 84223090	颗粒体物料包装机	≤500袋/单秤*每小时	
24	84198910	炼油各种加氢反应器(包括精制反应器、裂化反应器)	所有规格	
25	84148090	循环氢离心压缩机组	所有规格	
26	84148090 84183000	二、四、六列往复式新氢压缩机组	轴功率≤8 000kW	调整
27	84148090	长输管道压缩机组	轴功率≤30MW	
28	85015300	管道压缩机用高速变频防爆电机	输出功率≤25MW	
29	84148090	炼油用大型无油原料气往复压缩机	所有规格	
30	84137010 84137090	加氢进料泵	所有规格	
31	84068200 84068110	工业汽轮机	输出功率≤100 000kW	
32	8481	地面安装高压大口径全锻焊管道球阀	公称通径≤48in(1.22m)、压力等级≤Class 900LB(15MPa)	
33	8481	埋地安装高压大口径大锻焊管道球阀	公称通径≤48英寸(1.22m)、压力等级≤Class 900LB(15MPa)	
34	84714991	千万吨级炼油装置DCS集散控制系统	所有规格	
大型煤化工设备				
1	841350	往复式水煤浆隔膜泵	所有规格	
2	73110090	煤液化加氢反应器	所有规格	
3	84194020 84143014 84068200 84148030 84148090	大型成套空分设备(包括精馏塔、含冷箱;氧气压缩机、空气压缩机组、增压机组,含蒸汽轮机或电机等)	制氧量≤100 000Nm^3/h	调整
4	84068200 84143014 84148090	合成氨和尿素装置[包括合成气压缩机、原料压缩机、氨冷冻压缩机、空气压缩机、尿素(CO_2)压缩机组,含蒸汽轮机;液氮洗冷箱]	合成氨年产量≤50万t;尿素年产量≤80万t	调整
5	84051000	煤化工气化炉	所有规格	

介绍2010～2011年获国家科学技术进步奖和能源科学技术进步奖的石油化工项目

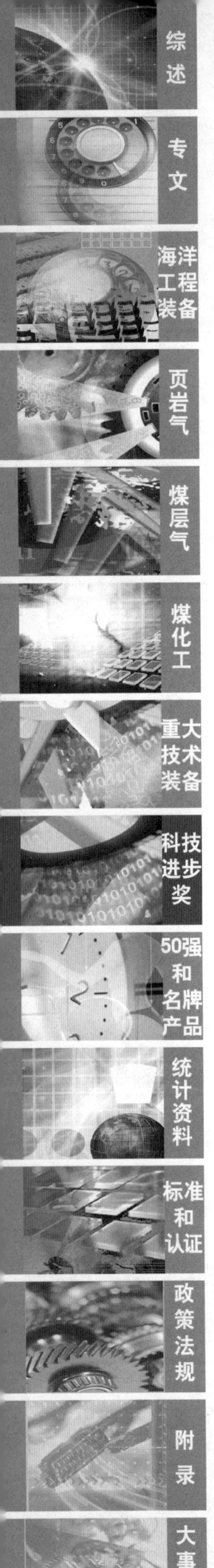

中国石油石化设备工业年鉴2012

科技进步奖

2011年度国家科学技术进步奖获奖项目(石油化工)
2010年度国家能源科学技术进步奖终审评审结果

2011年度国家科学技术进步奖获奖项目（石油化工）

序号	编号	项目名称	主要完成单位
一等奖			
1	J-210-1-01	特殊环境下复杂类型油气田规模高效开发关键技术	中国石油天然气勘探开发公司，中国石油勘探开发研究院
2	J-213-1-01	环烷基稠油生产高端产品技术研究开发与工业化应用	中国石油天然气股份有限公司克拉玛依石化分公司，中国石油化工股份有限公司石油化工科学研究院，中国石油天然气股份有限公司润滑油分公司，中国石油天然气股份有限公司石油化工研究院，中国石油新疆油田分公司
二等奖			
3	J-210-2-01	内陆坳陷湖盆低渗透油田勘探开发技术及应用	中国石油天然气股份有限公司长庆油田分公司，中国石油大学（北京），中国石油天然气股份有限公司勘探开发研究院
4	J-210-2-02	中国东部成熟探区新增17亿t探明储量油气成藏新认识与勘探新技术	中国石油化工股份有限公司胜利油田分公司，中国石油化工股份有限公司中原油田分公司，中国石油化工股份有限公司江苏油田分公司，中国石油化工股份有限公司河南油田分公司，中国石油化工股份有限公司江汉油田分公司，中国科学院地质与地球物理研究所
5	J-210-2-03	渤海活动断裂带油气差异富集与优质亿吨油田群重大发现	中海石油（中国）有限公司天津分公司，中国石油大学（北京）
6	J-210-2-04	胜利油田边际稠油高效开发技术与应用	中国石油化工股份有限公司胜利油田分公司，中国石油大学（华东）
7	J-210-2-06	中国中高煤阶煤层气地质理论、关键技术与工业化应用	中国石油天然气股份有限公司勘探开发研究院，中国石油天然气股份有限公司华北油田分公司，煤炭科学研究总院西安研究院，中国矿业大学（北京），中联煤层气国家工程研究中心有限责任公司，中国矿业大学，北京师范大学
8	J-211-2-08	塑料精密成型技术与装备的研发及产业化	北京化工大学，海天塑机集团有限公司，浙江大学
9	J-213-2-01	催化剂物性变量的耦合调控对重油制低碳烯烃的反应优化及工业实现	中国石油化工股份有限公司石油化工科学研究院，中国石油化工股份有限公司安庆分公司，中国石油化工股份有限公司催化剂分公司
10	J-213-2-02	超级浮阀塔板等新技术研发及其在工业节能减排方面的应用	南京大学，中国石化仪征化纤股份公司PTA生产中心，辽阳石油化纤公司金兴化工厂，河南新乡华星药厂，江苏双良氨纶有限公司

（续）

序号	编号	项目名称	主要完成单位
11	J－213－2－03	重油高效转化的加氢处理及其与催化裂化新型组合关键技术	中国石油化工股份有限公司石油化工科学研究院，中国石油化工股份有限公司齐鲁分公司，中国石化工程建设公司
12	J－213－2－04	连续陶瓷膜反应器的研制与工程应用	南京工业大学，南京九思高科技有限公司
13	J－216－2－04	大型石化装置系统长周期运行风险的控制与评估关键技术及工程应用	合肥通用机械研究院，中国特种设备检测研究院，中国石油化工股份有限公司茂名分公司，中国石油化工股份有限公司青岛安全工程研究院，浙江工业大学，北京华泰恒达安全科技有限公司，大连西太平洋石油化工有限公司
14	J－237－2－01	万米级特深井陆用钻机设计制造与工业化应用	宝鸡石油机械有限责任公司，中国石化集团胜利石油管理局，中国石油集团西部钻探工程有限公司，中国石化集团华北石油局，中国石油集团钻井工程技术研究院，西安宝德自动化股份有限公司

2010年度国家能源科学技术进步奖终审评审结果

序号	项目名称	主要完成单位
一等奖		
1	沁南煤层气开发利用高技术产业化示范工程技术研发	中联煤层气有限责任公司
2	复杂松软突出煤层保护层开采时空演化及瓦斯抽采技术研究	陕西陕煤韩城矿业有限公司 中国矿业大学
4	二氧化碳驱油及埋存配套技术及应用	中国石油勘探开发研究院
5	川东北地区大型气田勘探目标及关键技术研究	中国石化勘探南方分公司
6	多极子阵列声波测井仪	中国石油集团测井有限公司
7	连续管作业技术与装备	中国石油集团钻井工程技术研究院
8	高温浆态床煤制油关键技术研发及工业示范应用	中国科学院山西煤炭化学研究所
9	3MW海上风力发电技术装备与工程实践	华锐风电科技（集团）股份有限公司、上海东海风力发电有限公司
10	3 000m深水半潜式钻井平台设计与建造	大连船舶重工集团有限公司

（续）

序号	项目名称	主要完成单位
二等奖		
1	4m 大采高综放工作面支护设备配套与工艺研究	兖州煤业股份有限公司 中国矿业大学 郑州煤矿机械集团有限责任公司 天地科技股份有限公司
2	海洋钻井废弃液污染治理与控制及保护储层新技术	中国石油大学（北京） 中国石化集团胜利石油管理局海洋钻井公司
3	大型气田天然气成藏机理与富集规律研究	中国石油勘探开发研究院廊坊分院
4	基岩内幕油气藏成藏理论、勘探技术与重大发现	中国石油天然气股份有限公司辽河油田分公司
5	提高互层状超稠油油藏开发效果配套技术研究	中国石油天然气股份有限公司辽河油田分公司
6	聚合物溶液的粘弹性对驱替多孔介质中的油的机理研究	东北石油大学
7	提高低渗透储层动用程度工作液技术与应用	西南石油大学 四川光亚科技股份有限公司
8	南堡油田 NP1－5/1－29 区块海洋工程技术研究与应用	中国石油集团海洋工程有限公司
9	高温高压动态损害评价系统的研制与推广应用	长江大学 荆州市现代石油科技发展有限公司
10	北部湾盆地涠西南凹陷滚动勘探开发生产理论与实践	中海石油（中国）有限公司湛江分公司
11	蒸汽裂解制乙烯产物高选择性加氢系列催化剂	中国石油天然气股份有限公司石油化工研究院
12	惠州炼油项目整厂能量优化集成技术	中海石油炼化有限责任公司惠州炼油分公司
13	年产 20 万 t 高品质石蜡、微晶蜡高压加氢精制成套技术开发与应用	中国石油天然气股份有限公司石油化工研究院
14	新型甲醇合成反应器研究开发与推广应用	华东理工大学
15	600MW 机组自主化 DCS 的研发与应用	中国神华能源股份有限公司国华电力分公司 北京和利时系统工程股份有限公司 陕西国华锦界能源有限责任公司
16	近海风电场海上测风与试验研究	中国水利水电科学研究院 北京中水科水电科技开发有限公司
17	岩质高边坡稳定分析、安全系数取值标准及处理措施研究	水电水利规划设计总院 中国水电顾问集团西北勘测设计研究院 中国水利水电科学研究院 武汉大学
18	东方自主开发型 300MW 等级亚临界循环流化床锅炉研制	东方锅炉（集团）股份有限公司
19	YGL 型油页岩干馏炉产业化项目	山东博奥华干馏炉研发有限公司
三等奖		
1	大倾角煤与瓦斯突出薄煤层综合机械化开采技术研究	重庆南桐矿业有限责任公司 中国煤炭科工集团天地科技股份有限公司
2	沁水盆地樊庄区块煤层气开发配套技术	中国石油天然气股份有限公司华北油田分公司
3	山西省沁水县端氏煤层气开发示范工程	中联煤层气有限责任公司
4	油页岩流态化干馏炼油技术研究	中煤能源黑龙江煤化工有限公司
5	煤矿通风瓦斯（乏风）氧化技术研发及装置研制	胜利油田胜利动力机械集团有限公司
6	大型盆地煤聚积规律与勘探工程应用	山东科技大学 山东省煤田地质规划勘查研究院
7	采掘溃砂机理与预防	中国矿业大学
8	松软砂岩含水层下综放控水采煤技术研究	扎赉诺尔煤业有限责任公司 天地科技股份有限公司

（续）

序号	项目名称	主要完成单位
9	适应深井复杂井的特殊尾管悬挂器的研制与应用	中国石化石油工程技术研究院
10	疏松砂岩油气藏防砂综合决策技术及配套防砂工具	中国石油大学（华东）
11	油井生产实时分析优化技术研究与应用	中国石油大学（北京）
12	准噶尔盆地西北缘复杂山前冲断带油气精细勘探地质理论与实践	中国石油大学（华东）
13	增强型储层特性测试仪	中海油田服务股份有限公司
14	安全快速钻井技术及应用	中国石油集团川庆钻探工程有限公司
15	西气东输工程用钢管质量控制技术及应用	北京隆盛泰科石油管科技有限公司
16	海上稠油注聚提高采收率油藏研究与实践	中海石油研究中心
17	复杂地层定向井井壁稳定技术与应用	中国石油大学（北京）
18	冀中富油气凹陷烃源岩精细评价与油气分布预测	中国石油华北油田分公司勘探开发研究院
19	纳-微相材料钻采工作液的功能性调控与油气钻采应用	中国石油大学（北京）
20	油气监测指标预测预警开发动态理论及应用研究	西南石油大学
21	延长原油储罐检维修周期评价方法研究	中国石油大学（北京）
22	创新勘探思路，高质高效落实垦利10-1亿吨级油田	中海石油（中国）有限公司天津分公司
23	火烧油层传热机理研究及筛选模式的建立	中国石油大学（华东）
24	柴西第三系构造沉积演化与油气成藏研究	中国石油大学（华东）
25	油井选择性堵水及配套技术研究与工业化应用	中国石油大学（华东）
26	原油集输管网节能技术研究	东北石油大学
27	高效柔绳—泵单机多井抽油技术	中国石油大学（华东）
28	海上油田生产水余热回收利用新技术	中海石油（中国）有限公司深圳分公司
29	陆相断陷盆地油气成藏过程定量研究	中国石油化工股份有限公司胜利油田分公司
30	新型水煤浆气化在线投料技术研究与工业示范	兖矿国泰化工有限公司
31	高酸值原料复合催化连续生产生物柴油工业试验	山东清大新能源有限公司
32	生物乙醇制乙烯成套技术	中国石油化工股份有限公司上海石油化工研究院
33	大型碎煤加压气化制合成氨增产50%节能改造技术的开发与应用	天脊煤化工集团股份有限公司
34	一体化不压井修井机	通化石油化工机械制造有限责任公司
35	界面调控强化传热新技术及在石化装置节能中的应用	华东理工大学 中国石化扬子石油化工有限公司 无锡化工装备有限公司 江苏中圣高科技产业有限公司 上海理华能源科技有限公司
36	深井有杆机械采油系列抽油泵	国营第三八八厂
37	ZY12000/28/64D型特大采高电液控制液压支架	山西平阳重工机械有限责任公司
38	大型、中高压可燃气回收方法及其装置	中国船舶重工集团公司第七一一研究所
39	WBB-□/1140(660)矿用隔爆型动态无功补偿装置	山西汾西重工有限责任公司
40	5 000m^{3}大型高炉煤气余压透平发电装置关键技术研究及应用	西安陕鼓动力股份有限公司

50强和名牌产品

集中介绍2010～2011年中国石油石化装备制造业行业“50强”企业和“行业名牌”产品的评选过程，公布2010～2011年度中国石油石化装备制造业行业“50强”企业和“行业名牌”产品名单，以及石油石化装备制造业“中国名牌”产品名单

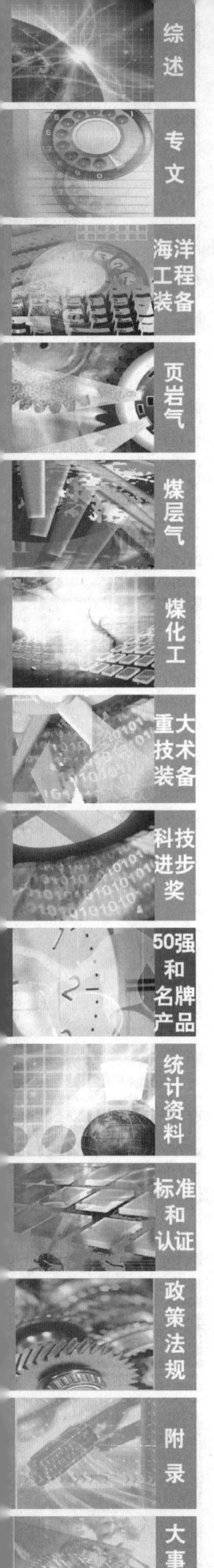

2011～2012年度中国石油石化装备制造业“50强”企业和“行业名牌产品”评选说明

2011～2012年度中国石油石化装备制造业“50强”企业名单

2012年度中国石油石化装备制造业“行业名牌产品”名单

2011～2012年度中国石油石化装备制造业“50强”企业和“行业名牌产品”评选说明

2011～2012年度中国石油和石油化工设备工业协会(简称中石协)“中国石油石化装备制造业‘50强’”和2011年度“行业名牌产品”评定(评价)会议于2012年12月6日在福建省厦门市召开。会前中石协对2011～2012年度中国石油石化装备制造业“50强”和2011年度中国石油石化装备制造“行业名牌产品”两项活动分别制定管理办法和评定(评价)办法,聘请行业各专业委员会的知名专家组成评定(评价)小组,认真参阅各个参评企业所报资料,并请参评企业现场答疑。在会议期间公布了两项活动的初评结果,征求各方面反馈意见后,公布最终结果,使两项活动尽量做到公开、公平、公正。现将评审结果公布如下:

一、2011～2012年度“50强”经中石协秘书处初审,专家评定小组最终评定出50家企业。其中:石油钻采设备企业18家、石油化工设备企业11家、石油井口设备和钻采专用工具企业17家、石油专用管材及输送管企业4家。

二、2011年度“行业名牌产品”经中石协秘书处初审,专家评价小组最终评价出87个产品,其中复评25个产品、新评62个产品。

中国石油石化装备制造业“50强”企业名单和“行业名牌产品”名单在中石协官网和《中国石油石化设备工业年鉴》上公布。

中石协秘书处

2013年2月

2011～2012年度中国石油石化装备制造业“50强”企业名单

(排序名单不分先后)

一、石油钻采设备

海洋石油工程股份有限公司

宝鸡石油机械有限责任公司

四川宏华石油设备有限公司

江汉石油管理局第四机械厂

胜利油田高原石油装备有限责任公司

烟台杰瑞石油服务集团股份有限公司

南阳二机石油装备(集团)有限公司

海城市石油机械制造有限公司

北京石油机械厂

中船重工中南装备有限责任公司

上海神开石油化工装备股份有限公司

兰州通用机器制造有限公司

中原总机石油设备有限公司

山东三田临朐石油机械有限公司

中原特种车辆有限公司

山东大王金泰石油装备有限公司

濮阳市信宇石油机械化工有限公司

通化石油化工机械制造有限公司

二、石油化工设备

北京天海工业有限公司

大连金州重型机器有限公司

哈尔滨空调股份有限公司
甘肃蓝科石化高新装备股份有限公司
中核苏阀科技实业股份有限公司
四川大川压缩机有限责任公司
浙江佳力科技股份有限公司
天胜阀门集团有限公司
安瑞科(蚌埠)压缩机有限公司
瓦房店冶金轴承集团有限公司
辽宁恒星泵业有限公司

三、石油井口设备和钻采专用工具

江汉石油钻头股份有限公司
江苏金石机械集团
天津立林机械集团有限公司
江苏如通石油机械股份有限公司
河北华北石油荣盛机械制造有限公司
贵州高峰石油机械股份有限公司
天合石油集团汇丰石油装备股份有限公司
泰兴石油机械有限公司
德州联合石油机械有限公司
盐城市特达专用管件有限公司
江苏如石机械有限公司
盐城特达钻采设备有限公司
江苏新象股份有限公司
吉艾科技(北京)股份公司
内蒙一机大地集团石油机械有限责任公司
中油管道机械制造有限责任公司
河北省景县景渤石油机械有限公司

四、石油专用管材、输送管

中国石油渤海石油装备制造有限公司
江汉石油管理局沙市钢管厂
胜利油田孚瑞特石油装备有限公司
扬州市管件厂有限公司

2012年度中国石油石化装备制造业“行业名牌产品”名单

一、石油专用设备(19家33个产品)

序号	企业名称	产品名称
1	中国石化集团江汉石油管理局第四机械厂	“四机”牌固井压裂设备、牌石油钻机、修井机
2	河北华北石油荣盛机械制造有限公司	“HBRS”牌泥浆泵*
3	中原特种车辆有限公司	“中油”牌车载钻机及修井机、固井水泥车、洗井清蜡设备、采油车
4	南阳二机石油装备(集团)有限公司	“华石”牌石油钻机/修井机、油井测试设备
5	通化石油化工机械制造有限责任公司	“通石牌”带压作业机、洗井清蜡车
6	上海神开石油化工装备股份有限公司	“神开”牌SK综合录井仪、SK钻井仪表
7	中船重工中南装备有限责任公司	“三峡牌”抽油泵*
8	内蒙古一机集团大地石油机械有限责任公司	“大地”牌抽油杆及接箍、石油专用管(油套管)
9	兰州通用机器制造有限公司	“兰通”牌固井水泥车、压裂车机组、洗井清蜡车
10	胜利油田高原石油装备有限责任公司	“高原”牌抽油泵、螺杆泵、皮带抽油机
11	中原总机石油设备有限公司	“中原总机”牌石油钻机
12	贵州凯星液力传动机械有限公司	牌液力变速器
13	北京石油机械厂	“北石”牌顶部驱动钻井装置

（续）

序号	企业名称	产品名称
14	海洋石油工程股份有限公司	“海油工程”牌导管架系列、组块系列
15	烟台杰瑞石油服务集团股份有限公司	“杰瑞”牌连续油管作业车
16	江苏新象股份有限公司	“新象”牌 XSL 旋扣水龙头
17	包头市联德石油机械有限公司	“联德”牌抽油杆、光杆、加重杆及接箍
18	中国石油集团渤海石油装备制造有限公司	“中成”牌固控系统、“卡瑞特”牌压裂车
19	甘肃蓝科石化高新装备股份有限公司	“蓝科高新”牌井下工具实验室

二、石油化工设备（13 家 23 个产品）

序号	企业名称	产品名称
1	兰州兰石重型装备股份有限公司	“兰石重装”牌高压加氢反应器、高压锁紧环式换热器、四合一重整反应器
2	大连金州重型机器有限公司	“金重”牌系列高压洗涤器设备、系列高压冷凝器设备、系列甲醇洗涤塔
3	四川大川压缩机有限责任公司	“DC”牌 D－55/0.8－7 型稳定气压缩机、焦炉气压缩机、二氧化碳压缩机，“川压”牌无油润滑压缩机
4	浙江佳力科技股份有限公司	“佳力”牌管道油泵、中开式长输管线泵
5	北京天海工业有限公司	“天海”牌车用压缩天然气钢质内胆环向缠绕气瓶、机动车用液化天然气焊接绝热气瓶
6	哈尔滨空调股份有限公司	“四季”牌空气冷却器
7	天胜阀门集团有限公司	“天胜阀门集团有限公司”牌高性能三偏心金属硬密封蝶阀
8	合肥通用机械研究院	“合肥通用机械研究院”大型高参数球罐
9	中核苏阀科技实业股份有限公司	“苏阀“SUFA””牌阀门
10	温州市华海密封件有限公司	“华海”金属环垫
11	甘肃蓝科石化高新装备股份有限公司	“蓝科高新”牌纤维液膜反应设备
12	辽宁恒星泵业有限公司	“宽红”牌 KSR 型中开式热网泵、HPT 型管道输油泵
13	江汉石油钻头股份有限公司武汉压缩机分公司	“三机”牌 RDS/CNG 天然气压缩机

三、石油井口设备和钻采专用工具（19 家 28 个产品）

序号	企业名称	产品名称
1	江苏金石机械集团	“JMP”牌井口设备及采油树
2	江苏如石机械有限公司	“如石”牌钻杆动力钳、套管动力钳
3	河北华北石油荣盛机械制造有限公司	“HBRS”牌带压作业装置、钻井用防喷器、作业用防喷器
4	贵州高峰石油机械股份有限公司	“高峰”牌震击器、打捞工具、减震器、划眼器
5	江苏新象股份有限公司	“新象”牌 QD 气动套管吊卡/卡瓦、TQ 套管动力钳、ZQ 钻杆动力钳
6	江苏如通石油机械股份有限公司	“[logo]”牌吊环
7	德州联合石油机械有限公司	“D T 牌”螺杆钻具
8	山东省金圣隆机械有限公司	“金圣”牌抽油杆喷涂接箍
9	河北省景县景渤石油机械有限公司	“宝能”牌 GNG 高压耐火柔性管汇
10	什邡慧丰采油机械有限责任公司	“什邡慧丰”牌采气井口

（续）

序号	企业名称	产品名称
11	北京普世科石油机械新技术有限公司	“普世科”牌石油钻机液压盘式刹车装置
12	海城市石油机械制造有限公司	“跃虎”牌液压油管钳
13	上海神开石油化工装备股份有限公司	“神开”牌采油(气)树、防喷器及地面防喷器控制装置
14	北京石油机械厂	“北石”牌地面防喷器控制装置
15	江汉石油钻头股份有限公司	“KINGDREAM”石油及天然气勘探开发油用钻头
16	兰州城临石油钻采设备有限公司	“城临”高压管汇及元件系列产品
17	通化石油机械制造有限责任公司	“TSJ”游车大钩
18	盐城市特达专用管件有限公司	“恒升”牌石油钻杆及接头
19	盐城特达钻采设备有限公司	“特达”液压动力钳

四、石油专用管材、输送管(3家3个产品)

序号	企业名称	产品名称
1	胜利油田孚瑞特石油装备有限责任公司	“孚瑞特”牌油管
2	扬州市管件厂有限公司	“远扬”牌钢制管件(弯头、三通、异径接头、管帽、法兰)
3	郑州万达管件制造有限公司	“益工”牌弯管

〔撰稿人:中国石油和石油化工设备工业协会　陈景昱〕

中国石油石化设备工业年鉴2012

统计资料

客观反映2011年石油和石油化工设备工业各分行业主要企业的经济指标，以及石油钻采、炼油化工设备、压力容器和输油管道四大类产品的进出口情况

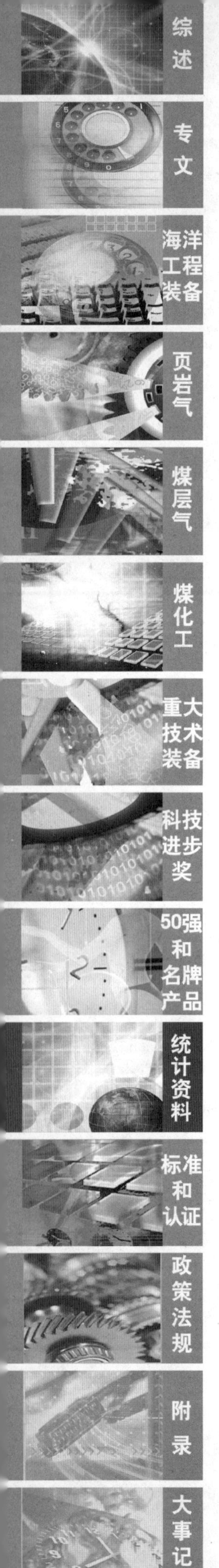

2011年我国石油和石油化工设备各分行业企业经济指标排名

2011年我国石油和石油化工设备进出口量值表

2011年我国石油和石油化工设备主要进出口国家(地区)量值表

2011 年我国石油和石油化工设备各分行业企业经济指标排名

2011 年石油钻采设备行业销售额前 30 名企业

序　号	企业名称	销售总额(万元)
1	中国石油渤海石油装备制造有限公司	1 183 383
2	海洋石油工程股份有限公司	738 451
3	胜利油田高原石油装备有限责任公司	705 600
4	宝鸡石油机械有限责任公司	513 618
5	四川宏华石油设备有限公司	297 200
6	江汉石油管理局第四机械厂	261 901
7	江汉石油管理局沙市钢管厂	187 496
8	中原特钢股份有限公司	173 680
9	烟台杰瑞石油服务集团股份有限公司	146 004
10	江苏金石机械集团	129 880
11	胜利油田孚瑞特石油装备有限公司	106 295
12	南阳二机石油装备(集团)有限公司	97 323
13	海城市石油机械制造有限公司	89 322
14	河北华北石油荣盛机械制造有限公司	84 823
15	天津立林机械集团有限公司	75 557
16	北京石油机械厂	68 000
17	江苏双鑫石油机械有限公司	64 732
18	中船重工中南装备有限责任公司	62 657
19	上海神开石油化工装备股份有限公司	61 016
20	兰州通用机器制造有限公司	60 874
21	扬州市管件厂有限公司	58 605
22	江苏如通石油机械股份有限公司	58 260
23	贵州高峰石油机械股份有限公司	49 657
24	天合石油集团汇丰石油装备股份有限公司	41 563
25	中油管道机械制造有限责任公司	39 587
26	中原总机石油设备有限公司	38 707
27	山东三田临朐石油机械有限公司	34 625
28	中原特种车辆有限公司	34 147
29	山东大王金泰石油装备有限公司	34 112
30	泰兴石油机械有限公司	34 058

2011年石油钻采设备行业利润额前30名企业

序　号	企业名称	利润额(万元)
1	烟台杰瑞石油服务集团股份有限公司	50 412
2	盐城特达钻采设备有限公司	34 865
3	海洋石油工程股份有限公司	27 987
4	中国石油渤海石油装备制造有限公司	22 001
5	黑龙江北方双佳钻采机具有限责任公司	21 572
6	江汉石油管理局第四机械厂	21 438
7	胜利油田高原石油装备有限责任公司	20 222
8	四川宏华石油设备有限公司	20 030
9	江苏金石机械集团	17 550
10	海城市石油机械制造有限公司	16 135
11	宝鸡石油机械有限责任公司	13 853
12	天津立林机械集团有限公司	13 444
13	吉艾科技(北京)股份公司	10 739
14	中原特钢股份有限公司	10 546
15	上海神开石油化工装备股份有限公司	9 304
16	天合石油集团汇丰石油装备股份有限公司	8 610
17	江苏双鑫石油机械有限公司	8 415
18	中船重工中南装备有限责任公司	5 129
19	贵州高峰石油机械股份有限公司	5 102
20	南阳二机石油装备(集团)有限公司	4 901
21	德州联合石油机械有限公司	4 900
22	江苏如通石油机械股份有限公司	4 250
23	北京石油机械厂	3 800
24	江汉石油管理局沙市钢管厂	3 009
25	河北华北石油荣盛机械制造有限公司	3 003
26	兰州通用机器制造有限公司	2 755
27	河北省景县景渤石油机械有限公司	2 700
28	通化石油化工机械制造有限公司	2 600
29	扬州市管件厂有限公司	2 180
30	山东大王金泰石油装备有限公司	1 854

2011 年石油钻采设备行业出口额前 30 名企业

序　　号	企 业 名 称	出口额(万美元)
1	烟台杰瑞石油服务集团股份有限公司	46 739
2	四川宏华石油设备有限公司	33 000
3	北京石油机械厂	28 600
4	中国石油渤海石油装备制造有限公司	25 236
5	宝鸡石油机械有限责任公司	16 486
6	江汉石油管理局第四机械厂	10 570
7	胜利油田孚瑞特石油装备有限公司	6 973
8	江苏金石机械集团	5 520
9	中原特钢股份有限公司	5 426
10	南阳二机石油装备(集团)有限公司	4 835
11	山东大王金泰石油装备有限公司	4 768
12	江苏如通石油机械股份有限公司	3 865
13	盐城特达钻采设备有限公司	3 302
14	河北华北石油荣盛机械制造有限公司	3 003
15	江苏双鑫石油机械有限公司	2 695
16	天合石油集团汇丰石油装备股份有限公司	2 498
17	天津立林机械集团有限公司	2 297
18	胜利油田高原石油装备有限责任公司	2 275
19	贵州高峰石油机械股份有限公司	2 130
20	上海神开石油化工装备股份有限公司	2 074
21	中原总机石油设备有限公司	1 849
22	中船重工中南装备有限责任公司	1 780
23	泰兴石油机械有限公司	1 418
24	内蒙一机大地石油机械有限公司	1 290
25	海城市石油机械制造有限公司	1 268
26	莱州市霸力石油机械有限公司	1 080
27	兰州通用机器制造有限公司	1 003
28	中原特种车辆有限公司	1 000
29	黑龙江北方双佳钻采机具有限责任公司	964
30	德州联合石油机械有限公司	472

2011年石油化工设备行业销售额前10名企业

序　号	企业名称	销售总额(万元)
1	北京天海工业有限公司	228 539
2	大连金州重型机器有限公司	120 730
3	兰州兰石重型装备股份有限公司	115 775
4	哈尔滨空调股份有限公司	84 174
5	中核苏阀科技实业股份有限公司	72 791
6	四川大川压缩机有限责任公司	50 256
7	浙江佳力科技股份有限公司	42 560
8	天胜阀门集团有限公司	38 702
9	安瑞科(蚌埠)压缩机有限公司	24 018
10	瓦房店冶金轴承集团有限公司	20 165

2011年石油化工设备行业利润额前10名企业

序　号	企业名称	利润总额(万元)
1	辽宁恒星泵业有限公司	19 728
2	兰州兰石重型装备股份有限公司	11 963
3	大连金州重型机器有限公司	6 494
4	北京天海工业有限公司	6 294
5	中核苏阀科技实业股份有限公司	5 732
6	宁波鲍斯能源装备股份有限公司	4 823
7	天胜阀门集团有限公司	3 965
8	浙江佳力科技股份有限公司	2 898
9	安瑞科(蚌埠)压缩机有限公司	1 323
10	四川大川压缩机有限责任公司	1 056

2011年石油化工设备行业出口额前9名企业

序　号	企业名称	出口额(万美元)
1	北京天海工业有限公司	16 834
2	天胜阀门集团有限公司	2 169
3	安瑞科(蚌埠)压缩机有限公司	2 003
4	辽宁恒星泵业有限公司	1 864
5	浙江佳力科技股份有限公司	985
6	中核苏阀科技实业股份有限公司	881
7	瓦房店冶金轴承集团有限公司	853
8	哈尔滨空调股份有限公司	160
9	大连金州重型机器有限公司	133

2011 年我国石油和石油化工设备进出口量值表

2011 年石油钻采产品出口量值表

税　　号	产品名称	出口量单位	出口量	比上年增长（%）	出口额（万美元）	比上年增长（%）
84131100	分装燃料或润滑油的计量泵(加油站或车库用)	台	125 038	40.81	5 781.40	0.29
84131900	其他装有或可装计量装置的液体泵	台	1 549 145	1.96	4 965.04	28.86
84135010	气动往复式排液泵	台	738 823	34.92	4 552.08	76.92
84135020	电动往复式排液泵	台	9 365 705	34.61	9 564.02	22.77
84135090	未列名往复式排液泵	台	1 515 392	-17.48	14 458.23	60.86
84136090	其他回转式排液泵	台	25 702 465	3.37	50 507.34	18.71
84137010	转速在 10 000r/min 及以上的离心泵	台	3 379 071	185.33	3 199.58	4.35
84138100	未列名液体泵	台	31 345 334	-2.08	41 389.04	26.40
84138200	液体提升机	台	63 832	-89.54	443.93	0.46
84139100	液体泵零件	t	227 801.87	28.74	118 371.85	46.00
84139200	液体提升机零件	t	2 201.17	-18.76	2 242.37	58.37
84304111	自推进石油及天然气钻机,钻探深度≥6 000m	台	37	42.31	30 498.79	58.01
84304119	未列名自推进的石油及天然气钻机	台	296	-23.71	40 004.63	67.21
84304121	其他自推进的钻机,钻探深度≥6 000m	台	12	200.00	5 920.69	343.41
84304122	履带式自推进的钻机,钻探深度<6 000m	台	201	191.30	3 774.31	234.08
84304129	其他自推进的钻机,钻探深度<6 000m	台	1 109	6.94	11 254.83	18.81
84304190	自推进的凿井机械	台	473	17.37	2 026.14	-3.84
84305010	其他自推进采油机械	台	13 396	105.81	24 128.85	25.89
84305031	牙轮直径在 380mm 及以上的采矿钻机	台	9	-92.24	36.42	60.51
84305039	其他采矿钻机	台	327	52.09	1 065.53	146.37
84314310	石油或天然气钻机的零件	t	227 099.94	24.19	141 646.99	21.59
84743100	混凝土或砂浆混合机器	台	670 585	25.29	23 194.27	32.23
86061000	铁道及电车道非机动油罐货车及类似车	辆	20	-45.95	145.83	-69.42
87052000	机动钻探车	辆	66	-41.59	892.38	-32.26
87059080	石油测井车、压裂车、混砂车	辆	63	12.50	2 238.38	-23.98
87163110	油罐挂车及半挂车	辆	1 393	-13.96	3 792.37	-51.38
89012011	载重量不超过 10 万 t 的成品油船	艘	142	-8.97	165 409.27	-11.31
89012021	载重量不超过 15 万 t 的原油船	艘	14	-17.65	59 176.35	29.43
89012022	15 万 t<载重量≤30 万 t 的原油船	艘	28	-17.65	278 088.83	-5.22
89012023	载重量超过 30 万 t 的原油船	艘	7	133.33	76 543.59	123.68
89012031	容积≤20 000m^{3}的液化石油气船	艘	9	28.57	16 648.91	-30.67
89012090	其他液货船	艘	38	18.75	61 862.14	30.65
89052000	浮动或潜水式钻探或生产平台	座	47	51.61	178 638.45	93.93
90158000	其他大地及水道测量海洋气象地球物理用仪器	台	5 584 826	-13.94	40 031.57	36.46

2011 年石油钻采产品进口量值表

税　　号	产品名称	进口量单位	进口量	比上年增长(%)	进口额(万美元)	比上年增长(%)
84131100	分装燃料或润滑油的计量泵(加油站或车库用)	台	5 726	-63.00	356.13	-33.93
84131900	其他装有或可装计量装置的液体泵	台	383 532	1.57	16 029.43	10.26
84135010	气动往复式排液泵	台	130 304	36.59	5 227.13	24.47
84135020	电动往复式排液泵	台	5 854 978	20.97	17 954.59	22.12
84135090	未列名往复式排液泵	台	752 980	85.32	16 183.59	467.93
84136090	其他回转式排液泵	台	1 862 582	-26.78	25 769.74	-9.27
84137010	转速在 10 000r/min 及以上的离心泵	台	204 344	60.49	5 432.21	-6.46
84138100	未列名液体泵	台	8 737 327	-22.88	36 651.04	-2.05
84138200	液体提升机	台	17 727	4.22	535.94	10.58
84139100	液体泵零件	t	34141.80	20.56	77 854.95	20.98
84139200	液体提升机零件	t	68.32	35.96	218.55	-6.86
84304111	自推进石油及天然气钻机,钻探深度≥6 000m	台	1	0.00	25.31	-99.74
84304119	未列名自推进的石油及天然气钻机	台	13	225.00	2 244.49	-9.12
84304121	其他自推进的钻机,钻探深度≥6 000m	台	1		3.73	
84304122	履带式自推进的钻机,钻探深度 <6 000m	台	92	-3.16	5 381.50	13.67
84304129	其他自推进的钻机,钻探深度 <6 000m	台	223	42.04	5 610.75	37.54
84304190	自推进的凿井机械	台	18	-5.26	286.75	21.13
84305010	其他自推进采油机械	台	13	-18.75	19.39	-85.05
84305031	牙轮直径在 380mm 及以上的采矿钻机	台	8	166.67	42.02	-43.21
84305039	其他采矿钻机	台	95	-45.09	940.97	-25.46
84314310	石油或天然气钻机的零件	t	6551.53	21.07	25 334.50	-2.22
84743100	混凝土或砂浆混合机器	台	502	48.52	1 713.93	73.03
87052000	机动钻探车	台	13	85.71	2 112.75	65.81
87059080	石油测井车、压裂车、混砂车	台	19	0.00	1 265.07	-52.48
89012011	载重量不超过 10 万 t 的成品油船	艘	50	8.70	245.77	-96.52
89012021	载重量不超过 15 万 t 的原油船	艘	1	-66.67	3 440.00	-26.63
89012031	容积≤20 000m^{3}的液化石油气船	艘	2	-33.33	1 993.96	-57.47
90158000	其他大地及水道测量海洋气象地球物理用仪器	台	66 977	6.87	47 788.20	4.00
89012090	其他液货船	艘	1		3.86	

2011 年炼油化工产品出口量值表

税　　号	产品名称	出口量单位	出口量	比上年增长(%)	出口额(万美元)	比上年增长(%)
84051000	煤气发生器;乙炔发生器等水解气体发生器	t	4 802.91	-18.10	1 940.26	-20.72
84059000	煤气发生器及乙炔发生器等的零件	t	6 358.08	-18.87	1 199.49	-35.97

（续）

税　　号	产品名称	出口量单位	出口量	比上年增长（%）	出口额（万美元）	比上年增长（%）
84161000	使用液体燃料的炉用燃烧器	t	3 423.18	-17.74	2 380.07	-18.31
84162019	使用其他气体燃料的炉用燃烧器	t	3 634.01	-22.33	2 076.69	3.15
84193990	未列名干燥器	台	959 644	-10.79	22 078.28	42.67
84194010	提净塔	台	452	58.60	440.88	-77.65
84194020	精馏塔	台	178	91.40	1 239.83	-56.03
84194090	其他蒸馏或精馏设备	台	24 880	20.62	6 262.52	26.34
84195000	热交换装置	台	404 381	25.67	32 932.20	13.19
84196011	制氧量≥15 000m^3/h 及以上的制氧机	台	69	-25.81	435.94	-91.22
84196019	其他制氧机	台	2 606	39.28	9 452.78	-3.91
84196090	未列名液化空气或其他气体的机器	台	1 768	6.57	10 385.00	23.37
84198910	加氢反应器	台	450	28.94	359.73	-47.71
84198990	未列名利用温度变化处理材料的机器、装置等	台	2 399 408	12.65	40 413.78	21.24
84211910	脱水机	台	205 317	10.49	1 482.03	11.78
84212910	压滤机	台	2 386	122.16	4 205.58	27.57
84212990	未列名液体过滤、净化机器及装置	台	58 888 526	59.50	37 980.44	32.89
84213923	工业用旋风式除尘器	台	7 603	-9.16	706.31	-54.91
84772010	塑料造粒机	台	3 110	21.91	5 551.24	52.23
84772090	其他挤出机	台	6 052	30.15	21 796.65	12.38
84796000	蒸发式空气冷却器	台	1 634 059	122.05	8 876.83	115.82
84811000	减压阀	套	38 547 572	12.86	16 791.24	20.95
84812010	油压传动阀	套	3 092 367	75.98	4 691.33	11.22
84812020	气压传动阀	套	5 671 021	3.61	6 357.49	19.10
84813000	止回阀	套	1438 573 894	4.70	30 001.84	28.31
84814000	安全阀或溢流阀	套	8 029 289	-16.52	7 228.46	23.90
84819010	阀门零件	t	365 552.91	14.77	217 307.88	35.05

2011 年炼油化工产品进口量值表

税　　号	产品名称	进口量单位	进口量	比上年增长（%）	进口额（万美元）	比上年增长（%）
84051000	煤气发生器;乙炔发生器等水解气体发生器	t	1 632.51	26.73	2 024.29	-26.18
84059000	煤气发生器及乙炔发生器等的零件	t	183.93	193.24	947.88	107.71
84161000	使用液体燃料的炉用燃烧器	t	1 716.66	8.74	6 709.14	7.22
84162019	使用其他气体燃料的炉用燃烧器	t	412.13	21.26	2 412.14	-3.26
84193990	未列名干燥器	台	47 942	-4.82	32 524.11	3.56
84194010	提净塔	台	6	-25.00	120.57	-69.22
84194020	精馏塔	台	26	-10.34	2 096.77	-17.66

（续）

税　　号	产品名称	进口量单位	进口量	比上年增长（%）	进口额（万美元）	比上年增长（%）
84194090	其他蒸馏或精馏设备	台	1 852	0.60	7 707.73	53.93
84195000	热交换装置	台	576 020	-48.77	90 182.88	18.91
84196011	制氧量≥15 000m^3/h 及以上的制氧机	台	3	200.00	19.82	-97.15
84196019	其他制氧机	台	1 142	1939.29	59.33	41.20
84196090	未列名液化空气或其他气体的机器	台	91	-51.60	3 769.12	-39.25
84198910	加氢反应器	台	61	17.31	3 158.41	39.47
84198990	未列名利用温度变化处理材料的机器、装置等	台	129 488	44.61	78 654.18	0.42
84211910	脱水机	台	492	-58.02	4 715.35	-7.74
84212910	压滤机	台	9 684	2239.13	3 804.32	-1.39
84212990	未列名液体过滤、净化机器及装置	台	42 407 159	23.41	76 104.69	17.03
84213923	工业用旋风式除尘器	台	4 086	-3.38	1 737.29	10.33
84772010	塑料造粒机	台	303	91.77	17 371.92	28.19
84772090	其他挤出机	台	3 091	258.17	40 675.61	45.83
84796000	蒸发式空气冷却器	台	5 292	97.61	1 275.16	-17.98
84811000	减压阀	套	30 424 184	29.22	34 412.41	26.40
84812010	油压传动阀	套	14 354 799	19.55	143 955.29	29.38
84812020	气压传动阀	套	11 505 573	6.39	52 661.89	22.34
84813000	止回阀	套	133 670 209	64.65	37 399.58	1.01
84814000	安全阀或溢流阀	套	19 503 908	9.25	39 282.91	18.36
84819010	阀门零件	t	25 078.97	13.85	80 419.75	22.32

2011 年压力容器产品出口量值表

税　　号	产品名称	出口量（t）	比上年增长（%）	出口额（万美元）	比上年增长（%）
73071100	无可锻性铸铁管子附件	218 449.78	10.34	40 118.81	22.31
73071900	可锻性铸铁及铸钢管子附件	245 770.31	1.62	52 427.16	11.49
73072100	不锈钢制法兰	65 976.77	42.18	44 730.77	76.76
73072200	不锈钢制螺纹肘管、弯管及管套	18 951.00	37.68	17 612.28	72.15
73072300	不锈钢制对焊件	11 928.72	32.53	13 011.63	44.67
73072900	不锈钢制其他管子附件	17 411.61	42.69	18 511.02	66.34
73079100	其他钢铁制法兰	410 951.29	25.07	67 242.34	49.24
73079200	其他钢铁制螺纹肘管、弯管及管套	73 910.10	24.16	24 070.69	47.23
73079300	其他钢铁制对焊件	131 997.30	15.36	20 872.62	30.41
73079900	未列名钢铁制管子附件	243 720.22	29.57	76 641.99	50.95
73110010	装压缩气体或液化气体的零售包装钢铁容器	2 276.23	0.51	725.78	8.49
73110090	装压缩气体或液化气体的非零售包装钢铁容器	215 070.34	17.08	48 762.88	23.82
84841000	密封垫等（金属片与其他材料或多层金属片制）	35 309.60	6.70	34 471.58	24.86

2011年压力容器产品进口量值表

税号	产品名称	进口量(t)	比上年增长(%)	进口额(万美元)	比上年增长(%)
73071100	无可锻性铸铁管子附件	2043.23	45.19	2 171.41	35.35
73071900	可锻性铸铁及铸钢管子附件	1 915.80	27.46	3 585.73	66.70
73072100	不锈钢制法兰	2 322.44	7.93	4 773.25	9.95
73072200	不锈钢制螺纹肘管、弯管及管套	853.28	-10.50	3 703.11	-1.26
73072300	不锈钢制对焊件	883.12	97.88	2 742.81	61.98
73072900	不锈钢制其他管子附件	2 541.48	5.98	15 795.86	19.19
73079100	其他钢铁制法兰	12 764.17	-54.34	8 247.12	-23.70
73079200	其他钢铁制螺纹肘管、弯管及管套	6 451.51	7.76	8 959.63	38.38
73079300	其他钢铁制对焊件	3 306.33	-14.06	3 989.45	-46.27
73079900	未列名钢铁制管子附件	14 286.28	-2.82	26 584.52	9.05
73110010	装压缩气体或液化气体的零售包装钢铁容器	5 868.18	22.78	933.51	28.83
73110090	装压缩气体或液化气体的非零售包装钢铁容器	22 549.92	-6.44	8 193.35	32.81
84841000	密封垫等(金属片与其他材料或多层金属片制)	3 963.92	-22.27	23 258.47	-1.87

2011年输油管道产品出口量值表

税号	产品名称	出口量(t)	比上年增长(%)	出口额(万美元)	比上年增长(%)
73041110	不锈钢石油天然气管道管,215.9mm≤外径≤406.4mm	7 406.45	2734.23	722.01	1 007.08
73041120	不锈钢石油天然气管道管,114.3mm<外径<215.9mm	1 200.33	-67.63	216.42	-62.09
73041130	不锈钢石油天然气管道管,外径≤114.3mm	499.58	-42.47	226.24	-33.03
73041190	不锈钢石油天然气管道管,外径>406.4mm	5 557.76	-3.64	2 885.01	20.20
73041910	其他钢石油天然气管道管,215.9mm≤外径≤406.4mm	665 801.33	38.48	73 594.13	69.66
73041920	其他钢石油天然气管道管,114.3mm<外径<215.9mm	336 987.77	25.82	33 635.47	48.89
73041930	其他钢石油天然气无缝管道管,外径≤114.3mm	704 330.10	40.54	70 938.51	68.44
73041990	其他钢石油天然气无缝管道管,外径>406.4mm	236 602.96	31.51	28 566.14	40.05
73042210	不锈钢制钻探石油天然气钻管,外径≤168.3mm	110.42	509.81	36.18	243.37
73042290	不锈钢制钻探石油天然气钻管,外径>168.3mm	3 039.69	207.99	1 093.60	190.11
73042310	其他钢制钻探石油天然气钻管,外径≤168.3mm	97 840.83	35.36	34 004.10	28.56
73042390	其他钢制钻探石油天然气钻管,外径>168.3mm	1 806.88	-31.42	439.79	-15.74
73042400	不锈钢制钻探石油或天然气用无缝套管、导管	1 804.09	70.97	731.85	24.97
73042900	钻探石油及天然气用无缝钢铁套管及导管	1 703 772.27	13.01	210 025.15	32.06
73061100	不锈钢制石油或天然气焊缝管道管	7 023.37	39.88	3 518.02	78.95
73061900	其他钢铁制石油或天然气管道管	510 003.66	26.82	42 262.72	40.17
73062100	不锈钢制钻探石油或天然气用套管及导管	213.84	335.08	56.16	209.42
73062900	其他钢铁制钻探石油或天然气套管及导管	39 750.28	137.10	4 811.37	107.93

2011年输油管道产品进口量值表

税　　号	产 品 名 称	进口量（t）	比上年增长（%）	进口额（万美元）	比上年增长（%）
73041110	不锈钢石油天然气管道管,215.9mm≤外径≤406.4mm	190.79	15.15	262.67	33.05
73041120	不锈钢石油天然气管道管,114.3mm<外径<215.9mm	382.12	541.31	349.90	513.51
73041130	不锈钢石油天然气管道管,外径≤114.3mm	680.24	-36.63	570.56	-15.24
73041190	不锈钢石油天然气管道管,外径>406.4mm	66.96	-36.96	78.07	-24.10
73041910	其他钢石油天然气管道管,215.9mm≤外径≤406.4mm	4 062.78	-14.33	993.71	46.52
73041920	其他钢石油天然气管道管,114.3mm<外径<215.9mm	1 145.42	1 061.72	298.81	1 195.08
73041930	其他钢石油天然气无缝管道管,外径≤114.3mm	981.21	-32.89	256.80	-41.36
73041990	其他钢石油天然气无缝管道管,外径>406.4mm	5 660.63	9 215.31	1 041.68	3 381.20
73042210	不锈钢制钻探石油天然气钻管,外径≤168.3mm	14.98	-69.92	30.54	-52.09
73042290	不锈钢制钻探石油天然气钻管,外径>168.3mm	4.14	-81.15	3.02	-16.87
73042310	其他钢制钻探石油天然气钻管,外径≤168.3mm	16 311.49	4.90	4 348.70	41.27
73042390	其他钢制钻探石油天然气钻管,外径>168.3mm	856.27	-52.50	336.78	-20.24
73042400	不锈钢制钻探石油或天然气用无缝套管、导管	6 130.95	-43.46	2 300.51	-8.29
73042900	钻探石油及天然气用无缝钢铁套管及导管	57 120.53	10.48	13 691.58	22.38
73061100	不锈钢制石油或天然气焊缝管道管	1 317.46	20.64	823.52	26.39
73061900	其他钢铁制石油或天然气管道管	7 450.84	136.73	1 118.40	146.62
73062100	不锈钢制钻探石油或天然气用套管及导管	17.00	-58.59	105.95	17.54
73062900	其他钢铁制钻探石油或天然气套管及导管	6 233.97	3 128.97	6 666.80	3 495.23

2011年我国石油和石油化工设备主要进出口国家（地区）量值表

2011年石油钻采产品主要出口国家（地区）量值表

税　　号	产品名称及主要出口国家（地区）	出口量单位	出 口 量	出口额（万美元）
84131100	分装燃料或润滑油的计量泵（加油站或车库用）	台	125 038	5 781.40
	其中:尼日利亚	台	9 956	1 134.87
	泰国	台	1 357	365.93
	英国	台	23 489	359.89
	菲律宾	台	1 098	331.88
	加纳	台	1 238	319.76
	印度尼西亚	台	677	285.82

（续）

税　　号	产品名称及主要出口国家(地区)	出口量单位	出口量	出口额（万美元）
84131900	其他装有或可装计量装置的液体泵	台	1 549 145	4 965.04
	其中:伊拉克	台	11 174	1 056.97
	德国	台	66 560	267.57
	美国	台	73 434	247.25
	芬兰	台	79 380	161.38
	泰国	台	11 432	155.98
	南非	台	116 891	152.96
84135010	气动往复式排液泵	台	738 823	4 552.08
	其中:美国	台	98 083	1 247.07
	中国香港	台	3 458	616.61
	新加坡	台	30 384	422.88
	中国台湾	台	3 601	342.38
	英国	台	319 761	295.63
84135020	电动往复式排液泵	台	9 365 705	9 564.02
	其中:美国	台	1 299 447	2 815.56
	中国香港	台	3 415 733	1 590.52
	印度	台	1 679 592	847.02
	哈萨克斯坦	台	79 869	368.14
	俄罗斯联邦	台	112 534	334.37
	伊朗	台	828 599	286.87
	泰国	台	189 958	285.03
84135090	未列名往复式排液泵	台	1 515 392	14 458.23
	其中:美国	台	652 014	7 998.63
	加拿大	台	62 767	1 903.18
	俄罗斯联邦	台	43 463	757.90
	日本	台	17 729	609.27
84136090	其他回转式排液泵	台	25 702 465	50 507.34
	其中:德国	台	2 163 470	6 782.07
	美国	台	3 679 494	4 665.93
	俄罗斯联邦	台	814 450	2 689.92
	阿拉伯联合酋长国	台	677 828	2 047.98
	印度尼西亚	台	396 427	1 807.40
84137010	转速在 10 000r/min 及以上的离心泵	台	3 379 071	3 199.58
	其中:阿曼	台	9	248.90
	印度尼西亚	台	5 873	244.31
	韩国	台	1 937 395	222.71
	伊朗	台	37 721	182.86

（续）

税　号	产品名称及主要出口国家(地区)	出口量单位	出 口 量	出口额（万美元）
	博茨瓦那	台	85	167.71
84138100	未列名液体泵	台	31 345 334	41 389.04
	其中:印度	台	780 466	6 026.34
	美国	台	6 138 208	5 252.24
	印度尼西亚	台	389 572	2 921.05
	越南	台	145 940	1 814.11
	日本	台	1 149 316	1 724.49
	中国香港	台	2 741 545	1 599.08
84138200	液体提升机	台	63 832	443.93
	其中:美国	台	12 114	82.19
	德国	台	6 414	43.64
	意大利	台	5 078	31.91
	西班牙	台	1 728	22.93
	波兰	台	2 026	22.92
	英国	台	746	21.31
84139100	液体泵零件	t	227 801.87	118 371.85
	其中:美国	t	73 653.89	41 382.39
	日本	t	20 517.19	11 214.68
	意大利	t	13 813.48	6 043.06
	德国	t	7 683.04	4 937.66
	加拿大	t	9 789.48	4 739.71
	俄罗斯联邦	t	4 418.24	4 359.65
84139200	液体提升机零件	t	2 201.17	2 242.37
	其中:美国	t	564.40	772.51
	巴西	t	43.27	390.14
	瑞典	t	49.10	300.49
	委内瑞拉	t	650.08	199.72
	德国	t	194.24	101.47
	中国香港	t	43.08	84.40
84304111	自推进石油及天然气钻机,钻探深度≥6 000m	台	37	30 498.79
	其中:委内瑞拉	台	4	8 138.44
	伊朗	台	9	6 964.85
	厄瓜多尔	台	6	4 411.95
	肯尼亚	台	2	2 784.43
	哥伦比亚	台	3	1 578.96
84304119	未列名自推进的石油及天然气钻机	台	296	40 004.63
	其中:委内瑞拉	台	8	8 754.12

（续）

税　　号	产品名称及主要出口国家（地区）	出口量单位	出 口 量	出口额（万美元）
	俄罗斯联邦	台	30	5 510.48
	苏丹	台	9	4 378.93
	叙利亚	台	16	4 165.20
	哈萨克斯坦	台	24	4 065.76
	印度尼西亚	台	24	2 185.26
84304121	其他自推进的钻机，钻探深度≥6 000m	台	12	5 920.69
	其中：伊朗	台	3	3 153.57
	委内瑞拉	台	1	1 409.59
	哥伦比亚	台	1	1 328.83
84304122	履带式自推进的钻机，钻探深度 <6 000m	台	201	3 774.31
	其中：南非	台	20	739.17
	委内瑞拉	台	20	726.66
	新加坡	台	10	567.89
	缅甸	台	24	392.04
	俄罗斯联邦	台	9	162.81
84304129	其他自推进的钻机，钻探深度 <6 000m	台	1 109	11 254.83
	其中：蒙古	台	139	2 016.77
	印度	台	112	738.78
	印度尼西亚	台	25	715.39
	俄罗斯联邦	台	56	607.47
	缅甸	台	48	595.15
	哥伦比亚	台	9	557.14
84304190	自推进的凿井机械	台	473	2 026.14
	其中：伊拉克	台	66	513.98
	委内瑞拉	台	3	205.86
	俄罗斯联邦	台	37	181.24
	中国澳门	台	4	115.45
	土库曼斯坦	台	3	110.87
84305010	其他自推进采油机械	台	13 396	24 128.85
	其中：美国	台	4 169	12 778.06
	加拿大	台	1 694	5 641.02
	阿曼	台	5 906	951.07
	哥伦比亚	台	230	727.12
	叙利亚	台	194	570.34
84305031	牙轮直径在 380mm 及以上的采矿钻机	台	9	36.42
	其中：吉尔吉斯斯坦	台	1	18.00
	印度尼西亚	台	5	10.22

（续）

税　　号	产品名称及主要出口国家(地区)	出口量单位	出口量	出口额（万美元）
	哈萨克斯坦	台	2	7.00
	玻利维亚	台	1	1.20
84305039	其他采矿钻机	台	327	1 065.53
	其中:塔吉克斯坦	台	13	159.58
	缅甸	台	6	147.10
	巴西	台	19	138.92
	赞比亚	台	7	93.69
	菲律宾	台	6	88.59
	越南	台	11	68.78
84314310	石油或天然气钻机的零件	t	227 099.94	141 646.99
	其中:美国	t	80 770.72	30 897.16
	哈萨克斯坦	t	7 719.43	13 872.87
	伊朗	t	7 029.84	11 688.94
	伊拉克	t	11 104.60	10 921.86
	新加坡	t	17 244.48	10 098.26
84743100	混凝土或砂浆混合机器	台	670 585	23 194.27
	其中:俄罗斯联邦	台	192 530	2 948.61
	委内瑞拉	台	993	1 717.58
	美国	台	47 694	1 504.54
	乌克兰	台	112 874	1 379.31
	印度尼西亚	台	2 575	934.03
	澳大利亚	台	22 061	925.14
86061000	铁道及电车道非机动油罐货车及类似车	辆	20	145.83
	其中:尼日利亚	辆	20	145.83
87052000	机动钻探车	辆	66	892.38
	其中:蒙古	辆	12	186.01
	伊拉克	辆	6	108.90
	印度尼西亚	辆	1	101.61
	哈萨克斯坦	辆	7	91.16
	毛里塔尼亚	辆	1	66.78
87059080	石油测井车、压裂车、混砂车	辆	63	2 238.38
	其中:蒙古	辆	37	712.88
	伊拉克	辆	10	518.72
	伊朗	辆	4	383.95
	美国	辆	2	295.36
87163110	油罐挂车及半挂车	辆	1 393	3 792.37
	其中:尼日利亚	辆	308	1 084.06

（续）

税号	产品名称及主要出口国家(地区)	出口量单位	出口量	出口额（万美元）
	坦桑尼亚	辆	180	508.79
	蒙古	辆	186	248.58
	哈萨克斯坦	辆	98	227.70
	加纳	辆	57	194.45
89012011	载重量不超过 10 万 t 的成品油船	艘	142	165 409.27
	其中:中国香港	艘	53	82 157.39
	新加坡	艘	29	29 702.52
	巴拿马	艘	7	21 942.47
	利比里亚	艘	1	5 299.57
	马绍尔群岛共和国	艘	3	5 176.57
89012021	载重量不超过 15 万 t 的原油船	艘	14	59 176.35
	其中:新加坡	艘	5	30 858.44
	巴拿马	艘	3	18 932.92
	马绍尔群岛共和国	艘	2	4 558.10
89012022	15 万 t < 载重量≤30 万 t 的原油船	艘	28	278 088.83
	其中:中国香港	艘	13	155 260.23
	利比里亚	艘	8	63 247.97
	马耳他	艘	3	25 489.69
	新加坡	艘	1	13 046.85
89012023	载重量超过 30 万 t 的原油船	艘	7	76 543.59
	其中:新加坡	艘	4	41 164.92
	中国香港	艘	3	35 378.67
89012031	容积≤20 000m^3的液化石油气船	艘	9	16 648.91
	其中:新加坡	艘	2	7 850.35
	丹麦	艘	4	6 679.07
	印度尼西亚	艘	1	1 839.50
89012090	其他液货船	艘	38	61 862.14
	其中:葡萄牙	艘	5	14 437.83
	新加坡	艘	5	12 417.07
	马耳他	艘	3	9 241.09
	韩国	艘	3	6 480.00
	马绍尔群岛共和国	艘	2	5 325.03
89052000	浮动或潜水式钻探或生产平台	座	47	178 638.45
	其中:挪威	座	2	65 978.58
	巴西	座	2	34 287.53
	埃及	座	1	24 196.50
	伊朗	座	2	24 105.85

（续）

税　　号	产品名称及主要出口国家(地区)	出口量单位	出 口 量	出口额（万美元）
	美国	座	1	11 460.24
90158000	其他大地及水道测量海洋气象地球物理用仪器	台	5 584 826	40 031.57
	其中:美国	台	1 709 010	6 175.19
	伊朗	台	8 605	4 440.14
	巴基斯坦	台	97 568	2 717.88
	德国	台	1 317 530	1 764.91
	阿尔及利亚	台	181 907	1 686.27

2011 年石油钻采产品主要进口国家(地区)量值表

税　　号	产品名称及主要进口国家(地区)	进口量单位	进 口 量	进口额（万美元）
84131100	分装燃料或润滑油的计量泵(加油站或车库用)	台	5 726	356.13
	其中:美国	台	2 754	115.17
	荷兰	台	3	60.00
	日本	台	1 227	55.61
	德国	台	255	34.41
	挪威	台	1	22.92
84131900	其他装有或可装计量装置的液体泵	台	383 532	16 029.43
	其中:德国	台	132 333	6 349.94
	美国	台	61 481	2 106.38
	日本	台	8 992	1 632.93
	中华人民共和国	台	3 674	916.32
	韩国	台	6 046	851.67
84135010	气动往复式排液泵	台	130 304	5 227.13
	其中:美国	台	25 532	2 449.94
	德国	台	3 445	786.84
	日本	台	6 370	458.91
	意大利	台	2 655	262.01
	中华人民共和国	台	76 974	243.91
	荷兰	台	564	203.22
84135020	电动往复式排液泵	台	5 854 978	17 954.59
	其中:德国	台	27 425	4 959.17
	日本	台	133 345	2 222.68
	意大利	台	3 292 778	1 947.91
	美国	台	32 666	1 760.94
	荷兰	台	409	1 586.52

（续）

税　　号	产品名称及主要进口国家(地区)	进口量单位	进 口 量	进口额（万美元）
	法国	台	193 527	1 123.27
84135090	未列名往复式排液泵	台	752 980	16 183.59
	其中:日本	台	188 572	6 099.57
	韩国	台	25 121	5 992.98
	德国	台	25 516	1 612.34
	美国	台	3 423	1 476.83
	意大利	台	496 616	431.83
84136090	其他回转式排液泵	台	1 862 582	25 769.74
	其中:德国	台	420 576	12 936.23
	日本	台	717 209	6 007.52
	韩国	台	441 176	1 295.38
	意大利	台	66 862	1 232.81
	美国	台	31 726	1 039.19
84137010	转速在 10 000r/min 及以上的离心泵	台	204 344	5 432.21
	其中:美国	台	2 970	2 119.33
	德国	台	50 830	1 048.56
	挪威	台	88	565.17
	日本	台	502	419.63
	意大利	台	2 133	225.73
	法国	台	46	225.01
84138100	未列名液体泵	台	8 737 327	36 651.04
	其中:日本	台	116 470	13 246.19
	美国	台	52 101	5 881.39
	德国	台	372 717	5 278.64
	意大利	台	3 704 344	2 246.88
	韩国	台	97 731	1 308.86
84138200	液体提升机	台	17 727	535.94
	其中:中国台湾	台	167	204.52
	德国	台	476	99.21
	中华人民共和国	台	10	97.73
	美国	台	277	65.03
	意大利	台	16 062	18.90
84139100	液体泵零件	t	34 141.80	77 854.95
	其中:日本	t	8 309.39	22 678.23
	德国	t	7 054.77	15 575.87
	美国	t	4 259.40	8 216.11
	韩国	t	3 472.52	5 484.54

（续）

税 号	产品名称及主要进口国家(地区)	进口量单位	进 口 量	进口额（万美元）
	法国	t	838.66	5 143.96
84139200	液体提升机零件	t	68.32	218.55
	其中:瑞典	t	15.54	65.28
	德国	t	6.29	49.85
	西班牙	t	14.94	36.88
	中国香港	t	11.60	33.89
	美国	t	3.93	13.03
84304111	自推进石油及天然气钻机,钻探深度≥6 000m	台	1	25.31
	其中:意大利	台	1	25.31
84304119	未列名自推进的石油及天然气钻机	台	13	2 244.49
	其中:美国	台	10	1 294.50
	加拿大	台	2	949.21
	法国	台	1	0.78
84304121	其他自推进的钻机,钻探深度≥6 000m	台	1	3.73
	其中:美国	台	1	3.73
84304122	履带式自推进的钻机,钻探深度<6 000m	台	92	5 381.50
	其中:澳大利亚	台	12	2 928.24
	瑞典	台	36	1 534.69
84304129	其他自推进的钻机,钻探深度<6 000m	台	223	5 610.75
	其中:意大利	台	34	2 224.06
	日本	台	16	1 193.47
	德国	台	10	686.95
	澳大利亚	台	3	445.89
	瑞典	台	10	404.54
84304190	自推进的凿井机械	台	18	286.75
	其中:美国	台	10	105.92
	德国	台	2	69.33
	比利时	台	2	53.70
	中华人民共和国	台	2	51.34
84305010	其他自推进采油机械	台	13	19.39
	其中:加拿大	台	10	14.29
	美国	台	3	5.10
84305031	牙轮直径在380mm及以上的采矿钻机	台	8	42.02
	其中:日本	台	8	42.02
84305039	其他采矿钻机	台	95	940.97
	其中:瑞典	台	9	331.88
	美国	台	15	246.27

（续）

税　　号	产品名称及主要进口国家(地区)	进口量单位	进 口 量	进口额（万美元）
	日本	台	53	217.19
84314310	石油或天然气钻机的零件	t	6 551.53	25 334.50
	其中:美国	t	3 476.64	12 886.12
	挪威	t	588.15	4 706.38
	新加坡	t	528.37	3 128.34
	英国	t	195.90	975.43
	马来西亚	t	314.25	812.71
84743100	混凝土或砂浆混合机器	台	502	1 713.93
	其中:德国	台	115	507.09
	美国	台	59	374.96
	挪威	台	36	285.89
	日本	台	51	111.77
	韩国	台	29	105.08
87052000	机动钻探车	辆	13	2 112.75
	其中:美国	辆	7	1 237.67
	意大利	辆	6	875.08
87059080	石油测井车、压裂车、混砂车	辆	19	1 265.07
	其中:美国	辆	18	1 237.51
	法国	辆	1	27.56
89012011	载重量不超过 10 万 t 的成品油船	艘	50	245.77
	其中:中国香港	艘	22	121.58
	中国澳门	艘	27	120.33
	中华人民共和国	艘	1	3.86
89012021	载重量不超过 15 万 t 的原油船	艘	1	3 440.00
	其中:日本	艘	1	3 440.00
89012031	容积≤20 000m^3的液化石油气船	艘	2	1 993.96
	其中:日本	艘	2	1 993.96
89012090	其他液货船	艘	1	3.86
	其中:中国香港	艘	1	3.86
90158000	其他大地及水道测量海洋气象地球物理用仪器	台	66 977	47 788.20
	其中:美国	台	23 912	16 968.68
	法国	台	2 041	5 848.75
	瑞士	台	4 121	4 128.12
	日本	台	6 747	3 450.29
	德国	台	16 276	3 341.97

2011年炼油化工产品主要出口国家(地区)量值表

税　　号	产品名称及主要出口国家(地区)	出口量单位	出 口 量	出口额(万美元)
84051000	煤气发生器;乙炔发生器等水解气体发生器	kg	4 802 905	1 940.26
	其中:印度	kg	1 160 113	379.33
	越南	kg	800 331	244.86
	马来西亚	kg	86 822	157.81
	韩国	kg	100 495	146.31
	巴基斯坦	kg	880 182	144.36
84059000	煤气发生器及乙炔发生器等的零件	kg	6 358 080	1 199.49
	其中:印度	kg	1 666 840	239.34
	越南	kg	892 172	179.27
	巴基斯坦	kg	1 010 360	159.94
	菲律宾	kg	360 845	126.75
	印度尼西亚	kg	596 605	109.38
	缅甸	kg	668 600	106.83
84161000	使用液体燃料的炉用燃烧器	kg	3 423 183	2 380.07
	其中:南非	kg	509 119	245.38
	美国	kg	386 686	214.39
	英国	kg	214 809	143.09
	荷兰	kg	267 759	130.55
	德国	kg	114 131	129.55
	印度尼西亚	kg	13 780	128.10
84162019	使用其他气体燃料的炉用燃烧器	kg	3 634 013	2 076.69
	其中:越南	kg	580 832	279.62
	美国	kg	640 146	227.18
	中国台湾	kg	417 249	171.59
	德国	kg	251 277	163.27
	印度尼西亚	kg	432 703	157.02
	俄罗斯联邦	kg	173 602	155.23
84193990	未列名干燥器	台	959 644	22 078.28
	其中:美国	台	312 512	2 177.64
	印度	台	6 688	2 028.75
	印度尼西亚	台	11 071	1 778.66
	日本	台	14 903	1 409.77
	泰国	台	13 479	948.39
84194010	提净塔	台	452	440.88
	其中:中国香港	台	1	108.30
	印度	台	35	88.12

（续）

税　　号	产品名称及主要出口国家(地区)	出口量单位	出 口 量	出口额（万美元）
	哈萨克斯坦	台	4	72.69
	纳米比亚	台	8	43.03
	巴西	台	3	42.80
84194020	精馏塔	台	178	1 239.83
	其中:美国	台	2	429.78
	越南	台	10	202.90
	俄罗斯联邦	台	3	138.34
	哈萨克斯坦	台	3	80.35
	印度尼西亚	台	60	78.40
84194090	其他蒸馏或精馏设备	台	24 880	6 262.52
	其中:印度	台	1 338	1 518.89
	美国	台	7 271	520.35
	伊拉克	台	7	520.30
	印度尼西亚	台	188	515.33
	伊朗	台	41	325.09
84195000	热交换装置	台	404 381	32 932.20
	其中:美国	台	36 589	3 476.60
	韩国	台	44 359	3 375.55
	越南	台	658	2 847.59
	印度	台	6 774	2 808.99
	沙特阿拉伯	台	1 071	2 104.33
84196011	制氧量≥15 000m^3/h 及以上的制氧机	台	69	435.94
	其中:中国台湾	台	53	324.68
	伊拉克	台	3	64.08
	越南	台	2	42.44
84196019	其他制氧机	台	2 606	9 452.78
	其中:埃及	台	5	1 885.09
	俄罗斯联邦	台	148	1 686.05
	土耳其	台	239	902.69
	印度	台	80	810.73
	印度尼西亚	台	15	650.62
84196090	未列名液化空气或其他气体的机器	台	1 768	10 385.00
	其中:沙特阿拉伯	台	22	2 006.04
	美国	台	94	1 798.32
	印度	台	52	1 181.84
	韩国	台	19	1 174.03
	新加坡	台	13	1 113.65

（续）

税　　号	产品名称及主要出口国家(地区)	出口量单位	出 口 量	出口额（万美元）
84198910	加氢反应器	台	450	359.73
	其中:印度	台	372	228.01
	墨西哥	台	3	33.51
	吉尔吉斯斯坦	台	5	30.19
	巴西	台	1	13.74
	韩国	台	21	11.05
84198990	未列名利用温度变化处理材料的机器、装置等	台	2 399 408	40 413.78
	其中:美国	台	485 138	3 481.23
	印度	台	52 179	2 980.63
	日本	台	64 084	2 806.79
	韩国	台	34 475	2 605.90
	巴西	台	101 146	2 315.06
84211910	脱水机	台	205 317	1 482.03
	其中:菲律宾	台	85 742	221.61
	伊拉克	台	6	216.37
	韩国	台	33 440	142.11
	墨西哥	台	34 539	100.42
	印度尼西亚	台	68	57.88
	朝鲜	台	18 586	56.68
84212910	压滤机	台	2 386	4 205.58
	其中:澳大利亚	台	20	935.58
	民主刚果	台	33	340.38
	巴西	台	18	255.20
	印度	台	139	249.63
	南非	台	1 314	225.47
84212990	未列名液体过滤、净化机器及装置	台	58 888 526	37 980.44
	其中:日本	台	10 477 306	7 297.27
	美国	台	14 275 957	3 234.74
	伊拉克	台	10 386	2 754.37
	印度尼西亚	台	839 337	1 960.78
	印度	台	941 691	1 757.99
84213923	工业用旋风式除尘器	台	7 603	706.31
	其中:日本	台	1 544	171.97
	印度	台	7	89.29
	沙特阿拉伯	台	23	87.80
	墨西哥	台	1	81.93
	美国	台	1 541	36.53

（续）

税　　号	产品名称及主要出口国家（地区）	出口量单位	出 口 量	出口额（万美元）
84772090	其他挤出机	台	6 052	21 796.65
	其中：俄罗斯联邦	台	453	1 957.13
	泰国	台	318	1 914.48
	印度	台	531	1 864.91
	伊朗	台	310	1 512.41
	印度尼西亚	台	310	1 306.97
84796000	蒸发式空气冷却器	台	1 634 059	8 876.83
	其中：越南	台	92 983	709.26
	印度	台	128 471	691.28
	日本	台	181 672	619.83
	美国	台	171 754	576.79
	土耳其	台	93 674	527.80
84811000	减压阀	套	38 547 572	16 791.24
	其中：美国	套	4 138 939	3 751.63
	日本	套	2 023 379	3 277.12
	印度尼西亚	套	8 488 419	1 365.93
	中国香港	套	3 836 463	1 120.10
	韩国	套	447 712	959.92
84812010	油压传动阀	套	3 092 367	4 691.33
	其中：美国	套	171 615	987.75
	巴西	套	53 168	733.58
	韩国	套	138 927	604.45
	日本	套	745 742	542.55
	中国香港	套	18 312	222.93
84772010	塑料造粒机	台	3 110	5 551.24
	其中：伊朗	台	54	560.06
	俄罗斯联邦	台	208	522.10
	越南	台	433	388.07
	印度	台	148	306.16
	泰国	台	65	207.59
84812020	气压传动阀	套	5 671 021	6 357.49
	其中：美国	套	1 253 402	1 768.95
	德国	套	552 051	1 485.41
	日本	套	740 327	1 448.39
	法国	套	1 497 054	428.86
	荷兰	套	19 497	118.25
84813000	止回阀	套	1 438 573 894	30 001.84

（续）

税　　号	产品名称及主要出口国家(地区)	出口量单位	出 口 量	出口额（万美元）
	其中:美国	套	293 423 280	6 800.31
	印度尼西亚	套	143 490 636	2 308.60
	韩国	套	33 199 574	2 003.29
	越南	套	76 357 310	1 650.61
	德国	套	138 941 334	984.82
84814000	安全阀或溢流阀	套	8 029 289	7 228.46
	其中:美国	套	740 555	2 193.43
	日本	套	1 263 366	1 013.84
	越南	套	670 018	430.19
	中国台湾	套	1 181 555	409.30
	伊朗	套	71 536	298.19
84819010	阀门零件	kg	365 552 912	217 307.88
	其中:美国	kg	117 832 130	68 114.86
	日本	kg	24 304 127	26 595.80
	德国	kg	14 197 688	13 074.01
	韩国	kg	31 028 160	10 394.17
	中国台湾	kg	19 943 121	8 913.60
	意大利	kg	15 731 020	8 245.28

2011 年炼油化工产品主要进口国家(地区)量值表

税　　号	产品名称及主要进口国家(地区)	进口量单位	进 口 量	进口额（万美元）
84051000	煤气发生器;乙炔发生器等水解气体发生器	kg	1 632 509	2 024.29
	其中:韩国	kg	1 503 873	1 462.72
	美国	kg	68 431	330.87
	荷兰	kg	17 660	63.11
	德国	kg	22 617	57.34
	日本	kg	10 119	44.48
84059000	煤气发生器及乙炔发生器等的零件	kg	183 932	947.88
	其中:美国	kg	51 964	442.01
	意大利	kg	13 331	191.85
	西班牙	kg	30 150	120.34
	中国台湾	kg	67 438	91.97
	英国	kg	14 042	70.51
84161000	使用液体燃料的炉用燃烧器	kg	1 716 655	6 709.14
	其中:丹麦	kg	246 599	1 547.70

（续）

税　　号	产品名称及主要进口国家(地区)	进口量单位	进 口 量	进口额（万美元）
	德国	kg	213 894	1 430.25
	意大利	kg	477 709	1 047.01
	日本	kg	283 451	727.11
	美国	kg	106 757	678.14
84162019	使用其他气体燃料的炉用燃烧器	kg	412 127	2 412.14
	其中:意大利	kg	86 149	705.21
	德国	kg	55 078	392.73
	美国	kg	99 047	363.42
	荷兰	kg	74 883	311.54
	芬兰	kg	40 123	190.87
84193990	未列名干燥器	台	47 942	32 524.11
	其中:日本	台	17 926	8 518.02
	德国	台	3 675	5 450.43
	意大利	台	376	4 169.42
	韩国	台	4 333	3 458.28
	美国	台	3 651	2 283.80
	中国台湾	台	1 322	1 891.85
84194010	提净塔	台	6	120.57
	其中:马来西亚	台	1	85.07
	意大利	台	2	19.27
	韩国	台	1	10.63
	德国	台	2	5.60
84194020	精馏塔	台	26	2 096.77
	其中:日本	台	2	682.02
	德国	台	7	433.07
	奥地利	台	2	305.77
	美国	台	6	284.78
	韩国	台	6	274.95
84194090	其他蒸馏或精馏设备	台	1 852	7 707.73
	其中:丹麦	台	384	1 629.28
	瑞士	台	678	1 523.32
	德国	台	336	1 461.59
	瑞典	台	18	577.70
	日本	台	164	530.41
84195000	热交换装置	台	576 020	90 182.88
	其中:德国	台	93 192	16 453.87

（续）

税　　号	产品名称及主要进口国家(地区)	进口量单位	进 口 量	进口额（万美元）
	日本	台	195 301	14 994.37
	美国	台	15 556	10 228.72
	意大利	台	46 714	9 350.62
	韩国	台	32 624	8 280.61
84196011	制氧量≥15 000m^3/h 及以上的制氧机	台	3	19.82
	其中:法国	台	3	19.82
84196019	其他制氧机	台	1 142	59.33
	其中:美国	台	675	31.36
	韩国	台	251	19.61
	德国	台	207	7.16
84196090	未列名液化空气或其他气体的机器	台	91	3 769.12
	其中:法国	台	3	955.96
	丹麦	台	2	474.14
	日本	台	20	445.42
84198910	加氢反应器	台	61	3 158.41
	其中:日本	台	2	1 992.06
	意大利	台	2	678.15
	美国	台	35	246.52
	印度	台	1	137.50
84198990	未列名利用温度变化处理材料的机器、装置等	台	129 488	78 654.18
	其中:德国	台	15 597	24 646.08
	美国	台	18 937	8 034.65
	日本	台	27 591	7 922.18
	意大利	台	426	6 399.43
	中国台湾	台	3 133	6 159.37
84211910	脱水机	台	492	4 715.35
	其中:德国	台	87	1 339.49
	美国	台	127	1 014.98
	澳大利亚	台	33	455.18
	日本	台	36	411.42
	瑞典	台	7	396.95
84212910	压滤机	个	9 684	3 804.32
	其中:德国	个	76	2 078.67
	韩国	个	16	425.90
	美国	个	125	311.95
	芬兰	个	6	264.23

（续）

税　　号	产品名称及主要进口国家(地区)	进口量单位	进 口 量	进口额（万美元）
	中国台湾	个	9 388	264.06
84212990	未列名液体过滤、净化机器及装置	个	42 407 159	76 104.69
	其中:德国	个	7 001 375	19 904.14
	日本	个	17 390 391	18 143.39
	美国	个	9 280 783	10 198.05
	法国	个	809 871	4 007.93
	中国台湾	个	74 969	2 719.55
	韩国	个	1 833 857	2 692.76
	瑞典	个	17 923	2 670.75
	意大利	个	637 759	2 439.32
84213923	工业用旋风式除尘器	个	4 086	1 737.29
	其中:德国	个	516	431.68
	美国	个	172	407.69
	日本	个	1 006	351.47
	意大利	个	728	214.88
84772010	塑料造粒机	台	303	17 371.92
	其中:德国	台	77	8 467.62
	日本	台	89	5 459.64
	奥地利	台	28	1 660.04
	中国台湾	台	63	1 159.46
84772090	其他挤出机	台	3 091	40 675.61
	其中:德国	台	192	16 517.62
	日本	台	185	10 126.02
	意大利	台	53	3 317.38
	瑞士	台	21	3 068.98
	中国台湾	台	303	2 734.34
	美国	台	2 204	2 636.62
84796000	蒸发式空气冷却器	台	5 292	1 275.16
	其中:德国	台	169	371.70
	荷兰	台	18	306.96
	日本	台	490	232.37
	丹麦	台	24	96.12
	美国	台	84	85.66
84811000	减压阀	万套	3 042.42	34 412.41
	其中:德国	万套	350.73	7 894.91
	美国	万套	798.42	5 601.26

（续）

税　号	产品名称及主要进口国家(地区)	进口量单位	进 口 量	进口额（万美元）
	意大利	万套	282.10	4 702.22
	日本	万套	242.03	4 316.03
	韩国	万套	222.13	2 119.59
84812010	油压传动阀	万套	1 435.48	143 955.29
	其中:日本	万套	190.74	69 406.21
	德国	万套	136.06	26 791.77
	韩国	万套	170.65	15 951.45
	意大利	万套	104.44	8 405.49
	美国	万套	168.51	7 771.08
84812020	气压传动阀	万个	1 150.56	52 661.89
	其中:日本	万个	457.13	16 180.99
	德国	万个	172.09	10 688.97
	美国	万个	123.59	7 753.73
	法国	万个	11.18	4 471.79
	意大利	万个	77.88	2 695.03
	瑞士	万个	6.13	2 107.05
84813000	止回阀	万个	13 367.02	37 399.58
	其中:德国	万个	1 178.77	9 096.15
	美国	万个	1 519.65	6 322.08
	日本	万个	4 425.86	5 816.00
	意大利	万个	490.01	3 273.33
	韩国	万个	285.93	2 131.79
	英国	万个	176.00	2 120.26
84814000	安全阀或溢流阀	万个	1 950.39	39 282.91
	其中:美国	万个	191.98	10 620.45
	德国	万个	275.68	9 475.66
	日本	万个	405.87	4 083.16
	法国	万个	44.91	3 390.83
	意大利	万个	221.05	2 530.11
84819010	阀门零件	kg	25 078 972	80 419.75
	其中:日本	kg	4 551 782	19 751.94
	德国	kg	4 455 114	17 717.74
	美国	kg	2 714 023	9 880.84
	韩国	kg	3 169 197	6 490.95
	意大利	kg	1 090 167	3 408.12
	中国台湾	kg	2 012 177	3 064.16

2011年压力容器产品主要出口国家(地区)量值表

税　　号	产品名称及主要出口国家(地区)	出口量(kg)	出口额(万美元)
73071100	无可锻性铸铁管子附件	218 449 775	40 118.81
	其中:美国	84 882 447	15 204.41
	日本	8 861 307	1 928.80
	英国	7 171 149	1 408.69
	加拿大	6 767 024	1 380.10
	德国	6 662 924	1 365.57
	沙特阿拉伯	6 968 509	1 361.97
	中国香港	7 950 532	1 272.14
	澳大利亚	3 899 999	1 002.22
73071900	可锻性铸铁及铸钢管子附件	245 770 313	52 427.16
	其中:美国	54 985 756	12 634.20
	韩国	15 528 054	2 786.44
	伊朗	13 689 455	2 498.02
	沙特阿拉伯	8 566 238	2 050.67
	英国	8 910 915	1 955.12
73072100	不锈钢制法兰	65 976 772	44 730.77
	其中:日本	13 019 232	8 539.15
	韩国	10 489 540	6 750.12
	德国	8 112 224	6 488.01
	美国	6 490 567	3 865.98
	荷兰	2 528 295	1 916.06
	意大利	3 223 612	1 861.48
73072200	不锈钢制螺纹肘管、弯管及管套	18 950 996	17 612.28
	其中:日本	3 323 256	3 543.54
	美国	3 586 565	3 204.85
	中国台湾	1 370 033	1 376.10
	德国	1 021 322	1 232.35
	西班牙	960 178	986.86
	意大利	667 077	815.12
73072300	不锈钢制对焊件	11 928 720	13 011.63
	其中:美国	1 811 307	2 370.03
	意大利	1 056 992	1 216.99
	荷兰	836 763	915.34
	日本	587 402	890.99
	丹麦	398 134	621.14
	德国	554 183	619.24
73072900	不锈钢制其他管子附件	17 411 606	18 511.02

（续）

税　　号	产品名称及主要出口国家(地区)	出口量(kg)	出口额(万美元)
	其中:美国	3 602 601	3 889.52
	日本	1 189 391	1 794.20
	德国	761 798	1 323.32
	韩国	1 662 043	1 223.64
	荷兰	457 505	850.67
	英国	436 216	692.30
	中国台湾	857 732	647.18
73079100	其他钢铁制法兰	410 951 285	67 242.34
	其中:韩国	71 445 763	10 481.82
	日本	43 729 093	7 212.78
	德国	26 930 672	5 174.96
	美国	18 174 032	4 299.73
	俄罗斯联邦	23 937 845	2 925.11
	意大利	17 881 539	2 674.01
	巴西	12 303 138	2 257.04
	南非	14 969 986	2 110.97
	英国	11 641 629	2 087.90
73079200	其他钢铁制螺纹肘管、弯管及管套	73 910 096	24 070.69
	其中:美国	25 227 222	9 368.58
	日本	4 207 482	3 469.03
	印度	4 038 152	931.06
	中国香港	3 452 157	541.77
	加拿大	1 445 123	531.85
	德国	781 159	525.27
	马来西亚	1 904 109	503.53
73079300	其他钢铁制对焊件	131 997 295	20 872.62
	其中:印度	16 196 373	2 051.26
	韩国	9 407 670	1 577.17
	阿拉伯联合酋长国	7 396 554	1 448.02
	巴西	8 062 408	1 309.00
	伊朗	7 481 550	1 105.90
	马来西亚	5 269 767	934.15
	印度尼西亚	7 213 637	900.74
73079900	未列名钢铁制管子附件	243 720 215	76 641.99
	其中:美国	69 843 177	21 520.08
	日本	7 667 499	4 164.12
	马来西亚	16 384 834	2 879.59
	俄罗斯联邦	4 353 408	2 723.21

（续）

税　　号	产品名称及主要出口国家(地区)	出口量(kg)	出口额(万美元)
	韩国	6 071 308	2 201.26
	新加坡	5 945 177	2 175.33
	澳大利亚	3 048 356	2 135.58
	英国	3 788 927	2 087.79
	加拿大	7 371 931	2 073.38
	德国	4 313 515	2 022.27
73110010	装压缩气体或液化气体的零售包装钢铁容器	2 276 232	725.78
	其中:日本	452 866	212.74
	越南	165 826	66.30
	澳大利亚	255 704	57.59
	朝鲜	276 588	55.97
	中国香港	18 376	47.00
	印度	151 189	44.62
73110090	装压缩气体或液化气体的非零售包装钢铁容器	215 070 344	48 762.88
	其中:美国	30 236 113	7 723.19
	伊朗	20 551 923	4 812.26
	泰国	17 085 919	4 146.42
	乌兹别克斯坦	14 541 596	3 692.84
	印度尼西亚	10 984 685	2 494.14
	印度	10 936 900	2 170.30
84841000	密封垫等(金属片与其他材料或多层金属片制)	35 309 601	34 471.58
	其中:美国	6 149 717	4 897.75
	沙特阿拉伯	476 059	4 131.02
	日本	1 354 164	3 414.03
	阿拉伯联合酋长国	757 849	1 947.30
	德国	864 043	1 652.35

2011年压力容器产品主要进口国家(地区)量值表

税　　号	产品名称及主要进口国家(地区)	进口量(kg)	进口额(万美元)
73071100	无可锻性铸铁管子附件	2 043 231	2 171.41
	其中:日本	297 126	605.57
	德国	575 571	453.59
	意大利	419 743	434.42
	美国	358 019	220.2
	韩国	69 917	143.35
73071900	可锻性铸铁及铸钢管子附件	1 915 797	3 585.73
	其中:德国	328 108	1 001.92

（续）

税号	产品名称及主要进口国家(地区)	进口量(kg)	进口额(万美元)
	日本	285 500	877.78
	美国	110 833	372.21
	韩国	545 173	314.61
	意大利	84 207	164.42
	奥地利	9 259	103.81
	法国	23 621	100.98
73072100	不锈钢制法兰	2 322 435	4 773.25
	其中:德国	367 616	1 106.71
	日本	816 570	1 059.11
	美国	153 344	734.10
	意大利	257 643	296.76
	法国	134 177	284.52
	中华人民共和国	109 367	239.74
73072200	不锈钢制螺纹肘管、弯管及管套	853 278	3 703.11
	其中:德国	206 385	1 003.51
	美国	217 280	889.73
	日本	104 702	750.00
	韩国	131 539	216.63
	中国台湾	54 295	149.41
	法国	9 877	115.43
73072300	不锈钢制对焊件	883 116	2 742.81
	其中:意大利	168 541	1 193.73
	德国	141 514	466.63
	泰国	346 681	352.26
	日本	24 376	163.12
	中国台湾	55 919	109.92
73072900	不锈钢制其他管子附件	2 541 484	15 795.86
	其中:美国	337 548	4 142.24
	德国	631 382	3 566.86
	日本	293 514	1 988.77
	韩国	512 933	1 618.70
	中国台湾	170 579	768.76
73079100	其他钢铁制法兰	12 764 167	8 247.12
	其中:德国	1 994 940	2 525.71
	韩国	7 088 916	2 040.53
	日本	979 901	1 047.68
	意大利	758 909	599.09
	美国	513 015	586.28
73079200	其他钢铁制螺纹肘管、弯管及管套	6 451 511	8 959.63
	其中:日本	1 799 493	2 952.65
	美国	935 701	1 597.17

（续）

税　　号	产品名称及主要进口国家(地区)	进口量(kg)	进口额(万美元)
	韩国	1 973 168	958.45
	德国	257 404	946.10
	巴西	231 550	405.23
	泰国	231 872	339.27
	意大利	146 271	335.37
	新加坡	333 235	324.04
73079300	其他钢铁制对焊件	3 306 329	3 989.45
	其中:意大利	1 631 085	2 584.67
	韩国	831 111	382.60
	日本	231 348	284.47
	奥地利	124 720	232.44
	德国	61 869	126.47
	美国	48 028	97.57
73079900	未列名钢铁制管子附件	14 286 282	26 584.52
	其中:日本	2 897 051	5 781.35
	德国	2 033 984	4 932.06
	韩国	4 236 337	4 122.15
	美国	1 693 328	4 027.33
	法国	423 855	1 656.35
	意大利	440 635	1 184.77
73110010	装压缩气体或液化气体的零售包装钢铁容器	5 868 184	933.51
	其中:中华人民共和国	5 169 724	556.85
	美国	279 605	272.86
	韩国	176 366	27.45
	荷兰	81 323	22.38
	法国	410	19.50
73110090	装压缩气体或液化气体的非零售包装钢铁容器	22 549 920	8 193.35
	其中:韩国	4 247 179	2 652.76
	日本	1 944 796	1 292.19
	美国	1 418 024	994.40
	中华人民共和国	10 475 413	633.68
	挪威	284 340	572.67
	德国	162 552	562.08
84841000	密封垫等(金属片与其他材料或多层金属片制)	3 963 917	23 258.47
	其中:日本	1 072 627	6 660.93
	美国	624 111	5 164.36
	德国	381 620	2 955.38
	法国	102 010	2 304.14
	韩国	883 365	1 893.71
	英国	91 437	575.89
	意大利	63 399	525.27

2011 年输油管道主要出口国家(地区)量值表

税　　号	产品名称及主要出口国家(地区)	出口量(kg)	出口额(万美元)
73041110	不锈钢石油天然气管道管,215.9mm≤外径≤406.4mm	7 406 447	722.01
	其中:比利时	6 934 870	628.64
	毛里塔尼亚	252 961	28.76
	俄罗斯联邦	43 970	16.29
	刚果	24 580	11.87
73041120	不锈钢石油天然气管道管,114.3mm<外径<215.9mm	1 200 334	216.42
	其中:伊拉克	1 152 158	199.10
	俄罗斯联邦	29 873	11.68
	越南	3 244	2.23
	埃塞俄比亚	4 920	1.16
73041130	不锈钢石油天然气管道管,外径≤114.3mm	499 576	226.24
	其中:俄罗斯联邦	294 450	111.70
	新加坡	15 287	25.34
	毛里求斯	49 596	12.64
	印度	12 698	12.12
	泰国	12 363	11.63
73041190	不锈钢石油天然气管道管,外径>406.4mm	5 557 761	2 885.01
	其中:印度	2 058 441	993.31
	俄罗斯联邦	806 942	411.33
	美国	520 476	315.76
	立陶宛	361 571	192.62
	韩国	241 619	125.14
	土耳其	242 727	119.12
	阿拉伯联合酋长国	134 316	116.00
73041910	其他钢石油天然气管道管,215.9mm≤外径≤406.4mm	665 801 328	73 594.13
	其中:阿尔及利亚	52 713 835	6 679.67
	韩国	65 191 002	6 580.97
	阿拉伯联合酋长国	52 985 320	5 736.23
	厄瓜多尔	25 134 242	3 615.62
	新加坡	32 523 325	3 523.65
73041920	其他钢石油天然气管道管,114.3mm<外径<215.9mm	336 987 771	33 635.47
	其中:科威特	34 722 026	3 800.18
	阿拉伯联合酋长国	36 978 432	3 542.68
	韩国	24 826 516	2 385.19
	中国台湾	25 000 352	2 291.48
	新加坡	18 583 915	1 974.22
	印度	19 116 417	1 749.85

（续）

税　号	产品名称及主要出口国家(地区)	出口量(kg)	出口额(万美元)
73041930	其他钢石油天然气无缝管道管,外径≤114.3mm	704 330 102	70 938.51
	其中:印度	90 666 598	9 463.95
	韩国	76 629 004	7 849.68
	伊朗	57 262 719	5 663.62
	阿拉伯联合酋长国	45 980 269	4 540.04
	中国台湾	36 702 990	3 406.25
	加拿大	28 475 363	3 203.30
	印度尼西亚	33 426 161	3 142.10
73041990	其他钢石油天然气无缝管道管,外径>406.4mm	236 602 957	28 566.14
	其中:阿拉伯联合酋长国	34 350 358	4 540.37
	美国	18 382 792	2 443.37
	沙特阿拉伯	11 937 796	1 857.93
	印度尼西亚	18 988 819	1 789.33
	印度	14 039 584	1 564.31
73042210	不锈钢制钻探石油天然气钻管,外径≤168.3mm	110 419	36.18
	其中:蒙古	68 600	22.28
	印度尼西亚	12 668	6.54
	坦桑尼亚	15 300	4.81
	美国	4 100	1.87
	柬埔寨	9 751	0.69
73042290	不锈钢制钻探石油天然气钻管,外径>168.3mm	3 039 689	1 093.60
	其中:苏丹	370 931	157.73
	加拿大	299 270	157.06
	阿拉伯联合酋长国	517 160	115.48
	挪威	130 235	72.95
	伊朗	135 918	69.70
73042310	其他钢制钻探石油天然气钻管,外径≤168.3mm	97 840 826	34 004.10
	其中:加拿大	16 798 795	6 536.78
	俄罗斯联邦	12 676 253	3 845.31
	阿拉伯联合酋长国	9 985 994	3 402.65
	伊朗	5 902 786	2 269.03
	沙特阿拉伯	3 466 278	2 101.54
73042390	其他钢制钻探石油天然气钻管,外径>168.3mm	1 806 883	439.79
	其中:挪威	243 006	51.40
	埃及	176 280	50.45
	哈萨克斯坦	48 820	47.90
	印度	204 018	36.54
	乌克兰	96 127	30.87
	伊朗	155 105	30.52
73042400	不锈钢制钻探石油或天然气用无缝套管、导管	1 804 092	731.85
	其中:中国香港	1 785 530	697.59
	苏丹	2 969	12.56
	美国	4 150	8.19

（续）

税　　号	产品名称及主要出口国家(地区)	出口量(kg)	出口额(万美元)
	突尼斯	1 758	4.96
	新加坡	1 172	3.18
73042900	钻探石油及天然气用无缝钢铁套管及导管	1 703 772 270	210 025.15
	其中:委内瑞拉	147 721 062	21 930.66
	加拿大	103 998 044	15 324.90
	厄瓜多尔	93 234 773	12 467.40
	印度	114 298 234	11 721.46
	印度尼西亚	107 212 509	11 636.38
	阿拉伯联合酋长国	98 372 801	11 615.88
73061100	不锈钢制石油或天然气焊缝管道管	7 023 365	3 518.02
	其中:阿拉伯联合酋长国	817 698	582.29
	新加坡	799 962	400.18
	智利	505 793	288.74
	阿曼	293 708	208.07
	韩国	859 060	183.54
	伊拉克	35 050	183.14
73061900	其他钢铁制石油或天然气管道管	510 003 658	42 262.72
	其中:加拿大	122 782 371	9 183.87
	智利	57 355 529	4 619.17
	哥伦比亚	29 364 588	2 233.01
	澳大利亚	25 274 072	2 068.78
	墨西哥	20 605 800	1 630.87
73062100	不锈钢制钻探石油或天然气用套管及导管	213 841	56.16
	其中:印度尼西亚	51 977	21.62
	伊朗	18 796	17.86
	柬埔寨	100 000	7.65
	日本	40 190	7.36

2011 年输油管道主要进口国家(地区)量值表

税　　号	产品名称及主要进口国家(地区)	进口量(kg)	进口额(万美元)
73041110	不锈钢石油天然气管道管,215.9mm≤外径≤406.4mm	190 794	262.67
	其中:比利时	114 246	112.03
	奥地利	40 258	109.89
	西班牙	16 260	30.62
73041120	不锈钢石油天然气管道管,114.3mm < 外径 < 215.9mm	382 120	349.90
	其中:西班牙	233 370	217.10
	德国	75 317	51.07
	法国	18 979	30.65
	日本	7 550	18.20
	意大利	9 897	10.84
73041130	不锈钢石油天然气管道管,外径≤114.3mm	680 239	570.56
	其中:日本	400 929	241.98

（续）

税　　号	产品名称及主要进口国家(地区)	进口量(kg)	进口额(万美元)
	西班牙	115 362	104.47
	美国	16 055	63.06
	奥地利	35 443	34.91
	英国	24 255	32.07
73041190	不锈钢石油天然气管道管,外径>406.4mm	66 957	78.07
	其中:韩国	40 840	32.68
	西班牙	16 757	27.68
	德国	5 357	7.90
	英国	2 653	4.70
	美国	1 098	4.44
73041910	其他钢石油天然气管道管,215.9mm≤外径≤406.4mm	4 062 777	993.71
	其中:日本	1 505 697	286.13
	挪威	19 410	137.05
	意大利	398 084	111.55
	西班牙	407 900	100.06
	中华人民共和国	838 507	87.25
73041920	其他钢石油天然气管道管,114.3mm<外径<215.9mm	1 145 419	298.81
	其中:意大利	140 071	76.41
	西班牙	424 345	65.55
	美国	144 184	50.88
	阿根廷	144 054	33.86
	罗马尼亚	99 690	16.22
73041930	其他钢石油天然气无缝管道管,外径≤114.3mm	981 205	256.80
	其中:西班牙	549 810	82.69
	日本	188 712	53.90
	意大利	64 770	22.64
	美国	13 277	21.72
	新加坡	61 404	18.79
	英国	6 341	16.37
73041990	其他钢石油天然气无缝管道管,外径>406.4mm	5 660 633	1 041.68
	其中:意大利	2 885 328	673.43
	日本	2 291 566	294.81
	中华人民共和国	461 150	53.15
	荷兰	2 845	6.09
	韩国	2 890	6.01
73062100	不锈钢制钻探石油或天然气用套管及导管	17 001	105.95
	其中:美国	17 001	105.95
73042290	不锈钢制钻探石油天然气钻管,外径>168.3mm	4 141	3.02
	其中:中华人民共和国	3 200	1.78
	澳大利亚	941	1.24
73042310	其他钢制钻探石油天然气钻管,外径≤168.3mm	16 311 490	4 348.70
	其中:日本	5 218 184	1 430.90

（续）

税　　号	产品名称及主要进口国家(地区)	进口量(kg)	进口额(万美元)
	美国	4 872 146	1 190.46
	德国	236 022	559.43
	罗马尼亚	1 963 355	382.44
	印度尼西亚	847 769	159.76
	阿拉伯联合酋长国	822 280	131.19
73042390	其他钢制钻探石油天然气钻管,外径>168.3mm	856 274	336.78
	其中:美国	726 500	192.73
	法国	102 036	139.34
	阿曼	16 210	2.60
	沙特阿拉伯	11 433	1.91
	新加坡	95	0.20
73042400	不锈钢制钻探石油或天然气用无缝套管、导管	6 130 954	2 300.51
	其中:日本	6 087 272	2 205.67
	美国	36 444	46.05
	新加坡	4 588	42.97
	韩国	2 543	4.05
	挪威	102	1.44
73042900	钻探石油及天然气用无缝钢铁套管及导管	57 120 532	13 691.58
	其中:日本	35 320 930	8 132.57
	阿根廷	6 873 536	1 612.01
	美国	1 108 633	1 350.46
	意大利	4 038 613	812.27
	德国	2 855 640	578.72
73061100	不锈钢制石油或天然气焊缝管道管	1 317 460	823.52
	其中:德国	608 760	370.30
	韩国	517 921	331.80
	意大利	155 834	99.50
	西班牙	34 339	20.94
73061900	其他钢铁制石油或天然气管道管	7 450 837	1 118.40
	其中:韩国	7 194 461	1 040.18
	比利时	147 726	33.49
	德国	2 355	12.43
	澳大利亚	36 999	9.10
	西班牙	31 238	8.73
73062100	不锈钢制钻探石油或天然气用套管及导管	17 001	105.95
	其中:美国	17 001	105.95
73062900	其他钢铁制钻探石油或天然气套管及导管	6 233 971	6 666.80
	其中:马来西亚	3 385 026	5 706.61
	新加坡	1 871 544	477.11
	日本	822 540	329.41
	加拿大	44 005	75.20
	美国	67 003	42.86

标准和认证

详细介绍石油石化设备行业在2011～2012年制定的标准及石油钻采设备和工具标准化“十二五”规划

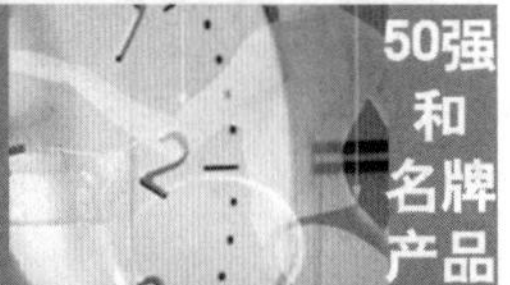

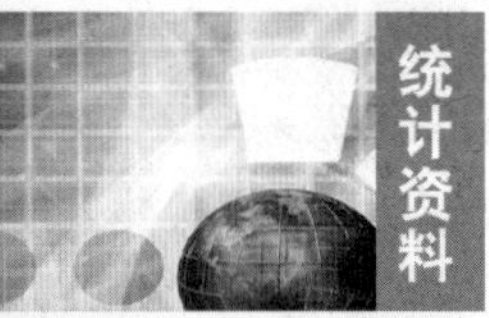

标准和认证

石油钻采设备和工具标准化“十二五”发展规划

2011年国家标准和行业标准制修订计划汇总表

2011年国家能源局第3号公告公布的6项石油天然气行业标准

2011年国家能源局第4号公告公布的75项石油天然气行业标准

2011年国家能源局第6号公告公布的23项石油天然气行业标准复审建议废止项目

2012年国家能源局第1号公告公布的98项石油天然气行业标准

2011年石油天然气行业标准复审建议继续有效项目汇总表

2011年石油天然气行业标准复审建议修订项目汇总表

2011年石油天然气行业标准复审建议废止项目汇总表

2011年强制性石油天然气行业标准项目汇总表

2011年推荐性石油天然气行业标准项目汇总表

2011年石油天然气行业标准制修订项目计划汇总表

石油钻采设备和工具标准化“十二五”发展规划

一、计划编制基本情况

(一)计划编制的依据

根据国家标准化管理委员会标委办综合〔2010〕99号《关于编制标准化“十二五”发展规划有关工作的通知》和全国石油钻采设备和工具标准化技术委员会(以下简称标委会)钻采设标秘字[2010]7号文件要求,组织各工作部和相关单位,编制石油钻采设备和工具标准化“十二五”发展规划。

(二)指导思想与编制原则

1. 指导思想

紧密围绕“速度、结构、质量和效益”四统一的要求,认真总结“十一五”标准化工作取得的成效、管理经验与不足,深入分析研究石油钻采标准化面临的形势与任务,充分调动各方面的积极性,大力实施国家标准化战略。坚持“整合、提高、国际化”的方针,服务石油天然气科学发展;坚持解放思想、转变观念、改革创新、科学发展,着重提升各类标准间的科学性、统一性、系统性和协调性,切实提高标准的有效性和适用性;坚持标准国际化发展思路,努力实现国际标准本土化向本土标准国际化转变,大力推进我国石油装备技术标准走向国际,提高我国石油装备企业的国际影响力。

2. 编制工作原则

——统筹规划,协调发展。加强专业技术标准协调统一和体系结构调整,统筹好石油天然气行业钻采设备和工具专业标准体系结构和布局;兼顾和促进新兴领域的发展,实现石油天然气行业钻采设备和工具专业标准体系总体布局的全面、科学和平衡,促进产业结构的协调和均衡发展。

——服务需求,市场导向。根据市场需求确定标准化发展目标和发展的重点方向。同时按照市场经济的运行规则,着力提高标准与市场的关联性,不断增强标准的适应性和有效性。

——总量控制,整合提高。“十二五”期间将加大标准整合提高的力度,实行技术标准总量控制,着力提升技术标准的整体水平和质量。一是严格控制新立制定项目,标委会将实行立项评审机制,非重点项目和非急需项目将不予立项;二是大幅度整合内容重复、交叉和相近的标准,增强技术标准的完整性、系统性和适用性。

——突出重点,量力而行。加强各专业领域重点标准的研制,特别是要突出自主知识产权技术标准的转化;突出新兴领域(如煤层气、页岩气开发等)的核心标准制定,促进石油天然气工业产业结构调整;突出低碳经济标准项目(如节能环保项目),大力推进石油天然气工业节能减排;突出标准梳理整合项目。标委会将实行计划评估机制,计划执行情况将纳入工作部考评之中。因此,各标准化工作部要有所为有所不为,突出重点,量力而行。

——加强梳理,注重实效。依据国家和行业标准制修订立项原则,以计划编制为契机,大力开展标准体系的梳理,理清标准所在层次和级别,合理制定各级标准,切实提高标准体系、计划和标准的系统性、科学性、可执行性和适用性。

——精诚合作,整体推进。充分发挥各专业标准化工作部专家和三大石油公司在计划编制中的职责和作用,要站在行业和国家的高度,加强协调合作,确保“十二五”规划编制工作的有序、高效和整体推进。

(三)编制工作简要过程

2010年6月,全国石油钻采设备和工具标准化技术委员会按照国家标准委和石油工业标准化技术委员会(简称油标委)的要求,行文下发了钻采设标秘字[2010]7号《关于编制“十二五”标准化发展规划的通知》,详细部署了石油钻采设备和工具标准化“十二五”发展规划的编制工作。

2010年7月,各标准化工作部在标准体系研究的基础上,成立了规划编写工作组,全面启动了石油钻采设备和工具标准化“十二五”发展规划编制工作。

2010年8月15日,各工作部完成并上报本专业的“十二五”发展规划初稿,在此基础上,标委会秘书处认真研究了各专业的规划初稿,进行了汇总、提升和精练,形成了石油钻采设备和工具标准化“十二五”发展规划讨论稿。

2010年8月24日,石油钻采设备和工具标准化“十二五”发展规划研讨会在北京召开,来自中国石油天然气集团公司、中国石油化工集团公司、中国海洋石油天然气股份有限公司各标准化工作部的有关专家对“十二五”发展规划(讨论稿)进行了充分的研讨,标委会秘书处按照专家意见修改完善,形成了石油钻采设备和工具标准化“十二五”发展规划送审稿。

2010年9月16日,由全国石油钻采设备和工具标准化技术委员会在新疆组织专家组,对《石油钻采设备和工具标准化“十二五”发展规划》(送审稿)进行了评审。专家组认为该规划资料齐全,编制目的明确、思路清晰,定位准确,完成了国家标准委和国家能源局的各项要求,一致同意通过该规划验收。

二、石油钻采设备和工具标准化现状及“十一五”规划执行情况

(一)石油钻采设备标准化现状

全国石油钻采设备和工具标准化技术委员会(SAC/TC96)是由国家标准化管理委员会管理的技术委员会。自1987年成立以来,一直担负着我国石油天然气物探、钻井、采油生产用设备及工具的标准化技术归口及管理工作,其主要任务是制定我国石油天然气勘探开发装备的产品标准和操作、维护规范。标委会由中国石油、中国石化、中国海油和中国机械工业联合会联合组成,委员主要来自石油装备制造企业、油田用户和研究院所的技术专家、标准化专家。标委会下设七个直属专业标准化工作部,如图1所示,即:钻机装备、车载装备、井控装备、钻采动力、钻修井井下工具、井口与采油树和采油设备标准化工作部。每个工作部由来自石油装备制造企业和油田用户的约20名技术专家组成,具体负责本专业领域的标准制修订工作。专业标准化工作部的组织管理模式,有效地推动了钻采设备标准化工作科学化、规范化和程序化进程。

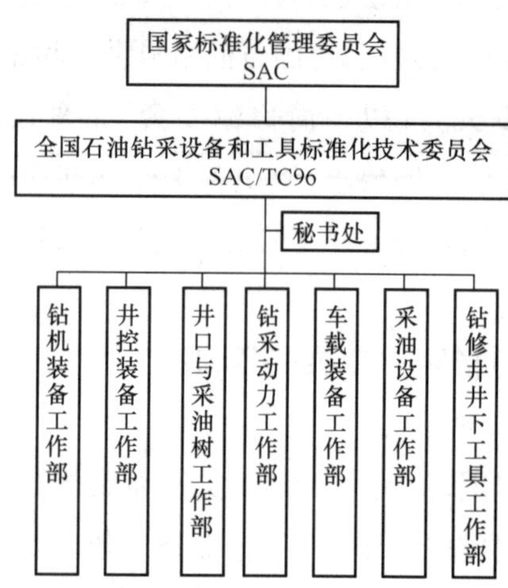

图1 SAC/TC96组织机构图

目前,全国石油钻采设备和工具标准化技术委员会归口管理的标准总计188项,其中,国家标准38项,行业标准150项。38项国家标准中,采用国际标准和国外先进标准32项,占国家标准比例为84%。150项行业标准中,采用国际标准和国外先进标准46项,占行业标准比例为31%。

(二)“十一五”石油钻采设备和工具标准化规划完成情况及主要成效和管理经验

1.“十一五”期间石油钻采设备和工具标准制修订情况

(1)“十一五”规划项目完成情况。“十一五”期间石油钻采设备重点标准制修订规划项目完成情况统计见表1,共计44项。其中:国家标准18项,行业标准26项;制定项目31项,修订标准13项;采用ISO标准16项;采用API等国外先进标准12项。其中,应完成39项,实际完成35项,完成率90%。

表1 “十一五”期间石油钻采设备重点标准制修订规划项目完成情况统计

序号	重点领域	项目名称	级别	制修订	立项依据	采用技术	代替标准	采标编号	拟列入年度计划	完成情况	未完成原因
1	石油天然气钻井设备	石油钻机和修井机技术规范	SY/T	制定	市场急需	国内外先进技术	SY/T 5609—1999		2005~2006	已发布	
2		钻井和修井设备规范	GB/T	修订	跟踪修订	国外先进技术	GB/T 17744—1999	API Spec 7K(第4版)(ISO/DIS 14693)	2005~2006	已发布	
3		石油钻机和修井机的基本配置	SY/T	制定	市场急需	国内外先进技术			2005~2006	已发布	
4		石油钻机和修井机出厂验收规范	SY/T	制定	市场急需	国内外先进技术	SY/T 6586—2003		2005~2006	已发布	
5		钻井和采油提升设备规范(不规定产品级别)	SY/T	修订	跟踪修订	国内外先进技术	SY/T 5112—1999	API Spec 8A:1997、MOD	2005~2006	已发布	
6		石油天然气工业 钻井和采油提升设备规范	GB/T	修订	跟踪修订	国外先进技术	GB/T 19190—2003	ISO 13535:2000(API Spec 8C:2003)	2009~2010	2011	被跟踪的ISO标准未作修改
7		石油天然气工业 钻井和采油设备 提升设备的检验、维护、修理和修复	GB/T	制定	跟踪修订	国外先进技术		ISO 13534:2000	2009~2010		被跟踪的ISO标准未作修改
8		石油钻机顶部驱动装置	SY/T	制定	市场急需	国内外先进技术			2007~2008	已发布	
9		石油钻井用固控系统设计规范	SY/T	制定	市场急需	国内外先进技术				已发布	
10		石油钻机用电气设备规范 第1部分:主电动机	SY/T	制定	市场急需	国内外先进技术			2005~2006	已发布	
11		石油钻机用电气设备规范 第2部分:控制系统	SY/T	制定	市场急需	国内外先进技术			2005~2006	已发布	
12		石油钻机用电气设备规范 第3部分:发电机组	SY/T	制定	市场急需	国内外先进技术			2005~2006	已发布	调整申报为国家标准

（续）

序号	重点领域	项目名称	级别	制修订	立项依据	采用技术	代替标准	采标编号	拟列入年度计划	完成情况	未完成原因
13		石油钻机用电气设备规范 第4部分:辅助用电设备及井场电路	SY/T	制定	市场急需	国内外先进技术			2005～2006	2010	
14		石油钻机用气胎离合器	SY/T	制定	市场急需	国内外先进技术			2007～2008	已发布	
15		连续油管作业机	SY/T	制定	市场急需	国内外先进技术			2009～2010	已发布	
16		石油和天然气工业 机械动力传输的柔性联轴器 一般用途	GB/T	制定	国际接轨	国外先进技术		ISO 14691	2007～2008	已撤项	钻采设标函字[2008]1号
17		石油和天然气工业 机械动力传输用挠性联轴器 特殊用途	GB/T	制定	国际接轨	国外先进技术		ISO 10441	2005～2006	已撤项	钻采设标函字[2008]1号
18		石油天然气工业 钻井和采油设备 钻通设备	GB/T	制定	跟踪修订	国外先进技术	SY/T 5053.1—2000	ISO 13533	2006～2007	已发布	
19		钻井控制设备控制系统和分流器设备控制系统规范	SY/T	修订	安全要求	国外先进技术	ISY/T 5053.2—2001	API Spec 16D: 2005	2009～2010	已发布	
20		节流和压井系统规范	SY/T	修订	安全要求	国外先进技术	SY/T 5323—1992	API Spec 16C	2007～2008	已发布	
21		评价钻井液处理系统推荐做法	SY/T	制定	国际接轨	国外先进技术		API RP 13C	2005～2006	已发布	
22		石油天然气工业 油气开发中含硫化氢环境下使用的材料 第1部分:防开裂材料选择的原理	GB/T	制定	安全要求	国外先进技术		ISO 15156.1: 2001	2005～2006	已发布	

（续）

序号	重点领域	项目名称	级别	制修订	立项依据	采用技术	代替标准	采标编号	拟列入年度计划	完成情况	未完成原因
23		石油天然气工业　油气开发中含硫化氢环境下使用的材料　第2部分:防开裂碳钢与低合金钢,铸铁	GB/T	制定	安全要求	国外先进技术		ISO 15156—2:2001	2006～2007	已发布	
24		石油天然气工业　油气开发中含硫化氢环境下使用的材料　第3部分:防开裂腐蚀合金及其他合金	GB/T	制定	安全要求	国外先进技术		ISO 15156.3:2001	2006～2007	已发布	
25	采油采气装备	抽油机规范	SY/T	修订	市场需求	国内外先进技术	SY/T 5044—2003	整合 ISO 10431—1993 和 SY/T 5044—2003	2006～2007	2009	待送审
26		抽油泵及其组件规范	GB/T	修订	市场需求	国外先进技术	GB/T 18607—200 1	API Spec 11AX	2006～2007	已发布	
27		抽油杆	GB/T	修订	市场需求	国外先进技术	SY/T 5029—2003	API Spec 11B: 1998 ISO 10428	2005～2006	已发布	
28		空心抽油杆	SY/T	修订	市场需求	国外先进技术	SY/T 5550—1998		2005～2006	已发布	
29		CJT 系列抽油机节能拖动装置	SY/T	修订	新技术	国内先进技术	SY/T 5226—1997		已修订完	已发布	
30		石油天然气工业井下设备　人工举升的螺杆泵抽油系统　第1部分:泵	GB/T	制定	新技术	国外先进技术		ISO 15136—1	2005～2006	已发布	
31		抽油电泵机组	GB/T	修订	整合修订	国内外先进技术	GB/T 18050—2000 等十四项标准		2005～2006	已发布	

（续）

序号	重点领域	项目名称	级别	制修订	立项依据	采用技术	代替标准	采标编号	拟列入年度计划	完成情况	未完成原因
32		井口装置和采油树规范	SY/T	修订	整合修订	国内外先进技术	SY/T 5127—2002、SY/T 5328—1996	ISO 10423	2006~2007	已发布	
33		石油天然气工业　水下采油系统的设计和操作　第4部分：井口和采油树设备	GB/T	制定	市场需求	国外先进技术		ISO 13628—4:1999	2005~2006	已发布	
34		端部连接耐火试验规范	SY/T	制定	重要方法标准	国外先进技术		API Spec 6FB	2008~2009	已发布	
35		阀门耐火试验规范	SY/T	制定	重要方法标准	国外先进技术		API Spec 6FA	2008~2009		由安徽合肥通用机械研究院负责起草
36		带自动背座阀门的耐火试验规范	SY/T	制定	重要方法标准	国外先进技术		API Spec 6FC	2008~2009	已发布	
37		止回阀耐火试验规范	SY/T	制定	重要方法标准	国外先进技术		API Spec 6FD	2008~2009		由安徽合肥通用机械研究院负责起草
38	钻采工具	旋转钻井设备　第1部分：钻柱构件规范	GB/T	制定	跟踪修订	国外先进技术	SY/T 6407—1999	ISO 1424—1	2006~2007	已发布	
39		石油火然气工业　井下安全阀	GB/T	制定	安全要求	国外先进技术		ISO 10432	2007~2008	2010	已审查
40		石油天然气工业　井下安全阀系统设计、安装、操作和修补	GB/T	制定	安全要求	国外先进技术		ISO 10417	2007~2008	2008	已审查
41		定向井完井工具	SY/T	制定	新技术	国内外先进技术			2009~2010		技术尚未成熟
42		多分支井完井工具	SY/T	制定	新技术	国内外先进技术			2009~2010		技术尚未成熟

（续）

序号	重点领域	项目名称	级别	制修订	立项依据	采用技术	代替标准	采标编号	拟列入年度计划	完成情况	未完成原因
43		石油天然气工业　井下工具　锁定心轴与定位接头	GB/T	制定	安全要求	国外先进技术		ISO 16070	2005～2006	已发布	
44		油气田封隔器通用技术条件	SY/T	修订	整合修订	国内外先进技术	SY/T 5105—1997、SY/T 5106—1998 等七项标准		2007～2008		已转采油专标委

在标准制修订过程中：《阀门耐火试验规范》《止回阀耐火试验规范》和《油气田封隔器通用技术条件》三项标准调整了归口单位；《石油和天然气工业　机械动力传输的柔性联轴器　一般用途》计划编号为 20051696－T－515 和《石油和天然气工业　机械动力传输用挠性联轴器　特殊用途》计划编号为 20051700－T－515 两项标准，于 2008 年行文（钻采设标函字［2008］1 号）国家标准化管理委员会，申请撤项；《石油天然气工业　钻井和采油提升设备规范》和《石油天然气工业　钻井和采油设备提升设备的检验、维护、修理》分别等同采用 ISO 13535：2000 和 ISO 13534：2000，“十一五”期间，两项国际标准未作修改，均列入“十二五”发展规划中。《定向井完井工具》和《多分支井完井工具》两项新技术到目前为止尚未成熟，标准制修订工作后移。

（2）“十一五”期间规划外项目完成情况。“十一五”期间，按照“整合、提高、国际化”的原则，共完成规划外项目 85 项。“十一五”期间已完成规划外项目统计见表 2。标准制修订主要有以下几个特点：

1）“十一五”期间已完成规划外标准制修订项目以修订为主，共 66 项，占完成项目总数的 76%，重点解决标龄超期和技术落后问题。

2）行业标准修订项目以整合、提高为主。坚持对修订的行业标准项目进行整合的方针，通过标准项目整合，提高标准集成度，增强可操作性，优化简化了标准体系。修订项目中，整合修订项目 9 项，整合代替了 19 项标准。新修订的 SY/T 5557—2009《固井成套设备规范》整合代替了《石油固井成套设备型式与基本参数》《固井水泥车》《下灰车》《固井水泥头及常规固井胶塞》和《GHC35 固井管汇车》（SY/T 5557—2001、SY/T 5611—2001、SY/T 5439—2003、SY/T 5394—2004、SY/T 5494—1992）等五项标准，使标准的集成度增加，扩大了标准适用范围。

3）行业标准制定项目以配套标准为主，共 13 项，主要解决石油装备自主创新技术产品标准及其配套问题，满足油气生产现场作业需求。如：《石油工业天然气内燃发电机组》《石油钻机用柴油偶合器机组》《石油钻机液压盘式刹车》《石油钻机液压盘式刹车安装、使用与维护》《石油钻机顶部驱动装置安装、调试与维护》《石油钻井液固相控制设备安装、使用、维护和保养》等项目。

4）国家标准制修订主要以行业标准升级和采标为主，逐步将石油装备制造业的主导产品标准上升为国家标准，增强我国石油装备标准在国内外的影响力，如：行业标准升级项目《双螺杆油气混输泵》《钻通设备　旋转防喷器》《钻具止回阀设备规范》等；采标项目《石油天然气工业　井下设备　防砂筛管》《石油天然气工业　固井设备　注水泥用浮动装置性能测试》《石油天然气工业　套管扶正器　第 2 部分　扶正器放置和止动环测试》《石油天然气工业井下设备　人工举升螺杆泵系统　第 2 部分：地面驱动系统》等。

表2 “十一五”期间已完成规划外项目统计

序号	归口单位	标准编号	项目名称	代替标准	采标情况	完成年限	备注
1	车载装备	SY/T 5534—2007	油气田专用车通用技术条件	SY/T 5534—1992		2006	
2	车载装备	SY/T 5139—2008	立放运井架车	SY/T 5139—1993		2007	
3	车载装备	SY/T 5961—2008	清蜡设备	SY/T 5961—1994		2007	
4	车载装备	SY/T 5962—2008	洗井机	SY/T 5962—1994		2007	
5	车载装备	SY/T 5250—2008	油田用背罐车	SY/T 5250—1991		2007	
6	车载装备	SY/T 5079—2008	油井测试设备	SY/T 5079—1999		2007	
7	车载装备	SY/T 6113—2008	修井用气动卡盘	SY/T 6113—1994		2007	
8	车载装备	SY/T 6731—2008	不压井作业设备			2007	
9	车载装备	SY/T 5525—2009	旋转钻井设备上部和下部方钻杆旋塞阀	SY/T 5525—1992		2008	
10	车载装备	SY/T 5249—2000	地面液压驱动可控震源车	SY/T 5249—1991		2008	
11	车载装备	SY/T 5552—2009	地锚车	SY/T 5552—1992		2008	
12	车载装备	SY/T 5211—2009	压裂成套设备	SY/T 5211—2003 SY/T 5287—2000		2008	
13	车载装备	SY/T 5557—2009	固井成套设备	SY/T 5557—2001 SY/T 5611—2001 SY/T 5439—2003 SY/T 5394—2004 SY/T 5494—1992		2008	
14	车载装备	能源 20090002	海洋修井机			2009	
15	车载装备	能源 20090005	石油修井机使用与维护	SY/T 6117—2003		2009	
16	车载装备	能源 20090003	山地地震钻机	SY/T 5723—1995		2009	
17	车载装备	能源 20090004	石油地震勘探钻机车使用与维护	SY/T 6082—1994		2009	
18	车载装备	能源 20090006	石油钻采机械产品用高压锻件技术条件	SY/T 5676—1993		2009	
19	车载装备		车装钻机(GB)	SY/T 6584—2003		2010	
20	车载装备	能源 20090010	石油钻机用刹车块	SY/T 5023—1994		2010	
21	车载装备		石油地震勘探钻机车	SY/T 5524—2004		2010	
22	车载装备	能源 20090702	洗井液处理车	SY/T 6115—1994		2010	
23	钻机装备	SY/T 6326—2008	石油钻机和修井机井架、底座承载能力检测评定方法	SY/T 6326—1997		2007	
24	钻机装备	SY/T 6727—2008	石油钻机液压盘式刹车			2007	
25	钻机装备	SY/T 5595—2009	石油钻机传动滚子链			2008	

（续）

序号	归口单位	标准编号	项目名称	代替标准	采标情况	完成年限	备注
26	钻机装备	SY/T 5170—2008	石油天然气工业用钢丝绳	SY/T 5170—1998	API 9A: 2004, MOD	2008	
27	钻机装备	SY/T 6367—2009	钻井设备的检验、维护、修理和修复程序		Eqv API RP 7L: 1995	2008	
28	钻机装备	SY 2008—CP069	液压盘式刹车安装、使用与维护			2009	
29	钻机装备		石油钻机用绞车	SY/T 5532—2002		2009	
30	钻机装备		石油钻机和修井机的安装、检验和维护	SY/T 6586—2003		2010	
31	钻机装备		钻井和修井井架、底座的维护与使用	SY/T 6408—2004		2010	
32	钻机装备		石油钻井液固相控制设备安装、使用、维护和保养			2010	
33	钻机装备		石油钻机顶部驱动装置安装、使用与维护			2010	
34	井下工具	SY/T 6347—2008	钻柱减振器	SY/T 6347—1998		2007	
35	井下工具	GB/T 20970—2007	石油天然气工业　井下工具　封隔器与桥塞		ISO 14310: 2001, IDT	2006	
36	井下工具	GB/T 20971—2007	石油天然气工业　固井设备　注水泥用浮动装置性能测试		ISO 10427—3: 2003, IDT	2006	
37	井下工具	SY/T 5051—2009	钻具稳定器	SY/T 5051—1984		2007	
38	井下工具	SY/T 5114—2008	打捞公锥及母锥	SY/T 5114—1992 SY/T 5114—1992		2007	
39	井下工具	SY/T 5067—2008	安全接头	SY/T 5067—1991		2007	
40	井下工具	SY/T 5164—2008	三牙轮钻头	SY/T 5164—1999		2007	
41	井下工具	SY 2007—CP011	钻修井用磨铣鞋	SY/T 5285—1991		2008	
42	井下工具	GB/T 19831. 2—2008	石油天然气工业　固井设备　第2部分：扶正器的放置和止动环测试		ISO 10427—2: 2004, IDT	2008	
43	井下工具	SY/T 5049—2009	钻井卡瓦	SY 5049—1984 SY 5034—1983		2008	
44	井下工具	SY/T 5383—1999	螺杆钻具	SY/T 5383—1991		2008	
45	井下工具	SY/T 5618—2009	套管用浮箍浮鞋	SY/T 5618—2000 SY/T 5476—1992		2008	
46	井下工具	SY/T 5069—2009	钻修井用打捞矛	SY/T 5069—2000		2008	
47	井下工具	SY/T 5068—2009	钻修井用打捞筒	SY/T 5068—2000		2008	

（续）

序号	归口单位	标准编号	项目名称	代替标准	采标情况	完成年限	备注
48	井下工具	SY/T 5496—2009	震击器及加速器	SY/T 5496—2000		2008	
49	井下工具	能源 20090012	钻井取心工具	SY/T 5216—2000 SY/T 5414—2002		2009	
50	井下工具	SY 2008—CP071	油田套管补贴用膨胀管及配套工具			2009	
51	井下工具	能源 20090707	打捞工具分类与通用技术条件			2010	
52	井下工具	能源 20090713	钻修井管用割刀			2010	
53	井下工具	能源 20090712	打捞篮			2010	
54	井下工具	SY/T 5056—1993	偏心辊子整形器			2010	
55	井下工具	SY/T 6222—1996	套管外封隔器			2010	
56	井下工具	SY/T 5066.2—1993	油气田用地层测试器地面控制装置			2010	
57	井下工具	SY/T 5066—2008	地层测试器	SY/T 5066—1991		2008	
58	井下工具		井下套管阀			2010	
59	井下工具		石油天然气工业 井下器材 防砂筛管		ISO 1824:2009,MOD	2011	
60	钻采动力	SY/T 5030—2006	石油天然气工业用柴油机	SY/T 5030—2000 SY/T 5048—1994 SY/T 5142—1995 SY/T 6187—1997		2006	
61	钻采动力	SY/T 5641—2009	石油天然气工业 天然气发动机			2008	
62	钻采动力	SY/T 6728—2008	石油天然气工业 柴油/天然气双燃料发动机			2007	
63	钻采动力	SY/T 6664—2006	石油钻机用柴油偶合器机组			2006	
64	钻采动力	SY/T 5141—2002	石油钻机用离心涡轮液力变矩器	SY/T 5141—1993		2009	
65	钻采动力	GB/T 22343—2008	石油工业天然气内燃发电机组			2008	
66	钻采动力	GB/T 23506—2009	石油采油井场燃气动力机组			2008	
67	钻采动力		石油钻采装备用液力变速器			2010	
68	井口装备	GB/T 20173—2006	石油火然气工业 管道输送系统 管道阀门		ISO 14313:1999,MOD	2006	

（续）

序号	归口单位	标准编号	项目名称	代替标准	采标情况	完成年限	备注
69	井控装备	SY/T 6667—2006	分流器系统设备及作业推荐做法		API RP 64:2001,IDT	2006	
70	井控装备	SY/T 5244—2006	钻井液循环管汇	SY/T 5244—1991		2006	
71	井控装备	SY/T 6160—2008	防喷器的检查和维修	SY/T 6160—1995		2007	
72	井控装备	SY/T 6730—2008	钻通设备　旋转防喷器		API Spec 16RCD:2005,IDT	2009	
73	井控装备	20080430 - T - 469	钻具止回阀设备规范		API Spec 7NRV	2010	
74	井控装备	能源 20090013	钻井作业用防喷设备系统推荐做法		API RP 53:1997	2010	
75	井控装备		海洋钻井隔水管设备规范			2010	
76	井控装备		海洋钻井隔水管接头			2010	
77	采油设备	SY/T 5235—2008	抽油杆吊卡	SY/T 5235—1991		2006	
78	采油设备	SY/T 5059—2009	组合泵筒管式抽油泵	SY/T 5059—1991		2008	
79	采油设备	能源 20090001	抽油杆维护和使用推荐做法	SY/T 5643—1995	IDT API RP 11BR	2009	
80	采油设备		抽油泵维护和使用推荐做法	SY 5188—1987	IDT API RP 11AR:1989	2011	
81	采油设备	GB/T 17386—2009	潜油电泵装置的规格选用		API RP 11S4:2002,MOD	2009	
82	采油设备	20080426 - T - 469	潜油电泵装置的安装	GB/T 17388—1998	API RP 11S3:1999,IDT	2009	
83	采油设备	20080425 - T - 469	潜油电泵装置拆卸报告的编写		API RP 11S1:1997,IDT	2009	
84	采油设备	20071278 - T - 469	石油天然气工业井下设备　人工举升螺杆泵系统　第2部分:地面驱动系统		ISO 15136—2:2006,IDT	2009	
85	采油设备		油套管柱连接螺纹气密封现场检测系统			2011	

2.“十一五”期间标准化工作的主要成效和管理经验

(1)创建以龙头企业为主体的工作机制,促进了装备标准化健康协调发展。

进入21世纪以后,装备制造业和油田用户对石油装备标准的需求越来越强烈,参与技术委员会标准化活动和参与标准制修订工作的积极性也越来越高,技术委员会的管理工作和运行机制面临新的机遇和挑战。一是标准制修订项目多、工作量大;二是对标准的系统性、适用性和质量要求更高;三是装备制造业和油田用户广泛参与,要求标准制修订工作更加公平、公开和协商一致;四是标准制修订工作组之间、归口技术委员会之间的协调工作越来越大。为此,全国石油钻采设备和工具标准化委员会自2000年开始,经过几年持续不断的探索研究,逐步形成了一套较完善的创新工作机制。一是建立了标委会秘书长办公会制度、主任委员办公会制度和委员会年会制度等标委会管理工作机制。二是建立了立项审查与协调、起草工作组、专家审查和委员表决等标准制修订工作机制。三是按石油钻采设备分类成立了石油钻机、井控、井口与采油树、动力、车载、井下工具、采油设备等七个直属标准化工作部,分别由各专业领域的龙头企业牵头,协助标委会秘书处开展相关标准前期研究、标准制修订和标准宣贯工作。通过实施这些协商机制和技术保障机制,确保了技术委员会各相关方的利益,提高了标准的系统性、适用性和制修订质量,保证了我国石油装备标准化工作的健康协调发展。

(2)加强石油装备标准和标准体系研究,标准的系统性、配套性显著增强。

当今世界先进装备制造业的发展呈现出国际化、集群化、信息化和品牌化的发展趋势,而石油装备技术向成套化、模块化、机电一体化和节能环保方向发展。近几年来,随着国际油价处于高位,石油装备市场需求快速增加,我国石油装备制造的技术水平大幅提高,新技术、新产品、新工艺不断推出,对石油装备标准的系统性、配套性和通用性提出了更高要求。为此,全国石油钻采设备和工具标准化技术委员会开展了石油钻机标准体系、潜油电泵标准体系和井控系统标准体系等石油装备标准体系专题研究和体系制定工作。对我国石油装备各专业领域的已有或拟定的技术标准按其内在联系,并按照简化优化、先进适用、系统配套和层次分明等原则进行分析研究,将其标准有机地排列组合,形成一套科学的体系结构和体系表,以规划和指导技术委员会的标准制修订工作。一是对现有石油装备标准按其产品功能和组成的系统,整合并重新划分归类;二是从石油装备模块化、一体化的角度,提出了主要石油装备标准的项目建议;三是将一些新技术、新产品纳入到标准或标准体系之中;四是大量采用了ISO和API标准。

通过石油钻机标准体系研究,一是将钻机提升系统、井架底座、动力与传动系统、井控系统、钻井液循环系统以及辅助设备作为一个大系统,用系统论方法进行分析、研究,提出并制定了《石油钻机配置规范》《石油钻机技术规范》和《石油钻机用电气设备规范》等核心标准,对钻机提出整体技术性能要求,以适应当前成套石油钻机的模块化设计、制造和检验的需要。二是与国际标准接轨,在设计钻机时,引用“钩载”的国际通用做法,并采用了一批系统性和技术水平较高的ISO标准和API标准,如ISO 13535《钻井和采油提升设备规范》、ISO 13533《钻井和采油设备　钻通设备》、API7K《钻井和修井设备规范》等。三是提出并制定了《石油钻井用顶部驱动装置》和《石油钻机用盘式刹车》等一批新技术装备标准。四是强化了石油钻机标准的综合性和配套性,标准项数由过去77项减少到45项,增强了个性标准的通用性。五是从安全、节能和环保等方面对钻机设计、制造和使用提出了配套的检测和控制技术规范。

(3)围绕相关重点科研项目,组织开展标准的制定研究。

“十一五”是我国钻机装备市场和技术快速发展的时期,标准化委员会为了适应这一形势,重点加大了对油田用户市场的调研,加大了对新技术、新产品、新成果的跟踪研究,以增强标准化工作的指导性和针对性。结合国家重点工程西气东输天然气电站配套项目研制了国家标准GB/T 22343《石油工业用天然气内燃发电机组》,结合高可靠性电动钻机用柴油机配套项目研制了GB/T 23507.3《电动钻机用柴油发电机组》,结合钻井用双燃料发动机配套项目研制了SY/T 6728《石油天然气工业柴油/天然气双燃料发动机》以及石油天然气重点行业项目标准SY/T 6664《石油钻机用柴油机偶合器机组》等。

为保证国家重点建设工程西气东输天然气电站项目工程,济柴研发了高性能天然气发电机组,全套供应了西气东输一线所有电站的天然气发电设备,完全满足了西气东输对动力机组的需求。高性能天然气发电机组标准制定是西气东输天然气电站重要配套项目,该标准注重与国际标准接轨,等同采用了 ISO 8528《往复式内燃机驱动的交流发电机组》国际标准,强化了安全、环保等性能指标。该标准满足了西气东输工程对天然气电站常用和备用发电的要求,完全替代了进口,创造了可观的经济效益和社会效益。

(4)积极开展国际标准化活动,加快了我国石油装备国际化进程。

作为一个石油装备制造大国,随着我国石油装备出口量逐年大幅度增加以及我国石油公司海外油气田勘探开发业务的增长,石油装备国际标准化工作已成为我国石油装备制造业"走出去"战略的桥梁和重要技术支撑。全国石油钻采设备和工具标准化技术委员会于 2001 年提出并实施了"国际标准本土化和本国标准国际化"的国际标准化战略,相继制定了《"十五"期间 ISO、IEC 国际标准转化计划》《2003 ~ 2005 年石油天然气行业标准采标计划》《2003 ~ 2005 年石油天然气行业中英双语版标准计划》和《2005 ~ 2007 年石油及石化装备制造业标准化发展规划》,加快了我国石油装备标准与国际接轨的步伐。

一方面,组织相关技术委员会、国际标准国内技术对口单位和装备制造企业,形成我国石油装备国际标准化工作网络,积极参与国际标准化活动和 API 标准化活动,及时跟踪、翻译 ISO 和 API 标准,并结合我国石油装备制造发展进行适用性分析、试验验证和转化工作,从中引进了许多国外先进技术和先进做法,对我国石油装备技术水平和国际市场竞争力的快速提高起到了重要的技术支持作用。到目前为止,采用 ISO 和 API 标准 179 项,采用标准数占现有标准数的 36.3%。其中,对重点 ISO 标准和 API 标准实行同步立项、同步起草、同步发布,如:ISO 10422《石油天然气工业　套管、油管和管线管螺纹的加工、测量和检验》、ISO 3183(API Spec 5L)《石油天然气工业　管道输送系统用钢管》、ISO 14693《钻井和修井设备规范》等;对所急需的涉及健康、安全、环保的 ISO、API 标准和操作规范及时进行验证和转化,如:ISO 13533《石油天然气工业　钻井和采油设备钻通设备》、ISO 15156《石油天然气工业　油气开采中用于含硫化氢环境的材料》等;对于不适应我国法律法规的标准或技术条款有选择的采用或修改采用,确保了采用国际标准和 API 标准转化后的适用性。

另一方面,以我国石油装备技术专利和自主知识产权作为技术支撑,制定了一批具有中国特色的石油装备技术标准,如:《石油钻井用顶部驱动装置》《石油钻机用电气设备规范》《石油钻机用盘式刹车》《游梁式抽油机》《潜油电泵》《石油钻机用柴油机偶合器机组》等。9 000m 和 12 000m 超深井和特深井钻机的研制成果以及交流变频钻机技术的成熟应用,标志着我国钻机产品设计、制造、试验等技术水平达到了国际先进水平,GB/T 23505—2009《石油钻机和修井机》在制定时充分吸纳和借鉴了这些最新技术,使标准的技术水平上升到了一个新的高度。在满足国内石油装备制造业发展需求的同时,组织相关企业编写国际标准提案,实质性地参与国际标准的制定。由中国石油集团渤海装备制造有限公司等六家单位起草的《游梁式抽油机》国家标准已进入征求意见阶段,并且针对双圆弧抽油机的先进性、优越性、可用性开展标准化研究,通过对双圆弧齿轮抽油机标准的研究,前期基础工作做扎实后,适时向 ISO、API 组织提交有关议案,将双圆弧齿轮要求纳入到相关的 ISO、API 标准之中。

(5)及时制修订新的适用的标准,规范市场秩序,推动产品技术水平的不断提高。

为了规范和统一钻机和修井机产品的出厂验收要求,提高产品整机质量和性能,制定了《石油钻机和修井机出厂验收规范》;为了给油田用户选用钻机和修井机提供优选方案,提高钻机和修井配套的完整性,减少配套的随意性,制定了《石油钻机和修井机基本配置》;为了及时将国际上最新的技术要求纳入我国标准中,保持相关技术的先进性,先后制修订了《钻井和修井设备规范》《石油天然气工业　钻井和采油设备　钻井和修井井架、底座》

《钻井和采油提升设备规范(不规定级别)》和《钻井和修井井架、底座的维护与使用》等。

根据油气田专用车不以运输为目的,主要是在油区专用公路上行驶的工作特点,重点修订了SY/T 5534—2007《油气田专用车通用技术条件》,统一了我国石油天然气勘探和开发用油气田专用车的设计、制造和质量检验方法。由于国内石油钻采设备用气胎离合器生产厂家众多,产品编号各不相同,产品接口也不统一,质量参差不齐,研究制定了石油天然气行业标准SY/T 6760—2010《石油钻采设备用气胎离合器》,对规范石油钻采设备用气胎离合器的产品编号、产品接口及设计、制造、检验和验收方法,进一步稳定产品质量和提高产品安全性提供了必要条件。

目前我国井口装置生产执行的标准是等同采用API Spec 6A(第19版)的GB/T 22513—2008《井口装置和采油树规范》。该标准对井口装置的结构、制造用材料、热处理工艺、焊接工艺、型式试验均提出了严格的要求。井口采油树设备标准化工作部成功举办了GB/T 22513—2008《井口装置和采油树规范》的标准宣贯会,对提高各单位的设计和制造水平起到了极大的指导作用。

(三)石油钻采设备标准化工作对专业发展发挥的作用

1. 标准化工作有效促进石油钻采设备产品质量的提高

近几年,按国际先进标准要求生产、制造、检验产品,提高我国石油钻采装备的质量,使其出口量大幅度增长,极大地提高了我国石油钻采装备在国际市场上的占有率和竞争力。

GB/T 20174—2006《石油天然气工业　钻井和采油设备　钻通设备》对钻通设备的性能、设计、材料、试验、焊接、标记、搬运、储存与运输均做了明确的要求,并规定了钻通设备的工作条件。同时,该标准还提出了对人员资质的要求,这样把影响产品质量的人、机、料、法、环、测诸因素都考虑在其中。把只对最终产品的质量把关,延伸到产品形成全过程的控制;把只对产品自身质量的检验,扩展为对包括人员资格鉴定在内的全方位的验证。该标准自2006年发布实施以来,钻通设备产品的质量有了明显的提高。

2. 标准化工作有效提升了对石油钻采设备的检验能力

近年来,国内检测机构不断发展壮大,一定程度是得益于开展标准化工作。如石油工业井控装置质量监督检验中心,十余年来,本着超一流企业做标准的理念,通过积极参与标准化工作,尤其是采用国际标准和国外先进标准的工作,制修订了陆地和海洋用钻采设备国家、行业标准二十余项,并通过对标准的理解和实施,自主研发了多项检测设备和检测技术。为保障石油钻井安全生产做出了贡献,也取得了良好的经济效益。

根据GB/T 20174—2006《石油天然气工业　钻井和采油设备　钻通设备》提出的对产品进行功能性能试验的要求,研发了防喷器性能验证试验装置,该测试技术获中国石油天然气总公司科技进步一等奖,填补了国内空白。已为国内40余家防喷器生产厂的100余台防喷器提供了性能验证试验,多次发现重大设计、制造缺陷,避免了现场试验或投产后可能出现的质量和安全风险。

根据SY/T 5323—2004《节流和压井系统》等标准的要求,对防喷器、采气井口和压力管汇等进行气密封试验,研制了国内第一台气密封性能检测系统。未做气密封检测前,川渝地区每年因井口泄漏不仅需要投入近2 000万元以上用于近100口井的抢修,还导致了难以估量的安全、环保隐患和事故;开展气密封检测后基本杜绝井口抢修情况。目前已检测3 000余套产品,促进被检产品质量逐年提高,保障了钻井、开发作业中相关设备的使用可靠性。

3. 标准化工作促进了钻采设备行业发展

我国石油钻采设备从无到有、从单一到配套的发展过程中,钻采设备标准化发挥了重要的作用。不仅为确保钻采设备产品质量和安全、规范市场秩序、保护环境和节约资源提供了技术依据,而且作为加快科技创新以及创新成果产业化的桥梁和媒介，已成为促进钻采设备产业结构调整和优化升级、有效参与国际竞争的重要工具和手段。

车载装备标准化工作在我国石油专用车制造、石油勘探开发、油井钻修装备及油田服务等方面发挥了极大作用。各类石油特种车辆的规格、型号和基本参数统一后，为制造厂提供了可靠依据，为油田用户带来了极大的方便。特别是在油田用户对设备维护和修理过程中，由于型号统一、备件统一，备件更换十分方便，充分提高了石油设备在油田生产中的利用率。这些标准的制定和修订，提高了产品制造质量，保证了石油特种车辆的可靠性、先进性和实用性，对油田特车行业具有重要作用。

4. 标准化工作促进了石油装备国际化进程

进入新的发展时期，“标准”已构成了企业和国家竞争力的基本要素，行业标准和国家标准代表了一个行业及一个国家技术、经济发展水平。标准之争已成为国家之间竞争的最高形式之一。因此，当今世界谁掌握了标准的话语权，谁就在一定程度上掌握了技术和市场的主动权。

目前，我国石油装备制造企业积极自我创新，在物探、钻井、管输等装备制造方面积累了诸多先进技术，有一些甚至是国际领先水平。中国石油设备出口快速发展，出口额不断加大，其中较为突出的宝鸡石油机械有限公司出口产品已发展到高技术、高附加值的成套钻机、泥浆泵、转盘、钻采工具及配件，产品出口国家也由原来的东南亚发展中国家扩大到欧美等发达国家。如何让这些标准“走出去”，成为国际化标准，也是标准国际化的重要工作。近年来，我国石油装备在引进国际标准，积极贯彻国际标准方面进步迅速，国际标准化工作取得突破性进展，对装备技术水平的提高和装备出口发挥了很大作用。

（四）石油钻采设备专业标准化工作存在的主要问题及原因分析

（1）标准的复审、修订不够及时。由于各种原因，许多标准在复审后，没能及时给出最终结论，给标准体系的规划编制、标准的制修订和标准的使用带来困难。例如《石油钻机大修理技术条件》系列标准、《石油钻机主要提升设备》等都不同程度地存在上述问题。

（2）标准体系有待进一步完善。标准化能否在钻采设备发展中有效发挥技术支撑作用，取决于具有系统性、协调性、适用性、前瞻性和面向国际的钻采设备标准体系的建立和完善。在现行钻采设备标准体系中，标准体系结构和布局不完善，标准滞后和缺失问题仍然存在。突出表现在部分专业标准化工作部标准种类多，比较琐碎，各项标准内容中对技术参数的规定过细，不利于各个厂家对产品的研发，束缚了产品技术特点的创新，与目前国际标准的发展趋势不相吻合。其次是由于标准数量多，使得标准的更新比较缓慢，仅仅是体系表中的标准循环一次，就要超过一个五年计划。“多而小”和“低水平重复”极大地限制了企业走出去的步伐。

（3）标准化工作机制有待进一步改革。在标准制修订方面，与科技创新、产业发展和市场运行衔接不够，以企业为主体、市场为导向、产学研相结合的工作机制尚不完善，不适应市场变化、社会需求和技术进步的标准依然存在；与标准化工作的利益相关方衔接不够，协商合作机制尚不健全，协调不顺、合力不足的问题依然存在。在标准实施方面，标准实施信息反馈机制尚未有效建立，导致实施效果差、有效性差的标准不能及时废止，影响了标准化工作的权威性。

（4）经费不足，渠道不畅，制约了标准化工作的健康、持续发展。标准化工作长期受经费不足的困扰：一是标准化工作经费渠道不畅通，二是标准化工作经费远远不能满足工作需要，三是国际标准化工作经费不落实，四是参与国际标准化活动存在诸多困难，五是直属标准化工作部以及起草单位工作经费不足。

（5）国际标准化工作能力有待进一步增强。一是缺少一支成建制的标准化学科人才队伍，二是标准化人员队伍远远不能满足当前标准化任务，三是缺少懂技术和标准化的复合型人才,四是缺少国际标准化人才。

三、"十二五"期间石油钻采设备标准化工作面临的环境和标准化需求分析

(一)国家对标准化工作的总体要求

2010年年初,国标委下发了《全国专业标准化技术委员会管理规定》和《关于进一步加强国家标准制修订管理确保国家标准质量的意见》,对标委会管理、制修订程序和标准质量提出了更高要求。一是要求标委会建立"充分协商、集体表决"的工作机制;二是严格规定了标委会工作和标准制修订程序;三是进一步明确了委员应履行的职责和需要表决的事项;四是强调了标委会要对标准质量和技术内容总负责,并要求标委会加强对标准起草、审查的指导和监督。

2010年4月,国家召开了全国标准化工作会议。强调标准化工作要不断改革创新,着力提高服务经济社会、实现科学发展的水平。要求牢固树立服务观念、科学观念和法制观念,在调结构、保质量、提速度、增效益、强管理五个方面狠下功夫;把服务于"扩内需、保增长、调结构、上水平"作为标准化工作的出发点和落脚点,把服务于十大产业调整和振兴规划的实施作为工作的重中之重。夯实标准化基础,要求着力抓好四个方面的工作:一是不断健全国家标准化体系,加大农业、安全、公共安全、生产安全、节能减排、生态环保、高新技术、服务业和十大重点产业领域的标准制定和修订,服务经济平稳较快发展;二是全面加强标准化宏观管理和综合协调,健全国家标准制定和修订全过程的管理和监督机制,加强行业、地方和企业标准化工作,加大标准化科研工作力度,抓好标准化政策法规研究,不断提高标准化工作的有效性;三是不断加大国际标准化工作力度,巩固和提高我国在国际标准化领域的地位,制定我国参与国际标准化活动发展战略,推动具有中国特色和技术优势的领域进入国际标准化工作领域;四是重点抓好《标准化法》《国家技术标准战略发展纲要》及"国家标准化体系建设工程""国家技术标准资源服务平台"4件大事,夯实标准化工作科学发展的基础。同时,要加大标准化人才培养力度,提高能力水平,造就一支保障标准化事业可持续发展的中坚力量。

2010年6月5日,国家标准化管理委员会、国家发展和改革委员会、工业和信息化部联合发布了《关于贯彻落实十大重点产业调整和振兴规划,进一步加强标准化工作的意见》,围绕十大重点产业调整和振兴规划的任务和目标,要求如下:一要充分发挥标准化在提升产品质量和安全水平,推进产业结构调整和升级,提高产业竞争力等方面的技术支撑作用;二要加大标准研制力度,优先安排十大产业重点领域急需的标准制修订项目、标准化研究项目;三要加强重点产业标准化发展规划工作,将十大重点产业标准化纳入《国家技术标准战略发展纲要》和《国家标准化体系建设工程》;四要紧密结合重点产业国际贸易发展需求,积极推动重点产业的国际标准化工作,加快重点产业采标步伐,争取以我国为主制定一批国际标准;五要推动重点产业标准的实施工作。其中装备制造业调整和振兴规划为十大重点产业调整和振兴规划之一。

(二)产业结构调整与升级、新型工业化、规范市场秩序对标准化工作的要求

随着我国经济的发展和人民生活的改善,对能源的需求大幅度增长,仅靠目前陆地的石油和天然气已不能满足需要,产业结构的调整,新能源领域的勘探开发需要新的技术装备和标准作为技术支持。因此,需要标准的制修订与科研成果、新技术、新工艺、新材料的开发应用相结合,以提高标准的技术水平和适用性。坚持以人为本,关注对人的健康、安全和环境保护,树立全面、协调、可持续的科学发展观,走"新型工业化的道路"对钻采设备标准提出了更高要求,质量和HSE等要求将成为技术标准关注的重点。

(三)经济全球化和消除技术性贸易壁垒等对标准化工作的要求

伴随经济全球化、市场国际化、国际石油装备

市场竞争白热化,国际标准作为国际贸易的桥梁和纽带,已成为国际市场竞争的焦点和国际市场竞争力的标志之一。近十年来,国外各大石油公司、装备制造企业踊跃参与国际标准化组织,主导国际标准的制修订,借此将自己的产品打入国际市场,形成国际竞争力。API 作为美国石油装备制造业的代表,在扩大 API 标准在全球的影响力和权威性的同时,一方面将 API 标准推向国际标准;另一方面也积极采用国际标准。欧盟作为欧洲各国装备制造业的代表,与美国在国际标准主导权方面争夺激烈,积极参与和承担国际标准的制修订,并大力采用国际标准。当前,以标准为手段,提高石油装备国际市场竞争力,是全球石油装备制造业国际化发展的必由之路和发展趋势。

近几年来,我国装备制造业大力拓展国外市场并取得新突破。成套、大型、批量装备出口大幅增长,出口目标市场从发展中国家扩展到包括欧美发达国家在内的七十多个国家和地区,区域覆盖范围不断扩大。钻机、泥浆泵、顶驱、抽油机、潜油电泵、焊接钢管、柴油机等产品已经批量出口到北美等发达国家和中东、南美等主要产油国市场。此外,中石油、中石化、中海油共有 700 多支队伍活跃在海外,他们将大量的石油装备带到国外。然而,这些出口和海外工程技术服务带出去的石油装备在受到所在国欢迎的同时,产品质量和标准认同的纠纷与矛盾也日显突出,迫切需要标准化支持。我国石油装备制造业要大规模进入国际市场并具有竞争力,要求我国石油装备制造业实施标准国际化战略,加快与国际接轨步伐。

(四)行业重点任务对钻采设备标准化工作的要求

(1)随着三大石油公司建立国际能源公司的战略目标,我国石油石化行业企业走出国门,参与国际油气资源的获取,对海外油气开发标准提出了更高要求。一是开展石油装备“中英文”双语版标准的制修订工作,支持了我国石油工程技术队伍和石油装备“走出去”战略;二是要积极采用国际标准和国外先进标准,引进先进的制造技术和管理方法;三是要积极参与国际标准化工作,将具有自主知识产权的产品制定成国家标准,并推向国际,得到国际的认同。

(2)在国际能源局势趋紧的情况下,作为一种优质高效清洁能源,煤层气的大规模开发利用前景诱人。2006 年,我国将煤层气开发列入了“十一五”能源发展规划,并制定了具体的实施措施,煤层气产业化发展迎来了利好的发展契机。2007 年以来,政府又相继出台了打破专营权、税收优惠、财政补贴等多项扶持政策,鼓励煤层气的开发利用,我国煤层气产业发展迅速,产业化雏形渐显。因此,“十二五”期间急需制定相关配套标准,如煤层气车装钻机、煤层气井口装置等。

(3)近年来,国内各大石油公司增强了海洋钻采设备的自主设计开发能力,开始海洋石油平台的设计生产工作,加快了海洋石油装备的国产化进程,对海洋石油钻采装备标准化提出了新的要求。一是建立健全装备标准化组织,成立海洋石油钻采装备标准化工作部;二是制定与之配套的海洋石油钻采设备标准,如海洋模块钻机等。

(4)近年来国际资本不断注入天然气开发领域,天然气开发又成为国际能源市场的热点。国家能源局副局长吴吟表示,“十二五”期间,我国将发挥价格杠杆调节作用,鼓励以气代油,促进天然气产业发展,使目前天然气在我国能源消费结构中的比重由 4% 提高到 8%。分析人士指出,在能源需求不断增长的形势下,加大对天然气的利用是我国增强能源供应的必然选择。致密砂岩气、页岩气、煤层气等非常规天然气的开发正日益受到各大油气公司的重视,成为未来天然气供应的一个重要力量。全球性的天然气开发热潮已经形成,这要求我们制定相关的天然气开采安全、材料选择等标准。

(5)随着新的钻采工艺不断出现,对钻采工具标准化提出了新的要求。需要制定水力喷射分段压裂工具、水力脉冲空化射流工具等相关标准。同时,对现有标准进行整合修订,形成更为完善的标准支持体系。

编制《“十二五”石油钻采设备和工具专业标准化发展规划》将为我国石油行业钻采技术标准的发展提供方向性的指导，为构建新型国家技术标准体系奠定基础，为我国制定和采用合理的技术性贸易措施提供技术支持。同时，将大幅度提高我国钻采设备技术标准的整体水平，促进科研成果的商品化、产业化、国际化，提升我国石油钻采设备的竞争力。

四、“十二五”期间石油钻采设备标准化工作的指导思想和计划目标

（一）指导思想

以市场为导向，以国际化为目标，以信息化为手段，全面实施国际标准化战略，积极采用国际标准和国外先进标准，以龙头制造企业为主体，大力推进新技术和新装备的标准转化和标准国际化，进一步加快我国石油装备标准与国际标准接轨的步伐；以“系统配套、安全互换”的标准制修订原则，推进我国石油装备模块化发展，大力提高我国石油装备产品的国际竞争力。

（二）计划目标

到 2015 年，使我国石油钻采装备主导产品实现国际接轨，国际标准“采标率”达到 90% 以上，国际标准提案 3 项以上；自主知识产权装备技术双语版标准 5 项以上；建立一支 20 人左右的国际标准化人才队伍；使我国石油钻采装备标准成为国际上有影响的技术标准，支持我国石油钻采装备制造企业及产品进入国际，提高国际市场占有率，在发展中国家得到广泛认同，在发达国家具有一定的竞争力。

（1）进一步优化石油钻采装备标准体系，形成结构合理、系统配套、高效适用、国际接轨的标准体系，将标准数量控制在 220 项左右。

（2）扩大与国际标准化组织和 API 的交往和联系，实质性参与主导产品的国际标准和国外先进标准的制定工作，并对主导产品的国际标准和国外先进标准，基本实现同步制定、同步审查、同步发布，国际标准采标率达到 90% 以上。

（3）将具有我国独特优势的技术标准推荐给国际标准化组织或 API，承担 2 ~ 3 项国际标准的起草工作。

（4）建立健全以信息技术为手段、按市场化机制运行的标准化技术咨询服务体系，完善标准化信息服务平台，形成高效的钻采设备标准化服务网络，标准化服务能力明显提高。

（5）进一步完善组织机构，新成立海洋石油钻采设备标准化工作部。

五、“十二五”期间石油钻采设备标准化工作的重点任务、重点领域及标准制修订计划

（一）重点领域和重点任务

石油钻采设备标准化重点领域为钻机装备及配套钻采工具、天然气、煤层气开采设备、海洋石油钻采设备和井控装备等，重点方向为低碳、节能、环保以及装备产品的绿色再制造。重点任务为开展钻修井井下工具、钻采动力专业标准体系研究。

1. 钻井装备

钻井装备将重点围绕满足特殊作业用钻机和修井机，以及提高钻机装备和工具的技术水平、安全性、可靠性和自动化程度方面开展标准化工作。

钻井装备和配套工具发展迅速，适用范围不断拓展，如满足连续管钻井技术的连续管钻机、适应于煤层气勘探开发的煤层气钻机和煤层气车装钻机、适应于极寒冷地区的低温钻机、适应于丛式井的斜井钻机、模块组合车载装备标准《钻机整体移运装置》等高安全性、高可靠性、自动化程度更高的钻井设备及工具，如转盘驱动装置、铁钻工、套管扶正台、钻井泵、防爆司钻房等。急需完成相关标准的制修订。如制定钻井泵标准，修订提升设备标准，修订钻井和修井设备规范，将成熟的有关盘式刹车的技术内容整合修订纳入标准等；制定钻机和修井机涂装规范等。完成对 SY/T 5716—1995《石油钻机大修理技术条件》7 项系列标准的整合修订及处理。

2. 采油采气设备

随着开发对象的不断变化，采油新技术、新装

备也在向更高层次发展,采油采气工程技术装备发展总的趋势是:

完井技术向智能化、自动化、集成化方向发展;

人工举升朝着深井、高压、长冲程、低冲次、高寿命和适应低产低渗井方向发展,抽油机数据化远程控制,适应出砂、高油气比、稠油、腐蚀、井斜等特殊井况的抽油泵,在役井口现场气密封检验等;

水平井、分支井、智能井技术发展迅速;

油气井设计向集成系统发展,油气井控制从地面控制、干扰作业向井下智能控制、无干扰作业发展;

油层改造/增产向完井——增产一体化方向发展;

注水向实时监测和控制方向发展;

防砂重点发展水平井裸眼砾石充填防砂、无筛管防砂、压裂防砂、仿生材料防砂等先进防砂技术;

天然气开发向耐高温、耐高压、耐腐蚀、长寿命、高可靠性和智能化方向发展,设备应以材料选择作为重点。一是制定井控标准。BP公司墨西哥湾漏油事故造成空前的生态灾难和人员财产损失,引起全世界对井控安全工作的高度关注。质量可靠的井控装备是保证井控本质安全的重要基础;二是针对高温高压高含硫的“三高”气井,制定相关的材料选择标准,包括材料的强度、材料腐蚀等。

油气开采技术应用领域进一步扩大,从油田采油领域向其他工业领域发展,如地下水开采、煤层气开采等;材料的性能进一步提高,扩大了适用性,如高温绝缘材料提高了耐温等级,防腐材料的发展提高了防腐性能,高强度轴增强了高负荷环境中使用的可靠性;向模块化、组合式、集成化方向发展,可根据用户的不同需求,组合成适用于不同工作环境,适用于不同用户要求的产品。

3. 海洋石油钻采装备

我国海上石油开发设备的国产化率在20%~30%之间徘徊了多年,关键设备几乎全是外国产品。加快海洋钻井装备的国产化建设,适应大功率、高压力、高强度、大型化和耐腐蚀的海洋钻井技术发展,替代进口的各类钻井装备,如海洋平台模块化钻机等。加强海洋石油钻采设备设计、制造和加工能力应是我国有竞争实力的石油机械制造行业下一步的重要战略目标和主要方向。

海洋钻井设备的总体要求是:钻机向体积小、重量轻,整体供货的方向发展,重点完善配套服务系统、国外远程诊断等维修服务方面。

海洋石油开采向深水化、大型化、设计更优化和配套更先进方向发展。随着海洋石油、滩海石油不断开发,整体式井口装置、多管井口装置需求越来越大。

4. 钻采工具

(1)水平井钻完井工具。水平井钻井技术目前已经日趋成熟,在国内各大油田得到了广泛的推广应用,水平井钻井工具品种繁多,包括井下稳定器、无磁钻铤、螺旋钻铤、定向接头、弯接头、定向弯接头、定向造斜钻头、定向动力钻具、水平井专用取心工具等。由于水平井井眼轨迹的控制较为严格,各阶段使用的工具各不相同,因此各种工具的研制难点和特点各不相同,形成水平井工具的结构和特点差异较大,有必要制定标准将各类水平井钻井工具和完井工具规范化,促进水平井钻井技术的有序发展。

(2)多底分支井钻井工具。应用多底分支井和多底分支水平井勘探开发油气藏,比采用单井眼直井效益更好。虽然其钻井成本比较高,但是一口分支井往往可以取代多口直井,具有相当于多口直井的产量。因此,20世纪90年代以来多底分支井技术得到极大发展,并在各大油田大力推广应用,目前国内有多个油田顺利完成了多底分支井的钻完井的施工。随着多底分支井技术的完善,产生了大量的井下工具,如先进的分支井钻头、先进的井下液控马达、旋转导向钻井系统、遥控式可调井下稳定器等,对于这些先进的分支井钻井工具,有必要制定标准进行规范。

(3)储层改造井下工具。目前国内油气田的开采大量进入薄油层、低渗透率油层开采阶段。随着薄油层、低渗透率油层的开采,储层改造技术取得了长足的进步,同时产生了大量的储层改造专用的井下工具，如压裂井下工具、酸化井下工具等。近年来，水平井分段压裂技术在国内外得到了广泛的研究应用，采用多级滑套技术将水平井采油段进行分段压裂，达到增产的效果；水力喷射压裂技术在储层改造中得到了研究应用，利用高压水力喷射的力量，将地层进行改造，增加出油量。这些技术的应用均需要大量的井下工具，目前在储层改造方面的工具标准较少，为此，开展这些领域的标准研究尤为必要。

（4）气体钻井井下工具。气体钻井技术是石油钻井领域近几年发展起来的技术，在国内多个油田得到了推广应用，该项技术能极大地提高机械钻速，缩短钻井周期，节约钻井成本。但气体钻井采用的介质是各种气体，与泥浆钻井方式大不相同，为此世界各大钻井公司研发了多项气体钻井井下工具，如空气锤、空气螺杆钻具、配套的气体钻井钻头、雾化泵装置、管汇和控制系统等，形成一整套完整的气体钻井装备和井下工具。因此，在“十二五”期间将开展气体钻井井下工具标准的制定工作。

（5）钻采动力。“十二五”期间，钻采动力设备的重点领域为海上钻井用发动机、天然气发电机组、轻型钻机用发动机、油田移动电站、天然气输气用压缩机成撬机组、钻井用天然气发动机，变矩器机组、石油井场天然气发电热能综合利用技术、石油钻机节能户外型同步发电机技术、钻井用天然气发动机安全操作规范系列标准、石油天然气工业用柴油机、天然气发动机排放限值标准、内燃机绿色再制造技术规范等标准的预研制。

（二）重点领域标准制定计划

2011～2015年石油钻采设备重点标准制修订项目见表3，共计44项。其中，国家标准18项，行业标准26项，制定标准27项，修订标准17项。

表3　2011～2015年石油钻采设备和工具标准制修订计划项目

序号	重点领域	归口单位	项目名称	类别	级别	性质	制修订	立项时间	完成时间	采用国际国外标准情况	代替标准号	所属公司	起草单位	备注
1	钻井装备	钻机装备	石油天然气工业钻井和采油提升设备规范	产品	GB	推荐	修订	2011	2011	ISO 13535最新版，IDT	GB/T 19190—2003	中国石油天然气集团公司	宝鸡石油机械有限责任公司	
2		钻机装备	石油天然气工业　钻井和采油设备　钻井泵	产品	SY	推荐	制定	2012	2012			中国石油天然气集团公司	宝鸡石油机械有限责任公司	
3		钻机装备	石油钻机顶部驱动钻井装置	产品	GB	推荐	制定	2012	2013			中国石油天然气集团公司	北京石油机械厂	制定ISO标准
4		钻机装备	低温钻机	产品	SY	推荐	制定	2011	2012			中国石油天然气集团公司	宝鸡石油机械有限责任公司	
5		钻机装备	石油天然气工业　钻井和采油提升设备的检验、维护、修理和修复	方法	GB	推荐	修订	2013	2014	ISO 13534最新版IDT	GB/T 19832—2003	中国石油天然气集团公司	宝鸡石油机械有限责任公司	

（续）

序号	重点领域	归口单位	项目名称	类别	级别	性质	制修订	立项时间	完成时间	采用国际国外标准情况	代替标准号	所属公司	起草单位	备注
6		钻机装备	钻井和修井设备规范	产品	GB	推荐	修订	2014	2015	ISO 14693最新版 MOD	GB/T 17744—2008	中国石油天然气集团公司	宝鸡石油机械有限责任公司	
7		钻机装备	石油天然气工业用钢丝绳选用和维护的推荐做法	方法	SY	推荐	修订	2011	2011	API RP 9B: 2005, MOD	SY/T 6666—2006	中国石油天然气集团公司	咸阳宝石钢管钢绳有限公司、宝鸡石油机械有限责任公司、陕西延长石油（集团）有限责任公司	
8		车裁装备	煤层气钻机	产品	SY	推荐	制定	2011	2012			中国石油化工集团公司	南阳二机集团	
9		车裁装备	连续管钻机	产品	SY	推荐	制定	2013	2014			中国石油天然气集团公司	钻井工程技术研究院江汉机械研究所	
10		井控装备	节流和压井系统	方法	SY	推荐	修订	2012	2013	API Spec 16C, IDT	SY/T 5323—2004	中国石油天然气集团公司	石油工业井控装置质量监督检验中心	
11		井控装备	作业用井口防喷设备	产品	SY	推荐	制定	2011	2012			中国石油天然气集团公司	石油工业井控装置质量监督检验中心、河北华北石油荣盛机械制造有限公司、宝鸡石油机械有限责任公司	
12		井控装备	防喷器的检查和维修	产品	SY	推荐	修订	2012	2013			中国石油天然气集团公司	石油工业井控装置质量监督检验中心、河北华北石油荣盛机械制造有限公司	

（续）

序号	重点领域	归口单位	项目名称	类别	级别	性质	制修订	立项时间	完成时间	采用国际国外标准情况	代替标准号	所属公司	起草单位	备注
13		井控装备	石油天然气工业 高温高压钻井作业用井控装置	产品	GB	强制	制定	2012	2013	ISO/NP TS 16339,MOD		中国石油天然气集团公司	石油工业井控装置质量监督检验中心	同步采标
14		井口装备	石油钻采设备用气动元件	产品	SY	推荐	修订	2011	2011		SY/T 5027—2006	中国石油天然气集团公司	中国石油集团钻井工程技术研究院江汉机械研究所	
15		井口装备	地面安全阀和井下安全阀的安装、维护和修理推荐做法	方法	SY	推荐	制定	2014	2015	API RP 14H,MOD		中国石油天然气集团公司	中国石油集团钻井工程技术研究院江汉机械研究所	
16		井口装备	地面安全阀和井下安全阀的性能试验	方法	SY	推荐	制定	2014	2015	APT 6AV1,MOD		中国石油天然气集团公司	中国石油集团钻井工程技术研究院江汉机械研究所	
17	钻采动力	钻采动力	石油钻机用柴油机耦合器机组	产品	SY	推荐	修订	2011	2011			中国石油天然气集团公司	中国石油集团济柴动力总厂	双语版
18		钻采动力	石油火然气工业用柴油机	产品	SY	推荐	修订	2011	2011			中国石油天然气集团公司	中国石油集团济柴动力总厂	双语版
19		钻采动力	轻型钻机车用发动机	产品	SY	推荐	制定	2011	2012			中国石油天然气集团公司	中国石油集团济柴动力总厂	
20	采油采气设备	采油设备	潜油电泵机组	产品	GB	推荐	修订	2012	2013	ISO/CD15551,MOD	GB/T 16750—2008	中国石油天然气集团公司	大庆油田力神泵业有限公司	同步采标
21		采油设备	潜油电泵电缆系统的应用	方法	GB	推荐	修订	2011	2012	API RP 11S5: 2008 (MOD)	GB/T 17389—1998	中国石油天然气集团公司	大庆油田力神泵业有限公司	
22		采油设备	抽油杆	产品	GB	推荐	修订	2011	2011	MOD API RP11B: 1998	SY/T 5029—2006	中国石油天然气集团公司	玉门石油分公司机械厂	双语版

（续）

序号	重点领域	归口单位	项 目 名 称	类别	级别	性质	制修订	立项时间	完成时间	采用国际国外标准情况	代替标准号	所属公司	起 草 单 位	备注
23		采油设备	空心抽油杆	产品	SY	推荐	修订	2011	2011		SY/T 5550—2006	中国石油天然气集团公司	铁岭中油机械设备制造有限公司、渤海石油装备大港新世纪石油机械有限公司	双语版
24		采油设备	游梁式抽油机	产品	GB	推荐	制定	2011	2012		SY/T 5044—2003	中国石油天然气集团公司	中国石油集团渤海装备制造有限公司	参与制定API、ISO 标准
25		采油设备	桥式偏心工作筒	产品	SY	推荐	制定	2011	2012	ISO 17078—1:2004，MOD		中国石油天然气集团公司	大庆油田有限责任公司采油工程研究院	
26		采油设备	石油天然气工业　井下设备人工举升用螺杆抽油泵系统　第 1 部分:泵	产品	GB	推荐	修订	2011	2012	ISO 15136—1:2009	GB/T 21411.1—2008	中国石油天然气集团公司	北京石油机械厂	
27		采油设备	橇装一体化污水处理装置	产品	SY	推荐	制定	2011	2012			中国石油天然气集团公司	中石油钻井院江汉机械研究所	
28		井口装备	井口装置和采油树规范	产品	GB	推荐	修订	2011	2012	ISO 10423/API 6A，API RP 6AR，API 6A 718，MOD	GB/T 22513—2008 SY/T 5812—1996 SY/T 6663—2006	中国石油天然气集团公司	中国石油集团钻井工程技术研究院江汉机械研究所	双语版
29		井口装备	石油天然气工业　管道输送系统　管道阀门	产品	GB	推荐	修订	2011	2012	ISO 14313:2007	GB/T 20173—2006	中国石油天然气集团公司	中国石油集团钻井工程技术研究院江汉机械研究所	

（续）

序号	重点领域	归口单位	项目名称	类别	级别	性质	制修订	立项时间	完成时间	采用国际国外标准情况	代替标准号	所属公司	起草单位	备注
30		井控装备	连续油管井控设备系统	方法	SY	推荐	制定	2013	2015	API RP 16ST：2009，IDT		中国石油天然气集团公司	石油工业井控装置质量监督检验中心	
31	海洋石油钻采装备	钻机装备	石油工业用海洋平台模块钻机 第1部分：设计	产品	GB	推荐	制定	2012	2013			中国海洋石油集团总公司	中海油研究总院	制定ISO标准
32		钻机装备	石油工业用海洋平台模块钻机 第2部分：建造	方法	GB	推荐	制定	2012	2013			中国海洋石油集团总公司	中海油研究总院	制定ISO标准
33		钻机装备	石油工业用海洋平台模块钻机 第3部分：安装、调试与验收	方法	GB	推荐	制定	2012	2013			中国海洋石油集团总公司	中海油研究总院	制定ISO标准
34		井口装备	石油天然气工业—水下生产系统的设计与操作 第4部分：水下井口装置和采油树设备	产品	GB	推荐	修订	2013	2014	ISO 13628，IDT	GB/T 21412.4—2008	中国石油天然气集团公司	宝鸡石油机械有限责任公司、中国石油集团钻井工程技术研究院江汉机械研究所等	
35		井控装备	石油火然气工业 钻井和采油设备 第二部分：深海钻井隔水管的原理、操作和完整性技术报告	方法	GB	推荐	制定	2013	2014	ISO 13624—2：2009，IDT		中国石油天然气集团公司	石油工业井控装置质量监督检验中心	
36		井控装备	海洋钻井隔水管分析比较	方法	SY	推荐	制定	2013	2014	API 16J：1992，IDT		中国石油天然气集团公司	石油工业井控装置质量监督检验中心	

（续）

序号	重点领域	归口单位	项目名称	类别	级别	性质	制修订	立项时间	完成时间	采用国际国外标准情况	代替标准号	所属公司	起草单位	备注
37		井控装备	石油天然气工业 钻井和采油设备 第一部分：海洋钻井隔水管设备的设计和操作	方法	GB	推荐	制定	2012	2013	API 16Q:1993，IDT		中国石油天然气集团公司	石油工业井控装置质量监督检验中心	
38	钻采工具	井下工具	气体钻井空气锤	产品	SY	推荐	制定	2012	2013			中国石油化工集团公司	中石化工程院	
39		井下工具	旋转导向钻井系统	产品	SY	推荐	制定	2012	2013			中国石油天然气集团公司	北京石油机械厂	
40		井下工具	遥控式可调井下稳定器	产品	SY	推荐	制定	2012	2013			中国石油化工集团公司	胜利油田	
41		井下工具	水力喷射分段压裂工具	产品	SY	推荐	制定	2013	2014			中国石油化工集团公司	德州大陆架石油技术有限公司	
42		井下工具	水力脉冲空化射流工具	产品	SY	推荐	制定	2013	2014			中国石油化工集团公司	德州大陆架石油技术有限公司	
43		井下工具	油、水激发自膨胀封隔器	产品	SY	推荐	制定	2011	2012			中国石油天然气集团公司	安东石油技术（集团）有限公司、德州大陆架石油技术有限公司	
44		井下工具	膨胀式尾管悬挂器及尾管回接装置	产品	SY	推荐	制定	2011	2012			中国石油天然气集团公司	中国石油集团钻井工程技术研究院钻井机械研究所、北京石油机械厂	

按完成时间划分：

——2011 年完成 7 项；

——2012 年完成 14 项；

——2013 年完成 12 项；

——2014 年完成 7 项；

——2015 年完成 4 项。

（三）重点领域同步“采标”计划和“双语版”标准制定计划

为加快与国际标准接轨的步伐，“十二五”期间加大了标准“同步采标”和“双语版”标准制定力度。

石油钻采设备重点标准采标的项目共计 20 项。其中，采用 ISO 标准 11 项，采用 API 标准 9 项（见表3）。

“十二五”期间“同步采标”标准 2 项，“双语版”标准制定 5 项。

（四）国际标准制定计划

“十二五”期间拟制定 ISO 标准 4 项，参与制定 1 项。一是继续推进石油钻机顶部驱动装置和海洋平台模块钻机两项国际标准提案的研究编制工作，完成两个国际标准提案的申报。二是积极参与《潜油电泵》国际标准制修订工作，做好与 ISO/TC67 的协调与沟通，努力争取我国国际标准发言权。

六、保障措施

一是组织保障，建立健全标准化组织体系。由于国内海上石油开采业务开展较晚，加之海上石油装备从一开始就采用国际招标采办方式，这种方式对我国钻采设备制造业来说增加了难度，造成了海洋石油钻采设备方面始终是标准化工作的薄弱环节，建议应尽快成立海洋石油钻采装备标准化工作部。

二是人才保障，加强标准化人才培养，每个标准化工作部推荐 3 ~ 5 名懂专业、懂外语的国际标准化专家，建立一支 20 人左右的国际标准化人才队伍，广泛开展国际间的标准化技术交流和合作，特别是要开展与 ISO、OGP、API 以及国际大石油公司的标准化技术交流与合作，充分发挥我国石油装备标准化组织在我国石油装备制造业与国际石油装备制造业之间的桥梁和纽带作用。减少或消除国际贸易中的技术壁垒，提高我国石油装备制造业的国际竞争力。

三是制度保障，建立沟通机制，充分发挥标准化工作部的组织、管理和协调作用。建立标委会之间、标委会与标准化工作部之间、各标准化工作部之间以及标准化工作部与起草单位之间的沟通、交流机制。尤其是应加强跨行业的相关标委会的交流与协作。针对工作目标，加强标准制修订工作的前期准备、监督和指导工作，不断提高标准的全面质量水平。

四是经费保障，加强标准制修订投入，开拓行业标准经费来源。为了实现标准化发展的目标，随着国家、行业对标准化工作的重视，国家标准委、中石油、中石化、中海油和各石油装备企业应进一步加大对标准化投入，积极探索建立以企业为主体、与市场经济体制相适应的多元化的标准化投资机制，调动引导企业参与标准化工作。

五是信息保障，建立石油钻采装备标准信息工作协调和管理协调，逐步做到网上计划的申报、标准的制修订、征求意见、网上查询和维护，从而公开透明地制定钻采装备标准。

〔供稿单位：中国石油和石油化工设备工业协会〕

2011 年国家标准和行业标准制修订计划汇总表

序号	专业	计划编号	标准名称	制修订	采标情况	代替标准	完成年限	主要起草单位	备注
1	钻机 1	20101431-T-469	石油天然气工业 钻井和采油提升设备	修订	ISO 13535 最新版,IDT	GB/T 19190—2003	2012	宝鸡石油机械有限责任公司、兰州兰石国民油井石油工程有限公司、江苏如石机械有限公司、南阳二机石油装备(集团)有限公司、中国石油集团钻井工程技术研究院江汉机械研究所、北京石油机械厂	
2	钻机 2	2011 年申报国标	石油钻机顶部驱动装置	制定			2012	北京石油机械厂、新疆石油管理局钻井公司顶驱作业技术服务公司、宝鸡石油机械有限责任公司、中国石油勘探开发研究院采油采气装备所	
3	钻机 3	2011 年申报行标	石油低温钻机	制定			2012	宝鸡石油机械有限责任公司、中国石化集团江汉石油管理局第四机械厂、南阳二机石油装备(集团)有限公司、宏华石油设备有限公司	
4	钻机 4	2011 年申报行标	石油天然气工业用钢丝绳选用和维护的推荐做法	修订	API RP 9B:2005,MOD	SY/T 6666—2006	2011	咸阳宝石钢管钢绳有限公司、宝鸡石油机械有限责任公司、陕西延长石油(集团)有限责任公司、南阳二机石油装备(集团)有限公司、石油工业井控装置质量监督检验中心	
5	钻机 5	2011 年申报行标	石油钻井泵	制定			2011	宝鸡石油机械有限责任公司、兰州兰石国民油井石油工程有限公司、宏华石油设备有限公司、南阳二机石油装备(集团)有限公司	
6	钻机 6	2011 年申报国标	石油天然气工业 水下生产系统的设计与操作 第 4 部分:水下井口装置和采油树设备	修订	ISO 13628-4:2010,IDT	GB/T 21412.4—2008	2012	宝鸡石油机械有限责任公司、中国海洋石油总公司、石油工业井控装置质量监督检验中心	

（续）

序号	专业	计划编号	标准名称	制修订	采标情况	代替标准	完成年限	主要起草单位	备注
7	车载1	2011年申报行标	煤层气钻机	制定			2011	南阳二机石油装备(集团)有限公司、南阳市南石力天传动件有限公司、南阳新成高架设备有限公司、中国石油集团钻井工程技术研究院钻井机械研究所、中国石油集团渤海装备制造公司	
8	动力1	2011年申报行标	石油天然气工业用柴油机	制定		SY/T 5030—2006	2012	中国石油集团济柴动力总厂、大庆石油管理局钻探集团钻井一公司、济柴河北分公司、南阳二机石油装备(集团)有限公司、宝鸡石油机械有限责任公司	双语版
9	动力2	2011年申报行标	石油钻机用柴油机耦合器机组	修订		SY/T 6664—2006	2012	中国石油集团济柴动力总厂、大连恒通液力机械有限公司、济柴液力传动事业部、南阳二机石油装备(集团)有限公司、宝鸡石油机械有限责任公司	双语版
10	工具1	2011年申报行标	油、水激发自膨胀封隔器	制定			2012	中国石油勘探开发研究院采油采气装备所、安东石油技术(集团)有限公司、德州大陆架石油技术有限公司、中石油钻井总院、华北石油橡胶研究所、辽河油气田分公司、中国石油冀东油田分公司	
11	工具2	2011年申报行标	膨胀式尾管悬挂器及尾管回接装置	制定			2012	中国石油集团钻井工程技术研究院钻井机械研究所、北京石油机械厂、北京华油油气工程科技有限公司、哈萨克北部扎奇联合作业公司、安东石油技术(集团)有限公司、德州大陆架石油技术有限公司、中国石油勘探开发研究院采油采气装备所	
12	井控1	2011年申报国标	石油天然气工业 钻井和采油设备 第1部分：海洋钻井隔水管设备的设计和操作	制定	ISO 13624-1:2009，MOD		2012	宝鸡石油机械有限责任公司、石油工业井控装置质量监督检验中心、中海油田服务股份有限公司	

（续）

序号	专业	计划编号	标准名称	制修订	采标情况	代替标准	完成年限	主要起草单位	备注
13	井控2	2011年申报行标	作业用井口防喷设备	制定			2012	石油工业井控装置质量监督检验中心、河北华北石油荣盛机械制造有限公司、宝鸡石油机械有限责任公司	
14	井口1	2011年申报国标	石油天然气工业 管道输送系统 管道阀门	修订	ISO 14313：2007，MOD	GB/T 20173—2006	2012	国家油气田井口设备质量监督检验中心、石油工业井控装置质量监督检验中心、江苏金石机械集团有限公司、浙江方圆阀门制造有限公司、河北华北石油荣盛机械制造有限公司、中石油物资采购中心	
15	井口2	2011年申报国标	石油天然气工业 钻井和采油设备 井口装置和采油树	修订	ISO 10423：2009，MOD	GB/T 22513—2008	2012	国家油气田井口设备质量监督检验中心、中国石油勘探开发研究院采油采气装备所、宝鸡石油机械有限责任公司、石油工业井控装置质量监督检验中心、重庆新泰机械有限责任公司、江苏金石机械集团有限公司、大庆油田装备制造集团	
16	井口3	2011年申报行标	石油钻采设备用气动元件	修订		SY/T 5027—2006	2011	国家油气田井口设备质量监督检验中心、石油工业井控装置质量监控检验中心、北京石油机械厂	
17	采油1	20100274－T－469	游梁式抽油机	制定			2012	中国石油集团渤海石油装备制造有限公司、中国石油集团钻井工程技术研究院江汉机械研究所、石油工业标准化研究所、郑州机械研究所、大庆油田装备制造集团、长庆油田分公司机械制造总厂	
18	采油2	2011年申报国标	石油天然气工业井下设备 人工举升用螺杆泵系统 第1部分：泵	修订	ISO 15136－1：2009，MOD	GB/T 21411.1—2008	2012	北京石油机械厂、大庆油田力神泵业有限公司、大庆油田有限责任公司采油工程研究院、中国石油集团渤海石油装备制造有限公司、石油工业机械产品检验站	
19	采油3	2011年申报国标	潜油电泵电缆系统的应用	修订	API RP 11S5：2008（MOD）	GB/T 17389—1998	2012	大庆油田力神泵业有限公司、胜利油田胜利泵业有限责任公司、中国石油集团渤海石油装备制造有限公司	
20	采油4	2011年申报行标	石油天然气工业桥式偏心工作筒	制定	ISO 17078－1：2004，MOD		2011	大庆油田采油工程研究院、石油工业机械产品质量监督检验站、中国石油勘探开发研究院采油采气装备所、大庆油田采油三厂	

（续）

序号	专业	计划编号	标准名称	制修订	采标情况	代替标准	完成年限	主要起草单位	备注
21	采油5	2011年申报行标	石油天然气工业 井下设备 防砂筛管	制定	ISO 17824:2009,MOD		2011	安东石油技术（集团）有限公司、中国石油大学（北京）、石油工业井下工具质量监督检验中心、中海油田服务股份有限公司、天津市奥凯石油机械有限公司	
22	采油6	2011年申报行标	空心抽油杆（双语版）	修订		SY/T 5550—2006	2011	铁岭中油机械设备制造有限公司、中国石油集团渤海石油装备制造有限公司大港新世纪石油机械有限公司、中国石油勘探开发研究院采油采气设备所、国家油气田井口设备质量监督检验中心、北京石油机械厂、石油工业机械产品检验中心	
23	采油7	2011年申报行标	抽油杆	修订	API Spec 11B:2010（MOD）	SY/T 5029—2006	2012	中国石油天然气股份有限公司玉门油田分公司机械厂、铁岭中油机械设备制造有限公司、中国石油集团渤海石油装备制造有限公司、胜利油田孚瑞特石油装备有限责任公司、国家油气田井口设备质量监督检验中心、安东石油技术（集团）有限公司、中国石油勘探开发研究院采油采气装备所	

〔供稿单位：中国石油和石油化工设备工业协会〕

2011年国家能源局第3号公告公布的6项石油天然气行业标准

序号	标准编号	标准名称	批准日期	实施日期
1	SY/T 6833—2011	CNG加气站经济运行规范	2011-07-01	2011-10-01
2	SY/T 6834—2011	变频调速拖动装置节能测试方法与评价指标	2011-07-01	2011-10-01
3	SY/T 6835—2011	稠油热采蒸汽发生器节能监测规范	2011-07-01	2011-10-01
4	SY/T 6836—2011	天然气净化装置经济运行规范	2011-07-01	2011-10-01
5	SY/T 6837—2011	油气输送管道系统节能监测规范	2011-07-01	2011-10-01
6	SY/T 6838—2011	油气田企业节能量与节水量计算方法	2011-07-01	2011-10-01

2011年国家能源局第4号公告公布的75项石油天然气行业标准

序号	标准编号	标准名称	代替标准	采标号	批准日期	实施日期
1	SY 5726—2011	石油测井作业安全规范	SY/T 5726—2004		2011-07-28	2011-11-01
2	SY 6428—2011	浅海移动式平台沉浮与升降安全规程	SY 6428—1999		2011-07-28	2011-11-01
3	SY 6554—2011	石油工业带压开孔作业安全规范	SY/T 6554—2003	API RP 2201:2003,MOD	2011-07-28	2011-11-01
4	SY 6560—2011	海上石油设施电气安全规程	SY/T 6560—2003		2011-07-28	2011-11-01
5	SY 6561—2011	油气田注天然气安全技术规程	SY/T 6561—2003		2011-07-28	2011-11-01
6	SY 6562—2011	轻烃回收安全规程	SY/T 6562—2003		2011-07-28	2011-11-01
7	SY 6564—2011	海上石油作业系物安全规程	SY/T 6564—2003		2011-07-28	2011-11-01
8	SY 6565—2011	油气田注二氧化碳安全规程	SY/T 6565—2003		2011-07-28	2011-11-01
9	SY 6605—2011	石油钻、修井用吊具安全技术检验规范	SY/T 6605—2004		2011-07-28	2011-11-01
10	SY 6607—2011	石油天然气行业建设项目(工程)安全预评价报告编写细则	SY/T 6607—2004		2011-07-28	2011-11-01
11	SY 6818—2011	煤层气井钻井工程安全技术规范			2011-07-28	2011-11-01
12	SY/T 0530—2011	油田采出水中含油量测定方法　分光光度法	SY/T 0530—1993		2011-07-28	2011-11-01
13	SY/T 5089.1—2011	钻井井史格式　第1部分:陆地部分	SY/T 5089.1—2007		2011-07-28	2011-11-01
14	SY/T 5171—2011	陆上石油物探测量规范	SY/T 5171—2003		2011-07-28	2011-11-01
15	SY/T 5191—2011	气相色谱录井仪	SY/T 5191—1993		2011-07-28	2011-11-01
16	SY/T 5314—2011	陆上石油地震勘探资料采集技术规范	SY/T 5314—2004、SY/T 6386—1999		2011-07-28	2011-11-01
17	SY/T 5332—2011	陆上地震勘探数据处理技术规范	SY/T 5332—2005、SY/T 6591—2004		2011-07-28	2011-11-01
18	SY/T 5338—2011	加固井壁和人工井壁防砂工艺做法	SY/T 5338—2000、SY/T 5339—2000		2011-07-28	2011-11-01
19	SY/T 5404—2011	扩张式封隔器	SY/T 5404—2002		2011-07-28	2011-11-01

（续）

序号	标准编号	标准名称	代替标准	采标号	批准日期	实施日期
20	SY/T 5519—2011	盆地评价技术规范	SY/T 5519—1996		2011-07-28	2011-11-01
21	SY/T 5566—2011	低能源原油含水分析仪	SY/T 5566—1998		2011-07-28	2011-11-01
22	SY/T 5614—2011	岩石荧光薄片鉴定	SY/T 5614—1998		2011-07-28	2011-11-01
23	SY/T 5732—2011	抽油泵脱接器	SY/T 5732—1995		2011-07-28	2011-11-01
24	SY/T 5758—2011	钻井液用润滑小球评价程序	SY/T 5758—1995		2011-07-28	2011-11-01
25	SY/T 5771—2011	地面磁法勘探技术规程	SY/T 5771—2004、SY/T 6249—2005、SY/T 5801—1999		2011-07-28	2011-11-01
26	SY/T 5835—2011	压裂用井口球阀	SY/T 5835—1993		2011-07-28	2011-11-01
27	SY/T 5838—2011	陆上油气探明经济可采储量评价细则	SY/T 5838—1993		2011-07-28	2011-11-01
28	SY/T 5841—2011	钻井技术经济指标及计算方法	SY/T 5841—2005		2011-07-28	2011-11-01
29	SY/T 5846—2011	套管补贴工艺作法	SY/T 5846—1993		2011-07-28	2011-11-01
30	SY/T 5848—2011	抽油杆防脱器	SY/T 5848—1993		2011-07-28	2011-11-01
31	SY/T 5872—2011	抽油泵检修规程	SY/T 5872—1993		2011-07-28	2011-11-01
32	SY/T 5875—2011	油井液面测试方法	SY/T 5875—1993		2011-07-28	2011-11-01
33	SY/T 5901—2011	石油勘探开发仪器仪表分类	SY/T 5901—1993、SY/T 6232—1996		2011-07-28	2011-11-01
34	SY/T 5918—2011	埋地钢质管道外防腐层修复技术规范	SY/T 5918—2004		2011-07-28	2011-11-01
35	SY/T 5921—2011	立式圆筒形钢制焊接油罐操作维护修理规程	SY/T 5921—2000		2011-07-28	2011-11-01
36	SY/T 5924—2011	油井堵水作业方法　裸眼井机械卡堵水作业	SY/T 5924—1993		2011-07-28	2011-11-01
37	SY/T 5968—2011	探井试油质量评定规范	SY/T 5968—1994		2011-07-28	2011-11-01
38	SY/T 6010—2011	沉积盆地流体包裹体显微测温方法	SY/T 6010—1994		2011-07-28	2011-11-01
39	SY/T 6064—2011	管道干线标记设置技术规范	SY/T 6064—1994		2011-07-28	2011-11-01
40	SY/T 6069—2011	油气管道仪表及自动化系统运行技术规范	SY/T 6069—2005		2011-07-28	2011-11-01
41	SY/T 6150.1—2011	钢制管道封堵技术规程　第1部分:塞式、筒式封堵	SY/T 6150.1—2003		2011-07-28	2011-11-01
42	SY/T 6150.2—2011	钢制管道封堵技术规程　第2部分:挡板—囊式封堵	SY/T 6150.2—2003		2011-07-28	2011-11-01
43	SY/T 6178—2011	水淹层测井资料处理与解释规范	SY/T 6178—2000		2011-07-28	2011-11-01

（续）

序号	标准编号	标准名称	代替标准	采标号	批准日期	实施日期
44	SY/T 6285—2011	油气储层评价方法	SY/T 6285—1997		2011-07-28	2011-11-01
45	SY/T 6290—2011	地震勘探辅助数据SPS格式	SY/T 6290—1997	SPS Rev. 1：2006，MOD	2011-07-28	2011-11-01
46	SY/T 6325—2011	输油气管道电气设备管理规范	SY/T 6325—1997		2011-07-28	2011-11-01
47	SY/T 6470—2011	油气管道通用阀门操作维护检修规程	SY/T 6470—2000		2011-07-28	2011-11-01
48	SY/T 6491—2011	油层套管模拟井射孔试验与评价	SY/T 6491—2000		2011-07-28	2011-11-01
49	SY/T 6546—2011	复杂岩性地层测井数据处理解释规范	SY/T 6546—2003		2011-07-28	2011-11-01
50	SY/T 6548—2011	石油测井电缆和连接器的使用与维护	SY/T 5634—1999、SY/T 6548—2003		2011-07-28	2011-11-01
51	SY/T 6552—2011	石油工业在用压力容器检验	SY/T 6552—2003	API RP 572：2001，MOD	2011-07-28	2011-11-01
52	SY/T 6557—2011	石油工业防火用水喷淋系统应用指南	SY/T 6557—2003	API RP 2030：2005，MOD	2011-07-28	2011-11-01
53	SY/T 6611—2011	石油定量荧光录井规范	SY/T 6611—2005		2011-07-28	2011-11-01
54	SY/T 6819—2011	含硫化氢天然气井站应急处置程序编写规则			2011-07-28	2011-11-01
55	SY/T 6820—2011	石油储罐的安全进入和清洗		API Std 2015：2001，MOD	2011-07-28	2011-11-01
56	SY/T 6821—2011	电缆输送射孔带压作业技术规范			2011-07-28	2011-11-01
57	SY/T 6822—2011	裸眼井单井测井系列优化选择			2011-07-28	2011-11-01
58	SY/T 6823—2011	过套管电阻率测井资料处理与解释规范			2011-07-28	2011-11-01
59	SY/T 6824—2011	油气井用复合射孔器通用技术条件及检测方法			2011-07-28	2011-11-01
60	SY/T 6825—2011	管道内检测系统的鉴定		API Std 1163：2005，MOD	2011-07-28	2011-11-01
61	SY/T 6826—2011	液体管道的计算监测		API RP 1130：2007，MOD	2011-07-28	2011-11-01
62	SY/T 6827—2011	油气管道安全预警系统技术规范			2011-07-28	2011-11-01

（续）

序号	标准编号	标准名称	代替标准	采标号	批准日期	实施日期
63	SY/T 6828—2011	油气管道地质灾害风险管理技术规范			2011-07-28	2011-11-01
64	SY/T 6829—2011	煤层气集输与处理运行规范			2011-07-28	2011-11-01
65	SY/T 6830—2011	输油站场管道和储罐泄漏的风险管理			2011-07-28	2011-11-01
66	SY/T 6831—2011	油气井录井系列规范			2011-07-28	2011-11-01
67	SY/T 6832—2011	致密砂岩气地质评价方法			2011-07-28	2011-11-01
68	SY/T 6839—2011	海上拖缆式地震勘探定位导航技术规程			2011-07-28	2011-11-01
69	SY/T 6840—2011	超声成像测井仪			2011-07-28	2011-11-01
70	SY/T 6841—2011	电法勘探瞬变电磁仪			2011-07-28	2011-11-01
71	SY/T 6842—2011	过油管碳氧比能谱测井仪			2011-07-28	2011-11-01
72	SY/T 6843—2011	海上石油勘探充油电缆技术规范			2011-07-28	2011-11-01
73	SY/T 6844—2011	微电阻率成像测井仪			2011-07-28	2011-11-01
74	SY/T 6845—2011	海洋弃井作业规范			2011-07-28	2011-11-01
75	SY/T 10017—2011	海底电缆地震资料采集技术规程	SY/T 10017—2005		2011-07-28	2011-11-01

2011年国家能源局第6号公告公布的23项石油天然气行业标准复审建议废止项目

序号	标准编号	标准名称	废止理由
1	SY 0402—2000	石油天然气站内工艺管道工程施工及验收规范	该标准内容已被GB 50540—2009《石油天然气站内工艺管道工程施工规范》涵盖
2	SY 0470—2000	石油天然气管道跨越工程施工及验收规范	该标准内容已被GB 50460—2008《石油天然气管道跨越工程施工规范》涵盖
3	SY/T 0015.2—1998	原油和天然气输送管道穿跨越工程设计规范　跨越工程	该标准内容已被GB 50459—2009《油气输送管大跨越工程设计规范》涵盖
4	SY/T 0054—2002	油气田工程测量规范	该标准内容已被GB/T 50537—2009《油气田工程测量规范》涵盖
5	SY/T 0055—2003	长距离输油输气管道测量规范	该标准内容已被GB/T 50539—2009《长距离输油输气管道测量规范》涵盖

（续）

序号	标准编号	标准名称	废止理由
6	SY/T 0455—2004	球形储罐γ射线全景曝光检测标准	该标准内容已被GB/T 50602—2010《球形储罐γ射线全景曝光检测标准》涵盖
7	SY/T 5565—1993	掺水电子水表φ15mm	该项技术已淘汰,没有存在的必要
8	SY/T 5689—2006	单螺杆抽油泵地面驱动装置	该标准内容已被GB/T 21411.2—2009《石油天然气工业井下设备　人工举升用螺杆泵系统　第2部分:地面驱动装置》涵盖
9	SY/T 5860—1993	塑料球投球器	工艺落后,产品已被停产
10	SY/T 5861—1993	压裂井口保护器	该项技术已淘汰,没有存在的必要
11	SY/T 6230—1997	石油天然气加工工艺危害管理	该标准采用的API RP 750:1990已废止
12	SY/T 6342—1998	海上工作人员非作业情况的应急训练	该标准内容已被SY/T 6341—1998《首次出海人员的培训程序》涵盖
13	SY/T 6343—1998	水中人员救助的训练	该标准与《海洋石油安全管理细则》中相关规定冲突
14	SY/T 6418——1999	内压和弯曲复合作用下圆螺纹套管的连接性能	该标准采用的API Bul 5C4:1992已废止
15	SY/T 6556—2003	大型地面常压储罐防火和灭火	该标准内容已被SY/T 6306—20058《常压储罐的灭火处理》涵盖
16	SY/T 6654—2006	液体石油管道设施标识推荐作法	该标准与目前的实际操作冲突
17	SY/T 6655—2006	石油产品储罐通风口阻火器推荐作法	该标准内容已被GB 5908—2005《石油储罐阻火器》涵盖
18	SY/T 6657—2006	聚氯乙烯内衬钢管规范	该标准采用的API Spec 15LT:1993已废止
19	SY/T 6665—2006	油田用V带规范	该标准采用的API Spec 1B:1995已废止
20	SY/T 10022.1—2001	海洋石油固井设计规范　第1部分:水泥浆设计和实验	该标准内容已被GB/T 19139—2003《油井水泥试验方法》涵盖
21	SY/T 10022.2—2000	海洋石油固井设计规范　第2部分:固井工艺	该标准内容已被SY/T 5374.1—2006《固井作业规程　第1部分:常规固井》、SY/T 5374.2—2006《固井作业规程　第2部分:特殊固井》和SY/T 5480—2007《固井设计规范》涵盖
22	JJG(石油)13—1991	SG2系列示功仪	工艺落后,产品已被停产
23	JJG(石油)20—2000	石油下井仪表用计时器检定规程	单一产品标准,不宜作为行标,应由企业制定为企标

2012 年国家能源局第 1 号公告公布的 98 项石油天然气行业标准

序号	标准编号	标准名称	代替标准	采标号	批准日期	实施日期
1	SY/T 0003—2012	石油天然气工程制图标准	SY/T 0003—2003		2012-01-04	2012-03-01
2	SY/T 0037—2012	管道防腐层阴极剥离试验方法	SY/T 0037—1997	ASTM G8:2003,MOD	2012-01-04	2012-03-01
3	SY/T 0072—2012	管道防腐层高温阴极剥离试验方法	SY/T 0072—1993	ASTM G42:2003,MOD	2012-01-04	2012-03-01
4	SY/T 0084—2012	管道防腐层环状弯曲性能试验方法	SY/T 0084—1994	ASTM G70:2007,MOD	2012-01-04	2012-03-01
5	SY/T 0087.2—2012	钢质管道及储罐腐蚀评价标准　埋地钢质管道内腐蚀直接评价	SY/T 0087—1995		2012-01-04	2012-03-01
6	SY/T 0305—2012	滩海管道系统技术规范	SY/T 0305—1996		2012-01-04	2012-03-01
7	SY/T 0531—2012	油田注入水悬浮颗粒测定方法　电阻感应法	SY/T 0531—1994		2012-01-04	2012-03-01
8	SY/T 0532—2012	油田注入水细菌分析方法　绝迹稀释法	SY/T 0532—1993		2012-01-04	2012-03-01
9	SY/T 0545—2012	原油析蜡热特性参数的测定　差示扫描量热法	SY/T 0545—1995		2012-01-04	2012-03-01
10	SY/T 4095—2012	浅海钢质移动平台结构设计与建造技术规范	SY/T 4095—1995		2012-01-04	2012-03-01
11	SY/T 4108—2012	输油(气)管道同沟敷设光缆(硅芯管)设计及施工规范	SY/T 4108—2005		2012-01-04	2012-03-01
12	SY/T 4120—2012	高含硫化氢气田钢质管道环焊缝射线检测			2012-01-04	2012-03-01
13	SY/T 4121—2012	光纤管道安全预警系统设计及施工规范			2012-01-04	2012-03-01
14	SY/T 4122—2012	油田注水工程施工技术规范			2012-01-04	2012-03-01
15	SY/T 4123—2012	石油天然气钢质管道环向对接接头全自动超声波检测标准			2012-01-04	2012-03-01
16	SY/T 5023—2012	石油钻机用刹车块	SY/T 5023—1994		2012-01-04	2012-03-01
17	SY/T 5040—2012	桩用焊接钢管	SY/T 5040—2000		2012-01-04	2012-03-01
18	SY/T 5056—2012	偏心辊子整形器	SY/T 5056—1993		2012-01-04	2012-03-01

（续）

序号	标准编号	标准名称	代替标准	采标号	批准日期	实施日期
19	SY/T 5066.2—2012	地层测试用地面控制装置	SY/T 5066.2—1993		2012-01-04	2012-03-01
20	SY/T 5070—2012	钻井、修井用割刀	SY/T 5070—2002		2012-01-04	2012-03-01
21	SY/T 5074—2012	钻井和修井动力钳、吊钳	SY/T 5074—2004		2012-01-04	2012-03-01
22	SY/T 5084—2012	打捞篮	SY/T 5084—1993		2012-01-04	2012-03-01
23	SY/T 5179—2012	石油机械加工劳动定额	SY/T 5179—1993		2012-01-04	2012-03-01
24	SY/T 5200—2012	钻柱转换接头	SY/T 5200—2002		2012-01-04	2012-03-01
25	SY/T 5329—2012	碎屑岩油藏注水水质指标及分析方法	SY/T 5329—1994		2012-01-04	2012-03-01
26	SY/T 5340—2012	砾石充填防砂方法	SY/T 5340—2000		2012-01-04	2012-03-01
			SY/T 5181—2000		2012-01-04	2012-03-01
27	SY/T 5491—2012	石油物探施工工日劳动定额	SY/T 5491—1992		2012-01-04	2012-03-01
28	SY/T 5498—2012	车装钻地震勘探劳动定额	SY/T 5498—2001		2012-01-04	2012-03-01
29	SY/T 5499—2012	人抬钻地震勘探劳动定额	SY/T 5499—2003		2012-01-04	2012-03-01
30	SY/T 5524—2012	石油地震勘探钻机车	SY/T 5524—2004		2012-01-04	2012-03-01
31	SY/T 5547—2012	螺杆钻具使用、维修和管理	SY/T 5547—2000		2012-01-04	2012-03-01
32	SY/T 5553—2012	钻井工程劳动定额	SY/T 5553—2001		2012-01-04	2012-03-01
33	SY/T 5572—2012	钻井和修井用打捞工具分类与通用技术条件	SY/T 5572—1993		2012-01-04	2012-03-01
34	SY/T 5749—2012	油气田集输工艺安装工程劳动定额	SY/T 5749—2004		2012-01-04	2012-03-01
35	SY/T 5821—2012	碳酸盐岩油藏有机堵剂堵水工艺做法	SY/T 5821—1993		2012-01-04	2012-03-01
36	SY/T 5863—2012	潜油电泵起下作业方法	SY/T 5863—1993		2012-01-04	2012-03-01
37	SY/T 5886—2012	缓速酸性能评价方法	SY/T 5886—1993		2012-01-04	2012-03-01
38	SY/T 5896—2012	采气工程劳动定额	SY/T 5896—2002		2012-01-04	2012-03-01
39	SY/T 5897—2012	输气工程劳动定额	SY/T 5897—2002		2012-01-04	2012-03-01
40	SY/T 5989—2012	直缝电阻焊套管	SY/T 5989—1994		2012-01-04	2012-03-01
41	SY/T 5992—2012	输送钢管静水压爆破试验方法	SY/T 5992—1994		2012-01-04	2012-03-01
42	SY/T 6078—2012	金属立式储罐制作安装工程劳动定额	SY/T 6078—2005		2012-01-04	2012-03-01
43	SY/T 6079—2012	油气田开采工程劳动定员定额词汇	SY/T 6079—1994		2012-01-04	2012-03-01
44	SY/T 6108—2012	气藏开发动态分析技术规范	SY/T 6108—2004		2012-01-04	2012-03-01
45	SY/T 6115—2012	自循环洗井设备	SY/T 6115—1994		2012-01-04	2012-03-01
46	SY/T 6119—2012	抽油机井工况测试仪	SY/T 6119—1995		2012-01-04	2012-03-01

（续）

序号	标准编号	标准名称	代替标准	采标号	批准日期	实施日期
47	SY/T 6170—2012	气田开发主要生产技术指标及计算方法	SY/T 6170—2005		2012-01-04	2012-03-01
48	SY/T 6176—2012	气藏开发井资料录取技术规范	SY/T 6176—2004		2012-01-04	2012-03-01
49	SY/T 6222—2012	套管外封隔器	SY/T 6222—1996		2012-01-04	2012-03-01
50	SY/T 6270—2012	石油钻采高压管汇的使用、维护、维修与检测	SY/T 6270—1997		2012-01-04	2012-03-01
51	SY/T 6311—2012	注蒸汽采油高温高压三维比例物理模拟实验技术要求	SY/T 6311—1997		2012-01-04	2012-03-01
52	SY/T 6408—2012	钻井和修井井架、底座的检查、维护、修理与使用	SY/T 6408—2004	API RP 4G:2004,MOD	2012-01-04	2012-03-01
53	SY/T 6477.2—2012	含缺陷油气输送管道剩余强度评价方法　第2部分:裂纹型缺陷			2012-01-04	2012-03-01
54	SY/T 6509—2012	方钻杆	SY/T 6509—2000		2012-01-04	2012-03-01
55	SY/T 6584—2012	车装钻机	SY/T 6584—2003		2012-01-04	2012-03-01
56	SY/T 6586—2012	石油钻机现场安装及检验	SY/T 6586—2003		2012-01-04	2012-03-01
57	SY/T 6623—2012	内覆或衬里耐腐蚀合金复合钢管规范	SY/T 6623—2005	API Spec 5LD:2009,IDT	2012-01-04	2012-03-01
58	SY/T 6627—2012	数字地震仪校准方法	SY/T 6627—2005		2012-01-04	2012-03-01
59	SY/T 6639—2012	检波器测试仪校准方法	SY/T 6639—2005		2012-01-04	2012-03-01
60	SY/T 6640—2012	电子式井下压力计校准方法	SY/T 6640—2005		2012-01-04	2012-03-01
61	SY/T 6661—2012	地震检波器校准方法	SY/T 6661—2006		2012-01-04	2012-03-01
62	SY/T 6725.4—2012	石油钻机用电气设备规范　第4部分:辅助用电设备及井场电路			2012-01-04	2012-03-01
63	SY/T 6846—2012	水平井上部注水泥下部筛管完井法			2012-01-04	2012-03-01
64	SY/T 6847—2012	火成岩压裂技术规范			2012-01-04	2012-03-01
65	SY/T 6848—2012	地下储气库设计规范			2012-01-04	2012-03-01
66	SY/T 6849—2012	滩海漫水路及井场结构设计规范			2012-01-04	2012-03-01
67	SY/T 6850—2012	油气田及管道工程测量质量评定			2012-01-04	2012-03-01
68	SY/T 6851—2012	油田含油污泥处理设计规范			2012-01-04	2012-03-01
69	SY/T 6852—2012	油田采出水生物处理工程设计规范			2012-01-04	2012-03-01

（续）

序号	标准编号	标准名称	代替标准	采标号	批准日期	实施日期
70	SY/T 6853—2012	油气输送管道隧道设计规范			2012-01-04	2012-03-01
71	SY/T 6854—2012	埋地钢质管道液体环氧外防腐层技术标准			2012-01-04	2012-03-01
72	SY/T 6855—2012	含 H_2S/CO_2 天然气田集输管网用双金属复合管			2012-01-04	2012-03-01
73	SY/T 6856—2012	石油天然气工业　复合材料内衬钢管		API RP 15 CLT:2007,IDT	2012-01-04	2012-03-01
74	SY/T 6857.1—2012	石油天然气工业特殊环境用油井管　第1部分:含 H_2S 油气田环境下碳钢和低合金钢油管和套管选用推荐做法			2012-01-04	2012-03-01
75	SY/T 6857.2—2012	石油天然气工业特殊环境用油井管　第2部分:酸性油气田用钻杆			2012-01-04	2012-03-01
76	SY/T 6858.1—2012	油井管无损检测方法　第1部分:套铣管螺纹漏磁探伤			2012-01-04	2012-03-01
77	SY/T 6858.2—2012	油井管无损检测方法　第2部分:钻杆加厚过渡带漏磁探伤			2012-01-04	2012-03-01
78	SY/T 6859—2012	油气输送管道风险评价导则			2012-01-04	2012-03-01
79	SY/T 6860—2012	石油专用锥度螺纹校对量规校准方法	JJG(石油)51—2000		2012-01-04	2012-03-01
80	SY/T 6861　2012	钻头规校准方法	JJG(石油)38—1994		2012-01-04	2012-03-01
81	SY/T 6862—2012	遥控爆炸系统校准方法			2012-01-04	2012-03-01
82	SY/T 6863—2012	泥饼摩擦系数测试仪校准方法			2012-01-04	2012-03-01
83	SY/T 6864—2012	钻井液漏斗粘度计校准方法			2012-01-04	2012-03-01
84	SY/T 6865—2012	钻井液中压滤失量测试仪校准方法			2012-01-04	2012-03-01
85	SY/T 6866—2012	页岩膨胀测试仪校准方法			2012-01-04	2012-03-01
86	SY/T 6867—2012	岩石碳酸盐含量测定方法			2012-01-04	2012-03-01
87	SY/T 6868—2012	钻井作业用防喷设备系统推荐作法		API RP 53:1997,MOD	2012-01-04	2012-03-01
88	SY/T 6869—2012	石油天然气工业　井下工具井下套管阀			2012-01-04	2012-03-01
89	SY/T 6870—2012	石油钻机顶部驱动装置安装、调试与维护			2012-01-04	2012-03-01

（续）

序号	标准编号	标准名称	代替标准	采标号	批准日期	实施日期
90	SY/T 6871—2012	石油钻井液固相控制设备安装、使用、维护和保养			2012-01-04	2012-03-01
91	SY/T 6872—2012	套管和油管螺纹连接气密封井口检测系统			2012-01-04	2012-03-01
92	SY/T 6873—2012	石油钻采装备用液力变速器			2012-01-04	2012-03-01
93	SY/T 6874—2012	张力腿平台规划、设计和建造的推荐做法		API RP 2T:1997,IDT	2012-01-04	2012-03-01
94	SY/T 6875—2012	板式结构屈曲强度		DNV RP C201:2002,MOD	2012-01-04	2012-03-01
95	SY/T 6876—2012	壳的屈曲强度		DNV RP C202:2002,MOD	2012-01-04	2012-03-01
96	SY/T 6877—2012	杆件、框架和球型壳的屈曲强度分析		DNV No. 30.1:2004,MOD	2012-01-04	2012-03-01
97	SY/T 6878—2012	海底管道牺牲阳极阴极保护		DNV RP F103:2003,IDT	2012-01-04	2012-03-01
98	SY/T 10010—2012	非分类区域和Ⅰ级1类及2类区域的固定及浮式海上石油设施的电气系统设计与安装推荐作法	SY/T 10010—1996	API RP 14F:1999,IDT	2012-01-04	2012-03-01

2011年石油天然气行业标准复审建议继续有效项目汇总表

序号	标准编号	标准名称	备注
1	SY 4200—2007	石油天然气建设工程施工质量验收规范　通则	
2	SY 4201.1—2007	石油天然气建设工程施工质量验收规范　设备安装工程　第1部分:机泵类设备	
3	SY 4201.2—2007	石油天然气建设工程施工质量验收规范　设备安装工程　第2部分:塔类设备	
4	SY 4201.3—2007	石油天然气建设工程施工质量验收规范　设备安装工程　第3部分:容器类设备	
5	SY 4201.4—2007	石油天然气建设工程施工质量验收规范　设备安装工程　第4部分:炉类设备	
6	SY 4202—2007	石油天然气建设工程施工质量验收规范　储罐工程	
7	SY 4203—2007	石油天然气建设工程施工质量验收规范　站内工艺管道工程	

（续）

序号	标准编号	标准名称	备注
8	SY 4204—2007	石油天然气建设工程施工质量验收规范　油气田集输管道工程	
9	SY 4205—2007	石油天然气建设工程施工质量验收规范　自动化仪表安装工程	
10	SY 4206—2007	石油天然气建设工程施工质量验收规范　电气工程	
11	SY 4207—2007	石油天然气建设工程施工质量验收规范　管道穿跨越工程	
12	SY 5728—2007	滩海石油地震队健康、安全与管理规范	
13	SY 5742—2007	石油与天然气井井控安全技术考核管理规则	
14	SY 6048—2007	重力、磁法、电法队健康、安全与环境管理规范	
15	SY/T 0011—2007	天然气净化厂设计规范	
16	SY/T 0414—2007	钢质管道聚乙烯胶粘带防腐层技术标准	
17	SY/T 4110—2007	采用聚乙烯内衬修复现存管道施工技术规范	
18	SY/T 4111—2007	天然气压缩机（组）安装工程施工技术规范	
19	SY/T 4112—2007	石油天然气钢质管道对接环焊缝全自动超声波检测试块	
20	SY/T 4113—2007	防腐涂层的耐划伤试验方法	
21	SY/T 5053.2—2007	钻井井口控制设备及分流设备控制系统规范	
22	SY/T 5099—2007	石油测井仪器环境试验及可靠性要求	
23	SY/T 5172—2007	直井井眼轨迹控制技术规范	
24	SY/T 5270—2000	高压注水管路配件设计技术规定	
25	SY/T 5352—2007	丢手可钻封隔器、桥塞及坐封工具	
26	SY/T 5377—2007	电动旋转粘度计	
27	SY/T 5385—2007	岩石电阻率参数实验室测量及计算方法	
28	SY/T 5391—2007	石油地震数据采集系统	
29	SY/T 5419—2007	石油测井中子发生器及中子管技术条件	
30	SY/T 5467—2007	套管柱试压规范	
31	SY/T 5534—2007	油气田专用车通用技术条件	
32	SY/T 5612—2007	石油钻井液固相控制设备规范	
33	SY/T 5674—1993	油田采油井、注水井井史编制方法	
34	SY/T 5920—2007	原油及轻烃站（库）运行管理规范	
35	SY/T 5935—2007	SYSTEM Ⅱ/SYSTEM2000/IMAGE 地震数据采集系统检验项目及技术指标	
36	SY/T 6253—2007	水平井射孔施工规范	
37	SY/T 6288—2007	钻杆和钻铤选用作法	
38	SY/T 6675—2007	井下流量计校准方法	
39	SY/T 6676—2007	钻井液密度计校准方法	
40	SY/T 6677—2007	钻井液固相含量测定仪校准方法	
41	SY/T 6678—2007	电子示功仪校准方法	
42	SY/T 6681—2007	测井采集数据硬拷贝记录格式	
43	SY/T 6682—2007	用科里奥利流量计测量液态烃流量	
44	SY/T 6684—2007	气田商业评估技术要求	
45	SY/T 6686—2007	井间地震资料采集技术规程	
46	SY/T 6689—2007	复电阻率法勘探技术规程	
47	SY/T 6698—2007	油气井用连续管作业推荐作法	
48	SY/T 6699—2007	管材缺欠超声波评价推荐作法	
49	SY/T 6702—2007	随钻测量仪通用技术条件	
50	SY/T 6703—2007	岩心流动性试验仪器通用技术条件	
51	SY/T 6704—2007	井斜仪校准装置校准方法	
52	SY/T 6706—2007	油气田及管道岩土工程勘察质量评定要求	

2011年石油天然气行业标准复审建议修订项目汇总表

序号	标准编号	标准名称	备注
1	SY 5727—2007	井下作业安全规程	
2	SY 5974—2007	钻井井场、设备、作业安全技术规程	
3	SY 5984—2007	油(气)田容器、管道和装卸设施接地装置安全检查规范	
4	SY 5985—2007	液化石油气安全管理规程	
5	SY 6186—2007	石油天然气管道安全规程	
6	SY/T 0027—2007	稠油注汽系统设计规范	
7	SY/T 0097—2000	稠油油田采出水用于蒸汽发生器给水处理设计规范	
8	SY/T 0515—2007	分离器规范	
9	SY/T 5153—2007	油藏岩石润湿性测定方法	
10	SY/T 5203—1991	石油勘探开发仪器基本环境试验　总则	
11	SY/T 5218—1991	石油勘探开发仪器基本环境试验方法　试验A:高温试验	
12	SY/T 5221—1991	石油勘探开发仪器基本环境试验方法　试验B:冲击试验	
13	SY/T 5230—1991	石油勘探开发仪器基本环境试验方法　试验C:盐雾试验	
14	SY/T 5275.2—2007	注水用配水器　空心活动配水器	
15	SY/T 5361—2007	测井电缆穿心打捞操作规程	
16	SY/T 5420—1991	石油勘探开发仪器基本环境试验方法　试验D:低温试验	
17	SY/T 5421—1991	石油勘探开发仪器基本环境试验方法　试验E:恒定湿热试验	
18	SY/T 5422—1991	石油勘探开发仪器基本环境试验方法　试验F:自由跌落试验	
19	SY/T 5480—2007	固井设计规范	
20	SY/T 5554—2007	测井工程劳动定额	
21	SY/T 5587.9—2007	常规修井作业规程　第9部分:换井口装置	
22	SY/T 5791—2007	液压修井机立放井架作业规程	
23	SY/T 5825—2007	电子式井下温度计温度测试规程	
24	SY/T 5834—2007	低固相压井液性能评价指标及测定方法	
25	SY/T 6084—2007	地面驱动螺杆泵使用与维护	
26	SY/T 6111—2007	气藏开发调整方案编制技术要求	
27	SY/T 6203—2007	油气井井喷着火抢险作法	
28	SY/T 6229—2007	初期灭火及救援训练规程	
29	SY/T 6275—2007	油田生产系统节能监测规范	
30	SY/T 6490—2007	岩样核磁共振参数实验室测量规范	
31	SY/T 6497—2000	石油钻机万向联轴器	
32	SY/T 6610—2005	含硫化氢油气井井下作业推荐作法	
33	SY/T 6635—2005	管道系统组件检验推荐作法	
34	SY/T 6680—2007	石油钻机和修井机出厂验收规范	
35	SY/T 6683—2007	聚合物驱油方案编制技术要求　油藏工程部分	
36	SY/T 6688—2007	时频电磁法勘探技术规程	
37	SY/T 6691—2007	测井作业设计规范	
38	SY/T 6694—2007	油井水力活塞泵、射流泵举升工艺设计	
39	SY/T 6700—2007	连续管线管	

2011 年石油天然气行业标准复审建议废止项目汇总表

序号	标 准 编 号	标 准 名 称	废 止 理 由
1	JJG(石油)39—1995	石油专用计量器具校准方法编写规则	该标准内容已被 SY/T 6741—2008《石油专用计量器具校准方法编写规则》涵盖
2	SY/T 0046—1999	油田注水脱氧设计规范	工艺落后,没有存在的必要
3	SY/T 0082.1—2006	石油天然气工程初步设计内容规范　第 1 部分:油气田地面工程	该标准内容已被 GB/T 50691—2011《油气田地面工程建设项目设计文件编制标准》涵盖
4	SY/T 0082.2—2006	石油天然气工程初步设计内容规范　第 2 部分:管道工程	该标准内容已被 GB/T 50644—2011《油气管道工程建设项目设计文件编制标准》涵盖
5	SY/T 0082.3—2006	石油天然气工程初步设计内容规范　第 3 部分:天然气处理厂工程	该标准内容已被 GB/T 50692—2011《天然气处理厂工程建设项目设计文件编制标准》涵盖
6	SY/T 5025—1999	钻井和修井井架、底座规范	该标准内容已被 GB/T 25428—2010《石油天然气工业　钻井和采油设备　钻井和修井井架、底座》涵盖
7	SY/T 5429—2000	小直径流量含水测试仪	该标准内容已被 SY/T 6737.1—2008《生产测井下井仪系列通用技术条件　第 1 部分:产出剖面》涵盖
8	SY/T 5997—1994	弹簧管式井下压力计	工艺落后,产品已被停产
9	SY/T 6388—1999	TELSEIS - STAR 地震数据采集系统检验项目及技术指标	该项技术指标已不能满足当前需求
10	SY/T 6389—1999	ARAM - 24 地震数据采集系统检验项目及技术指标	ARAM - 24 地震仪器已落后,不能满足当前生产需求
11	SY/T 6390—2007	G. DAPS - 4/G. DAPS - 4R 地震数据采集系统检验项目及技术指标	该产品已被淘汰

2011 年强制性石油天然气行业标准项目汇总表

序号	标 准 号	标 准 名 称	被代替标准号	采 标 情 况	建议实施日期
1	SY 5726—2011	石油测井作业安全规范	SY/T 5726—2004		2011 - 09 - 01
2	SY 6428—2011	浅海移动式平台沉浮与升降安全规程	SY 6428—1999		2011 - 09 - 01

（续）

序号	标 准 号	标 准 名 称	被代替标准号	采 标 情 况	建议实施日期	备注
3	SY 6554—2011	石油工业带压开孔作业安全规范	SY/T 6554—2003	API RP 2201:2003,MOD	2011-09-01	
4	SY 6560—2011	海上石油设施电气安全规程	SY/T 6560—2003		2011-09-01	
5	SY 6561—2011	油气田注天然气安全技术规程	SY/T 6561—2003		2011-09-01	
6	SY 6562—2011	轻烃回收安全规程	SY/T 6562—2003		2011-09-01	
7	SY 6564—2011	海上石油作业系物安全规程	SY/T 6564—2003		2011-09-01	
8	SY 6565—2011	油气田注二氧化碳安全规程	SY/T 6565—2003		2011-09-01	
9	SY 6605—2011	石油钻、修井用吊具安全技术检验规范	SY/T 6605—2004		2011-09-01	
10	SY 6607—2011	石油天然气行业建设项目(工程)安全预评价报告编写细则	SY/T 6607—2004		2011-09-01	
11	SY 6818—2011	煤层气井钻井工程安全技术规范			2011-09-01	

2011年推荐性石油天然气行业标准项目汇总表

序号	标 准 号	标 准 名 称	被代替标准号	采 标 情 况	建议实施日期	备注
1	SY/T 0530—2011	油田采出水中含油量测定方法 分光光度法	SY/T 0530—1993		2011-09-01	
2	SY/T 5089.1—2011	钻井井史格式 第1部分:陆地部分	SY/T 5089.1—2007		2011-09-01	
3	SY/T 5171—2011	陆上石油物探测量规范	SY/T 5171—2003		2011-09-01	
4	SY/T 5191—2011	气相色谱录井仪	SY/T 5191—1993		2011-09-01	
5	SY/T 5314—2011	陆上石油地震勘探资料采集技术规范	SY/T 5314—2004 SY/T 6386—1999		2011-09-01	
6	SY/T 5332—2011	陆上地震勘探数据处理技术规范	SY/T 5332—2005 SY/T 6591—2004		2011-09-01	
7	SY/T 5338—2011	加固井壁和人工井壁防砂工艺作法	SY/T 5338—2000 SY/T 5339—2000		2011-09-01	
8	SY/T 5404—2011	扩张式封隔器	SY/T 5404—2002		2011-09-01	
9	SY/T 5519—2011	盆地评价技术规范	SY/T 5519—1996		2011-09-01	
10	SY/T 5566—2011	低能源原油含水分析仪	SY/T 5566—1998		2011-09-01	
11	SY/T 5614—2011	岩石荧光薄片鉴定	SY/T 5614—1998		2011-09-01	
12	SY/T 5732—2011	抽油泵脱接器	SY/T 5732—1995		2011-09-01	

（续）

序号	标 准 号	标 准 名 称	被代替标准号	采 标 情 况	建议实施日期	备注
13	SY/T 5758—2011	钻井液用润滑小球评价程序	SY/T 5758—1995		2011－09－01	
14	SY/T 5771—2011	地面磁法勘探技术规程	SY/T 5771—2004 SY/T 6249—2005 SY/T 5801—1999		2011－09－01	
15	SY/T 5835—2011	压裂用井口球阀	SY/T 5835—1993		2011－09－01	
16	SY/T 5838—2011	陆上油气探明经济可采储量评价细则	SY/T 5838—1993		2011－09－01	
17	SY/T 5841—2011	钻井技术经济指标及计算方法	SY/T 5841—2005		2011－09－01	
18	SY/T 5846—2011	套管补贴工艺作法	SY/T 5846—1993		2011－09－01	
19	SY/T 5848—2011	抽油杆防脱器	SY/T 5848—1993		2011－09－01	
20	SY/T 5872—2011	抽油泵检修规程	SY/T 5872—1993		2011－09－01	
21	SY/T 5875—2011	油井液面测试方法	SY/T 5875—1993		2011－09－01	
22	SY/T 5901—2011	石油勘探开发仪器仪表分类	SY/T 5901—1993 SY/T 6232—1996		2011－09－01	
23	SY/T 5918—2011	埋地钢质管道外防腐层修复技术规范	SY/T 5918—2004		2011－09－01	
24	SY/T 5921—2011	立式圆筒形钢制焊接油罐操作维护修理规程	SY/T 5921—2000		2011－09－01	
25	SY/T 5924—2011	油井堵水作业方法　裸眼井机械卡堵水作业	SY/T 5924—1993		2011－09－01	
26	SY/T 5968—2011	探井试油质量评定规范	SY/T 5968—1994		2011－09－01	
27	SY/T 6010—2011	沉积盆地流体包裹体显微测温方法	SY/T 6010—1994		2011－09－01	
28	SY/T 6064—2011	管道干线标记设置技术规范	SY/T 6064—1994		2011－09－01	
29	SY/T 6069—2011	油气管道仪表及自动化系统运行技术规范	SY/T 6069—2005		2011－09－01	
30	SY/T 6150.1—2011	钢制管道封堵技术规程　第1部分:塞式、筒式封堵	SY/T 6150.1—2003		2011－09－01	
31	SY/T 6150.2—2011	钢制管道封堵技术规程　第2部分:挡板—囊式封堵	SY/T 6150.2—2003		2011－09－01	
32	SY/T 6178—2011	水淹层测井资料处理与解释规范	SY/T 6178—2000		2011－09－01	
33	SY/T 6285—2011	油气储层评价方法	SY/T 6285—1997		2011－09－01	
34	SY/T 6290—2011	地震勘探辅助数据 SPS 格式	SY/T 6290—1997	SPS　Rev. 1：2006，MOD	2011－09－01	
35	SY/T 6325—2011	输油气管道电气设备管理规范	SY/T 6325—1997		2011－09－01	
36	SY/T 6470—2011	油气管道通用阀门操作维护检修规程	SY/T 6470—2000		2011－09－01	
37	SY/T 6491—2011	油层套管模拟井射孔试验与评价	SY/T 6491—2000		2011－09－01	

（续）

序号	标准号	标准名称	被代替标准号	采标情况	建议实施日期	备注
38	SY/T 6546—2011	复杂岩性地层测井数据处理解释规范	SY/T 6546—2003		2011-09-01	
39	SY/T 6548—2011	石油测井电缆和连接器的使用与维护	SY/T 5634—1999 SY/T 6548—2003		2011-09-01	
40	SY/T 6552—2011	石油工业在用压力容器检验	SY/T 6552—2003	API RP 572:2001,MOD	2011-09-01	
41	SY/T 6557—2011	石油工业防火用水喷淋系统应用指南	SY/T 6557—2003	API RP 2030:2005,MOD	2011-09-01	
42	SY/T 6611—2011	石油定量荧光录井规范	SY/T 6611—2005		2011-09-01	
43	SY/T 6819—2011	含硫化氢天然气井站应急处置程序编写规则			2011-09-01	
44	SY/T 6820—2011	石油储罐的安全进入和清洗		API Std 2015:2001,MOD	2011-09-01	
45	SY/T 6821—2011	电缆输送射孔带压作业技术规范			2011-09-01	
46	SY/T 6822—2011	裸眼井单井测井系列优化选择			2011-09-01	
47	SY/T 6823—2011	过套管电阻率测井资料处理与解释规范			2011-09-01	
48	SY/T 6824—2011	油气井用复合射孔器通用技术条件及检测方法			2011-09-01	
49	SY/T 6825—2011	管道内检测系统的鉴定		API Std 1163:2005,MOD	2011-09-01	
50	SY/T 6826—2011	液体管道的计算监测		API RP 1130:2007,MOD	2011-09-01	
51	SY/T 6827—2011	油气管道安全预警系统技术规范			2011-09-01	
52	SY/T 6828—2011	油气管道地质灾害风险管理技术规范			2011-09-01	
53	SY/T 6829—2011	煤层气集输与处理运行规范			2011-09-01	
54	SY/T 6830—2011	输油站场管道和储罐泄漏的风险管理			2011-09-01	
55	SY/T 6831—2011	油气井录井系列规范			2011-09-01	
56	SY/T 6832—2011	致密砂岩气地质评价方法			2011-09-01	
57	SY/T 6833—2011	CNG 加气站经济运行规范			2011-09-01	
58	SY/T 6834—2011	变频调速拖动装置节能测试方法与评价指标			2011-09-01	
59	SY/T 6835—2011	稠油热采蒸汽发生器节能监测规范			2011-09-01	
60	SY/T 6836—2011	天然气净化装置经济运行规范			2011-09-01	
61	SY/T 6837—2011	油气输送管道系统节能监测规范			2011-09-01	

（续）

序号	标 准 号	标 准 名 称	被代替标准号	采 标 情 况	建议实施日期	备注
62	SY/T 6838—2011	油气田企业节能量与节水量计算方法			2011－09－01	
63	SY/T 6839—2011	海上拖缆式地震勘探定位导航技术规程			2011－09－01	
64	SY/T 6840—2011	超声成像测井仪			2011－09－01	双语版
65	SY/T 6841—2011	电法勘探瞬变电磁仪			2011－09－01	双语版
66	SY/T 6842—2011	过油管碳氧比能谱测井仪			2011－09－01	
67	SY/T 6843—2011	海上石油勘探充油电缆技术规范			2011－09－01	
68	SY/T 6844—2011	微电阻率成像测井仪			2011－09－01	
69	SY/T 6845—2011	海洋弃井作业规范			2011－09－01	双语版
70	SY/T 10017—2011	海底电缆地震资料采集技术规程	SY/T 10017—2005		2011－09－01	

〔供稿单位：石油工业标准化信息网〕

2011 年石油天然气行业标准制修订项目计划汇总表

序号	标准项目名称	标准类别	制定或修订	完成年限	技术委员会或技术归口专业	主要起草单位	采用国际标准或国外先进标准程度及标准号	代替标准
1	SERCEL 400 系列地震数据采集系统检验项目和技术指标	方法	制定	2011	石油工业标准化技术委员会石油物探专标委	中国石油集团东方地球物理勘探有限责任公司装备事业部		
2	海洋可控源电磁勘探技术规程	方法	制定	2011	石油工业标准化技术委员会石油物探专标委	中国石油集团东方地球物理勘探有限责任公司综合物化探事业部		
3	海上地震资料采集二次定位技术规程	方法	制定	2011	石油工业标准化技术委员会石油物探专标委	中国石油集团东方地球物理勘探有限责任公司海上勘探事业部		

（续）

序号	标准项目名称	标准类别	制定或修订	完成年限	技术委员会或技术归口专业	主要起草单位	采用国际标准或国外先进标准程度及标准号	代替标准
4	油气探井录井总结报告编写规范（双语版）	基础	修订	2011	石油工业标准化技术委员会石油地质勘探专标委	大庆钻探工程公司地质录井一公司、中石化胜利石油管理局地质录井公司、中法渤海地质服务有限公司		SY/T 5599—2006
5	煤岩中甲烷等温吸附测定	方法	修订	2011	石油工业标准化技术委员会石油地质勘探专标委	中国石化股份华东分公司非常规油气资源实验中心、中国石油勘探开发研究院廊坊分院		SY/T 6132—1995
6	岩石样品阴极发光鉴定方法	方法	修订	2012	石油工业标准化技术委员会石油地质勘探专标委	中国石油勘探开发研究院石油地质实验研究中心、长庆石油勘探局勘探开发研究院、大庆石油管理局勘探开发研究院		SY/T 5916—1994
7	岩性地层区带评价技术规范	方法	制定	2012	石油工业标准化技术委员会石油地质勘探专标委	中国石油勘探开发研究院油气资源规划所、地质所		
8	定向井轨迹控制	方法	修订	2011	石油工业标准化技术委员会石油钻井工程专标委	中国石化集团胜利石油管理局钻井工程技术公司、中石化集团胜利石油管理局钻井工艺研究院、中石化集团江苏石油管理局钻井处		SY/T 6332—2004
9	海洋钻井设计规范	方法	制定	2011	石油工业标准化技术委员会石油钻井工程专标委	中海油能源发展股份有限公司监督监理技术公司、中国海洋石油有限公司钻完井技术管理部、中海石油（中国）有限公司研究总院		

（续）

序号	标准项目名称	标准类别	制定或修订	完成年限	技术委员会或技术归口专业	主要起草单位	采用国际标准或国外先进标准程度及标准号	代替标准
10	地层倾角测井仪刻度规范	方法	修订	2011	石油工业标准化技术委员会石油测井专标委	中国石化集团江汉石油管理局测录井工程公司、中国石化集团中原石油勘探局地球物理测井公司、中国石油集团测井有限公司		SY/T 5704—2004
11	岩样声波特性实验室测量规范	方法	修订	2011	石油工业标准化技术委员会石油测井专标委	中国石油集团测井有限公司、中国石油大学（北京）资源与信息学院、胜利石油管理局测井公司		SY/T 6351—1998
12	阵列声波成像资料处理解释规范	方法	制定	2012	石油工业标准化技术委员会石油测井专标委	中国石油集团西部钻探工程公司测井分公司、中国石油集团测井有限公司华北事业部、长城钻探工程公司测井分公司、中国石化集团西南公司测井分公司		
13	油气藏工程常用词汇	方法	修订	2011	石油工业标准化技术委员会油气田开发专标委	中石油大庆油田有限责任公司勘探开发研究院		SY/T 6174—2005
14	油田商业评估技术规范	方法	修订	2012	石油工业标准化技术委员会油气田开发专标委	中石油大庆油田有限责任公司勘探开发研究院		SY/T 6595—2004
15	潜山油藏注水开发效果评价指标确定方法	方法	制定	2011	石油工业标准化技术委员会油气田开发专标委	中国石油辽河油田公司沈阳采油厂、勘探开发研究院、中国石油大学（北京）		
16	火烧油层基础参数测定方法	方法	制定	2011	石油工业标准化技术委员会油气田开发专标委	中国石油天然气股份有限公司勘探开发研究院提高石油采收率国家重点实验室、胜利油田采油工艺研究院、辽河油田分公司勘探开发研究院		

（续）

序号	标准项目名称	标准类别	制定或修订	完成年限	技术委员会或技术归口专业	主要起草单位	采用国际标准或国外先进标准程度及标准号	代替标准
17	注空气氧化反应动力学参数测定方法	方法	制定	2012	石油工业标准化技术委员会油气田开发专标委	中国石油天然气股份有限公司勘探开发研究院提高石油采收率国家重点实验室、胜利油田采油工艺研究院、辽河油田分公司勘探开发研究院		
18	注蒸汽泡沫提高石油采收率室内评价方法	方法	制定	2012	石油工业标准化技术委员会油气田开发专标委	中国石油天然气股份有限公司勘探开发研究院提高石油采收率国家重点实验室		
19	泡沫分流酸化设计与施工规范	方法	制定	2011	石油工业标准化技术委员会采油采气专标委	中国石油大学（华东）、中国海洋油田服务股份有限公司、中国石化胜利石油管理局石油开发中心		
20	微生物驱油技术规范	方法	制定	2011	石油工业标准化技术委员会采油采气专标委	中国石油化工股份有限公司胜利油田分公司采油工艺研究院、中国石油天然气股份有限公司勘探开发研究院廊坊分院、中国石油大港油田分公司采油工艺研究院		
21	石油、化学和天然气工业用往复式压缩机	产品	修订	2011	石油工业标准化技术委员会油气储运专标委	中国石油天然气股份有限公司管道分公司丹东输油气分公司、中国石化集团江汉石油管理局第三机械厂、中国石油集团济柴动力总厂成都压缩机厂	API Std 618：2007，IDT	SY/T 6650—2006
22	管道内检测	方法	制定	2011	石油工业标准化技术委员会油气储运专标委	中国石油天然气股份有限公司管道分公司管道科技研究中心、中国海洋石油有限公司开发生产部、中油管道检测技术有限责任公司	NACE SP 0102：2010，MOD	

（续）

序号	标准项目名称	标准类别	制定或修订	完成年限	技术委员会或技术归口专业	主要起草单位	采用国际标准或国外先进标准程度及标准号	代替标准
23	油气管道风险评价方法　第1部分:评分法	方法	制定	2011	石油工业标准化技术委员会油气储运专标委	中国石油天然气股份有限公司管道分公司管道科技研究中心、中国石油天然气股份有限公司天然气与管道分公司、中石化油气储运分公司		
24	流量计运行维护规程　第1部分:容积式流量计	方法	制定	2011	石油工业标准化技术委员会油气储运专标委	中国石油天然气股份有限公司管道分公司生产处、国家石油天然气大流量计量站、中国石化储运分公司		
25	油气管道安全仪表系统功能安全评估规范	方法	制定	2011	石油工业标准化技术委员会油气储运专标委	中国石油天然气股份有限公司管道技术服务中心、中国石化股份有限公司管道储运公司、机械工业仪器仪表综合技术经济研究所		
26	管输原油热处理输送工艺评价规范	方法	制定	2011	石油工业标准化技术委员会油气储运专标委	中国石油天然气股份有限公司管道分公司管道科技研究中心、中国石化管道储运公司、石油大学		
27	石油地面工程设计文件编制规程	工程建设	修订	2011	石油工业标准化技术委员会石油工程建设专标委	中国石化集团江汉石油管理局勘察设计研究院、大庆油田工程有限公司、中油辽河工程有限公司		SY/T 0009—2004
28	钢质管道熔结环氧粉末外涂层技术标准	工程建设	修订	2012	石油工业标准化技术委员会石油工程建设专标委	中国石油天然气管道科学研究院、中国石油天然气管道局设计院、中油管道防腐工程有限责任公司	CAN/CSA—Z245. 20，NEQ	SY/T 0315—2004
29	阀门的检查与安装规范	工程建设	修订	2012	石油工业标准化技术委员会石油工程建设专标委	中国石油天然气第一建设公司、长庆油田公司建设工程处、中国石油天然气管道工程有限公司		SY/T 4102—1995

（续）

序号	标准项目名称	标准类别	制定或修订	完成年限	技术委员会或技术归口专业	主要起草单位	采用国际标准或国外先进标准程度及标准号	代替标准
30	石油天然气钢质管道无损检测	工程建设	修订	2012	石油工业标准化技术委员会石油工程建设专标委	徐州东方工程检测有限责任公司、中国石油天然气管道局第二工程分公司、廊坊北检无损检测公司		SY/T 4109—2005
31	油气管道穿越工程竖井设计规范	工程建设	制定	2011	石油工业标准化技术委员会石油工程建设专标委	中国石油集团工程设计有限责任公司西南分公司、成都理工大学、中国石油天然气管道局管道设计院		
32	油气田及管道工程防雷设计规范	工程建设	制定	2011	石油工业标准化技术委员会石油工程建设专标委	中国石油集团工程设计有限责任公司西南分公司、中国石油天然气管道局管道设计院、大庆油田工程有限公司		
33	非金属管道设计、施工及验收规范　第4部分：钢骨架增强热塑性树脂复合连续管	工程建设	制定	2011	石油工业标准化技术委员会石油工程建设专标委	大庆油田工程有限公司、吉林石油集团有限责任公司勘察设计院、新疆时代石油工程有限公司		
34	非金属管材质量验收规范　第4部分：钢骨架增强热塑性树脂复合连续管	工程建设	制定	2011	石油工业标准化技术委员会石油工程建设专标委	大庆油田工程有限公司、吉林石油集团有限责任公司勘察设计院、新疆时代石油工程有限公司		
35	油气管道站场区域阴极保护技术规范	工程建设	制定	2012	石油工业标准化技术委员会石油工程建设专标委	中国石油天然气管道工程有限公司、中国石油管道科技研究中心、西气东输管道公司		
36	石油天然气工程建设遥感技术规范	工程建设	制定	2012	石油工业标准化技术委员会石油工程建设专标委	西安长庆科技工程有限责任公司、中国石油天然气管道工程有限公司、大庆油田工程有限公司		

（续）

序号	标准项目名称	标准类别	制定或修订	完成年限	技术委员会或技术归口专业	主要起草单位	采用国际标准或国外先进标准程度及标准号	代替标准
37	输油（气）管道安全仪表系统设计规范	工程建设	制定	2012	石油工业标准化技术委员会石油工程建设专标委	中国石油天然气管道工程有限公司、中国石油管道公司、机械工业仪器仪表综合技术经济研究所		
38	数字化管道系统设计规范	工程建设	制定	2012	石油工业标准化技术委员会石油工程建设专标委	中国石油天然气管道工程有限公司、胜利油田胜利勘察设计研究院有限公司、中国石油天然气股份有限公司管道科技中心、中油龙慧自动化工程有限公司		
39	油气输送管道工程水平定向钻法穿越设计规范	工程建设	制定	2012	石油工业标准化技术委员会石油工程建设专标委	中国石油天然气管道工程有限公司、中国石油天然气管道局穿越公司、中国石油天然气管道局研究院		
40	沿海滩涂地区油田 10kV 配电线路设计规程	工程建设	制定	2012	石油工业标准化技术委员会石油工程建设专标委	胜利油田胜利勘察设计研究院有限公司、中油辽河工程有限公司、胜利石油管理局电力管理总公司、胜利石油管理局生产管理部		
41	钢质管道焊接规程	工程建设	制定	2012	石油工业标准化技术委员会石油工程建设专标委	中国石油天然气管道科学研究院、中国石油天然气河北华北石油工程建设有限公司、中国石油天然气管道局第二工程分公司		
42	高含硫化氢气田钢质材料光谱检测技术规范	工程建设	制定	2012	石油工业标准化技术委员会石油工程建设专标委	中国石油天然气股份有限公司西南油气田分公司、四川佳诚油气管道质量检测有限公司、重庆银河无损检测有限公司		

（续）

序号	标准项目名称	标准类别	制定或修订	完成年限	技术委员会或技术归口专业	主要起草单位	采用国际标准或国外先进标准程度及标准号	代替标准
43	油气管道线路工程水工保护施工规范	工程建设	制定	2012	石油工业标准化技术委员会石油工程建设专标委	中国石油天然气管道工程有限公司、中国石油天然气管道局第二工程分公司、西北石油管道局		
44	高含硫化氢气田地面集输系统在线腐蚀监测技术规范	工程建设	制定	2012	石油工业标准化技术委员会石油工程建设专标委	中国石油集团工程设计有限责任公司西南分公司、中国石油天然气股份有限公司西南油气田分公司		
45	石油钻采设备用气动元件	产品	修订	2011	全国石油钻采设备和工具标准化技术委员会	国家油气田井口设备质量监督检验中心、井控装置质检中心、北京石油机械厂		SY/T 5027—2006
46	抽油杆	产品	修订	2012	全国石油钻采设备和工具标准化技术委员会	中国石油天然气股份有限公司玉门油田分公司机械厂、铁岭中油机械设备制造有限公司、渤海装备制造公司、胜利油田孚瑞特石油装备有限责任公司、国家油气田井口设备质量监督检验中心、安东石油技术（集团）有限公司、中国石油勘探开发研究院采油采气装备所	API Spec 11B：2010，MOD	SY/T 5029—2006
47	石油天然气工业用柴油机（双语版）	产品	修订	2012	全国石油钻采设备和工具标准化技术委员会	中国石油集团济柴动力总厂、大庆石油管理局钻探集团钻井一公司、济柴河北分公司、南阳二机石油装备（集团）有限公司、宝鸡石油机械有限责任公司		SY/T 5030—2006

（续）

序号	标准项目名称	标准类别	制定或修订	完成年限	技术委员会或技术归口专业	主要起草单位	采用国际标准或国外先进标准程度及标准号	代替标准
48	空心抽油杆（双语版）	产品	修订	2011	全国石油钻采设备和工具标准化技术委员会	铁岭中油机械设备制造有限公司、渤海石油装备大港新世纪石油机械有限公司、中国石油勘探开发研究院采油采气设备所、国家油气田井口设备质量监督检验中心、北京石油机械厂、石油工业机械产品检验中心		SY/T 5550—2006
49	石油钻机用柴油机耦合器机组（双语版）	产品	修订	2012	全国石油钻采设备和工具标准化技术委员会	中国石油集团济柴动力总厂、大连恒通液力机械有限公司、济柴液力传动事业部、南阳二机石油装备（集团）有限公司、宝鸡石油机械有限责任公司		SY/T 6664—2006
50	石油天然气工业用钢丝绳选用和维护的推荐做法	方法	修订	2011	全国石油钻采设备和工具标准化技术委员会	咸阳宝石钢管钢绳有限公司、宝鸡石油机械有限责任公司、陕西延长石油（集团）有限责任公司、南阳二机石油装备（集团）有限公司、石油工业井控装置质量监督检验中心	API RP 9B：2005，MOD	SY/T 6666—2006
51	煤层气钻机	产品	制定	2011	全国石油钻采设备和工具标准化技术委员会	南阳二机石油装备（集团）有限公司、南阳市南石力天传动件有限公司、南阳新成高架设备有限公司、中国石油集团钻井工程技术研究院钻井机械研究所、渤海装备制造公司		

（续）

序号	标准项目名称	标准类别	制定或修订	完成年限	技术委员会或技术归口专业	主要起草单位	采用国际标准或国外先进标准程度及标准号	代替标准
52	油、水激发自膨胀封隔器	产品	制定	2012	全国石油钻采设备和工具标准化技术委员会	中国石油勘探开发研究院采油采气装备所、安东石油技术（集团）有限公司、德州大陆架石油技术有限公司、中石油钻井总院、华北石油橡胶研究所、辽河油气田分公司、中国石油冀东油田分公司		
53	石油低温钻机	产品	制定	2012	全国石油钻采设备和工具标准化技术委员会	宝鸡石油机械有限责任公司、中国石化集团江汉石油管理局第四机械厂、南阳二机石油装备（集团）有限公司、宏华石油设备有限公司		
54	膨胀式尾管悬挂器及尾管回接装置	产品	制定	2012	全国石油钻采设备和工具标准化技术委员会	中国石油集团钻井工程技术研究院钻井机械研究所、北京石油机械厂、北京华油油气工程科技有限公司、哈萨克北部扎奇联合作业公司、安东石油技术（集团）有限公司、德州大陆架石油技术有限公司、中国石油勘探开发研究院采油采气装备所		
55	石油钻井泵	产品	制定	2011	全国石油钻采设备和工具标准化技术委员会	宝鸡石油机械有限责任公司、兰州兰石国民油井石油工程有限公司、宏华石油设备有限公司、南阳二机石油装备（集团）有限公司		
56	作业用井口防喷设备	产品	制定	2012	全国石油钻采设备和工具标准化技术委员会	石油工业井控装置质量监督检验中心、河北华北石油荣盛机械制造有限公司、宝鸡石油机械有限责任公司		

（续）

序号	标准项目名称	标准类别	制定或修订	完成年限	技术委员会或技术归口专业	主要起草单位	采用国际标准或国外先进标准程度及标准号	代替标准
57	石油天然气工业　桥式偏心工作筒	产品	制定	2011	全国石油钻采设备和工具标准化技术委员会	大庆油田采油工程研究院、石油工业机械产品质量监督检验站、中国石油勘探开发研究院采油采气装备所、大庆油田采油三厂	ISO 17078—1:2004，MOD	
58	石油天然气工业　井下设备　防砂筛管	产品	制定	2011	全国石油钻采设备和工具标准化技术委员会	安东石油技术（集团）有限公司、中国石油大学（北京）、石油工业井下工具质量监督检验中心、中海油田服务股份有限公司、天津市奥凯石油机械有限公司	ISO 17824:2009，MOD	
59	整体加重钻杆	产品	修订	2011	石油工业标准化技术委员会石油管材专标委	中国石油集团石油管工程技术研究院、山西北方风雷工业集团有限公司、塔里木油田		SY/T 5146—2006
60	油气输送用钢制弯管	产品	修订	2011	石油工业标准化技术委员会石油管材专标委	中国石油集团工程设计有限责任公司西南分公司、中国石油集团石油管工程技术研究院、四川石油天然气建设工程有限责任公司容器厂、中油管道机械有限责任公司	ISO 15590—1:2001，NEQ	SY/T 5257—2004
61	石油天然气工业　油井管无损检测方法　第4部分：钻杆焊缝超声波探伤	方法	修订	2011	石油工业标准化技术委员会石油管材专标委	中国石油集团石油管工程技术研究院、中原石油勘探局钻井一公司、渤海能克钻杆有限公司		SY/T 5446—1992
62	石油天然气工业　承压钢管无损检测方法　第1部分：焊接钢管焊缝缺欠的射线检测	方法	修订	2012	石油工业标准化技术委员会石油管材专标委	宝鸡石油钢管有限责任公司、中国石油集团石油管工程技术研究院	ISO/DIS 10893—6:2009，IDT	SY/T 6423.1—1999

（续）

序号	标准项目名称	标准类别	制定或修订	完成年限	技术委员会或技术归口专业	主要起草单位	采用国际标准或国外先进标准程度及标准号	代替标准
63	石油天然气工业　承压钢管无损检测方法　第2部分：焊接钢管焊缝纵向和/或横向缺欠的自动超声波检测	方法	修订	2012	石油工业标准化技术委员会石油管材专标委	宝鸡石油钢管有限责任公司、中国石油集团石油管工程技术研究院	ISO/DIS 10893—11：2009，IDT	SY/T 6423.2—1999 SY/T 6423.3—1999
64	石油天然气工业用非金属复合管　第1部分：钢骨架增强聚乙烯复合管	产品	修订	2011	石油工业标准化技术委员会石油管材专标委	胜利油田孚瑞特石油装备有限责任公司、中国石油集团石油管工程技术研究院、大庆油田昆仑新型建材有限公司、四川自强科技发展有限公司		SY/T 6662—2006
65	石油天然气工业用非金属复合管　第2部分：柔性复合高压输送管	产品	修订	2011	石油工业标准化技术委员会石油管材专标委	中国石油集团石油管工程技术研究院、河北恒安泰油管有限公司、长春高祥特种管道有限公司		SY/T 6716—2008
66	石油天然气工业用非金属复合管　第3部分：增强MC尼龙管和尼龙—钢复合管及管件	产品	修订	2011	石油工业标准化技术委员会石油管材专标委	中国石油集团石油管工程技术研究院、广东科进尼龙管道制品有限公司、中国石油化工集团公司胜利油田有限公司		SY/T 6701—2007
67	连续管	产品	制定	2011	石油工业标准化技术委员会石油管材专标委	中国石油集团石油管工程技术研究院、宝鸡石油钢管有限责任公司、长庆油田公司	API Spec 5ST：2010，MOD	
68	石油天然气工业特种管材技术规范　第1部分：套管钻井管柱	方法	制定	2011	石油工业标准化技术委员会石油管材专标委	中国石油集团石油管工程技术研究院、中国石油吉林油田分公司钻井工艺研究院、西安三环科技开发总公司		

（续）

序号	标准项目名称	标准类别	制定或修订	完成年限	技术委员会或技术归口专业	主要起草单位	采用国际标准或国外先进标准程度及标准号	代替标准
69	钻具螺纹上卸扣试验评价方法	方法	制定	2011	石油工业标准化技术委员会石油管材专标委	中国石油集团石油管工程技术研究院、西部钻探克拉玛依钻井公司、渤海装备第一机械厂		
70	地震检波器测试仪通用技术条件	产品	修订	2011	石油工业标准化技术委员会石油仪器仪表专标委	中国石油集团东方地球物理勘探有限责任公司装备制造事业部、西安石油大学		SY/T 6371—1998
71	伽马随钻测井仪	产品	制定	2011	石油工业标准化技术委员会石油仪器仪表专标委	中国石油集团测井有限公司、胜利油田钻采研究院		
72	方位伽马感应电阻率随钻测井仪	产品	制定	2011	石油工业标准化技术委员会石油仪器仪表专标委	中国石油集团测井有限公司、胜利油田钻采研究院		
73	多极子阵列声波测井仪（双语版）	产品	制定	2011	石油工业标准化技术委员会石油仪器仪表专标委	中国石油集团测井有限公司、中国石油大学（北京）、海鹰企业集团有限责任公司		
74	阵列侧向测井仪（双语版）	产品	制定	2011	石油工业标准化技术委员会石油仪器仪表专标委	中国石油集团测井有限公司、渤海钻探工程测井公司、大庆油田测井公司		
75	电子指重表技术条件（双语版）	产品	制定	2011	石油工业标准化技术委员会石油仪器仪表专标委	中国石化江汉油田分公司技术监督处、湖北江汉石油仪器仪表股份有限公司		
76	石油电子压力计测试装置技术条件	产品	制定	2011	石油工业标准化技术委员会石仪器仪表专标委	中国石化江汉油田分公司技术监督处、湖北江汉石油仪器仪表股份有限公司		

（续）

序号	标准项目名称	标准类别	制定或修订	完成年限	技术委员会或技术归口专业	主要起草单位	采用国际标准或国外先进标准程度及标准号	代替标准
77	石油岩石润湿性测定仪	产品	制定	2011	石油工业标准化技术委员会石油仪器仪表专标委	中国石油大学（华东）、中国石油大庆油田勘探开发研究院、中石油新疆油田采油工艺研究院		
78	原油中蜡、胶质、沥青质含量测定法	方法	修订	2011	石油工业标准化技术委员会油气计量及分析方法专标委	大庆油田工程有限公司、中石化石油化工科学研究院、中国石油大学		SY/T 7550—2004
79	天然气水露点的测定　电容法	方法	制定	2011	全国天然气标准化技术委员会	中国石油天然气股份有限公司管道分公司管道科技研究中心、中国石油西南油气田分公司天然气研究院、中国石油勘探开发研究院廊坊分院、中国石油华中输气分公司		
80	海底管道总体屈曲	方法	制定	2012	石油工业标准化技术委员会海洋石油工程专标委	中海油研究总院	DNV－RP－F110	
81	机械管道连接规范	方法	制定	2012	石油工业标准化技术委员会海洋石油工程专标委	海洋石油工程股份有限公司	DNV－RP－F104（1999）	
82	水下分离器结构设计推荐做法	方法	制定	2012	石油工业标准化技术委员会海洋石油工程专标委	海洋石油工程股份有限公司设计公司	DNV－RP－F301：2007	
83	自由悬跨管道	方法	制定	2012	石油工业标准化技术委员会海洋石油工程专标委	中海油研究总院	DNV RP F105	
84	动力立管	产品	制定	2012	石油工业标准化技术委员会海洋石油工程专标委	中海油研究总院	DNV－OS－F201	

（续）

序号	标准项目名称	标准类别	制定或修订	完成年限	技术委员会或技术归口专业	主要起草单位	采用国际标准或国外先进标准程度及标准号	代替标准
85	水下管线阀门规范	产品	制定	2012	石油工业标准化技术委员会海洋石油工程专标委	海洋石油工程股份有限公司	API6DSS（2007）	
86	浮式生产系统（FPSs）和张力腿平台（TLPs）的立管设计	产品	制定	2012	石油工业标准化技术委员会海洋石油工程专标委	中海油研究总院	API RP 2RD	
87	海底管道在海床上的稳定性设计	产品	制定	2012	石油工业标准化技术委员会海洋石油工程专标委	中海油研究总院	DNV RP F109	
88	海上油气生产设施废弃处置规范	产品	制定	2012	石油工业标准化技术委员会海洋石油工程专标委	中海油研究总院		
89	石油天然气钻井、开发、储运防火防爆安全生产技术规程	产品	修订	2011	石油工业标准化技术委员会安全专标委	中国石油集团安全环保技术研究院		SY/T 5225—2005
90	海上石油作业安全应急要求	产品	修订	2011	石油工业标准化技术委员会安全专标委	中国石化集团胜利石油管理局安全环保处、中石化海检中心、胜利油田海洋采油厂		SY/T 6044—2004
91	含硫化氢的油气生产和天然气处理装置作业推荐做法	安全	修订	2011	石油工业标准化技术委员会安全专标委	中石油西南油气田分公司安全环保与技术监督研究院、中石化胜利石油管理局、中石化普光分公司、中海石油有限公司深圳分公司、石油工业安全专业标准化技术委员会秘书处	API RP 55：2007，MOD	SY/T 6137—2005

（续）

序号	标准项目名称	标准类别	制定或修订	完成年限	技术委员会或技术归口专业	主要起草单位	采用国际标准或国外先进标准程度及标准号	代替标准
92	石油钻机和修井机井架、底座承载能力检测评定方法及分级规范	安全	修订	2011	石油工业标准化技术委员会安全专标委	石油工业井控装置质量监督检验中心、中国石油天然气集团公司工程技术分公司、大庆石油学院、胜利油田安全环保处		SY/T 6326—2008 SY 6442—2010
93	海上试油作业安全规范	安全	修订	2011	石油工业标准化技术委员会安全专标委	中国石油辽河油田安全环保处、辽河油田公司浅海石油开发公司、辽河油田公司海洋勘探项目部		SY/T 6604—2004
94	石油工业工程技术服务承包商健康、安全与环境管理基本要求	安全	修订	2011	石油工业标准化技术委员会安全专标委	塔里木油田分公司质量安全环保处、冀东油田公司、胜利油田公司		SY/T 6606—2004
95	承包商安全绩效过程管理规范	安全	修订	2011	石油工业标准化技术委员会安全专标委	中国石油化工股份有限公司青岛安全工程研究院、胜利油田分公司	API RP 2220：2005，MOD	SY/T 6630—2005
96	海上石油设施应急报警信号规定	安全	修订	2011	石油工业标准化技术委员会安全专标委	中海石油（中国）有限公司湛江分公司、中国石化上海石油管理局		SY/T 6633—2005
97	滩海陆岸石油作业安全规程	安全	修订	2011	石油工业标准化技术委员会安全专标委	中国石化集团胜利石油管理局安全环保处、胜利油田河口采油厂、胜利油田石油开发中心		SY/T 6634—2005
98	常压和低压储罐安全检验的推荐做法	安全	制定	2011	石油工业标准化技术委员会安全专标委	中国石油化工股份有限公司胜利油田分公司技术检测中心、胜利油田安全环保处、胜利油田现河采油厂	API RP 575：2005，MOD	
99	煤层气排采安全技术规范	安全	制定	2011	石油工业标准化技术委员会安全专标委	中国石油集团安全环保技术研究院、中国石油华北油田公司、中国石油煤层气公司		

（续）

序号	标准项目名称	标准类别	制定或修订	完成年限	技术委员会或技术归口专业	主要起草单位	采用国际标准或国外先进标准程度及标准号	代替标准
100	煤层气井下作业安全技术规范	安全	制定	2011	石油工业标准化技术委员会安全专标委	中国石化集团华东石油局安全环保处、华东石油局工程院、中石化华东分公司井下作业公司、中石化华东分公司非常规指挥部、胜利油田安全环保处		
101	煤层气录井安全技术规范	安全	制定	2011	石油工业标准化技术委员会安全专标委	中国石化集团华东石油局安全环保处、华东石油局工程院、中石化华东分公司录井公司、中石化华东分公司非常规指挥部、胜利油田安全环保处		
102	煤层气测井安全技术规范	安全	制定	2011	石油工业标准化技术委员会安全专标委	中国石化集团华东石油局安全环保处、华东石油局工程院、中石化华东分公司录井公司、中石化华东分公司非常规指挥部、胜利油田安全环保处		
103	煤层气管道输送安全规程	安全	制定	2011	石油工业标准化技术委员会安全专标委	中国石油集团安全环保技术研究院、华北油田分公司		
104	石油工业 HSE 达标规范	安全	制定	2011	石油工业标准化技术委员会安全专标委	石油工业安全专业标准化技术委员会秘书处、中国石油集团安全环保技术研究院、中国石化胜利油田安全环保研究中心、中海油安全技术服务有限公司		
105	钻井用天然气发动机安全操作规范　第 1 部分：发动机与供气站间及与其他建筑物间的防火距离	安全	制定	2011	石油工业标准化技术委员会安全专标委	中国石油集团济柴动力总厂		

（续）

序号	标准项目名称	标准类别	制定或修订	完成年限	技术委员会或技术归口专业	主要起草单位	采用国际标准或国外先进标准程度及标准号	代替标准
106	油田生产系统能耗测试和计算方法	安全	修订	2011	石油工业标准化技术委员会节能节水专标委	中国石油天然气集团公司石油工程节能技术研究开发中心、中国石油天然气集团公司油田节能监测中心、中国石油天然气集团公司质量管理与节能部、中国石油化工股份有限公司油田勘探开发事业部、中国石油天然气股份有限公司节能技术研究中心、大庆油田有限责任公司、中国石油长庆油田分公司、东北石油大学、中国石油天然气股份有限公司油田节能监测中心		SY/T 5264—2006
107	油气田电网线损率测试和计算方法	安全	修订	2011	石油工业标准化技术委员会节能节水专标委	东北石油大学、中国石油天然气集团公司油田节能监测中心、中国石油天然气集团公司西北节能监测中心、中国石油天然气股份有限公司油田节能监测中心、中国石化河南油田分公司		SY/T 5268—2006
108	可控震源地震勘探劳动定额	安全	修订	2011	石油工业标准化技术委员会劳动定员定额专标委	中国石油集团东方地球物理勘探有限责任公司人力资源部、大庆油田公司、胜利油田公司		SY/T 5507—2006
109	采油设备修理劳动定额	安全	修订	2011	石油工业标准化技术委员会劳动定员定额专标委	中国石化集团中原石油勘探局、中国石油化工股份有限公司胜利油田分公司、中国石油天然气股份有限公司大庆油田有限责任公司、中国石油天然气股份有限公司长庆油田分公司		SY/T 5738—1995

（续）

序号	标准项目名称	标准类别	制定或修订	完成年限	技术委员会或技术归口专业	主要起草单位	采用国际标准或国外先进标准程度及标准号	代替标准
110	变电设备检修劳动定额	方法	修订	2011	石油工业标准化技术委员会劳动定员定额专标委	中国石化集团中原石油勘探局、中国石油化工股份有限公司胜利油田分公司、中国石油天然气股份有限公司大庆油田有限责任公司、中国石油天然气股份有限公司华北油田分公司		SY/T 5739—1995
111	表层调查地震勘探劳动定额	方法	修订	2011	石油工业标准化技术委员会劳动定员定额专标委	中国石油集团东方地球物理勘探有限责任公司人力资源部、中原油田公司、大庆油田公司		SY/T 6211—1996
112	长输管道敷设工程劳动定额	管理	修订	2011	石油工业标准化技术委员会劳动定员定额专标委	中国石油天然气管道局、辽河油田、吉林油田		SY/T 5495—2006
113	天然气液化工厂安全技术规程	管理	制定	2012	全国石油天然气标准技术委员会液化天然气分技术委员会	中海石油气电集团有限公司、中海石油广东液化天然气有限公司、中海油营口天然气有限责任公司		
114	液化天然气(LNG)车辆加注站运行规程	管理	制定	2012	全国石油天然气标准技术委员会液化天然气分技术委员会	中海石油气电集团有限责任公司交通新能源事业部、中海油深燃能源有限公司、海南嘉润天然气公司		
115	液化天然气接收站工程初步设计内容规范	管理	制定	2012	全国石油天然气标准技术委员会液化天然气分技术委员会	中国寰球工程公司、中石油大连液化天然气有限公司、中石油江苏液化天然气有限公司、唐山液化天然气项目经理部		
116	石油库环境保护推荐做法	方法	制定	2011	石油工业标准化技术委员会环境保护工作组	中国石油集团安全环保技术研究院		

（续）

序号	标准项目名称	标准类别	制定或修订	完成年限	技术委员会或技术归口专业	主要起草单位	采用国际标准或国外先进标准程度及标准号	代替标准
117	石油天然气开采企业清洁生产审核验收规范	方法	制定	2011	石油工业标准化技术委员会环境保护工作组	中国石油集团安全环保技术研究院		
118	油气田与石油库水环境风险防控技术规范	方法	制定	2011	石油工业标准化技术委员会环境保护工作组	中国石油集团安全环保技术研究院		
119	钻井液旋转黏度计校准方法	方法	修订	2011	石油工业标准化技术委员会校准规范工作组	大庆钻探工程公司钻井一公司、大庆钻探工程公司钻井二公司、胜利油田钻井技术公司		JJG(石油)17—1991
120	电法测井仪校准方法	方法	修订	2011	石油工业标准化技术委员会校准规范工作组	中国石化集团胜利石油管理局测井公司、中国石化集团胜利石油管理局技术监督处、中国石化集团中原石油勘探局地球物理测井公司		SY/T 6588—2006
121	数控测井仪地面系统校准方法	方法	制定	2011	石油工业标准化技术委员会校准规范工作组	大庆油田有限责任公司测试技术服务分公司、大庆石油管理局测井公司、胜利石油管理局测井公司		
122	液体电阻率仪校准方法	方法	制定	2011	石油工业标准化技术委员会校准规范工作组	中国石化集团胜利石油管理局测井公司、中国石化集团胜利石油管理局技术监督处、大庆油田有限责任公司测试技术服务分公司		

中国石油石化设备工业年鉴2012

政策法规

解读国家发布的与石化装备相关的政策、法规，为行业、企业的发展指明方向

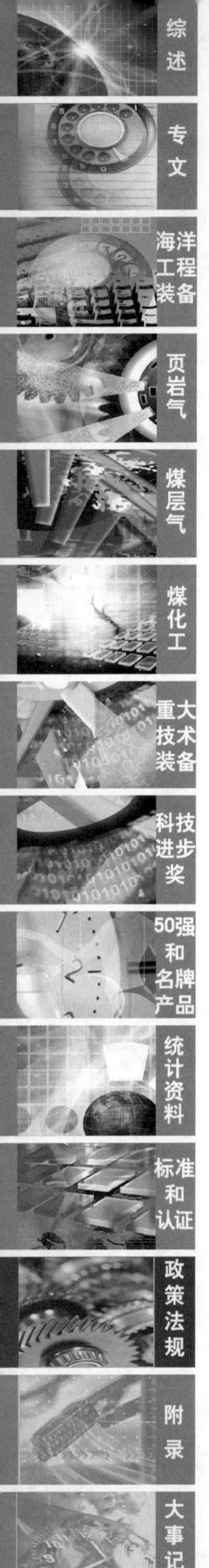

国务院关于修改《中华人民共和国对外合作开采海洋石油资源条例》的决定

国务院关于修改《中华人民共和国对外合作开采陆上石油资源条例》的决定

国务院关于修改《中华人民共和国对外合作开采海洋石油资源条例》的决定

2011年9月30日

国务院决定对《中华人民共和国对外合作开采海洋石油资源条例》作如下修改：

第十条修改为："参与合作开采海洋石油资源的中国企业、外国企业，都应当依法纳税。"

本决定自2011年11月1日起施行。1989年1月1日经国务院批准财政部发布的《开采海洋石油资源缴纳矿区使用费的规定》同时废止。

自本决定施行之日起，中外合作开采海洋石油资源的中国企业和外国企业依法缴纳资源税，不再缴纳矿区使用费。但是，本决定施行前已依法订立的中外合作开采海洋石油资源的合同，在已约定的合同有效期内，继续依照当时国家有关规定缴纳矿区使用费，不缴纳资源税；合同期满后，依法缴纳资源税。此外，对条文的个别文字作了修改。

《中华人民共和国对外合作开采海洋石油资源条例》根据本决定作相应的修改，重新公布。

附件：

中华人民共和国对外合作开采海洋石油资源条例

（1982年1月30日国务院发布　根据2001年9月23日《国务院关于修改〈中华人民共和国对外合作开采海洋石油资源条例〉的决定》第一次修订　根据2011年1月8日《国务院关于废止和修改部分行政法规的决定》第二次修订　根据2011年9月30日《国务院关于修改〈中华人民共和国对外合作开采海洋石油资源条例〉的决定》第三次修订）

第一章　总　则

第一条　为促进国民经济的发展，扩大国际经济技术合作，在维护国家主权和经济利益的前提下允许外国企业参与合作开采中华人民共和国海洋石油资源，特制定本条例。

第二条　中华人民共和国的内海、领海、大陆架以及其他属于中华人民共和国海洋资源管辖海域的石油资源，都属于中华人民共和国国家所有。

在前款海域内，为开采石油而设置的建筑物、构筑物、作业船舶，以及相应的陆岸油（气）集输终端和基地，都受中华人民共和国管辖。

第三条　中国政府依法保护参与合作开采海洋石油资源的外国企业的投资、应得利润和其他合法权益，依法保护外国企业的合作开采活动。

在本条例范围内，合作开采海洋石油资源的一切活动，都应当遵守中华人民共和国的法律、法令和国家的有关规定；参与实施石油作业的企业和个人，都应当受中国法律的约束，接受中国政府有关主管部门的检查、监督。

第四条　国家对参加合作开采海洋石油资源的外国企业的投资和收益不实行征收。在特殊情况下，根据社会公共利益的需要，可以对外国企业在合作开采中应得石油的一部分或者全部，依照法律程序实行征收，并给予相应的补偿。

第五条 国务院指定的部门依据国家确定的合作海区、面积，决定合作方式，划分合作区块；依据国家规定制定同外国企业合作开采海洋石油资源的规划；制定对外合作开采海洋石油资源的业务政策和审批海上油（气）田的总体开发方案。

第六条 中华人民共和国对外合作开采海洋石油资源的业务，由中国海洋石油总公司全面负责。

中国海洋石油总公司是具有法人资格的国家公司，享有在对外合作海区内进行石油勘探、开发、生产和销售的专营权。

中国海洋石油总公司根据工作需要，可以设立地区公司、专业公司、驻外代表机构，执行总公司交付的任务。

第七条 中国海洋石油总公司就对外合作开采石油的海区、面积、区块，通过组织招标，采取签订石油合同方式，同外国企业合作开采石油资源。

前款石油合同，经中华人民共和国商务部批准，即为有效。

中国海洋石油总公司采取其他方式运用外国企业的技术和资金合作开采石油资源所签订的文件，也应当经中华人民共和国商务部批准。

第二章 石油合同各方的权利和义务

第八条 中国海洋石油总公司通过订立石油合同同外国企业合作开采海洋石油资源，除法律、行政法规另有规定或者石油合同另有约定外，应当由石油合同中的外国企业一方（以下称外国合同者）投资进行勘探，负责勘探作业，并承担全部勘探风险；发现商业性油（气）田后，由外国合同者同中国海洋石油总公司双方投资合作开发，外国合同者并应负责开发作业和生产作业，直至中国海洋石油总公司按照石油合同规定在条件具备的情况下接替生产作业。外国合同者可以按照石油合同规定，从生产的石油中回收其投资和费用，并取得报酬。

第九条 外国合同者可以将其应得的石油和购买的石油运往国外，也可以依法将其回收的投资、利润和其他正当收益汇往国外。

第十条 参与合作开采海洋石油资源的中国企业、外国企业，都应当依法纳税。

第十一条 为执行石油合同所进口的设备和材料，按照国家规定给予减税、免税，或者给予税收方面的其他优惠。

第十二条 外国合同者开立外汇账户和办理其他外汇事宜，应当遵守《中华人民共和国外汇管理条例》和国家有关外汇管理的其他规定。

第十三条 石油合同可以约定石油作业所需的人员，作业者可以优先录用中国公民。

第十四条 外国合同者在执行石油合同从事开发、生产作业过程中，必须及时地、准确地向中国海洋石油总公司报告石油作业情况；完整地、准确地取得各项石油作业的数据、记录、样品、凭证和其他原始资料，并定期向中国海洋石油总公司提交必要的资料和样品以及技术、经济、财会、行政方面的各种报告。

第十五条 外国合同者为执行石油合同从事开发、生产作业，应当在中华人民共和国境内设立分支机构或者代表机构，并依法履行登记手续。

前款机构的住所地应当同中国海洋石油总公司共同商量确定。

第十六条 本条例第三条、第九条、第十条、第十一条、第十五条的规定，对向石油作业提供服务的外国承包者，类推适用。

第三章 石油作业

第十七条 作业者必须根据本条例和国家有关开采石油资源的规定，参照国际惯例，制定油（气）田总体开发方案和实施生产作业，以达到尽可能高的石油采收率。

第十八条 外国合同者为执行石油合同从事开发、生产作业，应当使用中华人民共和国境内现有的基地；如需设立新基地，必须位于中华人民共和国境内。

前款新基地的具体地点，以及在特殊情况下需要采取的其他措施，都必须经中国海洋石油总公司书面同意。

第十九条 中国海洋石油总公司有权派人参加外国作业者为执行石油合同而进行的总体设计和工程设计。

第二十条 外国合同者为执行石油合同，除租用第三方的设备外，按计划和预算所购置和建造的全部资产，当外国合同者的投资按照规定得到补偿后，其所有权属于中国海洋石油总公司，在合同期内，外国合同者仍然可以依据合同的规定使用这些资产。

第二十一条 为执行石油合同所取得的各项石油作业的数据、记录、样品、凭证和其他原始资料，其所有权属于中国海洋石油总公司。

前款数据、记录、样品、凭证和其他原始资料的使用和转让、赠与、交换、出售、公开发表以及运出、传送出中华人民共和国，都必须按照国家有关规定执行。

第二十二条 作业者和承包者在实施石油作业中，应当遵守中华人民共和国有关环境保护和安全方面的法律规定，并参照国际惯例进行作业，保护渔业资源和其他自然资源，防止对大气、海洋、河流、湖泊和陆地等环境的污染和损害。

第二十三条 石油合同区产出的石油，应当在中华人民共和国登陆，也可以在海上油（气）外输计量点运出。如需在中华人民共和国以外的地点登陆，必须经国务院指定的部门批准。

第四章　附　　则

第二十四条 在合作开采海洋石油资源活动中，外国企业和中国企业间发生的争执，应当通过友好协商解决。通过协商不能解决的，由中华人民共和国仲裁机构进行调解、仲裁，也可以由合同双方协议在其他仲裁机构仲裁。

第二十五条 作业者、承包者违反本条例规定实施石油作业的，由国务院指定的部门依据职权责令限期改正，给予警告；在限期内不改正的，可以责令其停止实施石油作业。由此造成的一切经济损失，由责任方承担。

第二十六条 本条例所用的术语，其定义如下：

（一）“石油”是指蕴藏在地下的、正在采出的和已经采出的原油和天然气。

（二）“开采”是泛指石油的勘探、开发、生产和销售及其有关的活动。

（三）“石油合同”是指中国海洋石油总公司同外国企业为合作开采中华人民共和国海洋石油资源，依法订立的包括石油勘探、开发和生产的合同。

（四）“合同区”是指在石油合同中为合作开采石油资源以地理坐标圈定的海域面积。

（五）“石油作业”是指为执行石油合同而进行的勘探、开发和生产作业及其有关的活动。

（六）“勘探作业”是指用地质、地球物理、地球化学和包括钻勘探井等各种方法寻找储藏石油的圈闭所做的全部工作，以及在已发现石油的圈闭上为确定它有无商业价值所做的钻评价井、可行性研究和编制油（气）田的总体开发方案等全部工作。

（七）“开发作业”是指从国务院指定的部门批准油（气）田的总体开发方案之日起，为实现石油生产所进行的设计、建造、安装、钻井工程等及其相应的研究工作，并包括商业性生产开始之前的生产活动。

（八）“生产作业”是指一个油（气）田从开始商业性生产之日起，为生产石油所进行的全部作业以及与其有关的活动，诸如采出、注入、增产、处理、贮运和提取等作业。

（九）“外国合同者”是指同中国海洋石油总公司签订石油合同的外国企业。外国企业可以是公司，也可以是公司集团。

（十）“作业者”是指按照石油合同的规定负责实施作业的实体。

（十一）“承包者”是指向作业者提供服务的实体。

第二十七条 本条例自公布之日起施行。

国务院关于修改《中华人民共和国对外合作开采陆上石油资源条例》的决定

2011年9月30日

国务院决定对《中华人民共和国对外合作开采陆上石油资源条例》作如下修改：

第十一条修改为："对外合作开采陆上石油资源，应当依法纳税。"

本决定自2011年11月1日起施行。1990年1月15日经国务院批准财政部发布，1995年7月28日财政部、税务总局修订的《中外合作开采陆上石油资源缴纳矿区使用费暂行规定》同时废止。

自本决定施行之日起，中外合作开采陆上石油资源的企业依法缴纳资源税，不再缴纳矿区使用费。但是，本决定施行前已依法订立的中外合作开采陆上石油资源的合同，在已约定的合同有效期内，继续依照当时国家有关规定缴纳矿区使用费，不缴纳资源税；合同期满后，依法缴纳资源税。

《中华人民共和国对外合作开采陆上石油资源条例》根据本决定作相应的修改，重新公布。

附件：

中华人民共和国对外合作开采陆上石油资源条例

（1993年10月7日中华人民共和国国务院令第131号发布　根据2001年9月23日《国务院关于修改〈中华人民共和国对外合作开采陆上石油资源条例〉的决定》第一次修订　根据2007年9月18日《国务院关于修改〈中华人民共和国对外合作开采陆上石油资源条例〉的决定》第二次修订　根据2011年9月30日《国务院关于修改〈中华人民共和国对外合作开采陆上石油资源条例〉的决定》第三次修订）

第一章　总　　则

第一条　为保障石油工业的发展，促进国际经济合作和技术交流，制定本条例。

第二条　在中华人民共和国境内从事中外合作开采陆上石油资源活动，必须遵守本条例。

第三条　中华人民共和国境内的石油资源属于中华人民共和国国家所有。

第四条　中国政府依法保护参加合作开采陆上石油资源的外国企业的合作开采活动及其投资、利润和其他合法权益。

在中华人民共和国境内从事中外合作开采陆上石油资源活动，必须遵守中华人民共和国的有关法律、法规和规章，并接受中国政府有关机关的监督管理。

第五条　国家对参加合作开采陆上石油资源的外国企业的投资和收益不实行征收。在特殊情况下，根据社会公共利益的需要，可以对外国企业在合作开采中应得石油的一部分或者全部，依照法律程序实行征收，并给予相应的补偿。

第六条　国务院指定的部门负责在国务院批

准的合作区域内,划分合作区块,确定合作方式,组织制定有关规划和政策,审批对外合作油(气)田总体开发方案。

第七条 中国石油天然气集团公司、中国石油化工集团公司(以下简称中方石油公司)负责对外合作开采陆上石油资源的经营业务;负责与外国企业谈判、签订、执行合作开采陆上石油资源的合同;在国务院批准的对外合作开采陆上石油资源的区域内享有与外国企业合作进行石油勘探、开发、生产的专营权。

第八条 中方石油公司在国务院批准的对外合作开采陆上石油资源的区域内,按划分的合作区块,通过招标或者谈判,与外国企业签订合作开采陆上石油资源合同。该合同经中华人民共和国商务部批准后,方为成立。

中方石油公司也可以在国务院批准的合作开采陆上石油资源的区域内,与外国企业签订除前款规定以外的其他合作合同。该合同必须向中华人民共和国商务部备案。

第九条 对外合作区块公布后,除中方石油公司与外国企业进行合作开采陆上石油资源活动外,其他企业不得进入该区块内进行石油勘查活动,也不得与外国企业签订在该区块内进行石油开采的经济技术合作协议。

对外合作区块公布前,已进入该区块进行石油勘查(尚处于区域评价勘查阶段)的企业,在中方石油公司与外国企业签订合同后,应当撤出。该企业所取得的勘查资料,由中方石油公司负责销售,以适当补偿其投资。该区块发现有商业开采价值的油(气)田后,从该区块撤出的企业可以通过投资方式参与开发。

国务院指定的部门应当根据合同的签订和执行情况,定期对所确定的对外合作区块进行调整。

第十条 对外合作开采陆上石油资源,应当遵循兼顾中央与地方利益的原则,通过吸收油(气)田所在地的资金对有商业开采价值的油(气)田的开发进行投资等方式,适当照顾地方利益。

有关地方人民政府应当依法保护合作区域内正常的生产经营活动,并在土地使用、道路通行、生活服务等方面给予有效协助。

第十一条 对外合作开采陆上石油资源,应当依法纳税。

第十二条 为执行合同所进口的设备和材料,按照国家有关规定给予减税、免税或者给予税收方面的其他优惠。具体办法由财政部会同海关总署制定。

第二章 外国合同者的权利和义务

第十三条 中方石油公司与外国企业合作开采陆上石油资源必须订立合同,除法律、法规另有规定或者合同另有约定外,应当由签订合同的外国企业(以下简称外国合同者)单独投资进行勘探,负责勘探作业,并承担勘探风险;发现有商业开采价值的油(气)田后,由外国合同者与中方石油公司共同投资合作开发;外国合同者并应承担开发作业和生产作业,直至中方石油公司按照合同约定接替生产作业为止。

第十四条 外国合同者可以按照合同约定,从生产的石油中回收其投资和费用,并取得报酬。

第十五条 外国合同者根据国家有关规定和合同约定,可以将其应得的石油和购买的石油运往国外,也可以依法将其回收的投资、利润和其他合法收益汇往国外。

外国合同者在中华人民共和国境内销售其应得的石油,一般由中方石油公司收购,也可以采取合同双方约定的其他方式销售,但是不得违反国家有关在中华人民共和国境内销售石油产品的规定。

第十六条 外国合同者开立外汇账户和办理其他外汇事宜,应当遵守《中华人民共和国外汇管理条例》和国家有关外汇管理的其他规定。

外国合同者的投资,应当采用美元或者其他可自由兑换货币。

第十七条 外国合同者应当依法在中华人民共和国境内设立分公司、子公司或者代表机构。

前款机构的设立地点由外国合同者与中方石油公司协商确定。

第十八条 外国合同者在执行合同的过程中，应当及时地、准确地向中方石油公司报告石油作业情况，完整地、准确地取得各项石油作业的数据、记录、样品、凭证和其他原始资料，并按规定向中方石油公司提交资料和样品以及技术、经济、财会、行政方面的各种报告。

第十九条 外国合同者执行合同，除租用第三方的设备外，按照计划和预算所购置和建造的全部资产，在其投资按照合同约定得到补偿或者该油（气）田生产期期满后，所有权属于中方石油公司。在合同期内，外国合同者可以按照合同约定使用这些资产。

第三章　石油作业

第二十条 作业者必须根据国家有关开采石油资源的规定，制订油（气）田总体开发方案，并经国务院指定的部门批准后，实施开发作业和生产作业。

第二十一条 石油合同可以约定石油作业所需的人员，作业者可以优先录用中国公民。

第二十二条 作业者和承包者在实施石油作业中，应当遵守国家有关环境保护和安全作业方面的法律、法规和标准，并按照国际惯例进行作业，保护农田、水产、森林资源和其他自然资源，防止对大气、海洋、河流、湖泊、地下水和陆地其他环境的污染和损害。

第二十三条 在实施石油作业中使用土地的，应当依照《中华人民共和国土地管理法》和国家其他有关规定办理。

第二十四条 本条例第十八条规定的各项石油作业的数据、记录、样品、凭证和其他原始资料，所有权属于中方石油公司。

前款所列数据、记录、样品、凭证和其他原始资料的使用、转让、赠与、交换、出售、发表以及运出、传送到中华人民共和国境外，必须按照国家有关规定执行。

第四章　争议的解决

第二十五条 合作开采陆上石油资源合同的当事人因执行合同发生争议时，应当通过协商或者调解解决；不愿协商、调解，或者协商、调解不成的，可以根据合同中的仲裁条款或者事后达成的书面仲裁协议，提交中国仲裁机构或者其他仲裁机构仲裁。

当事人未在合同中订立仲裁条款，事后又没有达成书面仲裁协议的，可以向中国人民法院起诉。

第五章　法律责任

第二十六条 违反本条例规定，有下列行为之一的，由国务院指定的部门依据职权责令限期改正，给予警告；在限期内不改正的，可以责令其停止实施石油作业；构成犯罪的，依法追究刑事责任。

（一）违反本条例第九条第一款规定，擅自进入对外合作区块进行石油勘查活动或者与外国企业签订在对外合作区块内进行石油开采合作协议的；

（二）违反本条例第十八条规定，在执行合同的过程中，未向中方石油公司及时、准确地报告石油作业情况的，未按规定向中方石油公司提交资料和样品以及技术、经济、财会、行政方面的各种报告的；

（三）违反本条例第二十条规定，油（气）田总体开发方案未经批准，擅自实施开发作业和生产作业的；

（四）违反本条例第二十四条第二款规定，擅自使用石油作业的数据、记录、样品、凭证和其他原始资料或者将其转让、赠与、交换、出售、发表以及运出、传送到中华人民共和国境外的。

第二十七条 违反本条例第十一条、第十六条、第二十二条、第二十三条规定的，由国家有关主管部门依照有关法律、法规的规定予以处罚；构成犯罪的，依法追究刑事责任。

第六章 附 则

第二十八条 本条例下列用语的含义：

（一）“石油”，是指蕴藏在地下的、正在采出的和已经采出的原油和天然气。

（二）“陆上石油资源”，是指蕴藏在陆地全境（包括海滩、岛屿及向外延伸至5米水深处的海域）的范围内的地下石油资源。

（三）“开采”，是指石油的勘探、开发、生产和销售及其有关的活动。

（四）“石油作业”，是指为执行合同而进行的勘探、开发和生产作业及其有关的活动。

（五）“勘探作业”，是指用地质、地球物理、地球化学和包括钻探井等各种方法寻找储藏石油圈闭所做的全部工作，以及在已发现石油的圈闭上为确定它有无商业价值所做的钻评价井、可行性研究和编制油（气）田的总体开发方案等全部工作。

（六）“开发作业”，是指自油（气）田总体开发方案被批准之日起，为实现石油生产所进行的设计、建造、安装、钻井工程等及其相应的研究工作，包括商业性生产开始之前的生产活动。

（七）“生产作业”，是指一个油（气）田从开始商业性生产之日起，为生产石油所进行的全部作业以及与其有关的活动。

第二十九条 本条例第四条、第十一条、第十二条、第十五条、第十六条、第十七条、第二十一条的规定，适用于外国承包者。

第三十条 对外合作开采煤层气资源由中联煤层气有限责任公司、国务院指定的其他公司实施专营，并参照本条例执行。

第三十一条 本条例自公布之日起施行。

附录

介绍与石油化工设备密切相关的政策规划及三大石油公司"十二五"发展规划

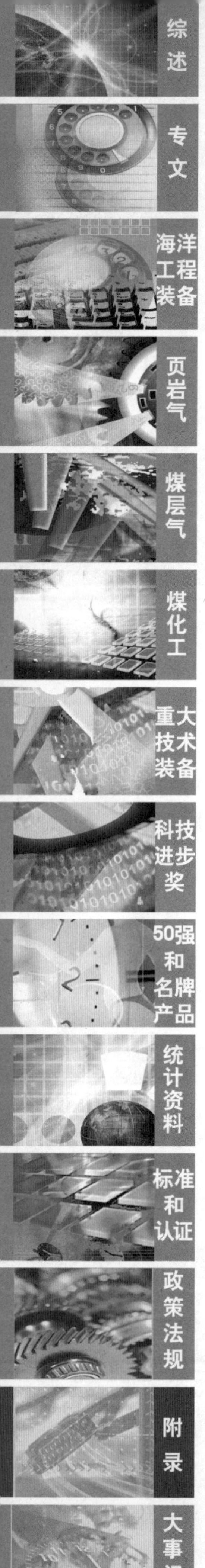

附录

中国石油天然气集团公司“十二五”发展规划
中国石油化工集团公司“十二五”发展规划
中国海洋石油集团总公司“十二五”发展规划
《国家能源科技“十二五”规划（2011～2015）》解读
《“十二五”产业技术创新规划》摘要
《工业转型升级规划（2011～2015年）》摘要

中国石油天然气集团公司“十二五”发展规划

1. 总体思路。全面贯彻党的十七届五中全会精神，以科学发展为主题，以加快转变发展方式为主线，以确保和谐稳定为主旨，坚持资源、市场、国际化战略，统筹国内国际两种资源两个市场，突出集中发展油气主营业务，充分发挥比较优势，大力推进结构调整优化、技术管理创新、安全环保节能，注重保障和改善民生，不断增强国际竞争力和可持续发展能力，实现平稳有效较快协调发展，基本建成综合性国际能源公司。

2. “十二五”期间，首要的发展重点目标就是确保营业总收入、资产总额、国内外油气当量产量等主要生产经营指标持续增长，并在工程技术、工程建设、装备制造和金融业务实现新发展。

3. 将突出油气核心业务，突出天然气发展，加强产销衔接和资源综合平衡，形成从勘探开发、管道储运、市场营销和利用等一体化的完整产业链，保持产销量年均两位数增长，实现产业链价值最大化。进一步加大天然气勘探力度，重点抓好四个万亿方级规模储量区，加快产能建设步伐，到2015年产量占公司国内油气总当量的50%。

4. 将突出海外发展，加快海外五个油气合作区建设，面向全球资源和市场构建贸易网络，以油气投资业务为重点，带动和促进工程技术服务等相关业务一体化协同发展。

5. 将巩固发展国内五个规模油气生产区，继续实施储量增长高峰期工程，抓好以注水开发为主的油田开发，原油产量保持年均200万t增长，天然气快速增长。将在“十二五”或稍长一点时间内，努力建成松辽、鄂尔多斯、新疆地区3个5 000万t，四川、渤海湾2个2 000万吨级规模油气区。

〔供稿单位：中国石油和石油化工设备工业协会〕

中国石油化工集团公司“十二五”发展规划

以科学发展为主题，以加快转变发展方式为主线，以全面提升竞争力和经济效益为目标，按照“做大做强兼顾、更加注重做强做优”和“扬长补短、扬长避短”的战略原则，继续实施资源、市场、一体化、国际化战略，把发展的战略基点放在科技创新、管理创新与队伍素质提高上，切实改进和加强党的建设，不断提高发展质量和效益，为建设具有较强国际竞争力的跨国能源化工公司打下更加坚实的基础。

一是持之以恒抓好HSE和节能减排。深化“我要安全”主题活动，落实HSE责任制，增强执行制度和程序的自觉性。加大隐患排查和治理力度，提高本质安全水平。加强设备管理和检维修管理，减少非计划停工。落实并加强对承包商的安全管理。加强应急救援体系建设，提高应对突发事件的能力。完善境外公共安全管理体系，确保境外人员和财产安全。坚持开展节能、节水与达标工作，科学制定并严格落实考核指标。

二是努力实现国内油气持续增储上产。勘探要突出重点，遵循规律，推进勘探良性发展。开发要加强关键技术攻关和应用，加强部署、方案和设计优化，努力提高开发效益。天然气方面，要以川气东送和榆济管道达产为目标，抓好普光气田有效开发和净化厂安全运行，组织好大湾区块投产和大牛地气田产能建设。石油工程系统要围绕勘探开发难题开展技术攻关，推进工程技术集成配套，全力保障油气增储上产。

三是精心组织炼油高负荷优化运行。炼油板块要抓好高负荷运行，组织好炼厂检修，统筹优化原油运输；抓好优化增效，完善两级优化工作组织体系，建立常态化优化工作机制。优化原油采购、原油运输接卸、原油配置、产品结构和生产运行，提升技术经济指标水平，同时抓好自销产品销售。

四是进一步增强成品油销售业务竞争力。要灵活运用经营策略，加强市场监测和分析，把握市场规律，统筹平衡资源，努力提高效益；加大零售力度，贴近市场变化和消费需求，增强创效能力；提高网络发展质量，加大重点位置加油（气）站、成品油管道、储运设施的发展和建设力度；推进非油品业务发展，抓好重点商品销售，同时提升规范化管理水平，把“每一滴油都是承诺”落到实处，提高消费者满意度。

五是积极推进化工业务优化升级。要抓好产销协调运行，优化检修安排，平衡好原料互供，保持产品产量平稳增长；打造市场营销优势，进一步加大统销产品集中力度，加快仓储设施建设，推行物流服务标准化管理，降低物流成本；加快产品结构调整，进一步优化合成树脂品种（牌号）生产分工，提高合成树脂专用料、差别化纤维等高端产品比例。

六是努力开创国际化经营新局面。境外油气勘探开发要积极开发新项目，精心运营老项目，全面强化“三基”工作，努力提升境外项目管理水平。境外工程技术服务要积极推进转型发展，注重规避风险，努力追求效益。炼化工程服务要加强市场策略研究，优化资源配置，加大市场开发力度。国际贸易要坚持资源来源多元化，加强运输管理和优化。

七是切实加强科技创新能力建设。深化科研项目管理，促进技术研究及成果转化；围绕公司发展战略目标，加强前瞻性、革命性技术研究；优化科技资源配置，提高资源利用效率；建立有效激励约束机制，充分激发创新活力。同时不断完善科技成果和知识产权管理制度，加强专利申请与保护。

八是持续提升企业管理水平。要按照塑造中国石化管理模式的总体部署，全面加强企业管理；加快推进制度标准化和信息化，完成总部和企业层面的制度标准化改造，形成中国石化标准化制度体系；提高财务管理水平和信息化水平，加强物资供应管理，强化采购监管；加强全面风险管理，提高内控信息化程度。

九是认真抓好投资管理和重点工程建设。坚持保投产、保续建、保隐患治理、保战略重点的原则，更加注重经济性、协调性、战略性和前瞻性，优化投资方案，把握投资节奏，严控投资规模；大力推进标准化设计、模块化建设，强化工程建设全过程管理，确保工程建设安全、优质、高效推进。

十是加快推进人才队伍建设。要畅通科技领军人才和拔尖技能人才的成长通道，突出抓好国际化人才队伍建设，加大人才培养开发力度，加快培养集团公司级专家、学术技术带头人和技术能手。

〔供稿单位：中国石油和石油化工设备工业协会〕

中国海洋石油集团总公司“十二五”发展规划

“十二五”期间,中国海洋石油集团总公司(简称中海油)把转变发展方式作为第二次跨越式发展的一个根本性的要求。提高能源使用效率,提高公司的清洁能源力度的比重,减少污染物的排放,既是企业应承担的社会责任,又是企业的核心竞争力所在。公司力争在“十二五”期间冲进国际石油公司第一阵营,并推动天然气发电、新能源等产业达到更高层次。预计到2015年时,中海油绿色产业所占比重达25%以上。

中海油未来五年的低碳能源蓝图是:“十二五”期间,中海油天然气发电、新能源等产业将达到更高层次。其中,天然气发电产业将不断加大基础设施建设和资金投入,加大市场开发力度和LNG资源获取强度,继续巩固国内LNG产业领军企业地位;新能源产业将全力推进风电、煤制天然气、动力电池三大核心产业发展,其中动力电池将立志成为国际一流的动力电池主力供应商。

“十二五”期间,预计中海油将投资8 000亿元到1万亿元,绝大部分将投在海上,其中也包括进行海外扩张的资金。海油未来还将建设“深水大庆”“海外大庆”和“LNG大庆”。2015年中海油油气产量将达到1亿t至1.2亿t油当量。其中,国内油气产量将达到6 000万t至6 500万t,海外油气产量将达到4 000万t至5 000万t油当量。

〔供稿单位:中国石油和石油化工设备工业协会〕

《国家能源科技“十二五”规划(2011~2015)》解读

《国家能源科技“十二五”规划(2011~2015)》(以下简称《规划》)已于2011年12月正式发布。这个由200多名专家参与编制、历时两年半完成的规划,是我国历史上首部能源科技规划。《规划》确定了勘探与开采、加工与转化等4个重点技术领域,提出了重大技术研究、重大技术装备、重大示范工程和技术创新平台“四位一体”的科技创新体系,对我国能源发展具有现实和深远的意义。

随着我国能源消耗总量的大幅增长,能源对经济社会发展的制约日益突出,对人类赖以生存的自然环境的影响也越来越大。因此,在传统能源特别是化石能源的开发和利用过程中,加大勘探力度、提高能源利用效率、调整能源结构成为工作的重中之重。而这一切都依赖能源科技水平的提高。

未来10年是我国能源体系转型和能源科技创新的最佳发展机遇期,在这样的背景下,我们如何利用科技进步在有限的石油资源生产和越来越高的石油消费量之间找到平衡点?如何按照《规划》提出的“四位一体”框架指导炼油技术的创新?如何实现传统能源的清洁利用?根据多位行业专家和院士对这些问题进行深度解读分析,归纳如下:

进入2012年,国际油价继续快速攀升。WTI和布伦特油价在年初以来多数时段处于100美元/桶以上。而与此相对应的，是我国石油消费量的继续增长。据海关数据显示，2012年一季度我国进口原油7 061万t，同比增长11.4%。

油价高位运行对于石油对外依存度超过56%的我国而言不是一个利好消息。如何在有限的石油资源生产和越来越高的石油消费量之间找到平衡点？专家指出，加强能源科技创新、提高能源利用效率、低碳清洁发展是必然选择。对此，去年底由科技部发布的《国家能源科技“十二五”规划(2011～2015)》提出，“十二五”我国能源科技的发展将以转变能源发展方式为主线，围绕“安全、高效、低碳”的要求，以增强自主创新能力为着力点，按照“提效优先”的原则规划能源新技术的研发和应用，“用无限的科技潜力解决有限的资源环境约束，满足能源可持续发展和合理控制能源消费总量的要求”。

1. 科技创新是动力之源

2011年，我国已在全国范围内实施国Ⅲ汽车排放标准，其中北京、上海、广州等中心城市已实施国Ⅳ标准，北京市还将在2012年实行国Ⅴ标准。

市场对石油产品品质的要求越来越高，油品质量将逐步与国际标准接轨并呈高端化趋势。然而，与之形成强烈反差的，是原油质量的日益劣质化。

“在未来20年，原油质量总体上呈劣质化、重质化趋势。”石油化工科学研究院院长龙军介绍，在全球大约1.38万亿桶原油剩余探明资源中，重质原油(沥青)资源量与常规原油的比例已经达到5:1。预计从2009到2030年，原油平均API重度还将下降0.4个单位，平均硫含量将增加0.11个百分点。未来新增原油资源主要为高硫高酸重质原油。

一方面要求生产的石油产品越来越清洁化、轻质化，另一方面所加工的原油却变得越来越劣质化、重质化。如何缓解这对矛盾？

“必须以加快转变能源发展方式为主线，以增强自主创新能力为着力点。”中国工程院院士、中国石化高级顾问曹湘洪认为，我国的能源生产量和消费量虽然都已经居世界前列，但在能源供给和利用方式、技术创新和体制建设方面与发达国家相比还存在诸多突出问题，“对石油石化行业而言，就面临着节约资源、提高效益、保护环境、绿色低碳和技术创新五大挑战”。

针对目前我国原油加工利用的问题，《规划》提出了一系列重大技术研究方向，既包括对现有原油加工转化技术领域的开发如超重和超劣质原油加工关键技术，也包括对其他石油替代能源的利用如煤转化技术、生物能源技术等。专家认为，《规划》的推出有利于从技术层面改善我国能源结构不合理的现状，提高能源利用效率，增加可再生能源开发利用比例，推动能源生产和利用方式的合理变革。

2. 能源高效利用是当务之急

在国际原油价格持续走高、石油需求不断攀升、常规石油资源过度开采的大背景下，越来越多的人发出感叹：面对过度消耗的资源我们应该怎么办？有专家表示，“传统能源的高效利用是当务之急”。

专家认为，长久以来，石油加工的工艺路线决定了石油资源的利用效率。

由于在低油价时期脱碳型炼厂投入低、加工成本低、投资回报高，我国早期炼油企业基本选择了脱碳型的加工路线。同加氢型炼厂相比，脱碳型炼厂的轻质油收率要低7%左右。现在进入高油价时代，提高石油资源利用率，大力发展蜡油、渣油加氢处理或加氢裂化工艺成为发展方向。

经过多年发展，通过自主研发并结合对引进技术的消化吸收，我国炼油工业已经掌握了现代化炼油厂全流程技术，并在炼油新产品开发应用方面稳步推进。

以中石化为例，作为中国炼油技术研发的先导和主力，经过多年努力，中石化在建设现代炼油技术上取得显著成效，形成了催化裂化、加氢家族技术，部分技术达到国际先进水平，能依靠自主技术建设千万吨级现代化炼油厂，炼油催化剂自给率和设备国产化率均在90%以上。

尽管如此，面对石油资源的形势以及发展趋势，我国石油工业还有很长的路要走。“目前我国炼厂轻质油收率不到75%，而国外先进水平轻质油收率在80%以上，如果轻质油收率提高5个百分点，按每年我国加工原油4亿t计，每年提高的轻油产量相当于找到一个2 500万t级以上的大油田。提高轻质油收率不仅能满足市场需要，而且还能节约宝贵的石油资源。”有专家说。

对此，《规划》首次提出建立“四位一体”国家能源科技创新体系的构想，即重大技术研究、重大技术装备、重大示范工程及技术创新平台建设，并提出建设具有国际先进水平的石油炼制技术研发平台，为我国炼油工业提高资源利用率、优化产品结构、实现低成本清洁汽柴油质量升级、节能减排、节水环保提供技术支持。

“从国家战略层面提出建立‘四位一体’、建设石油炼制技术研发平台，有利于科技成果转变成现实的生产力，也有利于充分有效地利用好我们能获得的每一滴石油。”《规划》提到的关键技术研发，能够使我国炼油技术平台更加稳固，从而更好地满足国家对能源的迫切需求。

3. 能源清洁化利用是发展之本

我国能源总体形势是富煤少油。尽管我国已经开始进口煤炭，但比之石油而言，煤炭资源仍然是相对丰富的。但由于传统的煤炭利用大多集中在煤电领域和煤焦化等传统煤化工领域，不仅资源浪费严重，还引发了环境污染等问题。“环保压力迫使各国开发煤炭清洁利用技术。在此背景下，我国的煤炭清洁利用、高效转化利用近年来得到迅速发展。”中国石化工程建设公司总经理刘家明说。

刘家明认为，《规划》第一次将煤炭加工与转化提高到国家能源战略高度，不仅体现了国家对煤炭转化利用的高度重视，也表明未来5年煤炭工业发展的重点之一将是煤炭的加工与转化。“煤炭的性质决定了其高能耗和高水耗，但这并不意味着现代煤化工就一定是高污染的。实际上，开发新型煤化工技术本身就包括了解决这些问题的目的”。

这也是《规划》重点关注煤炭清洁化利用技术的原因。《规划》提出，到2015年，要建立国际一流的能源与环境科技创新技术平台，掌握煤炭清洁转化的核心技术，推进新型煤化工产业可持续发展。

“我国是现代煤炭转化利用工业的先行者。《规划》进一步加大了煤炭转化的科技投入，将会更好地推动煤炭转化的科技进步和国产化进程。”专家对煤炭清洁化利用的未来充满信心。

在清洁油品技术方面《规划》也确立了“十二五”期间的发展目标，要求开发车用燃料质量升级技术，“十二五”期间应全面实施清洁汽柴油的国Ⅳ标准、争取满足国Ⅴ排放要求。专家指出“油品清洁化是保护环境、实现绿色低碳的必要手段。”

为控制汽车污染，多年来，国家采取了积极严格的环保政策。“从2000年核准的国Ⅰ标准到2010年核准的国Ⅳ标准，我国汽车排放标准10年跨4步”。有专家指出，通过不断严格排放标准，汽车行业的污染控制技术水平得到了快速提升，并在污染减排方面取得了显著成效。

排放标准的严格，带来的是油品质量的快速升级。《规划》对此也确立了清洁汽柴油成套生产技术研究方向——催化裂化原料加氢处理技术等，专家认为，技术的进步将对控制污染、节能减排具有重要意义。

中国工程院院士李大东认为，加氢是汽柴油质量升级的重要措施，而降低制氢成本、扩大制氢原料范围，是炼制含硫劣质原油和油品质量全面升级的关键环节。经过多年努力，中石化已经成功开发了降低汽油烯烃含量的催化裂化技术（MIP）、催化汽油吸附脱硫技术（S－Zorb）以及催化汽油选择性脱硫技术（RSDS－Ⅱ）等生产清洁燃料技术，并为下一阶段生产国Ⅳ、国Ⅴ标准清洁汽柴油做好了技术准备。下一步，还需要炼油工业、环保部门和汽车工业通过协商，有计划、有步骤地推进相关工作。

〔供稿单位：中国石油和石油化工设备工业协会〕

《“十二五”产业技术创新规划》摘要

为贯彻落实《国民经济和社会发展第十二个五年规划纲要》和《国家中长期科学和技术发展规划纲要(2006~2020年)》,明确“十二五”期间工业和信息化领域技术创新的目标和重点任务,引导和加强重点产业的技术创新工作,促进工业转型与升级,工信部印发了《“十二五”产业技术创新规划》(简称《规划》),明确“十二五”期间工业和信息化领域技术创新的目标和重点任务,以引导和加强重点产业的技术创新工作,促进工业转型与升级。规划范围涵盖了原材料、装备制造、消费品和信息产业四个领域,规划期为2011~2015年。

《规划》指出,要把技术创新作为走新型工业化道路的重要支撑,坚持“企业主体、政策引导;重点突破、总体提升”的原则,推进以企业为主体、产学研结合的技术创新体系建设,着力突破重点领域关键和共性技术,增强产业核心竞争力,提升产业整体技术水平,实现工业发展方式转变。

根据《规划》,到2015年,我国工业和信息化重点领域产业技术创新要取得重大突破,掌握一批具有自主知识产权的核心技术和关键技术,部分领域产业技术水平处于世界前列。企业技术创新能力明显增强,重点产业技术水平显著提升,产业技术创新体系逐步完善。

围绕上述目标,《规划》明确了五项重点任务:

一是加强技术创新能力建设。围绕重点工业领域产业升级和传统产业改造需要,整合优势资源,在现有基础上支持形成一批行业重点实验室;支撑高端装备制造、新一代信息技术、新材料、生物医药等战略性新兴产业发展需要,在优势力量集中的领域,新建一批行业重点实验室。

二是构建技术创新服务体系。推进重点领域技术创新战略联盟建设,建立健全产业协同创新的新机制。依托龙头企业,建立“产、学、研、用”相结合的开放技术平台,统一产业技术标准,协同研发新技术、新产品,共享技术成果,促进产业整体技术水平的提升。同时,加强支撑服务体系建设。

三是大力开发关键和共性技术。继续加快核心电子器件、高端通用芯片及基础软件、极大规模集成电路制造技术及成套工艺、新一代宽带无线移动通信、高档数控机床与基础制造装备、转基因生物新品种培育、重大新药创制、大飞机等科技重大专项实施,加大资金投入力度,鼓励企业为主体参与重大专项,实现重点领域核心技术的突破。

四是着力促进科技成果转化。积极推动重大专项科技成果产业化,发挥产业技术创新引领作用,支撑重点产业向高端化发展。推动信息、新材料、新能源、先进制造等高新技术领域研究成果的产业化,提高产业核心竞争力。

五是培育与发展战略性新兴产业。重点围绕节能环保、新一代信息技术、生物、高端装备制造、新能源、新材料、新能源汽车等战略性新兴产业的培育和发展需要,加大重大关键技术研究开发力度,突破产业核心关键技术,推动重大科技成果应用,支撑战略性新兴产业的发展壮大。

《规划》指出,“十二五”及更长一段时间我国工业和信息化领域产业技术创新的主要任务是围绕原材料、装备制造、消费品、信息产业等重点领域,突破技术瓶颈制约,开发并掌握一批关键技术,提高产业的核心竞争力和持续发展能力。其中机械工业要重点开发:百万千瓦级核电、水电设备设计制造技术,风电、太阳能发电等新能源装备设计制造技术,煤炭、石油、矿山等资源开采与集输成套设备设计制造技术，高档数控机床与基础制造装备设计制造技术，石化、冶金、有色等材料生产高性能成套装备及关键设备设计制造技术，大型工程与施工装备设计制造技术，现代农业装备与食品深加工设备关键技术，节能、环保、绿色回收处理与资源综合利用设备设计制造技术，重要基础件和配套部件设计制造技术，工业自动化控制系统与精密、智能化仪器仪表设计制造技术，为高端装备的技术创新提供支撑的铸造、锻压、焊接、热处理和表面处理等基础工艺技术。规划还指出，将加大现有财政资金对工业和信息化技术创新的支持力度，继续发挥研发费用加计扣除、固定资产加速折旧等税收政策的作用，促进企业加快技术创新，加快研究制定促进技术创新的新政策。

〔供稿单位：中国石油和石油化工设备工业协会〕

《工业转型升级规划(2011～2015年)》摘要

2012年1月18日，国务院正式发布《工业转型升级规划(2011～2015年)》(国发〔2011〕47号)(简称《规划》)。这是改革开放以来第一个把整个工业作为规划对象，并且由国务院发布实施的中长期规划。《规划》在全面分析“十一五”工业发展成就和“十二五”面临形势的基础上，提出了工业转型升级的总体思路、主要目标、重点任务、重点领域发展导向和保障措施。《规划》的发布和实施，对于指导未来五年工业结构调整和优化升级，加快我国工业发展方式转变，具有重要意义。

抓住产业升级的关键环节，着力提升关键基础零部件、基础工艺、基础材料、基础制造装备研发和系统集成水平，加快机床、汽车、船舶、发电设备等装备产品的升级换代，积极培育发展智能制造、新能源汽车、海洋工程装备、轨道交通装备、民用航空航天等高端装备制造业，促进装备制造业由大变强。

现将《规划》中提出的有关发展先进装备制造业的内容予以节录刊登。

一、关键基础零部件及基础制造装备

加强铸、锻、焊、热处理和表面处理等基础工艺研究，加强工艺装备及检测能力建设，提升关键零部件质量水平。推进智能控制系统、智能仪器仪表、关键零部件、精密工模具的创新发展，建设若干行业检测试验平台。继续推进高档数控机床和基础制造装备重大科技专项实施，发展高精、高速、智能、复合、重型数控工作母机和特种加工机床、大型数控成形冲压、重型锻压、清洁高效铸造、新型焊接及热处理等基础制造装备，尽快提高我国高档数控机床和重大技术装备的技术水平。

二、重大智能制造装备

围绕先进制造、交通、能源、环保与资源综合利用等国民经济重点领域发展需要，组织实施智能制造装备创新发展工程和应用示范，集成创新一批以智能化成形和加工成套设备、冶金及石油石化成套设备、自动化物流成套设备、智能化造纸及印刷装备等为代表的流程制造装备和离散型制造装备，实现制造过程的智能化和绿色化。加快发展焊接、搬运、装配等工业机器人，以及安防、深海作业、救援、医疗等专用机器人。到2015年，重大成套装备及生产线系统集成水平得到大幅度提升。

三、节能和新能源汽车

坚持节能汽车与新能源汽车并举，进一步提高传统能源汽车节能环保和安全水平，加快纯电动汽车、插电式混合动力汽车等新能源汽车发展。组织实施节能与新能源汽车创新发展工程，通过国家科技计划(专项)有关研发工作，掌握先进内燃机、高效变速器、轻量化材料等关键技术，突破动力电池、驱动电机及管理系统等核心技术，逐步建立和完善标准体系；持续跟踪研究燃料电池汽车技术，因地制宜、适度发展替代燃料汽车。加快传统汽车升级换代，提高污染物排放标准，减少污染物排放；稳步推进节能和新能源汽车试点示范，加快充、换电设施建设，积极探索市场推广模式。完善新能源汽车准入管理，健全汽车节能管理制度。大力推动自主品牌发展，鼓励优势企业实施兼并重组，形成3～5家具有核心竞争力的大型汽车企业集团，前10强企业产业集中度达到90%。到2015年，节能型乘用车新车平均油耗降至5.9L/100km；新能源汽车累计产销量达到50万辆。

四、船舶及海洋工程装备

适应新的国际造船标准及规范，建立现代造船新模式，着力优化船舶产品结构，实施品牌发展战略，加快推进散货船、油船(含化学品船)、集装箱船等主流船型升级换代。全面掌握液化天然气船(LNG)等高技术船舶的设计建造技术，加强基础共性技术和前瞻性技术研究，完善船舶科技创新体系。提升船舶配套水平，巩固优势配套产品市场地位，提升配套产品技术水平，完善关键设备二轮配套体系。重点突破深水装备关键技术，大力发展海洋油气矿产资源开发装备，积极推进海水淡化和综合利用以及海洋监测仪器设备产业化，打造珠三角、长三角和环渤海三大海洋工程装备产业集聚区。组织实施绿色精品船舶、船舶动力系统集成、深海资源探采装备、深海空间站等创新发展工程，全面提升绿色高效造船、信息化造船能力和本土配套能力。到2015年，主流船型本土化设备平均装船率达到80%，海洋工程装备世界市场份额提高到20%，船舶工业前10强企业产业集中度达到70%以上。

五、轨道交通装备

以满足客货运输需求和构建便捷、安全、高效的综合运输体系为导向，以快速客运网络、大运量货运通道和城市轨道交通工程建设为依托，大力发展具备节能、环保、安全优势的时速200km/h等级客运机车、大轴重长编组重载货运列车、中低速磁悬浮车辆、新型城轨装备和新型服务保障装备。组织轨道交通装备关键系统攻关，加速提升关键系统和核心技术的综合能力。到2015年，轨道交通装备达到世界先进水平。

六、民用飞机

坚持军民结合、科技先行、质量第一和改革创新的原则，加快研制干线飞机、支线飞机、大中型直升机、大型灭火和水上救援飞机、航空发动机、核心设备和系统。深入推进大型飞机重大科技专项的实施，全面开展大型飞机及其配套的发动机、机载设备、关键材料和基础元器件研制，建立大型飞机研发标准和规范体系。实施支线飞机和通用航空产业创新发展工程，加快新支线飞机研制和改进改型，推进支线飞机产业化和精品化，研制新型支线飞机；发展中高端喷气公务机，研制一批新型作业类通用飞机、多用途通用飞机、直升机、教练机、无人机及其他特种飞行器，积极发展通用航空服务。到2015年，航空工业销售收入比2010年翻一番，国产单通道大型客机实现首飞，国产支线飞机、直升机和通用飞机市场占有率明显提高。

七、民用航天

完善我国现役运载火箭系列型谱，完成新一代运载火箭工程研制并实现首飞；实施先进上面级、多星上面级飞行演示验证；启动重型运载火箭和更大推力发动机关键技术攻关。实施月球探测、高分辨率对地观测系统等国家科技重大专项。推进国家空间基础设施建设，实施宇航产品型谱化与长寿命高可靠工程，发展新型对地观测、通信广播、新技术与科学实验卫星，不断完善应用卫星体系。进一步完善卫星地面系统建设，推进应用卫星和卫星应用由科研试验型向业务服务型转变。加强航天军民两用技术发展，拓展航天产品与服务出口市场，稳步提高卫星发射服务的国际市场份额。

八、节能环保和安全生产装备

紧紧围绕资源节约型、环境友好型社会建设需要，依托国家节能减排重点工程和节能环保产业重点工程，加快发展节能环保和资源循环利用技术和装备。大力发展高效节能锅炉窑炉、电机及拖动设备、余热余压利用和节能监测等节能装备。重点发展大气污染防治、水污染防治、重金属污染防治、垃圾和危险废弃物处理、环境监测仪器仪表、小城镇分散型污水处理、畜禽养殖污染物资源化利用、污水处理设施运行仪器仪表等环保设备，推进重大环保装备应用示范。加快发展生活垃圾分选、填埋、焚烧发电、生物处理和垃圾资源综合利用装备。围绕“城市矿产”工程，发展高效智能拆解和分拣装置及设备。推广应用表面工程、快速熔覆成形等再制造装备。发展先进、高效、可靠的检测监控、安全避险、安全保护、个人防护、灾害监控、特种安全设施及应急救援等安全装备，发展安全、便捷的应急净水等救灾设备。

九、能源装备

积极应用超临界、超超临界和循环流化床等先进发电技术，加大水电装备向高参数、大容量、巨型化转变。大力发展特高压等大容量、高效率先进输变电技术装备，推动智能电网关键设备的研制。推进大型先进压水堆和高温气冷堆国家科技重大专项实施，掌握百万千瓦级核电装备的核心技术。突破大规模储能技术瓶颈，提升风电并网技术和主轴轴承等关键零部件技术水平，着力发展适应我国风场特征的大功率陆地和海洋风电装备。依托国家有关示范工程，提高太阳能光电、光热转换效率，加快提升太阳能光伏电池、平板集热器及组件生产装备的制造能力。推动生物质能源装备和智能电网设备研发及产业化。掌握系统设计、压缩机、电机和变频控制系统的设计制造技术，实现油气物探、测井、钻井等重大装备及天然气液化关键设备的自主制造。

〔供稿单位:中国石油和石油化工设备工业协会〕

中国石油石化设备工业年鉴2012

大事记

从政策、工程项目、企业、市场和行业并购等方面记录2011年行业发生的重大事件

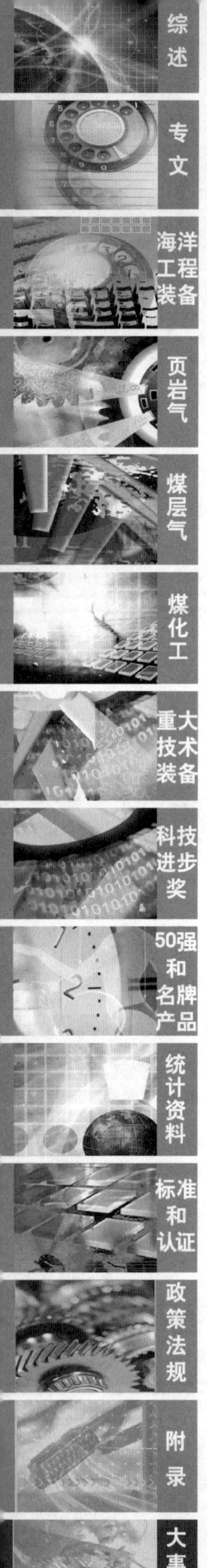

2011年石油和石油化工设备行业大事记

2011年石油和石油化工设备行业大事记

1月

16日 大港油田测试公司成功在陕西韩城地区开展了韩3－1－053井、合试10井、合试16井的煤层气微破裂试验、注入/压降测试、变流量注入/压降测试、现场测试工艺方案和测试设计，填补了我国煤层气测试的空白。

20日 渤海钻探公司自主研发的漂浮下套管工具、化学介质充填式管外封隔器、下套管自动灌浆装置和抽油杆防喷器获国家实用新型专利。

月内 胜利采油院稠油所在孤岛GD2－25G532井上成功实施了三点温度、一点压力的直读测试，为国内首创。

月内 辽河油田兴隆台工程技术处经过近4年的科研攻关，最近终于研制成功了国内第一台自动化修井机，填补了我国自动化修井技术的空白。

2月

23日 大庆油田试油试采公司开发的具有自主知识产权的动态负压射孔技术，能把油井日产量提高7%～17%，此项成果填补国内技术空白，达到国际先进水平。

月内 由渤海钻探公司工程技术研究院负责实施的华北油田储气库苏4－9X井油层专打筛管完井技术服务，筛管下深4 883m，创造国内筛管悬挂器最深悬挂纪录。

3月

月初 由宝鸡石油机械有限责任公司自主研制的泥浆泵缸套内外表面同时冷却装置，获得美国专利与商标局的发明专利授权。这是中国石油物资装备制造企业获得的第一个美国发明专利。

16日 在陕西宝鸡中国石油宝鸡石油机械有限责任公司试验井场上，阿联酋国家钻井公司首批采购的7套5 000m快速沙漠移运钻机的第七套钻机井架顺利起升。

31日 3 000m深水防喷器样机在华北石油荣盛机械制造公司研制成功，打破目前国内海洋石油勘探井控系统依赖进口的格局，对我国海洋石油勘探开发将产生重要影响。

月内 宝鸡石油钢管有限责任公司生产的3盘CT80钢级、直径38.1mm、壁厚3.18mm、长5 000m和直径44.45mm、壁厚3.4mm、长4 200m的工作管柱，经严格检验和测试后，发往中东。这是我国具有独立知识产权的连续油管产品首次进入国际市场。

4月

8日 中共中央组织部副部长王尔乘宣布党中央、国务院关于中国海油石油总公司主要领导调整的决定：傅成玉调任中国石油化工集团公司董事长、党组书记，不再担任中国海洋石油总公司总经理、党组书记；中国海洋石油总公司设立董事会，董事长、总经理分设，王宜林任中国海洋石油总公司董事长、党组书记。

8日 由上海电气集团上海电机厂有限公司研制的84r/min、防爆变频运行的20兆瓦级超高速防爆变频调速同步电动机，通过国家能源局专家的技术鉴定，实现了我国国产天然气长输管道关键装备首台套的突破。该装置将与沈阳鼓风机集团的压缩机组成电驱压缩机组,使用于西气东输二线工程等天然气长输管道项目。

9日 在中国石油钻井工程研究院与渤海钻探钻井技术服务公司联合建成的科学试验井上,中国石油钻井工程研究院自主研发的连续循环钻井系统模拟试验成功完成。中国石油钻井工程研究院成为国内首家、全球第二家研制成功连续循环钻井系统的单位。

10日 中集集团旗下烟台中集来福士海洋工程有限公司为巴西Schahin石油天然气公司建造的第二座深水半潜式钻井平台"SS Amazonia"在烟台实现交付,标志着中巴两国在能源装备领域的合作又迈进了一步。

19日 宝鸡石油机械有限责任公司按照EPC(设计、采购、施工)总承包方式,自行承建的我国第一套91.44m(300英尺)自升式海洋钻井平台,顺利完成坞内组装和测试,成功驶出大连船舶重工集团海洋工程有限公司的专用船坞。

月内 江苏省金象传动设备股份有限公司研发的"改进型单边双传动减速器"、"大功率双输入辗环机主减速机"获国家实用新型专利。

5月

19日 国内首台超大功率、高压力,具有自主知识产权的2 206.5kW(3 000hp)五缸泥浆泵,在宝鸡石油机械有限责任公司经过100多个小时的试验,所有参数均达到了设计要求,完全符合海洋钻探设备的安全、环保要求。

23日 中国海洋工程装备制造业标志性工程、国家科技重大专项标志性装备之一——3 000m深水半潜式钻井平台"海洋石油981",顺利交付给中国海洋石油总公司。这标志着我国海洋石油勘采由300m浅海正式迈入3 000m深海,海洋工程装备制造业实现了高端突破,填补了国内深水钻井特大型装备领域的空白。

24日 由中国熔盛重工集团控股有限公司建造、同时具备3 000米级深水铺管能力和4 000吨级重型起重能力的"海洋石油201"深水铺管起重船,正式命名并准备试航。

31日 中原油田钻井一公司煤层气项目部40583钻井队施工的FL-H4-L井创造了国内首例水平井与定向井连通成功的记录。这项技术的成功应用,将为煤层气的勘探开发带来突破性的进展,并极大地提高多分支水平井的适用范围,拓宽煤层气的市场,为我国煤层气的开发做出巨大的贡献。

月内 山东省石油装备产品质量监督检验中心在东营揭牌筹建。中心建成投入运行后,将为山东省乃至全国石油装备产业发展提供检验检测技术支撑,同时为"黄蓝"两大国家战略深入推进提供质检保障

月内 国产首台具有自主知识产权并进行工业应用的YDB670可调式液力变矩器,由中国石油集团济柴动力总厂生产,在中国石油乌鲁木齐石化分公司一次调试运行成功并正式投入使用。

6月

4日、17日 中国海洋石油集团与美国康菲石油公司合作项目渤海蓬莱19-3油田作业区B平台和C平台先后发生漏油事故。

7月

20日 中国海洋石油有限公司通过签订安排协议收购加拿大油砂生产商OPTI。

8月

21日 由大庆钻探钻井一公司70007钻井队承钻的垣平1井顺利完钻,该井完钻斜深4 300m,水平段长达2 660m。该井的顺利完钻,刷新了中国

石油陆上水平钻井水平段 2 606m 的最长纪录。

月末 由济南柴油机股份有限公司制造的，用于国家首个万米超深钻井平台的 3 台高可靠柴油发电机组，应用于我国深部大陆科学钻探装备研制项目。这标志着此产品已经替代进口产品进入国家高端科研领域。

9 月

20 日 世界最大规格、年产 400 万 t 粗对苯二甲酸/精对苯二甲酸（CTA/PTA）的蒸汽回转干燥机组在中国化工南京天华院顺利出厂。

20 日 中航黎明锦西化工机械（集团）有限责任公司和中国纺织工业设计院等联合自主研发、设计制造的 2 台国产百万吨级 PTA/CTA 蒸汽回转干燥机，通过由中国机械工业联合会组织的国产化首台（套）重大装备科技成果专家鉴定。

16 日 中缅油气管道（国内段）X70 大变形钢管及制管用热轧钢板通过新产品鉴定。标志着 X70 大变形钢管实现国产化，且技术工艺达到国际先进水平。

10 月

12 日 渤海钻探公司在苏里格苏 76－1－20H 井，以 2 856m 水平段刷新国内陆上水平井最长水平段纪录。

11 月

10 日 中国石油天然气集团公司、中国石油化工集团、中国海洋石油总公司三大石油公司在京召开会议建立应急救援联动机制，共享资源、联手应对、共同提高重特大突发事件处置能力。

21 日 由我国独立设计和建造的第一个桁架腿自升式钻井平台 CP－300，在辽宁盘锦海洋工程装备制造基地辽河油田船厂正式下水，标志着我国石油装备向深海迈出了重要一步。

26 日 国家发展和改革委发布《煤层气（煤矿瓦斯）开发利用“十二五”规划》

26 日 我国首次出口的海洋平台钻井系统项目，由宝鸡石油机械有限责任公司出口韩国的海洋平台钻井系统最后一批产品发运出厂。

26 日 我国第一艘自行设计建造的浅水域海底铺管船——中油海 101 号海底铺管船起航赴港，10 天后将到达深港海域筹备作业。这标志着西气东输二线的收官之战由此打响。

28 日 获四项国家专利，填补国内 2 000m 顶驱设计技术空白，由渤海装备石油机械厂和中国石油勘探开发研究院共同研制的 DQ20Y1 顶部驱动钻井装置，成功进入山西煤层气羽状水平井钻井市场。

29 日 国内首台高集成全液压煤层气钻机在南阳二机集团研制成功。这台 1 500m 车载式煤层气钻机，将泥浆泵、空压机、泡沫泵全部在一车集成，可实现泥浆钻进、空气钻进、泡沫钻进等多种钻井工艺。

12 月

月初 沈阳鼓风机集团股份有限公司生产的首套国产天然气长输管线 20MW 电驱压缩机组正式通过国家级专家评审组验收。这一关键设备实现国产化，填补了我国大型离心压缩机设计制造技术的国内空白。加上此前成功研制的 30 兆瓦级燃驱压缩机组和高压大口径全焊接球阀，我国天然气长输管道三大关键设备全部实现国产化，主要技术指标均达到国际先进水平。

2 日 大庆石化公司机械厂自主研制的板焊式加氢反应器，在该公司炼油厂 120 万 t 柴油加氢精制装置平稳运行一年，各项指标正常。这项技术填补了中国石油装备制造技术的空白。

4 日 首批 CL2500 大口径电动镍合金“极高压氧气阀门”顺利通过使用单位验收。该阀门由兰州高压阀门有限公司与某航天研究基地合作，攻克了“极高压氧气阀门”的多项世界级技术难题。

5日 国家能源局发布《国家能源科技“十二五”规划》。

13日 工业和信息化部发布了《石化和化学工业“十二五”发展规划》，同时发布的还有《烯烃工业“十二五”发展规划》《化肥工业“十二五”发展规划》《危险化学品“十二五”发展布局规划》和《农药工业“十二五”发展规划》。

20日 西气东输二线深港海管EPIC项目总承包合同在京签订，标志着西气东输二线最后29.9km收官之战正式启动。一条海底天然气管道将把香港连入西气东输管网，使香港和内地“气脉”相通。

21日 宝鸡石油机械有限责任公司为国内首艘3 000m深水工程勘察船“海洋石油708”生产的钻井系统进行最后调试。该钻井系统作业水深3 000m，钻孔深度可达海底以下600m，设计具有国际先进水平。填补了我国在海洋工程深海勘探装备领域的空白。其中，单轴齿轮绞车、一体化司钻控制房和机械化钻杆处理系统等多个部件都是宝鸡石油机械有限责任公司的首创技术。

31日 国家发展和改革委员会正式发布《煤层气开发利用“十二五”规划》，《规划》提出到2015年全国煤层气产量要达到300亿m^3，这是2010年产能的20倍。

任丘市博科机电新技术有限公司

博科机电新技术有限公司是中国石油勘探开发研究院采油采气装备所（原北石所）PS 系列钻机盘式刹车高新技术产品的生产基地。拥有先进的生产设备，齐全的检测手段，技术力量雄厚，管理体系完善。具有独立研发和技术创新的能力，产品通过了 API 认证。

公司生产的 PS 系列液压盘式刹车装置开创了国内先河，国际领先技术，通过国家和省部级相关验收鉴定，获得七项国家专利。公司成功研制生产的极地低温盘式刹车，经受住了 −45℃的环境考验，性能稳定可靠。9 000m 钻机盘式刹车技术成功推广使用。同时在盘式刹车高硬度盘上也取得了重大突破。如今公司产品已在国内外海洋、陆地油田得到广泛应用，并出口南北美洲、独联体、中东、非洲、东南亚、欧洲等地区。经受了国内外陆地、海洋、沙漠、雨林、极地等多种恶劣条件的考验，性能稳定。在广大客户心中树立了良好的形象和口碑。

公司将以专业的技术服务团队及丰富的产品经验，全力为国内外用户提供高品质产品和优质的服务！

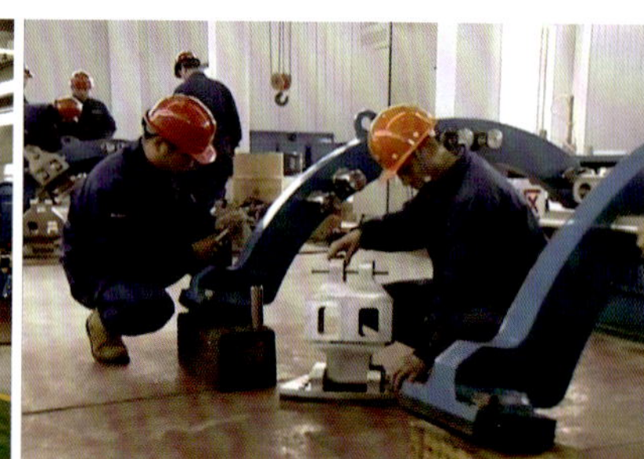

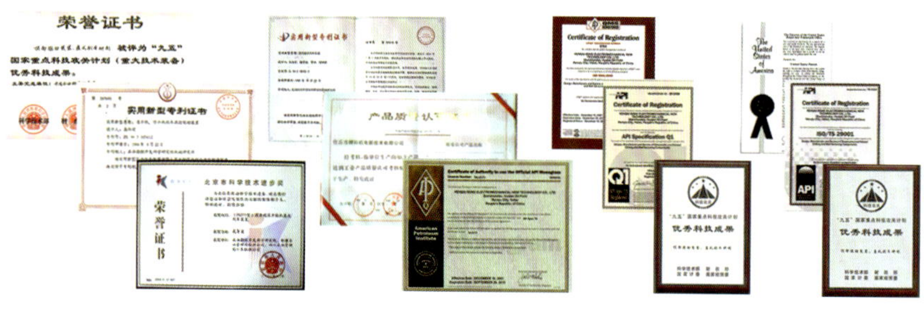